Diwald
Zinsfutures und Zinsoptionen

Zinsfutures und Zinsoptionen

Erfolgreicher Einsatz an internationalen Terminmärkten

von

Hans Diwald

2., völlig überarbeitete und erweiterte Auflage

Verlag Franz Vahlen München
Helbing & Lichtenhahn Basel

Die Deutsche Bibliothek – CIP-Einheitsaufnahme

Diwald, Hans:
Zinsfutures und Zinsoptionen : erfolgreicher Einsatz an internationalen Terminmärkten / von Hans Diwald. - 2., völlig überarb. und erw. Aufl. - München : Vahlen ; Basel : Helbing und Lichtenhahn, 1999
ISBN 3-8006-2447-8 (Vahlen)
ISBN 3-7190-1818-0 (Helbing und Lichtenhahn)

ISBN 3-8006-2447-8 (Verlag Vahlen)
ISBN 3-7190-1818-0 (Helbing & Lichtenhahn)

Satz: Fotosatz Buck, Kumhausen
Druck und Bindung: Kösel, Kempten
Umschlag: Jana Cerno, München
Gedruckt auf säurefreiem, alterungsbeständigem Papier
(hergestellt aus chlorfrei gebleichtem Zellstoff)

Geleitwort zur 1. Auflage

An der Deutschen Terminbörse DTB haben der Bund- und der Bobl-Future als lang- und mittelfristige Zinsterminkontrakte auf Bundesanleihen bzw. Bundesobligationen und Bundesschatzanweisungen eine umsatzstarke Position errungen. Auch Optionskontrakte auf Bund-Futures und Bobl-Futures nehmen im Gesamtsegment der Optionen auf Futures eine beachtliche Stellung ein. Es gibt Überlegungen der DTB, die eine weitere Ausdehnung der Produktpalette ins Auge fassen. Trotz dieser Markterfolge und Perspektiven, die zum Teil im scharfen Wettbewerb mit konkurrierenden Terminbörsen errungen werden mußten, sind die theoretischen Grundlagen, die vielfältigen Anwendungsmöglichkeiten und die exakten Bewertungskriterien für die derivativen Finanzinstrumente im Zinsbereich den Marktteilnehmern nicht immer in allen Einzelheiten bekannt oder präsent. Daher erscheint es besonders verdienstvoll, in diesem Band einen breiten Überblick über die Theorie und Praxis der Zinsfutures und Zinsoptionen, aber auch über spezielle institutionelle und methodische Fragen des Zinsmanagements vorzulegen und damit dem interessierten Laien wie dem Fachmann Orientierungshilfe und Sachinformationen an die Hand zu geben.

Der Einsatz von Zinsfutures und Zinsoptionen ist nur vor dem Hintergrund quantitativ orientierter Ansätze des Zinsmanagements darstellbar und erklärbar. Dazu werden in diesem Buch die grundlegenden Modelle des Zinsmanagements ebenso behandelt wie die wichtigen institutionellen Details, die den Handel mit den neuen Instrumenten an den Terminbörsen kennzeichnen. Die Handelsmotive Trading, Hedging und Arbitrage werden für die verschiedenen Märkte spezifiert, den Fragen der Bewertung der Kontrakte wird eine spezielle Aufmerksamkeit gewidmet. Konkrete Überlegungen des praktischen Einsatzes der Instrumente stehen dabei stets im Vordergrund der Überlegungen.

Ich wünsche dem Leser, daß er das in diesem Buch zusammengetragene und für ihn aufbereitete Wissen zu seinem Nutzen, und das heißt auch zum Hedging seiner Wissenslücken nutzen kann. Hat er keine Wissenslücken, dann stellen die Ausführungen in diesem Buch Spekulationspotential dar: Er kann spekulieren, aus einem noch größeren Wissensschatz einen noch größeren Vorteil zu ziehen.

Frankfurt/M., im November 1993

Prof. Dr. Bernd Rudolph
Lehrstuhl für Kreditwirtschaft
und Finanzierung
Johann Wolfgang Goethe-Universität
Frankfurt am Main

Vorwort zur 2. Auflage

Für die zweite Auflage wurden in den meisten Kapiteln signifikante Ergänzungen und Erweiterungen vorgenommen. Neben allgemeinen Aktualisierungen (z.B. Rentenmärkte, Kontraktspezifikationen), Überarbeitungen und Hinzufügen von weiteren Beispielen und Abbildungen wurde besonderes Augenmerk auf die folgenden Kapitel gelegt:

Kapitel 6.1.2.5: Die Seller's Option. Bewertung der Seller's Option mit Hilfe des Optionsbewertungsmodells von *Margrabe*.

Kapitel 6.1.6: Die Duration und Konvexität des Futures.

Kapitel 6.2: Preisbildung von kurzfristigen Zinsterminkontrakten. Komplette Überarbeitung und signifikante Erweiterungen.

Kapitel 7.4: Management von Anleiheportfolios.

Kapitel 8: Anwendungsmöglichkeiten für kurzfristige Zinsterminkontrakte. Komplette Überarbeitung und signifikante Erweiterungen.

Kapitel 8.1.5: Konvexität. Bewertung der Konvexität von FRA's und Swaps.

Kapitel 8.2.1.6: Optionsähnliche Positionen erzeugt durch Variation Margin Cash Flows.

Kapitel 8.4.2.3: Der TED-Spread.

Berlin, im Juli 1999 *Hans Diwald*

Vorwort zur 1. Auflage

Genauso wie man dem Geld nicht nachlaufen darf, sondern ihm entgegengehen muß, ist es besser, auch steigenden bzw. fallenden Kursen durch geschickten Einsatz von Terminkontrakten entgegenzugehen. Gerade die in den letzten Jahren zunehmende Bewegung der Kurse an den Kapitalmärkten bei Währungen, Aktien und besonders bei den Zinsen führte zu einer steigenden Nachfrage nach derivativen (abgeleiteten) Finanzprodukten seitens vieler Anleger, und zwar sowohl bei Institutionellen als auch bei Privaten. Dieser Anstieg der Nachfrage war unter anderem bedingt durch die erhöhte Notwendigkeit von Absicherungen.

Das in den Rohstoffmärkten bewährte Konzept der Preisabsicherung mit Hilfe des Terminhandels wurde auf die Finanzmärkte übertragen. Nach und nach wurden Terminkontrakte (Futures) auf verschiedene Finanztitel eingeführt. Besonders Zinsfutures haben hierbei eine erhebliche Bedeutung erlangt, da Anleihen häufig in Portfolios eine starke Gewichtung besitzen.

In diesem Buch werden ausschließlich Zinsterminkontrakte und Optionen auf Zinsinstrumente behandelt. Gegenstand sind sämtliche an der DTB und LIFFE gehandelten Zinstermininstrumente. Diese Instrumente decken den kurz-, mittel- und langfristigen Bereich für festverzinsliche Wertpapiere ab. Die Vielzahl der Kontrakte umfaßt nicht nur den deutschen Markt, sondern auch wichtige internationale Zinsmärkte (USA, Japan, Großbritannien, Italien, Spanien und die Schweiz).

Diese Finanzinstrumente werden sowohl aus theoretischer als auch aus praktischer Sicht detailliert analysiert und ihre Anwendungsmöglichkeiten dargestellt.

Angesprochen sind unter anderem private Anleger, die eine verständliche und gleichzeitig detaillierte Erläuterung und Hinführung an diese Instrumente und ihre vielfältigen Anwendungsmöglichkeiten suchen. Ihnen wird ein fundiertes Grundwissen vermittelt, das sie in die Lage versetzt, eigenständig und vor allem erfolgreich mit diesen Finanzinstrumenten umzugehen. Dabei werden unter anderem auch die rechtlichen Grundlagen für Termingeschäfte in der Bundesrepublik Deutschland, Aufbau der DTB und LIFFE, Ordererteilung, Risiken und Erbringung von Sicherheiten berücksichtigt.

Des weiteren wendet sich das Buch überwiegend an Praktiker bzw. Professionelle, die eine in die Tiefe gehende Betrachtung dieser Instrumente suchen. In einer theoretischen Analyse werden die wissenschaftlichen Aspekte der Terminkontrakte behandelt. Dabei wird unter anderem die Preisbildung von Zinsfutures erläutert, das Verhältnis des Futures zum Anleihe- bzw. Geldmarkt, die Duration, Konvexität und Rendite des Futures und in Futures eingebettete Optionen.

Einen breiten Raum nimmt die Darstellung der praktischen Anwendungsmöglichkeiten ein. Es werden Themen behandelt wie z.B. Kursabsicherung (Hedging), Arbitrage, Spekulation (u.a. Basis Trading und Spread Trading) und Bildung von synthetischen Instrumenten, Einsatz von Optionen und Terminkontrakten im Portfoliomanagement. Da es für viele Portfoliomanager, Mitarbeiter in Banken und Hedger darauf ankommt, wie effektiv eine Kursabsicherung mit Zinsterminkontrakten ist, findet sich im Kapitel über Hedging ein Test, der Anwendungsstrategien mit dem Bund-Future empirisch auf ihre Wirksamkeit untersucht. Des weiteren werden Verbesserungsmöglichkeiten zur Optimierung des Hedge Ratios vorgestellt, u.a. ein neues Konzept, das auf dem zusätzlichen Einsatz von Optionen basiert. Durch eine ausführliche Behandlung des Themas der Arbitrage wird auch für Professionelle eine Grundlage für ihr Handeln gelegt.

Obwohl das Schwergewicht der Ausführungen auf den Futures liegt, wird eine ausführliche Behandlung von Optionen und ihrer für den Zinsbereich spezifischen Einsatzmöglichkeiten nicht vernachlässigt.

Durch die ausführliche Behandlung des Themas wird der versierte Leser Punkte finden, die ihm möglicherweise schon bekannt sind. Er kann dann die entsprechenden Kapitel ohne weiteres überspringen und sich den für ihn interessanten Themen zuwenden. Professionelle werden sich unter Umständen für andere Kapitel interessieren als private Investoren. Für Leser, die mit der Materie weniger vertraut sind, ist das Buch so aufgebaut, daß ihnen zunächst die Grundlagen und dann auf verständliche Weise, Schritt für Schritt, auch die komplexeren Sachverhalte dargelegt werden.

Zinstermininstrumente sind aus einem effektiven Finanzmanagement nicht mehr wegzudenken. Sie sind Bestandteil des täglichen Geschäftes, nicht nur bei Professionellen wie Banken, Portfoliomanagern und Unternehmen, sondern werden auch zunehmend von privaten Anlegern und Investoren genutzt. Ihnen wird mit diesem Buch ein Werk an die Hand gegeben, das es ermöglicht, fundierte Entscheidungen zu treffen.

An dieser Stelle möchte ich mich herzlich bei Herrn Gordian Weber bedanken für die Möglichkeit, schwierige Probleme und Fragestellungen mit ihm zu diskutieren, sowie für seine Bereitschaft, Korrektur zu lesen.

Frankfurt/M., im Juli 1993 *Hans Diwald*

Inhaltsverzeichnis

Geleitwort zur 1. Auflage V
Vorwort zur 2. Auflage VII
Vorwort zur 1. Auflage IX
Abkürzungsverzeichnis XIX

1. Einführung 1

1.1 Der Markt für festverzinsliche Wertpapiere im Euro-Raum 2
1.1.1 Der Geldmarkt im Euro-Raum 2
1.1.2 Der Rentenmarkt in der BRD 6
1.1.3 Der Rentenmarkt in Frankreich 14
1.1.4 Der Rentenmarkt in Italien 15
1.1.5 Der Rentenmarkt in Spanien 17
1.2 Der Markt für festverzinsliche Wertpapiere außerhalb des Euro-Raums 20
1.2.1 Der Markt für festverzinsliche Wertpapiere in Großbritannien 20
1.2.2 Der Markt für festverzinsliche Wertpapiere in den USA . 23
1.2.3 Der Markt für festverzinsliche Wertpapiere in Japan 25

2. Duration und Konvexität von Anleihen 29

2.1 Duration 29
2.1.1 Macaulay Duration 29
2.1.2 Modified Duration 33
2.1.3 Dollar Duration 33
2.2 Konvexität 35

3. Rechtliche Grundlagen für Termingeschäfte in der BRD 41

3.1 Termingeschäfte 41
3.2 Die geltende Rechtslage 42
3.2.1 Der Termineinwand und die Börsengesetznovelle von 1989 42
3.2.2 Der Differenzeinwand 44
3.2.3 Praktische Ausgestaltung und Auswirkungen auf den Handel mit Termininstrumenten 45

4. Zinsfutures und Zinsoptionen an der Eurex 47

4.1 Die Eurex 47
4.1.1 Aufbau der Eurex 47

4.1.2 Marktstruktur ... 49
4.1.2.1 Marktteilnehmer ... 49
4.1.2.2 Das elektronische Börsenparkett ... 50
4.1.3 Clearing ... 53
4.2 Handel an der Eurex ... 55
4.2.1 Kontraktspezifikationen des Bund-Futures ... 56
4.2.2 Kontraktspezifikationen für Optionen auf den Bund-Future ... 59
4.2.3 Kontraktspezifikationen des Futures auf Bundesobligationen (Bobl) ... 60
4.2.4 Kontraktspezifikationen für Optionen auf den Future auf Bundesobligationen ... 61
4.2.5 Kontraktspezifikationen des Schatz-Futures ... 63
4.2.6 Kontraktspezifikationen für Optionen auf den Schatz-Future ... 65
4.2.7 Kontraktspezifikationen des Dreimonats-Euribor-Futures ... 66
4.2.8 Kontraktspezifikationen für Optionen auf den Dreimonats-Euribor-Future ... 67
4.2.9 Kontraktspezifikationen des Einmonats-Euribor-Futures ... 68
4.2.10 Margin ... 69
4.2.10.1 Margin bei Terminkontrakten ... 70
4.2.10.1.1 Initial Margin ... 71
4.2.10.1.2 Variation Margin ... 72
4.2.10.1.3 Maintenance Level ... 73
4.2.10.1.4 Marginberechnung ... 73
4.2.10.2 Margin bei Optionen ... 77
4.2.10.2.1 Berechnung der Variation Margin-Zahlungen ... 78
4.2.10.2.2 Berechnung der Additional Margin ... 78
4.2.10.3 Formen der Erstellung von Sicherheiten ... 81
4.2.11 Ausübung von Optionen ... 82
4.2.12 Der Andienungsprozeß bei Terminkontrakten ... 84
4.2.13 Orderarten ... 86
4.2.13.1 Orderarten bei Terminkontrakten ... 86
4.2.13.2 Orderarten bei Optionen ... 87

5. Zinsfutures und Zinsoptionen an der internationalen Terminmärkten ... 91

5.1 Zinsfutures und Zinsoptionen an der LIFFE ... 91
5.1.1 Die LIFFE ... 91
5.1.2 Handel an der LIFFE ... 92
5.1.2.1 Kurzfristige Zinstermininstrumente ... 92

5.1.2.1.1 Der Dreimonats-Euribor-Future 94
5.1.2.1.2 Optionen auf den Dreimonats-Euribor-Future 95
5.1.2.1.3 Einjahres-Mid-Curve-Optionen auf den Dreimonats-Euribor Future 96
5.1.2.1.4 Der Dreimonats-Sterling-Future 97
5.1.2.1.5 Optionen auf den Dreimonats-Sterling-Future 98
5.1.2.1.6 Einjahres-Mid-Curve-Optionen auf den Dreimonats-Sterling Future 99
5.1.2.1.7 Der Dreimonats-Euro-Schweizer-Franken-Future 100
5.1.2.1.8 Optionen auf den Dreimonats-Euro-Schweizer-Franken-Future 102
5.1.2.2 Langfristige Zinstermininstrumente 103
5.1.2.2.1 Der Future auf britische Staatsanleihen (Long-Gilt-Future) 103
5.1.2.2.2 Optionen auf den Long-Gilt-Future . 106
5.1.2.3 Margin 107
5.1.2.4 Ausübung von Optionen 107
5.2 Zinsfutures und Zinsoptionen an der CBOT 108
5.2.1 Handel an der CBOT 108
5.2.1.1 Der Treasury-Bond-Future 108
5.2.1.2 Optionen auf den Treasury-Bond-Future 110
5.2.1.3 Flexible Options auf den Treasury-Bond-Future 112
5.2.1.4 10-, 5- und 2-jährige Treasury-Note-Futures, Optionen und Flexible Options 113
5.2.1.4.1 Der 10-jährige Treasury-Note-Future 113
5.2.1.4.2 Der 5-jährige Treasury-Note-Future . 113
5.2.1.4.3 Optionen auf den 5-jährigen Treasury-Note-Future 113
5.2.1.4.4 Der 2-jährige Treasury-Note-Future . 114
5.2.1.4.5 Optionen auf den 2-jährigen Treasury-Note-Future 114
5.3 Zinsfutures und Zinsoptionen an der CME 114
5.3.1 Handel an der CME 115
5.3.1.1 Der Dreimonats-Euro-Dollar-Future 115
5.3.1.2 Optionen auf den Dreimonats-Euro-Dollar-Future 116
5.3.1.3 Der Einmonats-Euro-Dollar-Future 118
5.3.1.4 Optionen auf den Einmonats-Euro-Dollar-Future 119
5.4 Zinsfutures und Zinsoptionen an der TIFFE 120
5.4.1 Der Dreimonats-Euro-Yen-Future 120
5.4.2 Optionen auf den Dreimonats-Euro-Yen Future 121

5.5 Zinsfutures und Zinsoptionen an der TSE 122
5.5.1 Der Future auf japanische Staatsanleihen (JGB-Future) .. 122

6. Theoretische Analyse von Zinsterminkontrakten 125
6.1 Preisbildung von lang- und mittelfristigen Zinsterminkontrakten 125
6.1.1 Das Verhältnis vom Terminpreis zum Kassapreis 125
6.1.2 Der theoretische Futurepreis für lang- und mittelfristige Zinsterminkontrakte 125
6.1.2.1 Der Preisfaktor 126
6.1.2.2 Die Cheapest to Deliver Anleihe 130
6.1.2.2.1 Der Kuponeffekt 131
6.1.2.2.2 Der Laufzeiteffekt 134
6.1.2.2.3 Ermittlung des Cheapest to Deliver mit Hilfe der Duration und der Implied Repo Rate 136
6.1.2.2.4 Wechsel des Cheapest to Deliver 138
6.1.2.3 Formel für den theoretischen Futurepreis Exkurs: Repurchase Agreements und Wertpapierleihe 139
6.1.2.4 Einfluß der Margin auf den theoretischen Futurepreis 149
6.1.2.5 Die Seller's Option 151
6.1.2.5.1 Die Qualitätsoption 152
6.1.2.5.2 Die Zeitoption 161
6.1.3 Die Basis 167
6.1.3.1 Die theoretische Basis 168
6.1.3.2 Die aktuelle Basis 169
6.1.3.3 Die Net Basis 170
6.1.3.4 Die Konvergenz der Basis 171
6.1.3.5 Einflußparameter für die Änderung der Basis ... 172
6.1.4 Implied Repo Rate 175
6.1.4.1 Definition 175
6.1.4.2 Berechnung 176
6.1.4.3 Anwendungsmöglichkeiten 178
6.1.5 Die Implied Forward Yield und die Rendite des Futures . 178
6.1.6 Die Duration und Konvexität des Futures 181
6.1.7 Das Preisverhältnis zwischen Terminkontrakten mit unterschiedlichen Liefermonaten 185
6.2 Preisbildung von kurzfristigen Zinsterminkontrakten 188
6.2.1. Zinskurvenberechnungen 188
6.2.1.1 Zero-Kupon-Raten 188
6.2.1.2 Par-Kupon-Raten 191
6.2.1.3 Berechnung von Zero-Raten aus Par-Kupon-Raten 193

6.2.1.4 Berechnung von Diskontfaktoren aus Par-Kupon-Raten ... 197
6.2.1.5 Forward-Raten ... 198
6.2.1.6 Forward-Rate-Agreements (FRA's) ... 199
6.2.2 Berechnung des theoretischen Futurepreises ... 202
6.2.3 Die Basis ... 204

7. Anwendungsmöglichkeiten für lang- und mittelfristige Zinsterminkontrakte ... 207

7.1 Hedging ... 207
7.1.1 Risikoquellen festverzinslicher Anleihen ... 207
7.1.2 Arten und Risiken eines Hedges ... 208
7.1.2.1 Short Hedge ... 208
7.1.2.2 Long Hedge ... 208
7.1.2.3 Cross Hedge ... 208
7.1.2.3.1 Allgemeine Risiken des Cross Hedges 209
7.1.2.3.2 Zinsstrukturrisiko ... 210
7.1.2.4 Basisrisiko ... 211
7.1.2.5 Realzins- und Inflationsrisiko ... 214
7.1.2.6 Liquiditätsrisiko ... 215
7.1.2.7 Wechsel des CTD ... 215
7.1.3 Das zu erzielende Ergebnis bei einem perfekten Hedge .. 215
7.1.4 Methoden zur Berechnung des Hedge Ratios ... 218
7.1.4.1 Preisfaktormethode ... 219
7.1.4.2 Durationsmethode ... 220
7.1.4.2.1 Macaulay Duration ... 221
7.1.4.2.2 Dollar Duration ... 222
7.1.4.2.3 Dollar Duration und Konvexität ... 225
7.1.4.3 Basis Point Value ... 227
7.1.4.4 Regressionskoeffizient ... 228
7.1.4.5 Tailing the Hedge ... 231
7.1.5 Empirische Tests ... 233
7.1.5.1 Kennzahlen zu den Absicherungen ... 234
7.1.5.2 Vorgehensweise ... 235
7.1.5.3 Absicherung von lieferbaren Anleihen ... 238
7.1.5.3.1 Resultat des Hedges ... 239
7.1.5.3.2 Gründe für eventuelle Ineffizienz des Hedges ... 246
7.1.5.4 Absicherung von Euro-DM Anleihen ... 252
7.1.5.4.1 Resultat des Hedges ... 255
7.1.5.4.2 Gründe für eventuelle Ineffizienz des Hedges ... 256
7.1.5.5 Resümee ... 259
7.1.6. Optimierung des Hedges mit Hilfe von Optionen ... 259

7.1.7 Absicherung von zukünftigen Verbindlichkeiten 265
7.1.8 Absicherung von zukünftigen Einzahlungen 266
7.1.9 Hedging von Swaps 267
7.2 Arbitrage 268
7.2.1 Cash and Carry Arbitrage 268
7.2.2 Cash and Carry Arbitrage unter Ausnutzen der Seller's Option 275
7.2.3 Reverse Cash and Carry Arbitrage 279
7.2.4 Inter Market Arbitrage 281
7.2.5 Arbitrage zwischen Terminkontrakten mit unterschiedlichen Liefermonaten 281
7.3 Trading 282
7.3.1 Long-Position 282
7.3.2 Short-Position 283
7.3.3 Spread Trading 285
7.3.3.1 Intrakontrakt Spread Trading 286
7.3.3.2 Interkontrakt Spread Trading 288
7.3.4 Basis Trading 295
7.3.4.1 Long the Basis 296
7.3.4.2 Short the Basis 297
7.3.4.3 Risiken eines Basis Trades 299
7.4 Management von Anleiheportfolios 301
7.4.1 Steuerung der Duration eines Anleiheportfolios 301
7.4.1.1 Die Duration eines Anleiheportfolios 301
7.4.1.2 Veränderung der Duration und Sensitivität eines Anleiheportfolios 304
7.4.1.3 Verlagerung des Zinskurvenrisikos 305
7.4.2 Erhöhung der Portfoliorendite durch Anleihe-Futures .. 306
7.4.3 Absicherung des Reinvestitionsrisikos von Anleihen 307

8. Anwendungsmöglichkeiten für kurzfristige Zinsterminkontrakte 309

8.1 Berechnung von Zinsätzen 309
8.1.1 Aufbau von Zinskurven und Berechnung von Diskontfaktoren 309
8.1.2 Future-Strip-Raten 312
8.1.3 Ermittlung von FRA-Sätzen 315
8.1.4 Berechnung von Swap-Raten 316
8.1.5 Konvexität 321
8.1.5.1 Ursachen für die Konvexität 323
8.1.5.2 Bewertung der Konvexität 329
8.1.5.3 Anwendungen 334
8.2 Hedging 342
8.2.1 Grundlagen 342

8.2.1.1 Allgemeine Probleme beim Hedge und Arbitrage mit Geldmarktkontrakten 342
8.2.1.2 Das Basisrisiko 345
8.2.1.3 Ermittlung des Zielzinssatzes 346
8.2.1.4 Stack Hedge und Strip Hedge 349
8.2.1.5 Tailing the Hedge 349
8.2.1.6 Optionsähnliche Positionen erzeugt durch Variation Margin Cash Flows 352
8.2.1.7 Berechnung des Hedge Ratios 356
8.2.2 Anwendungen 357
8.2.2.1 Absicherung von Geldmarkteinlagen 357
8.2.2.2 Hedging von FRA's 361
8.2.2.3 Hedge von Swaps 362
8.2.2.4 Absicherung von Floating Rate Notes 368
8.2.2.5 Umwandlung einer Verbindlichkeit mit variabler Zinszahlung in eine Verbindlichkeit mit fixer Zinszahlung 371
8.2.2.6 Absicherung von Anleihen 371
8.3 Arbitrage 375
8.3.1 Arbitrage zwischen Future und Zero-Rate 375
8.3.2 Arbitrage zwischen Future und FRA 379
8.3.3 Arbitrage von Swaps 382
8.4 Trading 383
8.4.1 Long- und Short-Positionen 383
8.4.2 Spread Trading 383
8.4.2.1 Intrakontrakt Spread Trading 384
8.4.2.2 Interkontrakt Spread Trading 384
8.4.2.3 Der TED-Spread 385
8.4.2.3.1 Der kurzfristige TED-Spread 386
8.4.2.3.2 Der langfristige TED-Spread 387

9. Bildung von synthetischen Instrumenten 393

10. Optionen auf Zinsterminkontrakte 397

10.1 Optionen auf kurzfristige Zinsterminkontrakte 397
10.1.1 Calls und Puts 391
10.1.2 Anwendungsmöglichkeiten 397
10.2 Optionen auf langfristige Zinsterminkontrakte 401

Glossar 403
Literaturverzeichnis 411
Sachverzeichnis 427

Abkürzungsverzeichnis

α	=	Absolutglied
A	=	Aufgelaufene Stückzinsen vom letzten Kuponzahlungstag bis zum Valutatag
A	=	Anleihe
AB	=	Andienungsbetrag
abs.	=	absolut
AI	=	Accrued Interest (aufgelaufener Stückzins)
APT	=	Automated Pit Trading
ATOM	=	Automated Trade Order Matching
AZ	=	Aufgelaufene Stückzinsen
β	=	Steigungsparameter
B	=	Bestimmtheitsmaß
BBA	=	British Bankers' Association
BBAISR	=	British Bankers' Association Interest Settlement Rate
BGH	=	Bundesgerichtshof
BP	=	Basispunkt
BoE	=	Bank of England
BoS	=	Bank of Spain
BTP	=	Buoni del Tesoro Poliennali
BPV	=	Basis Point Value
Bulis	=	Bundesbankliquiditätsschätze
c	=	Kupon der Anleihe in %
CBOT	=	Chicago Board of Trade
CEDEL S.A.	=	Centrale de Livraison de Valeurs Mobilières S.A.
CD	=	Certificate of Deposit
CTD	=	Cheapest to Deliver
CF	=	Conversion Factor
Corr	=	Korrelation
Cov	=	Kovarianz
d	=	Delta
D	=	Duration
DCM	=	Direct Clearing Member
D_{Mac}	=	Macaulay Duration
D_{Mod}	=	Modified Duration
DD	=	Dollar Duration
Dol.	=	Dollar
DTB	=	Deutsche Terminbörse
Dur.	=	Duration
e	=	zufällige Fehler
E	=	Erträge, die aus dem Halten der Anleihe vom Valutatag bis zum Kontraktliefertag anfallen
EDSP	=	Exchange Delivery Settlement Price
EIB	=	European Investmentbank
ERP	=	European Recovery Programme
F	=	Finanzierungskosten, die durch das Fremdfinanzieren der Anleihe anfallen
f	=	Anzahl der Monate zwischen dem Liefertag und dem nächsten Kuponzahlungszeitpunkt dividiert durch 12
f.	=	folgende
F	=	Future

FED = Federal Reserve System
FDE = Fonds Deutsche Einheit
FF = Für den Future gültige Forward-Rate
FIBOR = Frankfurt Interbank Offered Rate
Fin.Ko. = Finanzierungskosten
FOTRA = Free of tax to residents abroad
Fow = Forward Contract
FP = Futurepreis
FP_e = theoretischer Preis des entferntliegenden Kontraktes
FP_n = akuteller Preis des naheliegenden Kontraktes
FR = Forward-Rate
FRA = Forward-Rate Agreement
FS = fixe Seite des Swap
Fut. = Future
g = Gewichtungsfaktor
G = Gewinn
GCM = General Clearing Member
GTC = Good Till Cancelled
H = Hedge
HR = Hedge Ratio
i = Zinssatz
IBRD = Weltbank
ICCH = International Commodity Clearing House
IMM = International Monetary Market
IRR = Implied Repo Rate
ITL = italienische Lira
J. = Jahr
J = Anzahl der Jahre bis Fälligkeit
JGB = Japanese Government Bond
K = Kupon der Anleihe, Basispreis oder Konvexität
KA = Kassaanleihe
K_t = Kurs der Anleihe im Zeitpunkt t
Kup. = Kupon
Konv. = Konvexität
$Konv_{Mod}$ = Modifizierte Konvexität
Kost. = Kosten
KP = Aktueller Kassapreis der Anleihe
KP = Kassaposition
LCH = London Clearing House
LFB = lieferbar
LIBOR = London Interbank Offered Rate
LIBID = London Interbank Bid Rate
LIFFE = London International Financial Futures and Options Exchange
LSE = London Stock Exchange
LTOM = London Traded Options Market
LZ = Laufzeit
LZB = Landeszentralbank
M = Gesamte Zeit zwischen den einzelnen Zahlungsüberschüssen
Mac. = Macaulay
n = Anzahl der ganzen Jahre bis zur Fälligkeit, Laufzeit
N = Liquidationszeitpunkt, Laufzeitende
NCM = Non Clearing Member
N.L. = nicht lieferbar
NW = Nominalwert
o. = ohne
OTC = over the counter

p = Nominalzinssatz, Kupon
P = Preis, Kurs der Anleihe
PF = Preisfaktor
PF_e = Preisfaktor des CTD des entferntliegenden Kontraktes
PF_n = Preisfaktor des CTD des naheliegenden Kontraktes
Pta = spanische Peseten
PV = Barwert
r = Zinssatz, Rendite oder Korrelationskoeffizient
rf = Forward-Zinssatz
RL = Restlaufzeit
S = Aktienkurs
SCT = Stanza di Compensazione Titoli
SO = Seller's Option
SOFFEX = Swiss Options and Financial Futures Exchange
SPAN = Standard Portfolio Analysis of Risk
SYM = Simple Yield to Maturity
SW = Swap
Syn. = Synonym
t = Zeitpunkt (Laufindex)
T = Restlaufzeit
T = Anzahl der Tage vom Valutatag bis zum Kontraktliefertag
T = Tage bis zum Auflösen der Position minus 1
T = Tilgungsbetrag
T-Bond = Treasury Bond
TT = total
T_{KL} = Anzahl der Tage vom Kuponzahlungszeitpunkt bis zum Liefertag
TSE = Tokio Stock Exchange
T_{VK} = Anzahl der Tage vom Valutatag bis zum Kuponzahlungszeitpunkt
V = Verlust
vgl. = vergleiche
Vol. = Volatilität
VS = variable Seite des Swap
w = Zeitpunkt
w = Zeit von heute bis zum nächsten Zahlungsüberschuß
WK = Wechselkurs
WPKN. = Wertpapierkennummer
WV = Wertveränderung
WVPF = Wertveränderung des Portfolios
$x_1 \ldots x_n$ = Realisationen von X
X = Zufallsvariable
$y_1 \ldots y_n$ = Realisationen von Y
Y = Zufallsvariable
y = beobachtete Werte
$\hat{y}$ = geschätzte Werte
$\bar{y}$ = Mittelwert der beobachteten Werte Y
YTM = Yield to Maturity
Z = Zinssatz
Z_t = Zahlungsüberschuß (Cash Flow) in Periode t
Z_T = Zero-Rate bis zum Zeitpunkt T
ZN = Zinsniveau am Kapitalmarkt
σ = Standardabweichung

1. Einführung

Zinsterminkontrakte bzw. Zinsoptionen sind derivative Instrumente. Ihnen liegen im Fall des Bund-Futures Bundesanleihen zugrunde; ebenso liegen Geldmarkteinlagen dem EURIBOR-Future zugrunde. Bevor man sich einer Betrachtung der verschiedenen Zinstermininstrumente zuwendet, ist es sinnvoll, zuerst einen Blick auf die Instrumente zu werfen, die ihnen zugrunde liegen. Das sind im Falle von Zinsfutures Anleihen, Obligationen und Geldmarkteinlagen. Anleihen beispielsweise stehen wiederum nicht für sich alleine. Sie sind eingebettet in den Rentenmarkt und dieser wird in seiner Entwicklung nicht nur vom Rest des Kapitalmarktes, sondern besonders auch vom Geldmarkt beeinflußt. Deshalb soll in den folgenden Kapiteln ein kurzer Überblick über die Renten- und Geldmärkte gegeben werden, die für die wichtigsten Zinsterminkontrakte relevant sind.

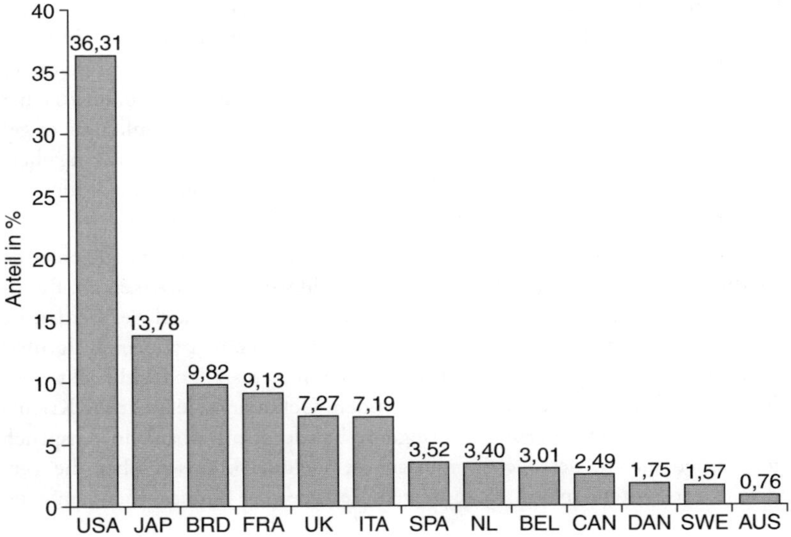

Abb. 1.1: Prozentualer Anteil der einzelnen Länder am Weltmarkt für Regierungsanleihen[1]

1 *J.P. Morgan:* (Government Bond Indizes), Oktober 98.

1.1 Der Markt für festverzinsliche Wertpapiere im Euro-Raum

1.1.1 Der Geldmarkt im Euro-Raum

Der Geldmarkt wird oft als Markt für kurzfristige Einlagen und Ausleihungen bezeichnet. Es tritt dabei das Problem auf, abzugrenzen, ab welcher Laufzeit ein Papier lang- oder kurzfristig ist. Aus diesem Grund hat sich die Bezeichnung des Geldmarktes als Markt für Zentralbankgeld und Geldmarktpapiere durchgesetzt. Auf ihm agieren vornehmlich die Zentralbank und Kreditinstitute, ferner auch Finanzabteilungen großer Unternehmen, öffentliche Verwaltungen und Kapitalsammelstellen. Die wichtigste Aufgabe des Geldmarktes ist der Ausgleich von Liquiditätsdefiziten und -überschüssen zwischen Kreditinstituten. Banken, die kurzfristig über überschüssiges Zentralbankgeld verfügen, können dieses Geld anderen Banken, die sich in einem Liquiditätsdefizit befinden, auf dem Geldmarkt gegen Zinszahlung anbieten. Die am Geldmarkt gehandelten Mittel weisen einen hohen Liquiditätsgrad auf. Die Laufzeit beträgt oft nur einen Tag (Tagesgeld), reicht aber über einen Monat, drei Monate, bis zu zwei Jahren (z.B. U-Schätze)[1]. Der Tendersatz[2] ist ein wichtiger Einflußparameter auf die Geldmarktzinsen. Durch ihn hat die Notenbank Einfluß auf die Kosten der Refinanzierungsmöglichkeiten der Kreditinstitute und somit einen – wenn auch nur indirekten – Einfluß auf die Kreditgewährung des Bankensektors an den Nichtbankensektor. Eine Zu- bzw. Abnahme der Kreditgewährung führt dann zu einer entsprechenden Zu- bzw. Abnahme der Geldmenge. Da die Banken nicht gezwungen sind, eine Änderung ihrer Refinanzierungskosten weiterzugeben, ist der Einfluß der Notenbank auf die Soll- und Habenzinsen auch hier nur indirekt. In der Regel besteht aber ein sehr enger Zusammenhang.

Ob die Kosten der Refinanzierungssätze über oder unter den vergleichbaren Geldmarktsätzen liegen, hängt von der Liquiditätslage der Banken ab. Befinden sich die Kreditinstitute in einer angespannten Liquiditätslage, werden sie ihre Kontingente bei der Zentralbank ausnutzen. Haben sie einen darüber hinausgehenden Liquiditätsbedarf, so werden sie sich an den Geldmarkt wenden. Dies führt zu steigenden Zinsen auf dem Geldmarkt. Je mehr die Kreditinstitute ihre Refinanzierungskontingente bei der Zentralbank in Anspruch genommen haben, desto eher werden die Geldmarktzinsen über die vergleichbaren Notenbankzinssätze steigen. Verfügen die Banken über genügend

---

1 Vgl. *Issing, O.:* (Geldpolitik), S.43.

2 Ein Tender kann als Mengen- oder Zinstender durchgeführt werden. Bei einem Mengentender gibt die EZB den Zinssatz vor; die Teilnehmer geben Gebote über den Betrag ab, den sie bereit sind, zu diesem Festsatz zu kaufen bzw. zu verkaufen. Bei einem Zinstender geben die Teilnehmer Gebote über die Beträge und die Zinssätze ab, zu denen sie Geschäfte mit den nationalen Zentralbanken abschließen wollen. Vgl. *Europäische Zentralbank:* (Geldpolitik), S. 25.

Geld aus anderen Quellen, werden sie nicht bereit sein, sich teuer bei der Notenbank zu verschulden und werden andererseits auch nicht bereit sein, für Geldmarktkredite mehr zu bezahlen, als für Notenbankkredite.

Neben Zentralbankgeld werden am Geldmarkt auch Geldmarktpapiere gehandelt. Zu den Geldmarktpapieren gehören in der BRD neben Schatzwechseln und unverzinslichen Schatzanweisungen (U-Schätze) auch Privatdiskonte (Bankakzepte, die der Finanzierung von Außenhandelsgeschäften dienen), Bubills und Pensionsgeschäfte. Unter Pensionsgeschäften werden in diesem Zusammenhang kurzfristige Offenmarktgeschäfte[1] mit einer vorher festgelegten Rückkaufvereinbarung verstanden. Bubills werden seit Juli 1996 emittiert, sind diskontierte Staatspapiere und haben eine Ursprungslaufzeit von 6 Monaten. Schatzwechsel sind wie U-Schätze Diskontpapiere, d.h. die Zinsen werden im voraus vom Ausgabepreis abgezogen (diskontiert). Schatzwechsel werden vom Bund, den Bundesländern und der Bundesbahn begeben, dienen der Deckung eines vorübergehenden Finanzierungsbedarfs und haben eine Laufzeit von 30 Tagen bis 6 Monaten. In seltenen Fällen besitzen sie auch eine Laufzeit von weniger als 10 Tagen. Bei U-Schätzen dagegen schwankt die Laufzeit zwischen 3 Monaten und 2 Jahren. Sie werden ebenfalls vom Bund, den Bundesländern und der Bundesbahn, sowie von der Bundespost und anderen Emittenten ausgegeben.

Diese Geldmarktpapiere werden zwar vom Bund und anderen öffentlichen Institutionen emittiert, die Europäische Zentralbank jedoch hat ebenfalls die Möglichkeit, diese Papiere auf eigene Rechnung auszugeben und tut dies im Rahmen ihrer Offenmarktpolitik.

Von einer Änderung der Geldmarktzinsen werden die Kapitalmarktzinsen im allgemeinen nicht unberührt bleiben. Erwartungen der Marktteilnehmer spielen dabei eine beträchtliche Rolle.

Ein starker Anstieg der Geldmarktzinsen, z.B. bedingt durch eine restriktive Geldpolitik der Notenbank, kann auch zu einer inversen Zinsstrukturkurve führen. In diesem Fall liegen die kurzfristigen über den langfristigen Zinsen. Liegen die kurzfristigen Zinssätze deutlich über den langfristigen Sätzen, kann es zu einer Umschichtung aus Geldkapitalanlagen in Termingelder kommen. Das Fließen von Geldern in relativ liquide Anlagen wird nicht nur die Kurse der langfristigen Papiere unter Druck setzen, sondern kann auch den für die Notenbak meist unerwünschten Effekt eines Wachstums der Geldmenge (z.B. Erhöhung der Geldmenge M3) haben.

Ebenso kann ein Sinken der Geldmarktzinsen zu einem Sinken der langfristigen Zinsen führen. Investitionen in kurzfistige Anlagen werden in diesem Fall unattraktiver. Dies kann zu einem Umschichten der Gelder in Kapitalmarktpapiere führen. Steigen durch die Umschichtung die Kurse dieser Papiere, ist

---

1 Kauf und Verkauf von Wertpapieren am offenen Markt, d.h. an dem Markt, der allen Teilnehmern offensteht, z.B. die Börse. Die Notenbank betreibt Offenmarktpolitik u.a. mit dem Ziel der Liquiditätssteuerung.

damit auch ein Sinken der langfristigen Zinsen verbunden. Das ist aber nicht zwangsläufig der Fall. Es kann auch das Gegenteil eintreten. Wenn die Marktteilnehmer eine expansive Geldpolitik mit Inflationsgefahren verbinden, werden sie nicht bereit sein, ihr Geld langfristig anzulegen. Eine Erhöhung der Inflation führt nämlich zu einer Verminderung des Realzinses für den Fall, daß der Nominalzins für einen bestimmten Zeitraum festgelegt ist und nicht angepaßt werden kann. Dadurch fallen die Kurse der Wertpapiere und die langfristigen Zinsen steigen.

Seit 04.01.1999 liegt die Verantwortung für die Geldpolitik im Euro-Raum bei der Europäischen Zentralbank (EZB). Die nationalen Notenbanken gaben ihre Autonomie auf und können nur noch im Rahmen des Europäischen Systems der Zentralbanken (ESZB) agieren. Das Europäische System der Zentralbanken besteht aus der Europäischen Zentralbank und den nationalen Zentralbanken der Mitlgliedstaaten. Die nationalen Notenbanken haben jedoch die Möglichkeit innerhalb gewisser Grenzen selbständig zu handeln. So können sie z.B. über einen Teil der bei ihnen verbleibenden Aktiva und Passiva (z.B. Währungsreserven, Gold) ohne Zustimmung der EZB verfügen. Die EZB nimmt zudem die nationalen Zentralbanken zur Durchführung von Geschäften, die zu den Aufgaben des ESZB gehören in Anspruch, soweit dies möglich und sachgerecht erscheint. Die geldpolitischen Geschäfte des ESZB werden in allen Mitgliedstaaten zu einheitlichen Bedingungen durchgeführt.[1] Welche geldpolitischen Operationen das Europäische System der Zentralbanken durchführen kann, zeigt die Abb. 1.2.

Der kontinentaleuropäische Referenzzinssatz für Geldmarktgeschäfte ist der **EURIBOR** (European Interbank Offered Rate). Er wurde von der European Banking Federation (FBE) eingeführt. Der EURIBOR wird für Laufzeiten von einer Woche und einem Monat bis zu einem Jahr auf der Basis einer actual/360 Tagezählung ermittelt. Valuta ist 2 Arbeitstage (T+2). Grundlage für die Berechnung sind die Quotierungen von 57 Banken, von denen 47 ihren Sitz im Euro-Raum haben. Vier Institute stammen aus EU-Ländern die nicht an der EWU teilnehmen und 6 Institute aus den USA, der Schweiz und Japan.[2] 15 Prozent der höchsten und niedrigsten Sätze werden gestrichen. Von den restlichen Quotierungen wird der arithmetische Durchschnitt gebildet. Die Notierung erfolgt auf drei Dezimalstellen. Das Resultat des Fixings wird gegen 11 Uhr Brüsseler Zeit veröffentlicht. Konvention für die Zinsberechnung ist die tatsächliche Anzahl der Tage geteilt durch 360 (actual/360).[3]

Der **EONIA** (Euro Overnight Index Average) gibt den umsatzgewichteten Durchschnittssatz für Tagesgeld an und wird von der Europäischen Zentralbank berechnet. Die EZB bezieht ihre Daten für den EONIA von den EURIBOR-Berichtsbanken. Alle Panel Banks müssen die während des Tages bis 6.00 p.m. (CET) getätigten Transaktionen (Volumen mit Zinssatz) melden.

1 *Europäische Zentralbank:* (Geldpolitik), S. 2.
2 *FBE/ACI:* (EURIBOR: Panel of Reference Banks), S. 1.
3 *FBE/ACI:* (EURIBOR: Technical Features), S. 7.

Geldpolitische Geschäfte	Transaktionsart Liquiditäts-bereitstellung	Transaktionsart Liquiditäts abschöpfung	Laufzeit	Rhythmus	Verfahren
Offenmarktgeschäfte					
Hauptrefinanzierungsinstrument	• Befristete Transaktionen	–	• Zwei Wochen	• Wöchentlich	• Standardtender
Längerfristige Refinanzierungsgeschäfte	• Befristete Transaktionen	–	• Drei Monate	• Monatlich	• Standardtender
Feinsteuerungsoperationen	• Befristete Transaktionen • Devisenswaps	• Devisenswaps • Hereinnahme von Termineinlagen • Befristete Transaktionen	• Nicht standardisiert	• Unregelmäßig	• Schnelltender • Bilaterale Geschäfte
	• Devinitive Käufe	• Definitive Verkäufe	–	• Unregelmäßig	• Bilaterale Geschäfte
Strukturelle Operationen	• Befristete Transaktionen	• Emission von Schuldverschreibungen	• Standardisiert/nicht standardisiert	• Regelmäßig und unregelmäßig	• Standardtender
	• Devinitive Käufe	• Definitive Verkäufe	–	• Unregelmäßig	• Bilaterale Geschäfte
Ständige Fazilitäten					
Spitzenrefinanzierungsfazilität	• Befristete Transaktionen	–	• Über Nacht	• Inanspruchnahme auf Initiative der Geschäftspartner	
Einlagefazilität	–	• Einlagenannahme	• Über Nacht	• Inanspruchnahme auf Initiative der Geschäftspartner	

Abb. 1.2: Geldpolitische Operationen des ESZB[1] *(Quelle: Europäische Zentralbank.)*

1 *Europäische Zentralbank:* (Geldpolitik), S. 7.

An demselben Tag wird zwischen 6.45 p.m. und 7.00 p.m. (CET) das Ergebnis veröffentlicht.

Nicht zum Euro-Raum zugehörig, jedoch von grßer Bedeutung ist der Londoner Geldmarkt mit dem Referenzzinssatz LIBOR (London Interbank Offered Rate). Die LIBOR wird von der British Banker's Association (BBA) für eine Vielzahl von Währungen ermittelt. Die Zinssätze basieren auf Quotierungen von 16 Londoner Banken um 11.00 Uhr Londoner Zeit.[1] Die Banken müssen hierbei ihre Quotierungen zwischen 11.00 Uhr und 11.10 Uhr Londoner Zeit abgeben.[2] Ein Viertel der höchsten und ein Viertel der niedrigsten Werte werden gestrichen. Von den restlichen Sätzen wird der Durchschnitt gebildet. Die Ermittlung der Sätze erfolgt für Laufzeiten von einer Woche und einem Monat bis 12 Monate.[3] Konvention für die Zinsberechnung ist actual/360. Auf diese Weise werden für die folgenden Währungen die Zinssätze ermittelt: AUD, CAD, CHF, GBP, EUR, JPY, USD. [4] Lediglich beim AUD und CAD beträgt die Anzahl der Banken 8 statt 16.[5] Die Zusammensetzung des Panels der Banken kann sich von Währung zu Währung unterscheiden.

1.1.2 Der Rentenmarkt in der BRD

Eine Rente ist ein Einkommen, das nicht auf einer Arbeitsleistung, sondern als Boden- oder Kapitalrente (Kapitalzins) auf Vermögen beruht. Deshalb wird der Markt für festverzinsliche Wertpapiere auch Rentenmarkt genannt. Der Rentenmarkt steht im Gegensatz zum Aktienmarkt, dem Markt für Beteiligungspapiere. Beide zusammen bilden den Kapitalmarkt im engeren Sinne (Markt für langfristige Wertpapiere). Er dient im Gegensatz zum Geldmarkt (Markt für kurzfristige Einlagen bzw. Kredite) der langfristigen Finanzierung. Am Kapitalmarkt finanzieren sich neben Bund und Ländern, Bahn und Post auch Kreditinstitute, Banken, Sparkassen und Unternehmen. Auch ausländische Unternehmen und Regierungen haben Zugang zum deutschen Kapitalmarkt. Der Kapitalmarkt im weiteren Sinne ist der Markt für langfristige Kredite und Kapitalanlagen. An ihm wird Kapital als Kredit angeboten und nachgefragt, so z.B.: Hypothekenkredite, Investitionskredite, langfristige Finanzierungskredite und finanzielle Beteiligungen.

Anleihen stehen in der Beachtung der Öffentlichkeit meist im Schatten der Aktien. Tatsache ist aber, daß die Rentenmärkte sowohl bezüglich des Emissionsvolumens als auch bezüglich des Handelsvolumens wesentlich stärker entwickelt sind als die Aktienmärkte. 1998 nahm die Bundesrepublik mit 9,82 % Anteil am Weltmarkt für Regierungsanleihen den dritten Platz hinter Japan

1 *British Banker's Assotioation:* (LIBOR Fixing), S. 1 ff.
2 *British Banker's Assotioation:* (Instructions), S. 1.
3 *British Banker's Assotioation:* (Euro BBA Libor), S. 2 f..
4 *British Banker's Assotioation:* (LIBOR Fixing), S. 1 ff.
5 Vgl. *British Banker's Assotioation:* (Instructions), Annex One: Table of Conventions and Fixing Dates.

und den USA ein.[1] Das gesamte Umlaufvolumen von festverzinslichen Wertpapieren (inklusive DM-Anleihen ausländischer Emittenten) betrug 1980 627,83 Mrd. DM Nominalwert, stieg bis 1986 auf 1158,97 Mrd. und betrug im Juli 1998 4.215,99 Mrd. DM Nominalwert.[2]

Am deutschen Rentenmarkt gibt es eine Vielzahl von verschiedenen festverzinslichen Wertpapieren. Diese lassen sich am besten nach ihrer Herkunft, d.h. nach den ausgebenden Institutionen, den Emittenten, unterteilen. Einen Überblick über die verschiedenen festverzinslichen Wertpapiere in der Bundesrepublik Deutschland gegliedert nach ihren Emittenten, zeigt die folgende Übersicht:

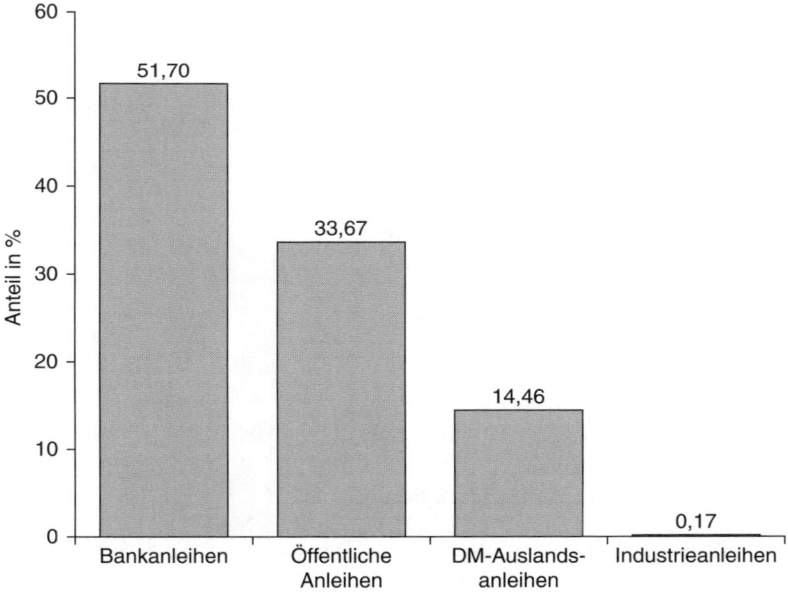

Abb. 1.3: Emittentenstruktur des deutschen Rentenmarktes[3]
Quelle: Deutsche Bundesbank: (Kapitalmarktstatistik September 1998).

Emittenten von festverzinslichen Wertpapieren

1. Öffentl. Haushalte

1.1 Bund

- Bundesanleihen
- Bundesobligationen
- Bundesschatzanweisungen

1 *J.P. Morgan:* (Government Bond Index), o.S..
2 *Deutsche Bundesbank:* (Kapitalmarktstatistik September 1998), S.24, S. 41.
3 Stand Ende Juli 1998.

- Schuldscheindarlehen
- Bundesschatzbriefe
- Kassenobligationen
- Unverzinsliche Schatzanweisungen (U-Schätze)
- Finanzierungsschätze
- Bubills
- Schatzwechsel

1.2 **Sondervermögen des Bundes** (Bahn, Post, Fonds Deutsche Einheit, Treuhandanstalt, ERP, AFW, EF)

- Anleihen
- U-Schätze
- Kassenobligationen
- Schuldscheindarlehen

1.3 **Bundesländer**

- Anleihen
- U-Schätze
- Kassenobligationen
- Schuldscheindarlehen

1.4 **Gemeinden und Kommunalverbände**

- Gelegentlich Anleihen (geringe Bedeutung)

2. **Kreditinstitute**

2.1 **Geschäftsbanken**

- Bankschuldverschreibungen
- Sparbriefe
- Sparschuldverschreibungen
- Genußscheine
- Wandelanleihen
- Optionsanleihen
- Nullkuponanleihen (Zero Bonds)
- Variabel verzinste Anleihen (Floating-Rate Notes)

2.2 **Realkreditinstitute** (Private u.a.: priv. Hypothekenbanken, Schifffahrtspfandbriefbanken, Deutsche Genossenschaftsbank, Öffentl. rechtliche u.a.: Landesbanken, Girozentralen, öffentl. rechtl. Hypothekenbanken)

- Anleihen
- Pfandbriefe
- Kommunalobligationen
- Kassenobligationen
- Schuldscheindarlehen

2.3 **Kreditinstitute mit Sonderaufgaben** (Private u.a.: Industriekreditbank, Öffentl. rechtliche u.a.: Kreditanstalt für Wiederaufbau, Deutsche Ausgleichsbank, Landwirtschaftl.Rentenbank)

- Anleihen
- Schuldscheindarlehen
- Kassenobligationen
- z.T.auch Landwirtschaftsbriefe

3. **Industrieunternehmen**
   - Industrieanleihen
   - Wandelanleihen
   - Optionsanleihen
   - Genußscheine
   - Schuldscheindarlehen
4. **Ausländische Schuldner** (Staaten, ausl.Städte u. Provinzen, ausl. Unternehmen ausl. Töchter inl. Unternehmen supranationale Institutionen)
   Es existiert eine Vielzahl von Instrumenten u.a.:
   - Anleihen u. Privatplazierungen
   - Wandelanleihen
   - Optionsanleihen
   - Floating-Rate Notes
   - Devisenoptionsanleihen
   - Zinsoptionsanleihen
   - Mediumterm Notes
   - Zero Bonds
   - Annuitätenanleihen
   - Aktienindexanleihen
   - Anleihen mit Währungswahlrecht des Emittenten
   - Doppelwährungsanleihen

Es ist zu beachten, daß unverzinsliche Schatzanweisungen genauso wie Finanzierungsschätze, Bubills (Diskontpapiere mit einer Ursprungslaufzeit von 6 Monaten) und Schatzwechsel nicht zum Rentenmarkt, sondern zum Geldmarkt gehören. Aus dieser Vielzahl von Instrumenten sollen nur einige wichtige Instrumente herausgegriffen werden.

Bei einer Anleihe handelt es sich um eine langfristige Schuldaufnahme mit festen Zinssatz, im voraus festgelegter Tilgung und (meist) fester Laufzeit. Sie werden gewöhnlich als Schuldverschreibung durch Ausgabe effektiver Urkunden emittiert und lauten in der Regel auf den Inhaber. Schuldbuchforderungen, bei denen die Rechte des Gläubigers nicht verbrieft sind, sondern in ein Schuldbuch eingetragen werden, sind seltener, finden aber in den letzten Jahren zunehmend Anwendung, z.B. bei Bundesanleihen und Bundesobligationen. Das Emissionsvolumen jeder Anleihe ist gestückelt, in Teilbeträge von mindestens € 100.– oder ein Vielfaches davon. Der Nominalzinssatz einer Anleihe orientiert sich meist an dem bei der Emission geltenden Marktzinssatz und wird in der Regel entweder halbjährlich oder jährlich gezahlt. Der Effektivzinssatz dagegen ist abhängig vom Nominalzinssatz, dem Kurs und der Restlaufzeit der Anleihe. Die Tilgung kann je nach Vertragsausgestaltung in einem Betrag am Ende der Laufzeit, in Raten, oder auch vorzeitig, d.h. vor Ende der ursprünglichen Laufzeit, erfolgen.

Bundesanleihen sind genauso wie **Bundesobligationen** Schuldverschreibungen des Bundes. Sie dienen der Finanzierung von öffentlichen Ausgaben. Beide Wertpapiere sind Inhaberschuldverschreibungen. Im Gegensatz zu früher werden sie nicht mehr verbrieft ausgegeben, sondern in das Bundesschuldbuch als Forderungen eingetragen. Sie sind somit streng genommen keine Wertpapiere, sondern Wertrechte. Das führt dazu, daß eine Ausgabe von effektiven Stücken nicht mehr möglich ist. Die Verwahrung erfolgt durch die Kassenvereine und die Bundesschuldenverwaltung. Gesichert sind beide Schuldverschreibungen durch das Vermögen des Bundes sowie durch das Steueraufkommen. Die Laufzeit von Bundesanleihen beträgt bei der Emission in der Regel 10 Jahre (z.T. auch 8, 12 und 30 Jahre), von Bundesobligationen 5 Jahre. Sie werden am Ende der Laufzeit in einer Summe zum Nennwert zurückgezahlt. Eine vorzeitige Kündigung ist weder für den Schuldner noch für den Gläubiger möglich. Beide Instrumente haben einen festen Kupon, wobei die Zinszahlung jährlich erfolgt. Sie sind mündelsicher, lombardfähig und deckungsstockfähig. Bundesobligationen werden im Gegensatz zu Bundesanleihen als Daueremission verkauft und in Serien eingeteilt. Die Ausgaberendite wird an die Marktrendite angepaßt. Die Grobsteuerung der Rendite erfolgt über den Kupon und die Feinsteuerung über den Ausgabekurs. Die erste Serie kam im Dezember 1979 an den Markt.

Die deutsche Wiedervereinigung führte dazu, daß der Fonds zur Finanzierung der deutschen Einheit (**Fonds Deutsche Einheit**, FDE) aufgelegt wurde. Dieser Fonds ist ein Sondervermögen des Bundes. Das Volumen seiner ausstehenden Anleihen betrug Ende Januar 1999 € 23 Mrd.[1] Der Fonds Deutsche Einheit tritt zwar als Schuldner auf dem Markt auf, allerdings haftet der Bund direkt für eventuelle Verpflichtungen. Zudem haben diese Anleihen Spezifikationen, die identisch mit Bundesanleihen sind. Deshalb werden sie ebenfalls wie Bundesanleihen im Primär- und Sekundärmarkt gehandelt.

Die **Treuhandanstalt** ist wie der Fonds Deutsche Einheit ein Sondervermögen des Bundes, für dessen Verbindlichkeiten der Bund direkt haftet. Anleihen der Treuhand sollten deshalb dieselbe Bonität haben wie Bundesanleihen.
Ebenfalls zum Kreis der Bundeswertpapiere zählen die Schuldverschreibungen des **Ausgleichsfonds Währungsumstellung** (AFW). Diese Schuldverschreibungen haben ihren Ursprung in der Währungsumstellung zum 1. Juli 1990 auf dem Gebiet der ehemaligen DDR. Unter anderem wegen der asymetrischen Umstellung von Aktiva und Passiva entstanden damals bei vielen Kreditinstituten und Außenhandelsbetrieben bilanzielle Unterdeckungen, die durch die Zuteilung von verzinslichen Forderungen gegen den Ausgleichsfonds ausgeglichen wurden. Auf Wunsch der Kreditinstitute können diese Ausgleichforderungen in Schuldverschreibungen des Ausgleichsfonds Währungsumstellung umgewandelt werden.[2]

Das **European Recovery Programme** (ERP) geht auf ein Kreditprogramm des Marshall-Planes zurück, mit dem die europäischen Länder bei dem wirtschaflichen Aufbau nach dem zweiten Weltkrieg unterstützt werden sollten. Die

---

1 *Deutsche Bundesbank:* (Kapitalmarktstatistik März 1999), S. 30.
2 *Deutsche Bundesbank:* (Bundeswertpapiere), S. 41.

darin enthaltenen DM-Gegenwerte wurden 1949 in Form des ERP-Sondervermögen zusammengefaßt. Es ist ein Sondervermögen des Bundes, für das der Bund unmittelbar und uneingeschränkt haftet. Dadurch erfolgt eine kreditmäßige Gleichstellung von ERP-Anleihen mit den Anleihen der übrigen Sondervermögen und mit Bundesanleihen. Durch diese Gleichstellung erhalten ERP Anleihen eine höhere Akzeptanz und die Zinskosten werden verringert. Die Mittel dieses Sondervermögens werden überwiegend zur Vergabe langfristiger zinsgünstiger Darlehen an die deutsche Wirtschaft eingesetzt.

Anleihen des **Entschädigungsfonds** (EF) gelten Enstschädigungsansprüche aus offenen Vermögensfragen in der ehemaligen DDR ab. Rechtsgrundlage bildet das Entschädigungs- und Ausgleichsleistungsgesetz.

Eine interessante, wenngleich aufgrund des geringen ausstehehnden Volumens unbedeutende Form von Bundeswertpapieren stellen **Fundierungsschuldverschreibungen** dar. Mit Wirksamwerden der Deutschen Einheit am 3. Oktober 1990 lebten gemäß dem Londoner Schuldenabkommen von 1953 Zinsansprüche aus bestimmten auf verschiedene Währungen lautenden Anleihen des Deutschen Reiches (Dawes-/Young-/Kreuger-Anleihe) und des Freistaates Preußen wieder auf. Zur Abgeltung der neu berechneten Zinsansprüche wurden 15 Tranchen von Fundierungsschuldverschreibungen aufgelegt und in den amtlichen Handel an der Frankfurter Wertpapierbörse eingeführt.[1]

Pfandbriefe werden von privaten Hypothekenbanken, öffentlich-rechtlichen Kreditanstalten und Schiffspfandbriefbanken emittiert und stellen ein bedeutendes Marktsegment dar. Sie müssen in gleicher Höhe durch Hypotheken mit mindestens gleichem Zinsertrag gedeckt sein und dienen der Refinanzierung von Hypothekarkrediten. Jumbo Pfandbriefe müssen ein bestimmtes Emissionsvolumen aufweisen und stellen die liquideste Form des Pfandbriefes dar. Der erste Jumbo wurde im Mai 1995 emittiert.

Die Aufteilung des Marktes für Bundesanleihen zeigt *Abb. 1.4.*

Der Markt für Anleihen und Obligationen kann in den Primär- und in den Sekundärmarkt unterteilt werden. Der Primärmarkt ist der Teil des Kapitalmarktes, an dem Wertpapiere emittiert werden. Er wird deshalb auch Emissionsmarkt genannt. Der Sekundärmarkt hingegen dient dem Handel der bereits im Umlauf befindlichen Wertpapiere.

Die folgende Übersicht zeigt die Besonderheiten des Primär- und Sekundärmarktes für Bundesanleihen und Bundesobligationen (sofern nicht explizit unterschieden wird, beziehen sich die Aussagen auf Bundesanleihen und Bundesobligationen):

Der Primärmarkt

Emissionsverfahren

- Bundesanleihen: Eine Teil der Emission wird durch ein festes Emissionskonsortium ausgegeben. Bei diesem Verfahren werden die Anleihen zu ei-

1 *Deutsche Bundesbank:* (Bundeswertpapiere), S. 40 f..

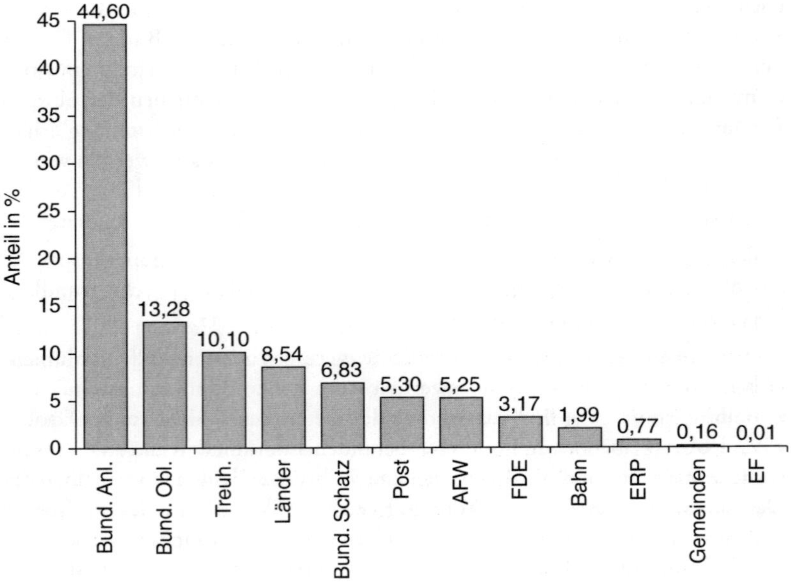

Abb. 1.4.: Der Markt für Schuldverschreibungen[1]
Quelle: Deutsche Bundesbank: (Kapitalmarktstatistik September 1998).

nem vorher festgelegten Preis angeboten. Das zweite Verfahren ist das Tenderverfahren. Der Ausgabepreis der Anleihe ist hierbei nicht festgelegt, es wird jedoch ein Minimumpreis vorgegeben. Käufer, z.B. Kreditinstitute können Kaufgebote abgeben. Die Zuteilung kann dergestalt erfolgen, daß die Käufer mit dem höchsten Gebot den Zuschlag erhalten. In letzter Zeit wurden etwa 45 % des jeweiligen Emissionsvolumens durch ein Konsortium und weitere 45 % im Tenderverfahren emittiert. Die restlichen 10 % sind für die Bundesbank für Marktinterventionszwecke bzw. Kurspflege reserviert.

- Bundesobligationen werden in Form einer Daueremission ausgegeben. Sie werden über Kreditinstitute ausgegeben, die den Ausgabekurs ständig an die jeweilige Marktrendite anpassen.

Emissionsvolumen

- Das Emissionsvolumen einer typischen Bundesanleihe liegt bei etwa € 15 Mrd.. Bei Bundesobligationen liegt das typische Volumen bei etwa € 8 Mrd.

Umlaufvolumen

- Januar 1999 betrug das Umlaufvolumen an Bundesanleihen,Bundesobligationen und Bundesschatzanweisungen € 349 Mrd., € 106 Mrd. und € 47 Mrd..[2]

1 Stand Juli 98
2 *Deutsche Bundesbank:* (Kapitalmarktstatistik März 1999), S. 30.

Stückelung

- € 100 Nominalwert oder ein Vielfaches davon.

Marktteilnehmer am Primärmarkt

- Die Mitgliedsbanken des Bundesemissionskonsortiums (98 Banken, davon 20 ausländische Banken)

Der Sekundärmarkt

Handelsplätze

- Der Handel findet statt an den acht deutschen Börsen, im ungeregelten Freiverkehr (OTC-Markt, over the counter, Telefonhandel) und über Xetra (Exchange Electronic Trading) dem elektronischen Handelssystem der Deutschen Börse AG. Die Hauptumsatztätigkeit findet am OTC-Markt statt. An diesem Markt beteiligen sich Banken und institutionelle Investoren.

Handel und Preisnotierung

- Für die Einführung in den amtlichen Handel an den Börsen ist kein Zulassungsverfahren notwendig. Preise werden auf zwei Stellen nach dem Komma notiert. Neben einem börsentäglichen Einheitskurs (Fixing) gibt es auch variable Notierungen. Die Notierung erfolgt auf zwei Stellen nach dem Komma. Die Spanne zwischen Geld und Brief schwankt im Interbankenhandel je nach Liquiditätzwischen € 0,04 und 0,10.
  Der Kupon der neueren Bundesanleihen ist abtrennbar und separat handelbar (Kupon-Stripping).

Stückzinsen

- Stückzinsen werden jährlich gezahlt und beruhen auf einer actual/actual Tage Berechnung.

Handelbare Einheit

- € 1000 Nominalwert oder ein Vielfaches davon.

Abrechnung und Abwicklung:

- Die Übertragung erfolgt durch eine entsprechende Bucheintragung. Die Abrechnung erfolgt üblicherweise innerhalb von zwei Geschäftstagen über das Abwicklungssystem des Kassenvereins, an das die acht deutschen Börsen angeschlossen sind (domestic). Transaktionen mit ausländischen Parteien (international) werden in der Regel innerhalb von drei Geschäftstagen abgerechnet und können über den Auslandskassenverein, Euroclear oder Cedel abgewickelt werden.

Verwahrung:

- Da Bundesanleihen und Bundesobligationen Wertrechte sind und daher keine physischen Zertifikate mehr ausgegeben werden, kann die Verwahrung nur über die Kassenvereine und die Bundesschuldenverwaltung erfolgen.

Besonderheiten:

- Während es für Bundesanleihen keine Erwerbsbeschränkungen gibt, können Bundesobligationen bei der Emission nur von natürlichen Personen und gemeinnützigen Institutionen erworben werden. Nach der Emission fallen allerdings diese Erwerbsbeschränkungen weg.
- Keine Börsenumsatzsteuer.

1.1.3 Der Rentenmarkt in Frankreich

Frankreich steht mit 9,13 % Anteil am Weltmarkt für Staatsanleihen an der zweiten Stelle in Europa.

BTFs (Bons du Trésor à Taux Fixe et à Intérêt Précompté) sind Diskontpapiere. Sie werden mit einer Restlaufzeit von maximal einem Jahr emittiert und zählen zum Geldmarkt.

BTANs (Bons du Trésor à Taux Fixe et à Intérêt Annuel) sind mittelfristige Staatspapiere mit einer Ursprungslaufzeit von 2 bzw. 5 Jahren. Ähnlich wie deutsche Bundesobligationen werden BTANs in Form einer Daueremission ausgegeben.

Das lange Ende der Zinskurve wird durch **OATs** (Obligations Assimilables du Tésor) abgedeckt. Die Restlaufzeit kann bis zu 30 Jahre betragen. Sie können sowohl mit einem festen als auch mit einem variablen Kupon ausgegeben werden. Die meisten OATs haben einen festen Kupon. Der Kupon der meisten Anleihen kann abgetrennt und seperat gehandelt werden (Kupon-Stripping). Frankreich war das erste europäische Land das ein Kupon-Stripping für Regierungsanleihen einführte. Der Markt für Strips ist inzwischen ausgeprägt und liquide. Die französische Regierung hielt die Anzahl der ausstehenden OATs in einem engen Rahmen, sorgte aber dafür, daß die einzelnen Papiere in einem großen Volumen emittiert wurden. Das hat auch eine hohe Liquidität am Sekundärmarkt zur Folge.

Neben OATs mit fester Verzinsung gibt es auch OATs mit variablen Zins. Die Verzinsung dieser Anleihen kann sich nach verschiedenen kurzfristigen (z.B. EURIBOR) wie langfristigen Referenzzinssätzen bzw. Indizes richten. Die bekannteste Anleihe mit einem langfristigen Referenzzinssatz ist der **TEC 10 Bond**. Hierbei handelt es sich um einen constant maturity Bond von 10 Jahren. Der jährliche Kupon richtet sich nach der Rendite des TEC 10 Index. Zur Berechnung dieses Index wird zwischen den Renditen der beiden OATs interpoliert, deren Fälligkeit am nächsten bei 10 Jahren liegt.

Am 15.09.98 wurde die erste inflationsgeschützte Anleihe **OATi** am französischen Markt emittiert. Sie hat eine Ursprungslaufzeit von fast 11 Jahren. Der Kupon wird jährlich gezahlt und ist an den monatlichen Konsumentenpreisindex (CPI) ex-tobacco in Frankreich gekoppelt.[1]

Neben Staat treten auch der öffentliche, der industrielle und kommerzielle Sektor, sowie Banken und finanzielle Institutionen als Schuldner auf. Die Anzahl sowie Vielfalt der ausstehenden Papiere ist relativ groß: Convertibles, Index Linked Bonds (Rendite z.B. gekoppelt an den CAC Index), Amortizing und Extendible Bonds, Anleihen mit verschiedenen Optionscharakteristika (z.B. Callable, Puttable, oder mit Warrants), Reversed Floater, Certificates of Deposit, Commercial Paper, etc..

1 Vgl. *Ministère De L' Écomomie:* (The inflation-indexed OAT), S. 1.

Der Primärmarkt
Die Emissionen von Staatsanleihen erfolgt im Auktionsverfahren (competitive bidding). Am Anfang des Jahres veröffentlich das Finanzministerium einen Auktionskalender mit Informationen über die kommenden Emissionen. Die Auktionen von OATs werden am ersten Donnerstag des betreffenden Monats und die Auktionen von BTANs werden am dritten Donnerstag des betreffen Monats abgehalten. Teilnehmer an den Auktionen ist die Gruppe der Primary Dealer (Spécialistes en Valeurs du Trésor, SVT, Anzahl 1998 ca. 20). Diese Primary Dealer beteiligen sich nicht nur an den Auktionen, sondern sind auch verpflichtet im Sekundärmarkt verbindliche Geld- und Briefkurse zu stellen und so für Liquidität zu sorgen.

Der Sekundärmarkt
Sämtliche Staatsanleihen werden an der Pariser Börse notiert. Der Hauptumsatz findet jedoch am OTC-Markt statt. OATs werden auf einer Preisbasis gehandelt, während BTANs in jährlicher Rendite mit zwei Stellen nach dem Komma notiert werden.

Stückzinsen beruhen auf einer actual/actual Tage Berechnung.

Die Übertragung findet durch eine entsprechende Schuldbucheintragung statt.

Die Valutierung erfolgt drei Geschäftstage nach Handelsabschluß.

Bei Investoren mit Ausländereingenschaft wird keine Quellensteuer erhoben.

1.1.4 Der Rentemarkt in Italien

Die wichtigsten Instrumente, die am Markt für italienische Regierungsanleihen gehandelt werden sind:

Certificati del Tesoro Zero-Coupon (**CTZs**). Hierbei handelt es sich um Zero-Bonds Ursprungslaufzeiten von 1,5 bis 2 Jahren.

Certificati del Tesoro a Sconto (**CTS**) sind zum Teil variabel verzinsliche Anleihen. Ein Teil des Kupons ist fix, der andere Teil richtet sich nach der Rendite der BOTs. Ihre Laufzeit liegt meist zwischen 4 und 7 Jahren. Die Emission erfolgt mit einem Disagio.

Certificati di Credito del Tesoro a Cedola Variable (**CCTs**) sind variabel verzinsliche Anleihen. Es handelt sich um Inhaberpapiere mit einer Restlaufzeit bei der Emission von 7 Jahren, deren Kupon halbjährlich gezahlt wird. Bei den inzwischen seltenen 10 jährigen Papieren wird der Kupon jährlich gezahlt. Der Kupon ist variabel. Die Höhe des Kupons richtet sich nach der Rendite der Schatzwechsel (**BOT**).[1]

Buoni del Tesoro Poliennali (**BTPs**) sind optionsfreie Staatsanleihen, mit einem festen Kupon,[2] der halbjährlich gezahlt wird. Die Laufzeit bei der Emis-

1 BOT = Bueno ordinari del Tesoro sind Schatzwechsel des Staates, die abgezinst mit Laufzeiten von drei, sechs, und zwölf Monaten ausgegeben werden.

2 Unter den Festkuponanleihen gibt es zudem noch Certificati del Tesoro a Indicatione Reale (**CTRs**, inflationsindexierte Anleihen), sowie **ewig laufende Anleihen**.

sion liegt zwischen 3, 5, 10 und 30 Jahren. Die Betrachtung des Primär- und Sekundärmarktes bezieht sich auf diese Anleihen.

Der Primärmarkt
Die Emission von BTPs und CCTs erfolgt über die Banca d'Italia in Form eines sog. „Dutch auction" Auktionsverfahren (marginal auction, non competitive). Bei BOTs findet eine „competitive auction" statt. Die Bekanntmachung der Emission Banca d'Italia erfolgt eine Woche vor der Auktion in offiziellen Gazetten, sowie über Reuters und das elektronisches Handelssystem. Über dieses Handelssystem können Gebote auch direkt abgegeben werden (Telematic auction).

Teilnehmer am Primärmarkt sind 15 Primary Dealer (Specialists), die von der Banca d'Italia über die Emissionen informiert werden. Ausländische Investoren können sich über diese Primärhändler an den Auktionen beteiligen. Diese Händler sind zudem verpflichtet am elektronischen Markt (Mercato Telematico) verbindliche Geld- und Briefkurse zu stellen.

Der Sekundärmarkt
Der börsenmäßige Handel in BTP's findet vorwiegend an der Mailänder Börse (Borsa Valori di Milano) statt. Allerdings ist diese Form des Handels inzwischen relativ unbedeutend.

Der Mercato Telematico ist ein computerisierter Markt, an dem der Handel über Bildschirme erfolgt. Durch seine Gründung im Mai 1988 mußte der OTC-Markt, an dem bis dato der Großteil des Volumens an Festverzinslichen gehandelt wurde, starke Umsatzeinbußen hinnehmen. Der Großteil des Umsatzvolumens in BTP Anleihen entfällt auf den Mercato Telematico. An diesem Markt quotieren die Primärhändler und Specialists. Auch Sekundärhändler (mehr als 240) haben Zugang, können aber nicht wie die Primärhändler quotieren. Specialists können handeln und Preise stellen, müssen jedoch einen bestimmten Umsatz erreichen. Primärhändler müssen ebenfalls einen bestimmten (niedrigeren) Umsatz erreichen.[1]

Stückzinsen werden halbjährlich gezahlt. Die Ermittlung der Stückzinsen erfolgt auf der Basis einer actual/actual Tage Berechnung.

Die Kursnotierung erfolgt in Dezimalen (1/100) und „clean", d.h. im Preis sind die aufgelaufenen Stückzinsen nicht enthalten und werden gesondert verrechnet.
Die Übertragung von Inhaberpapieren erfolgt überwiegend durch eine entsprechende Schuldbucheintragung.

Abrechnung und Valutierung erfolgt innerhalb von drei Geschäftstagen (domestic und international) nach dem Handelstag, durch das domestic Clearing System der Banca d'Italia (Stanza Giornaliera).

Es existiert keine Quellensteuer.

---

1 Vgl. *Battley, N.:* (The European Bond Markets), S. 892 f..

1.1.5 Der Rentenmarkt in Spanien

Die wichtigsten Instrumente des spanischen Geldmarktes sind:

Pagarés del Tesoro, Geldmarktpapiere, die von der spanischen Notenbank mit einer Laufzeit von 18 Monaten emittiert werden.

Letras del Tesoro sind ebenfalls diskontierte Geldmarktpapiere. Die Restlaufzeit bei der Emission beträgt 12 Monate.

Beide Instrumente sind Schuldverschreibungen des Staates und werden in Form von Schuldbucheinträgen geführt. Die weitaus größere Bedeutung besitzen jedoch die im Juni 1987 eingeführten Letras del Tesoro.

Pagarés de Empresa werden von Unternehmen ausgegeben. Es handelt sich auch hier um abgezinste Geldmarktinstrumente. Die Restlaufzeit bei der Emission liegt, mit Abstufungen von drei Monaten, zwischen drei und 18 Monaten.

Der Anleihemarkt in Spanien kann in drei Schuldnergruppen unterteilt werden: öffentliche Schuldner, private Schuldner und ausländische Schuldner.

Der Staat ist nicht nur der Bedeutendste unter den Schuldnern der öffentlichen Hand, sondern auch der größte Einzelschuldner des spanischen Rentenmarktes. Seine wichtigsten Finanzierungsinstrumente am Kapitalmarkt sind Bonos del Estado, Obligaciones del Estado sowie Euroanleihen.

Der kurz- bis mittelfristige Laufzeitbereich wird durch **Bonos del Estado** abgedeckt. Diese Anleihen werden in der Regel mit einer Restlaufzeit von 3 bis 5 Jahren emittiert. Es sind jedoch auch Laufzeiten von einem Jahr möglich. Neue Emissionen werden nur noch in Form von Schuldbucheinträgen verbrieft und werden mit einem Ganzjahreskupon ausgegeben. Diese Anleihen besitzen im Gegensatz zu älteren Emissionen kein Kündigungsrecht des Schuldners.

Obligationes del Estado sind ebenfalls Staatsanleihen, werden mit einer Restlaufzeit von 10 und 15 Jahren emittiert, besitzen einen Ganzjahreskupon und werden bei Fälligkeit zu pari getilgt.

Offiziell heißen die kurz- bis mittelfristigen Staatsanleihen Bonos del Estado und die langfristigen Staatsanleihen Obligaciones del Estado. An den internationalen Märkten ist es jedoch üblich, spanische Staatsanleihen als **„Bonos"** zu bezeichnen.

Eine weitere Finanzierungsquelle des Staates ist die Emission von Anleihen am Euromarkt. Diese Euroanleihen besitzen Laufzeiten von fünf bis acht Jahren und werden in ECU und französichen Franc begeben.

Weitere Schuldner der öffentlichen Hand sind öffentliche Banken, öffentliche Industrieunternehmen sowie Gebietskörperschaften. Am Kapitalmarkt sind diese Institutionen überwiegend durch die Emission von Festkuponanleihen mit jährlicher und halbjährlicher Zinszahlung tätig. Öffentliche Banken geben unter anderem Hypothekenanleihen (**Cedulas**) aus.

Die größten privaten inländischen Schuldner sind Banken, Versorgungsunternehmen (Wasser, Gas, Elektrizität) und Telekommunikationsunternehmen. An diesem Markt wird ein breites Spektrum von verschiedenen Anleihetypen gehandelt: z.B. Wandelanleihen, Floating-Rate Notes (Anleihen mit variabler Verzinsung), Zero Bonds (Nullkuponanleihen), Optionsanleihen (Anleihen mit anhängendem Optionsschein). Neben den herkömmlichen Festkuponanleihen werden auch Anleihen mit Kündigungsrecht des Gläubigers und Kündigungsrecht des Schuldners gehandelt. **Bonos de Caja** sind mittelfristige Anleihen von Investmentbanken und **Bonos del Tesoria** mittelfristige Anleihen von Geschäftsbanken.

Matador-Anleihen sind Anleihen ausländischer Schuldner. Sie werden in Peseten am spanischen Markt emittiert. Diese Anleihen sind vergleichbar mit Bulldog Anleihen, Yankee Bonds und Samurai Anleihen. Beispiele für Schuldner von solchen Anleihen sind: European Investmentbank (EIB), Weltbank, Eurofima, Republic of Ireland, United States of Mexico, Electricité France. Die Emission dieser Anleihen bedarf der Genehmigung des spanischen Finanz- und Wirtschaftsministeriums (Direction General del Tesoro y Politica Financiera).

Eine interessante Gegebenheit ist, daß der spanische Rentenmarkt nicht nur über einen weit entwickelten Spot-Markt, sondern auch über einen sehr großen und liquiden Forward- und Repo-Markt verfügt.

Der Primärmarkt

Spanische Staatsanleihen können auf drei verschiedene Arten emittiert werden: Im Auktionsverfahren, durch ein öffentliches Angebot zu festen Konditionen oder in Form einer direkten Ausgabe an die Bank of Spain ohne eine Auktion. Bei der letzten Form wird die Emission entweder zu der Ausgabe der zuletzt durchgeführten Auktion hinzugefügt oder sie wird ein neuer Titel mit denselben Konditionen.

Das vorwiegend praktizierte Verfahren, mit dem die Papiere emittiert werden, ist das Auktionsverfahren (competitive bidding). An diesen Auktionen nehmen die Primärhändler teil (Negociandes de Deuda, ca. 295.) Zu diesen Primärhändlern gehören auch Market Maker (Creadores de Mercado, ca. 11). Private Investoren haben zu diesen Auktionen keinen Zutritt. Sie können jedoch indirekt über Institutionenelle (z.B. Banken) tätig werden.

Eine Anleihe wird in drei Tranchen emittiert. Für jede Tranche kann eine zweite Auktionsrunde einberufen werden, an der nur Market Maker teilnehmen können.

15 Tage vor der Auktion erfolgt die Bekanntmachung der Höhe des Kupons und des Fälligkeitsdatums der Anleihe. Die Bekanntgabe des Marginalpreises (niedrigster Preis den die Notenbank akzeptiert) und des Emissionsvolumens erfolgt erst nach Abgabe sämtlicher Gebote.[1] Aus den Geboten wird ein ge-

1 Vgl. *McLean, S.K.:* (The European Bond Markets), S. 1205 ff.

wichteter Durchschnittspreis ermittelt. Gebote, die über dem Durchschnittspreis liegen, sowie „Billigst"-Gebote werden zu dem Durchschschnittspreis abgerechnet, während Gebote zwischen dem Durchschnittspreis und dem Marginalpreis zu dem jeweiligen Preis bedient werden. Gebote, die unter dem Marginalpreis liegen, werden nicht berücksichtigt.

Nach Abschluß dieser Auktion wird für dieselbe Tranche eine zweite Auktion (second round) durchgeführt. Diese zweite Auktion kann in zwei verschiedenen Verfahren abgehalten werden. Das erste Verfahren findet Anwendung, wenn das Soll der Zuteilung in der ersten Runde nicht erreicht wurde. In diesem Fall kann (optional) eine zweite Runde angesetzt werden. Voraussetzung ist jedoch, daß mindestens 70 Prozent der Gebote akzeptiert wurden. Nur Market Maker (nicht die übrigen Primärhändler) können, bzw. sind verpflichtet, Gebote abzugeben. Die Höhe des Preises zu dem sie bieten ist jedoch frei.

Das zweite Verfahren findet Anwendung, wenn das Soll der Zuteilung bei der ersten Runde voll erfüllt wurde oder wenn kein Soll gesetzt wurde. In diesem Fall erfolgt automatisch nach Beendigung der ersten Auktion eine zweite Auktion. Zu dieser Auktion haben ebenfalls nur Market Maker Zutritt. Für die Market Maker ist die Abgabe von Geboten bei dieser Auktion nicht zwingend. Die Gebote dürfen jedoch nicht niedriger sein als der Durchschnittspreis, der bei der ersten Auktion ermittelt wurde.

Der Sekundärmarkt

Den Hauptumsatz am Sekundärmarkt tätigen die sogenannten Entidades Gestoras. Hierbei handelt es sich um registrierte Marktteilnehmer (z.B. Großbanken, Investmenthäuser, Sparkassen und Makler) mit Depotkonten beim spanischen Staatsschuldenregister und Barkonten bei der Bank von Spanien. Diese Gestoras unterteilen sich in Vollmitglieder (Entidades Gestoras con Capacidad plena), eingeschränkte Mitglieder (Entidades Gestoras con Capacidad restringida) und einfache Mitglieder (Entidades Gestoras simples). Zu den Vollmitgliedern gehören die Primärhändler (inklusive Market Maker) und die Nicht-Primärhändler. Diese Händler können sowohl im Eigen- als auch im Kundenauftrag handeln. Eingeschränkten Mitgliedern ist zwar der Handel auf eigene Rechnung gestattet, für Kunden können sie jedoch nur am Spot-Kassamarkt agieren. Einfache Mitglieder dürfen nur im Kundenauftrag handeln.

Neben den Entidades Gestoras gibt es noch Kontoinhaber (Titulares de Cuenta).

Investoren ohne eigenes Konto müssen ihre Aufträge über einen Broker abwickeln.

Der Handel in Staatsanleihen und sonstigen Rentenwerten ist an den vier Börsenplätzen (Madrid, Barcelona, Bilbao, Valencia) relativ bedeutungslos, da Staatsanleihen nicht mehr an der Börse eingeführt werden.

Der Hauptumsatz in Staatsanleihen findet vor allem im OTC-Markt statt, der der Aufsicht der spanischen Notenbank untersteht. Der Handel erfolgt entweder über ein elektronisches Handelssystem oder über Telefon. Trotz der Zunahme von EDV-Systemen werden die meisten Transaktionen über das Telefon abgewickelt.

Ein weiterer Markt wurde durch die AIAF (Asociación de Intermediarios de Activos Financieros) geschaffen. Hierbei handelt es sich um einen vom Finanzministerium anerkannten geregelten Markt. Teilnehmer sind Großbanken und Investmenthäuser.

Staatsanleihen werden nur noch als Wertrechte ausgegeben und nicht mehr in Form von physischen Zertifikaten. Die Übertragung erfolgt daher durch einen entsprechenden Eintrag in das von der spanischen Notenbank verwaltete Schuldbuch.

Stückzinsen für Staatsanleihen werden jährlich oder halbjährlich gezahlt und basieren auf einer actual/actual Tage Berechnung.

Die Kursnotierung erfolgt in Dezimalen (1/100) und „clean“, d.h. im Preis sind die aufgelaufenen Stückzinsen nicht enthalten und werden gesondert verrechnet.

Bis zu der letzten Auktion haben Anleihen keinen aufgelaufenen Stückzins. Bis zu diesem Zeitpunkt entspricht der Clean Spot-Price der Anleihe dem Dirty Spot-Preis und wird sich bis dahin bei konstanter Rendite erhöhen.

Die Abrechnung und Abwicklung kann über das Schuldbuchsystem der spanischen Notenbank erfolgen, sowie über Euroclear und Cedel.

Die Valutierung erfolgt innerhalb von drei Tagen (domestic und international). Andere Zeiträume sind jedoch auch möglich.

Inländer müssen auf die Stückzinsen von Anleihen eine Quellensteuer in Höhe von 25 % entrichten. Diese Quellensteuer findet auch Anwendung auf Diskontpapiere. Ausgenommen davon sind Pagarés del Tesoro und Letras del Tesoro. Investoren mit Ausländereigenschaft sind von der Quellensteuer befreit. Von der Kursgewinnsteuer in Höhe von 35 % sind Investoren aus Ländern, mit denen ein Doppelbesteuerungsabkommen besteht, ausgenommen.

1.2 Der Markt für festverzinsliche Wertpapiere außerhalb des Euro-Raums

1.2.1 Der Markt für festverzinsliche Wertpapiere in Großbritannien

Goßbritannien nimmt mit 7,27 % Anteil am Weltmarkt für Regierungsanleihen den fünften Platz ein und liegt somit hinter Frankreich an dritter Stelle in Europa.

Die wichtigsten Instrumente des britischen Geldmarktes sind:

Treasury Bills, Schatzwechsel, die diskontiert von der Bank of England mit einer Laufzeit von 3 und 6 Monaten emittiert werden.

Corporate Bills entsprechen den Treasury Bills, mit dem Unterschied, daß sie von Körperschaften ausgegeben werden und daher eine leicht höhere Rendite aufweisen.

Bank Bills werden mit einer Laufzeit von 1 bis 3 Monaten von Banken ausgegeben.

Banker's Acceptance sind Handelswechsel, die auf eine Bank gezogen sind.

Certificates of Deposit (CD's) sind verbriefte und fungible Termineinlagen.

Die am britischen Rentenmarkt gehandelten Titel können in drei Gruppen unterteilt werden: öffentliche, private und Auslandsschuldverschreibungen.

Ausländische Schuldverschreibungen von Emittenten, die nicht dem Commonwealth angehören, werden **Bulldog-Bonds** genannt.

Private Schuldverschreibungen können in **Unternehmens-** und **Finanzierungssektorschuldtitel** aufgegliedert werden.

Der öffentliche Sektor wiederum unterteilt sich in **Schuldverschreibungen der Gebietskörperschaften** und **Schuldverschreibungen des Staates.**

Der Markt für staatliche Titel wird **Gilt Market** genannt. An diesem Markt (nicht nur an diesem Markt) wird eine Vielzahl von Instrumenten gehandelt, unter anderem die Gilt Anleihen, die dem Long-Gilt-Future der LIFFE zugrunde liegen. Aus diesem Grund soll dieser Markt etwas näher betrachtet werden.

Die herkömmliche Form der Anleihen stellen die **Straight Bonds** dar, die auch Bullet Bonds genannt werden. Diese Anleihen stellen unter den Regierungsanleihen den bei weitem größten Sektor dar. Sie haben einen festgelegten Rückzahlungsbetrag und einen fixen Nominalzins, der in der Regel halbjährlich gezahlt wird. Seit 1995 ist bei sämtlichen neu emittierten Gilts mit festem Kupon ein Coupon-Stripping möglich. Bei einigen Titeln (ca. 13 % des Gilt Market) hat sich der Staat das Recht einer vorzeitigen Kündigung vorbehalten. Die Kündigung kann ab einem vorher festgelegten Datum zu pari erfolgen.

Bei **Index Linked Bonds** ist sowohl die Höhe der Kuponzahlung als auch die Höhe des Tilgungswertes an den Index der Lebenshaltungskosten (RPI) gekoppelt. Durch diese Konstruktion wird dem Anleger ein außerordentlich hohes Maß an Schutz vor Inflation geboten.

Irredeemables (ewige Anleihen) können vom Staat ab einem bestimmten vorher festgelegten Datum gekündigt werden. Sie müssen aber nicht gekündigt werden. Dadurch kann ihre Laufzeit theoretisch unendlich sein.

Daneben gibt es u.a. **Floating-Rate Notes** und **Convertible Bonds** (Anleihen mit Wandelmöglichkeit). Wandelbare Anleihen sind oft dergestalt ausgestattet, daß sie dem Inhaber das Recht der Wandlung in eine Anleihe mit längerer Laufzeit einräumen.

Dem Future auf englische Staatsanleihen, der an der LIFFE gehandelt wird, liegt der herkömmliche Sektor der Staatsanleihen zugrunde.

Auch dieser Markt kann in einen Primär- und einen Sekundärmarkt unterteilt werden.

Der Primärmarkt

Die Bank of England ist für die Emission von Staatsanleihen zuständig. Das vorwiegend praktizierte Verfahren, mit dem sie die Papiere emittiert, ist das Auktionsverfahren (competitive bidding).

Papiere können auch in Form einer teileingezahlten Anleihe herausgegeben werden. In diesem Fall kann der Zeichner den Kaufpreis in einer oder mehreren Raten zu einem späteren Zeitpunkt begleichen.

Am Primärmarkt agieren zur Zeit (Mai 1998) 16 Market Maker (Primärhändler). Diese Market Maker[1] (Mitglieder der International Stock Exchange London) sind verpflichtet, in sämtlichen Gilt Anleihen zu jeder Marktsituation feste Geld- und Briefkurse zu stellen; sie sollen dadurch für eine ausreichende Liquidität sorgen. Market Maker haben direkte Handelskontakte zu der BoE, was besonders bei Plazierungen und Tenderemissionen von Bedeutung ist.

Der Sekundärmarkt

Sämtliche Gilt Anleihen werden an der London Stock Exchange (LSE) notiert. Der „Big Bang" Ende 1986 hatte zur Folge, daß der Handel an dieser Börse computerisiert wurde. Der Handel, an dem sich Market Maker und Inter Dealer Broker (Zwischenhändler, die in Geschäftsbeziehungen zwischen Market Maker treten) beteiligen, findet daher über Bildschirme statt. Über Telefon erfolgt der Handel zwischen den Market Makern und ihren Kunden (z.B. Broker oder Institutionelle).

Der Hauptumsatz in den britischen Staatsanleihen konzentriert sich auf die größeren Emissionen. Die Preisnotierung erfolgt in Dezimalen und der Geld-Brief Spread schwankt in der Regel je nach Liquidität des Titels um den Wert von 0,10.

Stückzinsen werden in der Regel halbjährlich gezahlt und beruhen auf einer actual/actual Tage Berechnung. Der Stückzins wird auf 6 Dezimalstellen gerundet.[2]

Die Notiz der Anleihen erfolgt „clean", d.h. im Kurs sind die Stückzinsen nicht inbegriffen und werden gesondert ausgewiesen.

7 Tage vor dem Kuponzahlungszeitpunkt (dividend date) werden die meisten Gilt-Edged Anleihen „ex-dividend"[3] (oder ex-interest) notiert. Ist der Kuponzahlungszeitpunkt ein Feiertag oder ein Wochenendtag, so wird die An-

1 12 Auch Gilt Edged Market Makers „GEMM's" genannt.
2 *Bank of England:* (Changes). S. 6.
3 Siehe Glossar.

leihe am folgenden Geschäftstag ex-dividend notiert.[1] Die Abwicklung und Abrechnung wird überwiegend von dem Central Gilt Office der Bank of England über ein computerisiertes System vorgenommen und erfolgt an dem folgenden Börsentag. Die Valutierung findet somit üblicherweise einen Geschäftstag nach dem Geschäftsabschluß statt.

Findet die Abrechnung über das System des Central Gilt Office statt, erfolgt die Übertragung der Anleihen durch eine entsprechende Bucheintragung; ansonsten durch eine physische Lieferung.

Seit April 1998 sind alle Gilts Fotra-Titel (Free of Taxation to Residents Abroad), d.h. Stückzinsen werden ohne Zinsabschlagsteuer ausgezahlt.[2]

Es existiert keine Börsenumsatzsteuer.

1.2.2 Der Markt für festverzinsliche Wertpapiere in den USA

Der Markt für festverzinsliche Wertpapiere in den USA ist für diese Papiere der bei weitem größte Markt der Welt. Es wird eine ausgesprochene Vielzahl an verschiedenen Instrumenten gehandelt, von denen an dieser Stelle nur einige wichtige genannt werden sollen.

Bankers's Acceptance sind auf eine Bank gezogene (Bank garantiert Rückzahlung) Handelswechsel, die als erstklassige Geldanlage gelten. Sie sind zentralbankfähig und werden an einem aktiven Sekundärmarkt gehandelt. Sie werden vorwiegend zu Finanzierung im Import, Export, Verschiffung und Aufbewahrung von Gütern verwendet.[3]

Commercial Papers sind kurzfristige (Laufzeit i.d.R. bis 9 Monate) Finanzwechel von Unternehmen.

Treasury Bills (Schatzwechsel) werden vom Staat diskontiert ausgegeben und haben eine Laufzeit von drei Monaten bis zu einem Jahr.

Certificates of Deposit sind, wie die oben genannten Instrumente, Geldmarktpaiere. Sie werden von Banken ausgegeben und stellen Termineinlagen dar, die jedoch verbrieft und fungibel sind.[4] Sie haben überwiegend Laufzeiten von 30 bis 360 Tagen (Am Euromarkt ausgegebene CD's haben Laufzeiten bis zu 5 Jahren) und sind mit einem Kupon ausgestattet. Der Markt in diesen Papieren ist sehr liquide.

Weitere Instrumente des amerikanischen Geldmarktes sind **Discount Notes, Municipal Notes** und **Coupon Securities.**

Corporate Bonds sind von Unternehmen begebene Anleihen.

1 Die „special ex-dividend period" wurde per 31.07.98 abgeschafft. Die Bank of England und das Finanzministerium erwägen zudem die Abschaffung der ex-dividend period (*Bank of England:* (Changes). S.9).
2 *Bank of England:* (Gilt Review), S. 52.
3 Vgl. *Federal Reserve:* (FED,Glossary), S.8.
4 Vgl. *Federal Reserve:* (FED,Glossary), S.8.

Municipal Bonds (Kommunalanleihen) sind von regionalen Staaten und ihren Behörden ausgegebene Anleihen. Die dienen meistens der Finanzierung von bestimmten Projekten.

Treasury Notes (T-Notes) und **Treasury Bonds (T-Bonds)** stellen die wichtigste Form der amerikanischen Staatsanleihen dar.

Treasury Notes haben eine Laufzeit bis zu 10 Jahren und einen festen Kupon mit halbjähriger Zinszahlung. Das ausstehende Volumen der Treasury Notes ist etwa 3 mal höher als das der T-Bonds.

Treasury Bonds werden gewöhnlich mit Laufzeiten zwischen 10 und 30 Jahren ausgegeben. Es sind aber auch längere Laufzeiten möglich. Viele der langlaufenden Anleihen sind vom Staat, ab einem bestimmten Zeitpunkt (z.B. 5 Jahre vor Fälligkeit), vorzeitig abrufbar. Bei einer Vielzahl von T-Bonds und T-Notes ist ein Kupon-Stripping möglich.

Der Primärmarkt
Die Emission von Treasury Bonds erfolgt über die Federal Reserve Bank von New York meistens im Auktionsverfahren (competitive yield auction). Die Auktionen finden im mittleren Monat des jeweiligen Quartals statt und die Anleihen werden meistens am 15. des Monats ausgegeben.

Am Primärmarkt agieren vorwiegend 38 Primary Dealer, die verpflichtet sind, in sämtlichen Treasury Bonds verbindliche Geld-Briefkurse zu stellen und auch an den Auktionen teilnehmen. Ein einzelner Primary Dealer kann bei einer Emission maximal 35 % des Emissionsvolumens übernehmen.

Der Sekundärmarkt
Der Markt für US-Staatsanleihen steht nicht nur bezüglich des ausstehenden Volumens, sondern auch bezüglich der Liquidität an der Spitze der Weltmärkte.

Treasury Bonds werden zwar auch an der Börse notiert, der Handel findet jedoch auf dem OTC-Markt (Freiverkehr) statt. Der OTC-Markt geht zwar hauptsächlich von New York aus, ist jedoch prinzipiell auf keinen Ort beschränkt und geht rund um die Uhr.

Der gesamte Handel untersteht der Aufsicht der SEC (Securities and Exchange Comission).

Die Preisnotierung der Anleihen erfolgt in 1/32 und der Geld-Brief Spread schwankt um den Wert von 3/32.

Stückzinsen werden in der Regel halbjährlich gezahlt und beruhen auf einer actual/actual Tage Berechnung. Die Kursnotierung erfolgt „clean", d.h. im Preis sind die aufgelaufenen Stückzinsen nicht enthalten und werden gesondert verrechnet. Die Zinsen von Geldmarktinstrumenten wie z.B. von Treasury Bills werden auf der Basis einer actual/360 Tage Berechnung gezahlt.

Die Mindeststückelung der Anleihen beträgt US $ 1000.

Die Abrechnung und Abwicklung erfolgt an dem nächsten Geschäftstag nach Geschäftsabschluß über das System der Federal Reserve in Form eines Bucheintrags. Die Valutierung beträgt daher in der Regel einen Tag.

Zur Zeit wird keine Quellensteuer erhoben.

1.2.3 Der Markt für festverzinsliche Wertpapiere in Japan

Der Rentenmarkt Japans nimmt im Weltvergleich hinter den USA den zweiten Platz ein.

Zunächst die wichtigsten Geldmarktinstrumente:

Treasury Bills und **Financing Bills** sind Diskontpapiere des Staates mit einer Fälligkeit von nicht länger als 6 bzw. 2 Monaten.

Commercial Paper werden von Unternehmen ausgeben und haben eine Fälligkeit von 1 bis 6 Monaten.

Die liquidesten Papiere sind **Certificates of Deposit.** Sie werden überwiegend von Banken ausgegeben.

Sehr liquide ist auch der Markt für Repurchase Agreements (**Gensaki**). Der Gensaki Markt dient der kurzfristigen Geldaufnahme bzw. Anlage, wobei das dem Repurchase Agreement zugrundeliegende Instrument als Sicherheit dient.

Am Markt für **Call Money** werden (meist) täglich kündbare Einlagen gehandelt. Die Verzinsung wird täglich an die sich ändernden Marktkonditionen angepaßt. Dieser Markt ist äußerst weit entwickelt.

Samurai Bonds sind in Japan begebene und gehandelte ausländische Schuldverschreibungen. Gewöhnlich werden diese Anleihen mit einer Restlaufzeit von 5 bis 15 Jahren ausgegeben. Sie haben einen festen Kupon mit halbjähriger Zinszahlung.

Shibosai Anleihen sind ebenfalls in Japan begebene und gehandelte Auslandsanleihen, werden jedoch von privater Seite plaziert.

Auch **Shogun Anleihen** sind Auslandsanleihen, werden aber nicht in Yen sondern in Drittwährungen begeben.

Daimyo Anleihen werden von supranationalen Emittenten ausgegeben und stellen eine Mischform aus Samurai- und Euro-Yen Anleihen dar.

Euro-Yen Anleihen werden meist mit einer Laufzeit von 4 bis 15 Jahren emittiert und haben eine jährliche Zinszahlung.

Am Markt für **Unternehmensanleihen** werden u.a. Kuponanleihen, Hypothekenanleihen, Wandelanleihen und Optionsanleihen gehandelt. **Sushi Bonds**[1] z.B. sind Unternehmensanleihen, die in Dollar emittiert werden, und die von japanischen Institutionen gekauft werden sollen.

---

1 Vgl. *Büschgen, H.E.:* (Börsen-Lexikon), S.667.

Am Markt für **Regierungsanleihen** können **Zero Bonds, Floating-Rate Notes** und Anleihen mit festem Kupon (**Jigyosasi**) unterschieden werden. Die Kuponanleihen haben einen 20-jährigen und einen 10-jährigen Sektor. Den weitaus bedeutenderen Markt stellt der 10-jährige Sektor dar, der auch dem an der LIFFE gehandelten Kontrakt zugrunde liegt. Der Primär- und Sekundärmarkt dieser Anleihen wird im folgenden kurz betrachtet:

Der Primärmarkt

Die Anleihen werden in der Regel monatlich von der Bank von Japan emittiert. Ca. 40 % der Emission werden durch ein Übernahmekonsortium begeben. Dieses Konsortium setzt sich aus einer Vielzahl von verschiedenen Institutionen zusammen, zu denen u.a. regionale und überregionale Banken sowie in- und ausländische Investmenthäuser gehören. Etwa 60 % des Volumens werden mittels einer Auktion plaziert, die dem amerikanischen Verfahren gleicht. Teilmehmer an der Auktion sind die Mitglieder des Konsortiums. Ein einzelnes Konsortialmitglied kann maximal 18 % des Emissionsvolumens übernehmen. Die 20-jährigen Papiere werden ausschließlich im Auktionsverfahren (competitive bidding) emittiert.

Vor der Emission diskutiert eine Runde, die sich aus Mitgliedern des Emissionskonsortiums, der Bank von Japan und des Finanzministeriums zusammensetzt, die Konditionen der zu begebenden Anleihe. Am Tag der Auktion verkündet das Finanzministerium um 8.30 Uhr die Konditionen der neuen Anleihe.

Die Anleihen können sowohl als Inhaber- als auch als Namenspapiere ausgegeben werden, wobei jederzeit eine Umwandlung möglich ist.

Der Sekundärmarkt

10 und 20-jährige Regierungsanleihen werden zwar an der Börse in Tokio (TSE) notiert, aber auch hier wird das Hauptvolumen am OTC-Markt, sowie dem Broker-Broker Markt gehandelt.

Stückzinsen werden halbjährlich am 20. des jeweiligen Monats gezahlt (sofern dies ein Geschäftstag ist) und beruhen auf einer actual/365 Tage Berechnung bzw. actual 182,5 für halbjährliche Kupons. Der 366-te Tag in einem Schaltjahr wird mitgezählt.

Die in Japan übliche Renditeberechnung ist die modifizierte laufende Verzinsung (Simple Yield to Maturity), die sich nach folgender Formel berechnet:

$$SYM = \frac{K + \frac{T-P}{J}}{P} \times 100$$

mit: SYM = Simple Yield to Maturity in %
(z.B. 0,09 falls Rendite = 9 %)
K = Kupon (8,5 falls Kupon 8,5 %)
T = Tilgungsbetrag
P = Anleihepreis (clean)
J = Anzahl der Jahre bis Fälligkeit

J wird berechnet indem die Anzahl der Tage bis Fälligkeit (exlusive 29. Februar) durch 365 geteilt wird. Diese Art der Renditeberechnung ist im Vergleich zu der von der ISMA verwendeten Berechnungsweise ungenauer.

Die Notierung erfolgt in 1/100. Der Geld-Brief Spread ist von der Liquidität der jeweiligen Anleihe abhängig und schwankt meist um den Wert von 3 Basispunkten.

Die Mindeststückelung beträgt 100.000 Yen.

Valuta der Anleihen ist meistens 3 Geschäftstage nach dem Handelstag. Abweichende Valutierungen sind jedoch möglich. Das Settlement findet nur domestic statt. JGB's werden nicht ins Ausland geliefert.

2. Duration und Konvexität von Anleihen

Der Begriff der Duration und der Konvexität wird in den späteren Kapiteln mehrfach vorkommen. Außerdem sind diese beiden Größen wichtige Kennzahlen zur Bewertung von Anleihen. Es ist daher sinnvoll, sich mit diesen Begriffen vertraut zu machen.

2.1 Duration

2.1.1 Macaulay Duration

Eine Maßzahl für die Preisreagibilität einer Anleihe in bezug auf Renditeänderungen, allgemein bekannt als Duration, wurde 1938 von *Frederick Macaulay* entwickelt.[1] Die am weitesten verbreitete Form der Duration ist die Macaulay Duration. Sie berechnet sich als die durchschnittliche Restlaufzeit der Zahlungsströme einer Anleihe. Dabei dienen die Barwerte der Zahlungströme als Gewichtungsfaktoren.[2] Die Duration ist die durchschnittliche Restbindungsdauer einer Anleihe. Bei Kapitalmarktpapieren, auf die zu mehr als einem Zeitpunkt Zins- oder Tilgungszahlungen getätigt werden, ergibt sich die durchschnittliche Restbindungsdauer als gewogener Mittelwert der Restlaufzeiten aller auf das Papier anfallenden Zahlungen.[3]

Es gibt verschiedene Arten von Duration: Macaulay Duration, Modifizierte Duration, Dollar Duration.

Die Formel für die Duration von Macaulay lautet:

$$D_{Mac} = \frac{\sum_{t=1}^{T} \frac{g \times Z_t}{(1+r)^g}}{\sum_{t=1}^{T} \frac{Z_t}{(1+r)^g}}$$

mit:
- D = Duration
- Mac = Macaulay
- Z_t = Zahlungsüberschuß (Cash Flow) in Periode t
- T = Restlaufzeit gerechnet in Anzahl von verbleibenden Zahlungsüberschüssen
- r = interner Zinsfuß der Anleihe
- t = Zeitpunkt (Laufindex)

---

1 *Vgl. Macaulay F.R.:* (Theoretical Problems), S.46ff.
2 *Douglas, L.G.:* (Bond Risk Analysis), S.8.
3 *Rudolph, B.:* (Strategie), S.25.

g = Gewichtungsfaktor, mit $g = t + \left(\frac{w}{M} - 1\right)$
w = Zeit von heute bis zum nächsten Zahlungsüberschuß
M = Gesamte Zeit zwischen den einzelnen Zahlungsüberschüssen

Der interne Zinsfuß wird benutzt um den Barwert der jeweiligen Zahlungsströme zu berechnen.[1]

Die Macaulay Duration kann auch in folgende Formel gefaßt werden:

$$D_{Mac} = -\frac{dK_t}{dr} \times \frac{(1+r)^2}{K_t}$$

mit: K_t = Kurs der Anleihe im Zeitpunkt t.[3]

Mit Hilfe dieser Formel läßt sich die obige Formel leicht herleiten:

$$K_t = \sum_{t=1}^{T} \frac{Z_t}{(1+r)^g}$$

$$\frac{dK_t}{dr} = -\sum_{t=1}^{T} \frac{g \times Z_t}{(1+r)^{g+1}} = -\frac{1}{1+r} \times \sum_{t=1}^{T} \frac{g \times Z_t}{(1+r)^g}$$

wird dieser Ausdruck durch K_t dividiert, erhält man:

$$-\frac{\frac{dK_t}{dr}}{K_t} = \frac{1}{1+r} \times \frac{\sum_{t=1}^{T} \frac{g \times Z_t}{(1+r)^g}}{\sum_{t=1}^{T} \frac{Z_t}{(1+r)^g}}$$

mit (1+r) multipliziert:

$$\frac{\sum_{t=1}^{T} \frac{g \times Z_t}{(1+r)^g}}{\sum_{t=1}^{T} \frac{Z_t}{(1+r)^g}} = -\frac{dK_t}{dr} \times \frac{1+r}{K_t}$$

und damit erhält man wieder die Macaulay Duration.

Um zu der prozentualen Kursänderung zu gelangen, muß die obige Formel nach dK_t/K_t aufgelöst werden:

1 Oft wird die Duration von Macaulay in folgender Form angegeben:

$$D_{Mac} = \frac{\sum_{t=1}^{T} \frac{t \times Z_t}{(1+r)^t}}{\sum_{t=1}^{T} \frac{Z_t}{(1+r)^t}}$$

, mit t = Zeitpunkt (Laufindex). Diese Formel ist nur dann korrekt, wenn man sich an dem Zeitpunkt eines Zahlungsüberschusses befindet. Für diesen Fall ist der Faktor w/M in dem Term für den Gewichtungsfaktor g gleich eins. Der Gewichtungsfaktor g entspricht dann t.

2 *Rudolph, B.:* (Strategie), S.25.

3 Für K_t wird der Dirty Spot-Price der Anleihe genommen.

$$D_{Mac} = -\frac{dK_t}{dr} \times \frac{(1+r)}{K_t}$$

$$\frac{dK_t}{dr} = -D_{Mac} \times \frac{dr}{1+r}$$

$$\frac{dK_t}{dr} = -D_{Mac} \times \frac{dr}{r} \times \frac{r}{1+r}$$

Die letzte Formel gibt den Zusammenhang zwischen der prozentualen Preisänderung der Anleihe und der prozentualen Renditeänderung, unter Zuhilfenahme der Macaulay Duration, an.

z.B.: Macaulay Duration = 6
Rendite = 8 %

Die Rendite steigt um 10 % von 8 % auf 8,8 %. Die prozentuale Kursänderung der Anleihe ergibt sich folgendermaßen:

dK_t in % = –6 * 10 % * (0,08/1,08) = –0,04444 = –4,444 %.

10 % entspricht dabei dem Faktor 0,008/0,08 = dr/r.

Aus den obigen Formeln ergibt sich:

$$\textit{Preisänderung in \%} = -\frac{1}{1+r} \times D_{Mac} \times dr$$

Bei der Ermittlung der Duration ist es wichtig zu beachten, daß die Berechnung der Duration auf der Basis eines „Dirty Spot-Price" zu erfolgen hat. Das bedeutet, daß als gebundenes Kapital der aktuelle Kassapreis der Anleihe, zuzüglich der bis zu dem Valutatag aufgelaufenen Stückzinsen genommen werden muß. Durch die Stückzinsen, die man bei dem Kauf der Anleihe zu bezahlen hat, erhöht sich das gebundene Kapital und somit auch die durchschnittliche Kapitalbindungsdauer. Werden die Stückzinsen dagegen vernachlässigt, erhält man eine niedrigere Duration, die nicht der tatsächlichen Duration entspricht. Letztendlich läuft diese Überlegung darauf hinaus, daß der interne Zinsfuß der Anleihe, mit dem der Barwert der Zahlungsströme berechnet wird, auf eine korrekte Weise ermittelt wird.

Läßt man die Restlaufzeit einer Anleihe, bei ansonsten gleichen Parametern, gegen unendlich gehen, so nähert sich die Duration dem Grenzwert von (1+r)/r an. Die folgende Gleichung verdeutlicht diesen Zusammenhang:

Für $T \rightarrow \infty$

$$\underset{\lim\rightarrow\infty}{D_{Mac}} = \frac{\sum_{t=1}^{T} \frac{g \times Z_t}{(1+r)^g}}{\sum_{t=1}^{T} \frac{Z_t}{(1+r)^g}} = \frac{1+r}{r}$$

Für „ewige Renten“ weist die Macaulay Duration stets den Wert von (1 + r)/r auf.

Die Macaulay Duration als Maßzahl für die Preisvolatilität einer Anleihe zu nehmen, ist mit einer gewissen Problematik behaftet. Die Duration ist nämlich kein ordinales[1] Risikomaß für die Preisvolatilität von Anleihen. Angenommen, zwei Anleihen haben die gleiche Duration. Damit die Duration ein ordinales Risikomaß liefert, müssen diese beiden Anleihen auch die gleiche Preisvolatilität besitzen. Zwei Anleihen mit derselben Duration haben aber nur dann dieselbe Preisvolatilität, wenn sie auch dieselbe Renditevolatilität besitzen. Zwischen der Duration und der Renditevolatilität besteht jedoch kein zwingender Zusammenhang.[2]

Nur für den Sonderfall, daß zwei Anleihen einen Kupon in derselben Höhe besitzen und beide zu pari notieren, läßt sich die Macaulay Duration als ein ordinales Risikomaß benutzen.

Ebenso kann die Macaulay Duration auch nicht uneingeschränkt als lineares Risikomaß benutzt werden. Bei Linearität muß eine Verdoppelung des Risikomaßes auch eine Verdoppelung des Risikos zur Folge haben. Nimmt man die Preisvolatilität als Risikomaß, so erfüllt die Macaulay Duration diese Bedingung nur für kleine parallel verlaufende Renditeänderungen.[3]

Die Tatsache, daß die Duration eine lineare Annäherung an die Zinssensitivität einer Anleihe ist, macht es relativ einfach, die Duration für ein Anleiheportfolio zu bestimmen. Die Duration eines Portfolios aus Anleihen entspricht der Summe der Durationen der einzelnen Anleihen, gewichtet mit ihrem jeweiligen Anteil am Portfolio. Die Duration besitzt somit einen additiven Charakter.

Als ein weiterer Schwachpunkt zu den oben genannten Punkten kommt hinzu, daß der interne Zinsfuß benutzt wird, um den Barwert der jeweiligen Zahlungsströme zu berechnen bzw. es wird unterstellt, daß eine Anlage der Zahlungsüberschüsse zum internen Zinsfuß möglich ist. Diese Vorgehensweise unterstellt eine flache Zinskurve, die sich nur parallel verschiebt und ist unvereinbar mit den Arbitragebedingungen, mit denen Zinskurven berechnet werden.[4]

1 Unter einer Ordinalzahl versteht man eine die Reihenfolge bestimmende Ordnungszahl.
2 Vgl. *Yavitz J.B., Marshall W.J.:* (Shortcoming of Duration), S.93.
3 Vgl. *Yavitz J.B., Marshall W.J.:* (Shortcoming of Duration), S.96.
4 Andere Formeln der Formeln der Duration, die diesen Schwachpunkt berücksichtigen, wurden von Bierwag, Kaufmann und Toev entwickelt: Duration: Its Delevopment and Use in Bond Portfolio Management, in: Financial Analysts Journal, July/August 1983, S. 15–35.

2.1.2 Modified Duration

Wie im letzten Kapitel gezeigt wurde, ist:

$$Preisänderung\ in\ \% = -\frac{1}{1+r} \times D_{Mac} \times dr$$

Üblicherweise werden die beiden ersten Faktoren kombiniert und das Produkt wird dann Modifizierte Duration genannt:

$$Modifizierte\ Duration = \frac{MacaulayDuration}{1+r}$$ [1]

Die Modifizierte Duration gibt die prozentuale Änderung des Preises einer Anleihe für eine absolute Renditeänderung (in Basispunkten) an.[2]

Für obiges Beispiel gilt dann:

Modifizierte Duration = 6/1,08 = 5,555

Ist die Modifizierte Duration einer Anleihe z.B. 5,555 und die Rendite der Anleihe ändert sich um 80 Basispunkte (Anstieg von 0,08 auf 0,088 = 10 %), so wird sich der Dirty Spot-Price der Anleihe um etwa 4,444 Prozent ändern.

Preisänderung in % = – Modifizierte Duration * dr

Hier bezieht sich dr auf eine absolute Renditeänderung.

Für obiges Beispiel gilt dann:

Preisänderung in % = –5,555 * 0,008 = 0,04444 = –4,444 %

2.1.3 Dollar Duration

Eine weitere Maßzahl für die Preisreagibilität einer Anleihe ist die Dollar Duration. Die Dollar Duration gibt die absolute Kursänderung einer Anleihe, ausgedrückt in Dollar oder € für eine absolute Änderung (Basispunkte/100) der Rendite an. Die Dollar Duration der Anleihe wird durch die Steigung der Tangente an die Preis- Renditekurve bei dem jeweiligen Renditeniveau repräsentiert.[3] [4]

Mathematisch gesehen ist die Dollar Duration die Ableitung des Preises der Anleihe nach der Rendite:

$$K_t = \sum_{t=1}^{T} \frac{Z_t}{(1+r)^g}$$

1 Vgl. *Fabozzi, F.J.:* (Income Mathematics), S. 179.
2 Vgl. *Dattatreya, R.E.:* (Return Management), S. 11.
3 Vgl. *Dattatreya, R.E.:* (Return Management), S. 13.
4 Die Dollar Duration wird oft auch Basis Point Value (BPV) genannt. Das BPV gibt die Preisänderung für eine Renditeänderung von einem Basispunkt an, die Dollar Duration bereits für infinitesimal kleine Änderungen. Der Unterschied ist jedoch eher akademischer Natur.

$$\frac{dK_t}{dr} = -\sum_{t=1}^{T} \frac{g \times Z_t}{(1+r)^{g+1}} = -\frac{1}{1+r} \times \sum_{t=1}^{T} \frac{g \times Z_t}{(1+r)^{g}}$$

oder anders hergeleitet:

$$D_{Mac} = -\frac{dK_t}{dr} \times \frac{(1+r)}{K_t} \times 100$$

daraus folgt:

$$DollarDuration = \frac{dK_t}{dr} = -\frac{K_t}{1+r} \times D_{Mac} \times \frac{1}{100}$$

Als absolute Preisänderung erhält man dann:

$$dK_t = -\frac{K_t}{1+r} \times D_{Mac} \times dr \times \frac{1}{100}$$ [1]

Man kann die Dollar Duration auch über die Modifizierte Duration herleiten:

$$DollarDuration = \frac{ModifizierteDuration \times K_t}{100}$$ [2]

Die Preisänderung in Dollar oder € beträgt:

dK_t in € = – Dollar Duration * dr

Die Rendite einer Anleihe und somit auch die Duration wird unter Berücksichtigung des Dirty Spot-Prices (Kurs inklusive Stückzinsen) berechnet. Um die Dollar Duration zu erhalten muß daher der Dirty Spot-Price der Anleihe mit der Modifizierten Duration multipliziert werden und nicht der Clean Spot-Price. Die Dollar Duration gibt dann die absolute Preisveränderung sowohl des Dirty Spot-Prices als auch des Clean Spot-Preises an.

Beispiel:
Am 31.8.89 stand der Kurs der Anleihe der Weltbank mit Kupon 6,75 % und Laufzeit bis 28.7.99 bei 98,27 DM. Der Dirty Spot-Price betrug 98,96 (Valuta T+3 = 5.9.89). Die Anleihe hatte eine Rendite von 6,994 % und eine Macaulay Duration von 7,4604. Daraus errechnet sich eine Modifizierte Duration von 6,9727 (7,4604/1,06994) und eine Dollar Duration von 6,9002 (6,9727*98,96/100). Wäre die Rendite um 100 Basispunkte auf 7,994 % gestiegen, hätte sich die Kursänderung der Anleihe approximativ folgendermaßen berechnet:

dK_t in DM = – Dollar Duration * dr
= – 6,9002 * 1,00
= – 6,9002

1 Rudolph, B.: (Strategie), S.26.
2 Vgl. *Dattatreya, R.E.:* (Return Management), S. 13.

Das würde zu einem neuen Preis von 91,37 DM (98,27–6,9002) führen.

Die Dollar Duration kann auch als eine Tangente an die Preis-Renditekurve einer Anleihe angesehen werden. Die Steigung der Tangente gibt dabei die Dollar Duration an. Je steiler die Tangente ist, desto größer ist die Dollar Duration. Je flacher die Tangente ist, desto niedriger ist die Dollar Duration. Die Dollar Duration erhöht sich, wenn die Renditen abnehmen und nimmt ab, wenn die Renditen sich erhöhen.[1] Eine Anleihe hat normalerweise eine konvex gekrümmte Preis-Rendite-Kurve. Die Duration als Tangente ist aber eine Gerade. Das heißt, daß die beiden Kurven sich zwar berühren, dann aber voneinander abweichen. Für kleine Renditeänderungen liefert die Dollar Duration gute Ergebnisse für die Abschätzung der Preisänderung. Je größer die Renditeänderungen und je konvexer die Anleihenkurve gekrümmt ist, desto ungenauer werden die Schätzungen für die Preisänderungen. Diese Meßungenauigkeit gilt nicht nur für die Dollar Duration, sondern auch für die anderen Arten der Duration. Eine Abschätzung mit Hilfe der Duration wird immer zu einer Unterschätzung des zukünftigen Preises bei einer anderen Rendite führen.[2] Bei einer Renditesteigerung wird der Kursverfall überschätzt und bei einem Fallen der Rendite wird der Kursanstieg unterschätzt. Das erklärt sich durch die Konvexität der Anleihe.

2.2 Konvexität

Wie schon oben festgestellt, ist die Abschätzung der Preisänderung einer Anleihe mittels der Duration mit einem leichten Fehler behaftet, der um so größer wird, je größer die Renditeänderung ausfällt. Die Duration ist nur eine lineare Annäherung an die Zinssensitivität einer Anleihe. Bei Anleihen mit Kupon ändert sie sich, wenn sich die Rendite ändert. Die Duration sinkt wenn die Renditen sich erhöhen und sie steigt wenn die Renditen sinken. Das liegt an der konvexen Krümmung der Preis-Renditekurve. Wird diese Konvexität bei der Berechnung der Preisänderung berücksichtigt, so erhält man ein genaueres Ergebnis.[3]

Den Effekt der Konvexität verdeutlicht die folgende Graphik:

1 *Fabozzi, F.J.:* (Income Mathematics), S.220.
2 *Fabozzi, F.J.:* (Income Mathematics), S.207.
3 Die Konvexität einer Anleihe ist das Äquivalent zu dem Gamma einer Option.

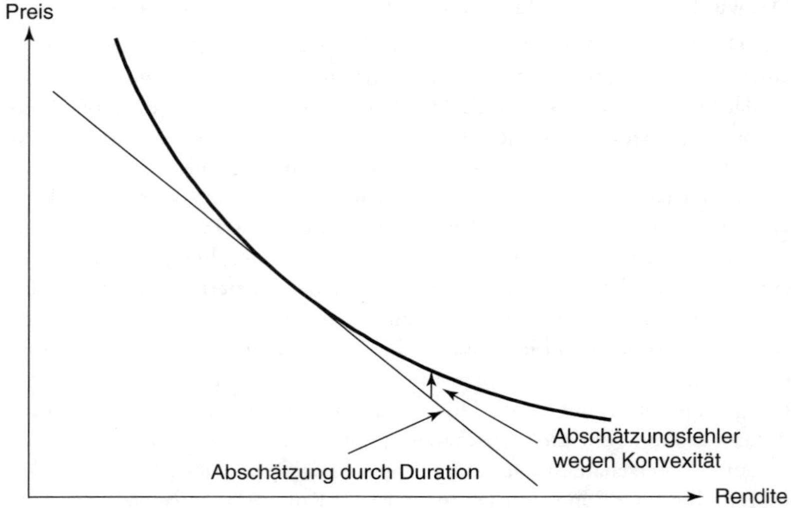

Abb. 2.1: Effekt der Konvexität

Die Konvexität ist die zweite Ableitung der Preis- Renditefunktion.[1] Sie ist eine Maßzahl für die Änderung der Dollar Duration einer Anleihe.[2] Der mathematische Ausdruck für die Änderung der Zinssensitivität, die der Änderung der Duration entspricht, ist die zweite Ableitung von K_t in Abhängigkeit von r, was nichts anderes ist, als die Konvexität der Anleihe.[3]

Die zweite Ableitung von K_t (Dirty Spot-Price) nach r ist dasselbe wie die erste Ableitung der Dollar Duration nach r:

$$\textit{Konvexität} = \frac{d^2}{dr^2}\left[\sum_{t=1}^{T}\frac{Z_t}{(1+r)^g}\right] = \sum_{t=1}^{T}\frac{-g(-g-1)\times Z_t}{(1+r)^{g+2}} = \frac{1}{(1+r)^2}\times\sum_{t=1}^{T}\frac{(g^2+g)\times Z_t}{(1+r)^g}$$ [4]

Da diese Formel dasselbe ist, wie die erste Ableitung der Dollar Duration in Abhängigkeit der Rendite, wird sie sehr häufig auch Dollar Konvexität genannt: Die Dollar Konvexität ist gegeben durch die zweite Ableitung der Formel von K_t.[5] Analog ist die erste Ableitung der Modifizierten Duration als Modifizierte Konvexität zu bezeichnen und die erste Ableitung der Macaulay

1 Vgl. *Douglas, L.G.:* (Bond Risk Analysis), S.325.
2 *Fabozzi, F.J.:* (Income Mathematics), S.223.
3 Vgl. *Bookstaber, R.:* (Valuation and Exposure Management), S.868.
4 Befindet man sich an dem Zeitpunkt eines Zahlungsüberschusses, entspricht g = t. Die Formel läßt sich dann umschreiben:

$$\frac{1}{(1+r)^2}\times\sum_{t=1}^{T}\frac{(t^2+t)\times Z_t}{(1+r)^t} = \sum_{t=1}^{T}\frac{(t^2+t)\times Z_t}{(1+r)^{t+2}}$$

5 Vgl. *Dattatreya, R.E.:* (Return Management), Appendix B, o.S..

Duration als Macaulay Konvexität. Wenn nur von Konvexität gesprochen wird, so ist meistens die Änderung der Dollar Duration gemeint. Diese Einteilungen der Konvexität sind in der Literatur relativ häufig. Trotzdem sind oft andere Bezeichnungen anzutreffen. Eigentlich ist es gleichgültig, wie man welche Konvexität bezeichnet, man muß nur wissen, wovon man spricht.

Die Modifizierte Duration ist definiert als:

$$D_{Mod} = \frac{Macaulay Duration}{1+r}$$

$$D_{Mod} = \frac{1}{1+r} \times \frac{\sum_{t=1}^{T} \frac{g \times Z_t}{(1+r)^g}}{\sum_{t=1}^{T} \frac{Z_t}{(1+r)^g}}$$

Wird dieser Ausdruck nach r abgeleitet, erhält man die Modifizierte Konvexität:

$$Konv_{Mod} = \frac{1}{(1+r)^2} \times \frac{\sum_{t=1}^{T} \frac{(g^2+g) \times Z_t}{(1+r)^g}}{\sum_{t=1}^{T} \frac{Z_t}{(1+r)^g}}$$

Dies ist nichts anderes als die Dollar Konvexität geteilt durch den Kurs der Anleihe.

Die Ableitung der Macaulay Duration nach der Rendite ist:

$$\frac{d}{dr} \times \left(\frac{dK_t}{dr} \times \frac{(1+r)_t}{K_t} \right) = \frac{d^2K_t}{dr^2} \times \frac{(1+r)}{K_t} + \frac{dK_t}{dr} \times \left(\frac{K_t - (1+r) \times \frac{dK_t}{dr}}{K_t^2} \right)$$

Es ist möglich, diese Ableitung auch auf einem anderen Weg herzuleiten:

Die Duration von Macaulay kann in folgende Formel gefaßt werden:

$$D_{Mac} = \frac{1+r}{r} - \frac{1+r+(N-t) \times (p-r)}{p \times ((1+r)^{N-t} - 1) + r}$$ [1]

mit: r = Impliziter Zins der Anleihe (Marktzins)
p = Nominalzinssatz (Kupon)
t = jeweiliger Zeitpunkt
N = Liquidationszeitpunkt (Laufzeitende)

nimmt man: (N-t) = RL (Restlaufzeit), kann diese Formel auch folgendermaßen geschrieben werden:

1 *Rudolph, B.:* (Strategie), S.26.

$$D_{Mac} = \frac{1+r}{r} - \frac{1+r + RL \times (p-r)}{p \times (1+r)^{RL} - p + r}$$

Die erste Ableitung nach r ist dann:

$$\frac{dD_{Mac}}{dr} = \frac{1}{r^2} - \frac{(1-RL) \times (p \times (1+r)^{RL} - p+r) - (RL \times p \times (1+r)^{RL-1} + 1) \times ((1+r) + RL \times (p-r))}{(p \times (1+r)^{RL} - p+r)^2}$$

Die Eigenschaften der Konvexität von allen optionsfreien Anleihen sind:

Eigenschaft 1: Steigen (fallen) die Renditen, nimmt die Dollar Duration einer Anleihe ab (zu).

Eigenschaft 2: Für eine gegebene Rendite und Fälligkeit ist die Konvexität umso größer, je niedriger der Kupon ist. Die Konsequenz dieser Eigenschaft ist, daß bei zwei Anleihen mit derselben Fälligkeit, der Zero Bond eine höhere Konvexität hat als der Kupon Bond.

Eigenschaft 3: Für eine gegebene Rendite und modifizierte Duration ist die Konvexität um so geringer, je niedriger der Kupon ist. Die Konsequenz dieser Eigenschaft ist, daß bei einer gegebenen modifizierten Duration Zero Bonds die geringste Konvexität haben.

Eigenschaft 4: Die Konvexität einer Anleihe erhöht sich mit einer steigenden Rate, wenn sich die Duration erhöht. Verdoppelt sich z.B. die Duration, so wird sich die Konvexität mehr als verdoppeln.[1]

Zu Punkt 2 und 3 ist noch anzumerken, daß die Konvexität bei gleichbleibender Fälligkeit, bezogen auf die Macaulay Duration bei einem Zero Bond, immer gleich Null ist. Die durchschnittliche Restbindungsdauer (Duration) ist bei einem Zero Bond immer gleich der Restlaufzeit. Bei einer Renditeänderung ändert sich ceteris paribus die Restlaufzeit nicht. Somit ist die Konvexität gleich Null.

Der Effekt der Konvexität ist immer positiv. Der Effekt der Dollar Duration kann positiv oder negativ sein, je nachdem, ob die Renditeänderung positiv oder negativ ist. Die Dollar Konvexität wird nämlich mit dem Quadrat der Renditeänderung multipliziert. Daher ist der Effekt der Konvexität immer positiv, unabhängig davon, ob die Renditeänderung positiv oder negativ ist.[2] Anleihen mit einer hohen Konvexität sind für einen Anleger insofern interessanter als Anleihen mit einer niedrigen Konvexität, da sie sich bei Renditeänderungen „besser" verhalten. Bei einem Rückgang der Renditen steigt der Kurs stärker und bei einem Steigen der Renditen fällt der Kurs weniger stark als bei Anleihen mit einer niedrigen Konvexität. Deshalb sollten Anleihen mit einer hohen Konvexität teurer, d.h. mit einer niedrigeren Rendite notieren. Bei kleinen Renditeänderungen jedoch ist der Vorteil einer hohen Konvexität gering. Erst bei starken Renditeänderungen kommt der Effekt der Konvexität

1 Vgl. *Fabozzi, F.J.:* (Income Mathematics), S.225.
2 *Dattatreya, R.E.:* (Return Management), S.23.

zum Tragen. Ob eine Anleihe mit einer hohen Konvexität mit einer niedrigeren Rendite notiert, hängt daher von den Erwartungen der Marktteilnehmer bezüglich der Zinsentwicklung ab. Wird eine starke Renditeänderung erwartet, so wird sich, bei gleicher Duration der Anleihen, die Nachfrage nach stark konvexen Anleihen erhöhen. Somit werden diese zu relativ höheren Kursen notieren. Wird hingegen keine stärkere Bewegung erwartet, so wird der Renditeunterschied nur gering sein.

Die Preisänderung einer Anleihe in Abhängigkeit von der Rendite unter Berücksichtigung der Konvexität kann als eine Taylor- Reihe von Ableitungen angeschrieben werden:

$$dK_t = \frac{dK_t}{dr} \times dr + \frac{1}{2!} \times \frac{d^2K_t}{dr^2} \times dr^2 + \frac{1}{3!} \times \frac{d^3K_t}{dr^3} \times dr^3 + \ldots$$ [1] [2]

mit: ! = Fakultät

Als Abschätzung der Preisänderung erhält man, wenn nur bis zur zweiten Ableitung gegangen wird, folgende Formel:

$$dK_t = -Duration \times dr + \frac{1}{2} \times Konvexität \times dr^2$$ [3]

Hier wird besonders deutlich, daß die Konvexität erst bei starken Renditeänderungen ins Gewicht fällt. Die Renditeänderung wird nämlich ins Quadrat gesetzt und dieser Faktor wird für kleine Werte verschwindend gering.

Beispiel:
Im Beispiel des letzten Kapitels führte die Abschätzung der Preisänderung der Anleihe der Weltbank mittels der Dollar Duration zu einem Preis von 91,37. Es wurde eine Erhöhung der Rendite um 100 Basispunkte von 6,994 % auf 7,994 % unterstellt. Die tatsächliche Rendite beträgt bei einem Preis von 91,37 jedoch 8,042 %. Der Kursverfall wurde somit überschätzt. Eine Abschätzung unter Berücksichtigung der Konvexität führt zu einem genaueren Ergebnis:

Konvexität: 0,610.[4]

$$
\begin{aligned}
dK_t \text{ in DM} &= - \text{Dollar Duration} * dr + {}^1/_2 * \text{Konvexität} * dr^2 \\
&= -\ 6{,}9002 * 1{,}00 + {}^1/_2 * 0{,}610 * 1{,}00^2 \\
&= -\ 6{,}9002 + 0{,}305 = -\ 6{,}5952
\end{aligned}
$$

1 Vgl. *Douglas, L.G.:* (Bond Risk Analysis), S.243.
2 Vgl. *Bosch, K.:* (Mathematik), S. 404.
3 Vgl. *Dattatreya, R.E.:* (Return Management), S.22.
4 Anstatt die zweite Ableitung zu bilden kann man sich dieses Ergebnis auch auf einfachere Weise herleiten. Die Dollar Konvexität gibt die Änderung der Dollar Duration an. Man bewegt daher die Rendite der Anleihe um einen Basispunkt und stellt die Veränderung der Dollar Duration fest. Steigt die Rendite der Anleihe in dem Beispiel auf 7,004 %, so sinkt die Dollar Duration auf 6,8941. Die Differenz beträgt 6,9002–6,8941 = 0,0061. Damit man dieselbe Skalierung erhält wie bei der Dollar Duration (6,9002 gibt die Kursveränderung für 100 BP an), muß dieser Betrag noch mit 100 multipliziert werden. Die Konvexität beträgt somit 0,610.

Der neue Preis der Anleihe beträgt 91,675. Aus diesem Preis errechnet sich eine Rendite von 7,994 %. Der Effekt der Konvexität auf die Preisentwicklung der Anleihe war 0,305.

Für noch größere Renditeveränderungen wird sich dieser Effekt verstärken. Steigt die Rendite der Anleihe um 200 BP auf 8,994 %, so berechnet sich die erwartete Kursveränderung folgendermaßen:

$$
\begin{aligned}
dK_t \text{ in DM} &= -\text{ Dollar Duration} * dr + 1/2 * \text{Konvexität} * dr^2. \\
&= -\ 6{,}9002 * 2{,}00 + 1/2 * 0{,}610 * 2{,}00^2. \\
&= -\ 13{,}8004 + 1{,}220 = -\ 12{,}5804.
\end{aligned}
$$

Bei einem Preis von 85,69 (98,27–12,5804) beträgt die Rendite 8,987 %. Ohne Berücksichtigung der Konvexität wäre der Kursverfall um 1,22 Punkte überschätzt worden.

3. Rechtliche Grundlagen für Termingeschäfte in der BRD

3.1 Termingeschäfte

Der Gesetzgeber hat den Begriff der Termingeschäfte bzw. Börsentermingeschäfte nur sehr vage definiert. So lautet der § 50 (1) BörsG:

„Börsentermingeschäfte bedürfen, soweit sie an der Börse abgeschlossen werden (Börsenterminhandel), der Zulassung durch den Börsenvorstand nach näherer Bestimmung der Börsenordnung. Zu den Börsentermingeschäften gehören auch Geschäfte, die wirtschaftlich gleichen Zwecken dienen, auch wenn sie nicht auf Erfüllung ausgerichtet sind.“

Der Begriff wurde unter anderem nicht eindeutig definiert, um den Handel in einer möglichst großen Vielzahl an Produkten zu ermöglichen.

Nach dem Urteil des BGH von 22.10.84 sind Börsentermingeschäfte „gegenseitige Verträge über vertretbare Waren, Wertpapiere oder Devisen nach gleichartigen Bedingungen, die von beiden Seiten erst zu einem späteren Zeitpunkt zu erfüllen sind. Sie müssen in Beziehung zu einem Terminmarkt stehen, der es ermöglicht, jederzeit ein Gegengeschäft abzuschließen.“[1]

Eine allgemeinere Definition gibt *Büschgen*: Termingeschäfte: „Zeitgeschäfte, vor allem, aber nicht notwendigerweise, an der Börse, bei denen die Erfüllung des Vertrages, das heißt Abnahme und Lieferung der Ware, des Wertpapiers oder von Devisen zu einem späteren Termin zu dem vorher vereinbarten bzw. börsenmäßig festgestellten Kurs erfolgt.“[2] Einfacher ausgedrückt: Kauf und Verkauf, sowie die Erfüllung erfolgen nicht zum selben Zeitpunkt.

Termingeschäfte können in folgende drei Arten unterteilt werden:

Fixgeschäfte (auch Festgeschäfte oder Direktgeschäfte genannt)
Beim Fixgeschäft besteht eine feste Abnahme oder Lieferpflicht zu einem vorher bestimmten Termin (z.B. Monatsmitte oder Ultimo). Oft besteht die Möglichkeit, die Erfüllung durch Prolongation hinauszuschieben. Meistens besteht auch die Möglichkeit, von einer Verpflichtung freizukommen, indem man durch Eingehen eines Gegengeschäftes seine Position glattstellt. Die Standardisierung der Bedingungen ist eine Voraussetzung für die Austauschbarkeit und Umlauffähigkeit.

---

1 BGH, Urteil v. 22.10.1984 – II 2 R 262/83.
2 *Büschgen, H.E.:* (Börsen-Lexikon), S.677.

Prämiengeschäfte
Bei Prämiengeschäften behält sich einer der Vertragspartner das Recht vor, gegen Zahlung einer Prämie vom Vertrag zurückzutreten. Diese Prämie wird auch Reuegeld genannt, da der Geschäftspartner bereut daß er das Geschäft eingegangen ist und zum Zeichen seiner Reue die Prämie zahlt.

Optionsgeschäfte
Bei Optionsgeschäften muß die Option (Wahlrecht, das vereinbarte Geschäft durchzuführen oder nicht) bereits bei Vertragsabschluß gezahlt werden. Der Optionsinhaber kann bis Ende der Laufzeit von seiner Option Gebrauch machen. Der Vertragspartner (Stillhalter) erhält für seine Erfüllungsbereitschaft den Preis der Option. Prämien- und Optionsgeschäfte werden auch bedingte Termingeschäfte genannt. Außerdem gibt es noch Stellagegeschäfte und Nochgeschäfte.[1]

3.2 Die geltende Rechtslage

3.2.1 Der Termineinwand und die Börsengesetznovelle von 1989

Die unklare Rechtslage bis zur Börsengsetznovelle von 1989 sorgte dafür, daß sich ein funktionierender Terminmarkt in der BRD nicht etablieren konnte. Das Hauptproblem lag in der Wirksamkeit von Termingeschäften. Diese Problematik fängt jedoch bei der Termingeschäftsfähigkeit an.

Nach § 52ff. BörsG sind Börsentermingeschäfte nur für termingeschäftsfähige Personen gemäß § 53 BörsG verbindlich. Die alte Fassung des § 53 BörsG hatte jedoch zur Folge, daß die breite Masse der privaten Anleger termingeschäftsunfähig war. Der Nichttermingeschäftsfähige (in der Regel der Privatanleger) konnte daher bei solchen Geschäften den Termineinwand erheben und bereits erbrachte Leistungen (§ 55 BörsG) zurückfordern, soweit diese Leistungen (§ 55 BörsG) nicht als Erfüllung des § 57 BörsG anzusehen sind und keine Sicherheiten gemäß § 54 BörsG (inzwischen aufgehoben) gestellt wurden. Der Leistungsberechtigte (z.B. die Bank) konnte bei einem Vertragsabschluß mit Termingeschäftsunfähigen die Leistung (z.B. die Zahlung eines Nachschusses) nicht durchsetzen, außer die Leistung wurde wirksam erbracht. Anders gesprochen: Wurde die Leistung nicht wirksam erbracht (z.B. durch vorherige Einzahlung der Optionsprämie auf ein Sonderkonto), konnte der Termingeschäftsunfähige den Termineinwand geltend machen und sein Geld zurückfordern.

Diese Ausgestaltung des Gesetzes sollte vor allem den unerfahrenen Privatanleger vor den Gefahren der Terminmärkte schützen. Schon vor der Jahrhundertwende wurden vom Gesetzgeber, wie sich anhand einer Reichsgericht-

1 Siehe Glossar.

sentscheidung des Jahres 1899 (RGZ 44, 103) zeigen läßt, die unerwünschten Gefahren eines „börsenmäßig betriebenen, in erster Linie aber rein spekulativen Überlegungen eines Privatpublikums dienenden Terminhandels" erkannt.[1]

Aus diesem Grund traf der Gesetzgeber Vorkehrungen, die allerdings weitgehend unglücklich formuliert waren und jedenfalls teilweise auf irrigen Vorstellungen von den zugrundeliegenden rechtsstaatlichen, insbesondere börsentechnischen und wirtschaftlichen Verhältnissen beruhten.[2]

Dies führte dazu, daß die BRD, obwohl sie zu den führenden Wirtschaftsnationen der Welt gehört, keinen funktionierenden Terminmarkt hatte. Erst 1989 wurde durch eine entsprechende Gesetzesänderung die Grundlage für die Etablierung eines funktionierenden Terminmarktes gelegt. Die wichtigste Gesetzesänderung betraf den § 53 BörsG, der dahingehend modifiziert bzw. ergänzt wurde, daß Termingeschäftsunfähige durch Unterzeichnung einer Informationsschrift, die sie über die Risiken von Börsentermingeschäften informiert, termingeschäftsfähig werden. Der Anleger wird also kraft Information (nicht jedoch kraft Wissens) termingeschäftsfähig. Die Schutzfunktion des Termin- und Differenzeinwands (siehe folgendes Kapitel) entfällt somit. Zur Begründung wurde angegeben, daß derjenige, der sich in klarer Erkenntnis der Konsequenzen seines Handelns auf ein Rechtsgeschäft einläßt, als mündiger Bürger keines zusätzlichen Schutzes bedarf. Auch ist es jetzt möglich, Termingeschäfte unbeschränkt per Kredit zu finanzieren. Das mag zwar praxisgerecht sein, ob es aber dem Anlegerschutz genügt, ist mehr als fraglich. In den USA gibt es eine „suitability doctrine" die besagt, daß der Kunde „suitable for investment" sein muß. Der Broker muß sich Einblick in die Vermögenslage des Kunden verschaffen und darf ihm nur zu solchen Engagements raten, die seine Möglichkeiten nicht überschreiten. Auch ist es zweifelhaft, ob ein Informationsblatt, das der Kunde unterzeichnet, ihn ausreichend vor Risiken warnt. Wie die Erfahrung mit kriminellen Vermittlergesellschaften zeigte, kann die Wirkung dieses Informationsblattes durch gezielte Gespräche mit dem Kunden verharmlost und z.T. ins Gegenteil verkehrt werden.

Diese Problematik hat der Gesetzgeber bzw. die Rechtsprechung inzwischen erkannt und den Anlegerschutz zweistufig ausgestaltet:

Die erste Stufe regelt die Termingeschäftsfähigkeit privater Anleger kraft Information und die Unverbindlichkeit ohne Unterzeichnung einer ausreichenden Informationsschrift geschlossener Börsentermingeschäfte gemäß § 53 Abs. 2 BörsG (notwendige Bedingung).

In der zweiten Stufe werden die Banken bezüglich ihrer Aufklärungs- und Beratungspflicht verantwortlich gemacht. Selbst wenn ein Anleger nach § 53 BörsG termingeschäftsfähig ist, ist noch nicht gewährleistet, daß er die unterzeichnete Informationsschrift auch verstanden hat. Die Standardtexte orien-

---

1 RGZ 44, 103.
2 Vgl. *Wach,K.J.T.:* (Der Terminhandel), S.237.

tieren sich nämlich an den Durchschnittskenntnissen des Publikums. Die Bank ist deshalb zu einer zusätzlichen Aufklärung verpflichtet, die die individuellen Verhältnisse des Anlegers oder Eigenarten der jeweiligen Geschäfte berücksichtigt. Die Aufklärung kann auch in mündlicher Form erfolgen. Diese Ansicht hat der Bundesgerichtshof in mehreren Urteilen deutlich gemacht.[1] Weiterhin liegt die Beweislast der Aufklärung bei der Bank bzw. dem Vermittler.[2]

In einigen Fällen versuchten Anleger, die sich der Risiken voll bewußt waren, diesen Sachverhalt auszunutzen und von Banken verlorenes Geld zurückzuholen. Sie gaben vor Gericht an, die Bank hätte sie nicht individuell beraten. Im Urteil vom 27.02.1996 stellte der BGH jedoch fest, daß sich das Maß der Aufkärungspflicht nach dem Wissensstand des jeweiligen Anlegers richtet. Ist dieser in der Materie bewandert oder wurde er bereits von dritter Seite beraten, so ist eine weitere Aufkärung nicht notwendig.[3]

Eine Aufklärung seitens der Bank ist auch dann nicht notwendig, wenn der Kunde diese Aufklärung ausdrücklich nicht wünscht und dieser sich nicht ersichtlicht unglaubwürdig als erfahren geriert.

Von den meisten deutschen Großbanken wird der Anlegerschutz in der Form praktiziert, daß Kunden zum einen ein relativ hohes Eigenkapital nachweisen müssen, um Termingeschäfte zu tätigen. Zum anderen müssen sie einen Fragebogen ausfüllen der ihr bisheriges Anlageverhalten festhält und sie in bestimmte Risikokategorien einstuft. Danach richtet sich dann der eventuelle Beratungsbedarf und die Entscheidung, ob der Kunde für Geschäfte dieser Art zugelassen wird. Weiterhin werden durch hohe Gebühren Termingeschäfte für Privatanleger unattraktiv gemacht. Als Grund dafür wird die Sorge um das Wohl der Anleger vorgebracht. In Wirklichkeit verursacht eine Privatkundenorder relativ hohe Bearbeitungskosten. Diese hohen Bearbeitungskosten machen derartige Privatkundengeschäfte für Banken unattraktiv. Für Banken ist es zudem profitabler, Kundengelder in andere Bereiche umzuleiten.

3.2.2 Der Differenzeinwand

Ein weiterer Punkt, der der Schaffung eines funktionierenden Terminmarktes im Wege stand, war der sogenannte Differenzeinwand (§ 762, § 764 BGB). Nach der Rechtssprechung, die sich auf § 764 BGB stützte, wurden Termingeschäfte als Spiel oder Wette angesehen. Nach § 762 BGB sind aber Verbindlichkeiten, die sich auf ein Spiel oder eine Wette begründen, nichtig. Der ge-

1 Vgl. BGH, Urteil v. 16.11.1993 – XI ZR 214/92.
Vgl. BGH, Urteil v. 11.06.96 – X 1 ZR 172/95.

2 Weiterhin gibt es noch § 89 BörsG (Verleitung Unerfahrener zu Börsenspekulationsgeschäften).

3 Vgl. BGH, Urteil v. 27.02.96 – X 1 ZR 133/95.

leistete Einsatz konnte dann unter Berufung auf den sich aus diesen Paragraphen ergebenden Differenzeinwand zurückgefordert werden. Ist aber auch hier bereits wirksam geleistet worden, so kann das Geleistete nicht mehr zurückgefordert werden (=Naturalobligation).

Dieses Hindernis wurde durch eine Änderung des § 58 BörsG aus dem Weg geräumt. § 58 BörsG besagt in seiner Neufassung: „Gegen Ansprüche aus Börsentermingeschäften kann von demjenigen, für welchen das Geschäft nach den Vorschriften der §§ 53 und 57 verbindlich ist, ein Einwand aus den §§ 762 und 764 des Bürgerlichen Gesetzbuchs nicht erhoben werden. Soweit gegen die bezeichneten Ansprüche ein solcher Einwand zulässig bleibt, ist § 56 entsprechend anzuwenden. Für den Privatanleger hat das kurz gesagt zur Folge, daß er den Differenzeinwand nicht mehr geltend machen kann, sobald er termingeschäftsfähig ist.

3.2.3 Praktische Ausgestaltung und Auswirkungen auf den Handel mit Termininstrumenten

Um der Informationspflicht gemäß § 53 (2) BörsG zu genügen, wurde von den Banken ein Informationsblatt entworfen. Ein Anleger, der Termingeschäfte tätigen will, muß diese Informationsschrift unterzeichnen. Er ist dann börsentermingeschäftsfähig kraft Information. Im Gesetz ist zudem bestimmt, daß die Unterrichtung über die Risiken nicht länger als drei Jahre zurückliegen darf. Der Anleger muß daher, um börsentermingeschäftsfähig zu bleiben, das Informationsblatt mindestens alle drei Jahre unterschreiben. Da allerdings der Kaufmann (z.B. die Bank) die Beweislast trägt, ob eine Unterrichtung stattgefunden hat, legen die Banken ihren Kunden aus Sicherheitsgründen die Informationsschrift meistens in kürzeren Abständen vor.

Die meisten Banken bzw. Vermittler verlangen weiterhin das Ausfüllen eines Fragebogens, anhand dessen entschieden wird, ob weiterer Aukärungsbedarf besteht und welche Arten von Geschäften der Kunde tätigen darf.

Durch die Gesetzesänderung wurde eine der notwendigen Voraussetzungen für einen funktionierenden Terminmarkt geschaffen. Letztendlich machte sie die Errichtung der Deutschen Terminbörse (DTB) (jetzt EUREX) möglich, die im Juli 1988 gegründet wurde und über eines der modernsten und leistungsfähigsten Handelssysteme verfügt.

4. Zinsfutures und Zinsoptionen an der Eurex

An der Eurex wird eine Vielzahl verschiedener Zinsinstrumente gehandelt. Bevor man zu der Betrachtung der einzelnen Instrumente übergeht, ist es wichtig, einen Blick auf den Markt zu werfen, an dem sie gehandelt werden.

4.1 Die Eurex

Ein funktionierender Markt für derivative Instrumente ist eine unabdingbare Voraussetzung für das Bestehen eines Finanzmarktes im internationalen Wettbewerb. Mit der Gründung der Deutschen Terminbörse GmbH (DTB) mit Sitz in Frankfurt am Main im Juli 1988 und der Eröffnung des Handels am 26. Januar 1990 wurde die Grundlage für einen solchen Markt geschaffen. Am 8. Juni 1998 wurde die Eurex AG gegründet. Unter ihrem Dach schlossen sich die nunmehr vormalige DTB und die Schweizer Terminbörse Soffex zusammen. Der Zusammenschluß im Handel und Abwicklung auf eine gemeinsame elektronische Plattform fand am 28.9.1998 statt. Die Eurex konnte sich in den letzten Jahren eines stürmischen Umsatzwachstums erfreuen. Im März 99 brach sie mit als 33,8 Millionen gehandelten Kontrakten den Rekord der amerikanischen CBOT (28,8 Millionen Kontrakte im September 1997) und wurde somit die weltweit umsatzstärkste Terminbörse. Der Bund Future avancierte mit 14 Millionen gehandelten Kontrakten zum meistgehandelten Future-Kontrakt der Welt.[1]

4.1.1 Aufbau der Eurex

Die Eurex wurde in der Rechtsform einer AG gegründet. Sie ist die Trägergesellschaft, die finanziell, personell und sachlich für den Betrieb der Terminbörse und die Durchführung des Clearing (Abwicklung und Stellung der Sicherheiten) zuständig ist. Diese beiden Funktionen werden rechtlich getrennt voneinander gesehen. Die Funktion des Clearing Hauses übernimmt die *Eurex Clearing AG*. Sie wird zu 100 % von der *Eurex Frankfurt AG* gehalten. Diese ist zudem die Trägerin der öffentlich-rechtlichen Anstalt *Eurex Deutschland*. Gemäß dem Börsengesetz bedarf der Betrieb der Terminbörse einer öffentlich rechtlichen Struktur. Nach § 1 BörsG unterliegt die Terminbörse öffentlich-rechtlicher Aufsicht. In diesem Fall ist daher die Regierung des Landes Hessen, bzw. das Ministerium für Wirtschaft, Verkehr und Tech-

1 *Deutsche Börse:* Reporter, April 99, S. 7.

nologie des Landes Hessen die Aufsichtsbehörde. Die Durchführung des Clearing ist dagegen privatrechtlich in Form einer AG organisiert. Die rechtliche Regelung des Handels und Clearings unterliegt dem Börsengesetz, der Börsenordnung und den Handels- und Clearing-Bedingungen der Eurex.

Die *Deutsche Börse AG* (Träger der öffentlich-rechtlichen Anstalt Frankfurter Wertpapierbörse) und die Schweizer Börse sind zu gleichen Teilen Eigentümer der Eurex Zürich AG. Diese ist die alleinige Eigentümerin der Eurex Frankfurt AG.

Einen Überblick über die Konzernstruktur der Deutsche Börse AG und der Eurex AG geben die beiden folgenden Schaubilder:

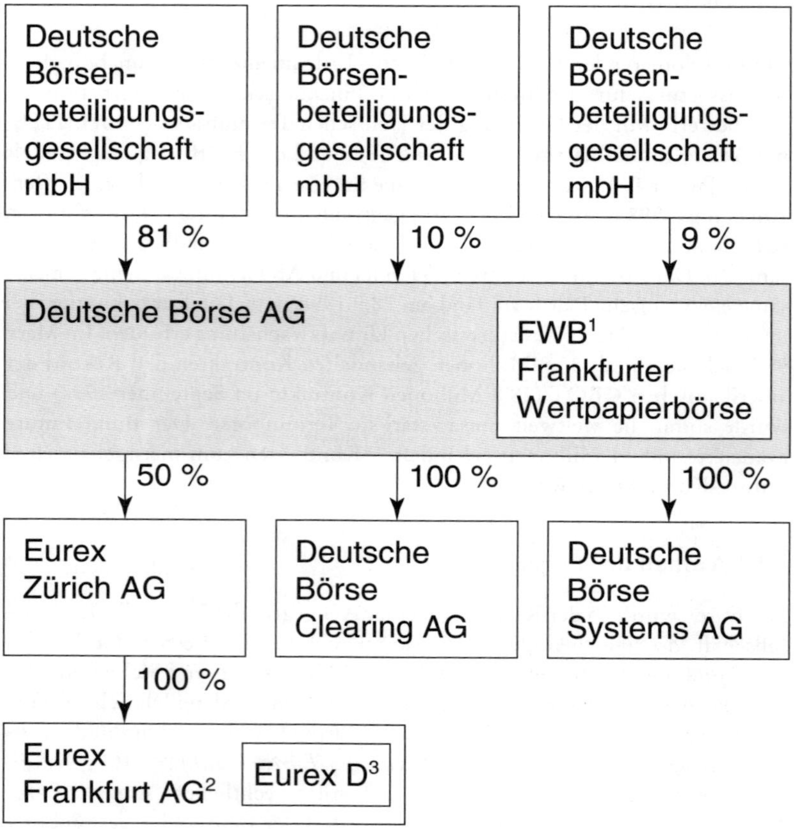

1 Trägerin der öffentlich-rechtlichen Anstalt FWB ist die Deutsche Börse AG
2 Zur Eurex Frankfurt AG gehört die hunderprozentige Tochtergesellschaft Eurex Clearing AG
3 Trägerin der öffentlich-rechtlichen Anstalt Eurex Deutschland ist die Eurex Frankfurt AG

Abb. 4.1: Konzernstruktur der Deutschen Börse AG (Quelle: Deutsche Börse AG)

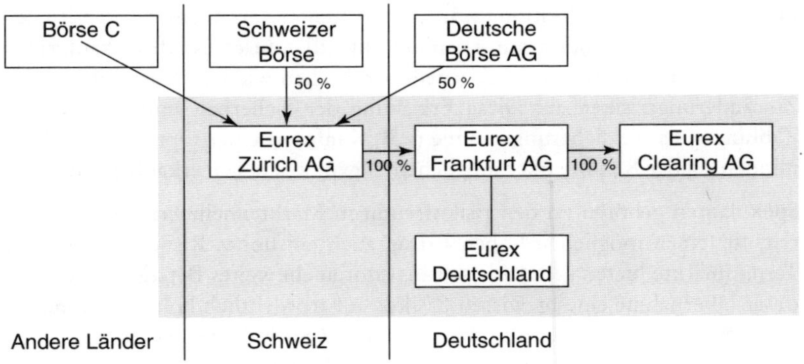

Abb. 4.2: Konzernstruktur der Eurex AG (Quelle: Eurex)

4.1.2 Marktstruktur

4.1.2.1 Marktteilnehmer

Investoren, die an der Eurex tätig sein wollen, müssen entweder zugelassene Börsenteilnehmer sein oder ihre Aufträge über solche Börsenteilnehmer in den Markt geben. Will z.B. ein Privatanleger an der Eurex eine Option oder einen Terminkontrakt kaufen, so muß er sich zunächst an einen Börsenteilnehmer, wie z.B. eine Bank mit Börsenzulassung wenden. Diese Bank wird dann für ihn den Auftrag an der Eurex ausführen.

Zum Handel können sowohl Banken als auch Nicht-Banken zugelassen werden. Allerdings müssen sämtliche Handelsteilnehmer bestimmte Kriterien bezüglich ihrer Zuverlässigkeit, beruflichen Eignung, organisatorischen Struktur und Finanzkraft erfüllen. Zudem muß der Handelsteilnehmer, wenn er nicht selber Clearing Mitglied ist, eine General Clearing Member/Non Clearing Member (GCM/NCM) Vereinbarung getroffen haben.

Die zum Börsenhandel zugelassenen Institute handeln entweder für eigene Rechnung, im Kundenauftrag (z.B. Auftragserfüllung für private oder institutionelle Investoren) oder sie übernehmen Market Maker Funktionen. Neben der Wahrnehmung von Market Making Funktionen und dem nicht zu vernachlässigendem Eigenhandel ist ein wichtiges Betätigungsfeld für die Teilnehmerinstitute das Gebiet der Arbitrage. Arbitrage wird ausschließlich von professionellen bzw. institutionellen Marktteilnehmern betrieben. Nur diese Teilnehmer verfügen neben einem ausreichenden Kapital und einer günstigen Transaktionskostenstruktur über eine für diese Geschäfte unabdingbare Marktnähe. Unter den professionellen Marktteilnehmern finden sich auch viele Hedger, Spekulanten und risikoaverse Investoren, jedoch können diese Tätigkeitsbereiche auch von privaten Anlegern wahrgenommen werden.

Hedger sichern eine Position (z.B. Aktien- Rentenportefeuille) durch Eingehen einer Gegenposition am Terminmarkt (z.B. durch Kauf/Verkauf einer Option oder eines Kontraktes) gegenüber Risiken wie z.B. Kursrisiken oder Zinsänderungsrisiken ab. Diese Erhöhung der Sicherheit muß aber durch Zahlung einer Versicherungsprämie (z.B. Kaufpreis einer Option) bzw. Verminderung der Rendite oder möglichen Gewinnchanchen erkauft werden.

Spekulanten gehören zu den risikofreudigen Markteilnehmern. Sie sind bereit, für einen möglichen hohen Ertrag auch ein hohes Risiko einzugehen. Terminmärkte bieten gerade diesen Investoren ein weites Betätigungsfeld, da unter Übernahme eines gewissen Risikos außerordentlich hohe Gewinne erzielt werden können. Der oft schlechte Ruf des Spekulanten ist meistens vollkommen unbegründet. Absicherungen von bestehenden Positionen (Hedging) wird erst durch Spekulanten möglich. Sie sind nämlich bereit, das Risiko zu übernehmen, das Hedger abwälzen wollen. Die Marktpositionen von diesen beiden Teilnehmergruppen sind in der Regel konträr zueinander. Zudem bringen Spekulanten durch regen Handel Liquidität in den Markt.

Ein weiteres Klischee ist, daß Optionen und Futures nur für „wilde Zocker" in Frage kommen, die bereit sind, ihren gesamten Kapitaleinsatz zu verlieren. In der Tat könnnen die Risiken an den Terminmärkten bei unbedachtem Einsatz sehr hoch sein. Diese Risiken können höher sein, müssen aber nicht höher sein als Investments in Kassainstrumente, die in vielen Fällen auch hohe Risiken mit sich führen. Optionen und Terminkontrakte bieten nämlich auch für extrem risikoaverse Investoren außerordentlich viele Möglichkeiten. Durch geschickten Einsatz dieser Instrumente können sie risikoarme bis zu risikolose Positionen aufbauen. Weiterhin ist es möglich, mit Hilfe von Optionen und Terminkontrakten ein sichere Rendite zu erzielen bzw. die Rendite eines Portfolios zu erhöhen.

4.1.2.2 Das elektronische Börsenparkett

Im Gegensatz zu dem herkömmlichen Handelssystem des open outcry (Handel auf Zuruf) wurde die DTB (jetzt Eurex) nach dem Vorbild der Schweizer Options- und Terminbörse (Soffex) als eine elektronische Börse konzipiert.

Die Tatsache, daß die DTB bzw. Eurex eine vollelektronische Computerbörse ist, stellte für den Finanzplatz der Bundesrepublik Deutschland ein absolutes Novum dar. Der Handel erfolgt nicht mehr auf Zuruf auf einem Börsenparkett, sondern bundesweit und standortunabhängig über Bildschirme und Terminals, die an das EDV- System der Terminbörse angeschlossen sind. Durch die Computerisierung und durch die Einführung eines sogenannten Market Maker-Systems wurde eine Vielzahl von Vorteilen gegenüber dem herkömmlichen Handel erreicht. Die Markttransparenz erhöht sich beträchtlich, da sämtliche handelbaren Preise und ihr Volumen auf dem Bildschirm ersichtlich sind. Das Computersystem ist so angelegt, daß Käufer bzw. Verkäufer, die eine „billigst" oder „bestens" Order eingeben, stets mit dem günstigsten am Markt erhältlichen Preis abgerechnet werden. Dies stellt besonders für private Anleger einen bedeutenden Schutz bzw. Vorteil dar. Durch die Einführung des Systems der Market Maker wurde ein gewisses Maß an Liquidität geschaffen. Market Maker sind Händler, die verpflichtet sind, während der Börsensitzung auf Anfrage verbindliche Geld- und Briefkurse zu stellen. Dadurch ist es möglich, stets einen handelbaren Kurs zu erhalten. Dies ist ein bedeutender Vorteil gegenüber Börsen ohne Market Maker. An diesen Börsen kann es einem Marktteilnehmer passieren, daß es mangels Liquidität für ihn nicht möglich ist, eine Position auzubauen bzw. glattzustellen. Allerdings darf nicht übersehen werden, daß Market Maker zwar verpflichtet sind, verbindliche Kurse zu stellen, dies aber nur für ein bestimmtes festgelegtes Minimalvolumen. Dieses Volumen wird für private Anleger in der Regel ausreichend sein. Investoren mit großvolumigen Aufträgen (z.B. institutionelle Anleger) können aber auch an dieser Börse Schwierigkeiten mit der Liquidität bekommen, da das Market Maker System zwar eine Mindestliquidität garantiert, nicht aber eine Liquidität, die für einen professionellen Handel ausreichend ist. Fairerweise muß hinzugefügt werden, daß die Eurex in den meisten Produkten eine außerordentlich hohe Liquidität erreicht hat.

Wie oben schon erläutert, ist der Handel an der Eurex vollkommen computerisiert. In den folgenden Ausführungen wird dieses Handelssystem etwas genauer unter die Lupe genommen.

Das elektronische Börsenparkett der Eurex ist äußerst komplex. Es ist nicht ein großer Rechner, an den die einzelnen Börsenteilnehmer angeschlossen sind, sondern vielmehr ein elektronisches Netzwerk. Dieses Netzwerk besteht aus den Kommunikationswegen bzw. Leitungen, der Kommunikationshard- und -software und den funktional zusammenhängenden Rechnern. Das Kernstück des Netzwerkes bilden die in Frankfurt aufgestellten Zentralrechner (Hosts). An diese Zentralrechner sind Kommunikationsrechner (Communication Server) angeschlossen, die über die ganze Bundesrepublik verteilt sind. Diese Rechner sind anderen Rechnern zwischengeschaltet und dienen der Kommunikation zwischen diesen Rechnern. Die dritte Komponente im Computersysten der Eurex sind die sogenannten User Devices. Es sind die Rechner der Börsenteilnehmer vor Ort an den verschiedenen Plätzen in der Bundesrepublik.

Jeder Händler hat seine eigene Workstation mit Bildschirm und Handelsfenstern. An diesem Bildschirm gibt er seine einzelnen Kauf- oder Verkauforders ein. Über die Workstation werden die Orders zunächst in das User Device vor Ort eingegeben. Dieses User Device leitet die Orders weiter. Bei Quotes prüft es zusätzlich, bevor es die Order weitergibt, ob sie syntaktisch sinnvoll ist. Ein Kommunikationsrechner, auch Router genannt, ist für die Fernübertragung der Order zuständig. Dieser Router, der den Datentransport übernimmt, sendet die Order zu der nächsten Station, dem Communication Server. Die Informationen gehen aber nicht direkt an diesen Zwischenrechner, sondern zunächst ebenfalls an einen Router, der dann die Daten an den Communication Server weiterleitet. Weil die Zentralrechner der Eurex nur über eine begrenzte Anzahl an Anschlüssen verfügt, müssen die Anschlüsse der einzelnen Marktteilnehmer zunächst gebündelt werden. Diese Bündelung und die darauffolgende Weiterleitung der Daten übernimmt der Communication Server. Dieser Zwischenrechner ist an einem sogenannten Access Point untergebracht. Zur Zeit gibt es folgende Access Points: Düsseldorf, Frankfurt, Hamburg, München, Amsterdam, Chicago Helsinki, London, Madrid, New York, Paris, und Zürich. An diesen Access Points stehen mehrere Communication Server. Die Netzwerkanschlüsse der Eurex-Mitglieder führen daher nicht direkt zu den Zentralrechnern in Frankfurt, sondern zunächst zu den jeweiligen Access Points. An den Zwischenrechner (Communication Server) des Access Point ist wieder ein Router angeschlossen, der den Datentransport zu dem Router des Zentralrechners in Frankfurt übernimmt. An diesem Zentralrechner wird die Order dann ausgeführt. Die Information über die Ausführung der Order wird den Marktteilnehmern über eine Aktualisierung des Handelsbildschirmes mitgeteilt. Damit der Handelsbildschirm bei allen Marktteilnehmern gleichzeitig aktualisiert wird, erhalten alle Router den Auftrag, die Informationen an alle Markteilnehmer zu verteilen. Dieser Vorgang, bei dem die Informationen an alle empfangenden Stationen gesendet werden, wird Broadcasting genannt. Der gesamte Vorgang der Übertragung der Order und der Aktualisierung des Handelsbildschirmes dauert in der Regel weniger als eine Sekunde. Der geschilderte Übertragungsvorgang mag sich zunächst sehr kompliziert anhören. Das Grundprinzip ist aber relativ einfach: Die Daten werden zunächst geprüft, gebündelt und dann wie Pakete bei der Post versendet. Die Versendung und den Empfang übernehmen die einzelnen „Postämter" wie Router und Communication Server. Die Übertragungswege der Eurex sind Standleitungen, die eigens für diesen Zweck von der Deutschen Bundespost Telekom angemietet werden.

Im Zentralrechner selber übernimmt das elektronische Orderbuch die Zusammenfühung von Kauf- und Verkaufaufträgen. Entsprechen sich ein Kauf- und Verkaufauftrag, so führt das Orderbuch diese beiden Aufträge zusammen. Die Herbeiführung des Geschäftsabschlusses durch das Orderbuch wird auch Matching genannt. Das Orderbuch sortiert zudem die Aufträge nach bestimmten Kriterien. Unlimitierte Aufträge haben Vorrang und werden – wenn möglich – zuerst ausgeführt. Limitierte Aufträge werden nach ihrem Preis geordnet. Der jeweils günstigste Preis steht an erster Stelle. Haben zwei Aufträge den gleichen Preis, so hat der Auftrag Vorrang, der zuerst in das System eingegeben wurde (first come, first served).

Durch Installierung von verschiedenen Sicherheitsvorkehrungen hat das Übertragungssystem der Eurex einen hohen Sicherheitsgrad erreicht. Die Zwischenschaltung der Router bewirkt, daß die Börsenteilnehmer keinen direkten Zugang zum Zentralrechner der Eurex haben. Auch können dadurch Börsenteilnehmer (im Gegensatz zur Eurex) keinen Einblick in das System und die Positionen der einzelnen Marktteilnehmer gewinnen. Ein weiterer Sicherheitsvorgang ist die Tatsache, daß jeder Handelsvorgang von der Eurex festgehalten, gespeichert und um bestimmte Informationen ergänzt wird. Die erste „Markierung" des Handelsvorgangs erfolgt am User Device des jeweiligen Börsenteilnehmers. Neben den einzelnen Informationen über die Art der Order kommen noch Informationen über den Zeitpunkt der Eingabe der Order und über den Absender und Empfänger hinzu. Die Speicherung der Orders übernehmen die Zentralrechner. Dadurch wird eine Nachvollziehbarkeit jedes getätigten Handels und eine hohe Markttransparenz erreicht.

Ca. 60 % der Arbeit wird von den sechs Zentralrechnern übernommen. Diese sind nicht nur für die Auftragsausführung und Positionsführung zuständig. Für den aktuellen Handel ist zudem eine Verwaltung und ständige Aktualisierung der Datenbasis notwendig. Eine weitere Aufgabe der Zentralrechner ist die Stapelverarbeitung (Batch Run). Es ist die Nachverarbeitung des Handelstages. 30 % der Datenverarbeitung wird von den User Devices der Marktteilnehmer übernommen und die restlichen 10 % von den Zwischenrechnern (Communication Server).

Zentralrechner
Eurex Frankfurt

Router
Communication Server Standort XY
Router

Router
User Device Standort XY
Workstation + Handelsbildschirm

Abb. 4.3: Technischer Aufbau der Eurex

4.1.3 Clearing

Der Kauf einer Option ist nicht nur mit einem Marktrisiko, sondern auch mit einem Erfüllungsrisiko verbunden. Möchte ein Marktteilnehmer einen Call, den er besitzt, ausüben und sein Kontraktpartner, der Verkäufer des Calls, ist nicht in der Lage, ihm die zugrundeliegende Ware (z.B. Anleihen) zu liefern, dann verfällt sein Recht wertlos. Der gleiche Fall tritt ein, wenn ein Put ausgeübt wird und der Verkäufer des Puts z.B. aus Finanzschwäche nicht in der Lage ist, die Ware abzunehmen und zu bezahlen. Dasselbe Risiko kann auch beim Kauf und Verkauf von Terminkontrakten bestehen. Der Verkäufer des Kontraktes hat nämlich die Verpflichtung, den dem Kontrakt zugrundeliegenden Handelsgegenstand zu liefern und der Käufer hat die Verpflichtung, diese Ware abzunehmen.

Um dieses Ausfallrisiko auszuschalten, steht an der Eurex zwischen den einzelnen Kontrahenten ein Kontraktpartner mit höchster Bonität. Dieser Kontraktpartner wird Clearing House genannt. Das Clearing House übernimmt das Ausfallrisiko, falls ein Marktteilnehmer seiner Liefer- bzw. Abnahmeverpflichtung nicht nachkommen kann. Durch die Zwischenschaltung des Clearing-Hauses werden die Marktteilnehmer von der Notwendigkeit befreit, die Bonität ihres Kontraktpartners zu überprüfen. Das Clearing-Haus übernimmt nicht nur das Ausfallrisiko, sondern ist als zentrale Abwicklungsstelle auch für die Abwicklung und Kontrolle der Transaktionen zuständig. So übernimmt es die Abwicklung der finanziellen Seite des Geschäftes; es ermittelt börsentäglich den Wert der Positionen (mark to the market) und die Höhe der von den Mitgliedern zu tätigenden Nachschüsse. Außerdem müssen die Sicherheitsleistungen (Margins) der Clearing-Mitglieder bei ihr hinterlegt werden.

Die Clearing-Stelle kann eine selbständige Einrichtung, oder wie es bei der Eurex der Fall ist, ein integrierter Bestandteil der Börsen AG sein. Die Eurex Frankfurt AG ist nämlich sowohl Trägergesellschaft der Börse (Eurex Deutschland) als auch die hundertprozentige Eigentümerin der Clearing-Stelle (Eurex Clearing AG). Die Eurex Clearing AG ist der Vertragspartner bei jedem getätigtem Börsengeschäft. Der andere Vertragspartner kann aber nur derjenige werden, der eine Clearing-Mitgliedschaft besitzt. Die Eurex Clearing AG unterhält somit in bezug auf den Börsenhandel keinerlei vertragliche Beziehungen mit Personen oder Institutionen, die keine Clearing-Mitgliedschaft besitzen.

Es gibt zwei Arten von Clearing-Mitgliedschaften: **General-Clearing-Mitglieder (GCM)** und **Direct-Clearing-Mitglieder (DCM)**. Daneben gibt es auch Börsenteilnehmer ohne eine Clearing-Mitgliedschaft **(Non-Clearing-Mitglied, NCM).**

General-Clearing-Mitglieder sind berechtigt, im eigenen Auftrag an der Börse tätig zu sein. Zudem sind sie befugt, auch Geschäfte von Kunden und Börsenteilnehmern ohne Clearing-Lizenz auszuführen. Ein General-Clearing-Mitglied übernimmt die vollständige Abwicklung der Geschäfte seiner Kunden und die daraus entstehenden buchungstechnischen Aufgaben, wie z.B. Verbuchung der gezahlten oder erhaltenen Optionspreise. Weiterhin hat es dafür Sorge zu tragen, daß der Kunde seinen Marginverpflichtungen nachkommt. Das Clearing-Mitglied selber hat bei der Eurex eine Margin in einer bestimmten Höhe zu hinterlegen. Diese Margin-Zahlung kann in Form von Geldbeträgen oder Hinterlegung von Wertpapieren erfolgen und dient als Sicherheitsleistung für bestehende Kontraktverpflichtungen. Das General-Clearing-Mitglied trägt das volle Ausfallrisiko, falls ein Vertragspartner (z.B. Privatkunde oder Non-Clearing-Mitglied) seinen Verpflichtungen nicht nachkommen kann. Damit gewährleistet ist, daß auch das General-Clearing-Mitglied seinen Verpflichtungen sowohl der Eurex als auch dem Vertragspartner gegenüber nachkommen kann, dürfen nur Institute General-Clearing-Mitglied werden, die über ein bestimmtes haftendes Eigenkapital verfügen. Außerdem muß eine Drittbankgarantie bei der Eurex hinterlegt werden. Ist ein Clearing-Mitglied nicht in der Lage, seinen Verpflichungen nachzukommen, werden die Sicherheiten der übrigen Clearing-Mitglieder herangezogen. Sollten diese Sicherheiten nicht ausreichen, haftet die Eurex Clearing AG für diese Verbindlichkeiten. Für die technische Durchführung der Geschäfte ist ein Konto bei der Deutsche Börse Clearing AG (Schweiz: SEGA) (Verbuchung der Wertpapiertransaktionen) sowie ein Konto bei der Landeszentralbank Hessen (Euro und andere Währungen) bzw. Schweizer Nationalbank (CHF) (Regulierung des Zahlungsverkehrs) notwendig.

Die zweite Gruppe der Clearing-Mitglieder sind die **Direct-Clearing-Mitglieder.**[1] Ihre Rechte und Aufgaben entsprechen denen der General-Clearing-Mitglieder, mit der Einschränkung, daß sie nicht berechtigt sind, Geschäfte für Börsenmitglieder abzuwickeln, die keine Clearing-Mitgliedschaft besitzen. Sie sind somit nur zum Clearing eigener Geschäfte sowie zum Clearing von Kundengeschäften berechtigt. Aufgrund dieser Einschränkung besteht ein geringeres Risiko. Deshalb benötigen sie als Zulassungsvoraussetzung ein geringeres haftendes Eigenkapital und eine geringere Drittbankgarantie.

Börsenteilnehmer ohne Clearing-Mitgliedschaft können ihre Börsentransaktionen nicht selbständig abwickeln. Sie müssen eine Clearing-Vereinbarung mit einem General-Clearing-Mitglied abschließen. General-Clearing-Mitglieder sind prinzipiell verpflichtet, einem **Non-Clearing-Mitglied**, das die notwendigen Voraussetzungen erfüllt, eine vertragliche Beziehung zu ermöglichen. Für den Fall, daß sich kein GCM dazu bereiterklärt, ist die Eurex befugt, durch Losentscheid ein GCM zuzuweisen.

Für den Fall, daß ein Kunde eines Clearing-Mitgliedes seinen Verpflichtungen nicht mehr nachkommen kann, steht dieses Clearing-Mitglied für die Verpflichtungen seines Kunden ein. Ist ein Clearing-Mitglied nicht in der Lage, seinen Verpflichtungen nachzukommen, werden die Sicherheiten der übrigen Clearing-Mitglieder herangezogen. Sollten diese Sicherheiten nicht ausreichen, haftet die Eurex für diese Verpflichtungen. Notfalls werden dafür Rücklagen der Eurex aufgelöst. Dieses Szenario ist allerdings unwahrscheinlich und nur in extremen Fällen denkbar.

4.2 Handel an der Eurex

Der Handel an der DTB wurde am 26. Januar 1990 mit der Einführung von 14 Optionen auf Aktien eröffnet. Der Bund-Future[2] und der Dax-Future

1 Direct-Clearing-Mitglieder werden gelegentlich auch Individual-Clearing-Mitglieder genannt.
2 Der Bund-Future an der Londoner Terminbörse LIFFE wurde bereits am 29.9.1988 eingeführt. Er wird jedoch dort nicht mehr gehandelt.

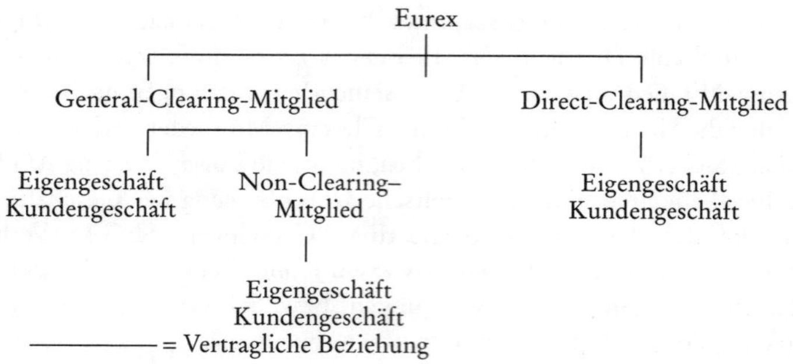

Abb. 4.4: Struktur der Clearing-Mitgliedschaften an der Eurex

folgten am 23.11.1990 und die Dax Optionen und Optionen auf den Bund-Future am 16. August 1991. Die Einführung des Bobl-Futures fand am 4.10.1991 statt und die der Aktienoptionen mit einer Laufzeit von 9 Monaten am 20. Januar 1992. Sukzssive wurden weitere Produkte eingeführt. Am 28.9.1998 wurde der Handel unter dem Dach der Eurex weitergeführt.

Für die folgenden Ausführungen werden die wichtigsten Zinsprodukte herausgegriffen. Es sind der Bund-Future, Optionen auf den Bund-Future, der Bobl-Future, Optionen auf den Bobl-Future, der Schatz-Future, Optionen auf den Schatz-Future, der Euribor-Future und Optionen auf den Euribor-Future.

4.2.1 Kontraktspezifikationen des Bund-Futures

Der Bund-Future der Eurex ist der an den europäischen Finanzmärkten am meisten gehandelte Zinsterminkontrakt. Es handelt sich um einen Zinsterminkontrakt, der auf eine fiktive Anleihe standardisiert wurde. Diese fiktive Anleihe hat einen Kupon von 6 % und eine Restlaufzeit von 8,5 bis 10,5 Jahren. In den Future einlieferbar sind aber effektive Anleihen. Es handelt sich hierbei nicht nur um eine lieferbare Anleihe, sondern um einen Korb von lieferbaren Anleihen. Es sind Bundesanleihen, die am Liefertag eine Restlaufzeit von mindestens 8,5 bis maximal 10,50 Jahren haben. Die Höhe des Kupons spielt keine Rolle. Die Laufzeit wurde zwischen 8,5 und 10,50 Jahren gewählt, damit ein Korb an verschiedenen lieferbaren Anleihen vorhanden ist. Das hat bei einem Wechsel des Cheapest to Deliver eine erhöhte Kontinuität des Futureskurses zur Folge.[1] Am Liefertag ist eine beliebige Anleihe aus diesem Korb lieferbar. Diese Anleihen haben in der Regel unterschiedliche Laufzeiten und Kupons. Um die Anleihen bei der Lieferung vergleichbar zu machen und um sie an die fiktive Anleihe anzugleichen, findet am Liefertag eine An-

1 Definition des Cheapest to Deliver siehe: Kapitel 6.1.2.2.

passung mit Hilfe eines Preisfaktors statt. Ein Kontrakt umfaßt Anleihen im Nominalwert von € 100.000.
Im Gegensatz zu einer Option ist ein Terminkontrakt kein Recht, sondern einen Verpflichtung. Der Verkäufer eines Bund-Future-Kontraktes hat deshalb die Verpflichtung, am Liefertag Anleihen im Nominalwert von € 100.000 zu liefern und der Käufer hat die Verpflichtung, diese Anleihen abzunehmen. Durch Glattstellen des Kontraktes vor dem Liefertag hat der Investor die Möglichkeit, von dieser Verpflichtung freizukommen.

Die Preise des Bund-Futures werden analog zu den zugrundeliegenden Bundesanleihen auf zwei Stellen nach dem Komma notiert. Die kleinstmögliche Preisveränderung wird Tick genannt und beträgt 0,01. Der Wert eines Ticks beträgt € 10 und berechnet sich folgendermaßen: Das Nominalvolumen des Bund-Futures beträgt € 100.000. Teilt man dieses Nominalvolumen durch 100, erhält man die Anzahl der Anleihen. Diese beträgt 1000. Multipliziert man die Mindestkursveränderung einer Anleihe (0,01) mit 1000, so erhält man den Tick-Wert des Futures in Höhe von € 10.

Der Preis, der für die Berechnung der täglichen Margin-Zahlungen und für die Berechnung des Andienungsbetrages bei Lieferung relevant ist, ist der Abrechnungspreis, der auch Settlementpreis oder Exchange Delivery Settlement Price (EDSP) genannt wird. Er wird in der Schlußphase der Börsensitzung festgestellt.

Die Kontraktspezifikationen im einzelnen sind in der folgenden Übersicht dargestellt:

Kontraktspezifikationen für den Euro-Bund-Future[1]

Basiswert:
Fiktive langfristige Schuldverschreibung des Bundes mit 8,50 bis 10,50-jähriger Laufzeit und einem Kupon von 6 Prozent.

Kontraktwert:
€ 100.000 Nominalwert.

Erfüllung:
Eine Lieferverpflichtung aus einer Short-Position in einem Euro-Bund-Future-Kontrakt kann nur durch bestimmte Schuldverschreibungen – nämlich Bundesanleihen – mit einer Restlaufzeit von 8,50 bis 10,50 Jahren erfüllt werden. Die Schuldverschreibungen müssen ein Mindestvolumen von DEM 4 Mrd. oder bei Neuemission ab dem 1.1.1999 von 2 Mrd. Euro aufweisen.

Preisermittlung:
In Prozent vom Nominalwert; auf zwei Dezimalstellen.

Minimale Preisveränderung:
0,01 Prozent; dies entspricht einem Wert von € 10.

Liefertag:
Der Liefertag ist der zehnte Kalendertag des jeweiligen Quartalsmonats, sofern dieser ein Börsentag ist, andernfalls der darauffolgende Börsentag.

1 *Eurex:* (Eurex Produkte), S. 15.

Liefermonate:
Die jeweils nächsten drei Quartalsmonate des Zyklus März, Juni, September und Dezember.

Lieferanzeige:
Clearing Mitglieder mit offenen Short Positionen müssen der Eurex am letzten Handelstag des fälligen Liefermonats bis zum Ende der Post-Trading-Periode anzeigen, welche Schuldverschreibungen sie liefern werden.

Letzter Handelstag:
Zwei Börsentage vor dem Liefertag des jeweiligen Quartalsmonats. Handelsschluß für den fälligen Liefermonat ist 12.30 Uhr MEZ.

Täglicher Abrechnungspreis:
Volumengewichteter Durchschnitt der letzen fünf zustande gekommenen Geschäfte, sofern sie nicht älter als 15 Minuten sind, oder der volumengewichtete Durchschnitt der Preise aller während der letzten Handelsminute zustandegekommenen Geschäfte, sofern in diesem Zeitraum mehr als fünf Geschäfte zustandegekommen sind.

Schlußabrechnungspreis:
Volumengewichteter Durchschnitt der letzen zehn zustande gekommenen Geschäfte, sofern sie nicht älter als 30 Minuten sind, oder der volumengewichtete Durchschnitt der Preise aller während der letzten Handelsminute abgeschlossenen Geschäfte, sofern in diesem Zeitraum mehr als zehn Geschäfte zusammengeführt wurden. Der Zeitpunkt der Festlegung des Schlußabrechnungspreises ist 12.30 Uhr des letzten Handelstages.

Handelszeit:
8.00 Uhr bis 19.00 Uhr MEZ.

Abb. 4.5: Kursverlauf des Bund Futures[1]

1 Kurse, Quelle: CQG.

4.2.2 Kontraktspezifikationen für Optionen auf den Bund-Future

Eine Option auf den Bund-Future gibt dem Käufer das Recht, während der Laufzeit der Option einen Kontrakt des Bund-Futures zu einem vorher festgelegten Preis (Basispreis) zu kaufen bzw. zu verkaufen. Diese Option ist im Gegensatz zu einem Kontrakt ein Recht und keine Verpflichtung. Bei Ausübung einer Option bekommt der Ausübende einen Terminkontrakt auf Bundesanleihen geliefert (Call) oder er liefert selber einen Kontrakt (Put).

Durch den Einsatz von Optionen eröffnen sich für den Marktteilnehmer neue Möglichkeiten, die der Terminkontrakt alleine nicht bietet. Anderseits hat der Terminkontrakt Einsatzmöglichkeiten, die die Option nicht hat. Die beiden ergänzen sich daher. In vielen Bereichen können sie auch kombiniert eingesetzt werden.

Kontraktspezifikationen für Optionen auf den Euro-Bund-Future[1]

Basiswert:
Future auf eine fiktive langfristige Schuldverschreibung des Bundes mit einem Kupon von 6 Prozent und einer Restlaufzeit von 8,50 bis 10,50 Jahren. Der Nominalwert eines Future-Kontraktes beträgt € 100.000.

Kontraktwert:
Ein Euro-Bund-Future-Kontrakt.

Erfüllung:
Die Ausübung einer Option auf einen Euro-Bund-Future-Kontrakt resultiert für den Käufer sowie den zugeteilten Verkäufer in einer entsprechenden Euro-Bund-Future-Position. Die Position wird auf der Grundlage des vereinbarten Ausübungspreises im Anschluß an die Post-Trading-Periode des Ausübungstages eröffnet.

Preisermittlung
In Punkten; auf zwei Dezimalstellen.

Minimale Preisveränderung:
0,01 Punkte; dies entspricht einem Wert von € 10.

Letzter Handelstag:
Sechs Börsentage vor dem ersten Kalendertag des Verfallmonats der Option.

Täglicher Abrechnungspreis:
Letztbezahlter Kontraktpreis; falls er älter als 15 Minuten ist oder nicht den aktuellen Marktverhältnissen entspricht, wird er von der Eurex festelegt.

Ausübungszeit:
Ausübungen an jedem Börsentag während der Laufzeit bis zum Ende der Post-Trading-Periode möglich (amerikanische Art).

Verfallmonate:
Die drei nächsten aufeinanderfolgenden Monate sowie der darauffolgende Monat aus dem Zyklus März, Juni, September und Dezember; d.h. es sind Laufzeiten von 1,2,3 sowie max. 6 Monaten verfügbar. Zugrundeliegende Future-Kontrakte: a) Verfallmonate

---

1 *Eurex:* (Eurex Produkte), S. 17.

März, Juni. September, Dezember: Fälligkeitsmonat des zugrundeliegenden Futures und Verfallmonat der Option sind identisch. b) Übrige Verfallmonate: Fälligkeitsmonat des zugrundeliegenden Futures ist der dem Verfallmonat der Option folgende Quartalsmonat.

Ausübungspreise:
Ausübungspreise haben feste Preisabstufungen von 0,50 Punkten (z.B. 95,00; 95,50; 96,00). Jeder Kontraktmonat wird mit neun Ausübungspreisen eingeführt.

Optionsprämie:
Die Prämienabrechnung erfolgt nach dem „future style“ Verfahren.

Handelszeit:
8.00 bis 19.00 Uhr MEZ.

4.2.3 Kontraktspezifikationen des Futures auf Bundesobligationen (Bobl)

Der Future auf Bundesobligationen (Bobl) ist ähnlich dem Bund-Future ein Zinsterminkontrakt. Im Gegensatz zu diesem liegen ihm keine langfristigen Anleihen, sondern mittelfristige Wertpapiere, d.h. Bundesertpapiere mit einer Restlaufzeit von 3,5 bis 5 Jahren zugrunde. In den übrigen Punkten, d.h. Preisbildung, Handel und in den meisten Punkten der Kontraktspezifikationen, entspricht der Aufbau des Bobl-Futures dem des Bund-Futures. Neben den Unterschieden in den lieferbaren Anleihen ist ein weiterer Unterschied die Höhe der Marginverpflichtung. Durch die niedrigere Preissensitivität der zugrundeliegenden Anleihen ist die Preissensitivität des Bobl-Futures für Renditeänderungen niedriger als die des Bund-Futures. Dieser Umstand resultiert in einer niedrigeren Marginverpflichtung.

Der Future auf Bundesobligationen mag zwar ähnlich dem Bund-Future sein, trotzdem stellt er eine unschätzbare Bereicherung des Marktes für derivative Produkte dar. Durch ihn wird der mittelfristige Bereich in der Laufzeitstruktur des deutschen Rentenmarktes abgedeckt.

Wie die Kontraktspezifikationen für dieses Instrument im einzelnen aussehen, zeigt die folgende Übersicht:

Kontraktspezifikationen für den Euro-Bobl-Future[1]

Basiswert:
Fiktive mittelfristige Schuldverschreibung des Bundes oder der Treuhandanstalt mit 3,50 bis 5-jähriger Laufzeit und einem Kupon von 6 Prozent.

Kontraktwert:
€ 100.000 Nominalwert.

Erfüllung:
Eine Lieferverpflichtung aus einer Short-Position in einem Euro-Bobl-Future-Kontrakt kann nur durch bestimmte Schuldverschreibungen – nämlich Bundesanleihen,

1 *Eurex:* (Eurex Produkte), S. 11.

Bundesobligationen, Bundesschatzanweisungen oder börsennotierte von der Bundesrepublik Deutschland uneingeschränkt und unmittelbar garantierte Schuldverschreibunngen der Treuhand mit einer Restlaufzeit von 3,50 bis 5,00 Jahren erfüllt werden. Die Schuldverschreibungen müssen ein Mindestvolumen von DEM 4 Mrd. oder bei Neuemission ab dem 1.1.1999 von 2 Mrd. Euro aufweisen.

Preisermittlung:
In Prozent vom Nominalwert; auf zwei Dezimalstellen.

Minimale Preisveränderung:
0,01 Prozent; dies entspricht einem Wert von € 10.

Liefertag:
Der Liefertag ist der zehnte Kalendertag des jeweiligen Quartalsmonats, sofern dieser ein Börsentag ist, andernfalls der darauffolgende Börsentag.

Liefermonate:
Die jeweils nächsten drei Quartalsmonate des Zyklus März, Juni, September und Dezember.

Lieferanzeige:
Clearing Mitglieder mit offenen Short Positionen müssen der Eurex am letzten Handelstag des fälligen Liefermonats bis zum Ende der Post-Trading-Periode anzeigen, welche Schuldverschreibungen sie liefern werden.

Letzter Handelstag:
Zwei Börsentage vor dem Liefertag des jeweiligen Quartalsmonats. Handelsschluß für den fälligen Liefermonat ist 12.30 Uhr MEZ.

Täglicher Abrechnungspreis:
Volumengewichteter Durchschnitt der letzen fünf zustande gekommenen Geschäfte, sofern sie nicht älter als 15 Minuten sind, oder der volumengewichtete Durchschnitt der Preise aller während der letzten Handelsminute zustandegekommenen Geschäfte, sofern in diesem Zeitraum mehr als fünf Geschäfte zustandegekommen sind.

Schlußabrechnungspreis:
Volumengewichteter Durchschnitt der letzen zehn zustande gekommenen Geschäfte, sofern sie nicht älter als 30 Minuten sind, oder der volumengewichtete Durchschnitt der Preise aller während der letzten Handelsminute abgeschlossenen Geschäfte, sofern in diesem Zeitraum mehr als zehn Geschäfte zusammengeführt wurden. Der Zeitpunkt der Festlegung des Schlußabrechnungspreises ist 12.30 Uhr des letzten Handelstages.

Handelszeit:
8.00 Uhr bis 19.00 Uhr MEZ.

4.2.4 Kontraktspezifikationen für Optionen auf den Future auf Bundesobligationen

Seit Januar 1993 werden auch Optionen auf den Bobl-Future gehandelt. Diese Optionen entsprechen in ihren Kontraktspezifikationen den Optionen auf den Bund-Future. Der Unterschied besteht zum einen darin, daß ihnen der Future auf Bundesobligationen zugrundeliegt und zum anderen in dem Abstand der Basispreise. Während die Basispreise der Optionen auf den Bund-Future eine Preisabstufung von 0,5 Punkten haben, beträgt der Abstand der Basispreise der Optionen auf den Bobl-Future 0,25 Punkte.

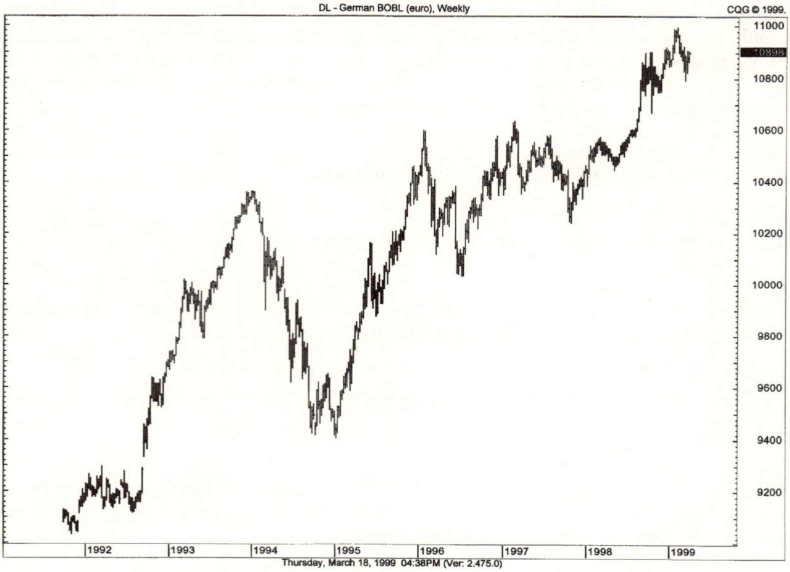

Abb. 4.6: Kursverlauf des Bobl Futures[1]

Kontraktspezifikationen für Optionen auf den Euro-Bobl-Future[2]

Basiswert:
Future auf eine fiktive mittelfristige Schuldverschreibung des Bundes oder der Treuhandanstalt mit einem Kupon von 6 Prozent und einer Restlaufzeit von 3,50 bis 5 Jahren. Der Nominalwert eines Future-Kontraktes beträgt € 100.000.

Kontraktwert:
Ein Euro-Bobl-Future-Kontrakt.

Erfüllung:
Die Ausübung einer Option auf einen Euro-Bobl-Future-Kontrakt resultiert für den Käufer sowie den zugeteilten Verkäufer in einer entsprechenden Euro-Bobl-Future-Position. Die Position wird auf der Grundlage des vereinbarten Ausübungspreises im Anschluß an die Post-Trading-Periode des Ausübungstages eröffnet.

Preisermittlung
In Punkten; auf zwei Dezimalstellen.

Minimale Preisveränderung:
0,01 Punkte; dies entspricht einem Wert von € 10.

Letzter Handelstag:
Sechs Börsentage vor dem ersten Kalendertag des Verfallmonats der Option.

Täglicher Abrechnungspreis:
Letztbezahlter Kontraktpreis; falls er älter als 15 Minuten ist oder nicht den aktuellen Marktverhältnissen entspricht, wird er von der Eurex festelegt.

1 Kurse, Quelle: CQG.
2 *Eurex:* (Eurex Produkte), S. 13.

Ausübungszeit:
Ausübungen an jedem Börsentag während der Laufzeit bis zum Ende der Post-Trading-Periode möglich (amerikanische Art).

Verfallmonate:
Die drei nächsten aufeinanderfolgenden Monate sowie der darauffolgende Monat aus dem Zyklus März, Juni, September und Dezember; d.h. es sind Laufzeiten von 1,2,3 sowie max. 6 Monaten verfügbar. Zugrundeliegende Future-Kontrakte: a) Verfallmonate März, Juni. September, Dezember: Fälligkeitsmonat des zugrundeliegenden Futures und Verfallmonat der Option sind identisch. b) Übrige Verfallmonate: Fälligkeitsmonat des zugrundeliegenden Futures ist der dem Verfallmonat der Option folgende Quartalsmonat.

Ausübungspreise:
Ausübungspreise haben feste Preisabstufungen von 0,25 Punkten (z.B. 95,00; 95,25; 95,50). Jeder Kontraktmonat wird mit neun Ausübungspreisen eingeführt.

Optionsprämie:
Die Prämienabrechnung erfolgt nach dem „future style“ Verfahren.

Handelszeit:
8.00 bis 19.00 Uhr MEZ.

4.2.5 Kontraktspezifikationen des Schatz-Futures

Am 7.3.1997 wurde der Schatz-Future eingeführt. Im liegen kurzfristige Bundeswertpapiere mit einer Restlaufzeit von 1,75 bis 2,25 Jahren zugrunde.

Kontraktspezifikationen für den Euro-Schatz-Future[1]

Basiswert:
Fiktive kurzfristige Schuldverschreibung des Bundes oder der Treuhandanstalt mit 1,75 bis 2,25-jähriger Laufzeit und einem Kupon von 6 Prozent.

Kontraktwert:
€ 100.000 Nominalwert.

Erfüllung:
Eine Lieferverpflichtung aus einer Short-Position in einem Euro-Schatz-Future-Kontrakt kann nur durch bestimmte Schuldverschreibungen – nämlich Bundesschatzanweisungen, die eine ursprüngliche Laufzeit von höchstens 2,25 Jahren und eine Restlaufzeit von mindestens 1,75 Jahren haben; darüber hinaus Bundesobligationen, vierjährige Bundesschatzanweisungen, Bundesanleihen oder oder börsennotierte, von der Bundesrepublik Deutschland uneingeschränkt und unmittelbar garantierte Schuldverschreibunngen der Treuhand – erfüllt werden, die am Liefertag eine Restlaufzeit von 1,75 bis 2,25 Jahren haben. Die Schuldverschreibungen müssen ein Mindestvolumen von DEM 4 Mrd. oder bei Neuemission ab dem 1.1.1999 von 2 Mrd. Euro aufweisen.

Preisermittlung:
In Prozent vom Nominalwert; auf zwei Dezimalstellen.

Minimale Preisveränderung:
0,01 Prozent; dies entspricht einem Wert von € 10.

1 *Eurex:* (Eurex Produkte), S. 7.

Liefertag:
Der Liefertag ist der zehnte Kalendertag des jeweiligen Quartalsmonats, sofern dieser ein Börsentag ist, andernfalls der darauffolgende Börsentag.

Liefermonate:
Die jeweils nächsten drei Quartalsmonate des Zyklus März, Juni, September und Dezember.

Lieferanzeige:
Clearing Mitglieder mit offenen Short Positionen müssen der Eurex am letzten Handelstag des fälligen Liefermonats bis zum Ende der Post-Trading-Periode anzeigen, welche Schuldverschreibungen sie liefern werden.

Letzter Handelstag:
Zwei Börsentage vor dem Liefertag des jeweiligen Quartalsmonats. Handelsschluß für den fälligen Liefermonat ist 12.30 Uhr MEZ.

Täglicher Abrechnungspreis:
Volumengewichteter Durchschnitt der letzen fünf zustande gekommenen Geschäfte, sofern sie nicht älter als 15 Minuten sind, oder der volumengewichtete Durchschnitt der Preise aller während der letzten Handelsminute zustandegekommenen Geschäfte, sofern in diesem Zeitraum mehr als fünf Geschäfte zustandegekommen sind.

Schlußabrechnungspreis:
Volumengewichteter Durchschnitt der letzen zehn zustande gekommenen Geschäfte, sofern sie nicht älter als 30 Minuten sind, oder der volumengewichtete Durchschnitt der Preise aller während der letzten Handelsminute abgeschlossenen Geschäfte, sofern in diesem Zeitraum mehr als zehn Geschäfte zusammengeführt wurden. Der Zeitpunkt der Festlegung des Schlußabrechnungspreises ist 12.30 Uhr des letzten Handelstages.

Abb. 4.7: Kursverlauf des Schatz Futures[1]

1 Kurse, Quelle: CQG.

Handelszeit:
8.00 Uhr bis 19.00 Uhr MEZ.

4.2.6 Kontraktspezifikationen für Optionen auf den Schatz-Future

Kontraktspezifikationen für Optionen auf den Euro-Schatz-Future[1]

Basiswert:
Future auf eine fiktive kurzfristige Schuldverschreibung des Bundes oder der Treuhandanstalt mit 1,75 bis 2,25-jähriger Restlaufzeit und einem Kupon von 6 Prozent (Euro-Schatz-Future). Der Nominalwert eines Future-Kontraktes beträgt € 100.000.

Kontraktwert:
Ein Euro-Schatz-Future-Kontrakt.

Erfüllung:
Die Ausübung einer Option auf einen Euro-Schatz-Future-Kontrakt resultiert für den Käufer sowie den zugeteilten Verkäufer in einer entsprechenden Euro-Schatz-Future-Position. Die Position wird auf der Grundlage des vereinbarten Ausübungspreises im Anschluß an die Post-Trading-Periode des Ausübungstages eröffnet.

Preisermittlung
In Punkten; auf zwei Dezimalstellen.

Minimale Preisveränderung:
0,01 Punkte; dies entspricht einem Wert von € 10.

Letzter Handelstag:
Sechs Börsentage vor dem ersten Kalendertag des Verfallmonats der Option.

Täglicher Abrechnungspreis:
Letztbezahlter Kontraktpreis; falls er älter als 15 Minuten ist oder nicht den aktuellen Marktverhältnissen entspricht, wird er von der Eurex festelegt.

Ausübungszeit:
Ausübungen an jedem Börsentag während der Laufzeit bis zum Ende der Post-Trading-Periode möglich (amerikanische Art).

Verfallmonate:
Die drei nächsten aufeinanderfolgenden Monate sowie der darauffolgende Monat aus dem Zyklus März, Juni, September und Dezember; d.h. es sind Laufzeiten von 1,2,3 sowie max. 6 Monaten verfügbar. Zugrundeliegende Future-Kontrakte: a) Verfallmonate März, Juni. September, Dezember: Fälligkeitsmonat des zugrundeliegenden Futures und Verfallmonat der Option sind identisch. b) Übrige Verfallmonate: Fälligkeitsmonat des zugrundeliegenden Futures ist der dem Verfallmonat der Option folgende Quartalsmonat.

Ausübungspreise:
Ausübungspreise haben feste Preisabstufungen von 0,25 Punkten (z.B. 102,00; 102,25; 102,50). Jeder Kontraktmonat wird mit neun Ausübungspreisen eingeführt.

Optionsprämie:
Die Prämienabrechnung erfolgt nach dem „future style“ Verfahren.

---

1 *Eurex:* (Eurex Produkte), S. 9.

Handelszeit:
8.00 bis 19.00 Uhr MEZ.

4.2.7 Kontraktspezifikationen des Dreimonats-Euribor-Futures

Grundlage für den Dreimonats-Euribor-Future ist der kontinentaleuropäische Referenzzinssatz für Geldmarktgeschäfte: EURIBOR (European Interbank Offered Rate). Er wurde von der European Banking Federation (FBE) eingeführt. Der EURIBOR wird für Laufzeiten von einer Woche und einem Monat bis zu einem Jahr auf der Basis einer actual/360 Tagezählung ermittelt. Valuta ist 2 Arbeitstage (T+2). Grundlage für die Berechnung sind die Quotierungen von 57 Banken, von denen 47 ihren Sitz im Euro-Raum haben. Vier Institute stammen aus EU-Ländern die nicht an der EWU teilnehmen und 6 Institute aus den USA, der Schweiz und Japan.[1] 15 Prozent der höchsten und niedrigsten Sätze werden gestrichen. Von den restlichen Quotierungen wird der arithmetische Durchschnitt gebildet. Die Notierung erfolgt auf drei Dezimalstellen. Das Resultat des Fixings wird gegen 11 Uhr Brüsseler Zeit veröffentlicht. Konvention für die Zinsberechnung ist die tatsächliche Anzahl der Tage geteilt durch 360 (actual/360).[2]

Kontraktspezifikationen für den Dreimonats-Euribor-Future[3]

Basiswert:
European Interbank Offered Rate (EURIBOR) für Dreimonats-Termingelder in Euro.

Kontraktwert:
€ 1.000.000.

Erfüllung:
Erfüllung durch Barausgleich, fällig am ersten Börsentag nach dem letzten Handelstag.

Preisermittlung:
In Prozent auf drei Dezimalstellen auf der Basis 100 abzüglich gehandeltem Zinssatz.

Minimale Preisveränderung:
0,005 Prozent; dies entspricht einem Wert von € 12,50.

Verfallmonate:
Die drei aufeinanderfolgenden Kalendermonate sowie die nächsten elf Quartalsmonate aus dem Zyklus März, Juni, September und Dezember. Die längste Laufzeit eines Kontraktes beträgt somit drei Jahre.

Letzter Handelstag – Schlußabrechnungstag:
Zwei Börsentage – soweit von der EURIBOR FBE/ACI an diesem Tag der für Dreimonats-Euro-Termingelder maßgebliche Referenz-Zinssatz EURIBOR festgestellt wird, ansonsten der davorliegende Börsentag – vor dem dritten Mittwoch des jeweiligen Erfüllungsmonats. Handelsschluß für den fälligen Kontraktmonat ist 11.00 Uhr MEZ.

1 FBE/ACI: (Euribor: Panel of Reference Banks), S. 1.
2 Ein Dreimonats-Euribor Future wird auch noch an der LIFFE in London und an der Matif in Paris gehandelt.
3 *Eurex:* (Eurex Produkte), S. 2.

Täglicher Abrechnungspreis:
Volumengewichteter Durchschnitt der letzen fünf zustande gekommenen Geschäfte, sofern sie nicht älter als 15 Minuten sind, oder der volumengewichtete Durchschnitt der Preise aller während der letzten Handelsminute zustandegekommenen Geschäfte, sofern in diesem Zeitraum mehr als fünf Geschäfte zustandegekommen sind.

Schlußabrechnungspreis:
Der Schlußabrechnungspreis wird von der Eurex auf Grundlage des von der FBE/ACI ermittelten Referenz-Zinssatzes (EURIBOR) für Dreimonats-Termingelder in Euro um 11.00 Uhr MEZ am letzten Handelstag festgelegt. Bei der Feststellung des Schlußabrechnungspreises wird der EURIBOR-Satz auf das nächstmögliche Preisintervall (0,005; 0,01 oder ein Vielfaches) gerundet und anschließend von 100 subtrahiert.

Handelszeit:
8.00 Uhr bis 19.00 Uhr MEZ.

4.2.8 Kontraktspezifikationen für Optionen auf den Dreimonats-Euribor-Future

Kontraktspezifikationen für Optionen auf den Dreimonats-Euribor-Future[1]

Basiswert:
Dreimonats-Euribor-Future. Der Nominalwert eines Future-Kontraktes beträgt € 1.000.000.

Kontraktwert:
Ein Dreimonats-Euribor-Kontrakt.

Erfüllung:
Die Ausübung einer Option auf einen Dreimonats-Euribor-Future-Kontrakt resultiert für den Käufer sowie den zugeteilten Verkäufer in einer entsprechenden Dreimonats-Euribor-Future-Position. Die Position wird auf der Grundlage des vereinbarten Ausübungspreises im Anschluß an die Post-Trading-Periode des Ausübungstages eröffnet.

Preisermittlung
In Punkten; auf drei Dezimalstellen.

Minimale Preisveränderung:
0,005 Punkte; dies entspricht einem Wert von € 12,50.

Letzter Handelstag – Schlußabrechnungstag:
Zwei Börsentage – soweit von der EURIBOR FBE/ACI an diesem Tag der für Dreimonats-Euro-Termingelder maßgebliche Referenz-Zinssatz EURIBOR festgestellt wird, ansonsten der davorliegende Börsentag – vor dem dritten Mittwoch des jeweiligen Erfüllungsmonats. Handelsschluß für den fälligen Kontraktmonat ist 11.00 Uhr MEZ.

Täglicher Abrechnungspreis:
Letztbezahlter Kontraktpreis; falls er älter als 15 Minuten ist oder nicht den aktuellen Marktverhältnissen entspricht, wird er von der Eurex festelegt.

Ausübungszeit:
Ausübungen an jedem Börsentag während der Laufzeit bis zum Ende der Post-Trading-Periode möglich (amerikanische Art).

---

1 *Eurex:* (Eurex Produkte), S. 3.

Verfallmonate:
Die vier nächsten Monate aus dem Zyklus März, Juni, September und Dezember; d.h. es sind Laufzeiten von 3,6,9 sowie max. 12 Monaten verfügbar. Fälligkeitsmonat des zugrundeliegenden Futures und Verfallmonat der Option sind identisch.

Ausübungspreise:
Ausübungspreise haben feste Preisabstufungen von 0,10 Punkten (z.B. 96,40; 96,50; 96,60). Jeder Verfallmonat wird mit 21 Ausübungspreisen eingeführt.

Optionsprämie:
Die Prämienabrechnung erfolgt nach dem „future style" Verfahren.

Handelszeit:
8.00 bis 19.00 Uhr MEZ.

4.2.9 Kontraktspezifikationen des Einmonats-Euribor-Futures

Grundlage für den Einmonats-Euribor-Future ist der kontinentaleuropäische Referenzzinssatz für Geldmarktgeschäfte: EURIBOR (European Interbank Offered Rate).

Kontraktspezifikationen für den Einmonats-Euribor-Future[1]

Basiswert:
European Interbank Offered Rate (EURIBOR) für Einmonats-Termingelder in Euro.

Kontraktwert:
€ 3.000.000.

Erfüllung:
Erfüllung durch Barausgleich, fällig am ersten Börsentag nach dem letzten Handelstag.

Preisermittlung:
In Prozent auf drei Dezimalstellen auf der Basis 100 abzüglich gehandeltem Zinssatz.

Minimale Preisveränderung:
0,005 Prozent; dies entspricht einem Wert von € 12,50.

Verfallmonate:
Die drei aufeinanderfolgenden Kalendermonate sowie die nächsten elf Quartalsmonate aus dem Zyklus März, Juni, September und Dezember. Die längste Laufzeit eines Kontraktes beträgt somit drei Jahre.

Letzter Handelstag – Schlußabrechnungstag:
Zwei Börsentage – soweit von der EURIBOR FBE/ACI an diesem Tag der für Einmonats-Euro-Termingelder maßgebliche Referenz-Zinssatz EURIBOR festgestellt wird, ansonsten der davorliegende Börsentag – vor dem dritten Mittwoch des jeweiligen Erfüllungsmonats. Handelsschluß für den fälligen Kontraktmonat ist 11.00 Uhr MEZ.

Täglicher Abrechnungspreis:
Volumengewichteter Durchschnitt der letzen fünf zustande gekommenen Geschäfte, sofern sie nicht älter als 15 Minuten sind, oder der volumengewichtete Durchschnitt der Preise aller während der letzten Handelsminute zustandegekommenen Geschäfte, sofern in diesem Zeitraum mehr als fünf Geschäfte zustandegekommen sind.

1 *Eurex:* (Eurex Produkte), S. 1.

Schlußabrechnungspreis:
Der Schlußabrechnungspreis wird von der Eurex auf Grundlage des von der FBE/ACI ermittelten Referenz-Zinssatzes (EURIBOR) für Einmonats-Termingelder in Euro um 11.00 Uhr MEZ am letzten Handelstag festgelegt. Bei der Feststellung des Schlußabrechnungspreises wird der EURIBOR-Satz auf das nächstmögliche Preisintervall (0,005; 0,01 oder ein Vielfaches) gerundet und anschließend von 100 subtrahiert.

Handelszeit:
8.00 Uhr bis 19.00 Uhr MEZ.

Die Berechnung des Tick-Werts bei kurzfristigen Terminkontrakten erfolgt nach der folgenden Formel:

Kontraktvolumen * 0,0001 * 90/360 bzw. Kontraktvolumen * 0,0001 * 30/360. 0,0001 entspricht der Mindestkursveränderung von einem Prozent. So beträgt beispielsweise für den Dreimonats-Euribor-Future der Tick-Wert € 10 = 1.000.000 * 0,0001 * 90/360. Verändern sich die Zinsen um einen Basispunkt, so verändern sich die Zinszahlungen, die für einen Betrag von € 1.000.000 über 90 Tage zu tätigen sind, um € 10. Aus diesem Beispiel wird auch ersichtlich, daß die Abrechnung der Futures auf einer 90/360-Tage-Kalkulation beruht. Die tatsächliche Anzahl an Tagen einer Dreimonatsperiode kann aber davon abweichen. Marktgepflogenheit bei der Quotierung von Zinssätzen für Geldmarkteinlagen ist jedoch die Verwendung von tatsächlichen Tagen, d.h. actual/360.[1] Dieser Aspekt ist wichtig für Berechnungen wie z.B. Forward-Sätze, theoretischer Futurepreis oder Hedge Ratios.

4.2.10 Margin

Positionen in Terminkontrakten oder Optionen sind von vornherein mit einem gewissen Risiko behaftet. Durch die Zwischenschaltung des Clearing-Hauses werden die Marktteilnehmer von der Notwendigkeit befreit, die Bonität ihres Kontraktpartners zu überprüfen. Das Clearing-Haus wiederum muß sich gegenüber dem Ausfallrisiko seiner Mitglieder absichern. Um sich vor diesem Verlustrisiko zu schützen, verlangt die Eurex von ihren Clearing-Mitgliedern ein haftendes Eigenkapital in bestimmter Höhe und die Hinterlegung einer Sicherheitsleistung bei Eingehen von Positionen. Diese Sicherheitsleistung dient der Sicherung der Kontraktverpflichtungen des einzelnen Mitgliedes. Die Sicherheitsleistung kann in Geld oder Wertpapieren erbracht werden und wird Margin genannt. Die Clearing-Mitglieder wiederum geben diese Marginverpflichtung an ihre Kunden weiter. Kunden müssen bei dem Clearingmitglied oder der Bank eine Margin hinterlegen, die in ihrer Höhe mindestens der Sicherheitsleistung entspricht, die die Clearing-Mitglieder bei der Eurex hinterlegen müssen.

Das System das die Eurex für die Berechnung der Gesamt-Marginverpflichtung verwendet wird *Risk-Based-Margining*[2] genannt. Bei diesem System

1 In einigen Ländern ist auch die Verwendung von actual/365 Tagen üblich.
2 Vgl. *Eurex:* (Margining).

wird ein Portfolioansatz verwendet. Es wird nicht auf die Einzelposition abgestellt, sondern auf das Gesamtrisiko der Position des jeweiligen Marktteilnehmers. Sich im Risiko kompensierende Positionen werden genauso berücksichtigt wie die unterschiedlichen Volatilitäten der Basiswerte. Das Verrechnen von entgegengesetzten Risiken sich im Risiko ähnlicher Produkte wird *Cross Margining* genannt. Ziel ist es eine unnötig hohe Marginverpflichtung zu vermeiden.

Die verschiedenen Arten von Margin zeigt die folgende Übersicht:

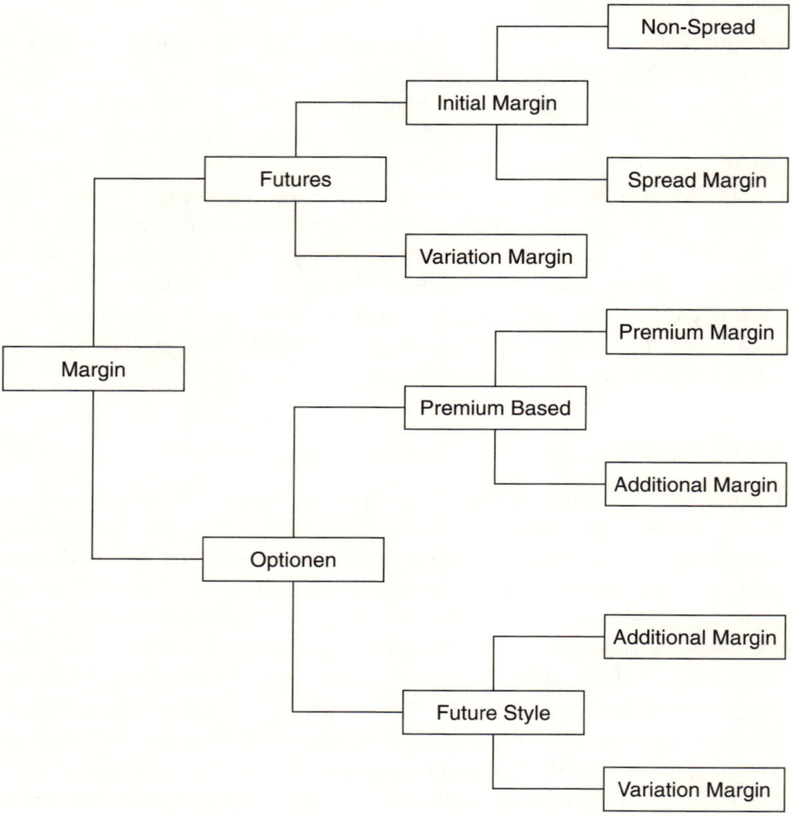

Abb. 4.8: Arten von Margins

4.2.10.1 Margin bei Terminkontrakten

Wenn man sich in einem Terminkontrakt engagiert, muß man nicht das Geld für den gesamten Kontraktwert aufbringen, sondern nur einen Teil, dessen Höhe nach Marktlage variiert. Dieser Teil wird Einschuß oder auch Margin genannt. Die Margin ist keine Anzahlung auf den Termingegenstand, sondern stellt eine Sicherheitsleistung dar, mit der mögliche spätere Verluste abgegolten werden sollen, falls ein Marktteilnehmer seinen Verpflichtungen nicht nachkommen kann. Aus der Margin ergibt sich auch die Hebelwirkung; je niedriger die Margin (relativ zum Kontraktvolumen), desto höher der Hebel. Da im Vergleich zum Nominalvolumen ein relativ geringer Betrag hinterlegt wird, ist der auf die Margin berechnete prozentuale Gewinn bzw. Verlust, der bei einer Kursbewegung entsteht, wesentlich höher als bei einer Bezahlung des gesamten Kontraktwertes.

4.2.10.1.1 Initial Margin

Die Initial Margin ist die Mindesteinschußhöhe, die vom Käufer und Verkäufer des Kontraktes am Anfang, d.h. bei Eingehen der Position hinterlegt werden muß. Sie wird von der Eurex festgelegt. Die von der Eurex bzw. dem Clearing-Haus gegenüber Banken geforderte Initial Margin wird auch als Exchange Minimum bezeichnet. Die Clearingmitglieder und Banken sind an die Initial Margin nach unten hin gebunden. Allerdings sind sie befugt, von ihren Kunden eine höhere als von der Börse festgelegte Initial Margin zu verlangen. Die meisten Clearing-Häuser und Banken verlangen aus Sicherheitsgründen eine Initial Margin, die zwei bis drei mal so hoch ist wie die von der Eurex festgelegte Initial Margin. Es hängt allerdings von der Finanzkraft und dem Einfluß des Kunden ab, wieweit er die Initial Margin nach unten drücken kann. Institutionelle Investoren haben diesbezüglich eine bessere Ausgangssituation als es Privatanleger haben.

Sowohl der Käufer als auch der Verkäufer des Terminkontraktes müssen die Initial Margin sofort bei Abschluß des Geschäftes hinterlegen. Die Hinterlegung kann in Form von Geld oder bestimmten lombardfähigen, festverzinslichen Wertpapieren erfolgen.

Die von der Eurex festgelegte Initial Margin richtet sich nach der erwarteten Volatilität der dem Kontrakt zugrundeliegenden Anleihen. Die Eurex nimmt zu der Berechnung der Initial Margin die in Ticks ausgedrückte historische 30 Tage- oder 250 Tage-Volatilität und multipliziert sie mit einem vorher festgelegten Risikofaktor. Von den beiden Volatilitäten wählt die Eurex die Volatilität mit dem jeweils größeren Wert.[1] Mit dieser Berechnung erhält man ein sogenanntes Marginintervall.

Beträgt das Marginintervall z.B. 100 Ticks, dann entspricht dies einer erwarteten Schwankung von 100 Ticks nach unten und 100 Ticks nach oben. Durch Multiplikation der Anzahl der Ticks mit ihrem Euro Wert erhält man den Euro-Betrag der Initial Margin. Die Höhe der Initial Margin beträgt in diesem Beispiel dann: 100 Ticks * € 10 = € 1000.

Für einen volatilen Kontrakt wird in der Regel eine höhere Initial Margin verlangt als für einen weniger volatilen Kontrakt. So wird für den Bobl-Future

1 Der Risikofaktor schwankt in der Regel zwischen 3,6 und 4.

ein geringerer Einschuß verlangt als für den Bund-Future. Obligationen weisen eine geringere Kursempfindlichkeit bei Renditeänderungen[1] auf als Bundesanleihen. Dadurch bewegt sich der Kurs des Bobl-Futures bei Renditeänderungen weniger stark als der Kurs des Bund-Futures. Dies führt zu einem niedrigeren Einschuß.

Die von der Eurex festgesetzte Initial Margin betrug im April 1999 für den 1-Monats Euribor-Future € 625, für den 3-Monats Euribor-Future € 750, für den Schatz-Future € 400, für den Bobl-Future € 900 und für den Bund Future € 1600.

Die Initial Margin ist keine fixe Größe, sondern wird von der Eurex in unregelmäßigen Abständen an sich ändernde Volatilitäten angepaßt. In Zeiten mit großen Kurschwankungen wird die Börse eine höhere Margin verlangen.

4.2.10.1.2 Variation Margin

Ein Kontrakt ist in der Regel täglichen Kursschwankungen ausgesetzt. Das bedeutet, daß sich der Wert des Kontraktes ändert. Wie hoch die Wertänderung des Kontraktes ist, wird mit Hilfe des mark to the market-Prinzips börsentäglich festgestellt. Die Wertveränderung der Position gegenüber dem Vortag wird aufgrund des täglichen Settlement-Preises vom Clearing-Haus ermittelt (Daily Settlement). Diese Wertveränderung des Terminkontraktes wird Variation Margin genannt. Die Bewertung erfolgt börsentäglich für jeden Fälligkeitstermin. Die entstehenden Gewinne und Verluste werden den einzelnen Clearing-Mitgliedern entsprechend den Positionen, die sie innehaben, von der Eurex bzw. von dem Clearing-Haus der Eurex täglich belastet bzw. gutgeschrieben. Die Verrechnung erfolgt über die Landeszentralbank (LZB) und wird auf dem von der Eurex geführten internen Geldverrechnungskonto verbucht.

Die durch die Kursveränderungen entstehenden Gewinne werden den Clearing-Mitgliedern sofort gutgeschrieben; Verluste sind von den Mitgliedern sofort zu zahlen. Da sich die Kursgewinne und Kursverluste insgesamt ausgleichen, sind die insgesamt zu tätigenden Zahlungen für das Clearing-Haus der Eurex Nullsummentransaktionen.

Für die Clearing-Mitglider sind die Variation Margin-Zahlungen in der Regel keine Nullsummentransaktionen, da sie meistens neben Kundengeschäften auch eigene Transaktionen tätigen. Die Abrechnungen mit ihren Kunden tätigen die Clearing-Mitglieder ebenfalls täglich.

Erhöht sich durch eine günstige Kursentwicklung und dadurch entstehende Variation Margin-Zahlungen der Kontostand eines Marktteilnehmers über das Niveau der Initial Margin, so kann er den überschüssigen Betrag auf dem Konto stehenlassen (z.B. als Sicherheitspolster gegenüber ungünstigen Kursentwicklungen). Er kann aber den Betrag, sofern er ausreichend ist, als Ein-

1 Siehe Kapitel 2.1 Duration.

schuß für den weiteren Kauf bzw. Verkauf von Kontrakten verwenden oder er kann sich den Betrag auszahlen lassen.

4.2.10.1.3 Maintenance Level

Die Initial Margin kann durch ungünstige Kursentwicklungen und damit einhergehende Variation Margin-Zahlungen angegriffen werden. Es gibt ein bestimmtes Niveau, das die Initial Margin nicht unterschreiten darf. Dieses Niveau wird Maintenance Level genannt und ist nur für den Fall einer ungünstigen Kursentwicklung relevant.

Dieses Maintenance Level ist besonders für die Kunden der Clearing-Mitglieder und Banken von Bedeutung und beträgt in der Regel 75 % der Initial Margin. Allerdings haben die verschiedenen Investmenthäuser und Banken nicht immer dasselbe Maintenance Level. Die absolut untere Grenze für das Maintenance Level ist jedoch immer das Exchange Minimum.

Die Initial Margin kann solange durch Variation Margin-Zahlungen geschmälert werden, bis das Maintenance Level unterschritten ist. Wird es allerdings unterschritten, so hat der Kunde die Verpflichtung, den Kontostand sofort bis auf die Höhe der Initial Margin wieder aufzufüllen. In diesem Fall wird er von seinem kontoführenden Institut einen sogenannten Margin Call erhalten, der eine Aufforderung darstellt, den Kontostand bis auf die ursprüngliche Höhe der Inital Margin aufzufüllen. Der Kunde muß in der Regel innerhalb des folgenden Geschäftstages diesem Margin Call Folge leisten. Tut er das nicht, dann wird seine Position glattgestellt. Er wird sozusagen „zwangsexekutiert“. Um ihr Risiko zu begrenzen, liquidieren die kontoführenden Institute solche Positionen meistens sehr schnell.

4.2.10.1.4 Marginberechnung

Marginberechnung für Non Spread-Positionen

Es wird angenommen, daß das Exchange Minimum bezüglich der Initial Margin für einen Bund-Future-Kontrakt € 1600 beträgt. Die Bank verlangt aus Sicherheitsgründen von ihren Kunden einen Einschuß, der doppelt so hoch ist wie das Exchange Minimum, d.h. € 3200. Das Maintenance Level liegt bei 75 % der Initial Margin, d.h. bei € 2400 für einen Kontrakt.

Aus der von der Börse festgelegten Initial Margin von € 1600 ergibt sich ein Marginintervall von 1,6 Punkten (160 Ticks), d.h. der Kontrakt kann um 1,6 Punkte steigen, bevor die Initial Margin des Verkäufers aufgezehrt ist und um 1,6 Punkte fallen, bevor die Initial Margin des Käufers aufgezehrt ist. Das gilt aber lediglich unter der Voraussetzung, daß als Initial Margin nur das Exchange Minimum zu hinterlegen ist.

An diesem Tag kauft ein Käufer vom Verkäufer 7 Bund-Future-Kontrakte bei einem Kurs von 112,91.

Die Initial Margin beträgt für den Käufer und Verkäufer:

Käufer	Verkäufer
€ 3200 * 7 = € 22400	€ 3200 * 7 = € 22400

Das Maintenance Level beträgt:

Käufer	Verkäufer
€ 22400 * 0,75 = € 16800	€ 22400 * 0,75 = € 16800

Am nächsten Tag ist der Settlement-Preis (Abrechnungs- und Bewertungspreis) 113,84. Daraus errechnet sich eine Futureveränderung von 93 Ticks.

Die Kontowertänderung beträgt:

93 Ticks * € 10 * 7 Kontrakte = € 6510

Der neue Kontostand beträgt:

Käufer	Verkäufer
€ 22400	€ 22400
+ € 6510	– € 6510
€ 28910	€ 15890

Weil das Maintenance Level unterschritten wurde, erhält der Verkäufer einen Margin Call d.h. er muß sein Konto bis zur Höhe der Initial Margin auffüllen. Der Käufer kann sein Geld auf dem Konto stehen lassen, es als Einschuß für weitere Kontrakte verwenden, oder er kann es sich wie in diesem Beispiel, auszahlen lassen.

Der neue Kontostand beträgt dann:

Käufer	Verkäufer
€ 28910	€ 15890
– € 6510	+ € 6510
€ 22400	€ 22400

Am nächsten Tag fällt der Future um 45 Ticks und schließt bei 113,39 Die Kontowertänderung beträgt:

45 Ticks * € 10 * 7 Kontrakte = € 3150

Käufer	Verkäufer
€ 22400	€ 22400
– € 3150	+ € 3150
€ 19250	€ 25550

Aufgrund dieser Kursveränderung erhält der Käufer noch keinen Margin Call, da der Kontowert noch über € 16800 liegt (Maintenance Level) liegt. Zeigt sich der Markt an einem Tag sehr volatil, kann es auch ohne Unterschreiten dieser Grenze zu Margin Calls kommen. Diesen muß, genauso wie den üblichen Margin Calls sofort nachgekommen werden.

Nach Abschluß der Transaktion ergibt sich für die Marktteilnehmer folgender Gewinn und Verlust:

Käufer	Verkäufer
+ € 6510	– € 6510
– € 3150	+ € 3150
+ € 3360	– € 3360

Aus dem gegenüber dem Nominalwert des Kontraktes geringen Einschuß ergibt sich eine Hebelwirkung. Der Kurs des Kontraktes ist am ersten Tag von 112,91 auf 113,84 gestiegen. Das entspricht einer Kurssteigerung von 0,8237 Prozent. Der Gewinn des Käufers beträgt aber an diesem Tag 29,06 Prozent (Anfangswert der Initial Margin: € 22400 Endkontostand 28910) und der Verlust des Verkäufers 29,06 Prozent. Hätte die Initial Margin nur die Hälfte betragen, nämlich € 1600 dann hätte der Gewinn des Käufers 58,12 Prozent betragen, während der Verkäufer fast einen Totalverlust erlitten hätte. Ein Engagement in Terminkontrakten ist daher nicht nur mit enormen Gewinnmöglichkeiten verbunden, sondern auch mit außerordentlichen Risiken behaftet.

Marginberechnung für Spread-Positionen
Der Kauf (Verkauf) eines Kontraktes mit naheliegendem Liefermonat und der gleichzeitige Verkauf (Kauf) eines Kontraktes mit einem einem entfernteren Liefermonat wird Spread genannt. Ein Spread kann auch zwischen zwei verschiedenen Kontrakten aufgebaut werden, z.B. zwischen Bund-Future und Bobl-Future.

Das in DM ausgedrückte Verlustpotential ist bei einem Spread im Vergleich zu einer einfachen Long- oder Short-Position geringer, da sich durch die Kombination von Long- und Short-Position das Risiko teilweise ausgleicht.[1] Aus diesem Grund wird bei einer Spreadposition eine geringere Initial Margin gefordert. Auch andere sich in ihrem Verlustrisiko gegenseitig kompensierende Positionen werden mit einer geringeren Margin belastet.

Dieser Umstand ist besonders für Investoren von Bedeutung, die ein Portfolio mit verschiedenen Terminkontrakt- und Optionspositionen haben. Viele Positionen werden sich in ihrem Risiko kompensieren. Dies führt zu einer geringeren Marginverpflichtung für die Gesamtposition. Durch die geringere Marginverpflichtung wird weniger Geld gebunden. Das ist insofern von Vorteil, da das Geld für Marginverpflichtungen in vielen Fällen unverzinslich auf einem Konto geführt wird.

Für die Höhe der Margin ist das Gesamtrisiko der Positionen entscheidend. Daher wird diese Art der Marginberechnung auch Risk Based Margin-Berechnung genannt.

Im April 1999 erhob die Eurex für Spread-Positionen folgende Sätze für die Initial Margin:

1 Allerdings ist auch das Gewinnpotential geringer.

Bund-Future:
Future back month spread rate: € 160
Future spot month spread rate: € 240
Bobl-Future:
Future back month spread rate: € 140
Future spot month spread rate: € 200
Schatz-Future:
Future back month spread rate: € 120
Future spot month spread rate: € 140
3-Monats Euribor Future:
Future back month spread rate: € 300
Future spot month spread rate: € 300
1-Monats Euribor Future:
Future back month spread rate: € 300
Future spot month spread rate: € 300

Liegt kein Kontraktliefermonat der Spreadposition im aktuellen Kalendermonat, so hinterlegt man die „future back month spread rate". Diese ist niedriger als die „future spot month spread rate" die dann Anwendung findet, wenn ein Kontraktliefermonat der aktuelle Kalendermonat ist. Ist der aktuelle Kalendermonat zum Beispiel der November und man hat eine Spread-Position zwischen dem Dezember- und dem März-Kontrakt, so ist die future back month spread rate zu hinterlegen. Ist der aktuelle Kalendermonat aber der Dezember, so hat man für denselben Spread die future spot month spread rate zu hinterlegen. Dieser Einschuß ist unter anderem deswegen höher, um die Marktteilnehmer zu einem rechtzeitigen Rollen ihrer Positionen in dem nächsten Monat zu bewegen.

Die Initial Margin einer Spread-Position wird Spread Margin genannt. Im Gegensatz dazu wird die Initial Margin einer Non-Spread-Position als Additional Margin bezeichnet.

Wie sich die Margin für Spread-Positionen berechnet zeigt das folgende **Beispiel:**

Im Mai 1999 hat ein Marktteilnehmer in seinem Bund-Future-Portfolio, Positionen mit verschiedenen Liefermonaten:

Juni 99: 75 Kontrakte Long
Sept. 99: 30 Kontrakte Short
Dez. 99: 35 Kontrakte Short

In dem Portfolio befinden sich als Gesamtposition 140 Kontrakte. Davon sind 75 Kontrakte Kaufpositionen (Long) und 65 Kontrakte Verkaufpositionen (Short). Da sich das Risiko der Long- und Short- Positionen teilweise ausgleicht, werden sie als Spread-Positionen bezüglich der Margin gesondert behandelt. Die einzelnen Positionen in den verschiedenen Kontraktmonaten können folgendermaßen zu Spread-Positionen zusammengefaßt werden:

75 Juni-Kontrakte zu 30 September-Kontrakten ergibt eine Juni-September Spread-Position von 30 Kontrakten.

Es bleiben 45 Juni-Kontrakte übrig. Diese 45 Kontrakte können teilweise mit den 35 Dezember-Kontrakten zu einer Spread-Position zusammengefaßt werden. Es ergibt sich dann eine Juni-Dezember Spread-Position von 35 Kontrakten.

Es bleiben netto als Non-Spread-Position übrig: 10 Juni-Kontrakte.

Die 75 Juni-Kontrakte könnten aber auch zuerst mit den 35 Dezember-Kontrakten verrechnet werden und die verbleibenden Kontrakte dann mit den September-Kontrakten. Für das Endergebnis macht das aber keinen Unterschied.

Netto hält der Investor in seinem Portfolio 65 Spread-Positionen und 10 Non-Spread-Positionen.

Für die Spread-Positionen hinterlegt er eine Spread Margin in Höhe von:

65 Kontrakte * € 160 (back month spread rate) = € 10.400.[1]

Für die Non-Spread-Positionen hinterlegt er eine Initial Margin in Höhe von:
10 Kontrakte * € 1600 = € 16.000

Zum Schluß ist noch zu beachten, daß auch die Sätze für Spread Margins schwanken können. Die Eurex behält sich das Recht vor, der Marktlage entsprechend zu erhöhen oder zu senken.

4.2.10.2 Margin bei Optionen

Das herkömmliche Verfahren zur Berechnung der Margin für Optionen ist die Premium Based-Methode. Sie findet Anwendung unter anderem in den USA und in der Schweiz. Bei dieser Methode zahlt der Käufer der Option die Prämie sofort in voller Höhe, während der Verkäufer diese Prämie sofort erhält. Verkäufer von Optionen haben bei dieser Methode Sicherheitsleistungen zu hinterlegen, die sich nach dem Wert des der Option zugrundeliegenden Instrumentes und nach dem Basispreis der Option richten. So ist beim Verkauf einer Option, die im Geld ist und deren Underlying (zugrundeliegendes Instrument) einen hohen Kurs hat, eine höhere Margin zu hinterlegen als für eine Option, die sich aus dem Geld befindet und deren Underlying einen niedrigeren Kurs hat.[2]

Für Future-Optionen wird ein Future Style Margining verwendet. Wie dieses System für Optionen auf den Bund-Future ausgestaltet wurde, zeigen die folgenden Kapitel.

---

1 Die hier genannten Marginsätze sind nur Beispielswerte.
2 Die Hinterlegung einer Premium Margin verlangt die Eurex bei Aktienoptionen, Dax-Optionen und Währungsoptionen.

4.2.10.2.1 Berechnung der Variation Margin-Zahlungen

Bei Eingehen einer Optionsposition auf den Bund-Future ist die Optionsprämie zunächst nicht zu bezahlen. Ändert sich durch Kursbewegungen der Wert der Option, so werden die Wertänderungen auf der Basis des täglichen Settlementpreises der Option gutgeschrieben bzw. abgebucht. Diese Variation Margin-Zahlungen erfolgen genauso wie bei Future-Positionen. Erst am Verfalltag oder am Ausübungstag wird die Prämie vom Konto des Käufers abgebucht und dem Verkäufer gutgeschrieben. Dieser Vorgang wird auch Final Settlement genannt.

Beispiel: Ein Marktteilnehmer kauft 12 Verkaufsoptionen zu einem Preis von 0,89. Am Ende des Tages notiert die Option bei 0,82 (Settlementpreis). Die Wertveränderung beträgt 7 Ticks.

Die Kontostandveränderungen für Käufer und Verkäufer betragen:

Käufer: – 7 * 10 * 12 = – € 840.

Dieser Betrag wird dem Konto des Käufers belastet.

Verkäufer: 7 * 10 * 12 = € 840

Dieser Betrag wird dem Konto des Verkäufers der Option gutgeschrieben.

Am nächsten Tag beträgt der Settlementpreis der Option 1,19. Das ergibt eine Wertveränderung von 37 Ticks.

Die Variation Margin-Zahlungen betragen:

37 (Tickveränderung) * 10 (Tick Wert) * 12 (Kontraktanzahl) = € 4440.

Dieser Betrag wird von dem Konto des Verkäufers der Option abgebucht und dem Käufer der Option gutgeschrieben.

Entsteht auf dem Konto durch eine günstige Kursentwicklung und dadurch erfolgende Variation Margin-Zahlungen ein Überschuß, der das Niveau der Additional Margin-Forderung übersteigt, so kann, wie bei der Future Margin, über diesen Überschuß frei verfügt werden.

4.2.10.2.2 Berechnung der Additional-Margin

Da bei Optionen auf den Bund-Future eine tägliche Gewinn- und Verlustabrechnung nach dem *Future Style-Verfahren* erfolgt, ist die Optionsprämie bei dem Kauf der Option nicht zu bezahlen. Es ist daher auch nicht wie bei Eurex Kassaoptionen eine Premium Margin zu entrichten, sondern eine sogenannte Additional Margin.

Zur Berechnung dieser Additional Margin legt die Eurex zunächst dasselbe Marginintervall zugrunde wie bei der Ermittlung der Initial Margin für den Bund-Future. Aufgrund dieses Marginintervalls läßt sich ein angenommener größtmöglicher Sprung des Bund-Futures nach oben und nach unten ermitteln. Auf der Basis dieser beiden Futurepreise und unter Verwendung einer bestimmten impliziten Volatilität können für den nächsten Tag mit Hilfe von Optionspreismodellen theoretische Optionspreise errechnet werden. Die in

€ ausgedrückte Tick-Differenz zwischen dem aktuellen und dem ungünstigsten theoretischen Optionspreis des nächsten Tages ist als Additional Margin zu hinterlegen. Die Eurex verwendet zur Berechnung der theoretischen Optionswerte das Binomialmodell von Cox, Ross, Rubinstein. Dieses Modell wird aus Gründen der Vereinfachung zur Berechnung von allen theoretischen Optionspreisen bei Eurex Optionen verwendet.

Bei der Ermittlung der Additional Margin werden sich im Risiko kompensierende Positionen berücksichtigt. Positionen, die sich im Risiko ausgleichen, können unter anderem das gleichzeitige Halten von Calls und Puts oder Options Spread-Positionen sein. Es ist stets das Gesamtrisiko des Portfolios relevant. Werden neben Optionen auch noch Bund-Future-Kontrakte gehalten, so wird deren risikomindernde oder risikoerhöhende Wirkung mit denen der Optionspositionen zusammengefaßt und so bei der Berechnung der Margin berücksichtigt.

Beispielrechnung zur Ermittlung der Risk Based Margin für Optionen auf den Bund-Future:

Für die Berechnung der theoretischen Optionswerte wurde analog zu der Berechnungsweise der Eurex das Binomialmodell von *Cox, Ross, Rubinstein* gewählt. Die Optionen haben eine Restlaufzeit von 91 Tagen. Die entsprechende 91 Tages Volatilität beträgt 5,2 Prozent und der Zinssatz 0 Prozent.

Ein Marktteilnehmer kauft 13 Kaufoptionen (Calls) auf den Dezember-Kontrakt des Bund-Futures, Basis 92, und kauft zusätzlich 23 Verkaufsoptionen (Puts), Basis 91,50, desselben Liefermonats. Der Verkäufer der Optionen geht dieselbe Gegenposition ein.

Der Dezember-Kontrakt schließt bei 91,77. Der Settlementpreis des Calls beträgt 0,85 und der Settlementpreis des Puts 0,82. Die Eurex hat zu diesem Zeitpunkt ein Marginintervall von einem Punkt festgelegt. Das bedeutet, daß für den nächsten Tag mit einem größtmöglichen Sprung von einem Punkt (100 Ticks) nach oben und nach unten gerechnet wird.

Aus diesem Marginintervall ergibt sich 92,77 als oberer Preis für den Future. Der Call hätte dann einen theoretischen Wert von 1,40 und der Put einen Wert von 0,45. Die potentielle Wertveränderung der Position des Käufers errechnet sich folgendermaßen:

Käufer:
Wertveränderung der Call Position:
+ 55 (Tickveränderung) * 10 (Tickwert) * 13 (Kontraktanzahl) = + € 7150.

Wertveränderung der Put Position:
– 37 (Tickveränderung) * 10 (Tickwert) * 23 (Kontraktanzahl) = – € 8510

Die potentielle Wertveränderung der Gesamtposition beträgt somit:
+ € 7150 – € 8510 = – € 1360.

Die potentielle Wertveränderung der Position des Verkäufers errechnet sich analog, aber mit umgekehrtem Vorzeichen:

Wertveränderung der Call Position:
– 55 (Tickveränderung) * 10 (Tickwert) * 13 (Kontraktanzahl) = – € 7150.

Wertveränderung der Put Position:
+37 (Tickveränderung) * 10 (Tickwert) * 23 (Kontraktanzahl) = + € 8510

Die potentielle Wertveränderung der Gesamtposition beträgt somit:
– € 7150 + € 8510 = + € 1360.

90,77 ist der untere Preis für den Future. Bei diesem Kurs errechnet sich ein theoretischer Wert für den Call von 0,46 und ein theoretischer Put Preis in Höhe von 1,36.

Die potentielle Wertveränderung der Position des Käufers der Optionen beträgt:

Wertveränderung der Call Position:
– 39 (Tickveränderung) * 10 (Tickwert) * 13 (Kontraktanzahl) = – € 5070.

Wertveränderung der Put Position:
+ 44 (Tickveränderung) * 10 (Tickwert) * 23 (Kontraktanzahl) = + € 10120.

Die Wertveränderung der Gesamtposition beträgt somit:
– € 5050 + € 10120 = + € 5070.

Die potentielle Wertveränderung der Position des Verkäufers beträgt:

Wertveränderung der Call Position:
+ 39 (Tickveränderung) * 10 (Tickwert) * 13 (Kontraktanzahl) = + € 5070.

Wertveränderung der Put Position:
– 44 (Tickveränderung) * 10 (Tickwert) * 23 (Kontraktanzahl) = – € 10120.

Die Wertveränderung der Gesamtposition beträgt somit:
+ € 5050 – 10120 = – 5070.

Die erste Situation, der Kursanstieg, ist für den Käufer der Optionen das ungünstigste Szenario. Er müßte in diesem Fall einen Glattstellungsverlust hinnehmen. Dieser potentielle Glattstellungsverlust in Höhe von € 1360 ist für ihn die zu hinterlegende Additional Margin.

Der Verkäufer der Optionen hat dagegen eine Additional Margin von € 5070 zu hinterlegen, da er im ungünstigsten Fall (Kursverfall) einen Verlust in derselben Höhe erleiden würde.

Hätte der Verkäufer nur Puts verkauft, so müßte er eine Margin von € 10120 hinterlegen. Der gleichzeitige Verkauf der Kaufoptionen kompensiert aber das Risiko seiner Position teilweise. Es entstehen aus dieser Position nämlich Glattstellungserlöse von € 5070, Durch die Verrechnung dieser Erlöse mit den Kosten ergibt sich die verminderte Additional Margin von € 5070.

Am nächsten Tag schließt der Future bei 91,09, der Call bei 0,57 und der Put bei 1,16.

Für den angenommenen Maximumpreis des Futures von 92,09 errechnet sich ein theoretischer Preis für den Call von 1,01 und ein Put Preis von 0,68.

Die potentielle Wertveränderung der Position des Käufers der Optionen beträgt:

Wertveränderung der Call Position:
+ 44 (Tickveränderung) * 10 (Tickwert) * 13 (Kontraktanzahl) = + € 5720.

Wertveränderung der Put Position:
– 48 (Tickveränderung) * 10 (Tickwert) * 23 (Kontraktanzahl) = – € 11040.

Die Wertveränderung der Gesamtposition beträgt somit:
+ € 5720 – € 11040 = – € 5320.

Die potentielle Wertveränderung der Position des Verkäufers beträgt:

Wertveränderung der Call Position:
– 44 (Tickveränderung) * 10 (Tickwert) * 13 (Kontraktanzahl) = – € 5720.

Wertveränderung der Put Position:
+ 48 (Tickveränderung) * 10 (Tickwert) * 23 (Kontraktanzahl) = + € 11040.

Die Wertveränderung der Gesamtposition beträgt somit:
– € 5720 + € 11040 = + € 5320.

Für den angenommenen Minimumpreis des Futures von 90,09 errechnet sich ein theoretischer Preis für den Call von 0,29 und ein Put Preis von 1,80.

Die potentielle Wertveränderung der Position des Käufers der Optionen beträgt:

Wertveränderung der Call Position:
– 28 (Tickveränderung) * 10 (Tickwert) * 13 (Kontraktanzahl) = – € 3640.

Wertveränderung der Put Position:
+ 64 (Tickveränderung) * 10 (Tickwert) * 23 (Kontraktanzahl) = + € 14720.

Die Wertveränderung der Gesamtposition beträgt somit:
– € 3640 + € 14720 = + € 11080.

Die potentielle Wertveränderung der Position des Verkäufers beträgt:

Wertveränderung der Call Position:
+ 28 (Tickveränderung) * 10 (Tickwert) * 13 (Kontraktanzahl) = + € 3640.

Wertveränderung der Put Position:
– 64 (Tickveränderung) * 10 (Tickwert) * 23 (Kontraktanzahl) = – € 14720.

Die Wertveränderung der Gesamtposition beträgt somit:
+ € 3640 – € 14720 = – € 11080.

An diesem Tag beträgt die Additional Margin für den Käufer € 5320 und für den Verkäufer € 11080.

Auch hier wird die Wirkung des Risk Based Margining deutlich. Hätte der Käufer nur einen Put gekauft, so müßte er eine Additional Margin von € 1040 hinterlegen. Durch den gleichzeitigen Kauf des Calls vermindert sich seine Marginverpflichtung um € 5720 auf € 5320.

Zum Schluß ist noch anzumerken, daß bei einfachen Long- oder Short-Positionen 25 Prozent von dem Marginintervall das absolute Minimum für die Marginanforderung ist. Das entspricht € 250 bei einem Margin-Intervall von einem Punkt.

4.2.11 Formen der Erstellung von Sicherheiten

Die Hinterlegung von Sicherheiten für die Erfüllung der Marginverpflichtung kann auf verschiedene Weise erfolgen. Als Sicherheit wird von der Eurex sowohl die Erbringung von Geldbeträgen als auch die Hinterlegung von bestimmten lombardfähigen Wertpapieren anerkannt. Auch Privatkunden haben bei den meisten Banken die Möglichkeit, ihre Margin in Form von Wertpapieren zu hinterlegen. Diese Wertpapiere werden in der Regel mit einem Kurswert von 75 % (festverzinsliche Wertpapiere) bzw. 50 % (Aktien) angerechnet. Diese Prozentsätze sind jedoch nicht fix, sondern schwanken von Bank zu Bank und hängen auch von der Art des Wertpapiers ab. Viele Banken akzeptieren darüber hinaus auch Drittbankgarantien. Der Kunde kann einem Margin Call durch Hinterlegung von Geld oder Wertpapieren Folge leisten. Muß er dagegen eine Variation Margin-Zahlung erbringen, so kann dies nur durch eine Geldzahlung erfolgen.[1]

Für Geschäfte in Terminkontrakten und Optionen müssen Privatkunden bei deutschen Banken ein separates Options- bzw. Future-Bestandskonto eröffnen. Die Verbuchung der Optionsprämie, Gebühren und Spesen, Variation Margin-Zahlungen und Sicherheiten, die in Geld hinterlegt werden, erfolgt über ein Geldsonderkonto. Da dieses Options- und Future- Geldsonderkonto nur auf Guthabenbasis geführt wird, muß der Kunde vor der Tätigung des ersten Geschäftes eine Einzahlung leisten. Ob das Guthaben auf diesem Kon-

1 Vgl. *Eurex:* (Margining).

to verzinst wird und in welcher Höhe, hängt von der Verhandlungsposition des Kunden ab. Privatkunden, die kleinere Beträge investieren, erhalten im Gegensatz zu institutionellen Investoren von den meisten Banken in der Regel keine Verzinsung. Allerdings haben bei einem Großteil der Banken die Kundenbetreuer in den Filialen diesbezüglich einen Ermessensspielraum. Es hängt dann von dem Verhandlungsgeschick des Kunden ab, ob er eine Verzinsung erhält.

Banken hinterlegen ihre Margin meistens in Form von festverzinslichen Wertpapieren. Auch diese Papiere werden von der Eurex nur zu 75 % des Kurswertes angerechnet.

Für die Hinterlegung dieser Wertpapiere müssen die Clearing; Mitglieder beim Deutschen Kassenverein AG ein Unterdepot zugunsten der Deutschen Terminbörse unterhalten. Diese Papiere werden genauso wie die Wertpapiere der Privatkunden bei den Banken börsentäglich bewertet.

Die Hinterlegung der Geldguthaben der Clearing-Mitglieder erfordert die Unterhaltung eines Geldkontos sowohl bei der Eurex als auch bei der Landeszentralbank in Hessen. Die Geldguthaben bei der Eurex werden nicht verzinst und werden in voller Höhe als Sicherheitsleistungen anerkannt. Erfüllt ein Clearing-Mitglied seine Marginverpflichtungen nicht in voller Höhe, dann verrechnet die Eurex sofort die fälligen Forderungen über das Landeszentralbankkonto des jeweiligen Mitglieds.

4.2.12 Ausübung von Optionen

Bei Terminkontrakten erfolgen keine Ausschüttungen, wie z.B. Dividendenzahlungen. Außerdem erfolgt die Prämienabrechnung der Optionen auf den Bund-Future und auf den Future auf Bundesobligationen nach dem Future-Style-Verfahren. Diese beiden Umstände haben zur Folge, daß im Gegensatz zu Optionen auf Aktien oder zu Future-Optionen, bei denen die Prämienabrechnung nach dem herkömmlichen Verfahren erfolgt, eine vorzeitige Ausübung von Optionen auf den Bund- oder Bobl-Future bei normalen Marktverhältnissen nie vorteilhaft ist. Lediglich wenn die Option unter ihrem inneren Wert gehandelt wird, macht eine vorzeitige Ausübung Sinn.

Wie der Prozeß der Ausübung der Option und der Zuteilung des Terminkontraktes abläuft, zeigt das folgende **Beispiel**. Zu diesem Zweck wird an das Beispiel aus Kapitel 4.2.10.2.2 angeknüpft.

Am Ende des zweiten Tages entschließt sich der Optionskäufer, seine Kaufoptionen zu verkaufen. Es gelingt ihm, sie zum Settlementpreis von 0,57 zu verkaufen. In diesem Beispiel kauft der ursprüngliche Verkäufer der Optionen diese auch wieder zurück. Da beim Kauf der Option keine Prämienzahlung geleistet wurde und weil ein ständiger Gewinn- und Verlustausgleich am Ende jeden Tages auf beiden Konten stattfand, ist für den Rückkauf der Option keine Prämienzahlung zu entrichten.

Die offene Position beider Marktteilnehmer hat sich auf 23 Verkaufsoptionen reduziert. Daraus ergibt sich eine veränderte Marginverpflichtung. Der Future schloß bei 91,09. Für einen Kurs des Futures von 92,09 am nächsten Tag errechnet sich ein theoretischer

Preis für den Put von 0,68, und für einen Future Kurs von 90,09 ergibt sich ein Put Preis von 1,80.

In dem für den Käufer ungünstigsten Fall sinkt der Preis des Puts um 48 Ticks von 1,16 auf 0,68. Der Käufer hat daher insgesamt folgende Additional Margin zu hinterlegen:

48 (Tickveränderung) * 10 (Tickwert)* 23 (Kontraktanzahl) = € 11040.

Ein Anstieg der Put Prämie um 64 Ticks ist das für den Verkäufer ungünstigste Szenario. Seine gesamte Marginverpflichtung beträgt daher:

64 (Tickveränderung) *10 (Tickwert) * 23 (Kontraktanzahl) = €14720.

Am nächsten Börsentag fällt der Bund-Future auf 90,17 (Settlementpreis). Der Put mit Basis 91,50 schließt bei 1,31. Das bedeutet, er wurde zum Handelsschluß mit zwei Ticks unter seinem inneren Wert notiert.[1] Der Käufer entschließt sich zu der Ausübung seiner Verkaufsoption. Der Ausübende muß die Eurex bis spätestens zum Ende der Post Trading-Periode des jeweiligen Tages bzw. des letzten Handelstages von seinem Begehren in Kenntnis setzen.[2] Die Verarbeitung der Ausführung wird von dem System der Eurex übernommen und zwar in der dem Ausübungstag folgenden nächtlichen Datenverarbeitung. Die Eurex informiert die von der Ausübung betroffenen Clearing-Mitglieder und Marktteilnehmer noch während des Vormittages des dem Ausübungstag folgenden Börsentages. Das Verfahren der Ausübung und Zuteilung läuft an der Eurex dann in folgenden Schritten ab:

Zunächst erfolgt die tägliche Abrechnung der Optionspositionen. Der Put stieg um 15 Ticks. Dem Käufer werden daher 15 * 10 * 23 = € 3450 auf seinem Konto gutgeschrieben. Dem Verkäufer wird derselbe Betrag belastet.

Danach werden die ausgeübten Positionen zugeteilt. Welcher Börsenteilnehmer ausgeübt wird, entscheidet die Eurex durch ein Zufallsverfahren.

Im nächsten Schritt werden die Optionsprämien verrechnet. Als Optionsprämie wird der Settlementpreis der Option am Ausübungstag genommen. Der Käufer der Option hat diesen Betrag an den Verkäufer der Option zu zahlen. In dem Beispiel beträgt der zu zahlende Betrag: 131 (Settlementpreis der Option in Ticks) * 10 (Tickwert) * 23 (Kontraktanzahl) = € 30130. Dieser Betrag wird von dem Konto des Käufers abgebucht und dem Konto des Verkäufers gutgeschrieben. Summiert man die täglichen Variation Margin-Zahlungen und die Prämienabschlußzahlung auf, so erhält man den ursprünglichen Optionspreis in Höhe von € 18860 (82 (Anfangswert der Option in Ticks) * 10 (Tickwert) * 23 (Kontraktanzahl)).

Die Ausübung eines Calls resultiert in einer Long Future-Position für den Ausübenden. Der Ausgeübte hat dann eine Short Future-Position. Umgekehrt führt die Ausübung eines Puts zu einer Short Future-Position für den Ausübenden, während dem Ausgeübten eine Long Future-Position zugeteilt wird. Diese Zuteilung der Positionen findet auf der Grundlage des Basispreises der Option statt. Die Eröffnung der Positionen erfolgt während der nächtlichen Datenverarbeitung im Anschluß an den Ausübungstag. In dem Beispiel ist der Käufer des Puts jetzt 23 Bund-Future-Kontrakte Short. Der Verkäufer ist 23 Kontrakte Long. Beide sind diese Position zu einem Preis von 91,50 (Basispreis) eingegangen. Der Settlementpreis des Futures betrug aber 90,17. Es erfolgt daher noch der tägliche Gewinn- bzw. Verlustausgleich der Future-Position. Der Settlementpreis liegt 133 Ticks unter dem Basispreis. Der Ausübende (Inhaber der Short-Position) erhält daher € 30590 (133 * 10 * 23) gutgeschrieben, während derselbe Betrag dem Ausgeübten (Inhaber der Long-Position) abgebucht wird. Die Differenz zu der Prämienabschlußzahlung beträgt € 460 Der Käufer des Puts hat daher durch die Ausübung einen Gewinn von € 1150 gemacht. Dieser Betrag ist genau der Wert, um den die Option unter ihrem inneren Wert notierte (2 * 10 * 23 = € 460).

---

1 Solche Marktunvollkommenheiten sind äußerst selten anzutreffen.

1 An der Eurex werden keine Optionen automatisch ausgeübt. Jeder Börsenteilnehmer ist selber dafür verantwortlich, daß er seine Option vor Verfall ausübt bzw. vorher glattstellt. Allerdings informiert die Eurex an jedem der 10 Börsentage vor dem letzten Handelstag die Teilnehmer über fällig werdende Positionen.

Der letzte Schritt in dem Ausübungsprozeß ist die Anpassung der zu hinterlegenden Margin. Durch die Optionsposition hat der ursprüngliche Käufer der Option eine Margin von € 11040 hinterlegt. Auf dem Marginkonto des Verkäufers befinden sich noch € 14720 Da beide Marktteilnehmer statt der Optionsposition jetzt eine Futureposition haben, müssen sie die entsprechende Future Margin hinterlegen. Die Initial Margin pro Future-Kontrakt beträgt € 1600. Das bedeutet, daß beide insgesamt eine Margin von € 36800 (1600 * 23) erbringen müssen. Für den Inhaber der Short-Position stellt dies einen Nachschuß von € 25760 (36800–11040) dar und für den Inhaber der Long-Position einen Nachschuß von € 22080 (36800–14720).

4.2.13 Der Andienungsprozeß bei Terminkontrakten

Hält ein Investor einen Financial Future bis zum Ende des letzten Handelstages, dann bekommt er am Liefertag die dem Kontrakt zugrundeliegenden Wertpapiere angedient. Ist er an einer Lieferung nicht interessiert, so muß er seine Position bis 12.30 Uhr des letzen Handelstages durch ein Gegengeschäft glattstellen. Tut er das nicht, erfolgt die Lieferung in folgenden Schritten:

Der letzte Handelstag ist auch der Anzeigetag (Notification Day). An diesem Tag müssen noch während der Post Trading-Periode die Marktteilnehmer bzw. die zuständigen Clearing-Mitglieder, die noch offene Short-Positionen haben, dem Clearing-Haus mitteilen, welche Anleihen bzw. Obligationen sie liefern wollen.

Mit Hilfe eines Zufallsverfahrens weist die Eurex während der nächtlichen Datenverarbeitung die zu liefernden Anleihen den offenen Long-Positionen zu. Dieser Vorgang wird auch Allocation Prozeß genannt.

Nach der Zuordnung der einzelnen Wertpapiere kann die Eurex nun den Andienungsbetrag für die einzelnen Positionen berechnen.

Die Clearing-Mitglieder werden während des Vormittages des ersten Börsentages nach dem letzten Handelstag darüber informiert, welche Wertpapiere geliefert werden und welcher Betrag zu zahlen ist bzw. gezahlt wird.

Der Liefertag ist der darauffolgende Börsentag (10. Kalendertag des Liefermonats). Die Lieferung findet zwischen den betroffenen Clearing-Mitgliedern und der Eurex statt und wird über den Deutschen Kassenverein AG abgewickelt. Das jeweils zuständige Clearing-Mitglied übernimmt die Ausführung der Lieferung an die Kunden und Börsenteilnehmer.

Der Betrag, der bei der Lieferung zu zahlen ist bzw. erhalten wird, hängt von den Papieren ab, die geliefert werden und wird von der Eurex nach folgendem Verfahren berechnet:

$$\text{Andienungsbetrag} = (FP * PF * 1000) + AZ$$

mit: FP = Futurepreis (hier EDSP[1]).
AZ = Aufgelaufene Zinsen der Anleihe, die geliefert wird vom letzten Kuponzahlungstag bis zum Kontraktliefertag (= Stückzinsen), berechnet auf einen Nominalwert von € 100.000.

1 Definition, siehe Glossar.

PF = Preisfaktor (der Preisfaktor bezieht sich auf die Anleihe, die geliefert wird).

Die Stückzinsen werden nach folgender Formel berechnet:

$$AZ = \frac{t * K * 1000}{T}$$

mit: t = Tage von letzten Kuponzahlungstag bis zum Kontraktliefertag (exklusive des Liefertages)
K = Kupon in Prozent (z.B. Kupon 8 %, dann K = 8,00).
T = Tage für das Jahr

Für den Monat und das Jahr werden die tatsächlich angefallenen Tage genommen (actual/actual).

Die Formel für den Preisfaktor[1] lautet:

$$PF = \frac{1}{1{,}06^{\frac{d}{act.}}} \times \left(\frac{C}{6} \times \left(1{,}06 - \frac{1}{1{,}06^n} \right) + \frac{1}{1{,}06^n} \right) - \frac{C \times \left(1 - \frac{d}{act.} \right)}{100}$$

mit: PF = Preisfaktor
C = Kupon der Anleihe (z.B.: wenn Kupon=7 %, dann c=7,000)
d = Anzahl der Tage vom Liefertag bis zum nächsten Kupon-Zahltag (ausschließlich desselben). Der nächste Kuponzahltag bezieht sich immer auf den Kupontermin nach dem Liefertag.
act. = Anzahl der Tage vom letzten Kupon-Zahltag vor dem Liefertag bis zum nächsten Kupon-Zahltag (einschließlich desselben) nach dem Liefertag (entweder 365 oder 366 Tage).
n = Anzahl der ganzen Jahre bis zur Fälligkeit der Anleihe.

Der Preisfaktor dient der Angleichung der verschiedenen lieferbaren Anleihen bezüglich ihres Kupons und ihrer Restlaufzeit.[2]

Oft wird die Formel für den Andienungsbetrag folgendermaßen angegeben:

Andienungsbetrag = (FP * PF + AZ) * 1000

In diesem Fall bezieht sich der Stückzins auf eine Anleihe im Nominalwert von € 100 und nicht auf einen Nominalwert von € 100000. Die Berechnung führt dann zu demselben Ergebnis.

Beispiel für die Berechnung des Andienungsbetrages:

Ein Marktteilnehmer hat eine Short-Position im März 99 des Bobl-Futures. Am letzten Handelstag ist die Treuhandanleihe mit Kupon von 7,75 Prozent und einer Laufzeit bis 01.10.2002 der Cheapest to Deliver. Er entscheidet sich deshalb, diese Anleihe zu liefern.

Der Preisfaktor dieser Anleihe beträgt: 1,053245

Als Stückzinsen erhält er: 7,75 * 159/360 * 1000 = € 3.422,92.

---

1 *Eurex:* (Rundschreiben 18/99), S. 1.
2 Eine detaillierte Behandlung des Preisfaktors findet sich in Kapitel 6.1.2.1.

Der Settlementpreis des Futures am letzten Handelstag beträgt 108,54.

Der gesamte Andienungsbetrag, den der Investor für die Lieferung seiner Anleihe pro Kontrakt erhält, beträgt dann:

Andienungsbetrag = 108,54 * 1,053245 * 1.000 + 3.422,92 = € 117.742,13.

4.2.14 Orderarten

4.2.14.1 Orderarten bei Terminkontrakten

Bei der Erteilung von Orders hat der Anleger eine Vielzahl von Möglichkeiten. Neben der Erteilung von „herkömmlichen" Orders (billigst, bestens, limitierte Orders) hat der Anleger die Möglichkeit, Aufträge zu erteilen, die in der BRD bis dahin nicht möglich waren.

Ein Beispiel für eine Auftragsart, die bisher nicht möglich war, ist die „good till cancelled" (gtc) Order. Diese Order liegt solange gültig im Markt, bis sie der Auftraggeber widerruft. Sie kann sowohl limitiert als auch unlimitiert erteilt werden.

Die „immediate or cancel" Order muß dagegen sofort ausgeführt werden. Der Händler gibt eine solche Order in das Handelssystem ein; ist eine unmittelbare Ausführung der Order nicht möglich, so wird sie automatisch sofort gelöscht. Ist eine Teilausführung der Order möglich, so wird nur der überhängende Teil der Order gelöscht und der andere Teil ausgeführt.

Ein Stop-Auftrag wird erst bei Erreichen bzw. Über- oder Unterschreiten eines bestimmten Preises zu einem unlimitierten Auftrag. Eine Stop Buy Order liegt oberhalb des augenblicklichen Marktpreises. Bei Erreichen oder Überschreiten eines bestimmten Preises wird diese Order zu einer unlimitierten Kauforder. Bei der Stop Sell Order hingegen muß der Marktpreis unter ein bestimmtes Niveau fallen, bevor die Order zu einer unlimitierten Verkaufsorder wird. Diese Orders werden gerne zur Verlustbegrenzung oder zur Gewinnrealisierung benutzt. Oft legen Händler, die eine Trendbewegung nicht verpassen wollen, eine solche Order in den Markt.

Kombinierte Aufträge stellen den gleichzeitigen Kauf und Verkauf von der gleichen Anzahl an Kontrakten dar. An der Eurex ist dies bezüglich unterschiedlicher Kontraktarten (Product Spread: Bund/Bobl, Bund/Schatz, Bobl/Schatz, Dreimonats-/Einmonats-Euribor) oder bezüglich der unterschiedlichen Fälligkeit von Kontrakten möglich. Ein Beispiel dafür wäre ein Time Spread im Bund-Future: z.B. gleichzeitiger Kauf (Verkauf) von 50 September-Kontrakten und Verkauf (Kauf) von 50 Dezember-Kontrakten. Eine Spread Order stellt somit die Kombination von zwei Einzelaufträgen dar. Spread Aufträge werden immer mit Preislimiten versehen. Die Spanne zwischen Kauf- und Verkaufspreis der beiden Einzelaufträge entspricht dabei dem angegebenen Preislimit. Spread Aufträge werden zum Rollen von Positionen in den nächsten Monat und für Spread Trading benutzt.

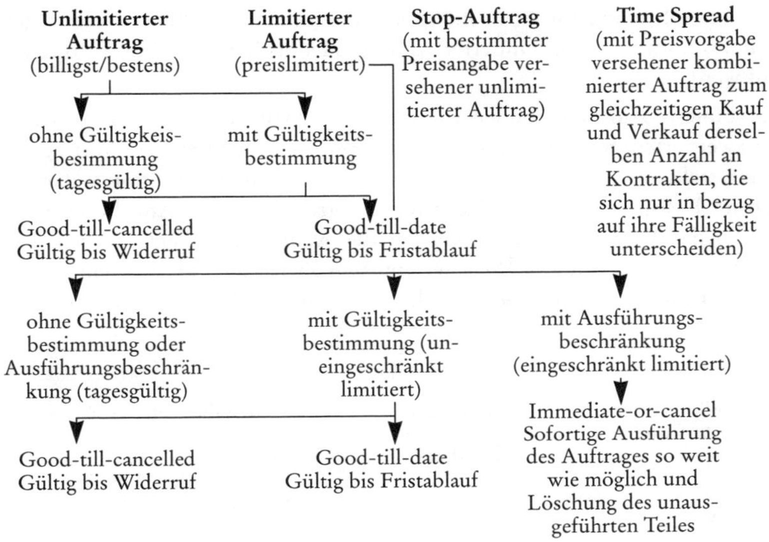

Abb. 4.9: Eurex-Auftragsarten für den Handel mit Zinsfutures
Quelle: DTB[1]

Zusätzlich zu den in der Abbildung gezeigten Orderarten gibt es neben den Product Spreads auch die Möglichkeit für **Basis Trades**. Bei einem Basis Trade wird eine bestimmte Anzahl von Anleihen gegen die entsprechende Anzahl von Futures gehandelt, z.B. Kauf Anleihe und Verkauf Futures. Wenn sich zwei Marktteilnehmer, entweder direkt oder über einen Broker, über die Einzelheiten des Geschäftes einig geworden sind, wird die Eurex kontaktiert. Über den Basis Trade Futures Entry Bildschirm wird das Geschäft dann eingegeben und später wird das Settlement durchgeführt. Da bei einem solchen Basis Trade beide Seiten des Geschäftes gleichzeitig ausgeführt werden, wird das Ausführungsrisiko drastisch verringert. Die Basis die hier gehandelt wird ist die **Gross Basis**: Preis der Anleihe – Futurepreis * Preisfaktor der Anleihe. Die Notierung erfolgt auf drei Stellen nach dem Komma.

4.2.14.2 Orderarten bei Optionen

Für den Handel mit Optionen stehen an der Eurex im Prinzip dieselben Orderarten zur Verfügung wie für den Handel mit Terminkontrakten. Zusätzlich zu den im letzten Kapitel geschilderten Ordermöglichkeiten kann der Anleger von folgenden Auftragsarten gebrauch machen:

Die „fill or kill“ Order verlangt ähnlich wie die immediate or cancel Order eine sofortige Ausführung. Andernfalls wird sie gelöscht. Anders als die immediate or cancel Order, bei der auch eine teilweise Ausführung möglich ist,

1 Quelle: DTB: (Bund-Future), S.21.

muß die fill or kill Order in ihrem Gesamtumfang ausgeführt werden. Sie kann als normaler preislimitierter Auftrag oder als kombinierter Auftrag erteilt werden.

Kombinierte Aufträge können wie im Future Handel nur für jeweils einen Basiswert erteilt werden. Ein kombinierter Auftrag, auch Spread-Auftrag genannt, stellt den gleichzeitigen Kauf und Verkauf von zwei Optionen dar, die sich im Basispreis und/oder Fälligkeit unterscheiden. Die Anzahl an Kontrakten des Verkaufauftrages muß der des Kaufauftrages entsprechen. Ein Spread-Auftrag kann zum Beispiel mit dem Ziel erteilt werden, einen Bull Spread, Bear Spread, Time Spread oder andere Spread-Positionen einzugehen.

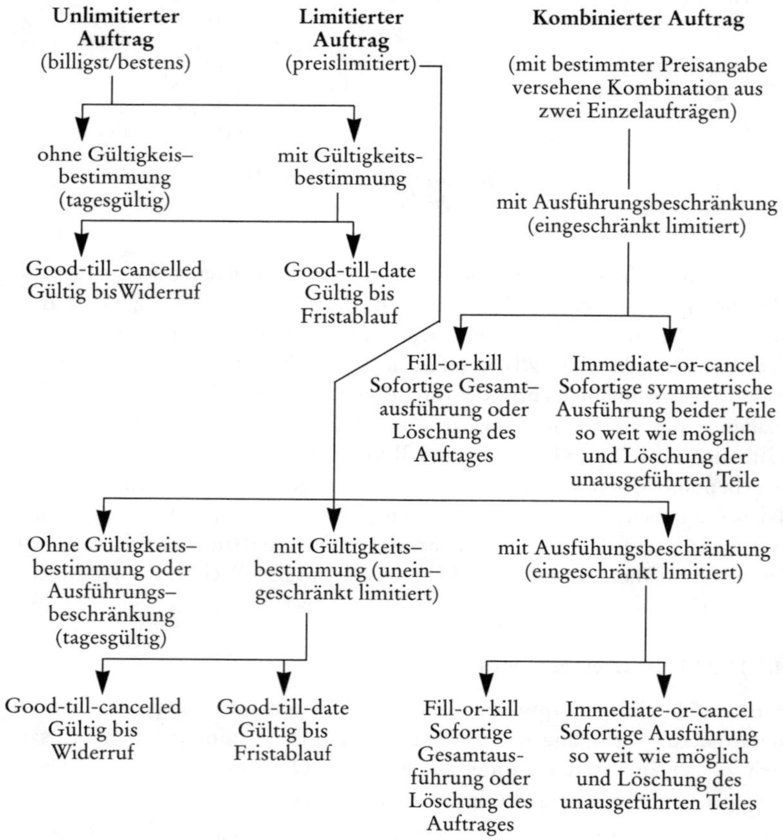

Abb. 4.10: Auftragsarten im Eurex-Optionshandel
Quelle: DTB [1]

1 Quelle: DTB: (Bund Optionen), S.23.

Zudem wird er oft genutzt, um bestehende Positionen in den nächsten Monat zu rollen. Auch im Optionshandel werden Spread Aufträge immer mit Preislimiten versehen. Die Spanne zwischen Kauf- und Verkaufspreis der beiden Einzelaufträge entspricht dabei dem angegebenen Preislimit. Diese Auftragsart muß aber in jedem Fall entweder den Zusatz fill or kill oder immediate or cancel tragen. Das bedeutet, daß die Order dem augenblicklichen Marktpreis entsprechen muß, um ausgeführt zu werden.

5. Zinsfutures und Zinsoptionen an internationalen Terminmärkten

In den folgenden Kapiteln werden die wichtigsten Zinsterminkontrakte an den internationalen Terminmärkten beschrieben. Oft wird an einer Börse eine Vielzahl von Kontrakten notiert, von denen nur sehr wenige liquide sind. Aus diesem Grund beschränken sich die folgenden Ausführungen auf die Kontrakte die einigermaßen rege gehandelt werden. Viele Kontrakte werden zudem an mehreren Börsen gleichzeitig notiert. Meistens sind die Kontrakte nicht an allen Börsen gleich liquide. Es werden daher die Kontraktspezifikationen des Kontraktes der Börse mit der höchsten Liquidität angegeben.

5.1 Zinsfutures und Zinsoptionen an der LIFFE

Die folgenden Kapitel behandeln die LIFFE, ihre Produkte und den Handel an dieser Börse. In vielen Punkten bestehen Gemeinsamkeiten zu der Eurex. Um Überschneidungen zu vermeiden, werden Sachverhalte, die schon in den vorherigen Kapiteln behandelt wurden, nicht noch einmal dargestellt bzw. wird nur auf die eventuell existierenden Unterschiede eingegangen. Es wird dann auf die entsprechenden Kapitel verwiesen. Das betrifft unter anderem das Clearing, Margining und die Orderarten.

5.1.1 Die LIFFE

Im September 1982 wurde die London International Financial Futures and Options Exchange (LIFFE) gegründet. Seit ihrer Gründung erfuhr sowohl das Handelsvolumen als auch die Produktpalette der LIFFE ein stetiges Wachstum. In den letzten Jahren war sie jedoch einem starken Schrumpfungsprozeß unterworfen und mußte ihre Führungsposition in Europa im Bereich der Zinsderivate an die Eurex abgeben. So kam z.B. der Handel im Bund Future vollkommen zum Erliegen.

Die LIFFE ist eine von der SIB (Securities and Investment Board) anerkannte Börse. Die SIB ist für die Regulierung des finanziellen Dienstleistungssektors in Großbritannien zuständig.

Ein Teil des Handels an der LIFFE erfolgt nach dem traditionellen System des open outcry (Handel auf Zuruf bzw. durch Handzeichen). Der Großteil des Handels wurde jedoch Ende 1998, Anfang 1999 auf die elektronische Plattform „Liffe Connect“ umgestellt.

Im Gegensatz zur Eurex ist die Clearing-Stelle der LIFFE kein integrierter Bestandteil der Börse, sondern eine selbständige Einrichtung.

Diese Clearing-Stelle ist das London Clearing House (LCH) dessen Eigentümer sechs britische Banken sind. Die Funktion des LCH ist dieselbe wie die der Clearing-Stelle der Eurex. Auch hier gibt es General-, Direct-, und Non-Clearing-Mitglieder.[1] Das LCH verfügt über ein computerisiertes Clearing-System, das sämtliche Transaktionen aufzeichnet. In dieses System geben die Clearing-Mitglieder die Transaktionen ein. Findet eine Transaktion statt, so geben die betroffenen Clearing-Mitglieder diese in das System ein und müssen gleichzeitig diese Transaktion auch bestätigen. Jede bestätigte Transaktion wird von dem LCH an dem der Transaktion folgenden Börsentag eingetragen. Zu diesem Zeitpunkt tritt das Clearing House als Garant zwischen die Kontrahenten.[2] Das LCH seinerseits sendet Handelsbestätigungen an die Mitglieder.

Das LCH ist zudem zuständig für das Margining (z.B. Initial und Variation Margin). Dazu aber mehr in dem Kapitel über Margining.

5.1.2 Handel an der LIFFE

Nachdem sich der Handel am Anfang auf Terminkontrakte beschränkte, wurden 1985 auch Optionen auf Futures eingeführt. Die Produktpalette ist inzwischen äußerst umfangreich und umfaßt allein im Zinsbereich 18 verschiedene Kontrakte. Im Aktienbereich bietet die LIFFE den FT-SE 100 Index-Future an, Optionen auf den FT-SE 100 Index-Future (European und American Style) sowie Optionen auf 76 verschiedene britische Aktien.

Die LIFFE hat sich bislang sehr flexibel gezeigt bei der Einführung neuer Produkte. Auch zögerte die Börse nicht, Kontrakte, nach denen nicht genügend Nachfrage bestand, von der Liste der gehandelten Produkte zu streichen.

5.1.2.1 Kurzfristige Zinstermininstrumente

Euro-Dollars sind Dollarguthaben, die von US-Banken und anderen Institutionen außerhalb der Vereinigten Staaten gehalten werden.[3] Dieser Begriff entstand durch die großen Dollarbeträge, die bei Banken in Westeuropa gehalten wurden. Inzwischen hat sich diese Bezeichnung auf ähnliche Einlagen in der ganzen Welt ausgeweitet. Der Euromarkt ist der Sammelbegriff für den internationalen Geld- und Kapitalmarkt, bei dem zwar immer noch der US-$ dominiert, aber auch die wichtigsten Währungen europäischer Länder beteiligt sind (€, Sfr, £). Im Laufe der Zeit hat sich der Euromarkt weltweit ausge-

1 Direct-Clearing-Mitglieder werden gelegentlich auch Individual-Clearing-Mitglieder genannt.
2 Vgl. *LIFFE:* (Accounting & Administration), S. 11.
3 Vgl. *Federal Reserve:* (FED,Glossary), S.21.

dehnt; sein Schwergewicht liegt aber weiter in Europa.[1] Den kurzfristigen Zinsterminkontrakten der LIFFE liegen solche Euro-Geldmarkteinlagen zugrunde.

Diese Instrumente weisen eine Reihe von Gemeinsamkeiten auf. Die erste Gemeinsamkeit ist, daß bei Geldmarktfutures im Gegensatz zu Anleihefutures (physische Lieferung) ein Cash Settlement stattfindet. Die Festlegung auf ein Cash Settlement wurde durch den Umstand notwendig, daß derartige Geldmarkteinlagen nicht übertragbar sind.

Die Kursnotierung der Kontrakte beträgt 100 abzüglich Zinssatz. Der für den Abrechnungspreis geltende Zinssatz ist entweder EURIBOR (European Interbank Offered Rate) oder LIBOR (London Interbank Offered Rate).

EURIBOR ist der kontinentaleuropäische Referenzzinssatz für Geldmarktgeschäfte und wurde von der European Banking Federation (EBF) eingeführt. Der EURIBOR wird für Laufzeiten von einer Woche und einem Monat bis zu einem Jahr auf der Basis einer actual/360 Tagezählung ermittelt. Valuta ist 2 Arbeitstage (T+2). Grundlage für die Berechnung sind die Quotierungen von 57 Banken, von denen 47 ihren Sitz im Euro-Raum haben. Vier Institute stammen aus EU-Ländern die nicht an der EWU teilnehmen und 6 Institute aus den USA, der Schweiz und Japan.[2] 15 Prozent der höchsten und niedrigsten Sätze werden gestrichen. Von den restlichen Quotierungen wird der arithmetische Durchschnitt gebildet. Die Notierung erfolgt auf drei Dezimalstellen. Das Resultat des Fixings wird gegen 11 Uhr Brüsseler Zeit veröffentlicht. Konvention für die Zinsberechnung ist die tatsächliche Anzahl der Tage geteilt durch 360 (actual/360).

LIBOR wird von der British Banker's Assotiation (BBA) für verschiedene Währungen ermittelt. Die Zinssätze basieren auf Quotierungen von 16 Londoner Banken um 11.00 Uhr Londoner Zeit.[3] Die Banken müssen hierbei ihre Quotierungen zwischen 11.00 Uhr und 11.10 Uhr Londoner Zeit abgeben.[4] Ein Viertel der höchsten und ein Viertel der niedrigsten Werte werden gestrichen. Von den restlichen Sätzen wird der Durchschnitt gebildet. Die Ermittlung der Sätze erfolgt für Laufzeiten von einer Woche und einem Monat bis 12 Monate.[5] Konvention für die Zinsberechnung ist actual/360.[6]

---

1 Vgl. *Büschgen, H.E.:* (Börsen-Lexikon), S.246.
2 FBE/ACI: (EURIBOR: Panel of Reference Banks), S. 1.
3 *British Banker's Assotioation:* (Euro BBA Libor), S. 2 f
4 *British Banker's Assotioation:* (Instructions), S. 1.
5 *British Banker's Assotioation:* (Euro BBA Libor), S. 2 f..
6 Die Berechnung des LIBOR Fixing für die restlichen Währungen (AUD, CAD, CHF, GBP, JPY, USD) erfolgt analog; vgl. *British Banker's Assotioation:* (LIBOR Fixing), S. 1 ff.. Lediglich beim Australischen Dollar und beim Kanadischen Dollar beträgt die Anzahl der Banken 8 statt 16; vgl. *British Banker's Assotioation:* (Instructions), Annex One: Table of Conventions and Fixing Dates. Die Zusammensetzung des Panels der Banken kann sich von Währung zu Währung unterscheiden.

Die Berechnung des Tick-Werts bei kurzfristigen Terminkontrakten erfolgt nach der folgenden Formel:

Kontraktvolumen * 0,0001 * 90/360. 0,0001 entspricht der Mindestkursveränderung von einem Prozent. So beträgt beispielsweise für den Dreimonats-Euribor-Future der Tick-Wert € 10 = 1.000.000 * 0,0001 * 90/360. Verändern sich die Zinsen um einen Basispunkt, so verändern sich die Zinszahlungen, die für einen Betrag von € 1000000 über 90 Tage zu tätigen sind, um € 10. Aus diesem Beispiel wird auch ersichtlich, daß die Abrechnung der Futures auf einer 90/360-Tage-Kalkulation beruht. Die tatsächliche Anzahl an Tagen einer Dreimonatsperiode kann aber davon abweichen. Marktgepflogenheit bei der Quotierung von Zinssätzen für Geldmarkteinlagen ist jedoch die Verwendung von tatsächlichen Tagen, d.h. actual/360.[1] Dieser Aspekt ist wichtig für Berechnungen wie z.B. Forward-Sätze, theoretischer Futurepreis oder Hedge Ratios.

Die wichtigsten kurzfristigen Zinsterminkontrakte der LIFFE sind der Dreimonats-Euribor-Future, der Dreimonats-Sterling-Future und der Drei-Monats-Euro-Schweizer-Franken-Future.

5.1.2.1.1 Der Dreimonats-Euribor-Future

Kontraktspezifikationen für den Dreimonats-Euribor-Future[2][3]

Handelseinheit:
€ 1.000.000.

Liefermonate:
März, Juni, September, Dezember, und zwei „Serial Months“ so daß 18 Liefermonate zum Handel zur Verfügung stehen, wobei die nächsten drei Liefermonate fortlaufende Kalendermonate sind.

Liefertag:
Der erste Geschäftstag nach dem letzten Handelstag.

Letzter Handelstag:
Zwei Geschäftstage vor dem dritten Mittwoch des Liefermonats.
Handelsschluß ist um 10 Uhr Londoner Zeit.

Notierung:
Die Preisnotierung beträgt 100,00 abzüglich Zinssatz.

Mindestkursveränderung (Tick):
0,005

Tick-Wert:
€ 12,50

Kontraktnorm:
Cash Settlement (Barausgleich). Dieser Barausgleich basiert auf dem Settlement-Preis.

Abrechnungspreis (Exchange Delivery Settlement Price, EDSP) der Börse bei Lieferung:
Der Abrechnungspreis basiert auf dem Settlement-Zinssatz der European Banking Federation (EBF) für Dreimonats-Euro-Einlagen (EBF Euribor) um 11 Uhr Brüsseler

1 In einigen Ländern ist auch die Verwendung von actual/365 Tagen üblich.
2 Quelle: *LIFFE.*
3 Ein Dreimonats-Euribor Future wird auch noch an der Eurex in Frankfurt und an der Matif in Paris gehandelt.

Zeit (10 Uhr Londoner Zeit) des letzten Handelstages. Der Settlement-Preis beträgt 100 abzüglich des Zinssatzes und wird auf drei Stellen nach dem Komma gerundet. Falls der Settlement Zinssatz kein genaues Vielfaches von 0,005 ist, wird er auf die nächsten 0,0005 gerundet oder falls der Settlement-Zinssatz ein genaues ungerades Vielfaches von 0,0025 ist, auf das nächste niedrigere 0,005 (z.B. wird eine Euribor-Rate von 6,43750 auf 6,435 gerundet),

5.1.2.1.2 Optionen auf den Dreimonats-Euribor Future

Kontraktspezifikationen für Optionen auf den Dreimonats-Euribor-Future[1]

Handelseinheit:
Ein Dreimonats-Euribor-Future-Kontrakt

Verfallmonate:
März, Juni, September, Dezember, und zwei „Serial Months“ so daß 8 Liefermonate zum Handel zur Verfügung stehen, wobei die nächsten drei Liefermonate fortlaufende Kalendermonate sind.

Ausübungsart:
Amerikanisch. Die Ausübung ist an jedem Geschäftstag bis 17 Uhr während der Laufzeit der Option möglich. Die Option verfällt am letzten Handelstag um 10.45 Uhr.

Liefertag:
Die Lieferung erfolgt am ersten Geschäftstag nach dem Ausübungstag.

Letzter Handelstag:
Zwei Geschäftstage vor dem dritten Mittwoch des Liefermonats. Handelsschluß ist um 10 Uhr Londoner Zeit sowohl für die „Serial Months“ als auch für die vierteljählichen Verfallmonate.

Notierung:
Die Preisnotierung erfolgt in Punkten mit drei Nachkommastellen (Ticks), z.B.: 1,005.

Mindestkursveränderung (Tick):
0,005.

Tick-Wert:
€ 12.50

Kontraktnorm:
Die Ausübung einer Option führt zu der Andienung eines Dreimonats-Euribor-Future-Kontraktes des entsprechenden Liefermonats zu dem jeweiligen Basispreis. Die Future-Liefermonate in bezug auf die Optionsverfallmonate sind:
März bezüglich Januar, Februar und März Verfallmonate.
Juni bzüglich April, May und Juni Verfallmonate.
September bezüglich Juli, August und September Verfallmonate.
Dezember bezüglich Oktober, November und Dezember Verfallmonate.

Andienung:
Die Andienung des Kontraktes erfolgt auf der Basis der Settlementpreise des Ausübungstages bzw. des letzten Handelstages.

Basispreise:
Die Basispreise haben eine feste Preisabstufung von 0,25 Punkten (z.B.: 91,25, 92,50, 92,75 etc.). Ist der zugrundeliegende Future-Kontrakt der Front-Monat, beträgt die

1 Quelle: *LIFFE.*

Abstufung 0,125 (z.B.: 91,125, 91,25, 91, 91,375 etc.). Bei Einführung einer neuen Laufzeit werden immer neun Basispreise eingeführt. Es stehen damit für jede Kaufoption und jede Verkaufsoption mindestens neun Optionsserien zur Verfügung.

Einführung neuer Basispreise:
Hat sich der Settlementpreis des Bund-Futures auf 12 Ticks oder weniger an den vierthöchsten oder viertniedrigsten der bestehenden Basispreise genähert, werden für die betreffende Laufzeit am folgenden Geschäftstag neue Basispreise eingeführt.

Optionspreis:
Der Käufer hat den Kontraktpreis an den Verkäufer bei Ausübung oder Verfall der Option zu bezahlen, nicht zum Zeitpunkt des Kaufs. Die Positionen werden täglich zum Settlementpreis des jeweiligen Tages bewertet.

5.1.2.1.3 Einjahres-Mid-Curve-Optionen auf den Dreimonats-Euribor Future

Einjahres-Mid-Curve-Options sind Optionen auf den Kontraktmonat, der ein Jahr später verfällt. So ist beispielsweise der zugrundeliegende Kontrakt einer September 99 Mid-Curve Option der September 00 Future und nicht der September 99 Future.[1]

Kontraktspezifikationen für Einjahres-Mid-Curve-Optionen auf den Dreimonats-Euribor-Future[2]

Handelseinheit:
Ein Dreimonats-Euribor-Future-Kontrakt

Verfallmonate:
März, Juni, September, Dezember, und zwei „Serial Months“ so daß 4 Liefermonate zum Handel zur Verfügung stehen, wobei die nächsten drei Liefermonate fortlaufende Kalendermonate sind.

Ausübungsart:
Amerikanisch. Die Ausübung ist an jedem Geschäftstag bis 17 Uhr während der Laufzeit der Option möglich. Die Option verfällt am letzten Handelstag um 10.45 Uhr.

Liefertag:
Die Lieferung erfolgt am ersten Geschäftstag nach dem Ausübungstag.

Letzter Handelstag:
Zwei Geschäftstage vor dem dritten Mittwoch des Liefermonats. Handelsschluß ist um 10 Uhr Londoner Zeit sowohl für die „Serial Months“ als auch für die vierteljählichen Verfallmonate.

Notierung:
Die Preisnotierung erfolgt in Punkten mit zwei Nachkommastellen (Ticks), z.B.: 1,005.

Mindestkursveränderung (Tick):
0,005.

Tick-Wert:
€ 12.50

1 Vgl. *LIFFE:* (Mid-Curve Options), S. 1.
2 *LIFFE:* (Contract Specifications).

Kontraktnorm:
Die Ausübung einer Option führt zu der Andienung eines Dreimonats-Euribor-Future-Kontraktes des entsprechenden Liefermonats zu dem jeweiligen Basispreis. Die Future-Liefermonate in bezug auf die Optionsverfallmonate sind:
März des folgenden Jahres bezüglich Januar, Februar und März Verfallmonate.
Juni des folgenden Jahres bezüglich April, May und Juni Verfallmonate.
September des folgenden Jahres bezüglich Juli, August und September Verfallmonate.
Dezember des folgenden Jahres bezüglich Oktober, November und Dezember Verfallmonate.

Andienung:
Die Andienung des Kontraktes erfolgt auf der Basis der Settlementpreise des Ausübungstages bzw. des letzten Handelstages.

Basispreise:
Die Basispreise haben eine feste Preisabstufung von 0,25 Punkten (z.B.: 91,25, 92,50, 92,75 etc.). Ist der zugrundeliegende Future-Kontrakt der Front-Mid-Curve-Monat, beträgt die Abstufung 0,125 (z.B.: 91,125, 91,25, 91, 91,375 etc.). Bei Einführung einer neuen Laufzeit werden immer neun Basispreise eingeführt. Es stehen damit für jede Kaufoption und jede Verkaufsoption mindestens neun Optionsserien zur Verfügung.

Einführung neuer Basispreise:
Hat sich der Settlementpreis des Bund-Futures auf 12 Ticks oder weniger an den vierthöchsten oder viertniedrigsten der bestehenden Basispreise genähert, werden für die betreffende Laufzeit am folgenden Geschäftstag neue Basispreise eingeführt.

Optionspreis:
Der Käufer hat den Kontraktpreis an den Verkäufer bei Ausübung oder Verfall der Option zu bezahlen, nicht zum Zeitpunkt des Kaufs. Die Positionen werden täglich zum Settlementpreis des jeweiligen Tages bewertet.

5.1.2.1.4 Der Dreimonats-Sterling-Future

Kontraktspezifikationen für den Dreimonats-Sterling-Future[1]

Handelseinheit:
£ 500000.

Liefermonate:
März, Juni, September, Dezember, so daß 16 Liefermonate zum Handel zur Verfügung stehen, wobei die nächsten drei Liefermonate fortlaufende Kalendermonate sind.

Liefertag:
Der erste Geschäftstag nach dem letzten Handelstag.

Letzter Handelstag:
Der dritte Mittwoch des Liefermonats. Handelsschluß ist um 11 Uhr Londoner Zeit.

Notierung:
Die Preisnotierung beträgt 100,00 abzüglich Zinssatz.

Mindestkursveränderung (Tick):
0,01.

Tick-Wert:
£ 12,50.

---

1 *LIFFE:* (Short Sterling).

Kontraktnorm:
Cash Settlement (Barausgleich). Dieser Barausgleich basiert auf dem Settlement-Preis, der durch die Börse am letzten Handelstag festgestellt wird.

Abrechnungspreis (Settlement Price) der Börse bei Lieferung:
Der Abrechnungspreis basiert auf dem Settlement-Zinssatz der British Bankers' Association (British Bankers' Association London Interbank Offered Rate, BBA LIBOR) für Drei-Monats-Sterling-Einlagen um 11 Uhr des letzten Handelstages. Der Settlement-Preis beträgt 100 abzüglich des Zinssatzes und wird auf drei Stellen nach dem Komma gerundet. Falls der Settlement-Zinssatz kein genaues Vielfaches von 0,005 ist, wird er auf die nächsten 0,0005 gerundet oder falls der Settlement Zinssatz ein genaues ungerades Vielfaches von 0,0025 ist, auf das nächste niedrigere 0,005 (z.B. wird eine Euribor-Rate von 6,43750 auf 6,435 gerundet),

5.1.2.1.6 Optionen auf den Dreimonats-Sterling-Future

Kontraktspezifikationen für Optionen auf den Dreimonats-Sterling-Future[1]

Handelseinheit:
Ein Dreimonats-Sterling-Terminkontrakt

Verfallmonate:
März, Juni, September, Dezember, so daß 6 Liefermonate zum Handel zur Verfügung stehen, wobei die nächsten drei Liefermonate fortlaufende Kalendermonate sind.

Ausübungsart:
Amerikanisch. Die Ausübung ist an jedem Geschäftstag bis 17 Uhr während der Laufzeit der Option möglich. Die Option verfällt am letzten Handelstag um 11.45 Uhr.

Liefertag:
Die Lieferung erfolgt am ersten Geschäftstag nach dem Ausübungstag.

Letzter Handelstag:
Der dritte Mittwoch des Liefermonats. Handelsschluß ist um 11 Uhr Londoner Zeit. Dies entspricht dem letzten Handelstag des Short-Sterling-Futures.

Notierung:
Die Preisnotierung erfolgt in Punkten mit zwei Nachkommastellen (Ticks), z.B.: 1,07.

Mindestkursveränderung (Tick):
0,005.

Tick-Wert:
£ 6,25

Mindestpreis:
0,01 (£ 12,50).

Kontraktnorm:
Die Ausübung einer Option führt zu der Andienung eines Drei-Monats-Sterling-Terminkontraktes des entsprechenden Liefermonats zu dem jeweiligen Basispreis.

Andienung:
Die Andienung des Kontraktes erfolgt auf der Basis der Settlementpreise des Ausübungstages bzw. des letzten Handelstages.

---

1 *LIFFE:* (Short Sterling).

Basispreise:
Die Basispreise haben eine feste Preisabstufung von 0,25 Punkten (z.B.: 91,50, 92,00, 92,50 etc.). Ist der zugrundeliegende Future-Kontrakt der Front-Monat, beträgt die Abstufung 0,125 (z.B.: 91,125, 91,25, 91, 91,375 etc.). Bei Einführung einer neuen Laufzeit werden immer 13 Basispreise eingeführt. Es stehen damit für jede Kaufoption und jede Verkaufsoption mindestens 12 Optionsserien zur Verfügung.

Einführung neuer Basispreise:
Hat sich der Settlementpreis des Drei-Monats-Sterling-Terminkontraktes auf 12 Ticks oder weniger an den sechsthöchsten oder sechstniedrigsten der bestehenden Basispreise genähert, werden für die betreffende Laufzeit am folgenden Geschäftstag neue Basispreise eingeführt.

Optionspreis:
Der Käufer hat den Kontraktpreis an den Verkäufer bei Ausübung oder Verfall der Option zu bezahlen, nicht zum Zeitpunkt des Kaufs der Option. Die Positionen werden täglich zum Settlementpreis des jeweiligen Tages bewertet.

5.1.2.1.7 Einjahres-Mid-Curve-Optionen auf den Dreimonats-Sterling Future

Einjahres-Mid-Curve-Options sind Optionen auf den Kontraktmonat, der ein bzw. zwei Jahren später verfällt. So ist beispielsweise der zugrundeliegende Kontrakt einer September 99 Mid-Curve Option der September 00 Future und nicht der September 99 Future.[1]

Kontraktspezifikationen für Einjahres-Mid-Curve-Optionen auf den Dreimonats-Sterling-Future[2]

Handelseinheit:
Ein Dreimonats-Sterling-Future-Kontrakt

Verfallmonate:
März, Juni, September, Dezember, und zwei „Serial Months" so daß 4 Liefermonate zum Handel zur Verfügung stehen, wobei die nächsten drei Liefermonate fortlaufende Kalendermonate sind.

Laufzeiten:
Die maximale Laufzeit einer Option beträgt neun Monate. Die einzelnen Verfallmonate richten sich nach den zur gleichen Zeit verfügbaren Liefermonaten des Bund-Futures, d.h. die drei nächstliegenden Monate des Zyklus März, Juni, September und Dezember.

Ausübungsart:
Amerikanisch. Die Ausübung ist an jedem Geschäftstag bis 17 Uhr während der Laufzeit der Option möglich. Die Option verfällt am letzten Handelstag um 11.45 Uhr.

Liefertag:
Die Lieferung erfolgt am ersten Geschäftstag nach dem Ausübungstag.

Letzter Handelstag:
Der dritte Mittwoch des Liefermonats. Handelsschluß ist um 11 Uhr Londoner Zeit sowohl für die „Serial Months" als auch für die vierteljählichen Verfallmonate.

---

1 Vgl. *LIFFE:* (Mid-Curve Options), S. 1.
2 *LIFFE:* (Short Sterling)..

Notierung:
Die Preisnotierung erfolgt in Punkten mit zwei Nachkommastellen (Ticks), z.B.: 1,005.

Mindestkursveränderung (Tick):
0,005.

Tick-Wert:
£ 6,25

Mindestpreis:
0,01 (£ 12,50).

Kontraktnorm:
Die Ausübung einer Option führt zu der Andienung eines Dreimonats-Sterling-Future-Kontraktes des entsprechenden Liefermonats zu dem jeweiligen Basispreis. Die Future-Liefermonate in bezug auf die Optionsverfallmonate sind:
März des folgenden Jahres bezüglich Januar, Februar und März Verfallmonate.
Juni des folgenden Jahres bezüglich April, Mai und Juni Verfallmonate.
September des folgenden Jahres bezüglich Juli, August und September Verfallmonate.
Dezember des folgenden Jahres bezüglich Oktober, November und Dezember Verfallmonate.

Andienung:
Die Andienung des Kontraktes erfolgt auf der Basis der Settlementpreise des Ausübungstages bzw. des letzten Handelstages.

Basispreise:
Die Basispreise haben eine feste Preisabstufung von 0,25 Punkten (z.B.: 91,25, 92,50, 92,75 etc.). Ist der zugrundeliegende Future-Kontrakt der Front-Mid-Curve-Monat, beträgt die Abstufung 0,125 (z.B.: 91,125, 91,25, 91, 91,375 etc.). Bei Einführung einer neuen Laufzeit werden immer 13 Basispreise eingeführt. Es stehen damit für jede Kaufoption und jede Verkaufsoption mindestens 13 Optionsserien zur Verfügung.

Einführung neuer Basispreise:
Hat sich der Settlementpreis des Bund-Futures auf 12 Ticks oder weniger an den sechsthöchsten oder sechstniedrigsten der bestehenden Basispreise genähert, werden für die betreffende Laufzeit am folgenden Geschäftstag neue Basispreise eingeführt.

Optionspreis:
Der Käufer hat den Kontraktpreis an den Verkäufer bei Ausübung oder Verfall der Option zu bezahlen, nicht zum Zeitpunkt des Kaufs. Die Positionen werden täglich zum Settlementpreis des jeweiligen Tages bewertet.

5.1.2.1.8 Der Dreimonats-Euro-Schweizer-Franken-Future

Kontraktspezifikationen für den Dreimonats-Euro-Schweizer-Franken-Future[1]

Handelseinheit:
SFr 1.000.000.

Liefermonate:
März, Juni, September, Dezember, so daß 8 Liefermonate zum Handel zur Verfügung stehen.

1 *LIFFE:* (Euro-Swiss).

Liefertag:
Der erste Geschäftstag nach dem letzten Handelstag.

Letzter Handelstag:
Zwei Handelstage vor dem dritten Mittwoch des Liefermonats. Handelsschluß ist um 11 Uhr Londoner Zeit.

Notierung:
Die Preisnotierung beträgt 100,00 abzüglich Zinssatz.

Mindestkursveränderung (Tick):
0,01.

Tick-Wert:
SFr 25.

Kontraktnorm:
Cash Settlement (Barausgleich). Dieser Barausgleich basiert auf dem Settlement-Preis, der durch die Börse am letzten Handelstag festgestellt wird.

Abrechnungspreis (Settlement Price) der Börse bei Lieferung:
Der Abrechnungspreis basiert auf dem Settlement-Zinssatz der British Bankers' Association (British Bankers' Association London Interbank Offered Rate, BBA LIBOR) für Drei-Monats-Schweizer-Franken-Einlagen um 11 Uhr des letzten Handelstages. Der Settlement-Preis beträgt 100 abzüglich des Zinssatzes und wird auf drei Stellen nach dem Komma gerundet. Falls der Settlement-Zinssatz kein genaues Vielfaches von 0,005 ist, wird er auf die nächsten 0,0005 gerundet oder falls der Settlement Zinssatz ein genaues ungerades Vielfaches von 0,0025 ist, auf das nächste niedrigere 0,005 (z.B. wird eine Euribor-Rate von 6,43750 auf 6,435 gerundet),

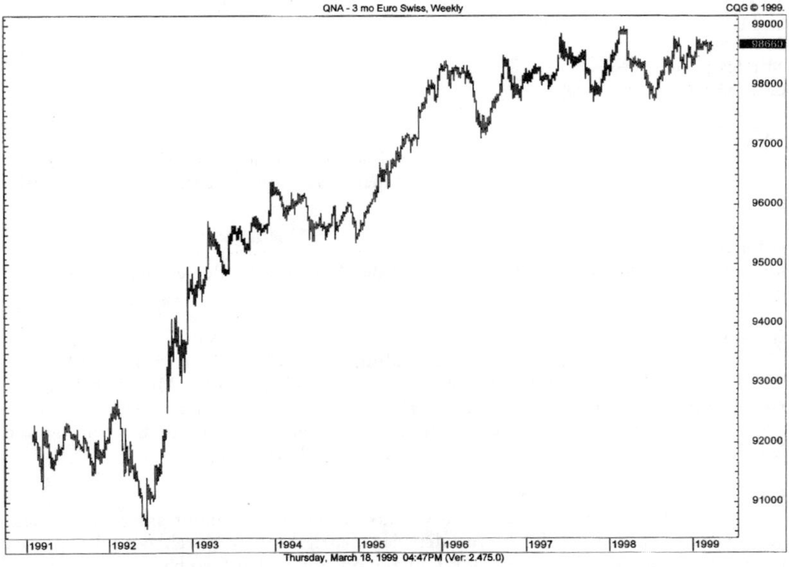

Abb. 5.1: Kursverlauf des Dreimonats-Euro-Schweizer-Franken-Futures[1]

1 Kurse, Quelle: CQG.

5.1.2.1.9 Optionen auf den Dreimonats-Euro-Schweizer Franken-Future

Kontraktspezifikationen für Optionen auf den Dremonats-Euro-Schweizer Franken-Future[1]

Handelseinheit:
Ein Dreimonats-Schweizer-Franken-Terminkontrakt

Verfallmonate:
März, Juni, September, Dezember, so daß 3 Liefermonate zum Handel zur Verfügung stehen.

Ausübungsart:
Amerikanisch. Die Ausübung ist an jedem Geschäftstag bis 17 Uhr während der Laufzeit der Option möglich. Die Option verfällt am letzten Handelstag um 11.45 Uhr.

Liefertag:
Die Lieferung erfolgt am ersten Geschäftstag nach dem Ausübungstag.

Letzter Handelstag:
Zwei Handelstage vor dem dritten Mittwoch des Liefermonats. Handelsschluß ist um 11 Uhr Londoner Zeit. Dies entspricht dem letzten Handelstag des Dreimonats-Euro-Schweizer-Franken-Futures.

Notierung:
Die Preisnotierung erfolgt in Punkten mit zwei Nachkommastellen (Ticks), z.B.: 1,07.

Mindestkursveränderung (Tick):
0,005.

Tick-Wert:
SFr 12,5

Mindestpreis:
0,01 (SFr 25).

Kontraktnorm:
Die Ausübung einer Option führt zu der Andienung eines Drei-Monats-Schweizer-Franken-Terminkontraktes des entsprechenden Liefermonats zu dem jeweiligen Basispreis.

Andienung:
Die Andienung des Kontraktes erfolgt auf der Basis der Settlementpreise des Ausübungstages bzw. des letzten Handelstages.

Basispreise:
Die Basispreise haben eine feste Preisabstufung von 0,25 Punkten (z.B.: 91,50, 92,00, 92,50 etc.). Ist der zugrundeliegende Future-Kontrakt der Front-Monat, beträgt die Abstufung 0,125 (z.B.: 91,125, 91,25, 91, 91,375 etc.). Bei Einführung einer neuen Laufzeit werden immer 9 Basispreise eingeführt. Es stehen damit für jede Kaufoption und jede Verkaufsoption mindestens 9 Optionsserien zur Verfügung.

Einführung neuer Basispreise:
Hat sich der Settlementpreis des Drei-Monats-Sterling-Terminkontraktes auf 12 Ticks oder weniger an den vierthöchsten oder viertniedrigsten der bestehenden Basispreise genähert, werden für die betreffende Laufzeit am folgenden Geschäftstag neue Basispreise eingeführt.

---

1 *LIFFE:* (Euro-Swiss).

Optionspreis:
Der Käufer hat den Kontraktpreis an den Verkäufer bei Ausübung oder Verfall der Option zu bezahlen, nicht zum Zeitpunkt des Kaufs der Option. Die Positionen werden täglich zum Settlementpreis des jeweiligen Tages bewertet.

5.1.2.2 Langfristige Zinstermininstrumente

Der zur Zeit einzige langfristige Zinsterminkontrakt von Bedeutung an der LIFFE ist der Long-Gilt-Future. Für ihn gibt es ähnlich zur Eurex eine Basis Trading Facility.

5.1.2.2.1 Der Future auf britische Staatsanleihen (Long-Gilt-Future)[1]

Beim Long-Gilt-Future ist anzumerken, daß der Inhaber der Short-Position nicht nur die zu liefernde Anleihe bestimmen kann, sondern auch den Zeitpunkt des Liefertages während des Liefermonats.

Kontraktspezifikationen für den Future auf britische Staatsanleihen (Long-Gilt-Future)[2]

Gehandelte Einheit:
£ 100.000 Nennwert einer fiktiven britischen Staatsanleihe mit einem Kupon von 7 %.

Kontraktnorm:
Die Lieferung kann in jeder Gilt-Anleihe erfolgen, die auf der Liste für lieferbare Anleihen des betreffenden Liefermonats steht. Die LIFFE veröffentlich eine Liste dieser Anleihen vor oder an dem zehnten Geschäftstag vor dem ersten Notice Day des betreffenden Kontraktliefermonats. Alle Anleihen, die auf dieser Liste stehen, weisen die folgenden Charakteristika auf:

1. Die Restlaufzeit der Anleihe muß am ersten Tag des Liefermonats zwischen 8,75 und 13 Jahren liegen. Die Tilgungsmodalitäten der Anleihe müssen dergestalt sein, daß die Rückzahlung sämtlicher Stücke nur an einem einzigen Tilgungstermin erfolgen kann.
2. Vorzeitige Tilgung darf nicht möglich sein.
3. Ein fester Kupon, der halbjährlich, nachschüssig bezahlt wird. Ausgenommen davon ist die erste Kuponzahlungsperiode, die kürzer oder länger als sechs Monate sein kann.
4. Begebung sowie Tilgung und Zinszahlung dürfen nur in Pfund und Penny erfolgen.
5. Die Anleihen müssen volleingezahlt sein. Für den Fall, daß die Anleihe sich in ihrer ersten Zinszahlungsperiode befindet und teileingezahlt ist, muß es für den Ausschuß absehbar sein, daß sie am oder vor dem letzten Notice Day des relevanten Liefermonats volleingezahlt ist.
6. Nicht wandelbar.
7. Anleihe darf nicht in „bearer form“[3] ausgegeben sein.
8. Muß offiziell börsennotiert sein an der London Stock Exchange.
9. Für den Ausschuß muß absehbar sein, daß die Anleihen an einem oder mehreren Tagen während des Liefermonats ein ausstehendes Volumen von mindestens £ 500 Mil-

---

1 *LIFFE:* (Long-Gilt).
2 Vgl. *LIFFE:* (International Bond Market), o.S.
3 Die Ausgabe von Anleihen in effektiven Stücken mit einem an der Urkunde anhängenden Kupon, wird Emission in „bearer form“ oder „coupon form“ genannt. Heutzutage werden Anleihen überwiegend durch Bucheintrag (book-entry form) emittiert (z.B. durch Eintrag in eine Globalurkunde). Vgl. *Fabozzi, F.J., Wilson, R.S., Sauvin, H.C., Ritchie, J.C.:* (Corporate Bonds), S.259.

lionen haben. Falls eine Emission „on tap“ oder in mehreren Tranchen stattfand, so müssen diese Stücke fungibel sein.

Liefermonate:
März, Juni, September, Dezember, so daß die nächsten drei Liefermonate für den Handel zur Verfügung stehen.

Liefertag:
Jeder Geschäftstag des Liefermonats. Der Verkäufer des Terminkontraktes hat das Recht den Liefertag zu bestimmen.

Letzter Handelstag:
Zwei Geschäftstage vor dem letzten Geschäftstag des Liefermonats. Handelsschluß ist um 11.00 Uhr Londoner Zeit.

Notierung:
In Prozent pro £ 100 Nominalwert.

Mindestkursveränderung (Tick):
0,01.

Tick-Wert:
£ 10.

Abrechnungspreis (Settlementpreis) der Börse bei Lieferung:
Es gilt der Marktpreis an der LIFFE um 11.00 Uhr Frankfurter Zeit am letzten Handelstag. Fand zu dieser Zeit kein Handel statt, so wird der Settlementpreis in Anlehnung an die zu dieser Zeit vorhandenen Geld- und Briefkurse festgelegt. Für den Fall, daß kein Handelsabschluß zustande kam und daß auch keine Geld- oder Briefkurse genannt wurden, wird der EDSP von offiziellen Mitarbeitern der LIFFE festgelegt. Der Preis richtet sich dann nach dem Kassamarktpreis der dem Kontrakt zugrundeliegenden Anleihen während dieser Periode.

Der Preisfaktor[1] berechnet sich nach folgender Formel:

$$PF = \frac{1}{1{,}035 \times \left(\frac{x}{182{,}5}\right)} \times \left(c^* + \frac{c}{0{,}07} \times \left(1 - \frac{1}{1{,}035^n}\right) + \frac{100}{1{,}035^n}\right) - \frac{c}{2} \times \frac{(y-x)}{182{,}5}$$

mit: Preisfaktor = PF/100
- C = jährlicher Kupon (z.B.: wenn Kupon=7 %, dann c=7,000).
- C^* = Kupon der am nächsten Zinszahlungstag gezahlt wird, in Prozent.
- n = Anzahl der verbleibenden halben Jahre von dem nächsten Kuponzahlungszeitpunkt bis zum Endfälligkeitsdatum der Anleihe.
- x = Anzahl der Tage von und inklusive des ersten Tages des Liefermonats bis zum und exklusive des nächsten Zinszahlungsdatums.
- y = Anzahl der Tage nach dem letzten Kuponzahlungsdatum bis zum und inklusive des nächsten Kuponzahlungsdatums.

Sollte die Anleihe an dem erstmöglichen Liefertag des Liefermonats ex dividend geliefert werden, dann ist PF folgendermaßen anzupassen:
1. C^*= 0
2. Der letzte Term der Formel soll sein: +C/2 * (x/182,5)
   Für den Fall, daß für eine lieferbare Anleihe folgendes zutrifft:
   1. Die Anleihe befindet sich am erstmöglichen Liefertag des Liefermonats noch in der ersten Zinszahlungsperiode.

---

1 Vgl. *LIFFE:* (International Bond Market), o.S.

2. Die Ausgabe erfolgte auf einer „partly yield"-Basis.
3. Die Anleihe ist cum dividend einlieferbar.

ist der letzte Term in der Formel folgendermaßen anzupassen:
Minus der Summe des für die Anleihe an jedem Tag aufgelaufenen Stückzinses von und einschließlich des Emissionsdatums der Anleihe bis zu und ausschließlich des ersten Tages des Liefermonats, wobei der Stückzins eines jeden solchen Tages gemäß der untenstehenden Formel berechnet wird:

(C/365)*(I/P)

mit: C = Kuponrate in Prozentsätzen pro Jahr, zahlbar halbjährlich.

P = a) für den Fall, daß die Anleihe im Auktionsverfahren emittiert wurde, £ 100; oder
b) für den Fall, daß die Anleihe im Tenderverfahren emittiert wurde, der Minimum-Tender-Preis pro £ Nominal; oder
c) für den Fall, daß die Anleihe direkt an das Emissions Department der Bank of England für den späteren Verkauf am Sekundärmarkt ausgegeben wurde, der Preis, den das Department für £ 100 Nominal der Anleihe bezahlte.

I = Der gesamte Betrag, der pro £ 100 (nominal) für Anleihen mit teileingezahlten Raten an jedem Tag entrichtet wurde.Für den Fall, daß eine solche Anleihe im Auktionsverfahren emittiert wurde, wird als erste Rate £ 100 genommen, abzüglich jeder folgenden zu zahlenden Rate.

Andienungsbetrag: (EDSP * Preisfaktor * £500) + Stückzins

Abb. 5.2: Kursverlauf des Long-Gilt-Futures[1]

1 Kurse, Quelle: CQG.

5.1.2.2.2 Optionen auf den Long-Gilt-Future

Kontraktspezifikationen für Optionen auf den Future auf britische Staatsanleihen[1]

Gehandelte Einheit:
Ein Long-Gilt-Future-Kontrakt.

Kontraktnorm:
Die Ausübung einer Option führt zu der Andienung eines Long-Gilt-Future-Kontraktes des entsprechenden Liefermonats zu dem jeweiligen Basispreis. Die Future-Liefermonate in bezug auf die Optionsverfallmonate sind:
März bezüglich Januar, Februar und März Verfallmonate.
Juni bzüglich April, May und Juni Verfallmonate.
September bezüglich Juli, August und September Verfallmonate.
Dezember bezüglich Oktober, November und Dezember Verfallmonate.

Verfallmonate:
März, Juni, September, Dezember, so daß vier Verfallmonate inklusive der nächsten drei Kalendermonate für den Handel zur Verfügung stehen.

Ausübungstag:
Ausübung an jedem Geschäftstag bis 17.00 Uhr, verkürzt bis 11.00 Uhr am letzten Handelstag.

Liefertag:
Lieferung am ersten Geschäftstag nach dem Ausübungstag.

Verfalltag:
Verfall um 11.30 am letzten Handelstag.

Letzter Handelstag:
6 Geschäftstage vor dem ersten Tag des Liefermonats des Long-Gilt-Futures. Handelsschluß ist um 10.00 Uhr Londoner Zeit.

Notierung:
Die Preisnotierung erfolgt in Punkten mit zwei Nachkommastellen (Ticks), z.B.: 1,07.

Mindestkursveränderung (Tick):
0,01.

Tick-Wert:
£ 10,00

Basispreise:
Die Basispreise haben eine feste Preisabstufung von £ 1 (z.B.: £ 84,00, £ 84,50, £ 85,00). Bei Einführung einer neuen Laufzeit werden immmer 13 Basispreise eingeführt. Es stehen damit für jede Kaufoption und jede Verkaufsoption mindestens 13 Optionsserien zur Verfügung.

Einführung neuer Basispreise:
Hat sich der Settlementpreis des Long-Gilt-Futures auf £ 0,50 oder weniger an den sechsthöchsten oder sechstniedrigsten der bestehenden Basispreise genähert, werden für die betreffende Laufzeit am folgenden Geschäftstag zusätzliche Basispreise eingeführt.

---

1 Vgl. *LIFFE:* (International Bond Market), o.S.

Optionspreis:
Der Käufer hat den Kontraktpreis an den Verkäufer bei Ausübung oder Verfall der Option zu bezahlen, nicht zum Zeitpunkt des Kaufs. Die Positionen werden täglich zum Settlementpreis des jeweiligen Tages bewertet.

5.1.2.3 Margin

Das Margining wird an der LIFFE von dem LCH übernommen. Das LCH empfängt und verbucht somit die Initial Margin und Variation Margin-Zahlungen. Außerdem berechnet es die für ein Portfolio zu tätigende Gesamt-Margin-Verpflichtung. Sich im Risiko kompensierende Positionen (z.B. Spreads, Optionskombinationen oder Kombinationen aus Optionen mit Futures) eines Teilnehmers resultieren, ähnlich wie an der Eurex, in einer entsprechenden Verminderung der zu tätigenden Margin. Die Gesamt-Margin-Verpflichtung eines Teilnehmers wird mit Hilfe von SPAN (Standard Portfolio Analysis of Risk) berechnet. Diese über Computer erfolgende Berechnungsmethode ermittelt für die einzelnen Portfolios die zu tätigende Margin und wurde im April 1991 eingeführt. Für 16 verschiedene Szenarien (z.B. verschiedene Bewegungen des Futures und der impliziten Optionsvolatilität) wird der maximale Verlust des Portfolios bestimmt.[1] Dieser Betrag, aus dem sich die Margin berechnet, wird durch 4 weitere Faktoren, die von der LIFFE je nach Marktlage verändert werden können, angepaßt.[2] Unter diesen Faktoren befindet sich unter anderem ein Minimum Betrag für geschriebene Optionen. Mit sich ändernden Marktverhältnissen und veränderter Portfoliostruktur wird sich die über SPAN berechnete Margin-Verpflichtung auch verändern. Der Teilnehmer hat dann die Differenz zu dem ursprünglichen Betrag zu hinterlegen, bzw. bekommt ihn gutgeschrieben.

Broker verlangen eine Margin, die meistens um das zwei- bis dreifache über der von der Börse festgelegten Margin liegt.

5.1.2.4 Ausübung von Optionen

Die Ausübung von Optionen an der LIFFE erfolgt ähnlich wie an der Eurex. Entschließt sich der Inhaber einer Option, so muß er das Clearing House benachrichtigen, welches durch ein Zufallsverfahren den Inhaber der Short-Position bestimmt.

Ein Unterschied zu der Ausübung an der Eurex besteht darin, daß Optionen, die sich am Verfalltag im Geld befinden, von der Clearing-Stelle automatisch ausgeübt werden.[3] Automatisch ausgeübt werden alle Optionen, die sich einen Tick oder mehr im Geld befinden. Relevant hierfür ist der Settlementkurs des Futures. Wünscht ein Marktteilnehmer mit einer Long-Position keine automatische Ausübung, so kann er dies durch eine Benachrichtigung der LIFFE verhindern.

---

1 Vgl. *LIFFE:* (At the margin), S. 11.
2 Vgl. *LIFFE:* (Accounting & Administration), S. 12.
3 Vgl. *LIFFE:* (Accounting & Administration), S. 54.

5.2 Zinsfutures und Zinsoptionen an der CBOT

Die CBOT (Chicago Board of Trade) wurde 1848 gegründet,[1] ist die älteste und nach der Eurex die größte Börse für Futures und Options. An ihr werden eine Vielzahl von derivaten Instrumenten gehandelt. Der mit Abstand wichtigste Zinskontrakt ist der Treasury-Bond-Future (T-Bond-Future) gefolgt von dem 10-jährigen Treasury-Note-Future, dem 5-jährigen- und 2-jährigen T-Note Future.[2]

5.2.1 Handel an der CBOT

Trotz der zunehmenden Computerisierung, die auch an der CBOT nicht vorrübergeht, ist das vorwiegende Handelssystem der Open Outcry, der Handel auf Zuruf. Neben dem Open Outcry gibt es noch das elektronische Handelssystem „Project A". Das Clearing der Geschäfte wird von der Board of Trade Clearing Corporation (BOTCC) vorgenommen.

5.2.1.1 Der Treasury-Bond-Future

Kontraktspezifikationen für den Treasury-Bond-Future[3]

Gehandelte Einheit:
US-$ 100.000 Nennwert einer fiktiven US Staatsanleihe, Kupon von 6 %.

Kontraktnorm:
1. Die Lieferung kann in jeder nicht vorzeitig kündbaren US-Staatsanleihe mit einer Restlaufzeit am ersten Tag des Kontraktmonats von mindestens 15 Jahren erfolgen. Falls die Anleihe vorzeitig kündbar ist, muß der erste Kündigungstermin mindestens 15 Jahre von dem ersten Tag des Kontraktmonats entfernt liegen.
2. Die Anleihen müssen in Vielfachen des Nominalwerts von US $ 100000 geliefert werden.
3. Es muß möglich sein, die Anleihen mittels des US Federal Reserve wire transfer system zu übertragen.

Liefermonate:
März, Juni, September, Dezember.

Liefertag:
Jeder Geschäftstag des Liefermonats. Der Verkäufer des Terminkontraktes hat das Recht, den Liefertag zu bestimmen.

Letzter Liefertag:
Letzter Handelstag des Liefermonats.

Letzter Handelstag:
Sieben Geschäftstage vor dem letzten Geschäftstag an dem Chicago Board of Trade (CBOT).

---

1 Vgl. *CBOT:* (The Exchange), S. 1.

2 Notiert aber kaum gehandelt werden zudem der Municipal-Bond-Future, der Inflation-Indexed-Treasury-Bond-Future und der Einmonats-FED-Fund-Future.

3 *CBOT:* (T-Bond Futures).

Notierung:
In Prozent pro US $ 100 Nominalwert. Die Notierung erfolgt in Punkten mit 1/32 nach dem Komma, z.B. 82–07 oder 82–7/32

Mindestkursveränderung (Tick):
1/32.

Tick-Wert:
US $ 31,25. (US-$ 100.000/100 * 1/32 = US-$ 31,25)

Abrechnungspreis (Settlementpreis) der Börse bei Lieferung:
Der Settlementpreis des Treasury-Bond-Futures der LIFFE ist derselbe Settlementpreis, der für den Treasury-Bond-Future am Chicago Board of Trade am selben Tag festgestellt wird.

Handelzeiten:
Open Outcry:
7.20 bis 14.00 Chicagoer Zeit.
Project A:
Nachmittags-Session: 14.15 bis 16.30 Chicagoer Zeit, Mo-Do.
Nacht Session: 18.00 bis 5.00 Chicagoer Zeit, Son-Do.
Tages Session: 5.00 bis 14.00 Chicagoer Zeit, Mo-Fr.
Der Handel in Kontrakten die verfallen, schließt um 12.00 Uhr Mittag am letzten Handelstag.

Der Preisfaktor berechnet sich nach folgender Formel:

$$PF = \frac{1}{1{,}03^f} \times \left(\frac{c}{6} \times \left[1{,}03 - \frac{1}{1{,}03^n} \right] + \frac{1}{1{,}03^n} \right) - \frac{c}{2} \times \frac{(1-f)}{100}$$

mit: PF = Preisfaktor
f = Anzahl der Quartale zwischen dem ersten Tag des Lieferrmonats und dem nächsten Kuponzahlungszeitpunkt (abgerundet auf das nächste Quartal) dividiert durch 2. f ergibt entweder 0 oder 0,5.
n = Anzahl der verbleibenden halben Jahre von dem nächsten Kuponzahlungszeitpunkt bis zum Endfälligkeitsdatum der Anleihe.
c = Kupon der Anleihe (z.B.: wenn Kupon=7 %, dann c=7,000)

Der Preisfaktor wird auf die vierte Stelle nach dem Komma gerundet.
Andienungsbetrag: (EDSP * PF * $1.000) + Stückzins

Der Lieferprozeß des T-Bond-Futures:[1]

First Position Day:[2]
08.00 p.m. Die Inhaber der Long und Short Positionen geben ihre offenen Positionen dem Clearing Haus an. Falls sich Änderungen in den offenen Positionen ergeben, so müssen diese gemeldet werden.

Intention Day:[3]
07.20 a.m. Eröffnung des Futures Marktes.
02.00 p.m. Schließung des Futures Marktes.
08.00 p.m. Schlußtermin für den Inhaber der Short-Position, die Liefernotiz abzugeben.

1 CBOT: (Delivery Process).
2 Der erste Tag des drei Tage umfassenden Lieferprozesses wird von der CBOT offiziell Position Day genannt. Die meisten Marktteilnehmer nennen ihn jedoch Notice Day. Der zweite Tag wird auch Tender Day genannt.
3 Wird auch Position Day genannt.

Matching der ältesten Long Position mit der Short Position durch das Clearing Haus. Benachrichtigung beider Parteien.

Notice of Intention Day:

Benachrichtigung beider Parteien durch das Clearing Haus über die Absicht des Kontrahenten die Lieferung vorzunehmen bzw. zu empfangen.

02.00 p.m. Schlußtermin für den Inhaber der Short-Position um die zu liefernde Anleihe zu bestimmen. Der Inhaber der Long-Position wird benachrichtigt. Der Andienungsbetrag basiert auf dem Settlementpreis des Position Day.

03.00 p.m.[1] Schlußtermin für den Inhaber der Long-Position um die Bankinformation an den Inhaber der Short-Position zu geben.

Delivery Day:

09.30 a.m. Schlußtermin für die Inhaber der Short-Position und der Long-Position Differenzen zu klären.

10.00 a.m. Schlußtermin für den Inhaber der Short-Position die Anleihen zur Bank des Inhabers der Long-Position zu transferieren.

01.00 p.m. Schlußtermin für den Inhaber der Long-Position, bei Erhalten der Anleihen diese über das „Fed System" zu bezahlen.

Der Liefermonat für den T-Bond-Future:

First Position Day: Zweiter Geschäftstag vor Beginn des Kontraktmonats.

First Notice of Intention Day: Erster Geschäftstag vor Beginn des Kontraktmonats.

Beginn des Kontraktmonats.

Erster Liefertag: Erster Geschäftstag des Kontraktmonats.

Letzter Handelstag: Achter Geschäftstag vor Ende des Kontraktmonats.[2]

Letzter Liefertag: Letzter Geschäftstag im Kontraktmonat.

Ende des Kontraktmonats.

5.2.1.2 Optionen auf den Treasury-Bond-Future

Kontraktspezifikationen für Optionen auf den Treasury-Bond-Future[3]

Gehandelte Einheit:
Ein US Treasury-Bond Kontrakt

Kontraktnorm:
Die Ausübung einer Option führt zu der Andienung eines Treasury-Bond-Futures des entsprechenden Liefermonats zu dem jeweiligen Basispreis.

Verfallmonate:
März, Juni, September, Dezember.

Laufzeiten:
Der Front-Monat des laufenden Quartals zuzüglich der nächsten drei Kontrakte des Zyklus März, Juni, September und Dezember. Wenn der Front-Monat ein vierteljährlicher Kontraktmonat ist, wird kein monatlicher Kontrakt notiert. Der monatliche Optionskontrakt wird in den laufenden vierteljährlichen Future-Kontrakt ausgeübt. Z.B. wird eine November Option in eine Dezember Future Position ausgeübt.

---

1 04.00 p.m. bis einschließlich dem ersten Geschäftstag des Liefermonats. Bei 2-Year Notes immer 04.00 p.m..

2 Oder: 7 Geschäftstage vor dem letzten Geschäftstag im Liefermonat.

3 Vgl. *CBOT:* (Financial Instruments), S. 61.

Abb. 5.3: Kursverlauf des Treasury-Bond-Futures[1]

Ausübungstag:
Ausübung an jedem Geschäftstag vor Verfall bis 18.00 Uhr. Wenn das Clearinghaus nicht anders angewiesen wird, werden alle Optionen die im Geld verfallen automatisch ausgeübt.

Liefertag:
Der erste Geschäftstag nach dem Ausübungstag.

Verfalltag:
Nichtausgeübte Optionen verfallen um 10.00 Uhr a.m. Chicagoer Zeit am ersten Samstag nach dem letzten Handelstag...

Letzter Handelstag:
Der Handel schließt um 12.00 Uhr Mittag Chicagoer Zeit am letzten Freitag der mindestens fünf Geschäftstage vor dem letzten Geschäftstag des Monats vor dem Options-Kontrakt-Monat liegt.

Notierung:
Die Preisnotierung erfolgt in Punkten mit 1/62 nach dem Komma, z.B.: 2 3/64.

Mindestkursveränderung (Tick):
1/64.
Tick-Wert:
US-$ 15,625.

Basispreise:
Die Basispreise im Front-Monat haben eine feste Preisabstufung von einem US-$ (z.B.: 94–00, 95–00, 96–00, etc.). Neben dem am Geld Strike Price gibt es noch vier darüber

1 Kurse, Quelle: CQG.

und vier darunter. Außerhalb dieses Bandes werden die Basispreise im Intervall von 2 Punkten notiert. Strike Preise des Back Monats werden ebenfalls in zwei Punkte Abständen notiert.

Handelzeiten:
Open Outcry:
7.20 bis 14.00 Chicagoer Zeit.
Project A:
Nachmittags-Session: 14.15 bis 16.30 Chicagoer Zeit, Mo-Do.
Nacht Session: 18.00 bis 5.00 Chicagoer Zeit, Son-Do.
Tages Session: 5.00 bis 14.00 Chicagoer Zeit, Mo-Fr.
Der Handel in Kontrakten die verfallen, schließt um 12.00 Uhr Mittag am letzten Handelstag.

5.2.1.3 Flexible Options auf den Treasury-Bond-Future

Flexible Options (Flex Options) sind in ihren Ausgestaltungsmöglichkeiten variabel da ihre Strike Preise und Verfallzeitpunkte relativ frei aushandelbar sind.

Kontraktspezifikationen für Flexible Options auf den Treasury-Bond-Future[1]

Gehandelte Einheit:
Das Mindestvolumen für einen Quote Request sind 100 Kontrakte im zugrundeliegenden US Treasury-Bond-Future.

Kontraktnorm:
Die Ausübung einer Option führt zu der Andienung eines Treasury-Bond-Futures des entsprechenden Liefermonats zu dem jeweiligen Basispreis.

Verfallmonate:
März, Juni, September, Dezember.

Letzter Handelstag:
Nichtausgeübte Optionen verfallen am letzten Handelstag. Am letzten Handelstag/Verfalltag schließt der Handel um 12.00 Uhr Mittag und die Option verfällt um 04.30 p.m. Chicagoer Zeit desselben Tages.

Verfalltage:
Jeder Montag bis Freitag vorausgesetzt, daß a) es kein Börsenfeiertag ist und b) der Zeitpunkt nicht den Verfalltag der Standard Option überschreitet deren Underlying der am meist entferntliegende Future-Kontrakt ist der gehandelt wird.

Ausübungsart:
Amerikanisch oder europäisch.

Ausübung:
Amerikanisch: Ausübung an jedem Geschäftstag vor Verfall bis 04.10 p.m.
Europäisch: Nur am Verfalltag vor 04.10 p.m.
Wenn das Clearinghaus nicht anders angewiesen wird, werden alle Optionen die im Geld verfallen automatisch ausgeübt.

Liefertag:
Der erste Geschäftstag nach dem Ausübungstag.

---

1 Vgl. *CBOT:* (Financial Instruments), S.62.

Notierung:
Die Preisnotierung erfolgt in Punkten mit 1/62 nach dem Komma, z.B.: 2 3/64.

Mindestkursveränderung (Tick):
1/64.
Tick-Wert:
US-$ 15,625.

Basispreise:
Können ausgedrückt werden: a) in absolutem Niveau, gesetzt auf jedes 1/32 eines Punktes; oder b) in relativem Niveau zu dem zugrundeliegenden Future-Kontrakt, gesetzt in 1/32 Zuwächsen von einem Punkt.

Handelzeiten:
7.20 bis 14.00 Chicagoer Zeit.
Der Handel in Kontrakten die verfallen, schließt um 12.00 Uhr Mittag am letzten Handelstag.

5.2.1.4 10-, 5- und 2-jährige Treasury-Note-Futures, Optionen und Flexible Options

Die 10-, 5- und 2-jährigen Treasury-Note-Futures, sowie die Optionen und Flexible Options auf diese drei Kontrakte haben dieselben Kontraktsprezifikationen wie die entsprechendenTreasury-Bond Instrumente. Teilweise existieren jedoch leichte Unterschiede. Im folgenden werden daher nur die Unterschiede genannt.

5.2.1.4.1 Der 10-jährige Treasury-Note-Future

Kontraktnorm:
Die Lieferung kann in jeder US-Treasury-Note mit einer Restlaufzeit am ersten Tag des Kontraktmonats von mindestens 6,50 Jahren und nicht länger als 10 Jahren erfolgen.

5.2.1.4.2 Der 5-jährige Treasury-Note-Future

Kontraktnorm:
Die Lieferung kann in jeder US-Treasury-Note mit einer Ursprungslaufzeit von nicht mehr als 5,25 Jahren und einer Restlaufzeit am ersten Tag des Kontraktmonats von mindestens 4,25 Jahren erfolgen. Eine Treasury-Note die nach dem letzten Handelstag des Kontraktmonats emittiert wurde, ist nicht einlieferbar in diesen Kontrakt.

Notierung:
In Prozent pro US $ 100 Nominalwert. Die Notierung erfolgt in Punkten mit ein halb von 1/32 nach dem Komma, z.B. 84–165 oder 84- 16,5/32.

Mindestkursveränderung (Tick):
Ein halb von 1/32.

Tick-Wert:
US $ 15,625 pro Kontrakt. Aufgerundet auf den nächsten Cent pro Kontrakt; par ist auf der Basis von 100 Punkten.

5.2.1.4.3 Optionen auf den 5-jährigen Treasury-Note-Future

Basispreise:
Ein halber Punkt ($500).

5.2.1.4.4 Der 2-jährige Treasury-Note-Future

Gehandelte Einheit:
US-$ 200.000 Nennwert einer fiktiven US Treasury-Note.

Kontraktnorm:
Die Lieferung kann in jeder US-Treasury-Note mit einer Ursprungslaufzeit von nicht mehr als 5,25 Jahren und einer Restlaufzeit am ersten Tag des Kontraktmonats von mindestens 1,75 Jahren und nicht mehr als 2 Jahren am letzten Tag des Liefermonats erfolgen.

Notierung:
In Prozent pro US $ 100 Nominalwert. Die Notierung erfolgt in Punkten ($ 2.000) mit einem viertel von 1/32 nach dem Komma, z.B. 91- 167 oder 91–16,75/32

Mindestkursveränderung (Tick):
Ein viertel von 1/32.

Tick-Wert:
US $ 15,625 pro Kontrakt. Aufgerundet auf den nächsten Cent pro Kontrakt; par ist auf der Basis von 100 Punkten.

Letzter Handelstag:
Der frühere Tag von: a) der zweite Geschäftstag vor dem Emissionstag der 2-jährigen Treasury Note die in dem laufenden Monat ausgegeben wurde, oder b) der letzte Geschäftstag des Kalendermonats.

5.2.1.4.5 Optionen auf den 2-jährigen Treasury-Note-Future

Basispreise:
Ein viertel Punkt ($500).

Mindestkursveränderung (Tick):
Ein halb von 1/64.

Tick-Wert:
US $ 15,625 pro Kontrakt. Aufgerundet auf den nächsten Cent pro Kontrakt.

Zu der Preisfaktorberechnung des 5-jährigen und des 2-jährigen T-Note Futures ist noch folgendes anzumerken: Die Preisfakoren werden in vollständigen Einmonats-Zuwächsen berechnet. Bei der Berechnnung der Restlaufzeit wird die Restlaufzeit am ersten Tag des Liefermonats auf den nächsten vollen Monat abgerundet[1] (beim T-Bond-Future: Abrundung auf das nächste Quartal). Dies betrifft den Faktor f in der Formel für den Preisfaktor.

5.3 Zinsfutures und Zinsoptionen an der CME

Die Chicago Mercantile Exchange (CME) ist eine der größten amerikanischen Terminbörsen. An ihr werden eine Vielzahl von Commodity-,

1 *CBOT:* (Conversion Factors), S. 2.

Währungs-, Aktien-Index- und Zinskontrakten gehandelt. Der mit Abstand wichtigste Zinsterminkontrakt ist der Dreimonats-Euro-Dollar-Future.[1]

5.3.1 Handel an der CME

5.3.1.1 Der Dreimonats-Euro-Dollar-Future

Kontraktspezifikationen für den Dreimonats-Euro-Dollar-Future[2]

Handelseinheit:
US-$ 1.000.000.

Liefermonate:
März, Juni, September, Dezember, so daß 40 Liefermonate zum Handel zur Verfügung stehen. Zusätzlich werden 4 „Serial Months" notiert.

Liefertag:
Der erste Geschäftstag nach dem letzten Handelstag.

Letzter Handelstag:
Zwei Londoner Geschäftstage vor dem dritten Mittwoch des Liefermonats. Handelsschluß ist um 11.00 a.m. Uhr Londoner Zeit. Dies entspricht 5.00 a.m. Chicagoer Zeit.

Notierung:
Die Preisnotierung beträgt 100,00 abzüglich Zinssatz.

Mindestkursveränderung (Tick):
0,0025 für den nächsten Kontraktmonat. 0,005 für die folgenden 20 Quartal-Monate und die 4 Serial Months, sonst 0,01.

Tick-Wert:
US-$ 6,25, US-$ 12,50, US-$ 25,00.

Kontraktnorm:
Cash Settlement (Barausgleich). Dieser Barausgleich basiert auf dem Settlementpreis, der durch die Börse am letzten Handelstag festgestellt wird.

Abrechnungspreis (Settlement Price) der Börse bei Lieferung:
Der Abrechnungspreis basiert auf dem Settlement-Zinssatz der British Bankers' Association (British Bankers' Association Interest Settlement Rate, BBAISR) für Drei-Monats-Euro-Dollar-Einlagen um 11 Uhr Londoner Zeit des letzten Handelstages. Der Settlementpreis beträgt 100 abzüglich der kaufmännisch gerundeten BBAISR.

Handelszeiten:
7.20 a.m. bis 2.00 p.m. Chicagoer Zeit.

Globex-Handelszeiten:
2.10 p.m. bis 7.05 a.m. Chicagoer Zeit.

---

1 Mit relativ geringem Volumen werden folgende Kontrakte gehandelt: Der Dreimonats-Euro-Yen-Future, Dreimonats-Treasury-Bill-Future (Nominalwert US-$ 1.000.000), Einmonats-Fed-Fund-Future, Japanese-Government-Bond-Future, Brady-Bond-Futures.

2 *CME:* (Contract Specifications).

Die einzelnen Kontrakte werden auch mit Farben bezeichnet:
Front Monate (die ersten vier Quartal-Monate + die Serial Months):
White
In Abstufungen von vier Quartal-Monaten:
Red
Green
Blue
Gold
Purple
Orange
Pink
Silver
Copper

Euro-Dollar Packs sind der gleichzeitige Kauf oder Verkauf der gleichen Anzahl einer Serie von vier aufeinanderfolgenden vierteljährlichen Future-Kontrakten. Beginnend mit dem „Red“ Strip bis zum „Copper“ Strip werden neun Packs notiert. Die Packs werden entsprechend ihrem Farb Code gehandelt. Die Quotierung erfolgt in Form der durchschnittlichen Preisänderung der einzelnen Kontrakte im Vergleich zum Settlement Preis des Vortag (z.B. –1,50 Geld/–1,00 Brief). Die Notierung erfolgt in ein halb von einem Basispunkt.[1]

Euro-Dollar Bundles bestehen aus zwei oder mehreren aufeinanderfolgenden Euro-Dollar Packs. Euro-Dollar Bundles werden mit folgenden Fälligkeiten notiert: 1 Jahr, 2 Jahre, 3 Jahre, 4 Jahre, 5 Jahre, 7 Jahre, 10 Jahre und 5 Jahre forward (Strip der letzten 20 Kontrakte). Die Quotierung erfolgt in Form der durchschnittlichen Preisänderung der einzelnen Kontrakte im Vergleich zum Settlement Preis des Vortag (z.B. –1,50 Geld/–1,25 Brief). Die Notierung erfolgt in einem Viertel von einem Basispunkt.[2]

Euro-Dollar Strips sind der gleichzeitige Kauf oder Verkauf der gleichen Anzahl von zwei oder mehr aufeinanderfolgenden vierteljährlichen Future-Kontrakten.

5.3.1.2 Optionen auf den Dreimonats-Euro-Dollar-Future

Kontraktspezifikationen für Optionen auf den Dreimonats-Euro-Dollar-Future[3]

Handelseinheit:
Ein Euro-Dollar-Terminkontrakt.

Verfallmonate:
März, Juni, September, Dezember.

1 *CME:* (Bundles Up), S. 4.
2 *CME:* (Bundles Up), S. 2.
3 *CME:* (Contract Specifications).

Abb. 5.4: Kursverlauf des Dreimonats-Euro-Dollar-Futures[1]

Laufzeiten:
März, Juni, September und Dezember, der nächste Serial Month, Einjahres- und Zweijahres-Serial Monate und vierteljährliche Mid-Curve Monate. Der monatliche Optionskontrakt wird in den laufenden vierteljährlichen Future-Kontrakt ausgeübt. Z.B. wird eine November Option in eine Dezember Future Position ausgeübt.

Ausübungsart:
Amerikanisch. Die Ausübung ist an jedem Geschäftstag bis 17 Uhr während der Laufzeit der Option möglich. Die Option verfällt am letzten Handelstag um 12.30 Uhr. Eine Ausübung der quartalsmäßigen Optionen am Laufzeitende resultiert in einem Cash Settlement (Barausgleich).

Liefertag:
Die Lieferung erfolgt am ersten Geschäftstag nach dem Ausübungstag.

Letzter Handelstag:
Zwei Geschäftstage vor dem dritten Mittwoch des Liefermonats. Handelsschluß ist um 11 Uhr Londoner Zeit. Dies entspricht dem letzten Handelstag des Euro-Dollar-Futures.

Notierung:
Die Preisnotierung erfolgt in Punkten mit Nachkommastellen (Ticks), z.B.: 1,07.

Mindestkursveränderung (Tick):
0,0025 für den nächsten Verfallmonat, 0,0050 für Einjahres- und Zweijahres-Mid-Curve-Options wenn die Optionsprämie unter unter 5 Basispunkten liegt, sonst 0,01.

1 Kurse, Quelle: CQG.

Tick-Wert:
US-$ 6,25, US-$ 12,50, US-$ 25.

Kontraktnorm:
Die Ausübung einer Option führt zu der Andienung eines Euro-Dollar-Kontraktes des entsprechenden Liefermonats zu dem jeweiligen Basispreis.

Andienung:
Die Andienung des Kontraktes erfolgt auf der Basis der Settlementpreise des Ausübungstages bzw. des letzten Handelstages.

Basispreise:
Die Basispreise haben eine feste Preisabstufung von 0,25 Punkten (z.B.: 92,25, 92,50, 92,75 etc.), sowie eine Abstufung von 0,125 für bestimmte Serial Months und Mid-Curve Options.

Handelszeiten:
7.20 a.m. bis 2.00 p.m. Chicagoer Zeit.

Globex-Handelszeiten:
2.13 p.m. bis 7.04 a.m. Chicagoer Zeit.

Einjahres- und Zweijahres-Mid-Curve-Options sind Optionen auf den Kontraktmonat, der ein bzw. zwei Jahren später verfällt. So ist beispielsweise der zugrundeliegende Kontrakt einer September 99 Mid-Curve Option der September 00 Future und nicht der September 99 Future.

5.3.1.3 Der Einmonats-Euro-Dollar-Future

Kontraktspezifikationen für den Einmonats-Libor-Future[1]

Handelseinheit:
US-$ 3.000.000.

Liefermonate:
Januar bis Dezember, so daß dem Handel 12 Liefermonate zur Verfügung stehen.

Liefertag:
Der erste Geschäftstag nach dem letzten Handelstag.

Letzter Handelstag:
Zwei Londoner Geschäftstage vor dem dritten Mittwoch des Liefermonats.
Handelsschluß ist um 11.00 a.m. Uhr Londoner Zeit. Dies entspricht 5.00 a.m. Chicagoer Zeit.

Notierung:
Die Preisnotierung beträgt 100,00 abzüglich Zinssatz.

Mindestkursveränderung (Tick):
0,005.

Tick-Wert:
US-$ 12,50.

---

1 *CME:* (Contract Specifications).

Kontraktnorm:
Cash Settlement (Barausgleich). Dieser Barausgleich basiert auf dem Settlementpreis, der durch die Börse am letzten Handelstag festgestellt wird.

Abrechnungspreis (Settlement Price) der Börse bei Lieferung:
Der Abrechnungspreis basiert auf dem Settlement-Zinssatz der British Bankers' Association (British Bankers' Association Interest Settlement Rate, BBAISR) für Drei-Monats-Euro-Dollar-Einlagen um 11 Uhr Londoner Zeit des letzten Handelstages. Der Settlementpreis beträgt 100 abzüglich der kaufmännisch gerundeten BBAISR.

Handelszeiten:
7.20 a.m. bis 2.00 p.m. Chicagoer Zeit.

Globex-Handelszeiten:
2.10 p.m. bis 7.05 a.m. Chicagoer Zeit.

5.3.1.4 Optionen auf den Einmonats-Euro-Dollar-Future

Kontraktspezifikationen für Optionen auf den Einmonats-Libor-Future[1]

Handelseinheit:
Ein Einmonats-Euro-Dollar-Terminkontrakt.

Verfallmonate:
Alle 12 Kalendermonate.

Laufzeiten:
Alle 12 Kalentermonate

Ausübungsart:
Amerikanisch. Die Ausübung ist an jedem Geschäftstag bis 17 Uhr während der Laufzeit der Option möglich. Die Option verfällt am letzten Handelstag um 12.30 Uhr. Eine Ausübung der quartalsmäßigen Optionen am Laufzeitende resultiert in einem Cash Settlement (Barausgleich).

Liefertag:
Die Lieferung erfolgt am ersten Geschäftstag nach dem Ausübungstag.

Letzter Handelstag:
Zwei Geschäftstage vor dem dritten Mittwoch des Liefermonats. Handelsschluß ist um 11 Uhr Londoner Zeit. Dies entspricht dem letzten Handelstag des Euro-Dollar-Futures.

Notierung:
Die Preisnotierung erfolgt in Punkten mit Nachkommastellen (Ticks), z.B.: 1,07.

Mindestkursveränderung (Tick):
0,0025.

Tick-Wert:
US-$ 6,25.

Kontraktnorm:
Die Ausübung einer Option führt zu der Andienung eines Euro-Dollar-Kontraktes des entsprechenden Liefermonats zu dem jeweiligen Basispreis.

1 *CME:* (Contract Specifications).

Andienung:
Die Andienung des Kontraktes erfolgt auf der Basis der Settlementpreise des Ausübungstages bzw. des letzten Handelstages.

Basispreise:
Die Basispreise haben eine feste Preisabstufung von 0,125 Punkten (z.B.: 91,125, 92,25, 92,375 etc.).

Handelszeiten:
7.20 a.m. bis 2.00 p.m. Chicagoer Zeit.

Globex-Handelszeiten:
2.13 p.m. bis 7.04 a.m. Chicagoer Zeit.

5.4 Zinsfutures und Zinsoptionen an der TIFFE

Der wichtigste Zinskontrakt der Tokio International Financial Futures Exchange (TIFFE) ist der Dreimonats-Euro-Yen-Future.[1 2]

5.4.1 Der Dreimonats-Euro-Yen-Future

Kontraktspezifikationen für den Dreimonats-Euro-Yen-Future[3]

Handelseinheit:
¥ 100.000.000.

Liefermonate:
März, Juni, September, Dezember, notiert in einem 3-jährigen Zyklus.

Letzter Handelstag:
Zwei Geschäftstage vor dem dritten Mittwoch des Verfallmonats.
Handelsschluß ist um 11 Uhr JST.

Liefertag:
Der erste Geschäftstag nach dem letzten Handelstag.

Notierung:
Die Preisnotierung beträgt 100,00 abzüglich Zinssatz.

Mindestkursveränderung (Tick):
0,01

Tick-Wert:
¥ 2.500.

---

1 Dieser Kontrakt wird auch an der Simex in Singapur, an der CME und an der LIFFE notiert.

2 Mit fast identischen Kontraktspezifikationen wird auch ein Dreimonats-Euro-Yen-Libor Kontrakt notiert. Dieser Future basiert jedoch auf der Dreimonats-Euro-Yen-Libor der British Bankers Association (BBA) in London.

3 *TIFFE:* (Contract Specifications), S. 1 f..

Kontraktnorm:
Cash Settlement (Barausgleich). Dieser Barausgleich basiert auf dem Settlement-Preis.

Abrechnungspreis (Exchange Delivery Settlement Price, EDSP) der Börse bei Lieferung:
Der Abrechnungspreis basiert auf der Dreimonats-Euro-Yen ZENGINKYO TIBOR (Tokio Interbank Offered Rate) am letzten Handelstag.

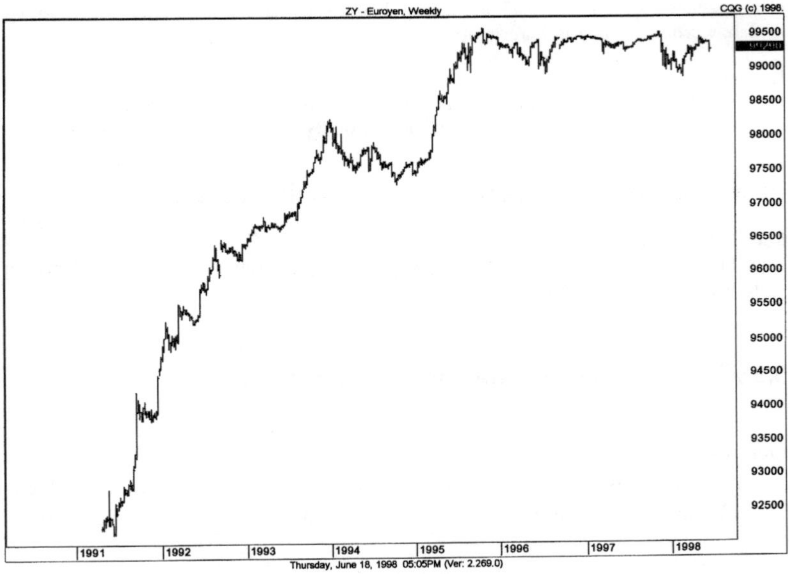

Abb. 5.5: Kursverlauf des Dreimonats-Euro-Yen-Futures[1]

5.4.2 Optionen auf den Dreimonats-Euro-Yen Future

Kontraktspezifikationen für Optionen auf den Dreimonats-Euro-Yen-Future[2]

Handelseinheit:
Ein Dreimonats-Euro-Yen-Future-Kontrakt

Verfallmonate:
März, Juni, September, Dezember, notiert in einem 15-monatigen Zyklus.

Basispreise:
Die Basispreise haben eine feste Preisabstufung von 0,25 Punkten (z.B.: 91,25, 92,50, 92,75 etc.).

Notierung:
Die Preisnotierung erfolgt in Punkten mit zwei Nachkommastellen (Ticks), z.B.: 1,05.

1 Kurse, Quelle: CQG.
2 *TIFFE:* (Contract Specifications), S. 5.

Mindestkursveränderung (Tick):
0,01.

Tick-Wert:
¥ 2.500.

Ausübungsart:
Amerikanisch. Die Ausübung ist an jedem Geschäftstag während der Laufzeit der Option möglich. Optionen die sich am letzten Handelstag zu Handelsschluß im Geld befinden, werden automatisch ausgeübt.

Kontraktnorm:
Die Ausübung einer Option führt zu der Andienung eines Dreimonats-Euro-Yen-Future-Kontraktes des entsprechenden Liefermonats zu dem jeweiligen Basispreis.

Liefertag:
Die Lieferung erfolgt am ersten Geschäftstag nach dem Ausübungstag.

Letzter Handelstag:
Zwei Geschäftstage vor dem dritten Mittwoch des Liefermonats. Handelsschluß ist um 11 Uhr JST.

5.5 Zinsfutures und Zinsoptionen an der TSE

Der wichtigste Zinterminkontrakt der an der Tokio Stock Exchange (TSE) gehandelt wird, ist der Future auf 10-jährige japanische Staatsanleihen (Japanese Government Bond Future, JGB).[1] Er wurde am 19.10.1985 eingeführt.

5.5.1 Der JGB-Future

Kontraktspezifikationen für den Future auf japanische Staatsanleihen (JGB)[2]

Gehandelte Einheit:
¥ 100 Mio. Nennwert, fiktive 10-jährige Staatsanleihe mit einem Kupon von 6 %.

Kontraktnorm:
Einlieferbar sind japanische Staatsanleihen, die am Kontraktliefertag eine Restlaufzeit von 7 bis 11 Jahren besitzen und in das offizielle Kursblatt der Tokio Stock Exchange (TSE) eingetragen sind.

Liefermonate:
März, Juni, September, Dezember. Drei Kontraktmonate werden zur gleichen Zeit gehandelt.

Letzter Handelstag:
Der siebte Geschäftstag vor jedem liefertag. Der Handel in einem neuen Kontraktmonat beginnt am nächsten Geschäftstag nach dm letzten Handelstag.

---

1 Mit relativ geringem Umsatz wird auch noch ein 5-jähriger und 20-jähriger Kontrakt gehandelt.
2 *TSE:* (Contract Specifications).

Liefertag:
Der 20'te von jedem Kontraktmonat. Falls dies kein Geschäftstag ist, dann ist der Liefertag der darauffolgende Geschäftstag.

Notierung:
In Prozent pro ¥ 100 Nominalwert. Die Notierung erfolgt auf zwei Stellen nach dem Komma.

Mindestkursveränderung (Tick):
0,01

Tick-Wert:
¥ 10.000 (¥ 100.000.000/100 * 0,01 = ¥ 10.000).

Preis-Limite:
Zwei Punkte nach oben und unten.

Handelszeiten:
9.00 a.m. – 11.00 a.m. (JST).
12.30 p.m. – 3.00 p.m. (JST).

Der Preisfaktor berechnet sich nach folgender Formel:

a) Falls die Zeit von der Lieferung bis zur Fälligkeit 10 Jahre oder weniger beträgt:

$$PF = \frac{\frac{c}{0{,}06} \times (1{,}03^{n} - 1) + 100}{1{,}03^{\frac{m}{6}} \times 100} - \frac{c \times (6 - f)}{1200}$$

b) Falls die Zeit von der Lieferung bis zur Fälligkeit gößer als 10 Jahre ist:

$$PF = \frac{\frac{c}{0{,}06} \times (1{,}03^{n+1} - 1) + 100}{1{,}03^{\frac{m}{6}} \times 100} - \frac{c \times (6 - (f - 6))}{1200}$$

mit: PF = Preisfaktor * 100.
f = Anzahl der Monate zwischen dem Liefertag und dem nächsten Kuponzahlungszeitpunkt.
m = Anzahl der verbleibenden Monate von dem Lieferzeitpunkt bis zum Endfälligkeitsdatum der Anleihe.
n = Anzahl der Zahlungen von dem Lieferzeitpunkt bis zum Endfälligkeitsdatum der Anleihe.
c = Kupon der Anleihe (z.B.: wenn Kupon=7 %, dann c=7,000).

Der Preisfaktor wird auf die sechste Stelle nach dem Komma abgerundet.

Abb. 5.6: Kursverlauf des Japanese Government Bond Futures[1]

1 Kurse, Quelle: CQG.

6. Theoretische Analyse von Zinsterminkontrakten

6.1 Preisbildung von lang- und mittelfristigen Zinsterminkontrakten

6.1.1 Das Verhältnis vom Terminpreis zum Kassapreis

Die Tatsache, daß Terminkontrakte an Börsen gehandelt werden macht deutlich, daß ihr Preis durch Nachfrage und Angebot zustande kommt. Der aktuelle Kurs ist somit abhängig von der Meinung der Marktteilnehmer. Anderseits stehen Futures nicht für sich alleine. Der Bund-Future beispielsweise ist zwar ein synthetisches Instrument, das auf eine fiktive Bundesanleihe mit einem Kupon von 6 % und einer Restlaufzeit von 8,5 bis 10,5 Jahren standardisiert ist. Am Kontraktliefertag hat der Verkäufer des Kontraktes jedoch die Verpflichtung, effektive Anleihen zu liefern und der Käufer hat die Verpflichtung, diese effektiven Anleihen abzunehmen. Das zeigt, daß sich der Preis des Terminkontraktes in irgendeiner Weise an dem Kurs der zugrundeliegenden lieferbaren Anleihen orientieren muß.

Beim Zustandekommen des Preises des Terminkontraktes ist, wie in vielen anderen Fällen auf den Terminmärkten (aber auch Kassamärkten), das Arbitragekalkül entscheidend. Ist z.B. der Terminkontrakt im Verhältnis zu den Anleihen überbewertet, so wird ein Arbitrageur den überwerteten Kontrakt verkaufen, die unterbewerteten Anleihen kaufen und die Anleihen am Kontraktliefertag als Erfüllung für seine Verpflichtung (die durch den Verkauf des Kontraktes entstanden ist) liefern. Wird diese Arbitrage oft genug getätigt, so erreicht der Future schnell wieder seinen Gleichgewichtskurs. Eine analoge Arbitrage wird stattfinden, wenn der Future im Verhältnis zu den Anleihen unterbewertet ist.

Aufgrund dieses Arbitragekalküls ist es möglich, einen Gleichgewichtskurs für den Future zu berechnen: den theoretischen Futurepreis.

6.1.2 Der theoretische Futurepreis für lang- und mittelfristige Zinsterminkontrakte

Die meisten an den Terminbörsen gehandelten lang- und mittelfristigen Zinsterminkontrakte, sind in ihrem Aufbau und ihrer Funktionsweise sehr ähnlich. Die Preisbildung dieser Instrumente vollzieht sich daher nach demselben Prinzip. In den folgenden Ausführungen wird anhand des Bund-Futures und des Futures auf Bundesobligationen die Preisbildung von solchen Instrumenten dargelegt. Sollten Unterschiede zu anderen Futures bestehen, wird explizit darauf hingewiesen oder in einem eigenen Kapiteln darauf eingegangen.

Bevor man zu der Berechnung des theoretischen Futurepreises übergeht, ist es notwendig, einige der Kontraktspezifikationen der Anleiheterminkontrakte näher zu betrachten. Diese Kontraktspezifikationen haben starke Auswirkungen auf das Zustandekommen des theoretischen Futurepreises.

6.1.2.1 Der Preisfaktor

Der Bund-Future ist auf eine fiktive Anleihe mit einem Kupon von 6 % und einer Restlaufzeit von 8,5 bis 10,5 Jahren standardisiert. Am Kontraktliefertag ist aber nicht nur eine Anleihe lieferbar, sondern ein ganzer Korb von Anleihen. Diese Anleihen haben in der Regel unterschiedliche Kupons, die meist von 6 % abweichen. Außerdem haben sie meistens auch noch unterschiedliche Restlaufzeiten.

Der Preisfaktor hat die Aufgabe, die Unterschiede der einzelnen Anleihen bezüglich Kupon und Restlaufzeit anzugleichen und eine Standardisierung des Kontraktes auf die obig genannten Kriterien zu bewirken. Warum eine Angleichung notwendig ist, erkennt man relativ leicht, wenn man die Auswirkungen der Höhe des Kupons und der Länge der Restlaufzeit auf den Kurs der einzelnen Anleihen betrachtet.

Anleihen mit einem höheren Kupon haben bei gleicher Restlaufzeit und gleicher Rendite einen höheren Kurs als Anleihen mit einem niedrigeren Kupon. Eine Anleihe mit einem Kupon von 6 % und einer Restlaufzeit von 9 Jahren notiert, wenn sie eine Rendite von 9 % hat, zu einem Kurs von 82,014. Eine Anleihe mit einem Kupon von 8 % und derselben Restlaufzeit notiert dagegen bei einer Rendite von 9 % zu einem Kurs von 94,005. Diese Anleihe hat einen höheren Kurs als die Anleihe mit dem Kupon von 6 %, also muß sie bei der Lieferung auch höher angerechnet werden. Anderseits hat eine Anleihe mit einer Restlaufzeit von ebenfalls 9 Jahren und einer Rendite 9 %, aber mit einem Kupon von nur 4 %, einen Kurs von nur 70,024. Da sie einen geringeren Kurs als die 6 prozentige Anleihe hat, muß sie auch geringer angerechnet werden, wenn sie am Kontraktliefertag geliefert wird.

Bei der Lieferung muß aber nicht nur die unterschiedliche Höhe des Kupons berücksichtigt werden, sondern auch die unterschiedliche Länge der Restlaufzeit der einzelnen Anleihen. Eine Anleihe mit einer Restlaufzeit von 8,5 Jahren und einem Kupon von 6 % hat bei einer Rendite von 9 % einen Kurs von 82,631. Dieselbe Anleihe hat aber bei einer längeren Restlaufzeit und derselben Rendite, einen niedrigeren Kurs. So hat sie beispielsweise bei einer Restlaufzeit von 10 Jahren nur einen Kurs von 80,747. Bei einer längeren Restlaufzeit wird diese Anleihe daher geringer angerechnet werden.

Die genannten Unterschiede der einzelnen Anleihen werden beim Bund-Future genauso wie beim Future auf Bundesobligationen am Kontraktliefertag berücksichtigt. Die Angleichung erfolgt über den sogenannten Preisfaktor, auch „conversion factor" genannt. Wie schon erwähnt hat der Preisfaktor die Aufgabe, die Unterschiede in der Fälligkeit und in dem Kupon von jeder lieferbaren Bundesanleihe (Bundesobligation im Falle des Bobl-Future) auf eine gemeinsame Basis zu bringen.

Der Preisfaktor mit hundert multipliziert, ist der Preis, zu dem die Anleihe am Liefertag des jeweiligen Kontraktes notieren würde, wenn sie eine Rendite von 6 Prozent abwerfen würde.

Der Preisfaktor jeder Anleihe ist bestimmt durch:

1. Die Fälligkeit der jeweiligen lieferbaren Anleihe am Zehnten des Liefermonats, gemessen in vollen Monaten (z.B.: 8 Jahre, 7 Monate und 20 Tage = 8 Jahre und 7 Monate).
2. Die Höhe des Kupons der Anleihe.

Der Preisfaktor für den Bund Future berechnet sich nach folgender Formel:[1]

$$PF = \frac{1}{1{,}06^{\frac{d}{act.}}} \times \left[\frac{C}{6} \times \left(1{,}06 - \frac{1}{1{,}06^n}\right) + \frac{1}{1{,}06^n}\right] - \frac{C \times \left(1 - \frac{d}{act.}\right)}{100}$$

mit:
PF = Preisfaktor
C = Kupon der Anleihe (z.B.: wenn Kupon=7 %, dann c=7,000)
d = Anzahl der Tage vom Liefertag bis zum nächsten Kupon-Zahltag (ausschließlich desselben). Der nächste Kuponzahltag bezieht sich immer auf den Kupontermin nach dem Liefertag.
act. = Anzahl derTage vom letzten Kupon-Zahltag vor dem Liefertag bis zum nächsten Kupon-Zahltag (einschließlich desselben) nach dem Liefertag (entweder 365 oder 366 Tage).
n = Anzahl der ganzen Jahre bis zur Fälligkeit der Anleihe.[2]

Dem besseren Verständnis der obigen Formel ist es dienlich, wenn man sich die Zusammenhänge, die zu den Formeln der Finanzmathematik bestehen, vergegenwärtigt.

Es soll eine Bundesanleihe mit einem Kupon von 9 % und einer Restlaufzeit von 9 Jahren betrachtet werden, für die heute Zinsen gezahlt worden sind.

---

1 *Eurex:* (Rundschreiben 18/99), S. 1.

2 Der Preisfaktor wurde Anfang 1999 auf die obige Formel umgestellt. Vor der Umstellung wurde er nach der folgenden Formel berechnet:

$$PF = \frac{1}{1{,}06^f} \times \left[\frac{C}{6} \times \left(1{,}06 - \frac{1}{1{,}06^n}\right) + \frac{1}{1{,}06^n}\right] - \frac{C \times (1-f)}{100}$$

mit: f = Anzahl der Monate zwischen dem Liefertag und dem nächsten Kupon-Zahltag (abgerundet auf die nächste ganze Zahl) dividiert durch 12. (Außer wenn f = 0, dann f = 1 und n = n–1).
n = Anzahl der verbleibenden ganzen Jahre von dem nächsten Kuponzahlungszeitpunkt bis zum Endfälligkeitsdatum der Anleihe.

Unter Benutzung der obigen Abkürzungen ergibt sich bei Einsetzen in die Formel des Preisfaktors:

$$PF = \frac{1}{1{,}06^1} \times \left(\frac{9}{6} \times \left(1{,}06 - \frac{1}{1{,}06^8}\right) + \frac{1}{1{,}06^8}\right) - \frac{9 \times (1-1)}{100}$$

mit: d/act. = 1
n = 8
c = 9 (%)

Die obige Formel kann durch Umformung noch vereinfacht werden:

$$PF = \frac{9}{6} \times \left(1 - \frac{1}{1{,}06^9}\right) + \frac{1}{1{,}06^9} = \frac{0{,}09}{0{,}06} \times \left(1 - \frac{1}{1{,}06^9}\right) + \frac{1}{1{,}06^9}$$

Das entspricht dem Kurs einer Anleihe mit einem Kupon von 9 %, einer Restlaufzeit von 9 Jahren bei einer Rendite von 6 %.

Diese Formel kann auch zur Rentenbarwertformel umgeformt werden. Der Kurs einer Anleihe ist nämlich die Summe der zukünftigen Zahlungsströme, diskontiert auf den heutigen Zeitpunkt. Die Diskontierung erfolgt mit dem internen Zinfuß der Anleihe. Dementsprechend umgeformt sieht obige Gleichung folgendermaßen aus:

$$Kurs = \sum_{t=1}^{9} 0{,}09 \times \left(\frac{1}{1{,}06^t}\right) + \frac{1}{1{,}06^9} = \frac{0{,}09 \times \left(1 - \frac{1}{1{,}06^t}\right)}{0{,}06} + \frac{1}{1{,}06^9} = \frac{0{,}09}{0{,}06} \times \left(1 - \frac{1}{1{,}06^9}\right) + \frac{1}{1{,}06^9}$$

mit: t = Zeitpunkt
der Nennbetrag der Rückzahlung in t = 9 beträgt 1
Zinsniveau = 9 %
es erfolgen 9 Zahlungen zu 0,09

Wie ersichtlich ist, stimmt unter diesen Bedingungen der Kurs der Anleihe mit dem Preisfaktor überein.

Seine Funktion erfüllt der Preisfaktor am Kontraktliefertag, wenn der Andienungsbetrag berechnet wird. Der Andienungsbetrag ist der Betrag, den der Käufer des Terminkontraktes am Liefertag dem Verkäufer für die Andienung der jeweiligen Anleihen bezahlen muß.

Andienungsbetrag = (FP * PF * 1.000) + AZ

mit: FP = Futurepreis (hier EDSP[1].
AZ = Aufgelaufene Zinsen der Anleihe, die geliefert wird vom letzten Kuponzahlungstag bis zum Kontraktliefertag (=Stückzinsen). Diese Stückzinsen beziehen sich auf € 100.000 nominal.
PF = Preisfaktor (der Preisfaktor bezieht sich auf die Anleihe, die geliefert wird).

Der Preisfaktor ist für jede Anleihe und jeden Liefermonat verschieden und während der Lieferungsperiode konstant. So werden für jeden Kontraktmo-

1 Definition, siehe Glossar.

nat neue Preisfaktoren errechnet, das heißt, daß in jedem Liefermonat jede lieferbare Anleihe einen speziellen Preisfaktor hat, der ihren Kupon und ihre Restlaufzeit an diesem Datum widerspiegelt.

Die folgende Tabelle zeigt Preisfaktoren für lieferbare Anleihen für verschiedene Liefermonate. Der Future ist in diesem Falle der Bobl-Future; die Anleihen sind somit Bundesobligationen.

Kupon	Fälligkeit	Dez.92	März 93	Juni 93	Sept. 93	Dez. 93
8,500	20.09.96	1,081323	1,076252	N.L.	N.L.	N.L.
8,375	20.01.97	1,083627	1,078900	1,073999	N.L.	N.L.
8,000	20.03.97	1,072681	1,069302	1,064993	1,060914	N.L.
8,250	21.07.97	1,087308	1,083143	1,079219	1,074735	1,070082
8,000	22.09.97	1,080157	1,076301	1,072681	1,069302	1,064993
7,500	20.10.97	1,061061	1,058064	1,055299	1,052768	1,049743
7,250	20.10.97	1,050844	1,048316	1,046017	1,043951	1,041412
7,000	22.12.97	N.L.	1,039916	1,037932	1,036176	1,034651

N.L. = nicht lieferbar in den betreffenden Kontrakt, da die Anforderungen an die Restlaufzeit der Obligation nicht mehr erfüllt sind.

Auffallend an dieser Tabelle ist, daß alle Obligationen einen Preisfaktor größer als eins haben. Das liegt daran, daß ihr Kupon größer als 6 Prozent ist. Anleihen mit einem Kupon kleiner als 6 Prozent haben dagegen einen Preisfaktor kleiner als eins. So hat z.B. eine Bundesanleihe mit einem Kupon von 5 % und einer Restlaufzeit von 9,5 Jahren am Kontraktliefertag, einen Preisfaktor von 0,92881 und dieselbe Anleihe mit einem Kupon von 4 % einen Preisfaktor von 0,85806. Bei einem Kupon von 6 % hätte sie dagegen unabhängig von ihrer Restlaufzeit stets einen Preisfaktor von eins.[1]

Da das Renditeniveau in der Bundesrepublik 1992 und 1993 über 6 % lag und der Kupon der einzelnen Anleihen bei der Emission an den jeweiligen Marktzins angepaßt wird, gab es zu dieser Zeit nur lieferbare Anleihen mit einem Kupon größer als 6 %. Diese Anleihen haben daher alle einen Preisfaktor größer als eins.

Durch den Preisfaktor werden bei der Berechnung des Andienungsbetrages, Unterschiede in der Höhe des Kupons der einzelnen Anleihen angeglichen. Wie aus der Tabelle ersichtlich ist, werden aber auch Unterschiede in der Restlaufzeit berücksichtigt. So haben Anleihen mit gleichem Kupon, aber unterschiedlicher Restlaufzeit, einen unterschiedlichen Preisfaktor.

An dieser Stelle soll auf einen weitverbreiteten Irrtum hingewiesen werden. Der Preisfaktor gleicht die Anleihen nur bezüglich ihres Kupons und ihrer Restlaufzeit an, *nicht* aber bezüglich ihrer eventuell unterschiedlichen Rendite. Zwischen 8,5 und 10,5 beziehungsweise 3,5 und 5 Jahren (Unterschiede in

1 Diese Aussage ist leicht inkorrekt. Sie trifft nur zu, wenn der Kuponzahlungszeitpunkt auf den Liefertag fällt. Weicht er davon ab, muß die Anleihe etwas unter 100 notieren um eine Rendite von 6 % zu haben. Der Grund dafür liegt in den Stückzinsen die beim Kauf der Anleihe noch finanziert werden müssen. Der Preisfaktor liegt dann leicht unter 1,000.

der Restlaufzeit von lieferbaren Anleihen) liegen 2,0 bzw. 1,5 Jahre. Es kann der Fall eintreten, daß sich Unterschiede in der Zinstruktur ergeben, daß z.B. Anleihen mit kürzerer Laufzeit eine andere Rendite abwerfen als Anleihen mit etwas längerer Laufzeit. Ebenso kommt es gelegentlich zu Marktunvollkommenheiten, die sich darin äußern, daß Anleihen bei gleichen Konditionen (z.B. Schuldner, Restlaufzeit, Kupon) unterschiedlich rentieren. Diesbezüglich erfolgt durch den Preisfaktor keine Angleichung.

6.1.2.2 Die Cheapest to Deliver Anleihe

Der Preisfaktor legt zwar ein Zinsniveau von 6 % zugrunde, dies aber unabhängig von dem tatsächlich herrschenden Zinsniveau und ebenso unabhängig von den Zinsniveauunterschieden zwischen den einzelnen Anleihen. Das hat Auswirkungen auf die Wahl der billigsten lieferbaren Anleihe, der Cheapest to Deliver Anleihe (CTD).

Der Verkäufer des Terminkontraktes hat am Kontraktliefertag die Wahl, welche Anleihe er liefert. Ihm steht dabei in der Regel ein ganzer Korb von lieferbaren Anleihen zur Verfügung. Die Anleihe, die dabei für ihn den maximalen Ertrag abwirft, ist die Cheapest to Deliver Anleihe. Man kann nicht nur am Kontraktliefertag feststellen, welches die Cheapest to Deliver Anleihe ist, sondern auch zu jedem Zeitpunkt vor der Lieferung. Zu diesem Zweck berechnet man sich die Rendite aus folgendem Geschäft: Verkauf des Kontraktes und Kauf der entsprechenden Anzahl an Anleihen mit der Absicht, sie bis zum Kontraktliefertag zu halten und sie dann als Erfüllung für die Verpflichtung im Kontrakt zu liefern. Diejenige Anleihe, die bei diesem Geschäft den größten Ertrag abwirft, ist die Cheapest to Deliver Anleihe. Ist die Rendite bei diesem Geschäft höher als der derzeitige Marktzinssatz, so handelt es sich um eine Arbitrage.[1] Um festzustellen, ob eine solche Arbitrage möglich ist, rechnen Marktteilnehmer ständig nach, welche Anleihe Cheapest to Deliver ist.

Sind wenige Anleihen mit unterschiedlicher Ausstattung (Kupon, Restlaufzeit) lieferbar, kann es sein, daß eine Anleihe während der gesamten Laufzeit des Kontraktes CTD bleibt. Genauso kann es passieren, daß der CTD während der Laufzeit häufig wechselt. So wechselte der Cheapest to Deliver für den Juni 90 Kontrakt des Bund-Futures an der LIFFE allein während des ersten Quartals 1990 20 mal. Ein Grund dafür ist, neben Renditeunterschieden bei den einzelnen Anleihen, die nicht ganz korrekte Angleichung der Anleihen durch den Preisfaktor.

Den Wechsel des CTD in Abhängigkeit des Futurepreises, für den Dezember 92 Kontrakt des Bund-Futures zeigt *Abb. 6.1*. Die einzelnen Buchstaben sind Symbole für die jeweilige Anleihe. So war z.B. die Bundesanleihe mit 8 % Kupon und Laufzeit bis 22. Juli 2002 (D) an genau 25 Handelstagen Cheapest to Deliver.

1 Eine ausführliche Beschreibung dieser Arbitrage findet sich in Kapitel 7.2.1 Cash and Carry Arbitrage.

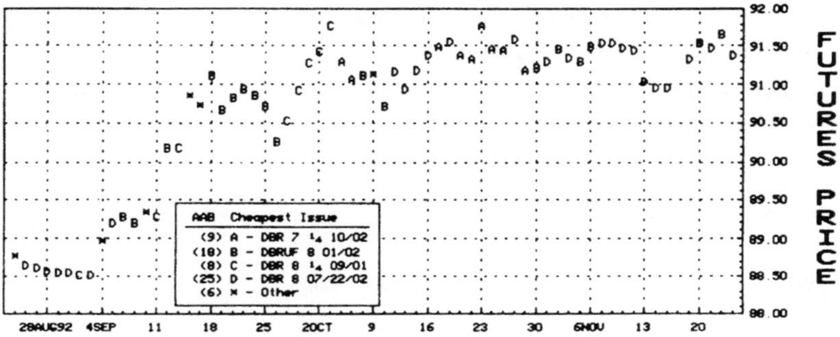

Abb. 6.1: Wechsel des Cheapest to Deliver für den Dez. 92 Kontrakt des Bund-Futures

6.1.2.2.1 Der Kuponeffekt

Die Berechnung des Andienungsbetrages mit dem Preisfaktor ist nur dann korrekt, wenn das Zinsniveau am Kapitalmarkt bei 6 % liegt. Der Preisfaktor unterstellt nämlich ein Zinsniveau von 6 %. Der Preisfaktor gleicht die Kursunterschiede der einzelnen Anleihen nur dann finanzmathematisch korrekt an, wenn sie alle eine Rendite von 6 % abwerfen. Alle Anleihen haben dann, wenn ihr aktueller Kurs durch ihren Preisfaktor geteilt wird, einen Preis von 100 und sind somit gleich billig oder teuer.

Weicht das Zinsniveau von 6 % ab, so findet eine Verzerrung statt. Ist das Zinsniveau größer als 6 %, werden als CTD tendenziell Anleihen mit einem Kupon kleiner als 6 % gewählt da diese bei der Andienung durch die Preisfaktorformel tendenziell überbewertet werden. Die Bewertung erfolgt gemäß der Eindeckungsmöglichkeiten des Lieferanten am Kassamarkt. Dieser wird bei einem Zinsniveau, das größer als 6 % ist, Anleihen mit einem möglichst niedrigen Kupon liefern, da diese durch den Preisfaktor zu hoch angerechnet werden, während der Käufer des Kontraktes durch das ungünstige Austauschverhältnis eher zuviel zahlen muß. Liegt das Zinsniveau unter 6 %, tritt der gegenteilige Fall ein. Es werden dann Anleihen mit einem möglichst hohen Kupon bevorzugt. Dieser Effekt bezieht sich zunächst nur auf den Kupon. Die Unterschiede in der Laufzeit haben einen weiteren Einfluß auf den Cheapest to Deliver. Diese Aspekte werden im nächsten Kapitel behandelt.

	Zinsniveau	3,5 %	6 %	8,5 %
Kupon				
3,5 %		1,00000	0,82996	0,69405
6,0 %		1,19019	1,00000	0,84700
8,5 %		1,38038	1,17004	1,00000

Abb. 6.2: Kupon und Zinsniveau

Abb. 6.2 verdeutlicht den Effekt, der durch Unterschiede im Kupon und durch den Wechsel des Zinsniveaus entsteht.

Der Berechnung der Werte in der Tabelle liegt die Rentenbarwertformel zugrunde, die folgendermaßen lautet:

$$Kurs_0 = \sum_{t=1}^{n} C \times \left(\frac{1}{(1+ZN)^t}\right) + \frac{1}{(1+ZN)^n} = \frac{C \times \left(1 - \frac{1}{(1+ZN)^n}\right)}{ZN} + \frac{1}{(1+ZN)^n} = \frac{C}{ZN} \times \left(1 - \frac{1}{(1+ZN)^n}\right) + \frac{1}{(1+ZN)^n}$$

mit: $Kurs_0$ = Kurs der Anleihe im Zeitpunkt t = 0.
C = Kupon in Prozent (Kupon = 9 %, d.h. C = 0,09).
ZN = Zinsniveau am Kapitalmarkt (Zins = 8 %, d.h. ZN = 0,08).
t = jeweiliger Zeitpunkt.
n = Laufzeit.

Der Rückzahlungsbetrag am Laufzeitende beträgt eins.

Da eine Laufzeit von n = 9 (Jahre) angenommen wurde, berechnen sich die Zahlen aus der ersten Spalte (Zinsniveau am Kapitalmarkt von 3,5 Prozent) durch Einsetzen in folgende Formel:

$$ZN = 3{,}50\% : \frac{C}{0{,}035} \times \left(1 - \frac{1}{(1+0{,}035)^9}\right) + \frac{1}{(1+0{,}035)^9}$$

Die Zahlen der zweiten und dritten Spalte berechnen sich analog:

$$ZN = 6{,}00\% : \frac{C}{0{,}060} \times \left(1 - \frac{1}{(1+0{,}060)^9}\right) + \frac{1}{(1+0{,}060)^9}$$

$$ZN = 8{,}50\% : \frac{C}{0{,}085} \times \left(1 - \frac{1}{(1+0{,}085)^9}\right) + \frac{1}{(1+0{,}085)^9}$$

Die Werte in der Tabelle sind nichts anderes als die Kurse der einzelnen Anleihen durch hundert dividiert, zu verschiedenen Marktzinssätzen. Der Wert von 1,19019 in der ersten Spalte und zweiten Zeile besagt beispielsweise, daß eine Anleihe mit einem Kupon von 6 % und einer Laufzeit von 9 Jahren bei einem Marktzinssatz von 3,5 %, einen Kurs von 1,190919 * 100 = 119,0919 besitzt.

In der zweiten Spalte (Marktzins = 6 %) stehen die Preisfaktoren, die sich auf eine synthetische Bundesanleihe mit einem Kupon von 6 % beziehen.

Damit ersichtlich wird, in welchem Verhältnis der Kurs der Anleihen mit Kupon von 3,5 Prozent und Kupon von 8,5 Prozent zu dem Kurs der Anleihe mit einem Kupon von sechs Prozent steht, wird die erste Spalte der Tabelle durch 1,19019 und die dritte Spalte durch 0,84702 geteilt. Nach der Division ergibt sich folgende neue Tabelle:

	Zinsniveau	3,5 %	6 %	8,5 %
Kupon				
3,5 %		0,84020	0,82996	0,81940
6,0 %		1,00000	1,00000	1,00000
8,5 %		1,15979	1,17004	1,18061

Abb. 6.3: Kupon und Zinsniveau

Z.B hat die Anleihe mit einem Kupon von 3,5 Prozent bei einem Marktzins von ebenfalls 3,5 Prozent einen Kurswert, der nur 84,02 % des Kurswertes der Anleihe mit einem Kupon von 6 % beträgt. In der mittleren Spalte stehen immer noch die Preisfaktoren. Es ist nun ersichtlich, in welchem Verhältnis die einzelnen Anleihen bei der Lieferung angerechnet werden. Entscheidend ist, daß sich das Umrechnungsverhältnis bei unterschiedlichem Marktzins ändert.

Ein Marktteilnehmer besitzt beispielweise die Anleihe mit einem Kupon von 8,5 % bei einem Marktzins von 8,5 %. Diese Anleihe hat den 1,18061fachen Marktwert der Anleihe mit Kupon von 6 %. Er bekommt bei der Lieferung seiner Anleihe aber nur das 1,17004fache angerechnet. 1,17004 ist nämlich der Preisfaktor dieser Anleihe (vgl. mit *Abb. 6.3*). Würde er jedoch die Anleihe mit einem Kupon von 3 % liefern, so würde er das 0,81940fache der Anleihe mit 6-prozentigem Kupon bezahlen, bekäme jedoch (über den Andienungspreis, siehe Formel für den Andienungspreis) das 0,82996fache angerechnet. Liegt das Marktzinsniveau über 6 %, ist es für ihn am günstigsten, eine Anleihe mit einem möglichst niedrigem Kupon zu liefern. Diese Anleihe wird nämlich unter diesen Bedingungen durch den Preisfaktor am höchsten angerechnet.

Liegt das Marktzinsniveau unter 6 %, so kehrt sich diese Regel um. Es ist dann am günstigsten, eine Anleihe mit einem möglichst hohen Kupon zu liefern.

Der Preisfaktor führt nur dann zu einem korrekten Austauschverhältnis, wenn der Marktzinssatz bei genau 6 Prozent liegt.

Zur Verdeutlichung kann man zwei Extremfälle der möglichen Rendite am Kapitalmarkt betrachten. Zuerst wird eine Rendite von null Prozent angenommen und dann eine Rendite von 1000 %. Es handelt sich hier um zwei Anleihen mit einer Laufzeit von 10 Jahren, einem Kupon von 6 % bzw. 8,5 % und einem Rückzahlungsbetrag in Höhe von 1.

1. Rendite der Anleihen = 0 %
   Kupon = 6 % Kupon = 8,5 %
   Kurs = 1,6 Kurs = 1,85

Kursverhältnis der Anleihen zueinander:
1,6 zu 1,85 = 1 zu 1,15625

2. Rendite der Anleihen = 1000 %

Kupon = 6 %	Kupon = 8,5 %
Kurs = 0,0006	Kurs = 0,0085

Kursverhältnis der Anleihen zueinander:
0,006 zu 0,0085 = 1 zu 1,41666

Im ersten Fall ist das Kursverhältis der Anleihen 1 zu 1,15625. Angerechnet werden die Anleihen über den Preisfaktor im Verhältnis 1 zu 1,17004. In diesem Fall ist es günstiger, die Anleihe mit dem Kupon von 8,5 % anzudienen, da sie höher angerechnet wird.

Im zweiten Fall ist es günstiger, die Anleihe mit dem Kupon von 6 % zu liefern. Das Kursverhältnis beträgt nämlich 1 zu 1,41666, während das Verhältnis der Anrechnung über den Preisfaktor 1 zu 1,17004 beträgt (vgl.mit den Preisfaktoren in der mittleren Spalte in der *Abb. 6.3*).

Erklärt wird die Verbesserung der Umtauschverhältnisse durch die unterschiedliche Gewichtung der Rückzahlungsbeträge. Bei einem Renditeniveau von 0 % gehen diese zu 100 % in den Kurswert ein, so daß das Verhältnis von Anleihen mit unterschiedlichen Kupons K_1 und K_2 gegeben ist durch $(1+K_1)/(1+K_2)$, wo hingegen dieses Verhältnis bei einem Renditeniveau für den Grenzfall von unendlich K_1/K_2 beträgt, da der abdiskontierte Zeitwert in der Gegenwart gegen Null geht.

6.1.2.2.2 Der Laufzeiteffekt

Neben dem Kuponeffekt gibt es auch den Laufzeiteffekt. Die unterschiedliche Laufzeit der Anleihen hat ebenfalls einen starken Einfluß darauf, welche Anleihe der Cheapest to Deliver ist.

Im folgenden Fall haben beide Anleihen einen Kupon von 8,5 % bei einem Zinsniveau von 8,5 %. Die Laufzeit der ersten Anleihe beträgt 9 Jahre und der zweiten Anleihe 10 Jahre. Die Preisfaktoren betragen für die 9-jährige Anleihe 1,17004 und für die 10-jährige Anleihe 1,18400. Der Unterschied in den Preisfaktoren ist auf die Zinsdifferenz zwischen 6 % und dem Zins der 8,5 prozentigen Anleihen zurückzuführen. Diese Zinsdifferenz bekommt man bei der Anleihe mit 10 Jahren Laufzeit ein Jahr länger gezahlt, als bei der Anleihe mit 9 Jahren Laufzeit. Bei einem Marktzins von 8,5 % verhalten sich die Kurse der Anleihen 1 zu 1. Die Anrechnung über den Preisfaktor erfolgt aber im Verhältnis 1,17004 zu 1,18400, beziehungsweise im Verhältnis 1 zu 1,01193. In diesem Fall ist es günstiger, die 10-jährige Anleihe zu liefern.

Unter diesen Bedingungen trifft die folgende Regel zu: Haben Anleihen Kupons in derselben Höhe, und haben sie dieselbe Marktrendite, so ist es am günstigsten, die Anleihe mit der längsten Laufzeit zu liefern, unter der Voraussetzung, daß das Zinsniveau über 6 % liegt. Liegt das Zinsniveau unter 6 %, ist die Anleihe mit der kürzesten Laufzeit der Cheapest to Deliver.

Zusammenfassend kann festgestellt werden, daß bei einem Marktzinsniveau, das über 6 % liegt, die Anleihe mit dem niedrigsten Kupon und der längsten

Laufzeit der Cheapest to Deliver ist. Bei einem Marktzins unter 6 % ist die Anleihe mit dem höchsten Kupon und der kürzesten Laufzeit der Cheapest to Deliver.

In der Regel findet man am Markt keine lieferbaren Anleihen, auf die beide Kriterien zugleich zutreffen. Es muß dann ein Kompromiß eingegangen werden. In diesem Fall muß man nachrechnen, ob z.B. die Anleihe mit hohem Kupon und kurzer Laufzeit oder die Anleihe mit niedrigem Kupon und langer Laufzeit der Cheapest to Deliver ist. Das folgende **Beispiel** zeigt eine solche Rechnung. Zwei Anleihen werden miteinander verglichen und es wird festgestellt, welche Anleihe für eine Lieferung günstiger ist.

Der Settlementpreis (EDSP) des März 99 Bobl-Futures betrug am letzten Handelstag 108,54.

Für die folgenden beiden Anleihen soll festgestellt werden, welche für eine Lieferung günstiger ist:

Anleihe:	Treuhand	Bund
Kupon:	7,75 %	7,25 %
Laufzeit:	01.10.2002	21.10.2002
Kurs:	114,31	112,93
Preisfaktor:	1,053245	1,038746
Stückzinsen für	3,4229 * 1.000	2,7993 * 1.000
€ 100.000 nominal	= € 3.422,92	= € 2.799,31
	114,31 * 1.000	112,93 * 1.000
	+ € 3.422,92	+ € 2.799,31
Wert am Kassamarkt:	= € 117.732,92	= € 115.729,31
	108,54 * 1,053245 * 1.000	108,54 * 1,038746 * 1.000
	+ € 3.422,92	+ € 2.799,31
Erlös bei Lieferung:	= € 117.742,13	= € 115.544,77
	€ 117.742,13	€ 115.544,77
	– € 117.732,92	– € 115.729,31
Nettoerlös:	= € +9,21	= € –184,54

Der Nettoerlös bei der Lieferung der Anleihe mit Laufzeit bis 01.10.2002 beträgt € 9,21, gegenüber einem Verlust in Höhe von € 184,54, der bei der Lieferung der Anleihe mit Laufzeit bis 21.10.2002 anfallen würde.

Bei der Lieferung der Anleihe in den Future erhält man die Stückzinsen in voller Höhe zurück und können daher zur Berechnung des Cheapest to Deliver ignoriert werden. Die obige Rechnung kann daher leicht verkürzt und modifiziert werden: Durch die Lieferung in den Future erhält man Future-Preis * Preisfaktor und bezahlt wenn man die Anleihe am Kontraktliefertag kauft den Kassapreis der Anleihe. Am Kontraktliefertag ist daher die Anleihe Cheapest für die die folgende Rechnung den größten Betrag ergibt:

Erlös bei Lieferung = Future-Preis * Preisfaktor – Kurs der Anleihe

Für das obige Beispiel gilt dann:

Anleihe 1: 108,54 * 1,053245–114,31 = 0,009212.

Anleihe 2: 108,54 * 1,038746–112,93 = – 0,1845.

Anleihe 1 ist Cheapest to Deliver. 0,0092123 ist der Erlös die der Lieferung für einen Nominalwert von 100. Für einen Nominalwert von 100.000 beträgt der Erlös: 0,0092123 * 1,000 = € 9,212.

Befindet man sich nicht am Kontraktliefertag, muß die Rechnung etwas modifiziert werden, da dann die Kosten für das Halten der Anleihe bis zum Kontraktliefertag berücksichtigt werden müssen. Die Kosten für das Halten der Anleihe werden im Forward-Preis der Anleihe reflektiert. Man kann die Anleihe entweder heute kaufen und bis zum Kontraktliefertag halten oder per Liefertag zum Forward-Preis kaufen und dann einliefern. Gegengeschäft dazu ist der Verkauf des Futures.

Erlös bei Lieferung = Future-Preis * Preisfaktor – Forward-Preis der Anleihe

6.1.2.2.3 Ermittlung des Cheapest to Deliver mit Hilfe der Duration und der Implied Repo Rate

Zur Ermittlung des Cheapest to Deliver kann auch das Konzept der Duration herangezogen werden. Wie in Kapitel 6.1.4.2 gezeigt wird, hat bei gleichem Kupon und gleicher Rendite die Anleihe mit der längeren Laufzeit die höhere Duration. Andererseits hat bei gleicher Laufzeit und gleicher Rendite die Anleihe mit dem niedrigeren Kupon die höhere Duration.

In den obigen Ausführungen wurde dargelegt, daß bei einer Rendite unter 6 % die Anleihe mit dem höchsten Kupon und der kürzesten Laufzeit der Cheapest to Deliver ist. Diese Anleihe hat aber gleichzeitig die niedrigste Duration. Bei einer Rendite über 6 % ist die Anleihe mit dem niedrigsten Kupon und der längsten Laufzeit der Cheapest to Deliver. Diese Anleihe hat die höchste Duration. Mit der Berechnung der Duration der lieferbaren Anleihen kann man auf relativ einfache aber exakte Weise den Cheapest to Deliver bestimmen; es gilt nämlich folgende Regel:

Bei einer Rendite über 6 % ist die Anleihe mit der höchsten Duration der Cheapest to Deliver. Bei einer Rendite unter 6 % ist die Anleihe mit der niedrigsten Duration der Cheapest to Deliver.

Haben alle Anleihen eine Rendite von 6 %, so ist die Anrechnung über den Preisfaktor korrekt und alle Anleihen sind Cheapest to Deliver. Steigt das Zinsniveau, so fällt der Kurs der Anleihen. Die Anleihen mit der hohen Duration fallen aber stärker als die Anleihen mit der niedrigen Duration. Der Kurs dieser Anleihen wird im Verhältnis zum Kurs der anderen Anleihen relativ billig, während die Anrechnung über den Preisfaktor gleichbleibt. Es ist daher vorteilhaft, diese Anleihen zu liefern. Sinken aber die Zinsen, dann steigt der Kurs der Anleihen mit der niedrigen Duration am wenigsten. Diese Anleihen sind dann im Vergleich zu den anderen Anleihen relativ billig. Die Anrechnung über den Preisfaktor bleibt aber auch hier gleich. In diesem Fall (Zins liegt unter 6 %) ist es vorteilhaft, Anleihen mit möglichst niedriger Duration zu liefern.[1]

Die Ermittlung des CTD mit Hilfe der Duration liefert nur für den Fall korrekte Resultate, daß die Anleihen mit derselben Rendite rentieren und daß eine Parallelverschiebung der Renditen stattfindet. Haben die Anleihen unterschiedliche Renditen, so kann man als Faustregel sagen, daß bei gleicher Duration die Anleihe mit der höchsten Rendite Cheapest to Deliver ist.[2]

Die genaueste Möglichkeit festzustellen, welche Anleihe Cheapest to Deliver ist, ist die Berechnung über die Implied Repo Rate.[3] Die Implied Repo Rate berücksichtigt die Finanzierungskosten und Kuponerträge und gibt an, wie hoch der prozentuale Gewinn ist, wenn die Anleihe gekauft wird, der Future verkauft wird und die Anleihe am Kontraktliefertag in den Future geliefert wird. Die Anleihe, die bei diesem Geschäft den höchsten Gewinn abwirft, hat auch die höchste Implied Repo Rate und ist daher auch CTD. Es kann daher folgende Regel aufgestellt werden:

Cheapest to Deliver ist immer die Anleihe mit der höchsten Implied Repo Rate.

Diese Ausführungen mögen auf den ersten Blick sehr theoretisch wirken. Sie sind aber von großer praktischer Bedeutung. Für einen Händler, der einen Zinsfuture handelt, ist es äußerst wichtig zu wissen, welche Anleihe der Cheapest to Deliver ist, bzw. bei welchem Zinsniveau dieser wechselt. Wie in Kapitel 6.1.2.3 (Formel für den theoretischen Futurepreis) gezeigt wird, orientiert sich der Kurs des Futures am Kurs des Cheapest to Deliver (oft auch umgekehrt, siehe Kapitel 7.2: Arbitrage). Wechselt der Cheapest to Deliver, dann liegt dem Future eine Anleihe mit einem anderen Kurs zugrunde. Das kann zu Sprüngen im Kurs des Futures führen. Ist ein Händler darauf nicht vorbereitet, kann das den Gewinn seiner Position schmälern oder auch zu Verlusten führen.

Nicht nur für Basistrader[4] (die Basis bezieht sich meist auf den Cheapest to Deliver) Spread Trader und Hedger[5], sondern besonders für Arbitrageure ist es unentbehrlich zu wissen, welche Anleihe der Cheapest to Deliver ist oder welche Anleihe sie werden könnte. Bei der Reverse Cash and Carry Arbitrage[6] besteht die Gefahr, daß der Cheapest to Deliver wechselt und der Arbitrageur eine ungünstige Anleihe geliefert bekommt. Die Gewinnspannen bei einer Arbitrage sind an den nahezu effizienten Märkten äußerst gering. Be-

1 Siehe zu dieser Thematik auch Kapitel 7.1.5.7 Optimierung des Hedges mit Hilfe von Optionen.
2 Vgl. *Burghard, G., Lane, M., Papa, J.:* (Treasury Bond), S.44.
3 Das Konzept der Implied Repo Rate wird detailliert in Kapitel 6.1.4 erläutert.
4 Begriff der Basis siehe Kapitel 6.1.3, Basistrading: Kapitel 7.3.4., Spreadtrading: Kapitel 7.3.3.
5 Siehe Kapitel 7.1.2.4.
6 Ausführliche Behandlung in Kapitel 7.2.3.

kommt der Händler eine andere Anleihe geliefert, als er es erwartet (das kann aufgrund eines Wechsels des Cheapest to Deliver geschehen), so wird das in der Regel seinen möglichen Gewinn aufzehren. Eine Cash and Carry Arbitrage ist mit dem Cheapest to Deliver am ertragreichsten. Sie wird daher in der Regel mit dieser Anleihe durchgeführt. Führt ein Marktteilnehmer eine Cash and Carry Arbitrage durch und wechselt bis zum Kontraktliefertag der Cheapest to Deliver, besteht durch Ausnutzen der Seller's Option[1] die Möglichkeit, einen zusätzlichen Gewinn zu erzielen. Auch aus diesem Grund ist es wichtig, ständig auf einen Wechsel des Cheapest to Deliver zu achten.

Das waren nur einige Beispiele für Situationen in denen es sich empfiehlt, mit dem Konzept des Cheapest to Deliver vertraut zu sein. Detaillierte Rechenbeispiele finden sich in den entsprechenden Kapiteln.

6.1.2.2.4 Wechsel des Cheapest to Deliver

Einige der Einflußfaktoren für einen Wechsel des Cheapest to Deliver wurden schon in den vorherigen Kapiteln genannt. Dazu gehört auch eine Parallelverschiebung der Renditen der einzelnen Anleihen.

Man kann sich zwar den Cheapest to Deliver für jedes Renditeniveau ausrechnen, dies aber nur unter der Annahme, daß sich die Zinsen der einzelnen Anleihen parallel verschieben. In den bisherigen Ausführungen wurde davon ausgegangen, daß die Anleihen zu einer gleichen Rendite notieren. Die Zinsstruktur im 8,5- und 10jährigen Bereich, bzw. 3,5- und 5jährigen Bereich kann sich aber ändern. Ändert sich das Renditeverhältnis der einzelnen Anleihen zueinander, dann ändert sich auch ihr Kursverhältnis. Gerade dieses Kursverhältnis ist ausschlaggebend für die Bestimmung des Cheapest to Deliver. Man kann als Faustregel sagen, daß bei gleicher Duration die Anleihe mit der höchsten Rendite Cheapest to Deliver ist.[2]

Auch die Aufnahme einer neuen Anleihe in den Korb der lieferbaren Anleihen kann zu einem Wechsel des Cheapest to Deliver führen. Besonders bei Bundesobligationen kommen häufig neue Emissionen an den Markt. Das hat zur Folge, daß beim Future auf Bundesobligationen der Cheapest to Deliver häufiger wechselt als bei anderen Zinsterminkontrakten.

Auch Marktunvollkommenheiten führen oft zu einem Wechsel des Cheapest to Deliver. Es ist immer wieder zu beobachten, daß zwei Anleihen, die fast identische Konditionen haben (z.B.: Schuldner, Restlaufzeit, Kupon), zu unterschiedlichen Renditen gehandelt werden. Solche Marktunvollkommenheiten sind meist unvorhersehbar und können auch in kein theoretisches Modell gefaßt werden. Es ist daher wichtig, daß man seine Entscheidungen nicht nur auf theoretischen Modellen begründet, sondern auch die Marktgegebenheiten mit ins Kalkül zieht.

Eine solche Marktgegebenheit kann gelegentlich kurz vor dem Liefertag des

1 Siehe Kapitel 6.1.2.5.
2 Vgl. *Burghard, G., Lane, M., Papa, J.:* (Treasury Bond), S.44.

Futures beobachtet werden. Oft konnte der Fall beobachtet werden, daß der Cheapest to Deliver lange Zeit (mehrere Wochen oder auch Monate) dieselbe Anleihe war und es auch noch wenige Tage vor dem Liefertermin war. Plötzlich stieg aber der Kurs dieser Anleihe überproportional stark im Vergleich zu den anderen Anleihen. Das führte dazu, daß sie relativ teuer wurde und den Status des Cheapest to Deliver verlor. Dieser Kursanstieg wirkt zunächst erstaunlich. Er ist aber darauf zurückzuführen, daß die Verkäufer des Terminkontraktes am Verfalltag Anleihen liefern müssen. In der Regel wird der Cheapest to Deliver geliefert. Sind die Anleihen noch nicht im Depot, so müssen sich die Marktteilnehmer mit der Lieferverpflichtung (Verkäufer des Terminkontraktes) die Papiere am Anleihemarkt beschaffen. Besteht kurz vor dem Liefertag ein hohes open interest[1] im Future, so können diese Käufe dazu führen, daß der Kurs des Cheapest to Deliver stark ansteigt. Da durch den Kursanstieg diese Anleihe im Verhältnis zu den anderen Anleihen teuer geworden ist, wird eine andere Anleihe zum Cheapest to Deliver.

Die Frage, wie wahrscheinlich ein Wechsel des Cheapest to Deliver ist, kann somit nur relativ ungenau beantwortet werden. Wie schon erwähnt, kann man sich zwar den Cheapest to Deliver für jedes Renditeniveau ausrechnen, unter der Annahme, daß sich die Zinsen der einzelnen Anleihen parallel verschieben. Man kann dann erkennen, wie stark eine Renditeveränderung sein muß, damit der Cheapest to Deliver auf eine andere Anleihe wechselt. Wie groß diese Renditeveränderung sein muß, hängt unter anderem auch davon ab, wie weit entfernt der Kontraktliefertag ist. Wie wahrscheinlich aber eine Renditeänderung ist, kann nicht exakt vorhergesagt werden und hängt u.a. von der Volatilität der Renditen ab.

6.1.2.3 Formel für den theoretischen Futurepreis

Der Kauf eines Bund-Futures Kontraktes kann als Substitut für den Kauf der entsprechenden Bundesanleihe angesehen werden. Zunächst soll zum besseren Verständnis unterstellt werden, daß dem Bund-Future nicht eine Vielzahl von lieferbaren Anleihen, sondern nur eine Anleihe zugrunde liegt. Wenn man den Future kauft und bis zum Kontraktliefertag hält, so hat man am Kontraktliefertag die Verpflichtung, diese Anleihe abzunehmen und zu bezahlen. Der Verkäufer des Kontraktes hat wiederum die Verpflichtung, diese Anleihe zu liefern. Der Kontrakt kann also anstelle der Anleihe gekauft werden, mit der Absicht, ihn bis zum Kontraktliefertag zu halten und sich dann die Anleihe vom Verkäufer liefern zu lassen.

Wird aber der Future anstelle der Anleihe gekauft, entgehen dem Käufer des Kontraktes die Kuponeinnahmen, die er durch das Halten der Anleihe einnehmen würde. Ein Anleger wird den Future nur dann anstelle der Anleihe kaufen, wenn diese Kuponeinnahmen beim Kaufpreis des Kontraktes berücksichtigt werden. Der Kaufpreis wird sich entsprechend reduzieren. Der

1 Siehe Glossar.

Futurepreis muß sich daher um den Betrag vermindern, der sich aus den vom Valutatag bis zum Kontraktliefertag anfallenden Kuponeinnahmen ergibt.

Erhöhen muß sich der Futurepreis um den Betrag der Fremdfinanzierungskosten, die anfallen, wenn der Kauf der Anleihe am Valutatag fremdfinanziert wird und diese bis zum Kontraktliefertag gehalten wird. Damit der Kauf des Kontraktes eine äquivalente Position zum Kauf der Anleihe darstellt, müssen diese Fremdfinanzierungskosten berücksichtigt werden. Da es Kosten sind, müssen sie (ceteris paribus) den Kaufpreis des Future erhöhen. Dabei ist zu beachten, daß jeder Investor andere Finanzierungskosten haben kann. Banken haben in der Regel günstigere Finanzierungssätze als institutionelle Investoren. Allgemein kann man aber sagen, daß es sich um den für den Investor spezifischen Zinssatz handelt, der für den Zeitraum des Kaufs der Anleihe bis zur Lieferung dieser Anleihe in den Kontrakt Gültigkeit hat. Oft wird der für diesen Zeitraum geltende Geldmarktzins oder die Repo Rate genommen.

Exkurs: Repurchase Agreements und Wertpapierleihe

Als Finanzierungszinssatz für den Kauf und den Leerverkauf einer Anleihe wird in der Regel die Repo Rate genommen. Es handelt sich um die Kosten bzw. die Erträge, die bei einem sog. „Repurchase Agreement" (Repo) anfallen.Über Repos kann eine Long Position in einer Anleihe (oft günstiger) finanziert werden, eine Short Position aufgebaut, oder eine Anleihe im Falle eines Lieferengpasses beschafft werden. Repos können in die folgenden drei Arten unterteilt werden:

1. Wertpapierleihe (Securities Lending)

Bei einer Wertpapierleihe wird die Anleihe nur verliehen. Der Eigentümer der Wertpapiere leiht seine Anleihen einem anderen Marktteilnehmer unter der Bedingung, daß er nach Ablauf der Leihfrist Wertpapiere gleicher Art und Güte zurückerhält. (Streng genommen handelt es sich aus rechtlicher Sicht nicht um eine Leihe, sondern um ein Sachdarlehen). Es fließen somit keine Geldströme (zur Bezahlung des Kaufpreises) wie beim Repurchase Agreement. Der Entleiher des Papiers zahlt dem Verleiher eine Leihgebühr (Lending Fee). In der Regel ist dies die Differenz zwischen der Geldmarktrate und der Repo Rate für die entsprechende Laufzeit. Sämtliche Erträge die während der Laufzeit anfallen stehen dem Verleiher zu. Dabei kann es sich z.B. um Stückzinsen handeln. Ein während der Laufzeit anfallender Kupon wird an demselben Tag an den Verleiher weitergereicht. Der Verleiher kann von dem Entleiher verlangen, daß dieser eine andere Anleihe als Sicherheit (Collateral) hinterlegt.

2. Repurchase Agreement (Repo)

Im Gegensatz zur Wertpapierleihe fließt bei einem Repo bei Abschluß des Geschäftes ein Geldstrom in Höhe des Dirty Spot-Price der Anleihe. Der Entleiher erhält die Anleihe und der Verleiher erhält den Geldbetrag und hat somit einen Kredit aufgenommen. Der Zinssatz den er auf diesen Kredit zu zahlen hat, ist die Repo Rate. Am Laufzeitende fließt derselbe Betrag zurück, zuzüglich der Zinsen auf diesen Betrag. Je gesuchter ein Papier ist, desto niedriger wird die Repo Rate sein und somit auch die Finanzierungskosten für das Halten der Anleihe. Ist ein Papier nicht besonders gesucht (General Collateral), so wird die Repo Rate in der Nähe des Geldmarktzinses für diese Laufzeit liegen.

Gewöhnlich stehen dem Verleiher sämtliche Stückzinsen sowie ein eventuell anfallender Kupon zu. Dieser wird dann an demselben Tag von dem Entleiher weitergereicht. Der Kupon kann auch am Ende der Laufzeit weitergereicht werden. In diesem Fall muß der Entleiher noch den Zinseszins für den Kupon zahlen.

Der Entleiher des Papiers hat als Sicherheit (Collateral) für seine Kreditvergabe die Anleihe. Diese hat jedoch ein Marktrisiko. Durch das Marktrisiko kann sich das Kreditrisiko aus dem Repo erhöhen. Da der Bond während der Laufzeit steigen und fallen kann, kann sich das Kreditrisiko für beide Seiten erhöhen. Dieses Kreditrisiko kann durch ein sogenanntes „Overcollateralisation“ verringert werden. Will der Geldgeber eine zusätzliche Sicherheit, so kann er statt 100 % des Marktwertes z.B. nur 98 % des Marktwertes an den Verleiher zahlen (Haircut oder Initial Margin). Meistens geht von dem Geldgeber die Forderung nach einem Haircut aus. Weiterhin kann vereinbart werden, daß ab einer bestimmten Marktbewegung eine Variation Margin fließt. Diese Margin kann je nach Marktbewegung an den Ent- oder Verleiher fließen. Je nachdem ob die ursprüngliche Absicht der Transaktion das Ausleihen der Anleihe oder das Beschaffen des Geldes war, kann die Sicherheit (Collateral) das Geld oder die Anleihe sein.

Repos die nur einen Tag laufen werden Overnight Repos genannt. Overnight Repos, die sich automatisch verlängern bis sie von einer Seite beendet werden, werden Open Repos genannt. Term Repos sind Transaktionen mit einer längeren Fälligkeit.[1]

3. Buy/Sell Back

Ein Buy/Sell Back beinhaltet zwei Transaktionen: Den Kauf (Verkauf) der Anleihe zum Spot-Price und den Verkauf (Kauf) der Anleihe am Laufzeitende zum Forward-Price. Sämtliche Zinserträge bzw. Finanzierungskosten die während der Laufzeit anfallen, werden über den Forward-Price am Ende der Laufzeit ausgeglichen. Stückzinsen und Kupon stehen somit dem Käufer bzw. Entleiher zu und werden mit den Finanzierungskosten über den Forward-Price am Ende der Laufzeit verrechnet. Der Betrag der Finanzierungskosten wird von der Höhe der Repo Rate bestimmt. Die Repo Rate wird in diesem Fall nicht als seperater Geldbetrag bezahlt, sondern ist in der Differenz zwischen Verkaufspreis und Rücknahmepreis des Wertpapiers enthalten. Da die Art der Verrechnung der Geldbeträge anders ist als bei einem Repo,

---

1 *Rogg, H.O.:* (Repurchase Agreements), S.238.

führt dies auch zu einer unterschiedlichen rechtlichen Behandlung (die Dokumentation eines Repos ist aufwendiger).

Ähnlich wie bei einem Repo kann auch bei einem Buy/Sell Back ein Margining stattfinden.

Das folgende Beispiel soll die Unterschiede verdeutlichen:

Beispiel:
Handelstag: 12.10.1998
Valuta: 15.10.1998
Bundesanleihe: 7,50 %, 11.11.2004
Kurs: 118,77
Stückzinsen bis 15.10.98 (339 Tage): 7,0625
Dirty Spot-Price: 125,8325
Laufzeit der Transaktion: 3 Monate (20.01.99)
Volumen: 100 Mio
Repo Rate: 3,00 %
Stückzinsen bis 20.01.99 (90 Tage, 30/360): 1,875
Actual Days bis 20.01.99: 92

1. Wertpapierleihe
Die Leihgebühr für drei Monate beträgt 50 Basispunkte (0,50 %): 125,8325 Mio * 0,05 * 92/360 = 1,60786 Mio.

Oft berechnet sich die Leihgebühr auf den Nominalbetrag, in diesem Fall auf den Dirty Spot-Price. Der Kupon, der am 11.11.98 gezahlt wird, wird noch an demselben Tag an den Verleiher weitergereicht. Am 20.01.99 wird die Anleihe wieder in das Depot des Verleiher übertragen.

2. Repo
Am 15.10.98 erhält der Entleiher die Anleihe und zahlt an den Verleiher den Dirty Spot-Price der Anleihe: 125,8325 Mio. Der Verleiher zahlt auf dieses Volumen einen Zins in Höhe von 3,00 %:

125,8325 Mio * 0,03 * 92/360 = 0,96471583 Mio. Der Kupon der am 11.11.98 gezahlt wird, wird auch hier noch an demselben Tag an den Verleiher weitergereicht. Am Ende der Laufzeit fließen 125,8325 Mio + 0,96471583 Mio = 126,79721583 Mio.

Die Kuponzahlung kann auch mit der Zahlung am Ende der Laufzeit verrechnet werden. Da der Kupon vom 11.11.98 bis 20.01.99 (70 Tage) angelegt werden kann, muß noch Zinseszins auf die Kuponzahlung entrichtet werden: 7,50 Mio * 0,03 * 70/360 = 0,04375 Mio. Der Entleiher der Anleihe erhält dann statt 126,79721583 Mio nur 119,25346583 Mio zurück (126,79721583–7,50–0,04375 = 119,25346583).

3. Buy/Sell Back

Zwei Transaktionen werden getätigt: Kauf der Anleihe zum Spot-Price: 118,77 und Verkauf zum Forward-Price: 117,815966. Die einzelnen Beträge berechnen sich folgendermaßen:

Am Valutatag erhält der Verkäufer einen Geldbetrag in Höhe von 125,8325 Mio (Dirty Spot-Price).

Finanzierungskosten: 125,8325 Mio * 0,03 * 92/360 = 0,96471583 Mio.

Zinseinkünfte: Stückzins: 100 Mio * 0,075 * 90/360 = 1,875 Mio.
Zinseszins auf Kupon: 7,50 Mio * 0,03 * 70/360 = 0,04375 Mio.[1]
Summe Zinseinkünfte: 1,91875 Mio.

Zinseinkünfte – Finanzierungskosten: 0,95403417 Mio.

Der Forward-Price der Anleihe liegt somit 0,953034 Punkte unter dem Spot-Price: Spot-Price: 118,77 und Forward-Price: 117,815966.

Am Termination Date der Transaktion kauft der ursprüngliche Verkäufer die Anleihe zum Forward-Price zuzüglich Stückzinsen (seit Kuponzahlungstag) zurück:

Stückzins 11.11.98–20.01.99 (69 Tage): 1,4375
Forward-Price + Stückzins = 119,25346583

Am 20.01.99 zahlt ursprüngliche Verkäufer der Anleihe 119,25346583 Mio an den ursprünglichen Käufer und erhält von diesem die Anleihe zurück.

Sind die Märkte arbitragefrei, müssen die obigen drei Transaktionen zu demselben wirtschaftlichen Ergebnis führen. Der Entleiher hat beispielweise die Möglichkeit eine Long Position in der Anleihe güngstiger zu finanzieren. Beträgt der Geldmarktsatz 3,50 %, so kann er sich über ein Repo und ein Buy/Sell Back zu 3,00 % finanzieren. Die Differenz beträgt 50 Basispunkte. Über eine Wertpapierleihe erreicht er dasselbe Ergebnis. Er erhält nämlich 50 Basispunkte Leihgebühr. Wird eine Wertpapierleihe getätigt, und die Anleihe vom Entleiher dann am Markt verkauft (Leerverkauf), so erhält er den Dirty Spot-Price und kann diesen Betrag am Geldmarkt zu 3,50 % anlegen. Da er jedoch 50 Basispunkte Leihgebühr bezahlen muß, hat er sein Geld zu 3,00 % angelegt. Dies ist derselbe Zinssatz wie die Repo Rate. Berücksichtigt man noch die Stückzinsen die er während der Laufzeit zahlen muß, erhält man dasselbe Ergebnis wie bei einem Repo und Buy/Sell Back.

Je weniger verfügbar (special) eine Anleihe am Markt ist, bzw je gesuchter sie ist, desto niedriger wird ihre Repo Rate sein. Ist dagegen eine Anleihe nicht besonders gesucht und frei verfügbar (general collateral, g.c.) wird die Repo Rate in der Nähe des Geldmarktsatzes für dieselbe Laufzeit liegen.

1 Es wird von der Anlage des Kupons zur Repo Rate ausgegangen. Dies ist leicht inkorrekt aber marktüblich. Korrekterweise müßte man sich die Forward Rate sichern und den Kupon dann zu diesem Zinssatz anlegen.

Die Finanzierungskosten für den Kauf und den Leerverkauf einer Anleihe sind für eine Cash und Carry und Reverse Cash und Carry Arbitrage relevant. Die Repo Rate und die Leihkosten sind, da sie u.a. die Kosten für den Kauf und den Leerverkauf einer Anleihe darstellen, für beide Formen der Arbitrage entscheidend.

Der Preis der Anleihe, vermindert um die Erträge und erhöht um die Finanzierungskosten, die sich aus dem Halten der Anleihe ergeben, wird auch der Forwardpreis der Anleihe genannt. Der Forwardpreis der Anleihe ist der Preis der Anleihe, zu dem ein Marktteilnehmer einem anderen Marktteilnehmer bei heutigem Vertragsabschluß an einem festgelegten Zeitpunkt in der Zukunft bereit ist, die Anleihe zu verkaufen. Der Käufer der Anleihe erhält die Anleihe nach Ablauf einer vereinbarten Frist, muß die Anleihe aber erst nach Ablauf dieser Zeit bezahlen. Dadurch spart er sich die Kosten für die Finanzierung der Anleihe. Anderseits entgehen ihm die Kuponeinnahmen, die während dieser Zeit anfallen. Der Verkäufer der Anleihe trägt dagegen diese Finanzierungskosten, erhält aber die Kuponeinnahmen durch das Halten der Anleihe. Diese beiden Faktoren (Finanzierungskosten und Kuponeinnahmen) müssen im Forwardpreis der Anleihe berücksichtigt werden. Der Käufer einer Anleihe wird diese nur dann „forward" (d.h. bei heutigem Vertragsabschluß zu einem späteren Zeitpunkt) kaufen, wenn ihm die Finanzierungskosten für das Halten der Anleihe gezahlt werden. Der Käufer der Anleihe möchte dagegen, daß im Kaufpreis der Anleihe die Kuponeinnahmen berücksichtigt werden. Der Forwardpreis einer Anleihe ist daher der aktuelle Kurs der Anleihe, vermindert um die Kuponeinnahmen und erhöht um die Finanzierungskosten, die bis zu der Lieferung der Anleihe anfallen.

Der Futurepreis ist nichts anderes als der Forwardpreis einer Anleihe. Allerdings muß dieser Forwardpreis durch den Preisfaktor der Anleihe dividiert werden. Der Future bezieht sich auf eine fiktive Anleihe mit einem Kupon von 6 %. Durch Division des Forward-Kurses der Anleihe mit ihrem Preisfaktor findet die Angleichung an die 6-prozentige Anleihe statt. Der Forwardpreis muß durch diesen Faktor dividiert werden, da man am Kontraktliefertag unter anderem den Futurepreis (genauer den EDSP) multipliziert mit dem Preisfaktor erhält.

Die Preisentwicklung des Futures orientiert sich an der Preisentwicklung des Cheapest to Deliver. Wäre das nicht der Fall, so würde ein Kursungleichgewicht entstehen und es wäre Arbitrage zwischen der Kassaanleihe und dem Future möglich, indem der unterbewertete Teil gekauft wird und der überbewertete Teil verkauft wird. Deshalb bezieht sich der Kassapreis der Anleihe und der Preisfaktor jeweils auf den Cheapest to Deliver.

Die korrekte Formel für den theoretischen Futurepreis lautet:

$$FP = \frac{KP_{CTD} - K \times \frac{t}{T} + (KP_{CTD} + AZ) \times r \times \frac{t}{T}}{PF_{CTD}}$$

mit:
- FP = Futurepreis (theoretisch)
- KP = Aktueller Kassapreis der Anleihe
- CTD = Cheapest to Deliver.
- K = Kupon der Anleihe.
- t = Anzahl der Tage vom Valutatag bis zum Kontraktliefertag.[1]
- T = Anzahl der Tage für das Jahr.
- AZ = Aufgelaufene Stückzinzen vom letzten Kuponzahlungstag bis zum Valutatag.[2]
- r = Fremdfinanzierungszinssatz
- PF = Preisfaktor

Liegt zwischen dem Valutatag und dem Kontraktliefertag ein Kuponzahlungstag, so muß für den Fall, daß eine vorzeitige Teilkündigung des Kredits bei der Fremdfinanzierung der Anleihe *nicht* möglich ist, von dem obigen Futurepreis noch folgender Faktor abgezogen werden:

$$K \, x \, rf \, x \frac{t_{KL}}{T}$$

mit
- t_{KL} = Anzahl der Tage vom Kuponzahlungszeitpunkt bis zum Liefertag.
- rf = Forward Haben-Zinssatz für den Zeitraum des Kuponzahlungszeitpunktes bis zum Liefertag

Liegt zwischen dem Valutatag und dem Kontraktliefertag ein Kuponzahlungstag, so hat dies einen Einfluß auf den theoretischen Futurepreis. Der Betrag der erhaltenen Kuponzahlung kann nämlich für den Zeitraum des Kuponzahlungstages bis zum Kontraktliefertag festverzinslich angelegt werden. Dadurch entstehen, wenn die Anleihe gehalten wird, zusätzliche Einnahmen. Deshalb muß dieser Faktor in der Formel subtrahiert werden. Da die Kuponerträge zu einem Zeitpunkt in der Zukunft anfallen, weiß man nicht, welcher Zinssatz zu diesem Zeitpunkt am Markt gilt. Ohne eine Absicherung wäre es nicht möglich zu sagen, wie hoch die Einkünfte aus der Wiederanlage der Kuponerträge sind. Durch ein Forward-Rate Agreement ist es aber möglich, sich den Zinssatz für diesen zukünftigen Zeitraum zu sichern. Man muß dann den

---

1 Bei der Berechnung des Stückzinses und der Finanzierungskosten müssen folgende Besonderheiten beachtet werden: Der Stückzins berechnet sich auf einer actual/actual Tages-Basis. Das heißt, für den Monat werden die tatsächlichen Tage und für das Jahr ebenfalls die tatsächlichen Tage angenommen. Die Fremdfinanzierung des Kaufes der Anleihe geschieht in der Regel durch Aufnahme von kurzfristigem Geld. Die Zinsberechnung erfolgt deshalb analog der Zinsberechnung von Geldmarktzinsen. Zur Berechnung der Geldmarktzinsen werden aber die tatsächlich angefallenen Tage ins Verhältnis zu einem 360 Tage Jahr gesetzt. Die Beachtung dieser Marktusancen ist wichtig für das korrekte Einsetzen der Anzahl von Tagen in die obige Formel. Diese Usancen gelten für den deutschen Markt. Die Berechnung an anderen Märkten kann davon leicht abweichen. Vgl. dazu die Kontraktspezifikationen der einzelnen Terminkontrakte.

2 Ist auf die Kuponzahlung eine Quellensteuer bzw. Zinsabschlagsteuer zu entrichten, so muß diese von den Kuponerträgen zusätzlich abgezogen werden. Ob diese Quellensteuer zu entrichten ist, hängt zum einen von der steuerlichen Stellung des Marktteilnehmers ab (Inländer oder Ausländer), zum anderen von den dem Future zugrundeliegenden Anleihen (z.B. Bundesanleihen oder T-Bonds). In den folgenden Ausführungen wird darauf verzichtet.

Zinssatz nehmen, den ein Investor bei heutigem Vertragsabschluß zu einem in der Zukunft bestimmten Zeitpunkt bereit ist, zu bezahlen. Dies ist der Forward-Zinssatz für diesen Zeitraum. Der Investor wird die Kuponeinnahmen nur dann anlegen, wenn eine vorzeitige Kündigung des Kredits zu der Fremdfinanzierung der Anleihen nicht möglich ist, bzw. wenn der Forward Haben-Zinssatz über dem heutigen Fremdfinanzierungszinssatz liegt. Liegt der Forward Haben-Zinssatz über dem heutigen Fremdfinanzierungszinssatz, ist es günstiger, den Betrag zu diesem Zinssatz anzulegen.

Ist eine vorzeitige Teilkündigung des Kredits bei der Fremdfinanzierung der Anleihe möglich und liegt der Forward Haben-Zinssatz unter dem heutigen Fremdfinanzierungszinssatz, so muß statt dem obigen Faktor folgender Faktor subtrahiert werden:

$$K \times r \times \frac{t_{KL}}{T}$$

Hier ist r wieder der aktuelle Fremdfinanzierungszinssatz. Ist der Kredit nur zum Forward-Zins zu kündigen, steht für r der entsprechende Forward-Zins.[1]

Dieser Betrag muß subtrahiert werden, da er einen Opportunitätsgewinn darstellt. Durch die vorzeitige Rückzahlung muß weniger Cost of Carry bezahlt werden, da ein geringerer Betrag fremdfinanziert werden muß.

Ist es zudem möglich, die Anleihen vom Valutatag bis zum Kontraktliefertag zu verleihen, müssen die Leiherträge auch noch berücksichtigt werden. Da die Anleihen bis zum Kontraktliefertag nicht benötigt werden, ist es günstig, diese gegen Entgelt zu verleihen. Da dadurch Erträge entstehen, müssen diese Leiherträge in der Formel subtrahiert werden.

Ein weiterer Faktor, der berücksichtigt werden muß ist die Seller's Option. Diese Komponente wirkt sich ungünstig für den Käufer des Kontraktes aus und muß daher subtrahiert werden.[2]

Die Formel für den theoretischen Futurepreis lautet dann vollständig:

$$FP = \frac{KP_{CTD} - K \times \frac{t}{T} + (KP_{CTD} + AZ) \times r \times \frac{t}{T} - K \times rf \times \frac{t_{KL}}{T} - LE - SO}{PF_{CTD}}$$

mit: FP = Futurepreis (theoretisch)
rf = Forward Haben-Zinssatz oder aktueller Fremdfinanzierungszinssatz (abhängig von der jeweiligen Situation)
LE = Leiherträge für das Verleihen der Anleihen vom Valutatag bis zum Kontraktliefertag, bezogen auf eine einzelne Anleihe
SO = Wert der Seller's Option

1 Ein alternatives Vorgehen wäre die Finanzierung des Stückzinses (beim Kauf der Anleihe) nur bis zum nächsten Kuponzahlungszeitpunkt mit der entsprechenden Spot-Rate. Der Kupon den man am Kuponzahlungszeitpunkt erhält, wird dann zu der vorher gesicherten Forward-Rate angelegt.

2 Eine ausführliche Behandlung der Seller's Option erfolgt in Kapitel 6.1.2.5.

Die Leiherträge entfallen, wenn die Anleihen nicht zur Money Market Rate sondern zur Repo Rate finanziert werden.

Die Futurepreisformel kürzer gefaßt:

$$FP = \frac{KP_{CTD} - E + F}{PF_{CTD}}$$ [1]

mit:
FP = Futurepreis (theoretisch)
E = Erträge, die aus dem Halten der Anleihe vom Valutatag bis zum Kontraktliefertag anfallen (i.d.R. Kuponeinnahmen)
F = Finanzierungskosten, die durch das Fremdfinanzieren der Anleihe anfallen

oder:

$$FP = \frac{Forward_{CTD}}{PF_{CTD}}$$

Dieser theoretische Futurepreis wird durch das Arbitragekalkül begründet. Ist der Future „fair“ bewertet, so ist Arbitrage nicht möglich. Kauft man Anleihen und verkauft als Gegengeschäft die entsprechende Anzahl an Futures, so darf bei einer fairen Bewertung des Futures, wenn der Kauf der Anleihen fremdfinanziert wurde, kein Gewinn entstehen. Man hätte sonst einen risikolosen Gewinn ohne Einsatz von Kapital erzielt. Die Kosten bzw. Erträge aus dem Verkauf des Futures, minus den Kosten bzw. Erträgen aus dem Kauf der Anleihen, muß Null ergeben.

Beispiel:
Kauf von Anleihen (den aktuellen Cheapest to Deliver) im Nominalwert von € 100.000. Gleichzeitig wird ein Bund-Future verkauft, mit dem Ziel, die Anleihen am Ende der Laufzeit in den Kontrakt einzuliefern. Im Falle des Bund-Futures hat der Verkäufer des Kontraktes das Recht, zu entscheiden, welche der lieferbaren Anleihen er liefert. Durch den Kauf der Anleihen fallen als Kosten der Kassapreis KP_{CTD} (KP bezieht sich immer auf den am jeweiligen Tag geltenden Kassakurs der Anleihe) der Anleihen und die Stückzinsen AZ_{KV}, die vom letzten Kuponzahlungstag bis zum Valutatag aufgelaufen sind, an. Bis zum Zeitpunkt der Lieferung der Anleihen entstehen zudem Finanzierungskosten F durch das Fremdfinanzieren der Anleihen.

War der Future nach obiger Formel „fair“ bewertet, so hat man die Anleihen am Valutatag zum Preis $(KP_{CTD} - E + F)/PF_{CTD}$ per Termin verkauft. Da am Laufzeitende des Kontraktes weder E noch F anfallen können, steht zu diesem Zeitpunkt der Kurs des Futures bei KP_{CTD}/PF_{CTD}.[2] Man hat somit die

1 Vgl. *Little J.M.:* (Financial Futures), S.53.
2 Stände der Future am letzten Handelstag nicht bei KP/PF, so wäre auch hier Arbitrage möglich. Wenn man die Anleihe am Liefertag am Kassamarkt kauft und in den Kontrakt liefert, darf kein Gewinn oder Verlust entstehen. Kauft man die Anleihe am Kassamarkt, dann bezahlt man den Kaufpreis plus Stückzinsen. Als Andienungspreis erhält man den Futurepreis multipliziert mit dem Preisfaktor plus die

Finanzierungskosten F, die durch die Fremdfinanzierung der Anleihe entstanden sind, wieder zurückerhalten. Dabei wird davon ausgegangen, daß die Finanzierungskosten, die in die Berechnung des Futures eingegangen sind, genauso groß sind wie die eigenen Finanzierungskosten. Bezahlt hat man über den Verkauf des Futures die Kuponeinnahmen E. Diese Kuponerträge hat man aber schon durch den Kauf und das Halten der Anleihen eingenommen. Man erhält sie jedoch erst am Liefertag, wenn die Anleihen angedient werden. Der Andienungsbetrag für die Anleihen bei der Lieferung berechnet sich nämlich folgendermaßen:

Andienungsbetrag = (FP * PF + AZ) * 1.000

mit: FP = Futurepreis (hier EDSP[1])
AZ = Aufgelaufene Zinsen der Anleihe, die geliefert wird vom letzten Kuponzahlungstag bis zum Kontraktliefertag (=Stückzinsen)
PF = Preisfaktor (hier bezieht sich der Preisfaktor auf die Anleihe, die geliefert wird)

Die Gleichung für den Andienungsbetrag erklärt, warum zum Erhalt der Formel für den theoretischen Futurepreis der Forwardpreis der Anleihe durch den Preisfaktor dividiert werden muß. Der Futurepreis wird nämlich zur Berechnung des Andienungspreises mit dem jeweiligen Preisfaktor multipliziert. Am Anfang der Periode muß daher die konträre Rechnung vorgenommen werden.

Aus der Formel für den Andienungsbetrag ist auch ersichtlich, daß man nicht nur E erhält, sondern auch AZ_{KV}, die man beim Kauf der Anleihe bezahlt hat. AZ setzt sich nämlich aus AZ_{KV} und E zusammen. Somit fällt auch dieser Faktor am Ende weg. Dadurch wird deutlich, daß sich die Erträge und Finanzierungskosten aus dem Kauf und Halten der Anleihe und dem Verkauf des Futures restlos gegeneinander aufheben. Es bleibt als letzter Faktor noch der Kaufpreis KP der Anleihen übrig. Beim Kauf der Anleihen wurde u.a. der Kurswert der Anleihen KP bezahlt, gleichzeitig wurden aber die Anleihen zu demselben Preis, dividiert durch den Preisfaktor (siehe Formel für den theoretischen Futurepreis), indirekt über den Future wieder verkauft. Am Liefertag erhält man aber u.a. den Futurepreis, multipliziert mit dem Preisfaktor. Wird dieselbe Anleihe geliefert, die am Anfang gekauft wurde, kürzt sich der Preisfaktor wieder weg, da am Laufzeitende der Futurepreis bei KP_{CTD}/PF_{CTD} steht. Dabei ist es wichtig zu beachten, daß während der Laufzeit des Kontraktes Kursverluste bzw. Gewinne auf der Kassaseite durch ständige Margin-Zahlungen aus dem Future ausgeglichen wurden. Diese Gewinne bzw. Verlu-

---

Stückzinsen. Damit man den genauen Kaufpreis erhält, muß der Future bei KP/PF notieren. Dann erhält man (KP/PF) * PF. Der Preisfaktor kürzt sich aus dem Term und als Zahlung erhält man den Kaufpreis KP. Ist der letzte Handelstag nicht mit dem Kontraktliefertag identisch, dann hat der Future am letzten Handelstag eine theoretische Basis, die dazu führt, daß der Kurs von dem obig genannten leicht abweicht. Das hat aber keine Auswirkung auf den theoretischen Futurepreis. Vgl. dazu auch das Beispiel in Kapitel 7.2.1 Cash and Carry Arbitrage.

1 Definition, siehe Glossar.

ste werden aber nur dann ausgeglichen, wenn als Gegengeschäft zu dem Kauf der Anleihen im Nominalwert von € 100.000 nicht ein Kontrakt verkauft wird, sondern ein Kontrakt, multipliziert mit dem Preisfaktor.[1] Nur dann gleichen die Margin-Zahlungen die Kursbewegung der Anleihe wertmäßig aus. Der Future folgt nämlich in seiner Bewegung der Kursbewegung des Cheapest to Deliver, jedoch angeglichen mit dem Preisfaktor. Ein weiterer Faktor, der oft bei der Berechnung der Formel für den theoretischen Futurepreis nicht berücksichtigt wird, ist die Bewertung der sogenannten Seller's Option. Auf diesen Aspekt wird in Kapitel 6.1.2.5 eingegangen.

6.1.2.4 Einfluß der Margin auf den theoretischen Futurepreis

Beim Kauf, aber auch beim Verkauf eines Kontraktes muß als Sicherheitsleistung die sogenannte Initial Margin hinterlegt werden. Dadurch ergibt sich die Frage, ob die Hinterlegung dieser Margin einen Einfluß auf den theoretischen Futurepreis hat.

Wird die Margin in Form von Geldhinterlegung aufgebracht, entstehen für den Käufer des Terminkontraktes Aufwendungen in Form von Opportunitätskosten. Der hinterlegte Geldbetrag könnte festverzinslich angelegt werden und einen Ertrag abwerfen. Das Marginkonto bei der Eurex und bei den meisten anderen Terminbörsen wird aber unverzinslich geführt.[2]

Der Käufer eines Kontraktes wird verlangen, daß diese Opportunitätskosten im Kaufpreis des Kontraktes berücksichtigt werden. Da es Kosten sind, muß sich der Kaufpreis des Kontraktes entsprechend vermindern, damit der Käufer einen Ausgleich erhält.

Anderseits muß auch der Verkäufer eines Kontraktes Margin hinterlegen. Für ihn entstehen daher dieselben Opportunitätskosten wie für den Käufer. Da er den Kontrakt verkauft, wird er fordern, daß sich sein Verkaufspreis entsprechend erhöht.

Man hat also zwei gegenläufige Tendenzen, die sich im Endeffekt gegenseitig aufheben. Zudem muß beachtet werden, daß Banken ihre Margin in der Regel in Form von Sicherheiten hinterlegen, z.B. Wertpapiere wie z.B. Anleihen. Diese Wertpapiere werden zu einem bestimmten Prozentsatz auf die Margin angerechnet. Dem Hinterleger dieser Sicherheiten fließen dabei eventuelle Zahlungen wie Zinstilgung (z.B. Stückzinsen) zu. Er hat daher durch die Hinterlegung dieser Sicherheiten keine Renditeverminderung, und es entstehen deshalb für ihn effektiv keine Kosten für die Erbringung der Initial Margin. Somit ist der Einfluß der Initial Margin auf den theoretischen Futurepreis praktisch gleich Null.

---

1 In der Praxis wird nicht mit einem einzigen Kontrakt arbitriert, sondern mit einer wesentlich höheren Anzahl, z.B. 100 oder 500 Kontrakten.

2 Relevant sind bei dieser Betrachtung hauptsächlich die Marginkonten der Banken und der institutionellen Anleger, da der Einfluß auf die Futurepreisbildung überwiegend von dieser Marktteilnehmergruppe ausgeht.

Einen möglichen Einfluß auf den theoretischen Futurepreis haben die Variation-Margin-Zahlungen. Durch dieses Margining System werden Zahlungsströme generiert. Diese Cash Inflows und Cash Outflows können angelegt bzw. müssen finanziert werden und führen daher entweder zu Erträgen oder Aufwendungen. Eine Möglichkeit der Bewertung dieser Zahlungsströme besteht darin, daß man sie mit Hilfe anderer Finanzinstrumente repliziert.

Die Summe der Variation-Margin-Ein- und -Auszahlungen während der Halteperiode eines Terminkontraktes stellen An- bzw. Zuzahlungen auf den ursprünglich festgesetzten Kontraktpreis im Falle einer effektiven Lieferung dar.[1] Solche Ein- und Auszahlungen erfolgen bei einem Forward Contract (Zeitkontrakt), bei dem die Kursänderungen gegenüber dem vereinbarten Kontraktpreis am Liefertag abgegolten werden, nicht. Durch die Nachbildung dieser Zahlungsströme wird es möglich, Termin- und Zeitkontrakte diesbezüglich anhand einer arbitrageorientierten Beurteilung vergleichbar zu machen.

Ein derartiges Bewertungsmodell stammt von Cox, Ingersoll, Ross.[2] Die Differenz zwischen den Forward- und Futurepreisen wird dadurch festgestellt, daß der Zahlungsstrom des Forward Contracts durch die Kombination der Cash Inflows und Cash Outflows des Futures mit täglicher Kreditaufnahme bzw. Kreditgewährung nachgebildet wird.

Dies führt zu folgender Formel:

$$Fow_{t,T} - Fut_{t,T} = \sum_{j=t}^{T-1} \frac{(Fut_{j+t,T} - Fut_{j,T}) \times \left[\frac{PV_{j,T}}{PV_{j+1,T}} - 1 \right]}{PV_{t,T}}$$ [3]

mit:
$Fow_{t,T}$ = Preis des Forward Contracts mit Fälligkeit T zum Zeitpunkt t
$Fut_{t,T}$ = Preis des Futures mit Fälligkeit T zum Zeitpunkt t
t = Zeitpunkt (Laufindex).
T = Endfälligkeit
$PV_{t,T}$ = Barwert eines Zerobonds mit Fälligkeit T zum Zeitpunkt t

Die rechte Seite der Gleichung stellt die auf den jeweiligen Zeitpunkt abdiskontierten Erträge bzw. Aufwendungen dar, die sich aus der Anwendung des mark-to-market-Prinzips beim Future ergeben. Die erste Klammer ist die Kursänderung des Futures gegenüber dem Vortag. Diese Kursänderung resultiert in Ein- bzw. Auszahlungen, die angelegt werden können bzw. finanziert werden müssen. Die eckige Klammer gibt den dafür relevanten Zinssatz an. Die Division des gesamten Ausdrucks durch $PV_{t,T}$ führt zu dem Barwert.

Die Differenz zwischen dem Future und dem Forward Contract konvergiert bis zum Liefertag gegen Null. Zu diesem Zeitpunkt notieren diese beiden Instrumente zu demselben Preis. Das Problem der Ermittlung des Preisunter-

1 Vgl. *Berger, M.:* (Hedging), S.307.
2 Vgl. Cox, J.C., Ingersoll, J.C., Ross, S.A.: (Relation), S.321–345.
3 Vgl. Cox, J.C., Ingersoll, J.C., Ross, S.A.: (Relation), S.323.

schiedes zwischen beiden Kontrakten ist ähnlich dem der Wahl zwischen der einmaligen Anlage in Nullkuponanleihen mit Laufzeit T (Forward) oder der T-t -maligen Anlage in Titeln mit eintägiger Laufzeit (Future).[1] Wäre in der Realität die Bedingung sicherer Erwartungen erfüllt, das heißt nicht stochastische Zinsen, würden sich beide Kontrakte in ihren Kursen bzw. Renditen entsprechen. Da dies aber nicht gegeben ist, muß die obige Gleichung für zeit- und zustandsstetige Variablen (continous time and state) zu folgender Gleichung umgeformt werden:

$$Fow_{t,T} - Fut_{t,T} = -\int_t^T \frac{Fut_{w,T} \times Cov(Fut_{w,T}, PV_{w,T}) \times dw}{PV_{t,T}}$$ [2]

mit: $Cov(Fut_{w,T},PV_{w,T})$ = lokale Kovarianz im Zeitpunkt w zwischen der prozentualen Änderung von Fut und der von PV.

Falls $Cov(Fut_{w,T},PV_{w,T})<0$ für alle w ist, gilt $Fow_{t,T} - Fut_{t,T}<0$
Falls $Cov(Fut_{w,T},PV_{w,T})>0$ für alle w ist, gilt $Fow_{t,T} - Fut_{t,T}>0$

In der Regel weisen Terminkurse für Finanztitel positive lokale Kovarianzen zu den Kursen von Zerobonds auf. Daraus folgt, daß die Kurse der Anleihe Forward-Kontrakte mit der Fälligkeit T im Zeitpunkt t über den Kursen der entsprechenden Futures liegen.

Empirische Studien haben die Aussage des Modells von *Cox, Ross, Ingersoll,* daß die Futurepreise unter den Preisen der Forward-Kontrakte liegen, ebenso bestätigt wie die Aussage bezüglich der Kovarianz von Forward- und Future-Kursen. Jedoch haben sich die Differenzen zwischen den Kursen als gering erwiesen.[3]

Die Margin-Zahlungen haben somit zwar einen Einfluß auf die Bewertung eines Futures, allerdings ist dieser Einfluß äußerst gering.

6.1.2.5 Die Seller's Option

Bei den meisten mittel- und langfristigen Zinsterminkontrakten hat der Inhaber der Short-Position die Pflicht, aus dem Korb der lieferbaren Anleihen eine Anleihe seiner Wahl zu liefern, um damit seiner Lieferverpflichtung nachzukommen. Er hat zwar die Pflicht, eine Anleihe zu liefern, aber welche lieferbare Anleihe er liefert, bleibt ihm überlassen. Da dies ein zusätzliches Recht, aber keine zusätzliche Pflicht ist, wird dieses Recht auch Option genannt. Da es das Recht des Verkäufers ist, nennt man es Seller's Option.

Die Seller's Option umfaßt bei den meisten Kontrakten nur die im obigen Absatz genannte Qualitätsoption. Bei Kontrakten wie dem Treasury-Bond-Future kommt noch die Zeitoption hinzu, die dem Verkäufer das Recht gibt, während des Liefermonats den genauen Lieferzeitpunkt zu bestimmen.

1 *Berger, M.:* (Hedging), S.309.
2 Vgl.*Berger, M.:* (Hedging), S.309.
3 Vgl.*Berger, M.:* (Hedging), S.310.

Es kann außerordentlich ertragreich sein, von der Seller's Option Gebrauch zu machen.[1] Diese Option muß daher einen Wert haben. Da sie sich negativ für den Käufer und positiv für den Verkäufer des Terminkontraktes auswirken kann, muß sie sich ceteris paribus gesehen preissenkend auf den Kurs des Kontraktes auswirken. Der Käufer tritt an den Verkäufer ein Recht ab, was sich für ihn unter Umständen negativ auswirken kann. Er wird daher über einen niedrigeren Kaufpreis eine Kompensation für die Aufgabe dieses Rechtes verlangen.

Bis zu einer bestimmten Grenze ist eine Unterbewertung des Futures eigentlich keine Unterbewertung. In der herkömmlichen Berechnung des theoretischen Futurepreises findet nämlich überhaupt keine Quantifizierung der Seller's Option statt. Um zu einer exakten Bewertung des Futures zu gelangen, müßte die Seller's Option quantifiziert werden und in die Formel zur Berechnung des theoretischen Futurepreises eingebaut werden. Man würde dann eine Untergrenze für den Futurepreis erhalten. Unterschreitet der Futurepreis diese Grenze, wäre eine Reverse Cash and Carry Arbitrage fast risikolos. Die Obergrenze für den theoretischen Futurepreis bleibt aber weiterhin die „alte" Formel, da sie korrekt angibt, ab wann das Gegengeschäft, die Cash and Carry Arbitrage, profitabel wird (außer man hat die Möglichkeit, die Seller's Option zu verkaufen). Man hat dann zwei theoretische Futurepreise und somit eine Spanne, innerhalb deren sich der Futurepreis im Verhältnis zur Kasse bewegen kann, bevor eine Arbitrage sinnvoll wird.

6.1.2.5.1 Die Qualitätsoption

In der Seller's Option ist die Qualitätsoption enthalten. Sie besteht darin, daß der Inhaber der Short-Position am Liefertag bestimmen kann, welche der lieferbaren Anleihen er liefern wird. In der Regel wird er den CTD liefern. Vom Kaufzeitpunkt des Terminkontraktes bis zum Kontraktliefertag kann jedoch die Cheapest to Deliver Anleihe wechseln, wodurch für den Verkäufer des Kontraktes ein zusätzliches Ertragspotential entsteht. Je wahrscheinlicher ein Wechsel des CTD ist, desto wertvoller ist die Qualitätsoption. Die Möglichkeit eines Wechsels des CTD wird unter anderem bestimmt von der Volatilität der Kurse, der Zeit bis zum Kontraktliefertag und auf welchem Zinsniveau man sich befindet. Ein Wechsel des CTD wird besonders wahrscheinlich, wenn das aktuelle Zinsniveau dem Kupon der fiktiven Anleihe (z.B. Bund-Future 6 %) des Terminkontraktes entspricht. Zur Bewertung der Qualitätsoption gibt es mehrere Ansätze, die jedoch nicht immer zu demselben Ergebnis führen.

Die Qualitätsoption kann in drei verschiedene Komponenten zerlegt werden: Die **Shift Option**: Die Qualitätsoption wird unter anderem von einer Parallelbewegung der Zinsen bestimmt. Eine Veränderung des Zinsniveaus kann nämlich zur Folge haben, daß der CTD wechselt. Meistens ist eine Zinsbewe-

1 Siehe Kapitel 7.2.2 Cash and Carry Arbitrage unter Ausnutzen der Seller's Option.

gung *entweder* nach oben *oder* nach unten notwendig um den CTD wechseln zu lassen. Liegt das Zinsniveau in der Nähe des Preisfaktors oder sind mehrere Anleihen nicht weit entfernt cheapest zu sein, kann auch eine Bewegung in beide Richtungen zu einem Wechsel führen (siehe hierzu Kapitel 6.1.2.2). Die Cheapest to Deliver Anleihe). Die Qualitätsoption kann somit auch als eine Option auf die Richtung der Zinsbewegung gesehen werden. Je nach Renditeniveau (über oder unter Preisfaktorniveau) handelt es sich um Put oder einen Call auf die Renditeentwicklung. Das Renditeniveau auf dem der Wechsel stattfindet kann als Basispreis angesehen werden. Die Laufzeit geht bis zum letzten Handelstag des Kontraktes. Zu entscheiden ist weiterhin ob es sich um eine amerikanische oder europäische Option handelt. Die Lieferung findet erst am Ende und nicht während der Laufzeit des Kontraktes statt. Deshalb muß man von einer europäischen Option ausgehen. Der CTD kann zwar bereits während der Laufzeit wechseln und somit einen Gewinn bzw. Verlust verursachen, aber auch bei einer europäischen Option kann man bereits während der Laufzeit von einer günstigen Kursentwicklung profitieren.

Ein möglicher Ansatz zur Bewertung dieser Option wäre über eine Simulation der Kurse. Man kann die Kurse der Anleihen in kleinen Schritten nach oben bzw. unten bewegen (Parallelverschiebung der Renditen) und sich den dazugehörigen theoretischen Futurepreis ausrechnen. Da Optionsbewertungen in der Regel auf Forward-Preisen basieren, erfolgt die Simulation auch auf Forward-Preisen bzw. per letzten Handelstag des Futures. Das Kursniveau des Futures auf dem der Wechsel stattfindet, kann als Basispreis der Option angesehen werden.[1] Sind mehr als zwei Anleihen in dem lieferbaren Korb, so ist bei einer noch stärkeren Bewegung der Zinsen ein weiterer Wechsel des CTD möglich. Das Niveau auf dem der zweite Wechsel stattfindet, ist der Basispreis der zweiten Option. Die erste Option wäre in diesem Fall nur ein Call- bzw. Put-Spread (limitierter Gewinn). Diese Simulation kann so bis zum Ende durchgeführt werden. Die Summe der einzelnen Optionen ergibt den Wert der Shift Option.

Die **Switch Option**: Zu der geschilderten Parallelbewegung kommt noch die Möglichkeit hinzu, daß sich die Renditen der Anleihen zueinander verschieben. Eine Veränderung der Renditen zueinander ebenso wie eine Parallelverschiebung, einen Wechsel des CTD zur Folge haben Diese Verschiebung kann durch mehrere Faktoren bestimmt sein: z.B. eine Drehung der Renditekurve (z.B, kurze Zinsen steigen stärker als lange Zinsen) oder einfach durch eine verstärkte Nachfrage nach einer bestimmten Anleihe (z.B. Benchmark Anleihe). Die Switch Option kann somit als eine Option auf die Neigung der Zinskurve oder als eine Rendite-Spread-Option angesehen werden.

Eine weitere Komponente der Seller's Option ist die **New Issue Option**. Wird eine neue Anleihe emittiert, kann diese Anleihe auch wenn der Handel in dem betreffenden Kontrakt bereits aufgenommen wurde, bis zu einem gewissen

1 Vgl. *Jonas S.:* (Change in the Cheapest to Deliver), S.321.

Zeitpunkt noch in den Korb der lieferbaren Anleihe aufgenommen werden. Es besteht dann die Möglichkeit, daß diese Anleihe Cheapest to Deliver wird. Man kann sich im Vorfeld überlegen, zu welchen Konditionen diese Anleihe wahrscheinlich emittiert wird. Es ist dann möglich festzustellen, ob diese Anleihe Cheapest ot Deliver wird und den Effekt ausrechnen, den dies auf den Futurpreis und die Basis haben wird. Weichen die Konditionen der neuen Anleihe stark von den Konditionen des bisherigen CTD ab, so kann der Effekt auf den Future stärker sein als bei einem „normalen" Wechsel des CTD. Um diese Option quantifizieren zu können, muß man noch die (sehr schwer meßbare) Wahrscheinlichkeit berücksichtigen, daß eine neue Anleihe überhaupt emittiert wird. In den folgenden Ausführungen wird diese Komponente deshalb nicht weiter berücksichtigt.

Eine Möglichkeit zur Bewertung der Seller's Option (Qualitätsoption) liefert die Optionsbewertungsformel nach *Margrabe*[1]. Sie gibt den Wert einer Option an, ein Gut gegen ein anderes Gut zu tauschen. Die Basis für dieses Modell bildet die bekannte Optionsbewertungformel von *Black-Scholes*, die folgendermaßen lautet:

$$C = SN(x) - Kr^{-t}\, N(x - \sigma\sqrt{t})$$

$$und: x \equiv \frac{\ln(S/Kr^{-t})}{\sigma\sqrt{t}} + \frac{1}{2}\,\sigma\sqrt{t}$$ [2]

mit:
S = Aktienkurs
K = Basispreis
r = risikoloser Zinssatz
σ = Standardabweichung der Aktienrenditen
t = Restlaufzeit in Jahren
N (x) = kumulierte Standardnormalverteilung

William Margrabe modifizierte 1978 diese Formel um den Wert einer Option zu berechnen, ein risikoreiches Asset (Gut 1) gegen ein anderes risikoreiches Asset (Gut 2) zu tauschen. Ursprünglich hält man Gut 1 und hat das Recht es in Gut 2 zu tauschen. Tauschen wird man jedoch nur, wenn Gut 2 mehr wert ist als Gut 1. In der Bewertungsformel steht daher statt dem Aktienkurs und dem diskontierten Basispreis der Preis von Gut 2 und der Preis von Gut 1. Statt der Volatilität der Aktie wird die Standardabweichung der Differenz der Renditen von Gut 1 und Gut 2 genommen. Dies führt zu folgender Formel:

$$W(X_2, X_1, t) = X_2N(d_1) - X_1N(d_2)$$

$$und: d_1 = \frac{\ln(X_2/X_1)}{\sigma\sqrt{T-t}} + \frac{1}{2}\,\sigma\sqrt{T-t}$$ [3]

$$d_2 = d_1 - \sigma\sqrt{T-t}$$

1 Vgl. Margrabe W.: (Exchange one Asset for Another), S. 177 ff..
2 Vgl. *Cox, J.C., Rubinstein, M.,* (Options Markets), S. 205.
3 Vgl. Margrabe W.: (Exchange one Asset for Another), S. 179.

mit: W = Wert der Option zum Zeitpunkt t
X_1 = Preis von Gut 1
X_2 = Preis von Gut 2
t = jeweiliger Zeitpunkt
T = Fälligkeitszeitpunkt
σ = Volatilität
$N(x)$ = kumulierte Standardnormalverteilung

Für die Volatilität σ steht folgender Faktor:

$$\sigma = \sqrt{\sigma_1^2 + \sigma_2^2 - 2\rho\sigma_1\sigma_2} = Stdv\left(LN \frac{\frac{X_{2,t}}{X_{1,t}}}{\frac{X_{2,t-1}}{X_{1,t-1}}} \right) = Stdv\left(LN \frac{X_{2,t}}{X_{2,t-1}} - LN \frac{X_{1,t}}{X_{1,t-1}} \right) = \sigma\,(X_2 - X_1)$$

mit: σ = Volatilität
Stdv = Standardabweichung
ρ = Korrelation
t = jeweiliger Zeitpunkt

Diese Formel kann nun unter einigen Modifizierungen zur Bewertung der Qualitätsoption herangezogen werden.

Durch die Qualitätsoption besitzt man das Recht, statt des ursprünglichen Cheapest to Deliver eine andere Anleihe zu liefern.[1] Sie ist daher das Recht, das Gut 1 (ursprünglicher CTD) gegen ein Gut 2 (neuer CTD) zu tauschen. Gemäß obiger Formel wird man tauschen, wenn am Laufzeitende das Gut 2 teurer ist als das Gut 1. Bei Anleihekontrakten jedoch wird man den ursprünglichen CTD nur dann gegen eine andere Anleihe tauschen, wenn diese Anleihe für eine Lieferung billiger und nicht teurer ist als der ursprüngliche CTD.[2] Man will somit sehen, um wieviel billiger die eine Anleihe im Verhältnis zu der anderen Anleihe ist. Je billiger der neue CTD im Verhältnis zum alten CTD wird, desto größer wird der Gewinn durch die Einlieferung des neuen CTD. Man hat in diesem Fall ein umgekehrtes Verhältnis im Vergleich zu dem Fall mit zwei Gütern. Eine Möglichkeit dieses Problem zu lösen gibt folgendes Vorgehen: In der Bewertungsformel würde man normalerweise für X_2 den potentiellen neuen CTD und für X_1 den ursprünglichen CTD anschrei-

1 Da man das Recht, hat Anleihe 2 anstelle von Anleihe 1 zu kaufen oder Anleihe 1 gegen Anleihe 2 zu verkaufen, handelt es sich bei dieser Option um Call und Put zugleich.

2 Man kann natürlich auch argumentieren, daß man tauschen wird wenn man für die Anleihe 2 im Falle einer Lieferung mehr erhält, als für die Anleihe 1. Um den Betrag festzustellen wieviel mehr man erhält, kann man die Formeln aus Kapitel 6.1.2.2.2 verwenden:
Falls man die Anleihe am Kontraktliefertag kauft und dann einliefert gilt:
*Erlös bei Lieferung = Future-Preis * Preisfaktor – Kurs der Anleihe*
Befindet man sich vor dem Kontraktliefertag, kann man die Anleihe per Liefertag zum Forward-Preis kaufen und dann einliefern
*Erlös bei Lieferung = Future-Preis * Preisfaktor – Forward-Preis der Anleihe*
Man kann diese Beträge jedoch nicht in die Optionsbewertungsformel einsetzen, da sie u.a. null oder einen negativen Wert ergeben können und keinen Preis darstellen.

ben. Um dem Umstand Rechnung zu tragen, daß man nur dann tauscht, wenn die zweite Anleihe billiger wird als die erste Anleihe, vertauscht man in der Formel X_1 und X_2.

Man kann jedoch in die Formel nicht die Preise der beiden Anleihen eintragen. Die Anleihen werden in der Regel einen unterschiedlichen Kupon und eine unterschiedliche Restlaufzeit haben und somit auch eine unterschiedliche Anrechnung im Falle einer Lieferung. Die Anleihepreise reflektieren somit nicht wieviel billiger die eine Anleihe im Verhältnis zu der anderen Anleihe ist. Man muß daher eine gemeinsame Preisbasis finden. Als gemeinsame Preisbasis bietet sich der Future an. In mehreren Schritten kann man die Parameter herleiten, die in die Formel einzusetzen sind:

Der Erlös der Lieferung einer Anleihe beträgt am Liefertag:

1) *Erlös bei Lieferung:* $(Fut \times PF - KP)$

mit: Fut = Futurepreis
PF = Preisfaktor
KP = Preis der Anleihe

Hat der CTD gewechselt, und man liefert statt dem ursprünglichen CTD (KP_1) den neuen CTD (KP_2), so entsteht ein zusätzlicher Gewinn. Der zusätzliche Gewinn ist der Betrag, um den der neue CTD für die Lieferung billiger ist als der alte CTD und ist der innere Wert der Seller's Option:

2) *Innerer Wert der Seller's Option:* $(Fut \times PF_2 - KP_2) - (Fut \times PF_1 - KP_1)$

Der neue CTD ist hier die Anleihe 2. Anhand des Preis des CTD ist es möglich, einen theoretischen Futurepreis zu ermitteln. Genauso ist es möglich, für eine Anleihe die nicht Cheapest ist einen theoretischen Futurepreis zu berechnen. Es ist der Preis zu dem der Future notieren müßte, damit aus einer Cash und Carry bzw. Reverse Cash und Carry Arbitrage kein Gewinn oder Verlust anfällt. Da am letzten Handelstag zudem der folgende Zusammenhang gilt: $\mathbf{Fut_{theor}=KP/PF}$ bzw. $\mathbf{KP=Fut_{theor}*PF}$ kann die obige Formel auch folgendermaßen[1] angeschrieben werden:

3) *Innerer Wert der Seller's Option:*
$(Fut_{akt} - Fut_{theor2}) \times PF_2 - (Fut_{akt} - Fut_{theor1}) \times PF_1$

Auch anhand dieser Formel kann exakt festgestellt werden, wie tief die Seller's Option im Geld ist. Dies ist nicht nur für den Liefertag möglich, sondern auch für jeden Tag vor der Lieferung. Da beide Faktoren jedoch null oder einen negativen Wert ergeben können, ist es nicht möglich sie in die Optionsbewertungsformel einzusetzen. Man muß daher versuchen, über die beiden theoretischen Futurepreise eine einheitliche Basis zu finden:

Da eine Anleihe die nicht Cheapest ist, teurer ist als der CTD, wird der theoretische Futurepreis für diese Anleihe höher sein als für den CTD. Die Diffe-

---

1 KP wird ersetzt durch Fut_{theor}*PF.

renz zwischen beiden theoretischen Futurepreisen gibt eine Abschätzung in Future-Ticks um wieviel billiger der CTD im Vergleich zu der anderen Anleihe ist. Umgekehrt sieht man auf diese Weise auch falls der CTD wechselt, wieviel billiger der neue CTD im Vergleich zu dem alten CTD ist. Die Differenz zwischen den beiden theoretischen Futurepreisen gibt aber noch nicht den geldwerten Vorteil an, der durch die Lieferung der einen Anleihe gegenüber der anderen Anleihe entsteht. Sie ist nur eine grobe Abschätzung für den inneren Wert der Option:

4) $Fut_{theor1} - Fut_{theor2}$ [1]

Der Vorteil dieser Abschätzung ist daß man nun zwei Preise hat, die in die Optionsbewertungsformel eingesetzt werden können. Die Abschätzung ist jedoch mit einem leichten Fehler behaftet. Selbst wenn der theoretische Futurepreis für beide Anleihen derselbe ist, kann aufgrund der Verzerrung durch den Preisfaktor eine Anleihe für die Lieferung billiger sein als die andere Anleihe. Wenn sich die beiden theoretischen Futurepreise unterscheiden, wird diese Verzerrung größer. Es muß somit noch eine Korrektur vorgenommen werden.

Wie aus Formel 3) ersichtlich ist, ist der Erlös bei der Lieferung von der Differenz zwischen dem aktuellen Futurepreis und dem theoretischen Futurepreis und somit von der Fehlbewertung relativ zu der Anleihe abhängig. In Formel 4) fehlt jedoch die Adjustierung mit dem Preisfaktor.

Der Fehler der Abschätzung beträgt für $\text{Fut}_{\text{theor1}}$:

$$K_1 = FB_1 \times PF_1 - FB_1$$

und für $\text{Fut}_{\text{theor2}}$:

$$K_2 = FB_2 \times PF_2 - FB_2$$

mit: K = Fehler der Abschätzung
FB = Fehlbewertung des Futures
FB = $\text{Fut}_{\text{akt}} - \text{Fut}_{\text{theor}}$

Der innere Wert der Seller's Option am Verfalltag kann daher auch in folgende Formel gefaßt werden:

5) *Innerer Wert der Seller's Option* $= \max\,[0,(Fut_{theor1} - K_1) - (Fut_{theor2} - K_2)]$

Zur Veranschaulichung kann hier wiederum auf das **Beispiel** aus Kapitel 6.1.2.2.2 zurückgegriffen werden:

Der Settlementpreis des März 99 Bobl-Futures betrug am Liefertag 108,54, der Kurs für Anleihe 1: 114,31 und der Kurs für Anleihe 2: 112,93.

Der theoretische Futurpreis betrug für Anleihe 1: 114,31/1,053245 = 108,5312 und für Anleihe 2: 112,93/1,038746 = 108,7176. Die Differenz beträgt 18,64

1 Da hier von den theoretischen Futurpreisen und nicht von den Kassapreisen ausgegangen wird, vertauscht sich das Vorzeichen.

Ticks. Der Vorteil durch die Lieferung von Anleihe 1 gegenüber Anleihe 2 beträgt jedoch *nicht* 18,64 * € 10 = € 184,60 sondern € 193,75:

Der Future war gemäß Anleihe 1 um 0,88 Ticks überbewertet. Der Betrag den man durch diese Fehlbewertung erhält ist 0,88 * € 10 * 1,053245 = € 9,2686. Der Futurpreis hätte nach Anleihe 2 um 17,76 Ticks niedriger sein müssen. -17,76 * € 10 * 1,038746 = –€ 184,4813. Die Differenz beträgt € 193,75 (vgl. hierzu auch die Rechnung in Kapitel 6.1.2.2.2).

Der Unterschied zwischen € 193,75 und € 184,60 beträgt 4,723 %. Er kann je nach Höhe des Preisfaktors auch 15 % oder 20 % betragen. Je weiter der Preisfaktor beider Anleihen von eins abweicht, desto größer wird dieser Unterschied.

Führt man die letzte Rechnung gemäß der obigen Formel 5) durch, erhält man:

(108,5312–0,0004686) – (108,7176 – (–0,0068813 = 0,19375 bzw. 19,375 Ticks. 19,375 * 10 = € 193,75.

Mit: 0,0004686 = 0,0088 * 1,053245–0,0088 = K_1 und
–0,0068813 = –0,1776 * 1,038746 – (–0,1776) = K_2

Die obige Rechnung hat gezeigt, daß man im Falle des Wechsels des CTD exakt einen inneren Wert der Option feststellen kann und diesen am Laufzeitende aufgrund von Arbitrageüberlegungen auch belegen kann. Wäre nämlich Anleihe 2 der ursprüngliche CTD gewesen und Anleihe 1 der neue CTD, so wäre der Gewinn durch den Wechsel € 193,75 bzw. 19,375 Ticks. Die Option wäre somit 19,375 Ticks im Geld gewesen.

Befindet man sich nicht am Verfalltag, muß die Berechnung nach Formel 5) auf Forward-Basis stattfinden. Für den theoretischen Futurepreis wird der Forward-Preis der Anleihe dividiert durch den Preisfaktor genommen. Für beide Anleihen steht dann der entsprechende aktuelle theoretische Futurepreis.

Der tatsächliche Futurepreis kann von dem theoretischen Futurepreis abweichen. Dies ist zur Bewertung der Seller's Option jedoch nebensächlich, da es hier auf hier auf das relative Preisvehältnis der Anleihen zueinander ankommt, das sich in den unterschiedlichen theoretischen Futurepreisen und in K_1 und K_2 wiederspiegelt.

Für X_1 und X_2 können somit folgende Faktoren eingetragen werden:

$X_1 = Fut_{theor1} - K_1$ und $X_2 = Fut_{theor2} - K_2$

Der Wert der Seller's Option lautet nun vollständig:

$$SO(X_1, X_2, t) = X_1 N(d_1) - X_2 N(d_2)$$

$$und: d_1 = \frac{\ln(X_1/X_2)}{\sigma\sqrt{T-t}} + \frac{1}{2}\sigma\sqrt{T-t}; \qquad d_2 = d_1 - \sigma\sqrt{T-t}$$

$$X_1 = Fut_{theor1} - K_1; \qquad X_2 = Fut_{theor2} - K_2$$

$$K_1 = FB_1 \times PF_1 - FB_1; \qquad K_2 = FB_2 \times PF_2 - FB_2$$

$$FB_1 = Fut_{aktuell1} - Fut_{theor1}; \qquad FB_2 = Fut_{aktuell2} - Fut_{theor2}$$

$$\sigma = \sqrt{\sigma_1^2 + \sigma_2^2 - 2\rho\sigma_1\sigma_2} = \sigma(X_1 - X_2)$$

mit:

SO	=	Wert der Seller's Option zum Zeitpunkt t
Fut	=	Future
FB	=	Fehlbewertung des Futures
1	=	bezieht sich auf den ursprünglichen CTD
2	=	bezieht sich auf den potentiellen neuen CTD
t	=	jeweiliger Zeitpunkt
T	=	Fälligkeitszeitpunkt
σ	=	Volatilität
N(x)	=	kumulierte Standardnormalverteilung

Als letzter Punkt bleibt die Ermittlung der korrekten Volatilität. Die Volatilität bezieht sich hier auf den Spread zwischen X_1 und X_2. Die Volatilität dieses Spreads hängt in erster Linie von der Bewegung der theoretischen Futurepreise beider Anleihen zueinander ab. Würde der Future zu dem Preis der Anleihe dividiert durch Preisfaktor notieren, wäre die Preisvolatilität der Anleihe gleich der Volatilität des Futures. Zur Ermittlung des theoretischen Futurepreis muß von dem Preis der Anleihe noch die Basis subtrahiert werden. Dadurch wird sich je nach Höhe der Basis ein leichter Unterschied zwischen beiden Volatilitäten ergeben. Hat man keine historischen Datenreihen für X_1 und X_2, so kann man als grobe Abschätzung für die historische Volatilität von X_1 und X_2 die Volatilitäten der beiden Anleihen verwenden. Korrekterweise bräuchte man eine historische Datenreihe für X_1 und X_2. Befindet man sich am Anfang der Laufzeit des Kontraktes, kann man sich mit Daten aus dem zurückliegenden Kontraktmonat behelfen. Sind diese Daten nicht vorhanden, muß man sich die theoretischen Futurepreise anhand der Anleihepreise ausrechnen. Dies ist jedoch schwierig, da man Anleihe- und Futurepreise zu demselben Zeitpunkt braucht. Im günstigsten Fall befindet man sich in der Mitte der Laufzeit des Kontraktes und hat eine Zeitreihe für X_1 und X_2 seit Anfang der Laufzeit des Kontraktes.

Zur Bewertung der Option wird man in der Regel jedoch nicht die historische Volatilität verwenden, sondern die erwartete zukünftige Volatilität. Die historische Volatilität kann jedoch eine Richtgröße sein bzw. einen Anhaltspunkt geben.

Ein Vorteil des obigen Modells ist, daß in der (historischen) Volatilität des Spreads bereits ein möglicher paralleler sowie ein möglicher relativer Yield Shift enthalten ist. Eine separate Behandlung dieser beiden Effekte ist daher nicht notendig.

Zur Bestimmung des Abrechnungsbetrages am Liefertag wird der Futurepreis mit dem Preisfaktor multipliziert. Der Betrag um den der Futurepreis aufgrund der Seller's Option adjustiert werden muß, ist daher der Wert der Seller's Option dividiert durch den Preisfaktor. In der Bewertungsformel für den theoretischen Futurpreis steht der Wert der Seller's Option daher im Zähler.

Das folgende **Beispiel** soll die Bewertung der Seller's Option verdeutlichen. Die Daten hierzu finden sich in der untenstehenden Tabelle.

Datum:	**Akt. CTD**	THA	**Future**	Bobl
13. Jan 99	7,750	01. Okt 02	Kurs	109,56
	Kurs Anleihe	116,02	Liefertag Future	10. März 99
	Vola[1] 54 Tage	1,988 %	Verfall Option	08. März 99
	Preisfaktor	1,053245	Money Market Rate	3,18 %
	Impl. Repo Rate	3,0782	Aktueller CTD	109,5788
	Future theor.	109,5768	Non CTD	109,5932
	K	-0,0019	Korellation der Anleihen	0,997497
	Future th. – K	109,5788	Vola des Spreads	**0,1407 %**
			Optionsprämie	**0,0171**
	Non CTD	BUND	Delta	0,4039
	7,250	21. Okt 02	Gamma	0,6533
	Kurs Anleihe	114,38	Vega	0,1632
	Vola 54 Tage	1,978 %	Theta	0,0002
	Preisfaktor	1,038746		
	Impl. Repo Rate	2,9985		
	Future theor.	109,5899		
	K	-0,0033		
	Future th. – K	109,5932		

Am 13.01.99 war eine Treuhandanleihe Cheapest to Deliver. Eine Bundesanleihe war jedoch nicht sehr viel teurer. Der Unterschied betrug nur 1,44 Ticks: 109,5788–109,5932. Da zwei Börsentage vor dem Liefertag (10. März) angezeigt werden muß, welche Anleihe geliefert wird, verfällt die Option am 8. März. Die Option hat in dem Beispiel somit eine Restlaufzeit von 54 Tagen. Zur Bewertung der Option wurde die Preisvolatilität der beiden Anleihen verwendet. Eine Volatilität von 1,988 % und 1,978 % für 54 Tage ergibt bei einer Korrelation von 0,997497 eine Volatilität für den Spread von 0,1407 %: $(0{,}01988^2 + 0{,}01978^2 - 2*0{,}997497*0{,}01988*0{,}01978)^{-0{,}5} = 0{,}001407$. Nach der obigen Bewertungsformel erhält man eine Optionsprämie von 0,0171 oder 1,71 Ticks. Die Seller's Option macht somit 1,624 Ticks (1,71/1,053245) im Future-Preis aus.

Die Korrelation der beiden Anleihen ist mit 0,997497 sehr hoch. Bei einer etwas niedrigeren Korrelation von 0,9900 und ansonsten unveränderten Parametern beträgt die Volatilität des Spreads 0,2806 % und die Optionsprämie 0,0403 bzw. 4,03 Ticks. Hier wird der starke Einfluß der Korrelation auf die Volatiltät des Spreads deutlich.

Läßt man die Korrelation unverändert und setzt die Preisvolatilität auf ein vergleichbares Niveau für längerlaufende Anleihen (Bund Future) von 6,00 %, dann erhält man eine Volatilität des Sreads von 0,4245 % und eine Optionsprämie von 6,44 Ticks. In volatileren Marktphasen und bei Kontrakten auf längerlaufende Anleihen (z.B. Treasury-Bond-Future) kann der Wert der Option um ein vielfaches höher sein.

1 Die Volatilität berechnet sich wie folgt: $Stdv\left[LN\frac{Kurs_t}{Kurs_{t-1}}\right]$

Den Wert der Seller's Option für unterschiedliche Volatilitäten (Vola des Spreads) und unterschiedliche Basispreise zeigen die folgenden beiden Graphen (6.4 und 6.5).

Der erste Chart zeigt den Wert der Option für unterschiedliche Volatilitäten (Volatilität des Spreads X_1, X_2) und unterschiedliche Restlaufzeiten. Die Option ist am Geld und X_1 und X_2 betragen 100.

Der zweite Chart zeigt den Wert der Option für unterschiedliche Basispreise. Ist die Option z.B. 0,15 bzw. 15 Ticks aus dem Geld, dann beträgt X_1: 100 und X_2: 100,15.

Zuletzt ist als wichtiger Punkt noch anzumerken, daß diese Bewertungsmethode nur dann eine verläßliche Bewertungsbasis darstellt, wenn sich zwischen zwei Anleihen entscheidet welche am Ende Cheapest ist und die restlichen lieferbaren Anleihen einen gewissen Abstand zu diesen beiden Anleihen haben. Meistens unterscheiden sich die lieferbaren Anleihen in ihrer Austattung (Kupon und Restlaufzeit) und Rendite soweit, daß nur sehr wenige in Frage kommen Cheapest zu werden. Befinden sich jedoch mehrere Anleihe in der Nähe des CTD, müssen andere Bewertungsmodelle verwendet werden. Ansonsten kann das Modell sehr gut verwendet werden, da es in sich konsistente Werte auf der Basis eines Black Scholes Ansatzes liefert.

6.1.2.5.2 Die Zeitoption

Die meisten mittel- und langfristigen Zinsterminkontrakte der Eurex besitzen eine Qualitätsoption. Auch an den anderen Terminbörsen sind die meisten mittel- und langfristigen Zinsfutures mit einer Qualitätsoption versehen. Die sogenannte Zeitoption ist jedoch nicht so weit verbreitet. Der bekannteste Zinsterminkontrakt mit Zeitoptionen ist der Treasury-Bond-Future, der vor allem am Chicago Board of Trade (CBOT).

Die Zeitoption ergibt sich aus dem Umstand, daß bei dem Treasury-Bond-Future der Verkäufer des Kontraktes das Recht hat, den Lieferzeitpunkt zu bestimmen.[1]

Das relativ komplizierte Lieferprozedere im T-Bond-Future führt dazu, daß es nicht nur eine, sondern mehrere Zeitoptionen gibt.

Die erste Zeitoption, die auch **Zinsoption** genannt wird, besteht darin, daß der Verkäufer des Kontraktes während des gesamten Liefermonates den Geschäftstag der Lieferung bestimmen kann. Ob er am Anfang oder am Ende des Monats liefert, hängt von den Nettofinanzierungskosten für das Halten der Anleiheposition ab. Sind die Fremdfinanzierungskosten für das Halten der Anleihe größer als die Kuponerträge der Anleihe, so wird er sich ceteris paribus für eine möglichst frühe Lieferung, d.h. am ersten Geschäftstag im Kontraktmonat, entscheiden. Entstehen durch das Halten der Anleihe dage-

1 Zum besseren Verständnis der Zeitoptionen möge der Leser einen Blick auf den Liefermonat und den Lieferungsprozeß des T-Bond-Kontraktes werfen. Siehe Kapitel 5.2.1.1.

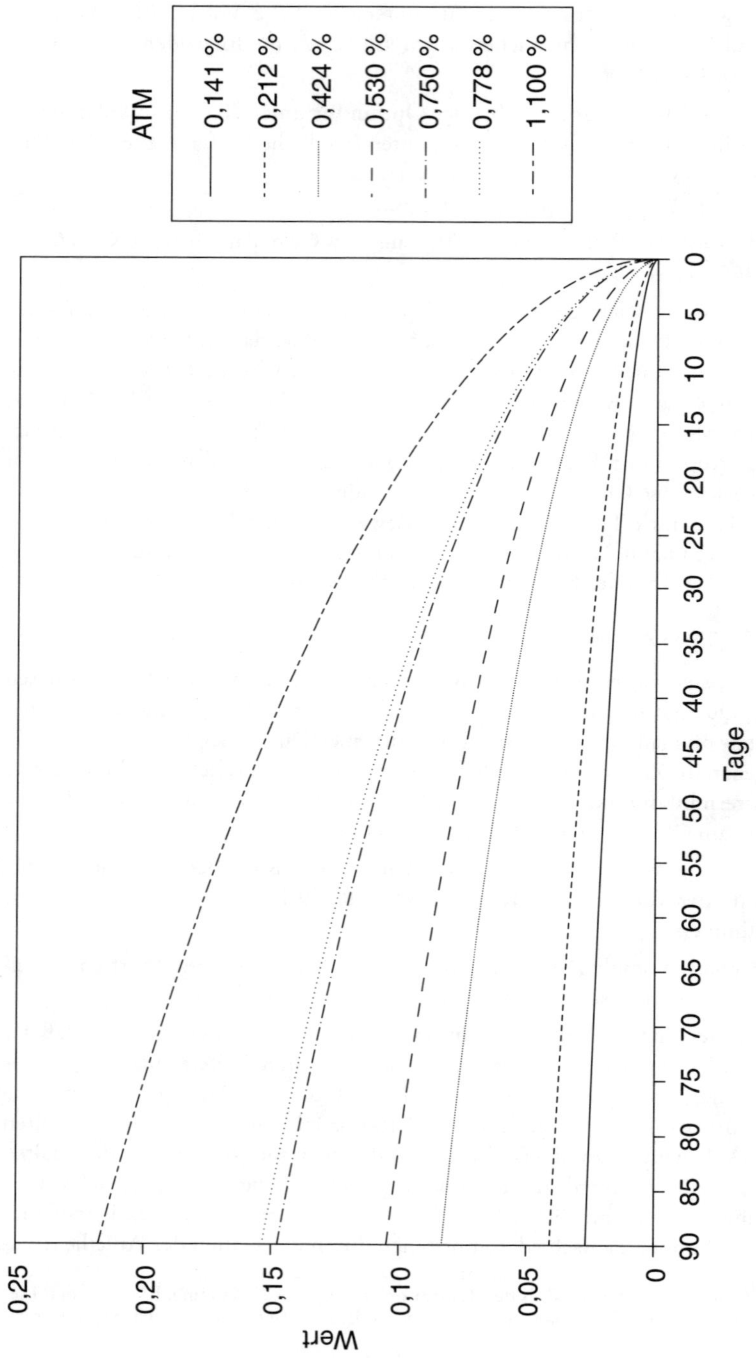

Abb. 6.4: Wert der Seller's Option für unterschiedliche Volatilitäten

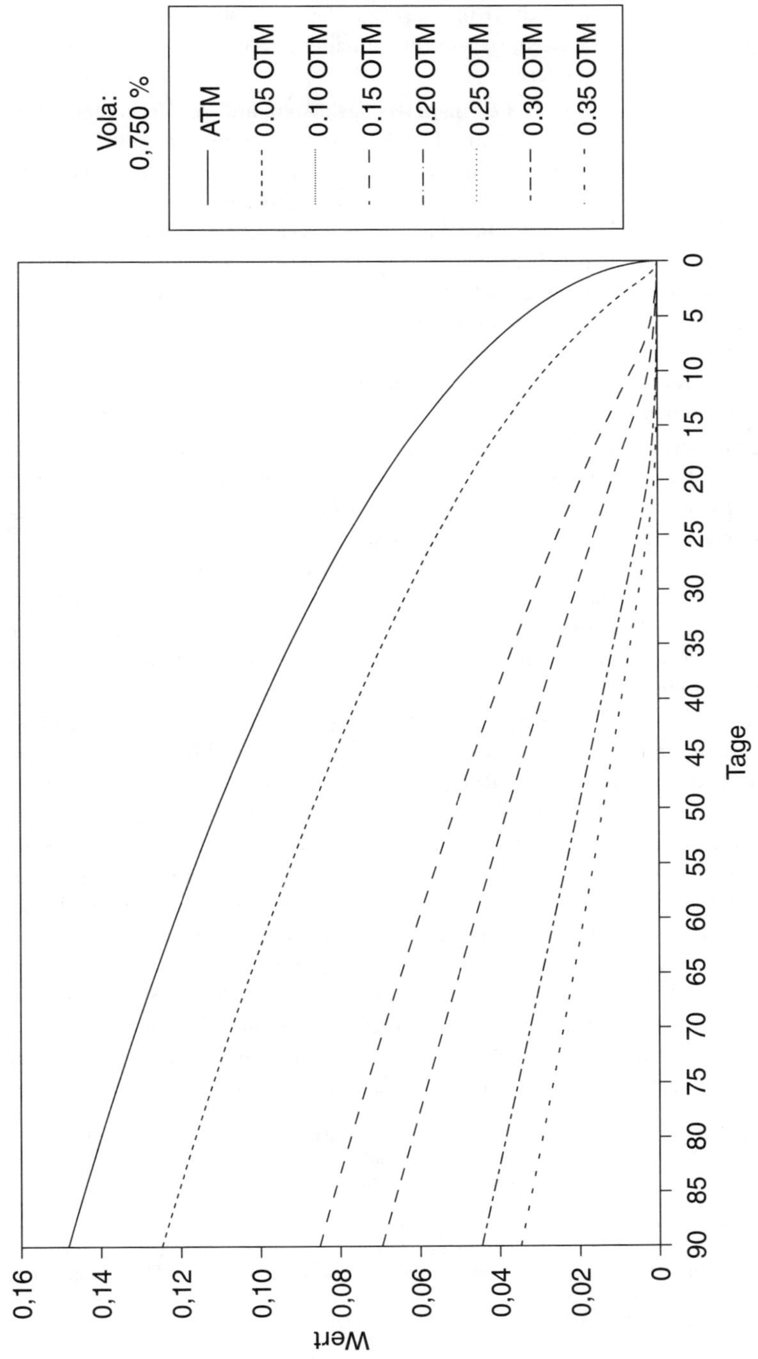

Abb. 6.5: Wert der Seller's Option für unterschiedliche Basispreise

gen netto Erträge, d.h., die Kuponerträge der Anleihe sind größer als die Fremdfinanzierungskosten, so wird der Inhaber der Short-Position am Ende des Kontraktmonats liefern.

Sind die Erträge größer als die Finanzierungskosten, und der Verkäufer liefert statt am Monatsende am Anfang des Monats, so verzichtet er auf die Differenz zwischen diesen beiden Größen. Da diese Differenz die Basis darstellt, würde er durch eine frühe Lieferung die auf den Nominalwert seiner Futureposition umgerechnete Basis bezahlen, bzw. er verzichtet darauf. Durch eine Lieferung am Monatsende hat er die Möglichkeit, diese Differenz zu erhalten. Das ist zwar kein zusätzlicher Gewinn – in einer Arbitrageposition wird dieser Ertrag in voraus mit einkalkuliert –, eine vorzeitige Lieferung würde aber zu einer zusätzlichen Ertragsminderung führen. Diese Basis bezieht sich natürlich nur auf die Zahlungsströme, die zwischen dem ersten und dem letztmöglichen Liefertag anfallen.

Liegen dagegen die Zinskosten für den fremdfinanzierten Kauf der Anleihe über den Kuponerträgen der Anleihe, so hat der Inhaber der Short-Position netto Kosten für das Halten der Anleiheposition. Die Kosten, die vom ersten Liefertag bis zum letzten Liefertag anfallen, kann er durch eine möglichst frühe Lieferung (Lieferung am ersten Geschäftstag des Liefermonats) vermeiden. Findet die Finanzierung der Anleihe mit dem Overnight-Zins statt, so besteht die Gefahr aber auch die Chance, daß diese Zinsen sich während der Haltedauer zugunsten des Verkäufers des Kontraktes entwickeln. Dieser Aspekt ist ebenfalls zu berücksichtigen.

Mit dieser beschriebenen Zeitoption überschneidet sich teilweise eine andere Zeit- bzw. Qualitätsoption. Der achte Geschäftstag vor Ende des Kontraktmonats ist für den Treasury-Bond-Future der letzte Handelstag. Der Settlementkurs dieses Tages bildet die Grundlage für die Berechnung des Andienungsbetrages der noch offenen Kontraktpositionen. Der Andienungspreis ist somit ab diesem Tag fix. Die Lieferung der Anleihen kann aber noch bis zum letzten Liefertag (letzter Geschäftstag im Liefermonat) erfolgen.[1] Während dieser Tage können freilich noch erhebliche Schwankungen in den Kursen der Kassaanleihen stattfinden. Ist der Inhaber der Short-Position Arbitrageur oder Basis Trader, so wird er, um keine ungedeckte Short-Position zu haben, die benötigte Anzahl an Anleihen in seinem Depot haben.[2] Die Kursschwankungen am Kassamarkt können somit nicht mehr zu billigeren Eindeckungsmöglichkeiten genutzt werden.[3] Allerdings können Kurs-

1 Der Verkäufer des Kontraktes hat immer noch das Recht, den Liefertag zu bestimmen. Für den günstigsten Zeitpunkt der Lieferung gelten daher auch hier die in den vorherigen Abschnitten getätigten Aussagen.

2 Basis Trader und Arbitrageure kaufen bzw. verkaufen pro Terminkontrakt Anleihen im Wert von: Nominalwert des Kontraktes * Preisfaktor der Anleihe. Am letzten Handelstag muß somit der Überhang an Anleihen bzw. Futures ausgeglichen werden, damit der Nominalwert an Anleihen geliefert werden kann. Siehe dazu auch Kapitel 7.3.4 Basis Trading.

3 Diese Aussage muß eingeschränkt werden, da zusätzlich noch die Wildcard oder Tagesoption besteht.

schwankungen im Anleihemarkt zu einem Wechsel im Cheapest to Deliver führen. Sollte ein Wechsel im Cheapest to Deliver stattfinden, ist es sinnvoll, die ursprüngliche Anleihe gegen den neuen CTD zu tauschen. Dieser Swap würde zu einem zusätzlichen Ertrag führen. Diese Option unterscheidet sich von der Qualitätsoption aus dem letzten Kapitel durch die Tatsache, daß der Andienungspreis des Futures bereits fixiert ist. Der Wechsel des CTD findet hier somit nicht mehr bei einem sich mit den Anleihepreisen bewegenden Futurekurs statt. Wie man sieht, ist diese Option zum Teil eine Zeitoption und zum Teil eine Qualitätsoption. Da sie durch einen Tausch von Anleihen genutzt wird, wird sie oft auch **Switch Option** genannt.

Einen wesentlich größeren Wert als diese genannten Zeitoptionen kann unter Umständen die sogenannte **Wild Card Option** oder Tagesoption haben. Der Inhaber der Short-Position kann bekanntlich den Tag der Lieferung während des Liefermonats bestimmen. Der Settlementpreis des jeweiligen Tages basiert auf dem um 2 Uhr p.m. Chicagoer Zeit festgestellten Future-Kurs. Der Verkäufer des Futures hat aber bis 8 Uhr p.m. Zeit, die Lieferungsnotiz (Absicht der Lieferung) beim Clearinghaus abzugeben. Treten während dieser acht Stunden Kurseinbrüche am Kassamarkt auf, so kann er diese dazu nutzen, sich kostengünstig mit Anleihen einzudecken und dann die Liefernotiz abgeben. Auch Kurssteigerungen kann er u. U. ertragbringend ausnutzen. Finden während dieser Zeit keine Kursschwankungen statt, so braucht er an diesem Tag keine Liefernotiz abzugeben. Basis Trader und Arbitrageure kaufen bzw. verkaufen pro Terminkontrakt Anleihen im Wert von: Nominalwert des Kontraktes * Preisfaktor der Anleihe. Am letzten Handelstag muß somit der Überhang an Anleihen bzw. Futures ausgeglichen werden, damit der Nominalwert an Anleihen geliefert werden kann. Ist der Preisfaktor größer als eins, z.B. 1,3, so müssen beispielsweise bei einer Cash and Carry Arbitrage als Gegengeschäft für den Kauf von Anleihen im Nominalwert von 10 Futures 13 Futures verkauft werden. Der Verkäufer muß daher vor der Lieferung den Überhang glattstellen. Er kann dies tun, indem er Anleihen kauft. Das heißt für den Fall, daß der Preisfaktor größer als eins ist, ist es für den Inhaber der Short-Position günstig, wenn zwischen 2 Uhr p.m. und 8 Uhr p.m. ein Kurseinbruch stattfindet, da er sich dann günstig eindecken kann. Im obigen Beispiel müssen Anleihen im Nominalwert von 3 Futures gekauft werden. Für den T-Bond-Future sind das Anleihen im Nominalwert von US $ 300.000,00. Übt der Marktteilnehmer die Tagesoption aus, gibt er jedoch für den Fall, daß die Basis positiv ist (Erträge größer als Finanzierungskosten), diese Basis auf. Der Gewinn, der durch den Kurseinbruch am Kassamarkt entsteht, muß daher den Verlust, der durch die Aufgabe der restlichen Basis entsteht, überkompensieren. Erst dann ist es sinnvoll, die Wild Card Option auszuüben. Ist der Preisfaktor der Anleihe größer als eins, ist die Wild Card Option ein Put, da es günstig ist, wenn die Anleihekurse fallen. Die Anleihekurse müssen aber um einen bestimmten Betrag fallen, um den negativen Effekt der Aufgabe der Basis zu kompensieren. Erst dann erhält die Option einen inneren Wert. Die Option liegt daher um den Betrag der Basis aus dem Geld.

Liegt der Preisfaktor der Anleihe unter eins, müssen vor der Lieferung noch Anleihen verkauft werden. Beträgt der Preisfaktor der Anleihe beispielsweise 0,9, so hat der Arbitrageur Anleihen im Nominalwert von US $ 1.000.000,00 gekauft und als Gegengeschäft 9 Kontrakte (Nominalwert der Anleihen * Preisfaktor) verkauft. In diesem Fall ist es für den Inhaber der Short-Position günstig, wenn nach der Feststellung des Settlementpreises die Anleihekurse steigen, da er dann die überschüssigen Anleihen (in diesem Fall Anleihen im Nominalwert von US $ 100.000,00) zu einem Preis verkaufen kann, der höher ist als der Kassapreis der Anleihen zum Zeitpunkt des Settlementpreis des Futures. Dadurch entsteht ceteris paribus ein zusätzlicher Gewinn. Allerdings wird auch in diesem Fall bei einer positiven Basis auf diese Basis verzichtet. Damit die Wild Card mit Gewinn genutzt werden kann, muß der Wert der Basis geringer sein als der Wert des Kursanstiegs. Die Anleihekurse müssen daher um den Betrag der Basis steigen, damit die Wild Card Option an innerem Wert gewinnt. Sie ist für den Fall eines Preisfaktors kleiner als eins, eine Kaufoption, die sich um den Betrag der Basis aus dem Geld befindet.[1]

Aus diesen Überlegungen wird ersichtlich, daß die Wild Card Option keinen Wert hat, falls die zu liefernden Anleihen einen Preisfaktor von eins haben.

Ist die Basis negativ, so ist es, wie oben festgestellt, vorteilhaft, möglichst früh zu liefern. Ein Marktteilnehmer kann aber der Meinung sein, daß es günstiger ist zu warten, in der Hoffnung, die Tagesoption auszunutzen. Er bezahlt dann für eine mögliche Ausübung der Wild Card Option jeden Tag Kosten für das Halten der Anleihepostion. Er hat zwar wie im obigen Beispiel an jedem Geschäftstag im Liefermonat (bis zum letzen Handelstag) die Möglichkeit diese Option auszuüben, bezahlt dafür aber mit den Kosten für das Halten der Anleiheposition (Carry). Die Anleihekurse müssen daher um den Betrag der aufgelaufenen Carry fallen bzw. steigen (je nachdem ob der Preisfaktor größer oder kleiner als eins ist), damit aus dem Warten und anschließenden Nutzen der Tagesoption ein Gewinn entsteht.

In der Tagesoption ist eine weitere Lieferoption enthalten, die darin besteht, daß ein Schwanken der Anleihekurse nach Abgabe der Liefernotiz zu einem Wechsel der Cheapest to Deliver Anleihe führen kann. Der Inhaber der Short-Position muß zwar bis 8 Uhr p.m. die Liefernotiz abgeben, hat aber bis 2 Uhr p.m. des nächsten Tages Zeit anzugeben, welche Anleihe er zu liefern gedenkt. Diese Zeit kann er nutzen, um im Falle des zwischenzeitlichen Wechsels des CTD seine ursprüngliche Anleihe gegen den neuen CTD zu tauschen. In ihrem Aufbau entspricht sie der Switch Option, wird aber, da sie während einer wesentlich kürzeren Zeit genutzt werden kann, die „kleine Switch Option“ oder **Minor Switch Option** genannt.

---

1 Sollten sich nach Festlegung des Settlementpreises die Anleihekurse nicht zugunsten des Marktteilnehmers entwickeln, kann er warten und versuchen, am nächsten Tag von der Wild Card Option zu profitieren.

Abschließend sei noch bemerkt, daß die Ausübung einer Option den Verzicht auf sämtliche andere Lieferoptionen mit ihren Ertragspotentialen bedeutet. **Vor Ausübung einer Option sollte man sich daher stets den Wert der restlichen Lieferoptionen berechnen und überlegen, ob der Ertrag durch die Ausübung den Wert der restlichen Optionen überkompensiert.**

Abschließend die einzelnen Seller's Options:

1. Qualitätsoption
   - Shift Option
   - Switch Option
2. New Issue Option
3. Zeitoption
   - Zinsoption
   - Switch Option
   - Wild Card Option
   - Minor Switch Option

6.1.3 Die Basis

Von großer Bedeutung ist auch die Basis. Allgemein ist die Basis die Differenz zwischen dem Kassapreis und dem Futurepreis. Die Basis ist die Preisdifferenz zwischen der dem Kontrakt zugrundeliegenden Ware und dem Future.[1] Bei einem Zinsterminkontrakt ist die Basis, einen Preisfaktor von 1,000 unterstellt, die Differenz zwischen der Kassaanleihe und dem Futurepreis.[2]

Die Basis ist demnach:

Basis = KP – FP
= KP – (KP – E + F)
= **E – F**

In den meisten Fällen beträgt der Preisfaktor nicht 1,000. Es muß dann eine korrekte Anpassung vorgenommen werden. Da sich der Futurepreis am Cheapest to Deliver orientiert, nimmt man bei der Berechnung der Basis gewöhnlich die Cheapest to Deliver Anleihe.

Der theoretische Futurepreis ist definiert als:

$$FP = \frac{KP_{CTD} - E + F}{PF_{CTD}}$$ [3]

Umgeformt erhält man:

$$FP * PF_{CTD} = KP_{CTD} - E + F$$
$$E - F = KP_{CTD} - (FP * PF_{CTD})$$

1 Vgl. *Rothstein, N.H.:* (Financial Futures), S.590.
2 Vgl. *Burghard, G., Lane, M., Papa, J.:* (Treasury Bond), S.22.
3 Der theoretische Futurepreis kann dann auch definiert werden als: Fut = (KP – Basis)/PF.

Da die Basis gleich E – F ist, folgt:

Basis = KP_{CTD} – FP * PF_{CTD}

Je nach Sichtweise kann der Begriff der Basis aber auch auf die übrigen lieferbaren Anleihen oder auch auf nicht lieferbare Anleihen ausgeweitet werden.

Die Basis ist negativ, wenn die Kuponerträge geringer sind als die Finanzierungskosten für das Halten der Anleihe. Sie ist dagegen positiv, wenn die Kuponerträge größer sind als die Finanzierungskosten. Das ist in der Regel bei einer „normalen" Zinskurve (der kurzfristige Zins liegt unter dem langfristigen Zins) der Fall. In einer normalen aufwärts gekrümmten Zinskurve, bei der die langfristigen Zinssätze über den kurzfristigen Zinssätzen liegen, werden die entfernt liegenden Kontraktmonate im Vergleich zu den Front-Monaten zu sukzessiv niedrigeren Preisen notieren.[1] Die Basis ist i.d.R. gleich Null bei einer flachen Zinskurve (der kurzfristige Zins ist gleich dem langfristigen Zins) und negativ bei einer inversen Zinsstruktur (für den Fall, daß die Kuponerträge kleiner sind als die Finanzierungskosten). In diesem Fall notieren die Preise der entfernteren Kontrakte zu einem höheren Kurs als die näherliegenden Kontrakte. Dabei ist aber ein wichtiger Punkt zu beachten. Die Finanzierungskosten repräsentieren den kurzfristigen Sollzinssatz. Die Kuponerträge repräsentieren das lange Ende der Zinskurve, wenn man davon ausgeht, daß bei der Emission der Anleihe die Höhe des Kupons dem Marktzinssatz für die entsprechende Laufzeit entspricht. Das heißt, daß die Basis nur dann die derzeitige Zinsstruktur abbildet, wenn der Cheapest to Deliver eine kürzlich emittierte Anleihe ist oder wenn sein Kupon dem derzeitigen Marktzinssatz für die entsprechende Laufzeit entspricht.

Die Basis stellt also nichts anderes dar als die Nettofinanzierungskosten (Cost of Carry) für das Halten einer fremdfinanzierten Anleiheposition bis zum Kontraktliefertag.

Am Ende der Laufzeit des Kontraktes ist die Basis immer gleich Null, da zu diesem Zeitpunkt keine Kosten oder Erträge für das Halten der Position mehr anfallen.

6.1.3.1 Die theoretische Basis

Die theoretische Basis ist die Basis, die der Future hat, wenn er korrekt bewertet ist. Setzt man in die obige Formel für die Basis den theoretischen Futurepreis ein, dann erhält man die theoretische Basis. Die theoretische Basis ist genauso wie der theoretische Futurepreis abhängig von den kurzfristigen Finanzierungskosten, die für jeden Investor verschieden sein können.

Theoretische Basis = KP_{CTD} – $FP_{theor.}$*PF_{CTD}

Die Berechnung der theoretischen Basis verdeutlicht das folgende **Beispiel:**

1 Vgl. *Labuszewski, J.W., Nyhoff, J.E.:* (Trading Futures), S. 140.

Am 31. Juli 1992 notierte die Bundesanleihe mit Laufzeit bis zum 22.7.2002 und Kupon von 8 % zu einem Kurs von 99,24. Die Repo Rate betrug 9,7 %. Diese Anleihe war auch Cheapest to Deliver. Aus diesen Angaben kann die theoretische Basis für den September-Kontrakt des Bund-Futures berechnet werden.

Die Stückzinsen der Anleihe vom 31.7.1992 bis zum Kontraktliefertag (10.9.1992) betragen 0,8889, und die entsprechenden Finanzierungskosten für den Kauf der Anleihe betragen auf einen „Dirty Spot-Price" (Kurs der Anleihe + Stückzins) berechnet 1,0983. Die Differenz zwischen den Zinserträgen und den Finanzierungskosten ist die theoretische Basis und beträgt in diesem Beispiel -0,2094 (0,8889–1,0983). Da die Basis nichts anderes ist als die Nettofinanzierungskosten für den fremdfinanzierten Kauf einer Anleihe für den Zeitraum bis zum Kontraktliefertag, würden sich in diesem Fall für eine entsprechende Position Kosten in Höhe von 0,2094 ergeben. Diese Cost of Carry ist berechnet auf eine einzelne Anleihe im Nominalwert von DM 100. Durch Multiplikation mit 2500 ergeben sich die Cost of Carry für Anleihen im Nominalwert von DM 2500 (ein Kontrakt): 0,2094 * 2500 = 523,53.

Aus der theoretischen Basis kann auch der theoretische Futurepreis errechnet werden. 99,24 (Anleihepreis) + 0,2094 = 99,4445. Dieser Betrag, geteilt durch den Preisfaktor der Anleihe, ergibt den theoretischen Futurepreis: 99,4445/1,145064 = 86,85.[1]

Da die theoretische Basis nichts anderes ist als die **Cost of Carry** für die Anleihe bis zum Kontraktliefertag, wird sie oft auch als Carry Basis bezeichnet. Fällt zwischenzeitlich kein Kupon an, kann die theoretische Basis auch folgendermaßen angeschrieben werden:

$$\textit{Theoretische Basis} = E - F = K \times \frac{t}{T} - (KP_{CTD} + AZ) \times r \times \frac{t}{T} = \textit{Cost of Carry}^{2}$$

mit:

	E	=	Erträge.
	F	=	Finanzierungskosten.
	KP	=	Aktueller Kassapreis der Anleihe
	K	=	Kupon der Anleihe.
	t	=	Anzahl der Tage vom Valutatag bis zum Kontraktliefertag.
	T	=	Anzahl der Tage für das Jahr
	AZ	=	Aufgelaufene Stückzinsen vom letzten Kuponzahlungstag bis zum Valutatag.
	r	=	Fremdfinanzierungszinssatz

In der Regel entspricht die Basis des aktuellen Futurepreises nicht der theoretischen Basis. Die Basis des aktuellen Futurepreises wird auch die Brutto-Basis genannt.

6.1.3.2 Die aktuelle Basis

Die Differenz zwischen dem aktuellen Marktpreis der Cheapest to Deliver Anleihe und dem mit dem Preisfaktor des Cheapest to Deliver multiplizierten aktuellen Futurepreis wird **aktuelle Basis, Brutto Basis oder auch Gross Basis** genannt. Der Begriff Brutto Basis wird häufig benutzt, besser wäre jedoch der Begriff aktuelle Basis, da er den Tatsachen eher gerecht wird. Die aktuelle Basis erhält man, indem man in die Formel für die Basisberechnung aktuelle

1 Vgl. zu dieser Rechnung das Beispiel in Kapitel 7.2.1 Cash and Carry Arbitrage.

2 Fällt zwischenzeitlich ein Kupon an, so muß dieser berücksichtigt werden. Siehe hierzu Kapitel 6.1.2.3 Berechnung des theoretischen Futurepreis.

Marktwerte einsetzt. Es ist die Basis, mit der der Future aktuell am Markt gehandelt wird.

Aktuelle Basis = $KP_{CTD} - FP_{aktuell} * PF_{CTD}$

Würde der Future im obigen Beispiel bei 86,75 notieren, so ergäbe sich eine aktuelle Basis von -0,0943.

99,24–86,75 * 1,145064 = -0,0943.

Für Basis Trader ist die Kenntnis der theoretischen Basis und der aktuellen Basis von großer Bedeutung. In der Regel wird der Future nicht mit seiner theoretischen Basis gehandelt. Die Kenntnis, wieweit die aktuelle Basis von der theoretischen Basis abweicht, kann eine wertvolle Entscheidungshilfe dafür sein, in welche Richtung er einen Basis Trade aufsetzt.

Auch für Händler, die Optionspositionen mit Futures absichern, oder Portfoliomanager, die Anleiheportefeuilles mit Zinsterminkontrakten hedgen, ist es notwendig, ständig über die Entwicklung der Basis informiert zu sein. Negative Basiseffekte können einen außerordentlich starken Einfluß auf die Effizienz eines Hedges haben.[1]

6.1.3.3 Die Net Basis

Bildet man die Differenz zwischen der aktuellen Basis und der theoretischen Basis dann erhält man die Net Basis.[2] Die Net Basis wird häufig auch Value Basis[3] oder Wertbasis genannt. Auch für diesen Begriff hat sich in der Praxis und Literatur keine einheitliche Nomenklatur gefunden.

Net Basis = $Basis_{aktuell} - Basis_{theor.}$

Für das obige Beispiel gilt: Net Basis = -0,0943 – (-0,2094) = 0,1151. Die Net Basis gibt an, wie stark die aktuelle Basis von ihrem theoretischen Wert abweicht. Die Net Basis gibt somit an, ob die aktuelle Basis über- oder unterbewertet ist. Eine positive Net Basis gibt den Betrag an, um den die aktuelle Basis überbewertet ist und eine negative Net Basis den Betrag um den die aktuelle Basis unterbewertet ist.

Eine *negative* Net Basis gibt einen *überbewerteten* Future an und eine *positive* Net Basis einen *unterbewerteten* Future. Ist der Future unterbewertet, liegt die theoretische Basis unter der aktuellen Basis, und die Net Basis hat dann ein positives Vorzeichen. Ist die Basis positiv, so hat sie einen Wert (deshalb auch Value Basis). Hat sie einen Wert, kann es lohnend sein diesen Wert zu verkaufen, d.h. die Anleihe verkaufen und den unterbewerteten Future

---

1 Siehe dazu Kapitel 7.1.5 Empirische Tests.

2 Gelegentlich wird auch die Differenz zwischen dem theoretischen und dem aktuellen Futurepreis als Value Basis bezeichnet. Um jedoch von der Differenz zwischen dem theoretischen und dem aktuellen Futurepreis zu der Net Basis oder Value Basis zu gelangen, muß diese Differenz mit dem Preisfaktor der Anleihe multipliziert werden.

3 Der Begriff Value Basis wird verwendet weil aus ihr ersichtllich wird, wie werthaltig die Basis ist, d.h. ob sie über- oder unterbewertet ist.

kaufen. Umgekehrt wäre die aktuelle Basis bei einem negativen Vorzeichen der Net Basis billig. Es würde sich dann lohnen, sie zu kaufen, d.h. die Anleihe kaufen und den Future verkaufen. *Durch den Preisfaktor dividiert, gibt die Net Basis an, wie stark der Future über- bzw. unterbewertet ist.*

Notiert im obigen Beispiel der Future bei 86,75, beträgt die Net Basis 0,1151. 0,1151/1,145064 = 0,1005. Daraus wird ersichtlich, daß der Future um 10 Ticks unterbewertet ist.

Umgekehrt ergibt die Fehlbewertung des Futures, multipliziert mit dem Preisfaktor, die Net Basis. Eine weitere Methode, die Net Basis zu berechnen, besteht darin, die Differenz zwischen dem aktuellen Anleihekurs und dem theoretischen Anleihekurs zu bilden. Der theoretische Anleihekurs ist der Kurs, zu dem die Anleihe notieren müßte, damit der Future bei seinem aktuellen Kurs korrekt bewertet wäre. In die Formel für den theoretischen Futurepreis wird der aktuelle Futurepreis eingesetzt, und dann löst man die Gleichung nach dem Kassapreis der Anleihe auf. Im Beispiel beträgt bei einem Futurekurs von 86,75 der theoretische Anleihepreis 99,1249. Der aktuelle Kurs der Anleihe betrug aber 99,24. Die Differenz zwischen diesen beiden Kursen beträgt 0,1151 und stellt die Net Basis dar.

Die Net-Basis kann daher auch folgendermaßen angeschrieben werden:

$$\textbf{Net Basis} = \textbf{Anleihe}_{\text{aktuell}} - \textbf{Anleihe}_{\text{theor.}}$$

6.1.3.4 Die Konvergenz der Basis

Die Basis ist in der Regel deutlichen Schwankungen ausgesetzt, die verschiedene mannigfaltige Ursachen haben können. Man kann nie mit Sicherheit voraussagen, wie sich die Basis bis zum nächsten Tag entwickeln wird. Was man aber mit Sicherheit sagen kann ist, daß die Basis, falls der Future nicht fehlbewertet ist, am Kontraktliefertag Null beträgt. Da an diesem Tag die Anleihen geliefert werden, fallen auch keine Erträge bzw. Finanzierungskosten für das Halten der Anleiheposition an.

Je näher man sich am Kontraktliefertag befindet, desto geringer werden die Cost of Carry und somit auch ceteris paribus gesehen die Basis. Am Kontraktliefertag entsprechen sich (unter Berücksichtigung des Preisfaktors) Kassapreis und Futurekurs.

Die Basis konvergiert somit bis zum Laufzeitende gegen Null. Diese Konvergenz der Basis findet in der Regel nicht linear statt, sondern fast immer unter Schwankungen.

Selbst wenn die aktuelle Basis ständig der theoretischen Basis entspricht, ist es unwahrscheinlich, daß die Basis linear konvergiert, da zahlreiche weitere Einflußgrößen auf die Basis einwirken.

Ist die Basis bzw. die Carry positiv (die Kuponerträge liegen dann über den Finanzierungskosten), dann notieren die entfernt liegenden Kontraktmonate unter den naheliegenden Monaten. Die Basis konvergiert dann von oben nach unten und der Future von unten nach oben. Ist die Basis dagegen negativ, konvergiert sie von unten nach oben. In diesem Fall notieren die Front-Monate unter den entfernter liegenden Monaten.

Ein **Beispiel** für die Konvergenz der aktuellen Basis gibt Abbildung 6.6. Der Kontrakt ist der März 99 Bobl-Future und die Anleihe ist die Treuhandanleihe mit 7,75 % Kupon und Laufzeit bis zum 01.10.2002. Diese Anleihe war auch die meiste Zeit Cheapest ot Deliver.

Da die Zinserträge (Kupon 7,75 %) größer als die Finanzierungskosten (Geldmartzins ca. 3,10 %) waren, konvergierte die Basis von einem positiven Wert. Die Konvergenz der Basis fand in diesem Fall relativ linear statt. Dies ist unter anderem auf die sich kaum verändernden Geldmarktzinsen und Repo Raten während dieser Periode zurückzuführen. Sehr oft kann es jedoch zu Sprüngen der Basis nach oben oder unten kommen.

6.1.3.5 Einflußparameter für die Änderung der Basis

Neben der genannten Konvergenz der Basis gibt es eine Vielzahl von weiteren Parametern, die bewirken können, daß die Basis nicht konstant bleibt.

Eine starke Einflußgröße ist der kurzfristige Zinssatz. Ändert er sich, dann wird sich in der Regel auch die Basis verändern, da er eine Komponente der Basis darstellt. Fallen die kurzfristigen Zinsen, dann weitet sich die Basis aus. Umgekehrt verengt sich die Basis, wenn die kurzfristigen Zinsen steigen, da der Faktor E – F dann kleiner wird.

Es ist relativ unwichtig, ob sich die Zinsstruktur ändert, entscheidend ist die Änderung des kurzfristigen Zinssatzes. Steigen z.B. die Anleihekurse, und die kurzfristigen Zinssätze bleiben gleich, dann wird die Zinsstruktur inverser. Die Basis hingegen wird sich nicht sehr verändern, da sich die Finanzierungskosten nur geringfügig ändern (die Finanzierungskosten steigen dann etwas, da die Anleihen teurer werden). Steigen dagegen die kurzfristigen Zinsen parallel zu den langfristigen Zinsen, bleibt die Zinsstruktur zwar gleich, aber die Basis wird sich verändern.

Die Tabelle 6.7 gibt ein Beispiel für den Einfluß einer Änderung der Repo Rate und einer Änderung des Anleihekurses auf die Basis. Im ersten Schritt wurde die Repo Rate bewegt und die dazugehörige neue theoretische Basis ermittelt. Im zweiten Schritt wurde die Repo Rate konstant gelassen und der Anleihekurs bewegt. Hier wird deutlich sichtbar, wie stark der Einfluß der Repo Rate auf die Basis ist. Die Veränderung in den Finanzierungskosten durch die Anleihekursschwankung ist für eine vergleichbare Änderung der Anleiherendite relativ gering.

Ein weiterer Einflußparameter für die Veränderung der Basis ist ein Wechsel des Cheapest to Deliver (CTD). Wird eine andere Anleihe Cheapest to Deliver, dann hat sie einen anderen Kupon und/oder einen anderen Kurs als die ursprüngliche Anleihe. Dadurch ergeben sich andere Haltekosten und andere Kuponerträge. Es kann auch vorkommen, daß nicht nur unter den bisher lie-

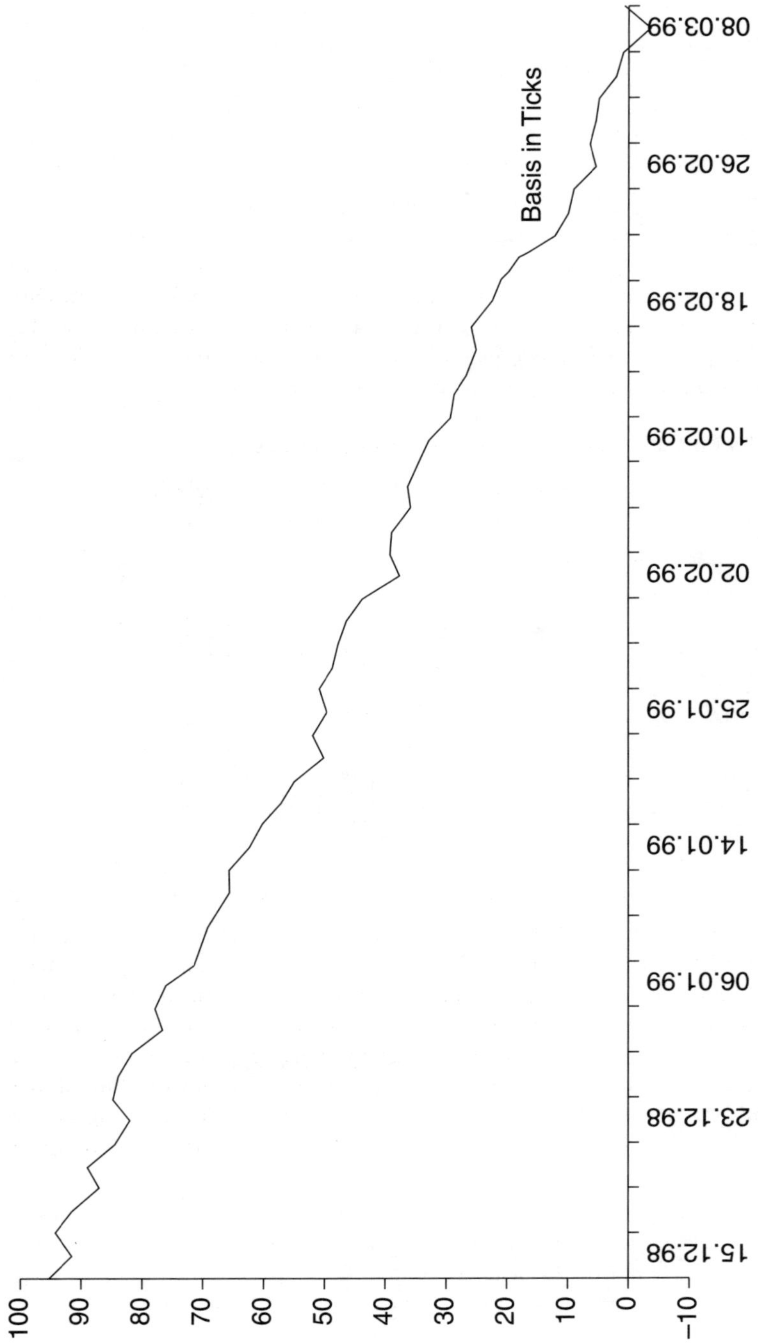

Abb. 6.6: Konvergenz der Basis für den März 99 Kontrakt des Bobl-Futures

	Kupon Erträge	Repo Rate	Finanzie-rungs-kosten	Basis theor. 1	Kurs Anleihe	Rendite	Finanzie-rungs-kosten	Basis theor. 2
Tag	2,2760	1,50	0,5508	1,7252	119,84	1,746 %	1,1589	1,1171
12. Feb 99	2,2760	1,75	0,6426	1,6334	118,84	1,988 %	1,1493	1,1267
Valuta	2,2760	2,00	0,7344	1,5416	117,84	2,232 %	1,1397	1,1363
15. Feb 99	2,2760	2,25	0,8262	1,4498	116,84	2,479 %	1,1301	1,1459
Bobl Future	2,2760	2,50	0,9180	1,3580	115,84	2,729 %	1,1206	1,1555
109,15	2,2760	2,75	1,0098	1,2663	114,84	2,982 %	1,1110	1,1651
Liefertag	**2,2760**	**3,00**	**1,1013**	**1,1747**	**113,84**	**3,238 %**	**1,1013**	**1,1747**
10.Juni 99	2,2760	3,25	1,1933	1,0828	112,84	3,496 %	1,0918	1,1842
Anleihe	2,2760	3,50	1,2851	0,9910	111,84	3,758 %	1,0822	1,1938
BUND	2,2760	3,75	1,3769	0,8992	110,84	4,023 %	1,0726	1,2034
7,125 %	2,2760	4,00	1,4687	0,8074	109,84	4,291 %	1,0631	1,2130
20. Dez 02	2,2760	4,25	1,5606	0,7155	108,84	4,563 %	1,0535	1,2226
113,84	2,2760	4,50	1,6524	0,6237	107,84	4,838 %	1,0439	1,2321
Dollar Duration	2,2760	4,75	1,7442	0,5319	106,84	5,116 %	1,0343	1,2417
3,8875	2,2760	5,00	1,8360	0,4401	105,84	5,397 %	1,0247	1,2513
Repo Rate	2,2760	5,25	1,9278	0,3483	104,84	5,683 %	1,0151	1,2609
3,00	2,2760	5,50	2,0193	0,2567	103,84	5,972 %	1,0056	1,2705
	2,2760	5,75	2,1111	0,1649	102,84	6,264 %	0,9960	1,2801
	2,2760	6,00	2,2029	0,0731	101,84	6,561 %	0,9864	1,2896
	2,2760	6,25	2,2947	–0,0186	100,84	6,861 %	0,9768	1,2992
	2,2760	6,50	2,3865	–0,1104	99,84	7,166 %	0,9672	1,3088
	2,2760	6,75	2,4781	–0,2021	98,84	7,474 %	0,9576	1,3184
	2,2760	7,00	2,5699	–0,2939	97,84	7,787 %	0,9481	1,3280

Abb. 6.7: Änderung der Basis durch Repo Rate und Anleihekurs

ferbaren Anleihen ein Wechsel stattfindet. Auch die Einführung einer neuen lieferbaren Anleihe kann zu einem Wechsel des CTD und somit zu einer Veränderung der Basis führen. Zu den Faktoren, die zu einer Veränderung im Cheapest to Deliver führen können, siehe Kapitel 6.1.2.2.4.

Eine Veränderung der Zinsstruktur hat nicht nur Einwirkungen auf den Cheapest to Deliver, sondern auch auf den kurzfristigen Zinssatz und somit auch auf die Basis.

Ein weiterer nicht zu vernachlässigender Punkt sind Marktgegebenheiten bzw. Marktunvollkommenheiten. Weicht der Future von seinem theoretischen Wert ab, dann weicht auch die aktuelle Basis von der theoretischen Basis ab.

6.1.4 Die Implied Repo Rate

6.1.4.1 Definition

Ein an den Zinsterminmärkten häufig verwendeter Begriff ist die Implied Repo Rate.

Die Implied Repo Rate gibt die annualisierte prozentuale Rendite an, wenn die Kassaanleihe gekauft und der Future verkauft wird, die Anleihe bis zum Kontraktliefertag gehalten und dann als Erfüllung der Verpflichtung in den Future geliefert wird.

In anderen Worten: Ein Investor hat Anleihen in seinem Depot, ohne sie fremdfinanziert zu haben. Er verkauft als Gegengeschäft die entsprechende Anzahl an Terminkontrakten und liefert die Anleihen am Kontraktliefertag ein. Die Rendite, die aus diesem Geschäft entsteht, wird Implied Repo Rate (IRR) genannt. Dieses Geschäft entspricht der Vorgehensweise bei einer Cash and Carry Arbitrage.

Die IRR kann risikolos erzielt werden. Ob aus diesem Geschäft auch ein risikoloser Gewinn entsteht, hängt davon ab, ob die IRR über der aktuellen Repo Rate liegt. Liegt die aktuelle Repo Rate nämlich über der IRR, entstehen bei diesem Geschäft Opportunitätskosten in Höhe der Differenz zwischen diesen beiden Größen. Umgekehrt kann ein risikoloser Gewinn erzielt werden, falls die IRR über der aktuellen Repo Rate liegt.

Um sich die Implied Repo Rate zu sichern, müssen Anleihen im Nominalwert des Futures gekauft werden und als Gegengeschäft Futures multipliziert mit dem Preisfaktor der Anleihe verkauft werden. Nur dann werden Preisbewegungen der Anleihe über den Zeitraum bis zum Kontraktliefertag gesehen durch die Preisbewegungen des Futures in der Weise kompensiert, daß die IRR realisiert wird.[1]

Den Begriff der Implied Repo Rate kann man sich auch mit Hilfe des theoretischen Futurepreises verdeutlichen. Setzt man in die Formel für den theoreti-

1 Siehe dazu auch Kapitel 7.2.1 Cash and Carry Arbitrage.

schen Futurepreis den aktuellen Futurepreis ein, läßt den Zinssatz als Variable und löst die Gleichung nach diesem Zinssatz auf, dann erhält man die IRR. Sie ist die Repo Rate, mit der der Future aktuell bewertet wird. Diese Überlegung führt zu den Methoden der Berechnung der Implied Repo Rate.

6.1.4.2 Berechnung

Die folgende Formel stellt die Formel für den theoretischen Futurepreis dar:

$$FP = \frac{KP_{CTD} - K \times \frac{t}{T} + (KP_{CTD} + AZ) \times r \times \frac{t}{T}}{PF_{CTD}}$$

mit:
- FP = Futurepreis (theoretisch)
- KP = Aktueller Kassapreis der Anleihe
- CTD = Cheapest to Deliver.
- K = Kupon der Anleihe.
- t = Anzahl der Tage vom Valutatag bis zum Kontraktliefertag.
- T = Anzahl der Tage für das Jahr
- AZ = Aufgelaufene Stückzinsen vom letzten Kuponzahlungstag bis zum Valutatag.
- r = Fremdfinanzierungszinssatz
- PF = Preisfaktor

Löst man diese Formel nach r auf, erhält man die Formel für die Implied Repo Rate:[1]

$$IRR = \frac{FP \times PF - KP + K \times \frac{t}{T}}{KP + AZ} \times \frac{T}{t}$$

Es ist zu beachten, daß in der Formel statt dem theoretischen Futurepreis der aktuelle Futurepreis steht. Fällt während der Haltedauer ein Kupon an, so lautet die Formel:

$$IRR = \frac{FP \times PF - KP + K \times \frac{t}{T} + K \times rf \times \frac{t_{KL}}{T}}{KP + AZ} \times \frac{T}{t}$$

mit
- t_{KL} = Anzahl der Tage vom Kuponzahlungszeitpunkt bis zum Liefertag.
- rf = Forward Haben-Zinssatz für den Zeitraum des Kuponzahlungszeitpunktes bis zum Liefertag

Ein *Beispiel* soll die Berechnung der Implied Repo Rate verdeutlichen:

Am 31.7.1992 notierte die Bundesanleihe mit Laufzeit bis 22.7.2002 und 8 % Kupon bei 99,24. Der September-Kontrakt des Bund-Futures notierte bei 86,85.

Der Stückzins der Anleihe vom letzten Kuponzahlungstag bis zum Valutatag beträgt 0,1778 (8 * 8/360).

1 Vgl. *Figlewski, S.:* (Hedging), S. 66.

Der Stückzins berechnete sich zu der Zeit auf der Basis eines 30/360 Tage Jahres (30 Tage für den Monat und 360 Tage für das Jahr). Die Anzahl der Tage vom Valutatag bis zum Kontraktliefertag beträgt daher für den Stückzins 40. Die tatsächliche Anzahl der Tage beträgt dagegen 41 und ist relevant für die Berechnung der Finanzierungskosten bzw. der Rendite.

Setzt man diese Werte in die obige Formel ein, so erhält man folgendes Ergebnis:

IRR = (86,85 * 1,145064–99,24 + 8 * 40/360)/(99,24 + 0,1778) * 360/41
= (99,4488–99,24 + 0,8889)/(99,4178) * 360/41
= 0,0969453
= 9,69453 %

Die obige Formel für die IRR kann umgeformt auch folgendermaßen angeschrieben werden:

$$IRR = \frac{AB-K}{K} \times \frac{T}{t}$$

mit: AB = Andienungsbetrag
K = Kaufpreis der Anleihe
t = Anzahl der Tage vom Valutatag bis zum Kontraktliefertag

Im Kaufpreis der Anleihe sind in diesem Fall die Stückzinsen vom letzten Kuponzahlungstag bis zum Valutatag enthalten. Der Andienungsbetrag setzt sich zusammen aus dem Futurepreis, multipliziert mit dem Preisfaktor der Anleihe zuzüglich den Stückzinsen vom letzten Kuponzahlungtag bis zum Kontraktliefertag.

Nach dieser Formel berechnet, erhält man dasselbe Ergebnis für die Implied Repo Rate.

IRR = (86,85 * 1,145064 + 1,0667–99,24–0,1778)/(99,24 + 0,1778) * 360/41 = 9,69453 %

Wenn zwischen dem Valutatag und dem Kontraktliefertag eine Kuponzahlung erfolgt, muß die obige Rechnung leicht modifiziert werden. Diese Kuponerträge können nämlich von dem Zeitpunkt der Kuponzahlung bis zu dem Kontraktliefertag angelegt werden. Es muß daher noch der Zinsertrag berechnet werden, der aus dieser Anlage resultiert. Oft wird für diese Zinsberechnung der aktuelle Geldmarktzins genommen. Diese Vorgehensweise ist nur dann korrekt, wenn zu dem Zeitpunkt der Kuponzahlung dieser Zinssatz noch Gültigkeit hat. Da man das aber nicht mit Sicherheit voraussagen kann, ist es sinnvoller, den für diesen Zeitpunkt bzw. Zeitraum im Markt geltenden Forward-Zinssatz zu nehmen.

Die IRR kann außerdem durch mögliche Leiherträge bzw. Leihkosten und Margin-Zahlungen beeinflußt werden. Es gelten hier die Punkte, die diesbezüglich über den theoretischen Futurepreis gesagt wurden.

Die Implied Repo Rate kann nicht nur für den Cheapest to Deliver, sondern für jede beliebige lieferbare Anleihe ermittelt werden. Die Entwicklung der

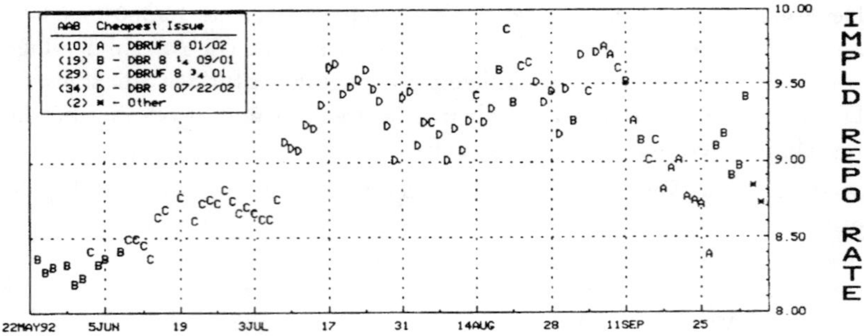

Abb. 6.8: Entwicklung der Implied Repo Rate des Dez. 92 Bund Futures für den Zeitraum vom 25.5.92 bis 7.10.92 (Quelle: Bloomberg)

IRR des Dez. 92 des Bund-Futures für den Zeitraum vom 25.5.92 bis 7.10.92 zeigt *Abb. 6.8.*

6.1.4.3 Anwendungsmöglichkeiten

Durch die IRR erhalten Marktteilnehmer wichtige Hinweise über das Verhältnis von Anleihepreisen zu Futurepreisen. Über die IRR ist es möglich, die einzelnen Anleihen im Verhältnis zum Future vergleichbar zu machen. Man kann erkennen, ob eine Anleihe im Vergleich zu einer anderen Anleihe relativ teuer oder billig ist. So ist eine Anleihe mit einer hohen IRR im Vergleich zu einer Anleihe mit einer niedrigen IRR über den Future gerechnet relativ billig. Die Anleihe mit der höchsten IRR ist die für eine Lieferung in den Future billigste Anleihe und somit Cheapest to Deliver.

Liegt die Implied Repo Rate über der aktuellen Repo Rate, ist der Future im Verhältnis zu der Anleihe überbewertet. Es eröffnet sich dann die Möglichkeit einer Cash and Carry Arbitrage.

Liegt dagegen die IRR unter der aktuellen Repo Rate, ist der Future gegenüber der Anleihe unterbewertet. Ob sich eine Reverse Cash and Carry Arbitrage lohnt, hängt von dem Maß der Fehlbewertung ab. Bei einer Reverse Cash and Carry Arbitrage bestehen nämlich gewisse nicht vollkommen zu vermeidende Risiken. Diese werden die in Kapitel 7.2.3 erörtert.

6.1.5 Die Implied Forward Yield und die Rendite des Futures

Der Kurs des Futures ist der Forwardpreis des Cheapest to Deliver dividiert durch den Preisfaktor des CTD. Kauft man den Future anstelle der Anleihe, so erhält man die Anleihe am Kontraktliefertag zu dem Preis: aktueller Future-Kurs multipliziert mit dem Preisfaktor der Anleihe. Aus diesem Forwardpreis, zu dem man die Anleihe am Kontraktliefertag erhält, ist es möglich, sich die Rendite der Anleihe zu diesem Zeitpunkt (Kontraktliefertag) auszurechnen. Man nimmt den Forwardpreis des CTD, wie er sich aus dem Future-Kurs ergibt (Futurepreis * Preisfaktor), als Preis der Anleihe, setzt als Valutatag den Kontraktliefertag und errechnet sich aufgrund dieser Parameter die für diesen Tag geltende Rendite der Anleihe. Diese Rendite ist die implizite Forward-Rendite des Futures. Sie wird auch **Implied Forward Yield** genannt und ist nicht zu verwechseln mit der Implied Repo Rate.

In der Implied Forward Yield des Futures wird die aktuelle Basis des Futures berücksichtigt. Änderungen der Basis (z.B. bedingt durch einen Wechsel des CTD oder Veränderungen der kurzfristigen Finanzierungskosten) haben ceteris paribus gesehen, auch eine Veränderung der Implied Forward Yield zur Folge. Diese Veränderung der Implied Forward Yield kann auch ohne eine Veränderung der Rendite und des Kurses der Kassaanleihe erfolgen. Ansonsten wird eine Veränderung der Rendite der Kassaanleihe auch eine Veränderung der Implied Forward Yield mit sich ziehen.

Mit Hilfe der Implied Forward Yield können Aussagen über die aktuelle Renditestruktur sowie über die für den Kontraktliefertag erwartete Marktrendite aufgestellt werden. Liegt die Implied Forward Yield bei korrekter Bewertung des Futures unter der aktuellen Rendite der Anleihe, so liegt eine inverse Zinsstruktur vor. Die Marktteilnehmer gehen dann von der Erwartung aus, daß die Zinsen zu dem späteren Zeitpunkt niedriger sein werden, als zu dem heutigen Zeitpunkt. Liegt umgekehrt die Implied Forward Yield über der aktuellen Rendite der Anleihe, besteht die Erwartungshaltung einer Zinssteigerung. Dies ist bei einer normalen Zinsstruktur der Fall.

Im nächsten Schritt ist es nun möglich, die **Rendite des Futures** zu berechnen. Eine Renditeberechnung des Futures analog zu der Renditeberechnung einer Anleihe durchzuführen, ist schwierig, da der Future keinen festgelegten Rückzahlungszeitpunkt besitzt. Zudem erfolgen auch keine Zahlungsströme wie Kuponzahlungen. Betrachtet man den Future aber als Substitut für den CTD, so ist es dennoch möglich, eine Rendite zu ermitteln. Kauft man den Future anstelle des CTD, mit der Absicht, sich den CTD am Kontraktliefertag andienen zu lassen, dann erhält man die Anleihe zum Forwardpreis (Future-Kurs * Preisfakor). Man weiß daher, zu welchem Preis man die Anleihe am Kontraktliefertag erhält. Es darf jetzt aber nicht die Tatsache vernachlässigt werden, daß für den Kauf des Futures nur eine geringe Margin zu hinterlegen ist. Sieht man den Kauf des Futures als Substitut für den nicht fremdfinanzierten Kauf des CTD an, bedeutet das, daß man den Kaufpreis der Anleihe erst am Kontraktliefertag bezahlen muß und diesen Geldbetrag daher für diesen Zeitraum (Valutatag bis Kontraktliefertag) zu dem über diesen Zeitraum geltenden Zinssatz anlegen kann. Diese Zinserträge können nun von dem am Kontraktliefertag zu bezahlenden Forward-Kaufpreis der Anleihe abgezogen werden. Durch den Kauf des Futures bezahlt man indirekt die Finanzierungskosten (sind in der Basis des Futures enthalten), die für den fremdfinanzierten Kauf der Anleihe anfallen. Durch die Anlage des nicht entrichteten Kaufpreises der Anleihe zu der geltenden Repo Rate erhält man diese Finanzierungskosten wieder zurück. Da der Forwardpreis der Anleihe um die vom aktuellen Zeitpunkt bis zum Kontraktliefertag der Anleihe anfallenden Kuponerträge vermindert ist, erhält man die Kuponerträge indirekt über den entsprechend verminderten Forward-Kaufpreis der Anleihe zurück. Um einen Anleihekurs zur Renditeberechnung des Futures zu erhalten, kann man den im Future impliziten Forward-Kurs des CTD um diese Kuponerträge erhöhen und um die oben genannten Finanzierungskosten vermindern. Auf der Basis dieses Kurses ist es nun möglich, sich zum aktuellen Zeitpunkt die Rendite der Cheapest to Deliver Anleihe auszurechnen. Es ist die Rendite der Anleihe, wenn man sie indirekt über den Future erwirbt und somit die Rendite des Futures.

Dieses Vorgehen ist nichts anderes als ein Herausrechnen der Finanzierungskosten und Kuponerträge (entspricht der theoretischen Basis des Futures) aus dem Forwardpreis der Anleihe. Ist der Future nach seinem theoretischen Preis korrekt bewertet, so entspricht die Rendite des CTD der Rendite des Futures. Ist der Future dagegen nicht korrekt bewertet, so werden sich Unterschiede in der Rendite ergeben.

Dieser Sachverhalt kann mit Hilfe des Konzeptes der Basis verdeutlicht werden. Future-Kurs * Preisfaktor + Basis = Preis, zu dem man die Anleihe indirekt über den Future kauft.[1] Auf diesem Preis aufbauend kann nun die im Future implizite Rendite des CTD berechnet werden. Diese wird, wenn der Future mit seinem theoretischen Preis bewertet ist, der aktuellen Rendite des CTD entsprechen und stellt die Rendite des Futures dar.

Weicht die aktuelle Basis von der theoretischen Basis ab, so wird der Future mit einer anderen Repo Rate bewertet, als der aktuellen Repo Rate. Dieser Unterschied wird zu einer Erhöhung oder Verminderung des indirekten Kaufpreises des CTD führen. Liegt beispielsweise die Implied Repo Rate über der aktuellen Repo Rate, bezahlt man über den Kauf des Futures diese höhere Repo Rate, erhält aber durch die Geldanlage nur die niedrigere Repo Rate zurück. Um diese Differenz erhöht sich der Kaufpreis des CTD, den man indirekt über den Kauf des Futures bezahlt. In der Net Basis spiegelt sich diese Differenz wieder. In diesem Fall muß der absolute Betrag der Net Basis zu dem aktuellen Kassapreis des CTD addiert werden, um den im Future impliziten Kaufpreis des CTD zu erhalten.[2] Die Rendite des Futures liegt dann unter der aktuellen Rendite des CTD.

Liegt die IRR unter der aktuellen Repo Rate, bezahlt man durch den Kauf des Futures niedrigere Finanzierungskosten, kann sein Geld aber zu der höheren aktuellen Repo Rate anlegen. Die Differenz zwischen der aktuellen Basis und

1 Dieser Preis wird bei korrekter Bewertung des Futures dem aktuellen Kassapreis der Anleihe entsprechen.

2 Alternativ kann man diesen Preis auch wieder über folgende Formel erhalten: Future-Kurs * Preisfaktor + theoretische Basis.

der theoretischen Basis spiegelt diesen Unterschied wider. In diesem Fall liegt der Preis des CTD, den man über den Kauf des Futures bezahlt, um den absoluten Betrag der Net Basis unter dem aktuellen Kassapreis des CTD. Die Rendite des Futures liegt dann über der Rendite des CTD. Auch hier errechnet man sich die Rendite des Futures, indem man sich zum aktuellen Datum die Rendite des CTD ausrechnet, aber als Anleihekurs diesen verminderten Anleihekurs einsetzt.

Diese Rendite des Futures ist allerdings keine absolut sichere Rendite, da der CDT wechseln kann. Es ist dann wahrscheinlich, daß man eine andere Anleihe angedient bekommt. Dadurch würde sich das Ergebnis der Rechnung verändern.

6.1.6 Die Duration und Konvexität des Futures

Die Berechnung einer Duration für einen Future ist nicht unproblematisch, da der Future keine durchschnittliche Restbindungsdauer hat wie eine Anleihe. Nimmt man aber als Duration nicht die durchschnittliche Restbindungsdauer, sondern die Preisreagibilität auf Renditeänderungen, ist es möglich, auch für den Future eine Duration zu berechnen.

Die absolute Kursänderung des Futures für eine absolute Renditeänderung (Basispunkte/100) (Dollar Duration des Futures) kann man über die Dollar Duration der Cheapest to Deliver Anleihe erhalten. Der Kurs des Futures ist der **Forward**-Preis des CTD dividiert durch den Preisfaktor des CTD:

$$F = \frac{P_{CTD/fw}}{PF_{CTD}}$$

$$\Rightarrow$$

$$\frac{dF}{dr} = \frac{\frac{dP_{CTD/fw}}{dr}}{PF_{CTD}} = -\frac{(P_{CTD/fw} + AZ_{fw}) \times D_{Mod/CTD/fw}}{PF_{CTD}}$$

$$\Rightarrow$$

$$Dollar\ Duration\ des\ Futures = \frac{D_{Dol/CTD/fw}}{PF_{CTD}}$$

mit:
P = Preis (Kurs der Anleihe)
F = Kurs des Futures
AZ = Aufgelaufene Stückzinsen
D = Duration
Mod = Modified
Dol = Dollar
PF = Preisfaktor
fw = forward

Die Dollar Duration des Futures ist die Forward-Dollar Duration (forward bezogen auf den Liefertag des Futures) der Cheapest to Deliver An-

leihe dividiert durch ihren Preisfaktor. Aus der Dollar Duration läßt sich nun auch die Modified Duration und die Macaulay Duration herleiten:

$$D_{Dol} = \frac{D_{Mod} \times (P + AZ)}{100} \text{ und } D_{Dol/Fut} = \frac{D_{Mod/Fut} \times F}{100}$$

Beim Future gibt es keinen Stückzins. Die Modified Duration des Futures bezieht sich in diesem Fall daher auf den Clean-Price:

Aus den letzten Formeln ergibt sich:

$$\textit{Modified Duration des Futures} = \frac{D_{Dol/Fut}}{F} \times 100 = \frac{(P_{CTD/fw} + AZ_{fw}) \times D_{Mod/CTD/fw}}{PF_{CTD} \times F} \times 100$$[1]

Die Modified Duration kann auch angeschrieben werden als:

$$D_{Mod} = \frac{D_{Mac}}{1 + r}$$

Und die Macaulay Duration des Futures:

$$\textit{Macaulay Duration des Futures} = D_{Mod/Fut} \times (1+r)$$

Diese Macaulay Duration ist jedoch von begrenzter Aussagekraft da ein Future keine Zahlungsströme wie eine Anleihe hat und somit auch keine durchschnittliche Restbindungsdauer.

Genauso wie eine Kassaanleihe bei Renditeveränderungen in der Regel keine konstante Duration hat, kann sich auch bei einem Future die Duration für gegebene Renditeveränderungen ändern. Diese Änderung der Duration wird durch die Konvexität quantifiziert.

Die Konvexität des Futures entspricht in den seltensten Fällen der Konvexität des CTD. Ändern sich die Renditen der Anleihen über ein bestimmtes Maß hinaus, so wird der CTD wechseln. Der Future aber folgt in seiner Kursbewegung dem jeweiligen CTD. Daraus wird ersichtlich, daß der Future für große Renditeänderungen eine andere Konvexität haben muß als die jeweilige Cheapest to Deliver Anleihe. Nur solange der CTD nicht wechselt, kann anhand der Konvexität des CTD die Konvexität des Futures mit der Formel Konvexität Fut = $\text{Konvexität}_{CTD}/PF_{CTD}$ abgeschätzt werden. Wechselt aber der CTD, dann ändert sich die Duration des Futures. Die Duration des Futures macht dann einen Sprung und damit auch die Konvexität des Futures. Die Duration und Konvexität des Futures wird nicht nur durch die Spezifikation des Cheapest to Deliver bestimmt, sondern auch durch Veränderungen im CTD bei Renditebewegungen. Über die gesamte Breite einer möglichen Renditebewegung betrachtet hat der Future, wie in den folgenden Ausführungen aufgezeigt wird, eine Preis-Rendite-Kurve, die höchstens genauso konvex,

1 Vgl. *Rendleman J.R.:* (Duration-Based Hedging), S.5.

aber meistens geringer konvex ist, als die Preis-Rendite-Kurve einer beliebigen lieferbaren Anleihe.

Warum diese Aussage zutrifft, wird ersichtlich, wenn man einen Blick darauf wirft, wann und warum der Cheapest to Deliver wechselt.

Haben sämtliche lieferbaren Anleihen dieselbe Rendite in Höhe von 6 %, so haben sie alle einen über den Preisfaktor angeglichenen Preis von 100. Der Preis jeder Anleihe, geteilt durch ihren Preisfaktor, ergibt dann 100. Das hat zur Folge, daß jede Anleihe im Hinblick auf die Lieferung gleich billig oder teuer ist. Jede Anleihe ist dann der CTD.[1] Dabei kann es noch zu kleinen Unterschieden, verursacht durch unterschiedliche Kuponzahlungstermine, kommen.

Ändert sich jetzt aber die Rendite, so wird sich auch der CTD ändern. Fällt die Rendite unter 6 % – eine Parallelverschiebung der Renditen wird zunächst vorausgesetzt – so wird die Anleihe mit der niedrigsten Duration der CTD. Diese Anleihe hat die niedrigste Zinsreagibilität, was zur Folge hat, daß der Kurs relativ schwächer steigen wird, als der Kurs der anderen lieferbaren Anleihen. Diese Anleihe ist dann der CTD. Steigen hingegen die Renditen über 6 %, dann wird die Anleihe mit der höchsten Duration der CTD sein. Diese Anleihe wird dann am stärksten auf einen Renditeanstieg reagieren, was zur Folge hat, daß ihr Kurs im Verhältnis zu den anderen Anleihen, relativ gesehen, am stärksten fallen wird. Bei derselben Rendite sind dann die Kosten der Lieferung von Anleihen im Nominalwert von € 100.000 bei der Anleihe mit der höchsten Duration am geringsten.[2] Diese Anleihe ist dann der CTD und hat den über den Preisfaktor angepassten niedrigsten Kurs. Dabei ist zu beachten, daß ceteris paribus der Kurs des Futures, der sich am CTD orientiert, bei einem Renditeanstieg mindestens gleich stark fallen wird und bei einem Renditeverfall höchstens genauso stark ansteigen wird, wie der Kurs einer beliebigen lieferbaren Anleihe. Die Preis-Rendite-Kurve des Futures verläuft somit ceteris paribus flacher als die Preis-Rendite-Kurve sämtlicher lieferbaren Anleihen. Die Konvexität der Preis-Rendite-Kurve des Futures ist somit niedriger als die der lieferbaren Anleihen.

In der Regel haben nicht alle lieferbaren Anleihen dieselbe Rendite. Oft kommt es vor, daß Anleihen dieselbe Duration haben, aber eine unterschiedliche Rendite. „Haben Anleihen dieselbe Duration, aber eine unterschiedliche Rendite, so ist die Anleihe mit der höchsten Rendite der CTD.“[3] Diese Anleihe hat dann den über den Preisfaktor angepassten niedrigsten Kurs. Bei gleicher Duration und unterschiedlichen Renditen orientiert sich der Future an der Anleihe, die den über den Preisfaktor angepassten niedrigsten Kurs und somit die höchste Rendite hat. Diese Eigenschaft hat zur Folge, daß die Preis-Rendite-Kurve des Futures höchstens genauso konvex, aber meistens gerin-

1 Vgl. *Burghard, G., Lane, M., Papa, J.:* (Treasury Bond), S. 42.
2 Vgl. *Figlewski, S.:* (Hedging), S. 61.
3 Vgl. *Burghard, G., Lane, M., Papa, J.:* (Treasury Bond), S. 44.

ger konvex ist, als die Preis-Rendite-Kurve einer beliebigen lieferbaren Anleihe.

Es gibt also zwei Faktoren die bestimmen, wann eine Anleihe der CTD ist; nämlich die Duration und die Rendite. Wann einer der beiden Faktoren überwiegt, hängt von der Höhe der Rendite und der Höhe der Duration ab. Zu einem Zeitpunkt kann die Anleihe mit der höchsten Duration der CTD sein, zu einem anderen Zeitpunkt kann es die Anleihe mit der höchsten Rendite sein. Beide Faktoren bewirken aber, daß die Konvexität der Preis-RenditeKurve des Futures kleiner oder gleich der Preis- Renditekurve einer beliebigen lieferbaren Anleihe ist. *Abb. 6.9* verdeutlicht diesen Zusammenhang:

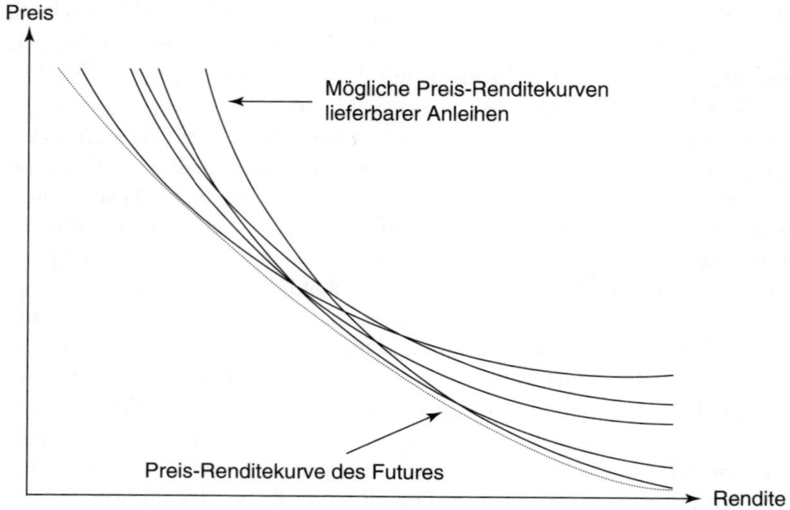

Abb. 6.9: Mögliche Preis-Rendite-Kurven von Anleihen

Die Preis-Rendite-Kurven der lieferbaren Anleihen werden, wenn sie in ein Schaubild eingetragen werden, im Verhältnis zueinander *ähnlich* aussehen wie in *Abb. 6.9* Der Kurs des Futures wird sich dabei stets an der untersten Linie der Preis-Rendite-Kurven orientieren und hat somit eine schwächere Konvexität als die einzelnen lieferbaren Anleihen. Es ist sogar der Fall möglich, daß der Future eine negative Konvexität aufweist, sich also konkav verhält.

Es ist möglich, ein Gleichbleiben der Renditestruktur im Bereich der lieferbaren Anleihen unterstellt, für jedes mögliche Renditeniveau die entsprechende Cheapest to Deliver Anleihe und somit den Kurs des Futures zu ermitteln. Unter dieser Voraussetzung kann nun die Preis-Rendite-Kurve und somit auch die Konvexität des Futures ermittelt werden. Diese Konvexität ist allerdings nur von beschränkter Aussagekraft, da in der Realität die lieferbaren Anleihen nicht mit derselben Rendite notieren und es oft auch zu Verschiebungen der Renditestruktur im Bereich der lieferbaren Anleihen kommt. Zudem sorgen Marktunvollkommenheiten gelegentlich dafür, daß Anleihen, die fast identische Konditionen aufweisen, mit unterschiedlichen Renditen notieren.

6.1.7 Das Preisverhältnis zwischen Terminkontrakten mit unterschiedlichen Liefermonaten

Genauso wie es möglich ist, ein Preisverhältnis zwischen einem Terminkontrakt und der ihm zugrundeliegenden Ware herzuleiten, ist es möglich, einzelne Terminkontrakte im Verhältnis zueinander zu bewerten. Es kann ein Verhältnis zwischen verschiedenen Terminkontrakten gebildet werden, oder es können – wie in den folgenden Ausführungen – Terminkontrakte der gleichen Art, aber mit unterschiedlichen Liefermonaten in ein theoretisches Preisverhältnis gesetzt werden.

Aus dem aktuellen Marktpreis eines Terminkontraktes mit naheliegendem Liefermonat (z.B. der Front-Monat) kann ein Preis für einen Terminkontrakt mit entferntliegendem Liefermonat hergeleitet werden. Auch der umgekehrte Fall ist möglich. Dieses Preisverhältnis ist theoretisch und wird durch das Arbitragekalkül begründet. Das bedeutet, daß, wenn das aktuelle Preisverhältnis von dem theoretischen Preisverhältnis abweicht, Arbitrage zwischen den beiden Kontrakten möglich ist.

Der theoretische Futurepreis lautet bekanntlich:

$$FP = \frac{KP_{CTD} - K \times \frac{t}{T} + (KP_{CTD} + AZ) \times r \times \frac{t}{T}}{PF_{CTD}}$$

mit:
FP = Futurepreis (theoretisch).
KP = Aktueller Kassapreis der Anleihe.
CTD = Cheapest to Deliver.
K = Kupon der Anleihe.
t = Anzahl der Tage vom Valutatag bis zum Kontraktliefertag.
T = Anzahl der Tage für das Jahr.
AZ = Aufgelaufene Stückzinsen vom letzten Kuponzahlungstag bis zum Valutatag.
r = Fremdfinanzierungszinssatz (z.B. Geldamarktsatz oder Repo Rate).
PF = Preisfaktor.

Aus dem aktuellen Futurepreis des naheliegenden Liefermonats (FP_n) kann nun ein theoretischer Futurepreis für den entferntliegenden Liefermonat (FP_e) hergeleitet werden.

Der Zähler in dem Bruch der Futurepreisformel entspricht dem Forwardpreis der Anleihe. Durch den Kauf des naheliegenden Kontraktes hat man den CTD des naheliegenden Kontraktes per Termin (Liefertag des Kontraktes) zu dessen Forwardpreis gekauft. Um eine Arbitragebeziehung herzuleiten, kann man als Gegengeschäft zu diesem Kauf der Anleihe, den Future mit dem entferntliegenden Kontraktmonat verkaufen. Zur Ermittlung des theoretischen Preises des entfernten Kontraktes muß (bei Ermittlung des theoretischen Kurses über dieses Preisverhältnis) in die Formel des theoretischen Futurepreises als Kassapreis der Anleihe, der Forwardpreis der Anleihe eingesetzt werden. Errechnet man diesen Forwardpreis aus dem aktuellen Futurepreis des naheliegenden Kontraktes, so setzt man in die Formel statt dem Forwardpreis den aktuellen Futurepreis des naheliegenden Kontraktmonats (FP_n) multizipliert mit dem Preisfaktor des CTD des naheliegenden Kontraktmonats (PF_n) ein.

Der Preis des entfernten Kontraktmonats lautet dann:

$$FP_e = \frac{FP_n \times PF_n - Basis}{PF_e}$$

mit: FP_e = theoretischer Preis des entferntliegenden Kontraktes
PF_e = Preisfaktor des CTD des entferntliegenden Kontraktes
FP_n = aktueller Preis des naheliegenden Kontraktes
PF_n = Preisfaktor des CTD des naheliegenden Kontraktes

Es ist noch die Basis des entferntliegenden Kontraktes zu bestimmen:

Zu finanzieren ist der Forwardpreis des CTD des naheliegenden Kontraktes zuzüglich der aufgelaufenen Stückzinsen vom lezten Kuponzahlungszeitpunkt bis zum Kontraktliefertag des naheliegenden Kontraktes. Die Anleihe erhält man aber erst am Kontraktliefertag des naheliegenden Kontraktes. Daher muß dieser Betrag über den Zeitraum vom Kontraktliefertag des naheliegenden Kontraktes bis zum Kontraktliefertag des entferntliegenden Kontraktes finanziert werden. Als Finanzierungszinssatz ist der Dreimonats-Forward-Zinssatz, der für den Kontraktliefertag des naheliegenden Kontraktes gilt, anzusetzen. Der Forward-Zinssatz muß deshalb genommen werden, weil man sich zu Beginn des Geschäftes den Finanzierungszinssatz für den Zeitpunkt des Kontraktliefertages des Front-Monats sichern muß.[1]

Als Erträge fallen die Stückzinsen des CTD des naheliegenden Kontraktes an. Es sind die Stückzinsen vom Liefertag des naheliegenden Kontraktes bis zum Liefertag des entferntliegenden Kontraktes.

Die Basis beträgt dann:

$$Basis = \frac{K \times t}{T} - \frac{(FP_n \times PF_n + AZ) \times r \times t}{T}$$

mit: K = Kupon des CTD des naheliegenden Kontraktes.
t = Anzahl der Tage vom Kontraktliefertag des naheliegenden Kontraktes bis zum Kontraktliefertag des entferntliegenden Kontraktes.
T = Anzahl der Tage für das Jahr

1 Korrekterweise müßte man die Forward-Repo Rate des betreffenden Bonds verwenden. Forward-Repo Raten sind jedoch nur sehr schwer handelbar.

AZ = Aufgelaufene Stückzinsen vom letzten Kuponzahlungstag bis zum Kontraktliefertag des naheliegenden Kontraktes.
r = Forward-Fremdfinanzierungszinssatz.

Wird zudem noch die Seller's Option (SO)berücksichtigt, lautet die Bewertungsformel für den entferntliegenden Kontrakt dann vollständig:

$$FP_e = \frac{FP_n \times PF_n - \frac{K \times t}{T} + \frac{(FP_n \times PF_n + AZ) \times r \times t}{T} - SO_e}{PF_e}$$ [1]

mit: SO_e = Seller's Option des entferntliegenden Kontraktes.

Es wird von der Annahme ausgegangen, daß man den CTD des naheliegenden Kontraktes auch angedient bekommt.[2] Die Preisfaktoren in den Formeln beziehen sich dann auf dieselbe Anleihe, sind dennoch unterschiedlich, da sie sich auf zwei verschiedene Liefertermine beziehen.

Aus dieser Annahme wird auch ersichtlich, daß eine Arbitrage nach dieser Strategie nur dann risikolos ist, wenn man vorher mit Sicherheit weiß, welche Anleihe man angedient bekommt und wenn die Laufzeit dieser Anleihe ausreichend lang ist, damit sie nicht aus dem Korb der lieferbaren Anleihen des entfernten Monats herausfällt. Man ist in diesem Fall die Seller's Option des Front-Monats short und die Seller's Option des Back-Monats long.

Die Handelsstrategie, aus der sich die obige Bewertungsformel ergab, lautet kurzgefaßt: Kauf des naheliegenden Kontraktes, Verkauf des entfernten Kontraktes, Erhalt der Anleihe am Kontraktliefertag des naheliegenden Kontraktes, halten und einliefern derselben Anleihe in den entfernten Kontrakt.

Dieses Geschäft wird man aber nur dann eingehen, wenn der entfernte Kontrakt im Verhältnis zum naheliegenden Kontrakt überbewertet ist.

Ist der naheliegende Kontrakt im Verhältnis zum entfernten Kontrakt überbewertet, verkauft man den naheliegenden Kontrakt und kauft den entferntliegenden Kontrakt. Am Kontraktliefertag des naheliegenden Kontraktes muß die Anleihe ausgeliehen und in den Front-Monat geliefert werden. Die Leihdauer ist der Zeitraum bis zum Liefertag des Back-Monats. Hierbei besteht das Risiko darin, daß man am Kontraktliefertag des entferntliegenden Kontraktes eine andere Anleihe angedient bekommt, als man ursprünglich leerverkauft hat. Außerdem ist es nicht immer sicher, daß man am Kontraktliefertag des naheliegenden Futures die Möglichkeit hat, sich die betreffende Anleihe auszuleihen.

Es ist möglich, daß beide Kontrakte im Verhältnis zueinander korrekt bewertet sind, aber dennoch von ihren theoretischen Preisen (nach Kapitel 6.1.2.3) abweichen. Es ist dann zwar keine Arbitrage zwischen den Kontrakten möglich, aber immer noch eine Arbitrage zwischen Underlying und Future.

---

1 Es ist zu beachten, daß im Futurpreis des naheliegenden Kontraktes die Seller's Option des naheliegenden Kontraktes enthalten ist.

2 Vgl. *Berger, M.:* (Hedging), S. 294.

6.2 Preisbildung von kurzfristigen Zinsterminkontrakten

6.2.1.Zinskurvenberechnungen

Für das bessere Verständnis der Preisbildung von kurzfristigen Zinsterminkontrakten (z.B. Euro-$-, Dreimonats-Euribor-Future) ist es hilfreich, sich zuvor mit der Berechnung von Zero-Kupon-Raten, Par-Kupon-Raten, Forward-Zinssätzen und Diskontfaktoren zu befassen.

6.2.1.1 Zero-Kupon-Raten

Es gibt verschiedene Möglichkeiten mit denen sich eine Kapitalbetrag während einer Anlagedauer verzinsen kann. Der Zins kann während der Laufzeit ausgezahlt werden oder erst am Ende der Laufzeit (mit oder ohne Zinseszins). Der Zins und Zinseszins kann wiederum auf verschiedene Arten ermittelt werden. Die folgenden Ausführungen sollen einige dieser Möglichkeiten aufzeigen.

In den untenstehenden Formeln ist zu beachten, daß an den Märkten die einzelnen Tage und die Tage für das Jahr u.U. nach verschiedenen Konventionen berechnet werden: z.B.: actual/actual, actual/360, 30/360, actual/365, etc. So bedeutet z.B. 30/360, daß zur Berechnung der einzelnen Tage 30 Tage für den Monat angenommen werden und für das Gesamtjahr 360 Tage. Dieser Sachverhalt ist bei Berechnungen stets zu berücksichtigen.

Ein Kapitalbetrag K_0 auf den die anfallenden Zinsen erst am Ende der Laufzeit gezahlt werden, verzinst sich nach folgender Formel:

$$K_n = K_0 \times \left(1 + r \times \frac{t}{T}\right)$$

mit: K_0 = Anfangskapital
K_n = Kapital nach n Jahren
r = Jahreszinssatz, z.B. 7 % = 0,07
t = Tage bis Laufzeitende
T = Tage für das Jahr

Da bei dieser Anlage keine zwischenzeitlichen Zinszahlungen (z.B. Kuponzahlungen) stattfinden sondern die Zinszahlungen am Laufzeitende erfolgen, ist r eine **Zero-Kupon-Rate oder Zero-Rate**. Ein Zinseszinseffekt tritt hier nicht auf. R ist hier ein Zinssatz für eine lineare Verzinsung und ist somit eine lineare Zero-Rate.

Der Faktor $1+r \times \frac{t}{T}$ wird auch **Aufzinsungsfaktor** (AF) genannt. Der Kehrwert der Aufzinsungsfaktors ist der **Diskontfaktor** (DF):

$$DF = \frac{1}{AF} = \frac{1}{1 + r \times \frac{t}{T}}$$

Lineare Verzinsung ist meistens bei Geldmarktsätzen üblich. Die Zinszahlung erfolgt am Ende der Laufzeit (nachschüssig). Das Delta bzw. Basis-Point-Value (BPV) einer Geldmarkteinlage berechnet sich nach folgender Formel:

$$Delta_{GD} = \frac{t_{GD}}{T} \times DF \times N$$

mit:	GD	=	Geldmarkt Deposit
	N	=	Nominalvolumen
	t	=	Tage bis Laufzeitende
	T	=	Tage fürs Jahr
	N	=	Nominalvolumen

DF bezieht sich auf den Zeitraum zwischen Valuta und dem Laufzeitende des Deposits während sich t auf den Zeitraum zwischen Beginn und Ende des Deposits bezieht. Das Delta gibt die Wertveränderung der Geldmarkteinlage für eine Zinsänderung von einem Basispunkt an und wird auch Basis Point Value (BPV) genannt. Je länger t ist, desto größer ist das Delta. Da die Zahlung nachschüssig erfolgt, muß t/T bzw. die Zahlung noch diskontiert werden, d.h. mit DF multipliziert werden.

Ein Kapitalbetrag K_0, bei dem keine zwischenzeitlichen Zinszahlungen stattfinden, der jedoch jährlich, einschließlich angefallener Zinsen verzinst wird, entwickelt sich zu einem Kapitalbetrag K_n nach folgender Formel:

$$K_n = K_0 \times (1 + r)^n$$

mit: n = Anzahl der Jahre

Bei dieser Zero-Rate ist zu beachten, daß die jährlichen Zinsen akkumuliert und gemäß r mitverzinst werden. Es kommt somit zu einem Zinseszinseffekt oder compounding. Man spricht deshalb von einer Zero-Rate mit compounding im Gegensatz zu einer linearen Zero-Rate. Da im überjährigen Bereich ein Zinseszinseffekt auftritt muß, damit man denselben Endbetrag erhält, eine lineare Zerorate höher sein als eine Zerorate mit compounding. So ist z.B.: $1{,}05^{2{,}5} > (1+0{,}05*2{,}5)$, bzw. 1,130>1,125. Findet diese Art der Verzinsung auch im unterjährigen Bereich statt, so wäre der Sachverhalt umgekehrt: $1{,}05^{0{,}7} < (1+0{,}05*0{,}7)$, und 1,0347<1,0350[1].

Der Aufzinsungfaktor ist hier: $(1+r)^n$ und der Diskontfaktor:

$$DF = \frac{1}{(1+r)^n}$$

Bei diesem Diskontfaktor ist zu beachten, daß in der Formel ein anderes r steht als in der Formel für den ersten Diskontfaktor. Das erste Mal war es eine lineare Zero-Rate das zweite Mal eine Zero-Rate mit compounding. Für

1 Im unterjährigen Bereich ist jedoch meistens lineare Verzinsung üblich.

denselben Zeitraum müssen jedoch beide Formeln denselben Diskontfaktor ergeben. Es kann immer nur einen Diskontfaktor für eine Laufzeit geben.

Die Gleichung für K_n nach K_0 aufgelöst ergibt: $K_0 = \frac{K_n}{(1+r)^n}$. Für den Rückzahlungsbetrag $K_n = 100$ und für eine ganzzahlige Laufzeit n erhält man den Kurs eines Zero-Bonds oder Nullkupon-Anleihe:

$$K_Z = \frac{100}{(1+r)^n}$$ [1]

mit: K_z = Kurs eines Zero-Bonds

Eine Verzinsung mit Zinseszins kann auch unter Berücksichtigung der Tagezählung erfolgen:

$$K_n = K_0 \times (1+r)^{\frac{t}{T}}$$

mit: t = Tage bis Laufzeitende
T = Tage fürs Jahr

So könnte z.B. für einen Zeitraum von 3 Jahren unter Verwendung einer actual/360 Tagezählung im Exponenten statt der Zahl 3, der Faktor 1095/360 = 3,0417 stehen

Ist die Gesamtzahl der Jahre nicht ganzzahlig, ist es möglich, daß sich der Zeitraum für das Teiljahr (z.B. ein halbes Jahr) linear verzinst. Die Formel lautet dann:

$$K_n = K_0 \times \left(1 + r \times \frac{t}{T}\right) \times (1 + r)^n$$

mit: t = Tage für das Teiljahr
T = Tage für das Jahr
n = Anzahl der ganzen Jahre

Bei einer Anleihe oder einem Swap erfolgen Kupon- bzw. Zinszahlungen zu vorher festgelegten Zeitpunkten. Will man diese Zahlungsströme in Form einer Zero-Rate nachbilden, kann man folgenderweise vorgehen:

$$K_n = K_0 \times \left(1 + r \times \frac{t_1}{T}\right) \times \left(1 + r \times \frac{t_2}{T}\right) \times \ldots \times \left(1 + r \times \frac{t_n}{T}\right)$$

mit: t_n = Anzahl der Tage für den Zeitraum t_n
T = Anzahl der Tage für das Jahr

Der Faktor t_n steht für die Tage bis zum nächsten Kuponzahlungszeitpunkt bzw. für die Tage zwischen den einzelnen Kuponzahlungszeitpunkten. Er wird meistens nicht gleich groß sein, da das Jahr eine unterschiedliche Anzahl

---

1 Vgl. *Bosch, K.:* (Finanzmathematik), S. 125.

von Tagen haben kann (z.B. Schaltjahr). Weitere Unterschiede können auftreten wenn die erste Periode kurz ist (front stub period), bei unterjähriger Zinszahlung (z.B. halbjährliche Zinszahlung) oder bei Feiertagen. Die Berücksichtigung dieses Umstandes ist wichtig, weil Zinsen i.d.R. gemäß der Tage pro Periode gezahlt werden.

6.2.1.2 Par-Kupon-Raten

Eine Zinskurve ist in der Regel nicht vollkommen flach, d.h. für verschiedene Laufzeiten gibt es verschiedene Zinssätze. Stehen Zero-Raten für die verschiedenen Laufzeiten zur Verfügung, so lassen sich daraus die entsprechenden Par-Kupon-Raten errechnen. Eine Par-Kupon-Rate ist z.B. der Zinssatz für eine Anleihe die zu 100 (par) notiert oder eine aktuelle Swap-Rate (der Barwert des Swap wäre in diesem Fall gleich null). Es erfolgen im Gegensatz zu Zero-Raten zwischenzeitliche Zinszahlungen (Kupons).

Der Kurs einer Anleihe kann als Barwert aller zukünftigen Zahlungsüberschüsse diskontiert mit dem internen Zinsfuß der Anleihe gesehen werden:

$$K_t = \sum_{t=1}^{T} \frac{Z_t}{(1+r)^g}$$

mit:
- K_t = Kurs der Anleihe im Zeitpunkt t
- T = Restlaufzeit gerechnet in Anzahl von verbleibenden Zahlungsüberschüssen
- Z_t = Zahlungsüberschuß (Cash Flow) in Periode t
- r = interner Zinsfuß der Anleihe
- t = Zeitpunkt (Laufindex)
- g = Gewichtungsfaktor, mit $g = t + \left(\frac{w}{M} - 1\right)$
- w = Zeit von heute bis zum nächsten Zahlungsüberschuß
- M = Gesamte Zeit zwischen den einzelnen Zahlungsüberschüssen

Ist die Laufzeit der Anleihe ganzzahlig, ist g gleich t. Wird zudem die Anleihe mit nominal DM 100 getilgt und ein konstanter Kupon C gezahlt, kann die obige Gleichung, für eine Laufzeit von n Jahren, umgeformt folgendermaßen angeschrieben werden:

$$K_t = \frac{C}{(1+r)} + \frac{C}{(1+r)^2} + \ldots + \frac{C}{(1+r)^n} + \frac{100}{(1+r)^n}$$ [1]

mit:
- C = Kupon der Anleihe
- r = Rendite (Yield to Maturity, YTM)
  Falls r = C dann ist $K_t = 100$

Betrachtet man die obige Gleichung, wird deutlich, daß jeder Kupon als separate Anleihe, genauer gesagt als einzelner Zero-Bond betrachtet werden kann, der mit einem einheitlichen r diskontiert wird. Anstatt eine einheitliche Yield to Maturity zu verwenden, kann jeder Kupon mit seinem eigenen, über den

---

1 Vgl. *Bosch, K.:* (Finanzmathematik), S. 130.

betreffenden Zeitraum geltenden Zinssatz (Zero-Kupon-Rate) diskontiert werden.

Notiert die Anleihe zu pari, wird der Kupon jedoch in Prozent (z.B. 0,07 statt 7,00) gezahlt und daher auch ein Rückzahlungsbetrag von 1 festgelegt, läßt sich die obige Gleichung wie folgt anschreiben:

$$1 = \frac{C}{(1+r_1)} + \frac{C}{(1+r_2)^2} + \ldots + \frac{C}{(1+r_n)^n} + \frac{1}{(1+r_n)^n}$$

mit: r_n = Zero-Rate für den Zeitpunkt n

Wie bereits festgestellt ist:

$$\frac{1}{(1+r_n)^n} = DF_n$$

mit: DF_n = Diskontfaktor für den Zeitpunkt n

Man erhält dann folgende Umformung:

$$1 = C \times DF_1 + C \times DF_2 + \ldots + C \times DF_n + DF_n$$

und:

$$C = \frac{1 - DF_n}{DF_1 + DF_2 + \ldots + DF_n}$$

C ist die Par-Kupon-Rate, die sich unter Verwendung der für die einzelnen Laufzeiten gültigen Zero-Raten errechnet. Die Berechnung von C mit Hilfe von Diskontfaktoren hat den Vorteil, daß Diskontfaktoren allgemeingültig sind. Verwendet man r, so muß man stets sicherstellen auf welchen Verzinsungsannahmen (linear, compounding, etc.) die Zero-Rate beruht. Die obige Formel ist nur dann korrekt, falls der Cash-Flow aus C immer gleich groß ist. Ein Kupon wird jedoch meistens unter Berücksichtigung der entsprechenden Tagezählung gezahlt:

$$1 = C \times \frac{t_1}{T} \times DF_1 + C \times \frac{t_2}{T} \times DF_2 + \ldots + C \times \frac{t_n}{T} \times DF_n + DF_n$$

mit: t_n = Tage für den Zeitraum t_n
T = Tage für das Jahr

und:

$$C = \frac{1 - DF_n}{\frac{t_1}{T} \times DF_1 + \frac{t_2}{T} \times DF_2 + \ldots + \frac{t_n}{T} \times DF_n}$$

mit: C = Par-Kupon-Rate

6.2.1.3 Berechnung von Zero-Raten aus Par-Kupon-Raten

Genauso wie es möglich ist, mit Hilfe von Zero-Raten die entsprechenden Par-Kupon-Raten zu ermittlen, ist es möglich, sich aus Par-Kupon-Raten die entsprechenden Zero-Raten herauszurechnen. Für eine Anleihe die zu pari notiert, gilt folgende Gleichung:

$$100 = \frac{C}{(1+r_1)} + \frac{C}{(1+r_2)^2} + \ldots + \frac{C}{(1+r_n)^n} + \frac{100}{(1+r_n)^n}$$

mit: r_n = Zero-Rate für den Zeitpunkt n

Hat diese Anleihe nur ein Jahr Laufzeit, so verkürzt sich die obige Formel auf: $100 = \frac{C}{1+r_1} + \frac{100}{1+r_1}$.

Wie hier leicht ersichtlich ist, ist die Anleihe aus zwei Zero-Bonds zusammengesetzt: dem Kupon und dem Tilgungsbetrag. Da der Kupon C erst am Ende der Laufzeit gezahlt wird und zwischenzeitlich keine weiteren Zahlungen erfolgen, handelt es sich bei r um eine Zero-Rate. Da C bekannt ist, kann man die Gleichung nach r auflösen:

$$r_1 = \frac{C + 100}{100} - 1.$$

Diese Rechnung ist auch für Anleihen möglich, die nicht zu Pari notieren. Man erhält dann Kupon-Raten statt Par-Kupon-Raten. Statt 100 steht dann K_t für den Kurs der Anleihe:

$$r_1 = \frac{C + 100}{K_t} - 1.$$

Da r_1 nun bekannt ist, kann man mit Hilfe der Kupon-Rate für zwei Jahre, die Zero-Rate für zwei Jahre ermitteln. Für eine Anleihe mit einer Laufzeit von zwei Jahren lautet die Formel:

$$K_t = \frac{C}{(1+r_1)} + \frac{C}{(1+r_2)^2} + \frac{100}{(1+r_2)^2} \text{ und } r_2 = \left(\frac{C + 100}{K_t - \frac{C}{1+r_1}} \right)^{\frac{1}{2}} - 1$$

Für r_3 gilt:

$$r_3 = \left(\frac{C + 100}{K_t - C \times \left(\frac{1}{1+r_1} + \frac{1}{(1+r_1)^2} \right)} \right)^{\frac{1}{3}} - 1$$

Sukzessive können nun die weiteren Zero-Raten ermittelt werden. Da die Zero-Raten von vorne nach hinten „eingefädelt“ werden, wird im Englischen dafür auch der Begriff **„Bootstrapping"** benutzt. Allgemein lautet die Formel für r_n:

$$r_n = \left(\frac{C + 100}{K_t - C \times \left(\sum_{t=1}^{n-1} \frac{1}{(1+r_t)^t} \right)} \right)^{\frac{1}{n}} - 1$$

Werden die Zero-Raten nicht aus Anleiherenditen sondern aus Zinssätzen (z.B. Swap-Raten) herausgerechnet, dann ist der Nominalbetrag und auch K_t gleich 1. Unter Berücksichtigung der Tagezählung lautet die Formel:

$$r_n = \left(\frac{C + 100}{1 - C \times \left(\sum_{t=1}^{n-1} \frac{t_t}{T} \frac{1}{(1+r_t)^t} \right)} \right)^{\frac{1}{n}} - 1$$

mit: C = Par-Kupon-Rate
n = Anzahl der Jahre[1]
r_n = Zero-Rate für den Zeitpunkt n
r_t = Zero-Rate für Zeitpunkt t (Laufindex)

Beispiel:
Am Markt werden für die einzelnen Jahre folgende Par-Kupon-Raten gehandelt:

1Y: 6,00 %, 2Y: 7,00 %, 3Y: 8,00 %, 4Y: 9,00 %, 5Y: 10,00 %.

Notiert eine Anleihe beispielsweise zu pari und wird nach einem Jahr zu pari plus einem Kupon von 6 Prozent getilgt, so berechnet sich ihre Rendite:

$100 = \frac{6}{1+r_1} + \frac{100}{r_1}$. Die Auflösung der Gleichung ergibt 6,00 % für r_1. Die Rendite der Anleihe ist daher eine 6-prozentige Zero-Rate für ein Jahr.

Hat man jetzt eine zweijährige Anleihe mit einem Kupon von 7,00 %, kann man sich mit Hilfe von Z_1 die zweijährige Zero-Rate Z_2 ausrechnen:

$100 = \frac{7}{1{,}06} + \frac{7}{(1+r_2)^2} + \frac{100}{(1+r_2)^2}$. Aus dieser Gleichung errechnet sich eine zweijährige Zero-Rate von 7,0353 %.

Es jetzt möglich, nicht nur für zwei Jahre sondern für verschiedene Zeiträume, Kupons bzw. YTM die entsprechenden Zero-Raten auszurechnen. Die folgende Tabelle zeigt für verschiedene t (Jahre bis zur Fälligkeit), YTM (Yield to Maturity), die entsprechenden Zero-Raten (ZR) und Forward-Raten (FR):

1 Bzw. Anzahl der Perioden, z.B. bei halbjährlicher Zinszahlung.

t	YTM	ZR	FR
1	6 %	6,0000 %	8,0808 %
2	7 %	7,0353 %	10,2950 %
3	8 %	8,1111 %	12,7140 %
4	9 %	9,2439 %	15,4419 %
5	10 %	10,4562 %	

Abb. 6.10: Zero- und Forward-Raten

Die Zero-Rate für 5 Jahre errechnet sich analog zu dem obigen Beispiel:

$$100 = \frac{10}{1{,}06} + \frac{10}{1{,}07035^2} + \frac{10}{1{,}08111^3} + \frac{10}{1{,}09244^4} + \frac{10}{(1+r_5)^5} + \frac{100}{(1+r_5)^2} \Rightarrow r_5 = 10{,}4562\%$$

Die obigen Rechnungen basieren auf einer einfachen Arbitrageüberlegung: Da sich eine Anleihe aus mehreren Zero-Bonds zusammensetzt, ist es möglich, diese Anleihe mit einem Paket von entsprechenden Zero-Bonds nachzubilden. Weichen die Zero-Raten am Markt von den theoretischen Raten ab, so wäre es möglich einen Arbitrage-Gewinn zu erzielen. Sind z.B. die Zero-Raten am Markt niedriger als die theoretisch ermittelten Raten, so würde man die Anleihe kaufen und den Kaufpreis über die einzelnen Zero-Raten fremdfinanzieren. Den Barwert des ersten Kupons wird zu der einjährigen Zero-Rate finanziert, der Barwert des zweiten Kupons zu der zweijährigen Zero-Rate, usw.. Dieser Vorgang wird auch Coupon Stripping genannt. Da man implizit durch den Kauf der Anleihe sein Geld zu höheren Zero-Raten angelegt hat, stellt die Differenz zwischen diesen Raten den Gewinn dar.

Beispiel:
Die fünfjährige Anleihe mit Kupon von 10 % notiert zu pari und ist somit mit den oben ermittelten Zero-Raten bewertet. Die Zero-Raten am Markt weichen jedoch von diesen Raten ab und betragen für ein bis fünf Jahre 5,95 %, 7,00 %, 8,09 %, 9,20 % und 10,39 %. Werden die zukünftigen Zahlungsströme der Anleihe statt mit den theoretischen Zero-Raten mit den am Markt gültigen Raten diskontiert, beträgt der Barwert nicht mehr 100, sondern:

$$\frac{10}{1{,}0595} + \frac{10}{1{,}0700^2} + \frac{10}{1{,}0809^3} + \frac{10}{1{,}0921^4} + \frac{10}{1{,}1039^5} + \frac{100}{1{,}1039^5} = 100{,}225$$

Für eine Arbitrage werden € 9,438 für eine Periode zu einem Zinssatz von 5,95 % aufgenommen. Dieser Betrag entspricht dem Barwert von € 10: 10/1,0595 = 9,438. € 8,734 werden für zwei Perioden zu 7,00 % finanziert, usw.. Die Summe der Barwerte dieser Zahlungen beträgt 100,225. Diesen Betrag erhält man durch die Kreditaufnahme. Das Gegengeschäft dazu stellt der Kauf der Anleihe dar. Für diese hat man jedoch nur € 100 bezahlt. Die Differenz von 0,225 ist der Gewinn aus diesem Geschäft. Die Rückzahlung der einzelnen Beträge für den Kredit erfolgt mit Hilfe der Kuponzahlungen die man aus der Anleihe erhält.

Die Methodik zur Ermittlung der Zero-Kupon-Raten kann auch auf Anleihen mit anderen Kupons und Laufzeiten übertragen werden. Der Kurs einer Anleihe mit einer Restlaufzeit von zwei Jahren, die genauso wie die Anleihe in Tabelle 6.6 eine Rendite von 7 % aufweist aber einen Kupon von 8 % besitzt, berechnet sich folgendermaßen:

$$\frac{8}{1{,}07} + \frac{8}{1{,}07^2} + \frac{100}{1{,}07^2} = 101{,}80802$$

Aus diesem Ergebnis kann jetzt mit Hilfe der Zero-Rate über ein Jahr (6 %) die Zero-Rate über zwei Jahre berechnet werden:

$$101{,}80802 = \frac{8}{1{,}06} + \frac{8}{1+r_2} + \frac{100}{1+r_2} \Rightarrow r_2 = 7{,}04\%$$

R_2 beträgt für diese Anleihe 7,040 %. Dieses Ergebnis weicht leicht von der im obigen Beispiel errechneten Zero-Rate ab. Der Grund dafür ergibt sich aus der Tatsache, daß bei der Anleihe mit 8 % Kupon 7,413 %[1] des Kapitals zu der niedrigeren Zero-Rate von 6 % gebunden ist, während es bei der 7-prozentigen Anleihe nur 6,604 %[2] sind. Der Ausgleich für die niedrigere Verzinsung findet über eine etwas höhere Zero-Rate für zwei Jahre statt (Prinzip der Arbitragefreiheit).

Die Zahlungsströme der Anleihe mit 8 % Kupon diskontiert mit den Zero-Raten aus Tabelle 6.6 führt zu folgendem Ergebnis:

$$\frac{8}{1{,}06} + \frac{8}{1{,}070353^2} + \frac{100}{1{,}070353^2} = 101{,}8163$$

Aus diesem Kurs errechnet sich eine Yield to Maturity von 6,9955 %:

$$101{,}8163 = \frac{8}{1+r} + \frac{8}{(1+r)^2} + \frac{100}{(1+r)^2} \Rightarrow r = 6{,}9955\%$$

Diese YTM ist etwas niedriger als die YTM der Anleihe mit Kupon von 7,00 %. Obwohl beide Anleihen dieselbe Fälligkeit besitzen und mit denselben Raten diskontiert wurden, weisen sie eine verschiedene Yield to Maturity auf. Dieser Effekt ist auf die unterschiedliche Art der Zahlungsströme beider Anleihen zurückzuführen und wird auch als „Kuponeffekt" bezeichnet.[3] In diesem Beispiel ist der Kuponeffekt relativ gering. Für Anleihen mit längeren

---

1 $\frac{8}{1{,}06} = 7{,}457; \frac{7{,}457}{101{,}80802} = 7{,}413\%$

2 $\frac{7}{1{,}06} = 6{,}604; \frac{6{,}604}{100{,}00} = 6{,}604\%$

3 Vgl. Mc Enally, R.W., Jordan, J.V.: (Structure of Interest Rates), S. 1251.

Laufzeiten und stärker unterschiedlichen Kupons kann der Effekt jedoch größer sein.

6.2.1.4 Berechnung von Diskontfaktoren aus Par-Kupon-Raten

Aus Par-Kupon-Raten können neben Zero-Raten auch Diskontfaktoren ermittelt werden. Analog zu der Vorgehensweise im letzten Kapitel kann auch hier die Methode des Bootstrapping verwendet werden:

Für C in Prozent (z.B. 0,07) und einen Rückzahlungsbetrag von 1 kann der Kurs einer Anleihe die zu Pari notiert, folgendermaßen angeschrieben werden[1]:

$$1 = \frac{C}{(1+r_1)} + \frac{C}{(1+r_2)^2} + \ldots + \frac{C}{(1+r_n)^n} + \frac{1}{(1+r_n)^n} = C \times DF_1 \times C \times DF_2 + \ldots + C \times DF_n + DF_n$$

mit: r_n = Zero-Rate für den Zeitpunkt n
DF_n = Diskontfaktor für den Zeitpunkt n
C = Kupon oder Swap Rate

Für n = 1: $1 = C \times DF_1 + DF_1 \Rightarrow DF_1 = \frac{1}{1+C}$

Für n = 2: $1 = C \times DF_1 + C \times DF_2 + DF_2 \Rightarrow DF_2 = \frac{1-C\text{x}DF_1}{1+C}$

Für n = 3:
$$1 = C \times DF_1 + C \times DF_2 + C \times DF_3 + DF_3 \Rightarrow DF_1 = \frac{1-(C\text{x}DF_1+C\text{x}DF_2)}{1+C}$$

Allgemein:

$$DF_n = \frac{1 - C \times \sum_{t=1}^{n-1} DF_t}{1 + C}$$

Unter Berücksichtigung der Tagezählung für die Zinszahlung lautet die Formel vollständig:

$$DF_n = \frac{1-C \times \sum_{t=1}^{n-1} \frac{t_t}{T} \times DF_t}{1 + \frac{t_n}{T} C}$$

mit: t_n = Tage für Periode n
DF_n = Diskontfaktor für den Zeitpunkt n
DF_t = Diskontfaktor für den Zeitpunkt t (Laufindex)
t_n = Tage für den Zeitraum n
t_t = Tage für den Zeitraum t (Laufindex)
T = Tage für das Jahr

1 Vgl. vorletztes Kapitel.

6.2.1.5 Forward-Raten

Aus den Zero-Kupon-Raten können Forward-Zinssätze (Forward-Rate) ermittelt werden. Eine Forward-Rate ist der Zinssatz, zu dem ein Anleger an einem bestimmten Zeitpunkt in der Zukunft Geld aufnehmen bzw. anlegen kann.

Hat man eine Zero-Rate r_k und eine Zero-Rate r_l, so ist es möglich, einen Zinssatz zu bestimmen, zu dem ein Investor Geld zwischen der Fälligkeit von r_k und der Fälligkeit von r_l aufnehmen kann. Dieser Zins wird auch Forward-Rate genannt. Sind die Märkte arbitragefrei, so ist der Investor indifferent ob er sein Geld beispielsweise für zwei Jahre anlegt oder zunächst für ein Jahr und dann das erhaltene Kapital für ein weiteres Jahr zu einem vorher festgesetzten Zins wieder investiert.

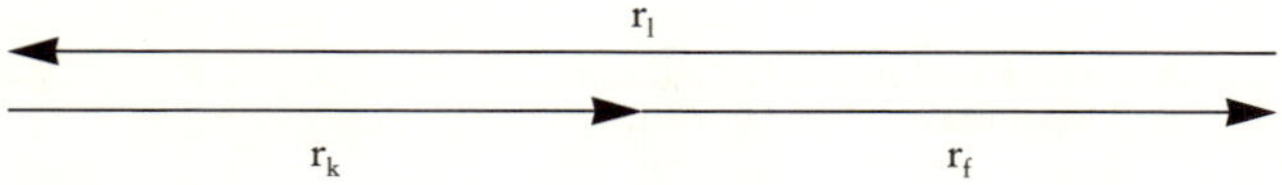

mit: rk = Zins für den kurzen Zeitraum
rl = Zins für den langen Zeitraum
r_f = Forward-Rate

Diesen Sachverhalt kann man in folgende Formel fassen:

$$(1+r_l)^l = (1+r_k)^k \times (1+r_f)^{(l-k)}$$

oder umgeformt:

$$r_f = \sqrt[l-k]{\frac{(1+r_l)^l}{(1+r_k)^k}} - 1$$

mit: r = Zero-Rate
k = kurzer Zeitraum in Jahren
l = langer Zeitraum in Jahren
r_f = Forward-Rate

Eine 3 x 5 Forward-Rate von beispielweise 14,07 % besagt, daß man einen Vertrag abschließen kann, der es ermöglicht, in drei Jahren Geld für zwei Jahre zu 14,07 % aufzunehmen bzw. anzulegen. Der Zeitraum beginnt somit in drei Jahren und endet in fünf Jahren.

Mit Hilfe der entsprechenden Zero-Raten ist es möglich, aufgrund einer Arbitrageüberlegung sich die jeweiligen Forward-Raten auszurechnen. In Tabelle 6.10 beträgt die zweijährige Zero-Rate 7,0353 %. Ein Anleger, der einen € zu diesem Zinssatz anlegt, erhält nach zwei Jahren $1{,}07353^2$. Um diese Geldanlage zu finanzieren, kann er Geld für ein Jahr zu der Zero-Rate für ein Jahr von 6 % aufnehmen und es nach einem Jahr zu der einjährigen Forward-Rate refinanzieren. Sind die Zinssätze im Verhältnis zueinander korrekt bewertet, so kann kein risikoloser Gewinn ohne Kapitaleinsatz entstehen. Die Einnahmen und Ausgaben aus dem Geschäft müssen sich daher entsprechen. In anderen Worten: Der Anleger steht vor der Alternative sein Geld zu einer Zero-Rate für zwei Jahre anzulegen oder es zunächst zu der Zero-Rate für ein Jahr anzulegen und es nach diesem Jahr zu der 1x1 Forward-Rate, die zum heutigen Zeitpunkt gesichert wird, zu reinvestieren. Bei einem Marktgleichgewicht ist der Ertrag aus beiden Geschäften derselbe und der Anleger indifferent zwischen den beiden Alternativen. Der Forward-Zinssatz für ein Jahr, in einem Jahr 1x2 r_f kann somit über folgende Gleichung errechnet werden:

oder umgeformt: $r_f = \frac{1{,}070353^2}{1{,}06} - 1$. Für die 1x1 Forward-Rate erhält man 8,0808 %.

Der folgende Graph veranschaulicht diesen Zusamenhang:

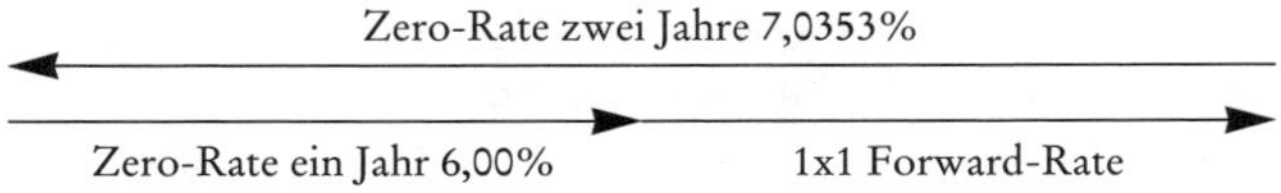

Analog errechnet sich aus den Zero-Raten aus Tabelle 6.10 die 2x3 Forward-Rate: $r_f = \frac{1{,}081111^3}{1{,}070353^2} - 1 = 10{,}295\%$.

Für die 3x5 Forward-Rate gilt: $r_f = \sqrt[2]{\frac{1{,}104562^5}{1{,}081111^3}} - 1 = 14{,}0696\%$

In Abb. 6.10 sind die Einjahres-Forward-Raten für den jeweiligen Zeitpunkt angegeben, wie sie sich aus den Zero-Raten errechnen.

Forward-Raten haben die Eigenschaft, daß sie bei einer „normalen" Zinskurve (der langfristige Zins ist höher als der kurzfristige Zins) über den Zero-Kupon-Raten liegen. Die Zero-Raten wiederum sind dann höher als die entsprechenden Kupon-Zinssätze.[1] Ist die Zinssruktur invers, kehrt sich diese Regel um.

Normale Zinsstruktur: Kupon-Raten < Zero-Raten < Forward-Raten
Inverse Zinsstruktur: Kupon-Raten > Zero-Raten > Forward-Raten

6.2.1.6 Forward-Rate-Agreements (FRA's)

Während sich die Forward-Rates des letzten Kapitels sich auf Zinsen im längeren Bereich bezogen, sind FRA's im Geldmarktbereich angesiedelt. Mit einem FRA wird ebenfalls ein Forward-Zinssatz abgesichert, die Bewertung ist daher ähnlich, aber im Detail gibt es einige Unterschiede.

Der Käufer eines FRA erhält am Settlement Date (Beginn der Periode, die das FRA umfaßt) die positive Differenz zwischen LIBOR, EURIBOR oder dem entsprechenden Referenzzinssatz und dem beim Kauf vereinbarten FRA-

1 Vgl. *Hull,J.:* (Options, Futures), S. 82.

Zinssatz. Diese Zinsdifferenz muß noch auf das Nominalvolumen (notional, principal) der Transaktion hochgerechnet werden. Es findet kein Austausch des Nominalvolumens statt, sondern nur eine Zahlung der Zinsdifferenz. Im letzten Schritt wird diese Summe über den Zeitraum abgezinst, der dem FRA zugrundeliegt (z.B. drei Monate, falls als Referenzzinssatz eine Drei-Monats-LIBOR vereinbart wurde). Es handelt sich um den Zeitraum zwischen dem Settlement Date und dem Endfälligkeitstag des FRA. Der Zinssatz mit dem diskontiert wird, ist der am Settlement Date geltende Referenzzinssatz.[1] Eine Abzinsung ist notwendig, weil die Zahlung schon am Settlement Date des FRA erfolgt, d.h. zu Beginn der Periode, die das FRA umfaßt, und nicht am Ende der Periode wie es bei einer Geldmarkeinlage üblich ist. Jede Zahlung die früher erfolgt, ist mehr wert und wird daher zum Ausgleich mit dem entsprechenden Zinssatz diskontiert. Als Terminologie ist zu beachten, daß der Käufer eines FRA von einem Anstieg der Zinsen profitiert, während der Verkäufer von einem Sinken der Zinsen profitiert.

Der FRA-Zins berechnet sich analog zu den Forward-Raten des letzten Kapitels:

$$\left(1 + r_l \times \frac{t_l}{T}\right) = \left(1 + r_k \times \frac{t_k}{T}\right) = \left(1 + r_{FRA} \times \frac{t_{l-k}}{T}\right)$$

$$r_{FRA} = \left(\frac{1 + r_l \times \frac{t_l}{T}}{1 + r_k \times \frac{t_k}{T}} - 1\right) \times \frac{T}{t_{l-k}}$$

mit:
- r_{FRA} = FRA Zins
- r_k = Zins für kurzen Zeitraum
- r_l = Zins für langen Zeitraum
- t_k = Tage für kurzen Zeitraum
- t_l = Tage für langen Zeitraum
- t_{l-k} = Tage für Zeitraum des FRA
- T = Tage für das Jahr (z.B. 360 oder actual)

Da $1 + r \times \frac{t}{T} = \frac{1}{DF}$ ist, kann die obige Bewertungsformel auch mit Hilfe von Diskontfaktoren angeschrieben werden:

$$r_{FRA} = \left(\frac{DF_k}{DF_l} - 1\right) \times \frac{T}{t_{l-k}}$$

mit:
- DF_k = Diskontfaktor vom Valutatag bis zum Beginn der FRA-Periode
- DF_l = Diskontfaktor vom Valutatag bis zum Ende der FRA-Periode

Der Zahlungsstrom der am Settlement Date des FRA fließt, berechnet sich nach folgender Formel:

1 Vgl. *Schwartz, R.J., Smith, C.W.:* (Risk Management), S. 196.

$$CF = (r_{FRA} - r_s) \times \frac{t_{FRA}}{T} \times DF_{FRA} \times N$$

mit:
- CF = Cash Flow
- r_s = Referenzzinssatz am Settlement Date des FRA
- r_{FRA} = Zins mit dem das FRA abgeschlossen wurde
- S = Settlement Date
- N = Nominalvolumen
- t_{FRA} = Tage für Zeitraum des FRA = t_{l-k}
- DF_{FRA} = Diskontfaktor für FRA-Periode

und:

$$DF_{FRA/S} = \frac{1}{1 + r_S \times \frac{t_{FRA}}{T}}$$

CF ist der Zahlungsstrom der am Settlement Date des FRA fließt. Um den Gewinn und Verlust einer Position zum heutigen Zeitpunkt zu berechnen, muß die Zinsdifferenz zwischen Zins bei Abschluß und aktuellem Zins gebildet werden und vom Ende der FRA-Periode auf den heutigen Zeitpunkt diskontiert werden. Der so ermittelte Betrag ist der Barwert oder Present Value (PV) des FRA:

$$PV_{FRA} = (r_{FRA} - r_{AKT}) \times \frac{t_{FRA}}{T} \times DF_{FRA} \times DF_k \times N = (r_{FRA} - r_{AKT}) \times \frac{t_{FRA}}{T} \times DF_l \times N$$

mit: r_{AKT} = aktueller Marktzins für das FRA
In der Formel für DF_{FRA} steht hier r_{AKT}.

Für eine Zinsbewegung von einem Basispunkt und für N=1 gilt:

$$Delta_{FRA} = \frac{t_{FRA}}{T} \times DF_l$$

Das **Delta** gibt die Wertveränderung des FRA für eine Zinsänderung von einem Basispunkt an und wird auch **Basis Point Value** (BPV) genannt. Es entspricht der Dollar Duration bei einer Anleihe. Aus dieser Formel wird auch der Diskontierungseffekt bei einem FRA deutlich: je weiter der Beginn der FRA-Periode in der Zukunft liegt, desto niedriger ist das Delta. Das Delta eines FRA's entspricht dem Delta einer Geldmarkteinlage, die zu einem späteren Zeitpunkt beginnt.

Beispiel:
Handelstag ist der 19.8.98 mit Valuta 21.08.98. Der 3-Monatszins beträgt 3,5085 % (lineare Zero-Rate) und für 6 Monate 3,6108 %. Ein 3x6 FRA beginnt am 23.11.98 [1](94 Tage) und endet am 22.02.99 (185 Tage). Die FRA-Periode umfaßt somit 91 Tage. Aus diesen Raten ergibt sich ein Diskontfaktor

1 Der 21. Ist ein Samstag. Das Fixing ist am 19.11.98.

von 0,9909398 für 3 Monate und 0,9818181 für 6 Monate. Die Rate des FRA beträgt:

$$r_{FRA} = \left(\frac{0{,}9909398}{0{,}9818181} - 1\right) \times \frac{360}{91} = 0{,}36754 \textit{ bzw. } 3{,}675\%$$

Das Delta des FRA beträgt:

$$\frac{91}{360} \times 0{,}9818181 = 0{,}24818$$

Bei einem Fixing von 3,845 % beträgt der Diskontfaktor für die FRA-Periode am Settlement Date:

$$\frac{1}{1 + 0{,}03854 \times \frac{91}{360}} = 0{,}990352$$

Bewegt sich die Forward-Rate um 17 BP nach oben, so beträgt die Wertveränderung für ein Nominalvolumen von € 400 Mio: 0,0017 * 0,24818 * 400 Mio = € 168.762,40. Der Käufer des FRA hätte somit einen Gewinn von € 168.762,40 erzielt. Beträgt die Rate am Settlement Date (Fixing) ebenfalls 3,845 %, so beträgt der Gewinn: (0,03845–0,03675) * 91/360 * 0,990352 * 400 Mio = DM 170.230,51.

Da das Delta von dem Diskontfaktor für die jeweilige Periode abhängig ist, wird es im Zeitablauf nicht konstant bleiben sondern sich vergrößern. Das Delta in dem Beispiel beträgt 0,24818. Bis zum Settlement Date wird es auf 0,25034 ansteigen: 91/360 * 0,990352 = 0,25034. Die Differenz ist hier nicht allzu hoch, kann aber für weiter in der Zukunft liegende FRA's wesentlich größer sein. Führt man einen Hedge mit einem FRA durch, so ist die Veränderung des Deltas zu berücksichtigen, d.h. das Hedge Ratio muß im Laufe der Zeit angepaßt werden.[1]

6.2.2 Berechnung des theoretischen Futurepreises

Hat man das Konzept der Forward-Zinssätze verstanden, kann man für kurzfristige Zinsterminkontrakte, wie z.B. den Euribor-Future, den theoretischen Futurepreis ausrechnen.

Der Kurs des Euribor-Futures beträgt 100 abzüglich dem Zinssatz. Der Zinssatz, der abgezogen wird, ist der Drei-Monats Forward-EURIBOR, gültig für den Zeitpunkt des Kontraktliefertages des Futures. Dieser Geldmarktfuture ist somit nichts anderes als ein standardisiertes Forward-Rate Agreement (FRA). Liegen die entsprechenden Zero-Raten vor, ist es möglich analog zu der Vorgehensweise des letzten Kapitels die entsprechende Forward-Rate

1 Mehr dazu in Kapitel 8.2.2.

bzw. den entsprechende Drei-Monats-Forward-EURIBOR zu ermitteln. Ist der Future korrekt bewertet, wird dieser Zinssatz nicht von dem im Future impliziten Zinssatz abweichen. Der theoretische Futurepreis berechnet sich folgendermaßen:

$$r_{FUT} = \left(\frac{1 + r_l \times \frac{t_l}{T}}{1 + r_k \times \frac{t_k}{T}} - 1 \right) \times \frac{T_{FUT}}{t_{FUT}} = \left(\frac{DF_k}{DF_l} - 1 \right) \times \frac{T_{FUT}}{t_{FUT}} \Rightarrow Futurepreis = 100 - r_{FUT}$$

mit: r_{Fut} = Future Zins
r_k = Zero-Rate kurzer Zeitraum
r_l = Zero-Rate langer Zeitraum
t_k = Tage kurzer Zeitraum
t_l = Tage langer Zeitraum
T = Tage für das Jahr
t_{FUT} = Tage für den Future (z.B. 30 oder 90)
T_{FUT} = Tage für das Jahr bez. Future (z.B. 360)

Subtrahiert man den Zinssatz der sich aus der obigen Formel ergibt von 100, so erhält man den theoretischen Futurepreis.

$$Futurepreis = 100 - r_{FUT}$$

Spricht man vom Basis Point Value (BPV) des Futures, so ist meistens die wertmäßige Änderung eines Future-Kontraktes für eine Renditeänderung von einem Basispunkt gemeint. Ändert sich der EURIBOR beispielweise um einen Basispunkt, so wir ein einzelner EURIBOR-Future € 25 gewinnen oder verlieren: € 1.000.000 * 0,0001 * 90/360. Allgemein:

$$BPV_{Fut} = Kontraktvolumen \times 0{,}0001 \times \frac{t_{Fut}}{T_{Fut}}$$

mit: BPV_{Fut} = Basis Point Value des Futures

Zur Berechnung verschiedener Hedge Ratios ist es hilfreich den Faktor t_{Fut}/T_{Fut} zu separieren. Er wird in den folgenden Kapiteln auch Delta genannt:

$$Delta_{Fut} = \frac{t_{Fut}}{T_{Fut}}$$

Die meisten Geldmarktfutures sind auf 30 Tage für einen Monat und 90 Tage für 3 Monate mit 360 Tagen für das Jahr standardisiert. Das heißt das Delta für einen Ein-Monats-Future beträgt 30/360 = 8,3333… und für einen Drei-Monats-Future 90/360 = 0,25. Der Zeitraum des Referenzzins für den Abrechnungspreis am Laufzeitende des Kontraktes kann jedoch eine von 30 und 90 Tagen abweichende Laufzeit haben.

Beispiel:
Handelstag: 19.08.98, Valuta: 21.08.98, Verfalltag des Future 15.03.99, Valuta (T+2): 17.03.99, Kontrakt: März 99 Kontrakt des Drei-Monats-Euribor-Fu-

ture, Zero-Rate bis 17.03.99 (208 Tage): 3,6322 % und Zero-Rate bis 17.06.99 (17.03.99 + 92 Tage (3 Monate) = 298 Tage): 3,6951 %. Der theoretische Futurepreis beträgt:

$$r_{FUT} = \left(\frac{1 + 0{,}036958 \times \frac{300}{360}}{1 + 0{,}036322 \times \frac{208}{360}} - 1 \right) \times \frac{360}{92} = 3{,}760\% \Rightarrow \mathit{Futurepreis} = 96{,}24$$

In der Regel besteht bei Zinssätzen ein Geld-Brief-Spread. Es ist dann der entsprechende Geld- bzw. Brief-Kurs in die Formel einzusetzen. Man erhält dann auch für den Future eine theoretische Geld-Brief Spanne, innerhalb derer sich der Kurs bewegen kann, ohne daß eine Arbitrage möglich ist.

Bei den Laufzeiten der einzelnen Perioden ist zu beachten, daß diese stets an den Valutatagen beginnen. Der letzte Handelstag des März 99 Kontraktes ist der 15.03.99. Der Zeitraum des Referenzzinses für den Abrechnungspreis beginnt erst zwei Tage später am 17.03.99 und endet am 17.06.99.

Für kürzere Laufzeiten ist die geschilderte Vorgehensweise ur Berechnung des theoretischen Futurepreises korrekt. Bei Futures deren Fälligkeit weiter entfernt liegt, muß der sogenannte Konvexitätseffekt berücksichtigt werden (siehe Kapitel 8.1.5).

6.2.3 Die Basis

Ähnlich wie ein langfristiger Zinsterminkontrakt hat auch ein Future auf kurzfristige Zinsen eine Basis.

Die Differenz zwischen dem im Future impliziten Forward-Zins berechnet auf dem theoretisch korrekten Futurepreis und dem aktuellen Drei-Monats-Zinssatz (z.B. EURIBOR, je nach Kontrakt) ist die **theoretische Basis.**

$$\mathit{Theoretische\ Basis} = \mathit{Zins}_{Fut/theor.} - \mathit{Zins}_{Spot/aktuell}$$

Beträgt beispielweise die aktuelle Drei-Monats-LIBOR 3,509 % und der theoretische Futurepreis für den Dezember-Kontrakt 96,265, so beträgt die theoretische Basis +22,6 Basispunkte: 0,03735–0,03509 = 0,00226. Beträgt der theoretische Preis des Juni-Futures 96,165, so beträgt die theoretische Basis des Juni-Kontraktes 32,6 Basispunkte: 0,03835 – 0,03509 = 0,00326

Die Differenz zwischen dem Forward-Zinssatz, wie er sich aus dem aktuellen Future-Kurs errechnet und der aktuellen Drei-Monats-LIBOR, wird **aktuelle Basis** oder **Brutto Basis** genannt.[1]

$$\mathit{Aktuelle\ Basis} = \mathit{Zins}_{Fut/aktuell} - \mathit{Zins}_{Spot/aktuell}$$

1 Eine einheitlich Nomenklatur hat sich bei diesen Begriffen nicht durchgesetzt. Für die Brutto Basis werden daher auch Bezeichnungen wie Carry Basis oder Simple Basis verwendet.

Notiert der Dezember-Kontrakt statt bei seinem theoretischen Wert von 96,265 zu einem aktuellen Preis von 96,20, so beträgt die aktuelle Basis +29,1 Basispunkte (3,800 % – 3,509 %). Die aktuelle Basis ist im Prinzip ein Spread zwischen einer Spot-Rate und einer Forward-Rate und wird daher in der Regel stärkeren Schwankungen unterworfen sein als die Net Basis.

Die Differenz zwischen der aktuellen Basis und der theoretischen Basis ist die **Net Basis** oder **Value Basis**. Sie beträgt für den Dezember-Kontrakt 0,07 oder 7 Basispunkte.

$$Net\ Basis = Basis_{aktuell} - Basis_{theoretisch}$$

Liegen die langfristigen Zinsen über den kurzfristigen Zinsen (normale Zinsstruktur), ist die Basis positiv. In diesem Fall notieren die entferntliegenden Kontrakte unter den naheliegenden Kontrakten. Bei einer inversen Zinsstruktur ist die Basis negativ. Die naheliegenden Kontrakte notieren dann über den entferntliegenden Kontrakten.

Am Kontraktliefertag ist der im Future-Kurs implizite Zins gleich dem aktuellen Zins. Die Basis ist während der Laufzeit des Kontraktes gegen Null konvergiert. Diese Konvergenz gegen Null findet aber in der Regel nicht linear statt, sondern mit Schwankungen. Diese Schwankungen werden unter anderem durch Abweichungen des theoretischen vom aktuellen Futurepreis und durch Veränderungen in der Renditestruktur beeinflußt.

Der Begriff der Basis kann sich auch auf Zinssätze beziehen, die dem Terminkontrakt nicht zugrundeliegen. Werden beispielsweise kurzlaufende Anleihen abgesichert, so ist in diesem Fall die Basis die Differenz zwischen dem aktuellen Future-Zinssatz und dem Zinssatz der Anleihe. Ein Beispiel für die Entwicklung der aktuellen Basis gibt der untenstehende Chart. Er zeigt die Entwicklung der aktuellen Basis (Future-Zinssatz minus Dreimonats-Eurodollar-Fixing) für den Februar 99 Kontrakt des Dreimonats-Euro-Dollar-Futures. Hier wird deutlich, daß die Basis während der Laufzeit starken Schwankungen unterworfen sein kann und keineswegs linear konvergieren muß.

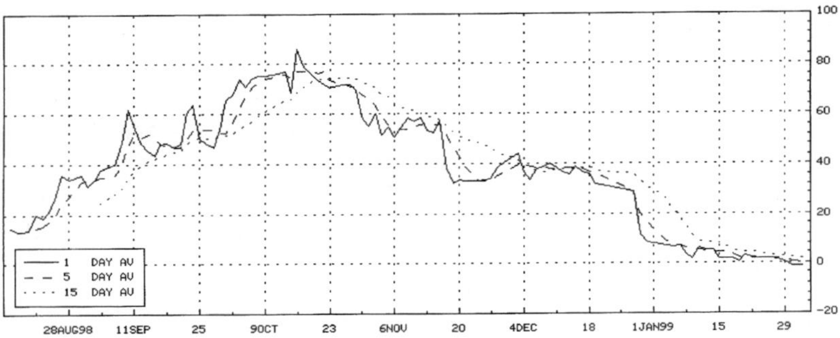

Abb. 6.11: Entwicklung der Basis für den Februar 99 Kontrakt des Dreimonats-Euro-Dollar-Futures (Quelle: Bloomberg)

7. Anwendungsmöglichkeiten für lang- und mittelfristige Zinsterminkontrakte

7.1 Hedging

Ein amerikanisches Sprichwort besagt: Jeder Dummkopf mag zu Geld kommen, aber um es zu behalten, braucht es einen klugen Mann.

Hedging (Absicherung von Kassapositionen) macht zwar nicht zwangsläufig klüger, hilft aber entscheidend bei dem Bestreben, das erwirtschaftete Geld zu behalten. Bevor man sich jedoch dem Hedging zuwendet, ist es notwendig, einen Blick auf die Risikoquellen festverzinslicher Anleihen zu werfen. Positionen in festverzinslichen Wertpapieren können nämlich entgegen der oft anzutreffenden Meinung mit einem hohem Risiko behaftet sein.

7.1.1 Risikoquellen festverzinslicher Anleihen

Das Risiko, das bei Anleihen als erstes auffällt, ist das **Kursrisiko**. Hat ein Investor Anleihen in seinem Depot, so kann er sie gegen einen Kursverfall absichern, indem er die entsprechende Anzahl an Terminkontrakten verkauft.

Das Kursrisiko kann aber auch darin bestehen, daß der Kurs der Anleihen steigt. Das ist dann der Fall, wenn der Investor eine Short-Kassaposition in den Anleihen eingegangen ist. Er wird dann eine Long-Position im Terminkontrakt aufbauen. Ein Fondsmanager, der zu einem bestimmten Zeitpunkt in der Zukunft einen größeren Zahlungseingang erwartet, dieses Geld später in Anleihen investieren will, sich aber das jetzige seiner Meinung nach günstige Renditeniveau sichern will, wird eine Long-Position in Terminkontrakten eingehen. Er ist also zum jetzigen Zeitpunkt short in den Anleihen, da jeder Kursanstieg den späteren Kaufpreis der Anleihen erhöht und somit eine zusätzliche Ausgabe bedeutet.

Ein weiteres Risiko, das bei Anleihen mit Kupon auftritt, ist das **Wiederanlagerisiko**. Erhält man eine Kuponzahlung, muß diese unter Umständen wieder angelegt werden. Es besteht dann das Risiko, daß bis zum Zeitpunkt der Kuponzahlung die Zinsen fallen.

Das Kursrisiko und das Wiederanlagerisiko sind **Zinsänderungsrisiken**. Dazu gehört auch das **Inflationsrisiko**.

Ist eine Anleihe vom Schuldner vorzeitig kündbar, so besteht für den Investor das **Kündigungsrisiko**.

Weitere Risikoquellen sind das **Insolvenzrisiko** (Schuldner wird zahlungsunfähig), das **Wechselkursrisiko** (bei Anlagen in Fremdwährungen) und das **Liquidierbarkeitsrisiko** (Anleihe kann u.U. im Bedarfsfall nicht veräußert werden).

7.1.2 Arten und Risiken eines Hedges

Das Absichern einer Kassaposition wird auch Hedging genannt. Im Sinne der Futuresmärkte bedeutet Hedging die Eröffnung einer Terminposition, die der Kassaposition im Gegenstand nach gleich, in der Auswirkung der Preisänderung jedoch entgegengesetzt ist.

7.1.2.1 Short Hedge

Man kann grundsätzlich zwei Arten des Hedges unterscheiden:

Der Short Hedge ist die Absicherung gegen fallende Preise. Bei Anleihen ist es die Absicherung gegen steigende Zinsen (Anleihe „long“ und Futures „short“).

Allgemein gesprochen ist ein Short Hedge jeder Hedge bei dem Futures verkauft werden, bei dem man Futures short ist.

7.1.2.2 Long Hedge

Der Long Hedge ist die Absicherung gegen steigende Preise. Bei Anleihen ist es die Absicherung gegen fallende Zinsen (Anleihe „short“ und Futures „long“).

Diese Absicherung wird Long Hedge genannt, weil man Futures kauft, also long den Future ist.

Das Risiko bei einer Absicherung ist, daß sich der Kurs des abzusichernden Gegenstandes und der Kurs des Terminkontraktes nicht parallel entwickeln.

7.1.2.3 Cross Hedge

Der Bund-Future kann auch zur Absicherung von Anleihen benutzt werden, die nicht im lieferbaren Bereich liegen. Ein Cross Hedge in den Future Märkten ist ein Hedge, bei dem das abzusichernde Instrument nicht in den Future einlieferbar ist, der für die Absicherung benutzt wird.[1] Beispiele für einen Cross Hedge im Falle des Bund-Futures sind u.a.: Absicherung von Euro-DM Anleihen, Industrieanleihen, Anleihen ausländischer Schuldner, Anleihen mit kürzerer Laufzeit als die dem Bund-Future zugrundeliegenden Anleihen, Bankschuldverschreibungen, Swapsätze.

1 *Pitts, M.:* (Risk with Interest Rate Futures), S. 907.

7.1.2.3.1 Allgemeine Risiken des Cross Hedges

Cross Hedging ist komplizierter und risikoreicher als die Absicherung von lieferbaren Anleihen, da mehrere Beziehungen mit einfließen:

Zum einen die Beziehung zwischen dem Cheapest to Deliver und dem Future (z.B.: Wechsel des Cheapest to Deliver, Veränderung der Basis).

Zum anderen die Beziehung zwischen der abzusichernden Anleihe selbst und dem Cheapest to Deliver.

Die Struktur dieser Beziehungen kann man sich auch anhand der Basis vergegenwärtigen. Definiert man die Basis als Differenz des Kurses der abzusichernden Anleihe, z.B. auch eine Auslandsanleihe (angepaßt über den Preisfaktor) minus dem Kurs des Futures, so kann man diese Basis in zwei Komponenten zerlegen:

Erstens die Differenz zwischen dem Preis des Futures und dem Preis der lieferbaren Anleihe.

Zweitens die Preisdifferenz zwischen der lieferbaren Anleihe und der abzusichernden Anleihe.[1]

Der erste Faktor wurde in den Ausführungen schon behandelt. Eine Abschätzung der Entwicklung und Einflußfaktoren des zweiten Faktors ist etwas schwieriger.

Die Beziehung und somit auch die Preisdifferenz zwischen der abzusichernden und der lieferbaren Anleihe wird von mehreren Faktoren beeinflußt.

Das Kreditrisiko: Werden Anleihen von einem anderen Schuldner abgesichert, so besteht ein Kreditrisiko. Verschlechtert sich die Bonität des Schuldners, so werden Investoren nur bereit sein diese Anleihen zu kaufen, wenn sie eine höhere Rendite als vorher erhalten. Die Kurse dieser Anleihen werden im Vergleich zu den Bundesanleihen fallen. Verschiebungen in der Renditekurve können auch bei Anleihen mit gleicher Laufzeit in einer unterschiedlichen Rendite resultieren. Auf dem amerikanischen Markt hat sich in der Vergangenheit gezeigt, daß die Renditespanne zwischen Industrieanleihen und Staatsanleihen dazu tendiert hat, sich auszudehnen, wenn die Treasury-Zinsen gestiegen sind, und dazu tendiert hat, sich zu verkleinern, wenn die Treasury-Zinsen gefallen sind. Ähnliches gilt für den deutschen Markt auch in Beziehung auf ausländische DM-Anleihen. Ändert sich aber die Renditespanne, so kann ein Hedge, je nachdem ob man sich gegen steigende oder fallende Zinsen absichert, problematisch werden.

Das Liquiditätsrisiko: Besteht für die abzusichernden Anleihen kein liquider Markt, so kann das starke Auswirkungen auf die Kursnotierungen der jeweiligen Anleihe haben. Bei geringen oder keinen Umsätzen, ist die Kursfeststellung relativ problematisch. Oft sind nur Tax-Kurse erhältlich, was dazu führen kann, daß über einen gewissen Zeitraum der Kurs sich nicht bewegt,

1 Vgl. *Figlewski, S.:* (Hedging), S. 77.

obwohl sich die Renditen am restlichen Markt verändert haben. Größere Kaufaufträge können hingegen dazu führen, daß die Kurse überproportional steigen oder fallen.

Das Sektor-Risiko: Bei jedem Cross Hedge ist es sehr wahrscheinlich, daß starke Veränderungen in der Basis auftreten, wenn wirtschaftliche Faktoren einen unterschiedlichen Einfluß auf die verschiedenen Sektoren der Wirtschaft haben.[1]

Das Risiko bei ausländischen Anleihen: Werden ausländische Anleihen abgesichert, z.B. in den Niederlanden gehandelte holländische Staatsanleihen mit dem Bund-Future, so besteht das Risiko, daß sich die Zinsen auf den beiden Märkten nicht parallel entwickeln. Ist die Korrelation zwischen den beiden Märkten nicht ausreichend groß, so ist ein Hedge sinnlos.

Überhaupt ist bei einem Cross Hedge die Korrelation zwischen den beiden Instrumenten ausschlaggebend. Ist die Korrelation nicht ausreichend groß, ist es zwecklos, sogar gefährlich zu hedgen, da sonst Verluste entstehen können, die ohne Absicherung nicht entstanden wären. Bevor ein Cross Hedge eingegangen wird, muß getestet werden, ob eine ausreichende Korrelation zwischen dem abzusichernden Instrument und dem Future besteht.

Ein weiterer wichtiger Punkt sind Unterschiede in der Laufzeit. Dieser Punkt wird im nächsten Kapitel gesondert behandelt.

7.1.2.3.2 Zinsstrukturrisiko

Sehr oft werden Anleihen abgesichert, die eine andere Laufzeit haben als die Anleihen, die dem Future zugrunde liegen. Verschiebt sich die Renditekurve parallel, so entsteht durch die unterschiedliche Laufzeit kein zusätzliches Risiko. Hat die abzusichernde Anleihe z.B. eine Laufzeit von fünf Jahren, so hat sie eine niedrigere Preisreagibilität als der CTD des Bund-Futures. Steigen die Zinsen, so wird der Bund-Future relativ stärker fallen als die fünfjährige Anleihe. Man kann aber die Zinsreagibilität dieser Anleihe messen (z.B. über die Duration) und dann das Hedge Ratio entsprechend anpassen (in diesem Falle würde man weniger Kontrakte benötigen, als bei der Absicherung von lieferbaren Bund-Anleihen). Eine Parallelverschiebung der Zinsen wird dann den Hedge nicht beeinträchtigen.

Gefährlich wird es, wenn sich die Zinsstruktur ändert. Hat die abzusichernde Anleihe nicht exakt dieselbe Laufzeit wie die Anleihe, die dem Futures zugrunde liegt, wird jede Veränderung in der Struktur der Zinskurve Ungenauigkeiten verursachen.[2]

Beispiel:
Es werden fünfjährige Anleihen mit dem Bund-Future abgesichert (hier ein Long Hedge) und die Zinsstruktur ist invers. Wird die Zinsstruktur flach oder „normal“, so fallen

---

1 *Rothstein, N.H.:* (Financial Futures), S. 122.
2 Vgl. *Rothstein, N.H.:* (Financial Futures), S. 120.

die kurzfristigen bzw. mittelfristigen Zinsen in Relation zu den langfristigen Zinsen. Das heißt, die kürzerlaufenden Anleihen werden gegenüber den langlaufenden Anleihen steigen. Da man bei einem Long Hedge die Anleihen short ist und den Futures long, wird diese Veränderung (je nach Stärke) den Hedge beeinträchtigen, wirkungslos machen oder zu einem Verlust führen. Umgekehrt wird sich eine Veränderung der Zinsstruktur von normal zu invers negativ auf einen Short Hedge auswirken.

Die Veränderung der Zinsstruktur kann sich auch auf einen Hedge von lieferbaren Anleihen auswirken, da sich auch die Zinsstruktur zwischen 8,5 und 10,5-jährigen Anleihen ändern kann. Allerdings werden diese Veränderungen in der Regel gering sein.

Sollen Anleihen abgesichert werden, deren Fälligkeit zwischen zwei Future-Kontrakten (z.B. Bund- und Bobl-Future) liegt, kann eine Kombination aus beiden Kontrakten sinnvoll sein. Das Verhältnis zwischen beiden Futures muß so sein, daß die Dollar Duration der Kombination der Futures der Dollar Duration der abzusichernden Anleihe entspricht. Im letzten Schritt wird noch das unterschiedliche Nominalvolumen berücksichtigt. Dazu mehr in den folgenden Kapiteln. Das Ergebnis ist zwar ein etwas sicherer Hedge, aber immer noch ein Cross Hedge.

7.1.2.4 Basisrisiko

Das Hauptrisiko bei einer Absicherung von Anleihen ist, daß sich die Basis zuungunsten des Hedgers entwickelt. Schwankungen der Basis können dazu führen, daß man trotz Absicherung einen Verlust erleidet.

Wird der Cheapest to Deliver abgesichert, so weiß man mit Sicherheit, daß die Basis am Kontraktlaufzeitende gleich Null ist. Daher besteht, wenn der Hedger als Absicherungshorizont den Kontraktliefertag hat, kein Basisrisiko. Diese Aussage gilt aber nur für den Fall, daß sich der CTD bis zum Kontraktliefertag nicht ändert. Eine Änderung kann aber von vornherein nicht ausgeschlossen werden. Ändert sich der CTD, so ändert sich in der Regel auch die Basis.

Die Basis konvergiert zwar zum Laufzeitende hin gegen Null, oft aber nur unter großen Schwankungen. Wird ein Hedge hingegen nicht bis zum Ende der Laufzeit des Kontraktes gehalten, kann der Fall eintreten, daß sich die Basis zuungunsten des Hedgers entwickelt hat. Je länger ein Hedge innerhalb einer Lieferperiode aufrechterhalten wird, desto geringer werden in der Regel die Auswirkungen einer Änderung der Basis sein, da sie ceteris paribus gesehen zum Laufzeitende des Kontraktes hin immer geringer wird, mögliche Schwankungen absolut gesehen immer kleiner werden und somit weniger ins Gewicht fallen. Dasselbe gilt für den Fall, daß ein Hedge über mehrere Kontraktlaufzeiten hinweg gehalten wird. Wird der Hedge exakt zum Kontraktlaufzeitende aufgelöst, so besteht kein Basisrisiko; wird die Glattstellung aber zwischen den einzelnen Liefertagen vorgenommen, so besteht es. Je länger der Zeitraum ist, über den der Hedge aufrechterhalten wird, desto weniger werden die Basiseffekte ins Gewicht fallen. Der Hedge darf jedoch nicht solange dauern, daß die Restlaufzeit der Anleihen sich so stark verkürzt, daß sie aus dem lieferbaren Bereich ausscheiden. Man hat dann nämlich dieselben Probleme wie bei einem Cross Hedge. Zudem muß beachtet werden, daß, je länger der Hedge aufrechterhalten wird, die Wahrscheinlichkeit für einen Wechsel des Cheapest to Deliver umso größer wird. Ein

Wechsel des Cheapest to Deliver hat aber meist auch eine Veränderung der Basis zur Folge.

Diese Annahmen wie z.B. die perfekte Konvergenz gegen Null, gelten nur für den Fall, daß das Kassainstrument der Cheapest to Deliver ist. Für jedes andere lieferbare oder nichtlieferbare Wertpapier, wird die Basis zu der Kassamarktpreisdifferenz zwischen ihm und dem (über den Preisfaktor) angepassten Preis des Cheapest to Deliver konvergieren. In den meisten Fällen ist diese Differenz einigermaßen vorhersehbar. Trotzdem ist eine gewisse Unsicherheit nicht zu vermeiden.[1] Diese Unsicherheit ist bei einem Cross Hedge besonders hoch. Der Cross Hedge weist daher das größte Basisrisiko auf.

Es ist sinnvoll, einen Hedge nur dann aufzusetzen, wenn die aktuelle Basis nicht zu stark von der theoretischen Basis abweicht. Dabei ist es entscheidend, ob man einen Long oder Short Hedge eingeht. Für einen Long Hedge ist es ungünstig, wenn die aktuelle Basis über der theoretischen Basis liegt. In diesem Fall ist der Future im Verhältnis zur Anleihe unterbewertet. Dieser Umstand ist für eine Short-Position im Future und eine Long-Position in der Anleihe ungünstig. Dies kann auch anhand der Implied Repo Rate (IRR) gemessen werden. In diesem Fall liegt die IRR des Futures unter der aktuellen Repo Rate. Umgekehrt ist es für einen Short Hedge ungünstig, wenn die IRR über der aktuellen Repo Rate liegt. Die aktuelle Basis liegt dann unter der theoretischen Basis. Der Future wird dann im Verhältnis zu den Anleihen relativ teuer gekauft. Baut sich nach Eingehen des Hedges diese Überteuerung des Futures ab, wird das Ergebnis des Hedges negativ beeinflußt.

Ist der Future dagegen korrekt bewertet, so ist es stets sinnvoll, den Kontraktmonat zu wählen, der dem Absicherungshorizont am ehesten entspricht. Wählt man statt dem entfernteren Monat den Front-Monat, besteht das Risiko des Rollens der Futureposition in den nächsten Monat. Am Laufzeitende des ursprünglichen Front-Monats kann nämlich die Situation eingetreten sein, daß der darauffolgende Kontraktmonat fehlbewertet ist oder daß sich der kurzfristige Zinssatz geändert hat. Dies würde das ursprünglich erwartete Ergebnis des Hedges ändern. Fallen die kurzfristigen Zinssätze, so erhält man aus dem Hedge ab dem Zeitpunkt des Rollens der Future-Position nur noch den zu diesem Zeitpunkt geltenden niedrigeren Zinssatz.

Ist dagegen der entfernt liegende Kontraktmonat stärker fehlbewertet als der Front-Monat, kann es sinnvoll sein, den Hedge zuerst mit dem Front-Monat aufzubauen. Bis zum Kontraktliefertag des Front-Monats kann man sich dann das korrekte Ergebnis des Hedges sichern. Außerdem besteht zusätzlich die Chance, daß der entfernt liegende Kontrakt wieder zu einer korrekten Bewertung gefunden hat. Aber auch hier besteht das Risiko, daß sich der kurzfristige Zinssatz ändert. Man muß dann den Verlust, der durch das Eingehen einer Position im fehlbewerteten Kontraktmonat entstehen würde, mit dem Risiko einer Änderung der kurzfristigen Zinsen vergleichen.

1 Vgl. *Figlewski, S.:* (Hedging), S.76.

Veränderungen der Basis können verschiedene Ursachen haben. Zum einen sind das Verschiebungen in der Renditekurve, was in der Regel auch Änderungen der Finanzierungskosten mit sich bringt. Das wiederum verändert die Cost of Carry Relation. Verändert sich die Differenz zwischen den Kosten und den Erträgen aus dem Halten einer Position, so wird sich auch die Größe der Basis verändern.[1] Zum anderen beeinflussen Wechsel im Cheapest to Deliver die Größe der Basis. Ein Wechsel im Cheapest to Deliver kann u.a. durch eine Veränderung der Rendite oder Renditestruktur stattfinden.

Je länger die Laufzeit des Kontraktes ist, desto stärker können absolut gesehen die Veränderungen der Basis sein. Daher ist es sinnvoll, für einen Hedge, der nur einige Tage dauert, den Front-Monat zu wählen, da hier die absoluten Schwankungen der Basis geringer ausfallen werden.

Eine Quantifizierung des Basisrisikos ist außerordentlich schwierig, da wie oben geschildert, in die Veränderung der Basis eine Vielzahl an Einflußfaktoren eingeht. Um eine zahlenmäßige Vorstellung des Risikos der Basisveränderung zu bekommen sei folgendes **Beispiel** genannt:

Am 31. Juli 1992 war um etwa 11 Uhr vormittags folgende Marktsituation:
Kurs des September-Kontraktes des Bund-Futures: 86,85.
Cheapest to Deliver: Anleihe mit Laufzeit bis zum 22.07.2002 und Kupon 8 %.
Kurs des Cheapest to Deliver: 99,24.
Rendite des Cheapest to Deliver: 8,116 %.
Repo Rate: 9,7 %.
Aktuelle Basis: –0,2094
Der Future war zu diesem Zeitpunkt korrekt bewertet.

Ändert sich die Repo Rate von 9,70 % auf 8,70 % dann erhält man, einen konstanten Anleihekurs unterstellt, 86,75 als neuen theoretischen Futurepreis und eine theoretische Basis von –0,0962.

Die Basis ist somit um 0,1132 gestiegen. Auf den Nominalwert des Kontraktes berechnet ergibt das eine Veränderung von DM 283 (0,1132*2500). Die Veränderung der Basis geteilt durch den Preisfaktor von 1,145064 ergibt gerundet die Veränderung des Futures von 10 Ticks (0,1132/1,145064 = 0,09886). Eine Veränderung von 10 Ticks im Future entsprechen DM 250.

Steigt die Repo Rate auf 10,70 %, dann beträgt die neue theoretische Basis 0,3226.

Diese gezeigten Änderungen in der Repo Rate sind noch nicht übermäßig groß und können sich relativ schnell ereignen. Bei einem Kontrakt mögen die wertmäßigen Änderungen nicht sonderlich bedeutsam erscheinen; für eine größere abzusichernde Position (z.B. 500 Kontrakte) sind dies aber ernstzunehmende Beträge.

Auch die Veränderung der Basis im Zeitablauf kann beträchtlich sein. Am 31.5., also zwei Monate früher, hätte die theoretische Basis, einen konstanten Anleihkurs unterstellt, 0,5899 betragen. Am 14.8. wäre sie nur noch 0,1477. Das entspricht einer Veränderung von 0,4412. Geteilt durch den Preisfaktor von 1,145064 ergibt sich die daraus entstehende Veränderung des Futures von 39 Ticks (0,3853). Das entspricht DM 975 (39*25) pro Kontrakt.

Findet in den genannten Beispielen zusätzlich noch ein Wechsel der Cheapest to Deliver Anleihe statt, kann die Veränderung in der Basis wesentlich stärker sein. Andererseits kann die Veränderung der Basis, bedingt durch den Wechsel des CTD, die Veränderung der Basis, bedingt durch die Veränderung der Repo Rate, kompensieren.

1 *Rothstein, N.H., Little J.M.:* (Market Participants), S. 121.

7.1.2.5 Realzins- und Inflationsrisiko

Obwohl man mit dem Bund-Future das Kursrisiko bei Anleihen mehr oder weniger gut ausschalten kann, bleibt dennoch ein gewisses Realzins- und Inflationsrisiko bestehen. Das gilt sowohl für den Long Hedge als auch für den Short Hedge. Beim Short Hedge kann man sich, wie in Kapitel 7.1.3 (Das zu erzielende Ergebnis bei einem perfekten Hedge) festgestellt, die kurzfristigen Finanzierungskosten als Rendite sichern. Steigen nun die Renditen – sei es in Form einer Realzinserhöhung oder in Form einer Erhöhung der Zinsen als Ausgleich für gestiegene Inflationsraten – so ist man gegenüber einem Ansteigen der Inflationsraten nur dann abgesichert, wenn die kurzfristigen Finanzierungskosten in demselben Maße steigen. In der Regel werden sie auch steigen, so daß man einen gewissen Schutz hat, aber sehr oft steigen sie nicht parallel. Genauso wird man an einem Anstieg der Realzinsen nur dann teilhaben können, wenn die kurzfristigen Finanzierungskosten parallel dazu steigen.

Fallen dagegen die Realzinsen, so werden die Finanzierungskosten auch in gewissem Maße fallen. Diesem Effekt ist der Hedger ausgetzt, d.h. die Rendite, die er aus dem Hedge erzielen kann, wird sich verringern.

Bei diesen Überlegungen ist die Dauer des Hedges von Bedeutung. Wird der Hedge zum Zeitpunkt des nächsten Kontraktliefertages aufgelöst, so ist man von einer Änderung der Realzinsen nicht betroffen. Man wird von der Zinsänderung weder profitieren können, noch wird die Position negativ beeinflußt werden. Da während dieses Zeitraums der Ertrag bzw. die Kosten des Hedges weitgehend fixiert sind, besteht das Risiko, daß sich die Inflationsraten ändern. Umfaßt die Dauer des Hedges mehrere Perioden, d.h. mehrere Kontraktmonate im Future (Perioden von ca. 3 Monaten), wird man auch von einer Realzinsänderung berührt. Die Futureposition muß dann in den nächsten Kontraktmonat gerollt werden, zu den an diesem Zeitpunkt geltenden Marktbedingungen. Von einer Änderung der Finanzierungskosten, bzw. der Implied Repo Rate des Futures wird man jetzt voll getroffen. Das kann u.U. einen positiven, als auch negativen Effekt haben. Z.B. ist ein Steigen der Zinsen bzw. der IRR wird für einen Long Hedge positiv, während es für einen Short Hedge negativ ist. Da man von eventuellen Zinssteigerungen profitieren kann, hat man in diesem Fall eher einen Schutz gegenüber steigenden Inflationsraten. Je länger der Hedge dauert, desto mehr wird man von Realzinsänderungen berührt. Die Zeitpunkte des Rollens der Futureposition in den nächsten Kontraktmonat, bzw. die Zeitpunkte des zwischenzeitlichen Anpassens des Hedge Ratios, sind die Zeitpunkte an denen die Position an die geltende Zinssituation angepaßt wird.

Wird der Hedge vor dem Kontraktliefertag aufgelöst, so besteht ein Basisrisiko. Die Basis wiederum wird erheblich von dem geltenden Marktzins beeinflußt.

7.1.2.6 Liquiditätsrisiko

Mangelnde Liqudität eines Futures bzw. eines Kontraktmonats kann eine nicht zu vernachlässigende Risikoquelle darstellen.

Für eine Absicherung von gößeren Portfolios muß eine Anzahl von Kontrakten gehandelt werden, die ein illiquider Markt u.U. nicht verkraftet. Selbst wenn es möglich ist, den Hedge aufzubauen, muß man sich sicher sein, daß der Future auch über einen längeren Zeitraum ausreichend liquide ist. Man braucht sowohl zum Zeitpunkt des Aufbau des Hedges, als auch zum Zeitpunkt der Auflösung des Hedges einen liquiden Markt. Ist der Futuremarkt bei der Auflösung des Hedges illiquide kann es passieren, daß man eine Futureposition hat, während die Gegenseite nämlich die abzusichernde Position nicht mehr vorhanden ist. Man ist dann dem Risiko einer ungünstigen Kursentwicklung des Futures voll ausgesetzt.

Weist der Future, mit dem die Absicherung optimal wäre, keine ausreichende Liquidität auf, kann es notwendig werden auf ein anderes (suboptimales) Instrument auszuweichen. Man nimmt dann ein gewisses Basisrisiko in Kauf. Die Korrelation zwischen diesem Instrument und der abzusichernden Position muß jedoch ausreichend hoch sein. Ansonsten ist es sinnvoller, die Position überhaupt nicht abzusichern.

7.1.2.7 Wechsel des CTD

Ein möglicher Wechsel des Cheapest to Deliver ist eine weitere Risikoquelle bei einem Hedge. Dieses Risiko gehört im Grunde zu dem schon genannten Basisrisiko. Ein Wechsel des CTD zieht, wie schon erwähnt, meist auch eine Veränderung der Basis mit sich. Dies kann das Preisverhältnis von Future zu Anleihe negativ beeinträchtigen. Zudem kann die Gefahr größer werden, daß die Renditeentwicklung des neuen CTD und der abzusichernden Anleihen nicht parallel verläuft.

7.1.3 Das zu erzielende Ergebnis bei einem perfekten Hedge

Bevor man einen Hedge aufbaut bzw. auf seine Effizienz überprüft, muß man sich vergegenwärtigen, wann ein Hedge perfekt ist bzw. welches Resultat oder Rendite man erwarten kann und welche Risiken dabei auftreten können. „Wenn Kassapreise und Futurepreise sich analog entwickeln, wird jeder Verlust, der von dem Hedger durch die eine Position realisiert wird (dabei spielt es keine Rolle ob es sich hier um die Kassa- oder Future-Position handelt), ausgeglichen durch einen Gewinn, der durch die andere Position entsteht. Wenn Gewinn und Verlust aus beiden Positionen gleich groß sind, ist der Hedge perfekt.“[1] Bei Zinsterminkontrakten verhält sich der Sachverhalt allerdings etwas differenzierter.

1 Vgl. *Fabozzi, F.J.:* (Stock Index), S. 167.

Wie oben festgestellt, ist der theoretische Futurepreis = KP-E+F. E–F sei definiert als Carry (auch Cost of Carry genannt). Aus Gründen der Vereinfachung wird zunächst angenommen, daß der Future auf der Lieferung von nur einer Anleihe basiert. Damit entfällt eine Angleichung durch den Preisfaktor, was am Ergebnis aber nichts ändert. Als Hedge wird ein Short Hedge angenommen, d.h. die Anleihe wird gekauft und der Future verkauft. Als Dauer der Absicherung ist die Laufzeit des Kontraktes geplant. D.h. die Absicherung endet am Liefertag des Kontraktes. Für den Fall, daß der Kauf der Anleihe nicht fremdfinanziert ist, bezahlt man den Anleihepreis und erhält während der Zeit des Haltens die Kuponeinnahmen. Durch den Verkauf des Futures hat man die Anleihe per Termin zum heutigen Preis verkauft. Unter Berücksichtigung der Carry ergibt sich bei Eingehen der Position folgender Sachverhalt:

– KP (= Ausgaben für den Anleihekauf) + (KP-Carry)
(= Einnahmen durch den Verkauf des Futures) = – Carry

Am Ende der Laufzeit des Kontraktes ist der Anleihepreis gleich dem Futurepreis (angeglichen um den Preisfaktor), da keine Kosten und Erträge mehr anfallen. Der Future wird zu demselben Preis zurückgekauft, zu dem die Anleihe verkauft wird. Während der Laufzeit hat man aber die Kuponerträge eingenommen.

Stand am Ende der Laufzeit des Kontraktes:

+E (Kuponerträge) – Carry = F (Finanzierungskosten)

Die Finanzierungskosten sind die Rendite, die man am Ende der Laufzeit des Hedges erzielt hat.

Anders geschrieben:

(–KP+E) (= Kosten bzw. Ertrag durch den Anleihekauf) + (KP–E+F)
(=Ertrag bzw. Kosten durch den Verkauf des Futures) = F

Beim Kauf der Anleihe muß man noch die aufgelaufenen Zinsen vom letzten Kuponzahlungstag bis zum Kaufdatum zahlen. Allerdings erhält man diese Zinsen beim Verkauf der Anleihe, bzw. wenn man die Anleihe als Erfüllung der Verpflichtung im Future liefert, zurück. Das ergibt sich aus der Formel für den Andienungspreis:

Andienungspreis = (FP * PF) + AZ

Der Kassapreis der Anleihe müßte in der Formel für den Futurepreis eigentlich noch durch den Preisfaktor dividiert werden; wie aber aus der Formel für den Andienungspreis ersichtlich ist, kürzt er sich am Ende wieder weg (siehe Ausführungen zur Berechnung des theoretischen Futurepreises).

Als Resultat kann man feststellen:

Der Ertrag, den man aus einem perfekten Short Hedge mit dem Bund-Future erzielen kann, ist der kurzfristige Finanzierungszinssatz der in die Berechnung des Futurepreises eingegangen ist.

Wird ein Hedge auf seine Wirksamkeit hin überprüft, so müssen diese Finanzierungskosten ermittelt werden und den Erträgen, die während der Laufzeit des Hedges erzielt wurden, gegenübergestellt werden. Bei einem perfekten Hedge muß die Differenz zwischen diesen beiden Faktoren Null ergeben. Dies ist nur ein theoretischer Ansatz, da davon ausgegangen wird, daß die eigenen Finanzierungskosten gleich den Finanzierungskosten sind, die implizit im Futurepreis enthalten sind. In der Realität wird es Abweichungen geben, da dann in den Futurepreis die Finanzierungskosten eingehen, die die Mehrzahl der Marktteilnehmer hat. Oft ist der Future beim Eingehen eines Hedges nicht korrekt bewertet, d.h. er ist über- oder unterbewertet. Sein Preis richtet sich dann nicht nach den Finanzierungskosten der Mehrzahl der Marktteilnehmer. Wie man sieht, kann man sich in der Realität bei einem perfekten Short Hedge als Ertrag immer nur die Finanzierungskosten sichern, mit denen der Future aktuell bewertet wird. Man kann diesen Sachverhalt auch anders ausdrücken:

Der in der Realität zu erzielende Ertrag bei einem perfekten Short Hedge ist die Implied Repo Rate des Futures zum Zeitpunkt des Aufbau des Hedges.

Ein Short Hedge, der bis zum Kontraktliefertag aufrechterhalten wird, entspricht in seinem Aufbau einer Cash and Carry Arbitrage und sollte daher auch denselben Ertrag abwerfen. Zu beachten ist hierbei jedoch das Basisrisiko, das besteht, wenn man den Hedge vor dem Kontraktliefertag auflöst. In diesem Fall kann das Ergebnis nicht mit Sicherheit im voraus bestimmt werden.

Bei einem Long Hedge sieht der Sachverhalt ähnlich aus. Ein Depotmanager, der zu einem späteren Zeitpunkt einen Zahlungseingang erwartet, zum heutigen Zeitpunkt aber die Anleihe kaufen möchte, dies aber nicht kann, weil ihm die liquiden Mittel fehlen, ist zum heutigen Zeitpunkt gesehen short in der Anleihe. Beabsichtigt er die Anleihe in jedem Fall später zu kaufen, dann hat er sie zum heutigen Zeitpunkt, zum heutigen Preis, indirekt gesehen leerverkauft. Ihm entgehen dabei die Kuponeinnahmen. Wird der Future zur Absicherung gekauft, so hat man die Anleihe indirekt über den Future zum heutigen Kurs gekauft. Dieser Kaufpreis reduziert sich aber um die Kuponeinnahmen und erhöht sich um die Finanzierungskosten (siehe theoretischer Futurepreis).

Die entsprechende Gleichung sieht dann folgendermaßen aus:

(+KP–E) (=Kosten bzw. Erträge durch den Leerverkauf der Anleihe) –
(KP–E+F) (=Kosten bzw. Erträge durch den Kauf des Futures) = –F

Zu beachten ist, daß man hier nur indirekt short gegangen ist, man erhält somit nicht den Zins, den man erhalten hätte, wenn man die Anleihe mit Hilfe eines Repogeschäftes leerverkauft hätte. Dieser Zins (Repo Rate) entspricht meist auch den kurzfristigen Finanzierungskosten, die für institutionelle Anleger beim fremdfinanzierten Kauf einer Anleihe anfallen.

Als Ergebnis kann man festhalten, daß als Kosten bei einem Long Hedge die kurzfristigen Finanzierungskosten anfallen. Auch hier müssen die Erträge bzw. die Verluste aus dem Hedge den kurzfristigen Finanzierungskosten, die in die Berechnung des Futurepreises eingegangen sind, gegenübergestellt werden. Auch diese Differenz muß Null ergeben.

Diese Aussage hat wiederum nur dann Gültigkeit, wenn der Future fair bewertet ist. Ansonsten bezahlt man den Fremdfinanzierungszinssatz mit dem der Future bei Eingehen des Hedges bewertet war. Oder anders ausgerückt:

Als Kosten eines Long Hedges bezahlt man die Implied Repo Rate des Futures bei Eingehen des Hedges.

In diesem Fall sind selbst, wenn der Hedge bis zum Kontraktliefertag aufrechterhalten wird, diese Kosten nicht hundertprozentig fixiert. Das Vorgehen bei einem Long Hedge ist ähnlich dem einer Reverse Cash and Carry Arbitrage. Es bestehen somit auch ähnliche Risiken. Wird der Hedge vor dem Kontraktliefertag aufgelöst, besteht auch hier zusätzlich das Basisrisiko.

Die Differenz zwischen den Erträgen aus dem Hedge und den Finanzierungskosten muß sowohl bei Short als auch bei Long Hedge Null ergeben.[1] Sollten z.B. bei einem Short Hedge die Erträge aus dem Hedge größer sein als die Finanzierungskosten, so hat man zwar einen zusätzlichen Gewinn erzielt, der Hedge war aber nicht perfekt, da man zu viele Futures verkauft hat und somit überhedged war. Die Kurse waren gefallen und der Gewinn aus dem Verkauf der Kontrakte hat den Kursverlust der Anleihen überkompensiert. Wären die Kurse aber gestiegen, wäre der Verlust im Future größer gewesen als der Gewinn in den Anleihen.

Hätte man in einem Short Hedge einen Gewinn erzielt, der größer ist als die theoretische Rendite, so hätte das bedeutet, daß man bei einem Long Hedge unter denselben Bedingungen einen überproportionalen Verlust erzielt hätte. Ein „Gewinn“ bei einem Short Hedge entspricht nämlich einem Verlust bei einem Long Hedge und umgekehrt.

7.1.4 Methoden zur Berechnung des Hedge Ratios

Das Hedge Ratio gibt die Anzahl an Kontrakten an, die benötigt werden, um eine Kassaposition abzusichern.[2] Es stellt die erwartete Beziehung zwischen der Kassa- und der Futurepreisbewegung dar. Das Hedge Ratio wird mit der Absicht gewählt, die Volatilität (oder Änderung in Geldeinheiten) des Terminkontraktes an die Volatilität (oder Abweichung in Geldeinheiten von der Zielgröße) der abzusichernden Größe anzupassen.[3]

1 Unter der Annahme, daß der Future fair bewertet ist. Ansonsten werden Abweichungen auftreten.
2 Vgl. *McKinzie, J.L., Shap, K.:* (Financial Instruments), S.90.
3 Vgl.*Pitts, M.:* (Risk with Interest Rate Futures), S.908.

Die Berechnung des Hedge Ratios kann man in folgende allgemeine Formel fassen:

$$\textit{Hedge Ratio} = \frac{\textit{Volatilität des abzusichernden Instrumentes}}{\textit{Volatilität des absichernden Instrumentes}}$$ [1]

Hat das abzusichernde Instrument eine höhere Volatilität als das Instrument, mit dem die Absicherung vorgenommen wird, so erhöht sich das Hedge Ratio. Der Cash Flow aus dem Future muß dabei der Wertveränderung der Anleiheposition entsprechen. Die Preisveränderung (Ableitung) der abzusichernden Anleihe für eine gegebene Renditeänderung muß der Preisänderung (Ableitung) des Futures für eine gegebene Renditeänderung entsprechen:

$$\frac{dP_S}{dr} = \frac{dF}{dr} \times HR$$

mit:

P	=	Preis (Kurs der Anleihe)
S	=	Spot
r	=	Rendite
F	=	Preis des Futures
d	=	Delta (Änderung)
HR	=	Hedge Ratio

Löst man nach HR auf, kann das Hedge Ratio in folgende Formel gefaßt werden:

$$HR = \frac{\frac{dP_S}{dr}}{\frac{dF}{dr}} = \frac{dP_S}{dF}$$

Die Preisänderung des Futures orientiert sich an der Preissensitivität des Cheapest to Deliver. Die relative Preissensitivität sollte daher zwischen der abzusichernden Anleihe und dem Cheapest to Deliver (dividiert durch seinen Preisfaktor, um das Resultat in Form der Preissensitivität des Futures auszudrücken) berechnet werden.[2] [3]

7.1.4.1 Preisfaktormethode

Die einfachste Methode, das Hedge Ratio zu berechnen, ist den Nominalwert der abzusichernden Anleihen durch den Nominalwert der Anleihen, die einem Kontrakt zugrunde liegen, zu teilen. Allerdings ist der Bund-Futures auf eine fiktive Anleihe mit einem sechsprozentigen Kupon spezifiziert. Es muß daher eine Angleichung des Hedge Ratios über den Preisfaktor vorgenommen werden. Der Preisfaktor ist die genaue Anzahl an Kontrakten, die man verkaufen muß, um eine Forward Long Position von Kassaanleihen im No-

1 Vgl. *Pitts, M.:* (Risk with Interest Rate Futures), S.908.
2 Vgl. *Figlewski, S.:* (Hedging), S.34.
3 Vgl. dagegen *McKinzie, J.L., Shap, K.:* (Financial Instruments), S.90–91.

minalwert von DM 250000 abzusichern, wenn die Anleihen Cheapest to Deliver sind.[1] Wird der CTD abgesichert und das Hedge Ratio ohne den Preisfaktor berechnet, so wird die Absicherung unbefriedigend ausfallen. Der CTD kann z.B. einen Kupon von 7 % haben. Der Future ist auf eine fiktive Anleihe mit einem Kupon von 6 % genormt. Eine Anleihe mit einem Kupon von 6 % hat aber eine andere Preisreagibilität als eine Anleihe mit einem Kupon von 7 %. Der Future orientiert sich zwar am CTD, aber angepaßt über den Preisfaktor. Deshalb muß bei der Berechnung des Hedge Ratios auch eine Anpassung vorgenommen werden. Die Komponente des Preisfaktors im Hedge Ratio gleicht den Kupon des Instruments, das abgesichert wird, an den Kupon des Futures an.[2]

Als Hedge Ratio erhält man dann:

$$\textbf{Hedge Ratio} = \frac{\textit{Nominalwert Kassaposition}}{\textit{Nominalwert Future}} \times PF_{CTD}$$ [3]

Diese Berechnung des Hedge Ratios wird sehr häufig verwendet wenn der CTD abgesichert werden soll. Hierbei wird jedoch außer acht gelassen, daß der Future nicht der Bewegung des aktuellen Preises des CTD folgt, sondern der Bewegung des Forward-Preises des CTD. Da der Future dasselbe ist, wie der Forward Preis[4] des Cheapest ot Deliver, entspricht die Preisveränderung des Futures für eine Renditeänderung der Preisveränderung des **Forward Preises** des Chapest to Deliver dividiert durch den Preisfaktor. Spot- und Forward-Preis werden in der Regel unterschiedliche Preisreagibilitäten aufweisen.

Diese Methode ist zudem nur für den Fall geeignet, daß man den Cheapest to Deliver absichern möchte und daß dieser sich während der Dauer der Absicherung nicht ändert. Für alle anderen Anleihen wird diese Methode ungenaue Ergebnisse liefern, da andere Anleihen auch andere Preisreagibilitäten bei Marktzinsänderungen besitzen. Die Kurse der Anleihen werden dann relativ zum Future gesehen stärker oder schwächer schwanken, wodurch das Gleichgewicht des Hedges gestört wird. Es müssen somit noch zusätzlich die unterschiedlichen Preissensitivitäten berücksichtigt werden.

7.1.4.2 Durationsmethode

Um zu einem exakten Hedge Ratio zu gelangen, muß die Preisreagibilität der Anleihe die abgesichert wird, ins Verhältnis zur Preisreagibilität der Anleihe gesetzt werden, an der sich der Future orientiert. Die Kursentwicklung des Futures orientiert sich dabei an der Kursentwicklung des CTD.

Als Maßzahl für die Preisreagibilität einer Anleihe auf Marktzinsänderungen können die verschiedenen Arten der Duration genommen werden.

---

1 Vgl. auch *Burghard, G., Lane, M., Papa, J.:* (Treasury Bond), S. 17.
2 Vgl. *Rothstein N.H.:* (Hedge Program), S. 174.
3 Vgl. *Labuszewski, J.W., Nyhoff, J.E.:* (Trading Futures), S. 188.
4 Der Forward bezieht sich auf den Kontraktliefertag des Futures.

7.1.4.2.1 Macaulay Duration

Um zu einer korrekten Berechnung des Hedge Ratios zu gelangen, muß in die Formel der Berechnung des Hedge Ratios über den Preisfaktor noch die Preissensitivität der jeweiligen Anleihen implementiert werden. Nimmt man als Preissensitivität die Duration von Macaulay, so erhält man als Formel für das Hedge Ratio:

$$\textbf{Hedge Ratio} = \frac{D_{Mac/S} \times NW_S}{D_{Mac/CTD/fw} \times NW_{Fut}} \times PF_{CTD}$$

mit:
S = Spot = Kassaanleihe = abzusichernde Anleihe
fw = Forward
NW = Nominalwert
D = Duration
Mac = Macaulay
CTD = Cheapest ot Deliver

Eigentlich müßte in der Formel D_{Mac}*dr stehen. Da aber dr jeweils im Zähler und Nenner steht, kürzt es sich vollständig raus. Auch hier ist zu beachten, daß sich die Macaulay Duration des CTD auf den Forward (Liefertag des Kontraktes) der Anleihe bezieht.

Das Hedge Ratio ist ständig an die Veränderungen der Marktgegebenheiten anzugleichen. Mit einer Änderung der Rendite oder einem Fortschreiten der Zeit ändert sich auch die Duration der Anleihen bzw. die Duration des abzusichernden Portfolios. Der Bedarf für eine Anpassung des Hedge Ratios ergibt sich aus dem Umstand, daß Kursveränderungen der meisten Anleihen (aber auch des Futures) bezüglich Renditeveränderungen nicht linear sondern konvex verlaufen. Anleihekurs und Futurekurs werden sich daher in den meisten Fällen nicht parallel entwickeln. Der Fall, daß die abzusichernde Anleihe und der Future dieselbe Konvexität aufweisen, wird äußerst selten anzutreffen sein. Die Duration einer Anleihe ist auch im Zeitablauf keine Konstante. Sie wird sich ceteris paribus bei abnehmender Restlaufzeit der Anleihe verkürzen. Es gibt somit zwei Ursachen für die Änderung der Duration von Anleihen bzw., eines Portfolios: Änderung der Zinsen und Änderung der Restlaufzeit der Anleihen.[1] Bei einem perfekten Hedge weist die Kombination von Anleihen und Futures eine Duration von Null auf. Diese Position ist indifferent gegenüber Zinsänderungen und somit abgesichert. Ändert sich die Duration der Anleihen und daraus folgend die Duration des Portfolios, so beträgt die Duration der Gesamtposition nicht mehr Null.[2] Das Hedge Ratio muß somit angepaßt werden.[3]

1 Vgl. *Yawitz, J.B., Marshall, W.J.:* (Managing Bond Portfolios), S. 14.

2 Vorausgesetzt die Duration des Futurepositiom verändert sich nicht in demselben Maße wie die Duration der Anleiheposition.

3 Durch den Einsatz von Futures (und auch Optionen auf Futures) ist es möglich die Duration eines Portfolios von Anleihen zu steuern bzw. zu verkürzen. Möchte z.B. ein Portfoliomanager die Duration seines Portefeuilles verkürzen, dann wird er die entsprechende Anzahl an Futures verkaufen. Im Prinzip ist dieses Vorgehen jedoch

Um zu einem perfekten Hedge zu gelangen, müßte die Duration ständig neu berechnet und das Hedge Ratio gegebenenfalls angepaßt werden. Auch ein Wechsel des Cheapest to Deliver muß berücksichtigt werden. Sobald der CTD wechselt, ist der Preisfaktor und die Duration des neuen CTD in die Formel einzutragen.

Da die Duration eine lineare Annäherung an die Zinssensitivität einer Anleihe ist, entspricht die Duration eines Portfolios aus Anleihen der Summe der Durationen der einzelnen Anleihen, gewichtet mit ihrem jeweiligen Anteil am Portfolio. Dieses Ergebnis kann als Duration in die Formel zur Berechnung des Hedge Ratios eines Anleiheportfolios eingesetzt werden. Als Nominalwert der Kassaposition wird der gesamte Nominalwert des Portefeuilles genommen.

7.1.4.2.2 Dollar Duration

Die Berechnung des Hedge Ratios mittels der Macaulay Duration, die in der Praxis häufig angewendet wird, läßt sich noch um einen weiteren Schritt verbessern. Wie schon vorher festgestellt wurde, muß die Zinsreagibilität (Volatilität) der abzusichernden Anleihe ins Verhältnis zu der Zinsreagibilität (Volatilität) der absichernden Anleihe gesetzt werden. Das Hedge Ratio wurde mit Hilfe der Duration von Macaulay – sie gibt die prozentuale Preisänderung der Anleihe für eine prozentuale Renditeänderung an – berechnet. Für Absicherungszwecke dagegen ist die Volatilität, ausgedrückt in absoluten Geldeinheiten, relevant. Duration und Volatilität, ausgedrückt in prozentualen Wertänderungen, mögen bei der Herleitung des Hedge Ratios hilfreich sein; bei einer Absicherung kommt es aber stets auf den Ausgleich der Änderung in Geldeinheiten an.[1] Wie in Punkt 7.1.4 festgestellt, beträgt das Hedge Ratio:

$$Hedge\ Ratio = \frac{\frac{dP_S}{dr}}{\frac{dF}{dr}}$$

Der Zähler des Bruches, die Preissensitivität der abzusichernden Anleihe, kann mit Hilfe der Modified Duration[2] auch wie folgt angeschrieben werden:

a) $$\frac{dP_S}{dr} = -(P_S + AZ_S) \times D_{Mod/S}$$

mit:
P = Preis (Kurs der Anleihe)
S = Spot
AZ = Aufgelaufene Stückzinsen

---

nur ein partieller Hedge seiner Positionen. Ein bestimmter Teil des Portfolios wird durch den Verkauf der Futures abgesichert, während der restliche Teil ungehedged bleibt.

1 *Pitts, M.:* (Risk with Interest Rate Futures), S.908.

2 Die Modified Duration bezieht sich auf den Dirty Spot-Preis der Anleihe.

D = Duration
Mod = Modified

Der Kurs des Futures ist der *Forward*-Preis des CTD dividiert durch den Preisfaktor des CTD:

$$F = \frac{P_{CTD/fw}}{PF_{CTD}}$$

dF/dr ist daher:

$$\text{b)}\quad \frac{dF}{dr} = \frac{\frac{dP_{CTD/fw}}{dr}}{PF_{CTD}} = -\frac{(P_{CTD/fw} + AZ_{fw}) \times D_{Mod/CTD/fw}}{PF_{CTD}}$$

Setzt man nun a) und b) in die obige Gleichung für das Hedge Ratio ein, so erhält man:

$$HR = \frac{(P_S + AZ_S) \times D_{Mod/S}}{(P_{CTD/fw} + AZ_{fw}) \times D_{Mod/CTD/fw}} \times PF_{CTD}$$

Da $(P + AZ) \times D_{Mod} = D_{Dol}$ mit D_{Dol} = Dollar Duration ist, kann man das Hedge Ratio unter Berücksichtigung der unterschiedlichen Nominalwerte nun auch wie folgt anschreiben:

$$\textbf{Hedge Ratio} = \frac{D_{Dol/S} \times NW_S}{D_{Dol/CTD/fw} \times NW_{Fut}} \times PF_{CTD}$$

Die obige Herleitung kann auch leicht verkürzt werden:

$$HR = \frac{\frac{dP_S}{dr}}{\frac{dP_{CTD/fw}}{dr}} \times PF_{CTD}$$

Da dP/dr gleich der Dollar Duration ist, steht im Zähler die Dollar Duration der abzusichernden Anleihe, multipliziert mit dem Preisfaktor, und im Nenner die Dollar Duration des CTD. Dies ist die korrekte Methode zur Berechnung des Hedge Ratios.

Diese Formel kann man weiter umformen:

$$HR = \frac{\left(\frac{dP_S}{dr} \times \frac{1+r_S}{P_S}\right) \times \frac{P_S}{1+r_S}}{\left(\frac{dP_{CTD/fw}}{dr} \times \frac{1+r_{CTD/fw}}{P_{CTD/fw}}\right) \times \frac{P_{CTD/fw}}{1+r_{CTD/fw}}} \times PF_{CTD}$$

Die Faktoren in den Klammern stellen dabei jeweils die Duration von Macaulay dar. Somit kann man auch schreiben:

$$HR = \frac{D_{Mac/S} \times \dfrac{P_S}{1+r_S}}{D_{Mac/CTD/fw} \times \dfrac{P_{CTD/fw}}{1+r_{CTD/fw}}} \times PF_{CTD}$$

Wird bei der Berechnung des Hedge Ratios nur die Macaulay Duration benutzt, so wird folgendes Verhältnis vernachlässigt:

$$\frac{\dfrac{P_S}{1+r_S}}{\dfrac{P_{CTD/fw}}{1+r_{CTD/fw}}}$$

Da es bei der Berechnung des Hedge Ratios auf das Verhältnis der Kursänderungen in Geldeinheiten (z.B. € oder $) ankommt, führt die Berechnung des Hedge Ratios mit Hilfe der Macaulay Duration zu einem etwas ungenaueren Ergebnis. Ein genaueres Hedge Ratio erhält man somit bei einer Berechnung mit der Dollar Duration.

Diese Methode der Berechnung des Hedge Ratios ist ähnlich zu der Methode nach Basis Point Value. Während Basis Point Value nur eine Interpolation zwischen zwei Punkten darstellt, gibt die Dollar Duration die exakte Steigung der Tangente an die Preis- Renditekurve in einem bestimmten Punkt an.

Zum Schluß dieses Kapitels noch eine allgemeine Anmerkung. Oft wird gefragt, wie hoch das Risiko sei, wenn man das Hedge Ratio nicht über Dollar Duration und Preisfaktor berechnet, sondern lediglich im Verhältnis des Nominalwertes. Das folgende **Beispiel** soll das kurz erläutern:

Es soll eine Kassaposition einer Anleihe mit einem Nominalwert von € 10 Mio. mit dem Bund Future abgesichert werden. Die Anleihe hat eine Dollar Duration von 6,4702 während der CTD eine Dollar Duration von 6,0406 hat mit einem Preisfaktor von 1,025186. Das korrekte Hedge Ratio würde sich dann folgendermaßen berechnen:

$$Hedge\ Ratio = \frac{6{,}4702 \times 10.000.000}{6{,}0406 \times 100.000} \times 1{,}025186 = 109{,}81$$

Um eine bestehende Kassaposition abzusichern, müßten somit 110 Kontrakte verkauft werden. Würde man jedoch das Hedge Ratio berechnen, indem man einfach den Nominalwert der Kassaposition durch den Nominalwert des Futures teilt, würde man als Hedge Ratio 100 Kontrakte erhalten (10 Mio/100.000=100). Der Hedger hätte in diesem Fall 10 Kontrakte zuwenig verkauft. Da er die Kontrakte nicht verkauft hat, hat er eine Long-Position von 10 Kontrakten. Sein Risiko aus dem inkorrekten Hedge Ratio entspricht somit einer Long-Position von 10 Kontrakten. Es ist somit auch ersichtlich, daß man zuerst das korrekte Hedge Ratio berechnen muß, um zu erkennen, wie groß das Risiko eines Hedges ist, wenn die Berechnung des Hedge Ratios im Verhältnis der Nominalwerte erfolgt.

7.1.4.2.3 Dollar Duration und Konvexität

Wie im Kapitel über die Duration festgestellt, ist die Abschätzung der Preisänderung einer Anleihe mittels der Duration mit einem leichten Fehler behaftet, der um so größer wird, je größer die Renditeänderung ausfällt. Die Duration ist nur eine lineare Annäherung an die Zinssensitivität einer Anleihe. Bei Anleihen mit Kupon ändert sie sich, wenn sich die Rendite ändert. Das liegt an der konvexen Krümmung der Preis-Renditekurve. Wird diese Konvexität bei der Berechnung der Preisänderung berücksichtigt, so erhält man ein genaueres Ergebnis und sollte somit auch ein genaueres Ergebnis für das Hedge Ratio erhalten.

Die Preisänderung einer Anleihe in Abhängigkeit von der Rendite unter Berücksichtigung der Konvexität kann als eine Taylor-Reihe von Ableitungen angeschrieben werden:

$$dK_t = \frac{dK_t}{dr} \times dr + \frac{1}{2!} \times \frac{d^2K_t}{dr^2} \times dr^2 + \frac{1}{3!} \times \frac{d^3K_t}{dr^3} \times dr^3 + \ldots$$

mit: ! = Fakultät

Als Abschätzung der Preisänderung erhält man, wenn nur bis zur zweiten Ableitung gegangen wird, folgende Formel:

$$dK_t = -\,Duration \times dr + \frac{1}{2} \times Konvexität \times dr^2$$

Wird dieser Faktor in die Formel zur Ermittlung des Hedge Ratios eingesetzt, erhält man die folgende genauere Berechnungsweise:

$$Hedge\ Ratio = \frac{\left(D_{Dol/S} \times dr + \frac{1}{2} \times Konv_S \times dr^2\right) \times NW_S}{\left(D_{Dol/CTD/fw} \times dr + \frac{1}{2} \times Konv_{CTD/fw} \times dr^2\right) \times NW_{Fut}} \times PF_{CTD}$$

$\Rightarrow$

$$\textbf{Hedge Ratio} = \frac{\left(D_{Dol/S} + \frac{1}{2} \times Konv_S \times dr\right) \times NW_S}{\left(D_{Dol/CTD/fw} + \frac{1}{2} \times Konv_{CTD/fw} \times dr\right) \times NW_{Fut}} \times PF_{CTD}$$

mit: Konv = Konvexität (als erste Ableitung der Dollar Duration)

Ein Problem ist der Faktor dr im Bruch. Es besteht die Frage, welche Größe dafür eingesetzt werden soll. Die Konvexität spielt erst bei großen Renditeveränderungen eine Rolle. Bei geringen Veränderungen ist die Abschätzung mittels der Duration ohnehin hinreichend präzise. Es ist daher sinnvoll, als Renditeveränderung einen Prozentpunkt zu nehmen. Es wird daher auch im empirischen Test (Kapitel 7.1.5) für dr ein Faktor von eins eingesetzt. Das hat zur Folge, daß man wahrscheinlich bei geringen Renditeveränderungen ein leicht schlechteres Ergebnis, bei stärkeren Veränderungen ein weitaus besseres Ergebnis erhält.

In den letzten Kapiteln wurde bereits festgestellt, daß der Preis des Futures der Forward Preis des CTD dividiert durch seine Preisfaktor ist. Deshalb hat sich das Hedge Ratio auch stets auf die Duration des Forward des CTD bezogen. Diesen Sachverhalt kann man sich auch leicht über die Basis des Futures vergegenwärtigen:

$$Future = \frac{P_{CTD/fw}}{PF_{CTD}} = \frac{P_S - Basis}{PF_{CTD}}$$

Bei einer konstanten Basis würde sich das Hedge Ratio auf die Spot-Duration des CTD beziehen. Das Konzept der Duration basiert jedoch auf einer Parallelverschiebung der Renditen. Die Basis wird daher nicht konstant bleiben, sondern sich auch bewegen. Im Endeffekt heißt das, daß sich wieder der Forward-Preis bewegt. Die Basis ist jedoch stärker von einer Veränderung des kurzfristigen Zinses abhängig und weniger von dem langen Zins. Das Future Risiko kann daher in zwei Faktoren zerlegt werden: zum einen die Veränderung des Spot-Preises der Anleihe und zum anderen die Veränderung der Basis (Carry).[1] Ändert sich die Rendite der Anleihe, so ist es unwahrscheinlich, daß die kurzfristigen Zinsen gleich bleiben. Verändert sich der Preis der Anleihe, so ändern sich auch die Finanzierungskosten (Cost of Carry für den Dirty Spot-Preis). Die Basis wird sich daher einerseits durch die Zinsveränderung bewegen und andererseits durch den veränderten Anleihepreis. Es kann daher Sinn machen das Hedge Ratio zunächst über die Spot-Dollar Duration des CTD zu berechnen und den restlichen Risikofaktor, nämlich die Veränderung der Basis mit kurzfristigen Zinsterminkontrakten abzusichern.[2] Die Veränderung der Basis ist jedoch am stärksten von der Veränderung der Repo Rate der Anleihe abhängig.

Ein weiterer Unsicherheitsfaktor ist ein möglicher Wechsel im Cheapest to Deliver. Wie im Kapitel über die Duration und die Konvexität des Futures gezeigt wurde, verläuft die Preis-Rendite-Kurve des Futures flacher als die Preis-Rendite-Kurve sämtlicher lieferbarer Anleihen. Die Abschätzung der Preisänderung des Futures über die Duration und Konvexität des CTD wird nur solange zufriedenstellende Ergebnisse liefern, solange kein Wechsel im CTD stattfindet.

---

1 Vgl. Burghard, G., Belton, M., Morton,L., Papa, J.: (Treasury Bond), S. 107.
2 *Vgl. Rendleman J.R.:*(Duration-Based Hedging), S. 11.

7.1.4.3 Basis Point Value

Eine in der Praxis häufig verwendete Methode zur Ermittlung des Hedge Ratios ist die Berechnung über Basis Point Value. Basis Point Value gibt an, wie stark sich der Kurs einer Anleihe (ausgedrückt in Geldeinheiten) verändert, wenn sich die Rendite der Anleihe um einen Basis Punkt verändert.

Um den Wert eines Basis Punktes zu ermitteln, wird zuerst der Kurs der Anleihe für eine gegebene Rendite ermittelt. Dann verändert man die Rendite um einen Basis Punkt. Aus dieser neuen Rendite kann wiederum der Kurs der Anleihe, der sich nun verändert hat, berechnet werden. Die Differenz zwischen dem alten und dem neuen Kurs der Anleihe gibt den Wert für einen Basis Punkt an (Basis Point Value).

Für die Berechnung des Hedge Ratios nach dieser Methode ist es notwendig, den Wert für einen Basis Punkt für den CTD und für die abzusichernde Anleihe zu ermitteln. Diese Werte werden dann analog zu der Berechnung des Hedge Ratios mittels der Duration ins Verhältnis zueinander gesetzt. Das Hedge Ratio beträgt dann:

$$\textit{Hedge Ratio nach BPV} = \frac{BPV_S \times NW_S}{BPV_{CTD/fw} \times NW_{Fut}} \times PF_{CTD}$$

mit: BPV = Basis Point Value

Es ist ersichtlich, daß die Methode nach Basis Point Value eine Interpolation zwischen zwei Werten darstellt. Sie liefert ähnliche Ergebnisse wie die Methode über die Dollar Duration. Die Dollar Duration stellt eine Tangente an die Preis-Rendite-Kurve der Anleihe in einem bestimmten Punkt dar. Sie gibt im Gegensatz zu Basis Point Value die exakte Steigung der Kurve in diesem Punkt an und führt daher auch zu einem etwas genauerem Ergebnis.

Basis Point liefert, ähnlich wie die Dollar Duration, für kleine Renditeänderungen eine relativ genaue Abschätzung für die Kurswertänderung einer Anleihe. Bei starken Renditeänderungen werden die Ergebnisse aber ungenauer, da die Konvexität der Anleihe nicht berücksichtigt wird.

Der Ansatz der Abschätzung der Kurswertänderung einer Anleihe bei einer Renditeänderung über Basis Point Value entspricht der Vorgehensweise der Perturbationsanalyse.

Mit Hilfe der Perturbationsanalyse wird die Wertveränderung einer Anleihe für eine bestimmte, vorgegebene Renditeänderung dr ermittelt.[1] Setzt man dr in die Formel zur Renditeberechnung einer Anleihe ein, so ist es möglich, sich den für den neuen Zinssatz r + dr geltenden Wert der Anleihe P(r+dr)zu berechnen.

Preis der Anleihe: P(r) und Kurs des Futures: F(r). Es wird nun eine bestimmte Renditeänderung dr angenommen (z.B. +90 BP). Für diese Renditeände-

1 Vgl. *Fitzgerald, D.M.:* (Pricing and Hedging), S. 134.

rung ist es möglich den neuen Anleihepreis P(r+dr) und den neuen Futurepreis F(r+dr) zu berechnen. Das Hedge Ratio berechnet sich dann wie folgt:

$$Hedge\ Ratio = \frac{(P(r) - P(r+dr)) \times NW_S}{(F(r) - F(r+dr)) \times NW_{Fut}}$$

Die Genauigkeit dieses Verfahrens ist abhängig von der Güte der abgegebenen Zinsprognose. Tritt tatsächlich die vorgegebene Renditeänderung dr ein, so ist dieses Verfahren relativ genau. Weicht die tatsächliche Renditeänderung von der vorgegebenen Renditeänderung ab, so werden Approximationsfehler auftreten, die von der Größe der Abweichung abhängig sind.

7.1.4.4 Regressionskoeffizient

Eine verbreitete Methode, das Hedge Ratio zu berechnen, ist die Berechnung über den Regressionskoeffizient. Sie wird besonders gerne für die Berechnung des Hedge Ratios bei einem Cross Hedge genommen.

Während die Korrelationsanalyse den Grad des Zusammenhangs zwischen zwei Merkmalen untersucht, beschäftigt sich die Regressionsanalyse mit der Spezifizierung dieser Zusammenhänge.

Der Zusammenhang zweier Merkmale X und Y mit den Ausprägungsvariablen x und y ist durch die funktionale Beziehung y = f(x) bestimmt. Dabei sind x und y Regressor und Regressand. Um zu einem Hedge Ratio zu gelangen, wird üblicherweise eine lineare Regression zwischen dem Instrument, das abgesichert werden soll (Anleihe) und dem absichernden Instrument (Future) gelegt. Dabei ist Y die Anleihe, die abhängige Variable und X der Future, die unabhängige Variable. Bei einer linearen Regression erhält man folgende Gleichung:

$y = \alpha + \beta * x_i + e_i$ für i = 1,…,n[1]

mit: a = Absolutglied
b = Steigungsparameter
e = zufällige Fehler

Der Steigungsparameter b wird auch Regressionskoeffizient genannt. Wird die lineare Regression nach der Methode der kleinsten Quadrate durchgeführt, so erhält man als Regressionsgerade:

$y = a + b * x$

a und b sind die Punktschätzungen für die Parameter α und β.

Die Steigung dieser Geraden, das Beta (Regressionskoeffizient), gibt die Anzahl an Kontrakten an, die gekauft oder verkauft werden müssen, um eine bestimmte Position abzusichern. Das Absolutglied Alpha kann dabei vernachlässigt werden, da es bei einer Absicherung auf die Wertveränderung der beiden Positionen ankommt, die ja schon durch das Beta bestimmt ist.

1 *Hartung, J.:* (Statistik), S.574.

Das Hedge Ratio berechnet sich folgendermaßen:

$$Hedge\ Ratio = \frac{NW_S}{NW_{Fut}} \times Regressionskoeffizient$$

Wichtig bei einer solchen Absicherung ist es, das Bestimmtheitsmaß der Regression zu kennen. Es gibt die Güte der Anpassung an, die eine Regression erzielt.

$$B_{Y,X} = \frac{\sum_{i=1}^{n} (\hat{y}_i - \bar{y})^2}{\sum_{i=1}^{n} (y_i - \bar{y})^2}$$

mit: B = Bestimmtheitsmaß
y = beobachtete Werte
$\hat{y}$ = geschätzte Werte
$\bar{y}$ = Mittelwert der beobachteten Werte Y

„Es ist somit das Verhältnis der Varianz der geschätzten Werte $\hat{y}_i$ zur Varianz der beobachteten Werte y_i oder der Anteil an der Varianz von Y der durch das Merkmal X (bzw. die Regression) erklärt werden kann."[1]

Im Falle der linearen Regression ist das Bestimmtheitsmaß der Korrelationskoeffizient zum Quadrat:

$$B_{Y,X} = r^2_{Y,X}$$

Umgekehrt ist die Wurzel aus dem Bestimmtheitsmaß der Korrelationskoeffizient.

Das Ergebnis einer Regression zwischen einer Anleihe und dem Bund-Future kann wie in *Abb. 7.1* aussehen.

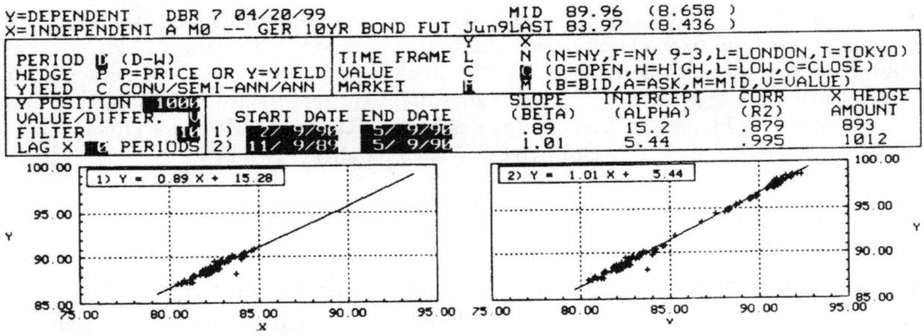

Abb.7.1: Regression zwischen der Bundesanleihe Kupon 7 % LZ bis 20.4.99 und dem Juni 90-Kontrakt des Bund-Futures (Quelle: Bloomberg).

---

1 Vgl. *Hartung, J.:* (Statistik), S.579.

Das Schaubild zeigt eine lineare Regression zwischen der Bundesanleihe mit Kupon 7 % und Laufzeit bis 20.4.99 und dem Juni 90 Kontrakt des Bund-Futures. Die Anleihe ist die abhängige Variable Y und der Future die unabhängige Variable X. Es wurden zwei Beobachtungszeiträume genommen:

1) 9.2.90 bis 9.5.90. In diesem Zeitraum betrug das Bestimmtheitsmaß 0,879. Daraus errechnet sich ein Korrelationskoeffizient von 0,9375. Das Beta von 0,893 besagt, daß bei einer Absicherung von Anleihen im Nominalwert von € 100 Mio., 873 Kontrakte ge- bzw. verkauft werden müssen. Das linke Bild bezieht sich auf diesen Zeitraum.
2) 9.11.89 bis 9.5.90. In diesem Zeitraum betrug das Bestimmtheitsmaß 0,995. Daraus errechnet sich ein Korrelationskoeffizient von 0,9975. Das Beta betrug hier 1,012. Auf diesen Zeitraum bezieht sich das rechte Bild.

Ist ein Hedge über einen gewissen Zeitraum geplant, so ist es sinnvoll, eine Regression über einen Zeitraum zu legen, der dieser geplanten Absicherungsdauer entspricht. Wie aus dem Schaubild ersichtlich ist, kann sich für verschiedene Zeiträume auch ein verschiedenes Beta (Regressionskoeffizient) ergeben.

Eine Berechnung des Hedge Ratios über den Regressionskoeffizienten ist aber nicht ohne Problematik. Bei dieser Methode schließt man aus der Art des Zusammenhangs der beiden Merkmale auf die zukünftige Entwicklung. Man erwartet, daß der Zusammenhang, wie er in der Vergangenheit bestanden hat, auch in der Zukunft weiterbestehen wird. Eine Absicherung nach dieser Methode steht und fällt mit der Stabilität dieses Zusammenhangs. Ändert er sich, so wird der Hedge an Effizienz einbüßen.

Beispiel:
Die Zinsen sind über einen längeren Zeitraum gefallen und die Zinsstruktur hat sich von einer „normalen" zu einer stark inversen Zinsstruktur entwickelt. Man rechnet jetzt mit steigenden Zinsen, möchte sich den fünfjährigen Zinssatz mit Hilfe des Bund-Futures sichern und berechnet das Hedge Ratio mit Hilfe des Betas der Regression. Da die Entwicklung der Zinsstruktur in der Vergangenheit von normal zu invers war -auf dieser Entwicklung bzw. Daten basiert die Berechnung des Korrelationskoeffizienten-muß, damit der Hedge effizient ist, die Zinsstruktur noch stärker invers werden (eine Parallelentwicklung genügt nicht). Sollte dies nicht eintreten, wird der Hedge ineffizienter sein, als ein Hedge bei Berechnung des Hedge Ratios mit Hilfe der Dollar Duration, der am effektivsten ist, wenn sich die Zinsen parallel entwickeln.

Aber auch bei Anleihen, die die gleiche Laufzeit haben wie die Anleihen, die dem Bund-Future zugrunde liegen, kann ein solcher Hedge problematisch werden. Auf dem amerikanischen Markt hat sich in der Vergangenheit gezeigt, daß bei gleicher Laufzeit der Anleihen die Renditespanne zwischen Industrieanleihen und Staatsanleihen dazu tendiert hat, sich auszudehnen, wenn die Treasury Zinsen gestiegen sind und dazu tendiert hat, sich zu verkleinern, wenn die Treasury Zinsen gefallen sind. Unter dieser Voraussetzung wird ein Hedge von Industrieanleihen, wenn die Zinsen in der Vergangenheit gefallen sind, nur dann effektiv sein, wenn die Zinsen auch weiterhin fallen. Eine Absicherung gegenüber steigenden Zinsen wird mit einem Kontrakt, dem Staatsanleihen zugrunde liegen, äußerst ineffektiv sein. Es ist nicht nur der Faktor, daß die Industrieanleihen vergleichsweise stärker fallen werden. Vielmehr ist es der Faktor, daß im Regressionskoeffizienten implizit die Annahme steckt, daß die in diesem Fall gegenteilige Entwicklung eintritt.

Bei der Berechnung des Hedge Ratios über den Regressionskoeffizienten wird der Hedge somit nur dann effektiv sein, wenn der Zusammenhang auch in der Zukunft stabil bleibt. Bleibt er aber stabil, so wird ein solcher Hedge effizienter sein als viele andere Hedges. Er macht Sinn, wenn der Hedger eine Meinung über die Entwicklung dieses Zusammenhangs hat. Ansonsten sind die Berechnungen des Hedge Ratios, wie sie in den vorigen Kapiteln erläutert wurden, sinnvoller. Aus diesem Grund wird bei den empirischen Tests auf eine Berechnung nach dieser Methode verzichtet.

7.1.4.5 Tailing the Hedge

Durch Bewegungen im Future werden Variation Margin-Zahlungen verursacht, die auch für die Berechnung des Hedge Ratios von Bedeutung sind. Wurde das Hedge Ratio korrekt berechnet, gleichen sich Gewinne und Verluste aus der Kassaposition und aus der Futureposition in dem erwünschten Maße aus. Entstehen in der Future-Position Verluste, so müssen Variation Margin-Zahlungen geleistet werden. Diese Zahlungen werden zwar durch Gewinne in der Kassaposition ausgeglichen, müssen jedoch bis zu dem Zeitpunkt, an dem der Hedge aufgelöst wird, fremdfinanziert werden. Es sind somit für den Betrag der Variation Margin-Zinszahlungen zu entrichten, die das Ergebnis des Hedges negativ beeinflussen. Umgekehrt kann man, falls in der Future-Position Gewinne anfallen, den Betrag der Variation Margin-Zahlung anlegen. In diesem Fall erhält man Zinszahlungen, die einen zusätzlichen Ertrag darstellen.

In jedem Fall haben die Zinszahlungen zur Folge, daß das ursprüngliche Hedge Ratio um einen gewissen Betrag zu hoch ist. Das heißt, bei einem Long Hedge werden zu viele Kontrakte gekauft und bei einem Short Hedge werden zu viele Kontrakte verkauft. Das ursprünglich korrekte Hedge Ratio muß somit angepaßt werden (Tailing the Hedge).[1]

Um den unerwünschten Effekt einer zusätzlichen Zinszahlung zu vermeiden, ist es notwendig, daß geringere Margin-Zahlungen anfallen. Für diese Margin-Zahlungen fallen zwar immer noch Zinszahlungen an, diese Zinszahlungen werden aber durch die geringeren Margin-Zahlungen kompensiert.

Die auf die Margin anfallenden Zinszahlungen erhält man durch Aufzinsung mit dem geltenden Zinssatz über den Zeithorizont (z.B. Anzahl der Tage bis zur Auflösung des Hedges). Um das angepaßte Hedge Ratio zu erhalten, muß man den umgekehrten Weg gehen. Der Betrag, der als Margin-Zahlung anfallen darf, ist der ursprünglich zu entrichtende Variation Margin-Betrag, dis-

1 *Kawaller, I., Koch T.:* (Cash Flow Risk), S.41ff.

kontiert über den Zeithorizont. Jeder zu entrichtende € wird somit abgezinst. Durch diese Abzinsung erhält man den sogenannten Tailing Factor:

$$Tailing\ Factor = \frac{1}{(1+i)^{\frac{t}{T}}}$$

mit: t = Tage bis zur Auflösung der Position minus 1
i = Zinssatz
T = Tage für das Jahr

Der Tailing Factor ist somit der Barwert von € 1, berechnet für den Zeithorizont. Vom Zeithorizont muß ein Tag abgezogen werden, da die Beträge erst ab dem folgenden Tag angelegt bzw. finanziert werden müssen.

Multipliziert man das ursprüngliche Hedge Ratio mit dem Tailing Factor, so erhält man das angepaßte korrekte Hedge Ratio, das stets unter dem ursprünglichen Hedge Ratio liegt.

Die Differenz zwischen dem ursprünglichem Hedge Ratio und dem angepassten Hedge Ratio wird auch Tail genannt.

Mit sich verringerndem Zeithorizont wird der Tail immer kleiner und der Tailing Factor nähert sich immer mehr an den Wert von eins an. Das Hedge Ratio muß somit ständig angepaßt werden. Auch bei sich ändernden Zinssätzen wird eine Anpassung notwendig. Durch diese Anpassungen wird deutlich, daß der Variation Margin Cash Flow eine optionsähnliche Position erzeugt. Auf diesen Aspekt wird in Kapitel 8.2.1.5 ausführlicher eingegangen.

Für kleine Hedge Beträge fällt die geschilderte Anpassung nicht sehr ins Gewicht. Mit zunehmendem Hedge Ratio und mit steigenden Zinsen gewinnt dieses Vorgehen an Bedeutung.

Daß Tailing the Hedge nicht nur von theoretischem Interesse ist, sondern auch von großer praktischer Bedeutung sein kann, zeigt das folgende **Beispiel:**[1]

Das ursprüngliche unangepaßte korrekte Hedge Ratio bei einem Short Hedge von Anleihen betrug 1000 Bund-Future-Kontrakte. Das heißt, zum Absichern einer Anleihe Position wurden 1000 Kontrakte des Bund-Futures verkauft. Steigen die Anleihe- und Future-Kurse, so wird der Verlust in der Future-Position durch den Gewinn in der Anleihe Position ausgeglichen. Nicht ausgeglichen werden aber die Finanzierungskosten, die durch die Fremdfinanzierung der Variation Margin-Zahlungen entstehen. Geht man von einem Anstieg des Futurepreises um einen Punkt (100 Ticks) aus, errechnen sich bei einem Zeithorizont (z.B. Zeit bis zur Auflösung des Hedges oder Zeit bis zum Kontraktliefertag) von 91 Tagen und einem Zinssatz von 10 Prozent (Zins zur Finanzierung der Variation Margin-Zahlungen), folgende Zinsaufwendungen:

Zu entrichtende Variation Margin:
1000 (Futures) * 100 Ticks * DM 25 = DM 2500000,00.

Zinsaufwendungen:
$2500000 * (1{,}1^{(90/360)}) - 2500000 =$ DM 60284,223. [2]

---

1 Die Rechnung mit dem Bund Future in € verläuft analog. Tick-Wert ist € 10, Kontraktvolumen € 100.000.

2 Bei einem Sinken der Future-Kurse würde man Variation Margin-Zahlungen erhalten, die ertragbringend angelegt werden könnten.

Die Zinsaufwendungen in Höhe von DM 60284,223 können durch ein Tailing des Hedge Ratios vermieden werden.

Der Tailing Factor beträgt in diesem Fall:
$1/(1+0,1)^{(90/360)} = 0,9764540896$

Das angepaßte Hedge Ratio beträgt dann:
1000 * 0,9764540896 = 976,4540896 bzw. 977 Kontrakte. Das sind 23 Kontrakte weniger.

Der Unterschied gegenüber dem ursprünglichen Hedge Ratio beträgt somit 2,355 Prozent.

Die Diskontierung erfolgt über einen Zeitraum von 90 Tagen, da die Geldbeträge erst ab dem folgenden Tag finanziert werden müssen.

Bei einem Kursanstieg um einen Punkt müßte jetzt nur noch eine Variation Margin von DM 2442500,00 entrichtet werden. Es entstehen auch hier immer noch Zinsaufwendungen, jedoch müssen jetzt DM 57500,00 weniger an Variation Margin gezahlt werden. Diese DM 57500,00 entsprechen genau den Zinszahlungen, die für DM 2442500,00 über einen Zeitraum von 90 Tagen bei einem Zins von 10 Prozent zu entrichten sind. Multipliziert man nämlich DM 2442500,00 mit dem Aufzinsungsfaktor $1,1^{(90/360)}$ so erhält man DM 2501397,69. DM 2501397,69 minus DM 2442500,00 ergibt DM 58897,69. Diese Zinsaufwendungen werden jedoch fast vollständig kompensiert, da die Variation Margin-Zahlungen jetzt um DM 57500,00 niedriger sind. Die geringe Abweichung von DM 1397,69 ist bedingt durch das Runden des Hedge Ratios auf 977 Kontrakte.

Die Hedge Position ist somit auch gegenüber Zinsaufwendungen aus Variation Margin-Zahlungen immunisiert.

Für einen Zeitraum von 45 Tagen würde der Tailing Factor $1/(1+0,1)^{(45/360)} = 0,9881569$ betragen und das Hedge Ratio 988,157 Kontrakte.

Tailing the Hedge findet nicht nur Anwendung bei sämtlichen Zinsterminkontrakten, sondern auch bei allen anderen Futures, bei denen Variation Margin-Zahlungen anfallen.[1]

Auch im Falle einer Arbitrage muß eine entsprechende Anpassung der Future-Position berücksichtigt werden.[2]

Anstatt eine geringere Anzahl an Kontrakten einzusetzen, könnte man eine geeignete Optionsposition aufbauen. Geeignet wäre in diesem Fall unter anderem ein Vertical Spread. Dieser Vertical Spread wäre im Falle eines Short Hedges ein Bull Spread und im Falle eines Long Hedges ein Bear Spread. Die Zinsaufwendungen werden dann durch Erträge aus der Optionsposition ausgeglichen. Dieser Hedge funktioniert, wenn Bewegungen eintreten. Tritt keine Bewegung ein, dann entstehen Kosten für die Option.

7.1.5 Empirische Tests

In den folgenden Kapiteln wird anhand eines empirischen Testes die Effizienz einer Kursabsicherung mit Hilfe des Bund-Futures empirisch auf ihre Wirk-

1 Vgl. *Kawaller, I.:* (Hedging), S.34ff.
2 In den Beispielen der folgenden Kapitel wird aus Gründen der besseren Darstellung des jeweiligen Sachverhaltes auf ein Tailing verzichtet. Der Leser möge aber darauf achten, diesen Aspekt in der Praxis nicht zu vernachlässigen.

samkeit getestet. Ziel ist es weiterhin, die verschiedenen Methoden zur Berechnung des Hedge Ratios auf ihre Wirksamkeit zu testen, bzw. festzustellen, ob Verbesserungen des Hedge Ratios tatsächlich eine Verbesserung bewirkten. Ferner soll die Ursache einer möglichen Ineffizienz der Absicherung festgestellt werden.[1]

Die Ergebnisse aus diesem Test sind vor allem für Investoren von Bedeutung, die Portfolios mit Anleihen managen und diese auch absichern müssen. Ihnen wird mit den folgenden Ergebnissen ein Richtmaß an die Hand gegeben, welches Resultat mit einer solchen Absicherung in der Praxis erreicht werden kann. Das theoretisch korrekte Ergebnis eines Hedges ist nämlich in der Praxis aus einer Vielzahl von Gründen oft nicht zu realisieren.

Die Vorgehensweisen und Ergebnisse des Testes werden im folgenden beschrieben:

7.1.5.1 Kennzahlen zu den Absicherungen

Insgesamt wurden sieben verschiedene Absicherungen getestet:

1. Absicherung von lieferbaren Anleihen:
   a) Tägliche Anpassung des Hedge Ratios:
   - Berechnung des Hedge Ratios mit Hilfe der Macaulay Duration.
   - Berechnung des Hedge Ratios mit Hilfe der Macaulay Duration und der Konvexität.
   - Berechnung des Hedge Ratios mit Hilfe der Dollar Duration.

   b) Wöchentliche Anpassung des Hedge Ratios:
   - Berechnung des Hedge Ratios mit Hilfe der Macaulay Duration.
   - Berechnung des Hedge Ratios mit Hilfe der Macaulay Duration und der Konvexität.
   - Berechnung des Hedge Ratios mit Hilfe der Dollar Duration.
2. Absicherung von Euro-DM Anleihen mit täglicher Anpassung des Hedge Ratios.

Die lieferbaren Anleihen wurden über einen Zeitraum von 7 Monaten (9.10.89 bis 8.5.90) abgesichert. Die Euro-DM Anleihen wurden über einen Zeitraum von 10 Monaten (7.7.89 bis 8.5.90) abgesichert. Beides sind Zeiträume, in denen die Volatilitäten der Kurse und die Umsätze an den Börsen äußerst hoch waren.

Die historischen Daten der Kursentwicklung der einzelnen Anleihen und des Bund-Futures wurden von der *Commerzbank AG*, Abteilung Options und Futures zur Verfügung gestellt. Die Programme zur Rendite-, Durations- und Konvexitätsberechnung, die Programme zur Berechnung des theoretischen Futurepreises und des Cheapest to Deliver sowie das Programm, mit dem die

1 Der Test liegt zwar einige Zeit zurück, die Ergebnisse sind dennoch weiterhin aussagekräftig. Die Märkte haben sich zwar inzwischen weiterentwickelt, einige der Ursachen für mögliche Ineffizienzen bestehen jedoch immer noch.

Absicherung durchgeführt wurde, wurde in dem Tabellierungs- und Kalkulationsprogramm Lotus geschrieben. Die gesamten Datenreihen haben einen sehr großen Umfang. Aus diesem Grund wurde darauf verzichtet, sie mit in den Band aufzunehmen.

7.1.5.2 Vorgehensweise

Das Portfolio der verschiedenen Anleihen (lieferbare und Euro-DM) besteht aus jeweils DM 30 Mio Nominalwert. Das ist eine willkürlich gewählte Zahl, die keinen Einfluß auf das Ergebnis hat. Man hätte genauso gut eine andere Zahl nehmen können. Allerdings sollte sie nicht zu klein sein, da man sonst die Veränderung des Hedge Ratios nicht hinreichend genau beobachten kann. Das Hedge Ratio wird in Anzahl der zu kaufenden bzw. zu verkaufenden Kontrakte angegeben. Da das Hedge Ratio für drei verschiedene Methoden (Macaulay Duration, Macaulay Duration + Konvexität und Dollar Duration) und für jeden einzelnen Tag berechnet wurde, mußte die Rendite, Macaulay Duration, Dollar Duration und Konvexität für jede einzelne Anleihe sowie den Cheapest to Deliver und jeden einzelnen Tag berechnet werden. Das Hedge Ratio wurde jeden Tag angepaßt, um ein exaktes Ergebnis für die Effizienz der Absicherung zu erhalten.

Darüber hinaus wurde für die lieferbaren Anleihen für alle drei Methoden eine Absicherung mit nur wöchentlicher Anpassung vorgenommen. In der Praxis ist eine tägliche Anpassung des Hedge Ratios relativ arbeitsintensiv und erhöht zudem die Transaktionskosten beträchtlich. Deshalb besteht höchstes Interesse daran zu wissen, ob ein Hedge mit wöchentlicher Anpassung genauso effizient ist wie mit täglicher Anpassung. Das Hedge Ratio wurde dabei jede Woche am Montag angepaßt. War dieser Tag ein Feiertag, so erfolgte die Anpassung am darauffolgenden Börsentag.

Zuerst ist geplant, eine Absicherung mit Berechnung des Hedge Ratios über die Macaulay Duration vorzunehmen. Danach sollen die „verbesserten“ Methoden (Konvexität, Dollar Duration) auf ihre Wirksamkeit getestet werden. Sollte eine Verbesserung festzustellen sein, so werden die restlichen Hedges mit der verbesserten Methode durchgeführt.

In dem Lotus-Programm, in dem die einzelnen Absicherungen getestet wurden, wurden zunächst die Kurse der Anleihen eingetragen und dann neben jeder einzelnen Anleihe ihre Rendite, Macaulay Duration, Dollar Duration und die Anzahl der gekauften Anleihen. Der aktuelle Börsenkurs multipliziert mit der Anzahl der einzelnen Anleihen und aufsummiert über die verschiedenen Anleihen ergibt den Kurswert des jeweiligen Portfolios. Der Kuponzins wurde auf zwei Arten berechnet. Zunächst wurde der Kuponzins berechnet, der von dem einen auf den anderen Börsentag anfiel. Dann wurden die von dem einen auf den anderen Tag angefallenen Kuponzinsen sukzessive über den gesamten Zeitraum aufsummiert. Somit kann man für jeden Tag feststellen, was an Kuponzinsen vom Beginn des Hedges bis zu dem jeweiligen Tag insgesamt angefallen ist.

Analog wurde auch bei der Wertveränderung des Portfolios verfahren. Zunächst wurde die Wertveränderung des Portfolios pro Periode, d.h. von dem einen auf den anderen Börsentag berechnet. Die Wertveränderung des Portfolios ist dabei die Kursveränderung der Anleihen plus dem Kuponzins. Das Ganze wurde zunächst in absoluten Zahlen d.h. in DM angeschrieben und dann als prozentuale Wertveränderung pro Periode. Der Prozentsatz bezieht sich dabei auf den Kurswert des Portfolios am ersten Tag der Absicherung. Die einzelnen Wertveränderungen, sowohl absolut als auch prozentual, wurden dann vom Zeitpunkt des Beginns des Hedges bis zum Ende sukzessive aufsummiert. Somit kann zu jedem Zeitpunkt festgestellt werden, wie sich der Wert des Portfolios seit Beginn des Hedges bis zu dem jeweiligen Tag entwickelt hat. Diese aufsummierten Wertveränderungen des Portfolios entsprechen dabei dem gesamten Gewinn und Verlust (absolut oder prozentual) des Portfolios seit Beginn der Absicherung bis zu dem jeweiligen Tage.

Genauso wurde auch bei der Wertveränderung der Futureposition verfahren. Aus der Kurswertveränderung des Futures (Anzahl der Ticks) multipliziert mit dem entsprechenden Hedge Ratio und dem Wert eines Ticks (25 DM) ergibt sich die Wertveränderung (Cash Flow) aus der Futureposition. Diese Wertveränderung wurde ebenfalls sowohl pro Periode als auch als „Cash Flow total", d.h. über die einzelnen Zeiträume aufsummiert berechnet. In der nächsten Spalte des Programms wurde die Wertveränderung des Portfolios in DM pro Periode zu der Wertveränderung der Futuresposition in DM pro Periode addiert.

Dasselbe wurde auch für die prozentualen Wertveränderungen durchgeführt. Addiert man die prozentualen Wertveränderungen (in diesem Fall nicht die Wertveränderungen pro Periode, sondern die gesamten Wertveränderungen, d.h. aufsummiert bis zu dem jeweiligen Stichtag) des Anleiheportfolios zu denjenigen der Futuresposition, so erhält man den totalen Gewinn bzw. Verlust mit dem Hedge. Dieser Gewinn oder Verlust muß dann den kurzfristigen Finanzierungskosten gegenübergestellt werden. Normalerweise geht als Finanzierungszinssatz die Repo Rate in die Berechnung des Futurepreises ein. Der Repo-Markt in London war zu diesem Zeitpunkt allerdings noch sehr jung. Es war daher nicht möglich, historische Daten für die Repo Rate zu erhalten. Dieser Nachteil hält sich jedoch in Grenzen, da in die Berechnung des Futurepreises nicht unbedingt die Repo Rate eingehen muß. Es geht der Zinssatz ein, der für die Mehrheit der Marktteilnehmer relevant ist. Das ist bei einem funktionierenden Repomarkt die Repo Rate, sie muß es aber nicht sein. Besonders wenn der Repo Markt wie damals in London noch relativ illiquide ist. Zudem haben die Marktteilnehmer sehr oft verschiedene Finanzierungskosten. Die Finanzierungskosten werden sich bei Institutionellen in der Regel nicht gravierend unterscheiden, dennoch bestehen sehr oft Unterschiede. Das hat zur Folge, daß manche Teilnehmer aufgrund günstiger Finanzierungsmöglichkeiten Arbitrage betreiben können, während es anderen noch nicht möglich ist. In dem Programm wurden als Zinssatz die Tagesgeldsätze im Interbankenhandel genommen. Als Quelle hierfür dienten die Monatsberichte der Deutschen Bundesbank. Eine Anpassung der Sätze erfolgte monatlich. Die Finanzierungskosten wurden bezogen auf den Anfangswert (Kurswert) des Portfolios zu Beginn der Absicherung ermittelt. Sie wurden sowohl absolut und prozentual pro Periode (d.h. von Börsentag zu Börsentag) als auch absolut und prozentual total (d.h. von Beginn des Hedges sukzessive aufsummiert) ermittelt. Diese Finanzierungskosten wurden dem Gewinn und Verlust, der sich mit der Absicherung über den Futures ergab, gegenübergestellt. Es wurde die Differenz aus dem Gewinn und Verlust mit Hedge und den Finanzierungskosten gebildet. Dabei sind die beiden Werte die bis zu dem jeweiligen Tag aufsummierten Werte, sowohl prozentual auf den Anfangswert des Portfolios bezogen als auch in absoluten DM Größen ausgedrückt. Am 30.10.89 steht z.B. als prozentuale Differenz ein Wert von 0,0387 %. Das heißt, daß die Differenz zwischen dem gesamten Gewinn, der von Beginn der Absicherung am 9.10.89 bis zu dem 30.10.89 mit der Absicherung angefallen ist und den Finanzierungskosten, die vom 9.10.89 bis zum 30.10.89 insgesamt angefallen sind, ausgedrückt in Prozent bezogen auf den Anfangswert des Portfolios, 0,0387 % ergab. Es wurde somit die Differenz zwischen zwei Prozentzahlen gebildet. Dasselbe Ergebnis wurde auch in absoluten Zahlen (in DM) angeschrieben.

Zum Schluß wurden noch die Transaktionskosten berücksichtigt. Auch hier wurden die Transaktionskosten sowohl pro Periode in Prozent und absoluten Zahlen als auch als Gesamtkosten in Prozent und absoluten Zahlen angegeben. Als Transaktionskosten wurden die Kosten genommen, die in der Regel bei deutschen Banken als maximale Gebühr für institutionelle Anleger anfallen. Das waren zu dem damaligen Zeitpunkt DM 60 half turn pro Kontrakt, d.h. DM 60 beim Kauf und DM 60 beim Verkauf. Die meisten institutionellen Investoren zahlen allerdings wesentlich weniger, etwa DM 25 bis DM 40 round turn (d.h. Kosten für An- u. Verkauf zusammen). Privatkunden zahlen meistens DM 100 half turn. Für An- und Verkauf zusammen (round turn) sind das DM 200.[1]

Die Kurse des Bund-Futures sind immer die Kurse des Kontraktes mit dem nächsten Verfalldatum. Erst am letzten Handelstag des Kontraktes wurde auf den nächsten Kontrakt gewechselt (switch). Wird vor dem letzten Handelstag gewechselt, so besteht das Risiko, daß der Stand der Basis ungünstig ist. Der Kontrakt mit dem nächsten Verfalldatum hat fast immer das größte Volumen, was zur Folge hat, daß sich der aktuelle Futurekurs weniger stark von seinem theoretischen Wert entfernt. Einige Tage vor dem Laufzeitende nehmen die Volumina allerdings meistens stark ab. Bei einer Auflösung des Hedges zu einem solchen Zeitpunkt kann u.U. ein Liquiditätsrisiko entstehen. Die Futurekurse sind die täglichen Settlementkurse, zu denen am Ende des Tages die

1 Diese Zahlen sind Durchschnittswerte, die sich aus Erkundigungen bei deutschen Großbanken zu dem damaligen Zeitpunkt ergaben. Es kann allerdings keine Gewähr übernommen werden.

Bewertung der offenen Positionen stattfindet. Auf Basis der Settlementkurse wird die tägliche Margin-Berechnung vorgenommen.

Der Originaleinschuß (Initial Margin) betrug während des Absicherungszeitraums zunächst DM 2500 und wurde dann von der LIFFE aufgrund der erhöhten Volatilität auf DM 5000 (Stand Oktober 1990) angehoben. Das entsprechen 1 % bzw. 2 % von dem Nominalbetrag des Futures. Das ist das von der Börse festgelegte Exchange Minimum.

Als Anleihekurse wurden die börsentäglich notierten Kassakurse genommen.

7.1.5.3 Absicherung von lieferbaren Anleihen

Die erste Untersuchung besteht in der Absicherung von lieferbaren Anleihen. Das sind Bundesanleihen, die eine Restlaufzeit zwischen 8,5 und 10 Jahren haben und somit in den Future einlieferbar sind.

Das Portfolio bestand aus drei Anleihen:

1. Bund: Kupon 7 %, v.1989 bis 22.02.1999, WPKN: 113470
2. Bund: Kupon 7 %, v.1989 bis 20.04.1999, WPKN: 113471
3. Bund: Kupon 7 %, v.1989 bis 20.10.1999, WPKN: 113474

Diese Anleihen wurden gewählt, weil sie während der gesamten Absicherungsdauer im lieferbaren Bereich lagen. Das Portfolio hatte einen Nominalwert von DM 30 Mio, wobei die einzelnen Anleihen gleich stark gewichtet waren.

Die Absicherung erfolgte vom 9.10.89 bis zum 8.5.90. Die Kursentwicklung der 2. Anleihe über diesen Zeitraum zeigt *Abb. 7.2.* Der Kursverlauf der beiden anderen Anleihen ist fast identisch.

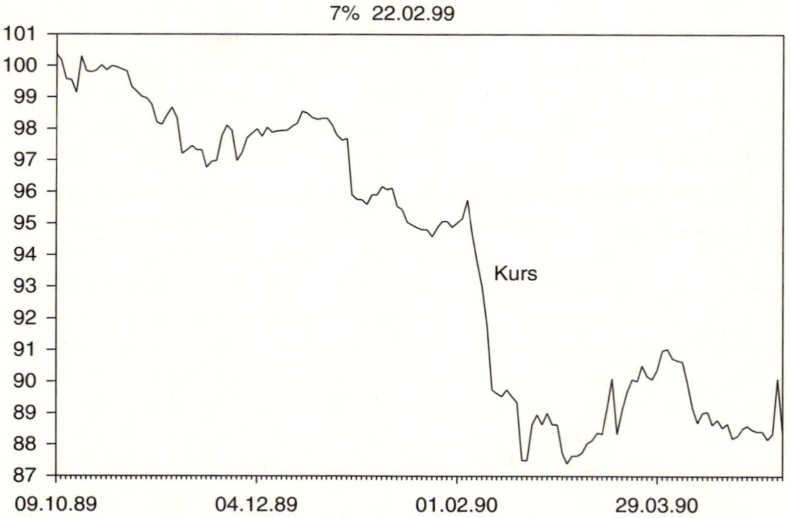

Abb. 7.2: Kursentwicklung: Bundesanleihe, Kupon 7 %, Laufzeit bis 20.4.99, Zeit: 9.10.89–8.5.90

Wie sinnvoll eine Absicherung sein kann, zeigt *Abb. 7.3.*

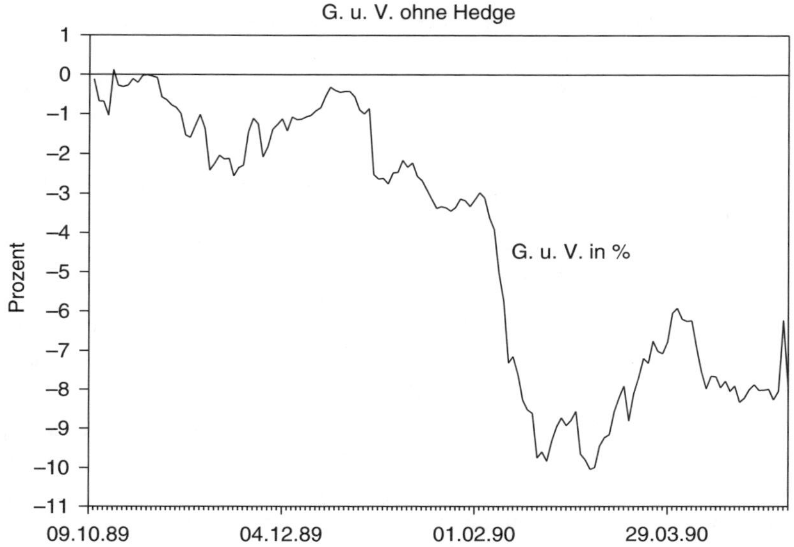

Abb. 7.3: Gewinn und Verlust eines Anleiheportefeuilles, bestehend aus drei Bundesanleihen. Zeitraum: 9.10.89 bis 8.5.90

Der Gewinn und Verlust bezieht sich auf das Portefeuille, das aus den drei oben genannten Bundesanleihen besteht. Dabei wurden die während dieses Zeitraumes erhaltenen Stückzinsen berücksichtigt. Der reine Kursverlust der Anleihen war wesentlich höher. Daran kann man erkennen, daß auch eine Investition in Anleihen große Risiken mit sich bringen kann. Wäre man jedoch in den Anleihen nicht „long" gewesen, sondern „short", so wäre ohne die Absicherung statt einem Verlust ein Gewinn in gleicher Höhe entstanden.

7.1.5.3.1 Resultat des Hedges

Macaulay Duration

Zuerst wurde eine Absicherung vorgenommen, bei der das Hedge Ratio mit Hilfe der Macaulay Duration berechnet wurde. Als Maß für die Qualität des Hedges wurde, wie schon oben erläutert, die Differenz zwischen dem Gewinn und Verlust (Abweichung), der während der Absicherungsdauer mit dem Hedge entstanden ist und den Finanzierungskosten, die während der Absicherungsdauer entstanden sind, genommen. Je weniger dieser Wert während der Absicherungsdauer von Null abweicht, desto besser hat der Hedge funktioniert. Dieser Wert bezieht sich auf den Anfangswert des Portefeuilles und wurde sowohl prozentual als auch in absoluten Zahlen berechnet. Dabei ist der prozentuale Wert von größerer Aussagekraft, da der absolute Wert von der Größe des Portefeuilles abhängig ist.

Während des Untersuchungszeitraumes hat sich gezeigt, daß in den Zeiten, in denen es zu keinen übermäßig starken Kursschwankungen kam, der Hedge relativ gut funktionierte. Aber in Zeiten von starken Kursschwankungen kam es zu stärkeren Abweichungen.

In der Zeit vom 9.10.89 bis zum 22.12.89 hielt sich die Abweichung deutlich unter einem Prozent. Lediglich an zwei Tagen wurden Werte von +1,161 % und +1,052 % angenommen. Ab dem 27.12.89 kam es allerdings zu stärkeren Abweichungen. Für einen Tag, am 2.1.90, wurde ein Wert von +2,120 % angenommen. Schon am 4.1.90 war der Wert wieder auf +0,172 % abgesunken. Bis einschließlich 2.2.90 blieb die Abweichung bis auf zwei Tage (+1,282 und +1,014) unter der ein Prozent Marke. Ab dem 5.2.90 folgte eine Periode von sehr starken Abweichungen. Am 7.2.90 erreichte die Differenz zwischen dem Gewinn und Verlust mit Hedge und den bis dato entstandenen Finanzierungskosten einen Wert von +2,893 %. Dieser Wert war gleichzeitig der Maximalwert, der während des Untersuchungszeitraumes angenommen wurde.

Dieser Wert besagt, daß, wenn der Hedge am 7.2.90 aufgelöst worden wäre, im Falle eines Short Hedges ein zusätzlicher „Gewinn" von 2,893 %, bezogen auf den Anfangswert des Portfolios, entstanden wäre. Im Falle eines Long Hedges wäre ein Verlust in dieser Höhe angefallen. Bei einem Anfangswert des Portfolios in Höhe von 30,093 Millionen DM sind das 870552,38 DM.

Ab dem 21.2.90 war der Verlauf des Ergebnisses des Hedges wieder zufriedenstellend. Die Werte hielten sich bis auf wenige Tage deutlich unter einem Prozent. Lediglich am letzen Tag, am 8.5.90 kam es noch einmal zu einer stärkeren Abweichung (–1,209 %).

Die Effizienz des Hedges läßt sich sehr schön an *Abb. 7.4* ablesen.

Die Abweichung in Prozent ist die Differenz zwischen dem bis dato angefallenen Gewinn und Verlust mit Hedge und den bis dato angefallenen (von Beginn des Hedges bis dato aufsummierten) Finanzierungskosten. Es ist bei der Interpretation des Graphen zu beachten, daß die Extremwerte meist nur für einen bzw. wenige Tage angenommen wurden. Das arithmetische Mittel der Beträge der prozentualen Abweichungen (Diff. zwischen G.u.V. mit Hedge und den Finanzierungskosten) betrug nämlich nur +0,685377 % (DM 206250,50).

Bei dieser Absicherung wurde das Hedge Ratio jeden Tag angepaßt. Es schwankte zwischen 119 Kontrakten (119,1927) und 133 Kontrakten (133,0609).

Die Änderung des Hedge Ratios zeigt *Abb. 7.5*.

Durch den Kauf von 127,6384 Kontrakten (=128 Kontrakte) bei Eingehen des Hedges sind Transaktionskosten von DM 7658,30 entstanden. Durch die tägliche Anpassung des Hedge Ratios sind bis zum 8.5.90 zusätzlich Transaktionskosten in Höhe von DM 23035,67 entstanden. Das entspricht 0,07655 % vom Anfangswert des Portfolios.

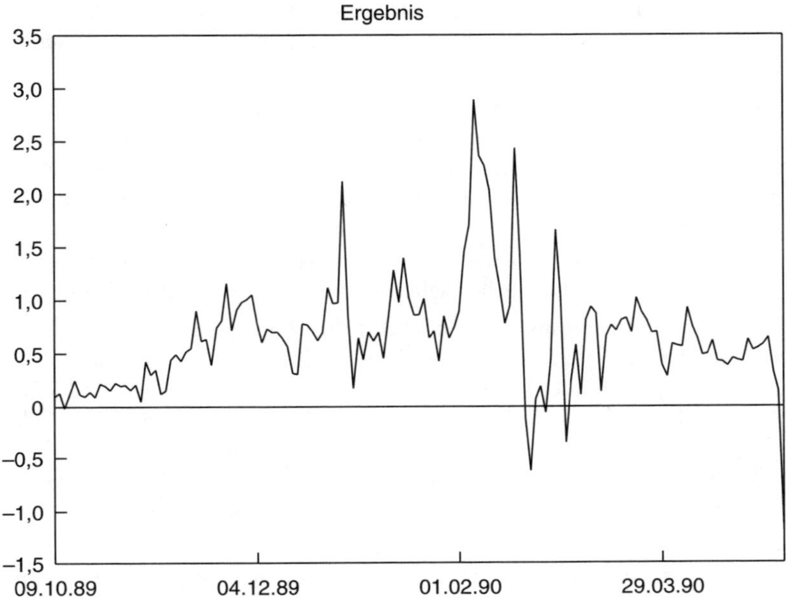

Abb. 7.4: Ergebnis des Hedges bei Berechnung des Hedge Ratios mit Hilfe der Macaulay Duration, bei täglicher Anpassung des Hedge Ratios

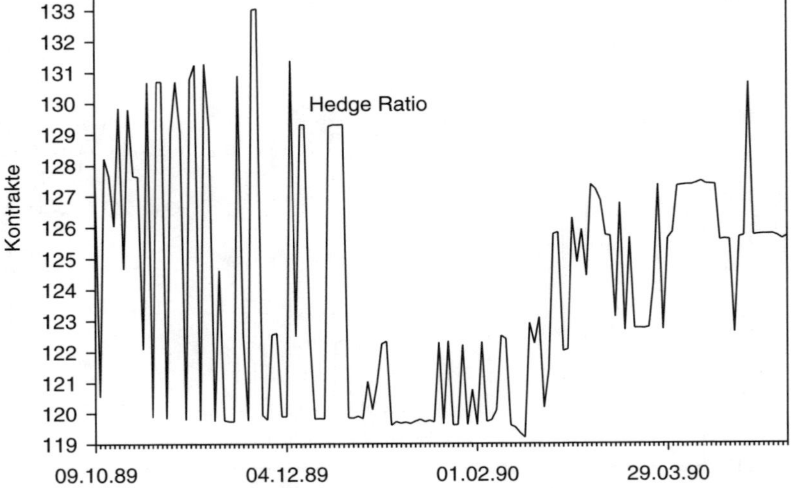

Abb. 7.5: Änderung des Hedge Ratios, bei Berechnung des Hedge Ratios mit Hilfe der Macaulay Duration, bei täglicher Anpassung des Hedge Ratios

Die Gründe für die zeitweilige Ineffizienz des Hedges werden in Kapitel 7.1.5.4.2 erörtert. Zunächst soll erläutert werden, wie die Ergebnisse der anderen Absicherungen ausgefallen sind.

Derselbe Hedge wurde auch mit wöchentlicher Anpassung des Hedge Ratios durchgeführt. Dabei ist festzustellen, daß das Ergebnis erkennbar besser ausfiel. Das arithmetische Mittel der Beträge der prozentualen Abweichungen betrug nur 0,623865 % gegenüber 0,685377 % bei täglicher Anpassung. Bis einschließlich 27.10 89 war das Ergebnis mit wöchentlicher Anpassung etwas schlechter (ca. 0,03 %). Ab dem 30.10.89 war das Ergebnis, bis auf wenige Tage, kontinuierlich besser als bei täglicher Anpassung des Hedge Ratios.

Der Graph des Ergebnisses bei wöchentlicher Anpassung des Hedge Ratios verläuft fast parallel zu dem entsprechenden Graph bei täglicher Anpassung. Er verläuft jedoch in etwas geringerer Entfernung zur Nullinie. Mit bloßem Auge ist kein Unterschied festzustellen, ein Übereinanderlegen der beiden Graphen und die Datenreihen belegen dies jedoch eindeutig. Die maximale Abweichung war bei wöchentlicher Anpassung um 0,084321 % niedriger als bei täglicher Anpassung. Das entspricht DM 25383,86.

Ein weiterer Vorteil ist, daß die Transaktionskosten wesentlich niedriger sind. Die durch die Anpassung des Hedge Ratios zusätzlich entstandenen Transaktionskosten betrugen nur DM 5707,15 gegenüber 23035,67 bei täglicher Anpassung.

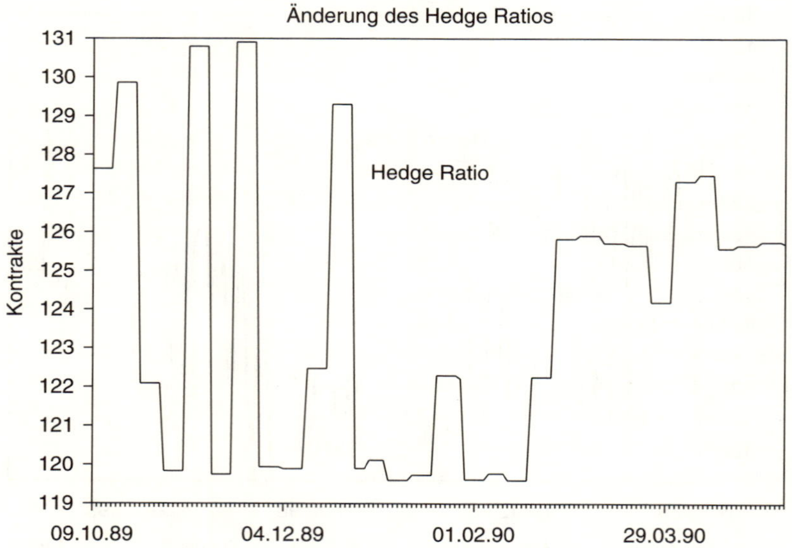

Abb. 7.6: Änderung des Hedge Ratios, bei Berechnung des Hedge Ratios mit Hilfe der Macaulay Duration, bei wöchentlicher Anpassung des Hedge Ratios

Macaulay Duration und Konvexität
Die Effizienz des Hedges, bei Berechnung des Hedge Ratios (tägliche Anpassung) unter Berücksichtigung der Konvexität, war leicht höher. Das arithmetische Mittel der Beträge der prozentualen Abweichungen betrug 0,679263 % gegenüber 0,685377 % ohne Konvexität. Das ist keine dramatische Verbesserung. Sie ist dennoch erkennbar. Dabei ist zu beachten, daß das Ergebnis kontinuierlich (bis auf sehr wenige Tage), über den gesamten Untersuchungszeitraum besser war. Auf dem Graph des Ergebnisses ist kein Unterschied zu *Abb. 7.6* zu erkennen. Die Abweichung war jedoch durchschnittlich um 0,006114 % geringer als bei der Berechnung des Hedge Ratios ohne Konvexität. Daß die Verbesserung nicht zufallsbedingt war, läßt sich nicht nur daran ablesen, daß die Werte der Abweichungen kontinuierlich niedriger waren, sondern auch an der Entwicklung des Hedge Ratios. In der Zeit des starken Kursverfalls der Anleihen lag das Hedge Ratio i.d.R. etwas unter den Werten bei Berechnung ohne Konvexität. Ab dem Zeitpunkt, an dem die Kurse begannen, sich zu fangen, lag das Hedge Ratio etwas über den Werten bei Berechnung ohne Konvexität. Der Wendepunkt war in der Zeit um den 23.2.90. Ein mögliches „Überhedgedsein" oder „Unterhedgedsein" wurde dadurch geglättet.[1] Das Hedge Ratio bewegte sich zwischen 133 Kontrakten (132,912) und 119 Kontrakten (119,0427).

Ansonsten verlief die Absicherung genauso wie die vorherige Absicherung.

Das gilt auch für den Hedge bei wöchentlicher Angleichung des Hedge Ratios. Der Durchschnittswert der Abweichung lag bei 0,622220 %. Das ist gegenüber der täglichen Anpassung (0,67926298 %) eine erkennbere Verbesserung. Gegenüber dem Ergebnis bei wöchentlicher Anpassung ohne Berücksichtigung der Konvexität ist die Verbesserung allerdings nur marginal. Sie beträgt nämlich nur 0,001636 % (0,62222 % gegenüber 0,623865 %).

Der Effekt der Konvexität kommt erst bei starken Renditeänderungen zum Tragen. Da jedoch kontinuierlich eine Anpassung des Hedge Ratios erfolgte, waren die Zinsänderungen zwischen den Anpassungszeitpunkten nicht groß genung um einen Konvexitätseffekt zu bewirken. Wäre keine Anpassung erfolgt, wäre der Unterschied in der Effizienz des Hedges wesentlich größer gewesen.

Dollar Duration
Der Verlauf der Absicherung mit Berechnung des Hedge Ratios mit Hilfe der Dollar Duration scheint fast identisch zu sein mit demjenigen, wie er in Kapitel 7.1.5.3.1.1 geschildert wurde. Die Ineffizienzen der Absicherungen sind in denselben Zeiträumen aufgetreten, jedoch in verminderter Stärke. Der Graph der prozentualen Abweichungen sieht ähnlich aus wie *Abb. 7.4* die Linie verläuft jedoch näher am Ursprung.

1 Eine genaue Analyse der Gründe für die zeitweilige Ineffizienz des Hedges siehe Punkt 7.1.5.4.2.

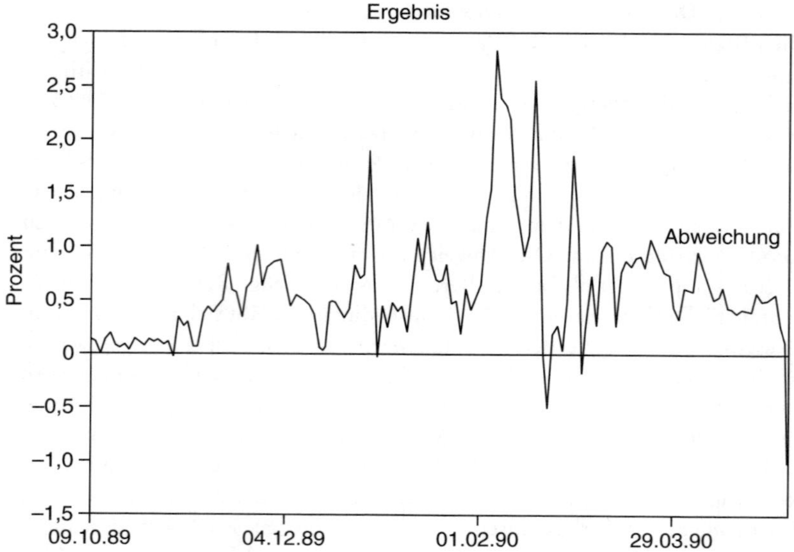

Abb. 7.7: Ergebnis des Hedges bei Berechnung des Hedge Ratios mit Hilfe der Dollar Duration, bei täglicher Anpassung des Hedge Ratios

Anhand der Datenreihen ist ersichtlich, daß die Werte der Abweichungen kontinuierlich niedriger waren als bei der Absicherung mit Berechnung des Hedge Ratios über die Macaulay Duration. Geringe Ausnahmen gab es nur an wenigen Tagen. Das arithmetische Mittel der Beträge der prozentualen Abweichungen betrug hier, bei täglicher Anpassung des Hedge Ratios, 0,626695 %. Dieser Wert besagt, daß bei einer Auflösung des Hedges während des Untersuchungszeitraumes durchschnittlich eine „Ineffizienz" in Höhe von DM 18891,33, bezogen auf den Anfangswert von DM 30,093 Mio. des Portfolios, aufgetreten wäre. Die Absicherung war bei wöchentlicher Anpassung des Hedge Ratios wiederum deutlich besser als bei täglicher Anpassung. Der Wert betrug nur 0,571321 % (DM 171927,63) bei wöchentlicher Anpassung des Hedge Ratios. Das ist eine Verbesserung von 0,114056 % gegenüber der Macaulay Duration mit täglicher Anpassung. Oder in Prozent von Prozent ausgedrückt: Der Hedge mit Berechnung des Hedge Ratios mit Hilfe der Dollar Duration war bei wöchentlicher Anpassung des Hedge Ratios um 16,64 Prozent effektiver als der Hedge mit Berechnung des Hedge Ratios mit Hilfe der Macaulay Duration und täglicher Anpassung des Hedge Ratios. Die maximale Abweichung bei täglicher Anpassung war am 19.2.90 zu beobachten und betrug +2,582492 %.

Das Hedge Ratio bewegte sich etwa in denselben Grenzen wie bei den vorherigen Absicherungen. Es war aber in der ersten Hälfte der Absicherungsdauer deutlich geringeren Schwankungen ausgesetzt, während es in der zweiten Hälfte etwas stärker schwankte. Die Transaktionskosten, die durch die tägli-

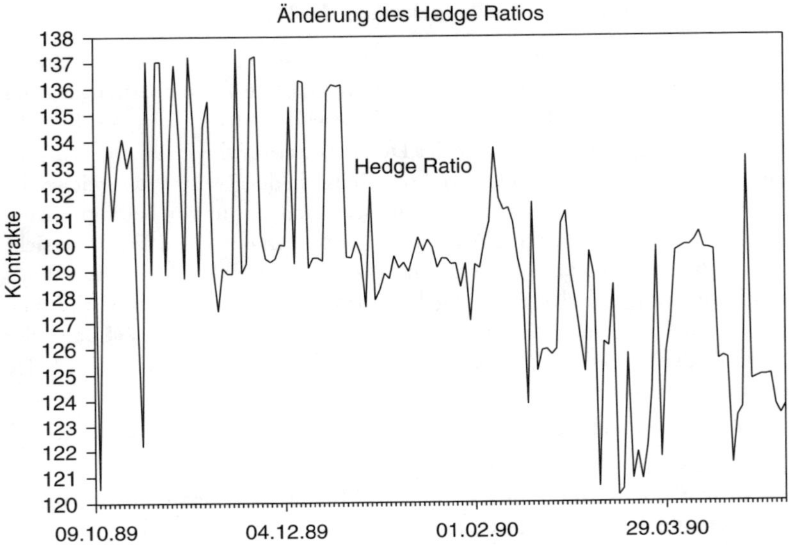

Abb. 7.8: Änderung des Hedge Ratios, bei Berechnung des Hedge Ratios mit Hilfe der Dollar Duration, bei täglicher Anpassung des Hedge Ratios

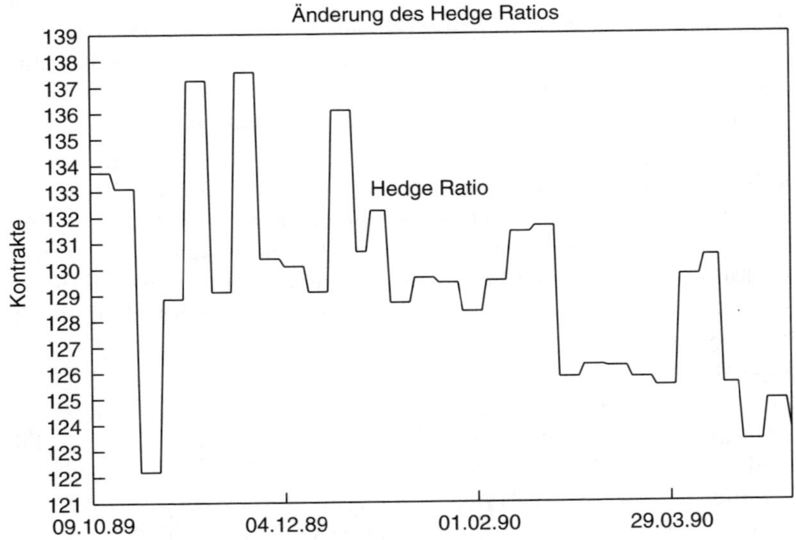

Abb. 7.9: Änderung des Hedge Ratios, bei Berechnung des Hedge Ratios mit Hilfe der Dollar Duration, bei wöchentlicher Anpassung des Hedge Ratios

che Anpassung des Hedge Ratios entstanden sind, betragen DM 22659,07 oder 0,0752 % des Anfangswertes des Portfolios. Das ist kaum ein Unterschied zu den vorhergehenden Absicherungen.

7.1.5.3.2 Gründe für eventuelle Ineffizienz des Hedges

Wenn man das arithmetische Mittel der Beträge der prozentualen Abweichungen bei der einzelnen Absicherung als Maßstab für die Effizienz eines Hedges heranzieht, so kann man besonders bei der Absicherung mit Berechnung des Hedge Ratios mit Hilfe der Dollar Duration von einem befriedigenden Ergebnis sprechen. Einen perfekten Hedge in der Realität zu erreichen ist nahezu unmöglich. Dieser Durchschnittswert ist aber nur von bedingter Aussagekraft. Betrachtet man die Abweichungen an den einzelnen Tagen, so sieht man, daß es während des Untersuchungszeitraumes zu starken Schwankungen in der Effizienz des Hedges gekommen war. Hätte man an bestimmten Tagen den Hedge aufgelöst, so wäre es je nach Art des Hedges (Long oder Short Hedge) zu Verlusten oder Gewinnen gekommen, die bei einem Hedge eigentlich nicht auftreten dürfen.

Die zeitweilige Ineffizienz des Hedges hatte im wesentlichen zwei Ursachen:

1. Fehlbewertung des Futures
2. Nicht ständige Parallelentwicklung der Renditen der abzusichernden Anleihen und der Rendite des CTD.

Zu der ersten Ursache:

Während des Untersuchungszeitraumes ist der aktuelle Futurepreis zeitweilig extrem von seinem theoretischen Wert abgewichen. Er war in gewissen Zeiträumen sowohl stark über- als auch unterbewertet. Eine Voraussetzung für das Funktionieren eines Hedges besteht aber darin, daß der aktuelle Futurepreis nicht zu stark von seinem theoretischen Wert abweicht. Die Über- bzw. Unterbewertung des Futures hatte mehrere Ursachen:

Während des starken Kursverfalles an den Anleihe- und Zinsfuturesmärkten, Anfang bis Mitte Februar, kam es zu einer starken Unterbewertung des Bund-Futures. Der aktuelle Futurepreis notierte teilweise stark unter seinem theoretischen Wert. Diese Fehlbewertung trat besonders während der schweren Kurseinbrüche Mitte Februar 1990 auf. Der Future notierte teilweise 40 Ticks unter seinem theoretischen Wert. Daraus ergaben sich auch profitable Arbitragemöglichkeiten.[1]

Normalerweise sagt man, daß die Kursentwicklung des Futures sich an der Kursentwicklung der Anleihen orientiert. In der Zeit des extremen Kursverfalls Anfang bis Mitte Februar 90 (begonnen hatte es eigentlich schon im November 89) war es eher umgekehrt. Die deutschen Anleihemärkte orientierten sich zum Teil stark an der Kursentwicklung des Bund-Futures. Seit November gab der Futures immer mehr die Tendenz an. Besonders im Februar war das sehr gut zu beobachten. Der Kurs des Futures fiel extrem stark und meistens folgten die Anleihekurse mit einer gewissen Verzögerung. Meistens war es der Future, der als erster gefallen ist. Die Anleihekurse haben mit diesem Kursverfall oft nicht Schritt gehalten. Das führte dazu, daß der Future ge-

1 *LIFFE:* (Bund-Futures Review, First Quarter 90), S. 13.

genüber den Anleihen (CTD) oft stark unterbewertet war und dies sogar über einen gewissen Zeitraum.

Bei einem funktionierenden Kassa- und Futuremarkt wäre diese Fehlbewertung sofort arbitriert worden bzw. sie wäre gar nicht erst entstanden. Daß dies nicht der Fall war, hat mehrere Gründe. Wenn der Future gegenüber dem CTD unterbewertet ist, kann Arbitrage betrieben werden, indem der Future gekauft wird und die entsprechende Anzahl an Anleihen des derzeitigen CTD leerverkauft wird. (Reverse Cash and Carry Arbitrage). Ein Leerverkauf von Bundesanleihen war zu dieser Zeit nicht ganz unproblematisch.[1]

Bis zur Einführung der Wertpapierleihe über den Deutschen Kassenverein am 7. Juni fand die Wertpapierleihe in Europa hauptsächlich über Cedel S.A. und vor allem Euroclear Clearance System Ltd. statt. Die durchschnittliche Entleihdauer betrug Ende 1988 drei bis fünf Tage.[2] Allerdings waren die Volumina, die in London und in der BRD gehandelt wurden, nicht groß genug, um in ausreichend großem Maße Arbitrage betreiben zu können. Der Bund-Future hatte inzwischen ein relativ hohes Volumen erreicht, während der Repo-Markt noch ziemlich klein war. Am Repo-Markt in London war es nicht möglich, Anleihen in ausreichend großer Menge auszuleihen bzw. leerzuverkaufen. Durch diese Illiquidität des Repo-Marktes war es nicht möglich, Arbitrage im dem Maße zu betreiben, daß sich der aktuelle Futurepreis an seinen theoretischen Wert angleicht. Selbst wenn man die Möglichkeit hatte, sich Anleihen auszuleihen und leerzuverkaufen, so war das immer noch mit Risiken behaftet. Damit die Arbitrage risikolos bleibt, müßte man sich die Anleihen bis zur Fälligkeit des Kontraktes ausleihen. Die meisten Marktteilnehmer waren aber nicht bereit, die Anleihen über einen längeren Zeitraum zu verleihen. Die durchschnittliche Verleihdauer lag bei drei bis fünf Tagen. Leihgeschäfte sind über einen längeren Zeitraum schwer zu arrangieren. Es konnte somit passieren, daß man die Anleihen vor Fälligkeit des Futures wieder zurückdecken mußte. Man muß also die gesamte Arbitrageposition wieder auflösen, wenn es nicht sofort gelingt, sich die Anleihen erneut auszuleihen. Das konnte aber bei der damaligen Liquidität des Repo Marktes problematisch werden. Das Risiko bei der Transaktion ist dann, daß, wenn man die Arbitrageposition vorzeitig auflöst, die Basis gegen einen gelaufen ist.[3]

Abgesehen von den geschilderten Risiken und Problemen beim Leerverkauf der Anleihen besteht bei einem Reverse Cash and Carry als zusätzliches Risiko das Risiko der Seller's Option. Dieses Risiko bewirkt, daß nicht jede Unterbewertung des Futures die Marktteilnehmer veranlassen wird, sofort zu ar-

1 Die Liquidität des Repo-Marktes hat sich inzwischen sehr stark erhöht (Juni 99). Diese Probleme sind daher nicht mehr so groß. In hektischen Zeiten können jedoch immer noch Engpässe auftreten.

2 Vgl. *Freytag, S., Riekeberg, M.:* (Bondlending) S.673.

3 Dieser Umstand hat sich auch geändert. Die Lieferzeitpunkte des Futures sind im Repo-Markt oft besonders liquide.Oft sind sie jedoch nicht liquide genug, um jede Fehlbewertung in hektischen Zeiten arbitrieren zu können.

bitrieren. Vielmehr muß erst ein gewisses Maß an Unterbewertung erreicht sein.

Wenn man nicht die Möglichkeit hat, sich Anleihen auszuleihen, ist die einzige Möglichkeit, eine Reverse Cash and Carry Arbitrage zu betreiben die, daß man die entsprechenden Anleihen aus eigenen Beständen nimmt (sofern man welche besitzt). Man verkauft dann die Anleihen mit dem Ziel, sie am Ende der Kontraktlaufzeit wieder zurückzukaufen. Man hat in einem solchen Fall die Anleihen indirekt leerverkauft. Allerdings muß man die Anleihen dann über den gesamten Zeitraum frei verfügbar haben. Im übrigen darf der bid/ask Spread und die Transaktionskosten nicht vernachlässigt werden, die dafür sorgen, daß auch bei einer Cash and Carry Arbitrage (Anleihe long und Future short), die wirklich risikolos ist, erst ein gewisses Maß an Fehlbewertung erreicht sein muß, damit eine Arbitrage profitabel wird.

Bis zu einer bestimmten Grenze ist eine Unterbewertung des Futures eigentlich keine Unterbewertung. In der herkömmlichen Berechnung des theoretischen Futurepreises findet nämlich überhaupt keine Quantifizierung der Seller's Option statt. Um zu einer exakten Bewertung des Futures zu gelangen, müßte die Seller's Option quantifiziert werden und in die Formel zur Berechnung des theoretischen Futurepreises eingebaut werden. Man würde dann eine Untergrenze für den Futurepreis erhalten. Unterschreitet der Futurepreis diese Grenze, wäre eine Reverse Cash and Carry Arbitrage wirklich risikolos. Die Obergrenze für den theoretischen Futurepreis bleibt aber weiterhin die „alte“ Formel, da sie korrekt angibt, ab wann das Gegengeschäft, die Cash and Carry Arbitrage, profitabel wird (außer man hat die Möglichkeit, die Seller's Option zu verkaufen). Man hat dann zwei theoretische Futurepreise und somit eine Spanne, innerhalb derer sich der Futurepreis im Verhältnis zur Kasse bewegen kann, bevor eine Arbitrage sinnvoll wird.

Das rechtfertigt aber nicht die zeitweilige krasse Fehlbewertung des Futures. Anhand historischer Daten die Fehlbewertung des Futures zu ermitteln, ist mit Problemen verbunden. Man braucht tägliche Daten für die Finanzierungskosten. Diese waren sehr schwer zu beschaffen. Außerdem schwankt die Fehlbewertung des Futures im Tagesverlauf. Zuletzt braucht man Kurse, die zum selben Zeitpunkt festgestellt wurden. Hat man nur Kassakurse für die Anleihen zur Verfügung und Settlementkurse für den Future, so macht das für den Test des Hedges keinen großen Unterschied, besonders wenn über einen längeren Zeitraum abgesichert wird. Für die Berechnung des theoretischen Futurepreises, macht es jedoch einen großen Unterschied. Deshalb wird an dieser Stelle in bezug auf die Fehlbewertung des Futures auf von der LIFFE veröffentlichte Daten zurückgegriffen.[1 2]

Der März-Kontrakt erfuhr seine stärkste Unterbewertung mit 49 Basispunkten (Differenz zwischen aktuellem und theoretischen Futurepreis) am

1 Vgl. *LIFFE:* (Bund-Futures Review, Fourth Quarter 89), S.9f..
2 Vgl. *LIFFE:* (Bund-Futures Review, First Quarter 90), S. 10–12.

19.Feb.1990. Er war aber nicht nur an einem Tag unterbewertet, sondern über einen gewissen Zeitraum. Die Entwicklung der Fehlbewertung über verschiedene Zeiträume zeigt *Abb. 7.10* und *Abb. 7.11*.

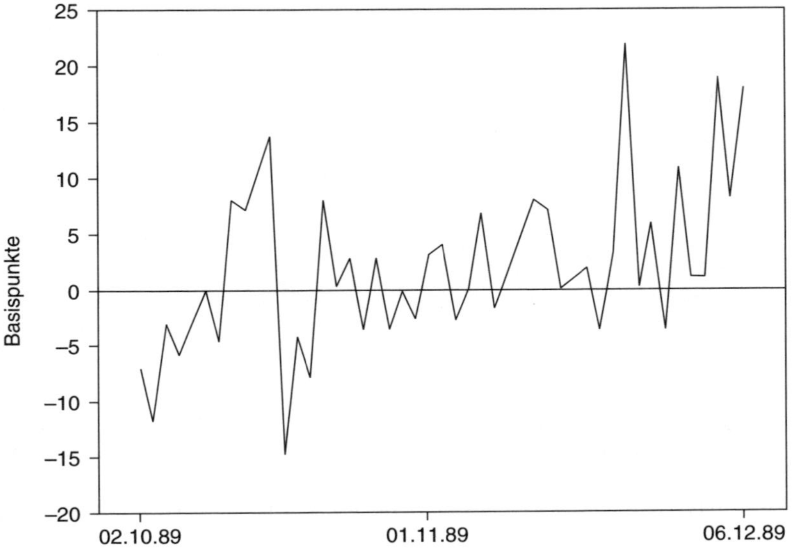

Abb. 7.10: Fehlbewertung des Dez. 89 Kontraktes im Zeitraum vom 2.10.89 bis 5.12.89

Bei diesen Graphen ist zu beachten, daß die Differenz zwischen dem aktuellen und dem theoretischen Futurekurs genommen wurde. Das negative Vorzeichen zeigt somit eine Unterbewertung des Futures an.

Es ist sehr interessant festzustellen, daß der Future nicht nur unterbewertet, sondern auch überbewertet war. Wenige Tage vor Auslaufen des März-Kontraktes wurde am 5.3.90, eine Überbewertung von 55 Basispunkten erreicht. Der Grund dafür war, daß die Halter von Verkaufspositionen im März-Kontrakt, in dem ein sehr hohes Open Interest (Anzahl der offenen Kontrakte) vorhanden war, ihre Positionen in den nächsten „rollten", um ihre Marktposition aufrechtzuerhalten und eine Andienung der Anleihen zu vermeiden. Dazu mußten sie ihre März-Kontrakte zurückkaufen und zugleich die entsprechende Anzahl an Juni-Kontrakten verkaufen. Ausschlaggebend war dabei, daß wesentlich mehr Verkäufer als Käufer ihre Marktpositionen aufrechterhalten wollten. Der Kurs des März-Kontraktes stieg und der Kurs des Juni-Kontraktes fiel. Der Spread zwischen den beiden Kontrakten, erweiterte sich auf eine bis dato nie dagewesene Differenz von 114 Basispunkte.

Die Kassahändler der Anleihen waren zu diesem Zeitpunkt unsicher, an welchem Kontrakt sie sich mit der Quotierung ihrer Anleihen orientieren sollten. Zu dieser Zeit gab nämlich der Future die Zinstendenz an. Normalerweise orientiert man sich kurz vor Verfall des einen Kontraktes an dem nächsten

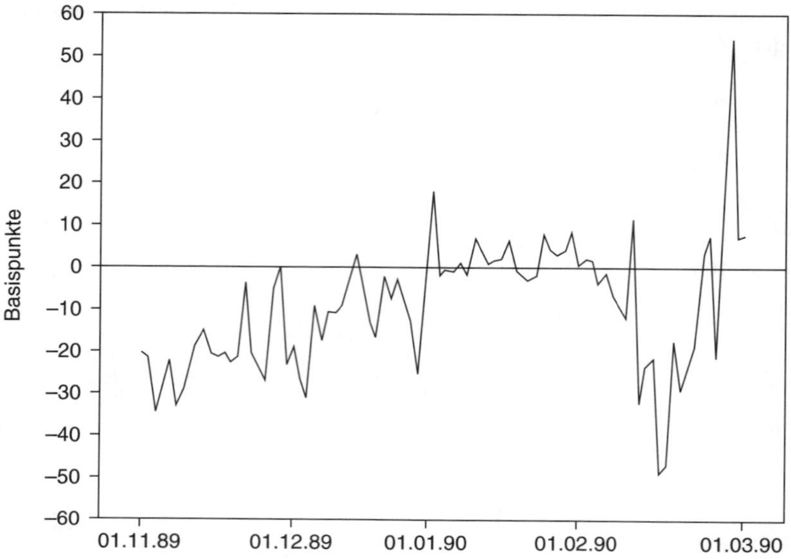

Abb. 7.11: Fehlbewertung des März 90 Kontraktes im Zeitraum vom 1.11.89 bis 7.3.90

Kontrakt. Der Juni-Kontrakt war aber unterbewertet und der März-Kontrakt überbewertet. Die Händler entschieden sich, die Preise in der Mitte festzulegen. Man hätte somit nach beiden Seiten arbitrieren können. Die Tatsache, daß dies nicht im vollen Maße geschah, hatte eine Überbewertung des März-Kontraktes in Höhe von 55 Basispunkten und eine Unterbewertung des Juni-Kontraktes in Höhe von 89 Basispunkten zur Folge.

Die Auswirkungen dieser Fehlbewertung auf den Hedge waren beträchtlich.

Im Falle des Hedges der lieferbaren Anleihen, bei Berechnung des Hedge Ratios mit Hilfe der Dollar Duration, betrug die prozentuale Abweichung am 19. Feb. 1990 2,582429 %. Das entspricht in dem Beispiel DM 777130,21 was bedeutet, daß der Future gegenüber den abzusichernden Anleihen relativ stärker gefallen war. Der Future war an diesem Tag um 49 Basispunkte unterbewertet. Das entspricht DM 1225 (49*25) bei einem Einschuß von DM 5000. Bei einem Hedge Ratio von 124 Kontrakten (123,831), sind das DM 151900 (25*49*124). Die Abweichung im Hedge hätte bei einer „fairen" Bewertung des Futures nur noch DM 625230,21 oder 2,077659 % betragen. Die Unterbewertung des Juni-Kontraktes überschritt im März 90 sogar mehrfach 80 Basispunkte. Das sind DM 2000 (25*80).

Bei solchen Fehlbewertungen ist es offensichtlich, daß ein Hedge einen Teil seiner Effizienz einbüßen muß. Eine Unterbewertung des Futures wirkt sich auf einen Long Hedge ungünstig aus, während sie für einen Short Hedge günstig ist. Umgekehrt ist eine Überbewertung des Futures während der Absicherungsdauer für einen Long Hedge günstig, während sie für einen Short Hedge ungünstig ist.

Genauso muß aber auch beim Eingehen eines Hedges auf eine Fehlbewertung des Futures geachtet werden. Ist ein Long Hedge geplant, so sollte der Future nicht zu stark überbewertet sein, während er bei Eingehen eines Short Hedges nicht zu stark unterbewertet sein sollte. Zu Beginn der Absicherung der lieferbaren Anleihen am 9.10.89 war der Future zufällig um keinen Basispunkt falsch bewertet.[1] Anhand der Graphen, aber auch anhand der Datenreihen ist zu erkennen, daß ein Zusammenhang zwischen der Fehlbewertung des Futures und der zeitweiligen Ineffizienz des Hedges besteht. In den Zeiten, in denen die Differenz zwischen Erträgen und Finanzierungskosten am größten war – die Differenz war positiv – war der Future stark unterbewertet. Am 5.3.90, als der Future um 55 Basispunkte überbewertet war, bei einem Hedge Ratio von 127 Kontrakten (127,7115) entspricht das DM 174625, war die Differenz negativ. Sie betrug beim Hedge mit der Dollar Duration –0,187827 % oder DM –56522,72. Die Differenz war zwar negativ, aber ohne Überbewertung des Futures wäre an diesem Tag der Hedge sogar noch ineffizienter gewesen. Am 19. Februar hat die prozentuale Abweichung bei einer „fairen" Bewertung des Futures statt +2,582429 % nur +2,077659 % betragen. Das ist zwar ein beträchtlicher Anteil, aber offensichtlich muß es noch andere Gründe geben.

Der andere Grund für die zeitweilige Ineffizienz des Hedges ist, daß sich die Renditen der abzusichernden Anleihen nicht immer parallel zu der Rendite des jeweiligen CTD entwickelt haben. Wie aus *Abb. 7.12* ersichtlich ist, war der Spread zwischen der Durchschnittsrendite der drei abgesicherten lieferbaren Anleihen und der Rendite des jeweiligen CTD starken Schwankungen unterworfen.

Die Rendite des CTD (es wurde immer die Rendite der Anleihe genommen, die an dem betreffenden Tag der CTD war) ist an mehreren Zeitpunkten erheblich stärker gestiegen, als die Renditen der Anleihen, die abgesichert wurden. Zu exakt diesen Zeitpunkten erreichte der Hedge Werte von relativ gesehen großer Ineffizienz. Der Future, der sich am CTD orientiert, ist stärker gefallen als die abzusichernden Anleihen. Das hatte zur Folge, daß bei der Differenz zwischen den Erträgen aus dem Hedge und den Finanzierungskosten ein vom Vorzeichen her gesehen positiver Wert erreicht wurde. Im Falle eines Short Hedges wäre dies auch positiv gewesen. Für einen Long Hedge hätte dies aber bedeutet, daß, wenn der Hedge zu bestimmten Zeitpunkten aufgelöst worden wäre, ein Verlust realisiert worden wäre.

Grundvoraussetzung für das Funktionieren eines Hedges ist, daß sich die Renditen der Anleihen, die abgesichert werden und die Rendite des Cheapest to Deliver parallel entwickeln. Selbst bei einem korrekt bewerteten

1 Vgl. *LIFFE:* (Bund-Futures Review, Fourth Quarter 89), S.9.

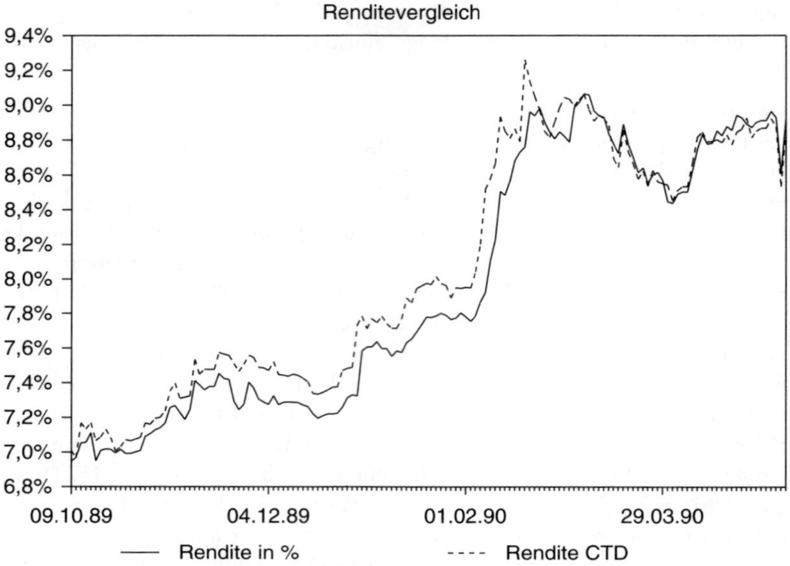

Abb. 7.12: Vergleich der Entwicklung der Durchschnittsrendite von drei lieferbaren Anleihen und der Rendite des jeweiligen CTD im Zeitraum vom 9.10.89 bis zum 8.5.90

Future und für Bundesanleihen mit ähnlicher Laufzeit ist dies nicht immer gegeben.

Es wird somit deutlich, daß selbst eine Absicherung von lieferbaren Anleihen mit erheblichen unkalkulierbaren Risiken verbunden sein kann.

7.1.5.4 Absicherung von Euro-DM Anleihen

Eine Absicherung von Euro-DM Anleihen mit dem Bund Future ist ein Cross Hedge. Bei einem Cross Hedge besteht aber die Gefahr, daß die Korrelation zwischen den beiden Instrumenten nicht ausreichend groß ist. Ist sie nicht ausreichend groß, so macht ein Hedge keinen Sinn. Es muß somit zuerst geprüft werden, ob eine ausreichende Korrelation vorhanden ist.

Die Korrelation gibt den Grad der Abhängigkeit zweier Merkmale voneinander an. Der Korrelationskoeffizient ist ein Maß für die Stärke dieser Abhängigkeit und kann zwischen 1 und -1 schwanken.

Die Korrelation der Zufallsvariablen X und Y berechnet sich:

$$Corr(X,Y) = \frac{Cov(X,Y)}{\sqrt{Var(x) \times Var(y)}}$$ [1]

1 Vgl. *Hartung, J.:* (Statistik), S.547.

Als Schätzer für die Korrelation zweier normalverteilter Zufallsvariablen X und Y kann man die Stichprobenkorrelation r_{XY} verwenden:

$$r(X,Y) = \frac{\sum_{i=1}^{n}(x_i-\bar{x}) \times (y_i-\bar{y})}{\sqrt{\sum_{i=1}^{n}(x_i-\bar{x})^2 \times \sum_{i=1}^{n}(y_i-\bar{y})^2}}$$ [1]

mit: $x_1 \ldots x_n$ = Realisationen von X
$y_1 \ldots y_n$ = Realisationen von Y
r = Korrelationskoeffizient

Die Realisationen werden paarweise in der Form $(x_1,y_1)\ldots(x_n,y_n)$ erhoben. Dieser Korrelationskoeffizient wird auch Pearsonscher Korrelationskoeffizient genannt.

Um zu festzustellen, ob ein Hedge Euro-DM Anleihen sinnvoll ist, wurde zunächst die Korrelation zwischen diesen Anleihen und dem Bund-Future bestimmt. Außerdem wurde auch noch eine Regression gelegt.

Die Regression wurde analog zu der Regression in Kapitel 7.1.4.4 erstellt. Auch der Aufbau der Graphen ist derselbe. Wieder wurden zwei Zeiträume gewählt: 25.1.90 bis 25.4.90 und 25.10.89 bis 25.4.90.

Ein Beispiel für eine äußerst geringe Korrelation zum Bund-Future liefert die Anleihe der Weltbank (Kürzel: IBRD), Kupon 6,75 % mit Laufzeit bis 17.5.99

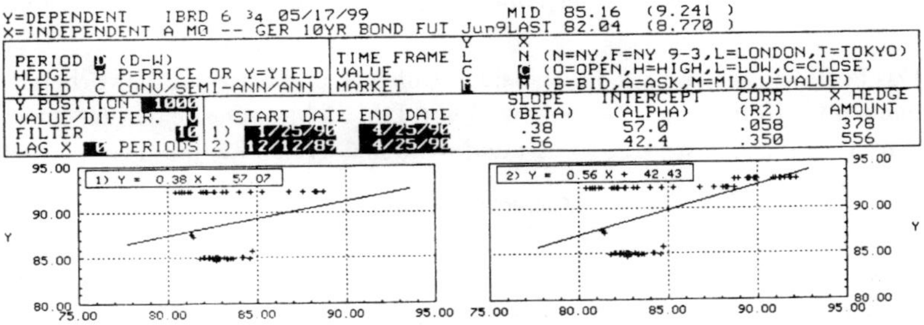

Abb. 7.13: Regression zwischen der Anleihe der Weltbank, Kupon 6,5 %, LZ bis 17.5.99 und dem Juni 90 Kontrakt des Bund-Futures (Quelle: Bloomberg)

Aus dem Bestimmtheitsmaß (*Abb. 7.13*) von 0,058 und 0,350 errechnet sich ein Korrelationskoeffizient von 0,2408 für den kürzeren Zeitraum und ein Korrelationskoeffizient von 0,5916 für den längeren Zeitraum. Die Korrelation ist sehr niedrig, obwohl die Anleihe eine dem Bund-Future entsprechende Laufzeit hat und obwohl sie in DM notiert wird. Der Grund dafür ist die außerordentlich geringe Liquidität dieser Anleihe. Das ist nicht nur aus den

1 Vgl. *Hartung, J.:* (Statistik), S.547.

Umsatzzahlen ersichtlich, sondern auch aus den Kursnotierungen. Die Kurse änderten sich oft über einen längeren Zeitraum überhaupt nicht und wenn sie sich änderten, so waren es oft Kurssprünge. In der Zeit vom 25.1.90 bis zum 7.3.90 wurde nur ein Kurs notiert (92,22). Bis zum 14.3.90 fiel der Kurs dann auf 85,06 und blieb danach bis zum 30.3.90 wiederum konstant. Eine solche Anleihe mit dem Bund-Future abzusichern, macht keinen Sinn.

Deshalb wurde bei der Auswahl der abzusichernden Euro-DM Anleihen darauf geachtet, daß sie sowohl liquide sind, als auch eine ausreichende Korrelation zum Bund-Future besitzen.

Es wurden deshalb folgende zwei Anleihen gewählt:

1. EIB: Kupon 6,25 %, Laufzeit bis 30.1.99, WPKN: 486190.
2. IBRD: Kupon 6,75 %, Laufzeit bis 28.7.99, WPKN: 487766.

mit: EIB = European Investmentbank
IBRD = Weltbank

Die Kursentwicklung der beiden Anleihen während des Untersuchungszeitraumes zeigt *Abb. 7.14.*

Das Emissionsvolumen und die Liquidität dieser beiden Anleihen war relativ hoch. Auch die Korrelation zum Bund-Future war sehr hoch, wie *Abb. 7.15* und *Abb. 7.16* verdeutlichen.

Wie aus dem Bestimmtheitsmaß der Regression (CORR(R2 in der Graphik ersichtlich ist, besteht zwischen den Anleihen und dem Bund-Future eine sehr hohe Korrelation. Bei der Anleihe der European Investmentbank beträgt sie 0,9214 und 0,9849. Bei der Anleihe der Weltbank beträgt sie 0,9920 und 0,9960.

Das Portfolio bestand aus diesen beiden Anleihen und hatte wie die vorhergehenden Portfolios einen Nominalwert von DM 30 Mio. Die beiden Anleihen waren dabei gleich stark gewichtet und wurden über den Zeitraum vom 7.7.89

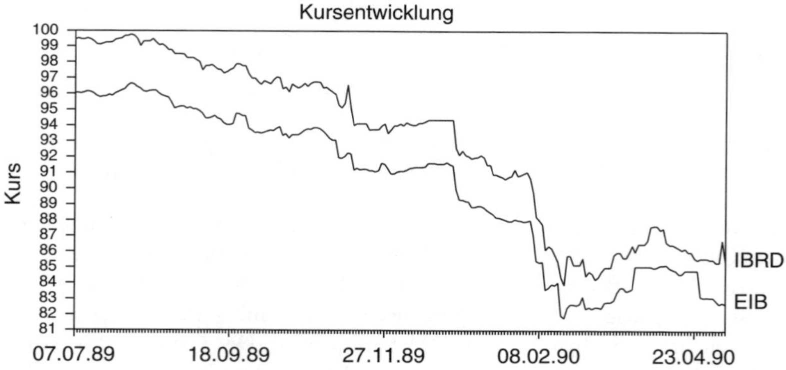

Abb. 7.14: Kursentwicklung der Anleihe der EIB: Kupon 6,25 %, LZ bis 30.1.99, und der Weltbank(IBRD): Kupon 6,75 %, LZ bis 28.7.99 im Zeitraum vom 7.7.89 bis zum 8.5.90

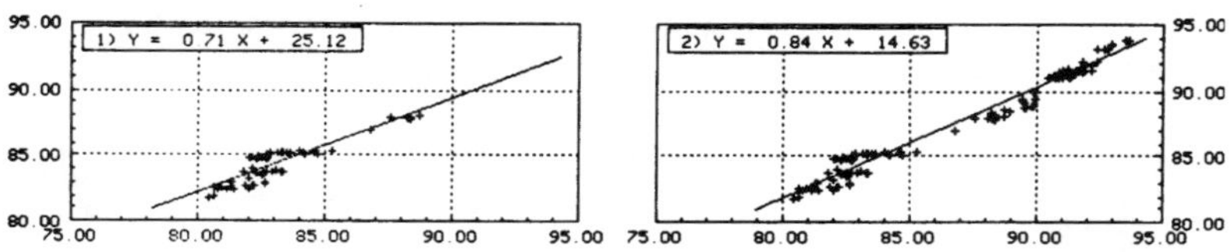

Abb. 7.15: Regression zwischen der Anleihe der EIB, Kupon 6,25 %, LZ bis 30.1.99 und dem Juni 90 Kontrakt des Bund-Futures (Quelle: Bloomberg)

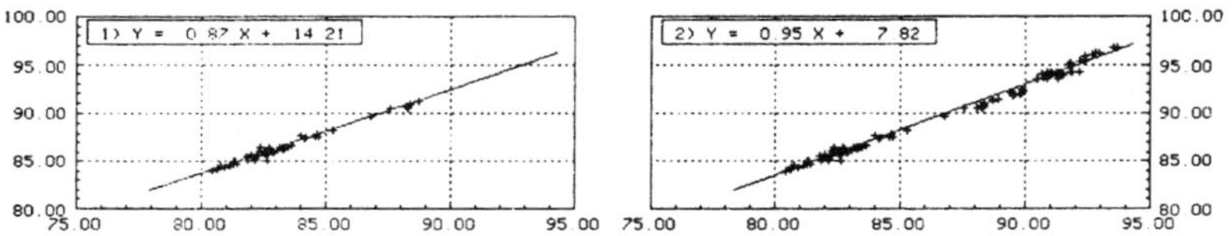

Abb. 7.16: Regression zwischen der Anleihe der Weltbank, Kupon 6,75 %, LZ bis 28.7.99 und dem Juni 90 Kontrakt des Bund-Futures (Quelle: Bloomberg)

bis zum 8.5.90 abgesichert. Das Hedge Ratio wurde dabei mit Hilfe der Dollar Duration berechnet, da sich diese Methode als die wirkungsvollste erwiesen hat. Angepaßt wurde das Hedge Ratio täglich.

7.1.5.4.1 Resultat des Hedges

Der Wert der prozentualen täglichen Abweichungen schwankte zwischen den Werten +1,098078 % am 10.4.90 und -2,039449 am 8.5.90. Diese Werte sind zwar etwas größer als die Werte bei der Absicherung der Anleihen mit Restlaufzeit von 4–5 Jahren, aber immer noch deutlich niedriger als bei den Absicherungen der lieferbaren Anleihen. Das arithmetische Mittel des Betrages der prozentualen Abweichung betrug 0,513852 %. Das liegt noch deutlich unter dem Wert der Absicherung der lieferbaren Anleihen, bei Berechnung des Hedge Ratios mit Hilfe der Dollar Duration, der 0,626695 % betrug. Auffallend ist, daß sich die Werte den überwiegenden Teil der Absicherungsdauer im negativen Bereich befanden. Lediglich im letzten Viertel des Untersuchungszeitraumes, befanden sie sich für eine gewisse Zeit im positiven Bereich. Günstig war bei diesem Hedge, daß die Abweichungen nicht ganz so großen Schwankungen unterworfen waren, wie bei der Absicherung der lieferbaren Anleihen. Wie aus *Abb. 7.26* ersichtlich wird, war der Verlauf kontinuierlicher.

Bis zum 25.9.89 hielten sich die Abweichungen in engen Grenzen. Der Wert der Abweichung überschritt selten -0,5 %. Vom 26.9.89 bis ca. 21.11.89 waren die Werte und Schwankungen der Abweichung zwar größer, aber noch verhältnismäßig gering. Erst in der Zeit um den 22.11.89 begannen die heftigeren Schwankungen. Das ist etwas früher als bei der Absicherung der lieferbaren Anleihen. Die Zeit der stärksten Schwankungen und der größten Abweichungen begann Ende Januar Anfang Februar 90. Das ist etwa auch der Zeitraum,

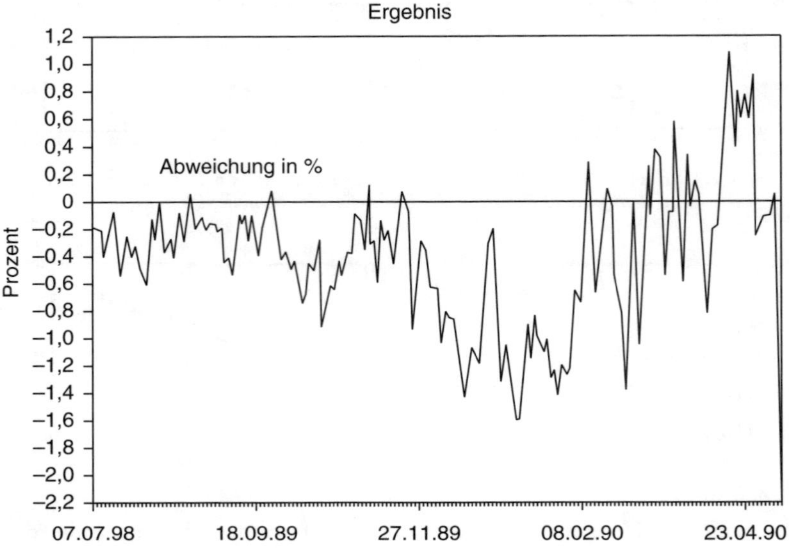

Abb. 7.17: Ergebnis des Hedges von Euro-DM Anleihen, bei Berechnung des Hedge Ratios mit Hilfe der Dollar Duration, mit täglicher Anpassung des Hedge Ratios

in dem bei den anderen Absicherungen die größten Abweichungen stattgefunden haben. Abgesehen von den letzten zwei Tagen des Untersuchungszeitraumes hielten sich die Werte der Abweichungen in einem vertretbaren Rahmen.

Während der Absicherungsdauer schwankte das Hedge Ratio zwischen 114 Kontrakten (113,5382) und 136 Kontrakten (136,0792). Das sind Werte, die der Absicherung der lieferbaren Anleihen, bei Berechnung des Hedge Ratios mit Hilfe der Dollar Duration, entsprechen. Die Transaktionskosten, die durch die Anpassung des Hedge Ratios entstanden sind, betragen DM 32769,45 oder 0,11164 % vom Anfangswert des Portfolios. Dieser Wert ist mit der Absicherung der lieferbaren Anleihen nicht zu vergleichen, da die Euro-DM Anleihen über einen längeren Zeitraum abgesichert wurden. Auch ein Vergleich mit dem Hedge der Anleihen mit 4–5 Jahren Restlaufzeit ist nicht möglich, da diese Anleihen durch die niedrigere Zinsreagibilität ein niedrigeres Hedge Ratio haben.

7.1.5.4.2 Gründe für eventuelle Ineffizienz des Hedges

Die Gründe für die zeitweilige Ineffizienz des Hedges, sind in Prinzip dieselben wie bei den vorherigen Absicherungen:

1. Fehlbewertung des Futures
2. Nicht ständige Parallelentwicklung der Renditen der abzusichernden Anleihen und der Rendite des CTD

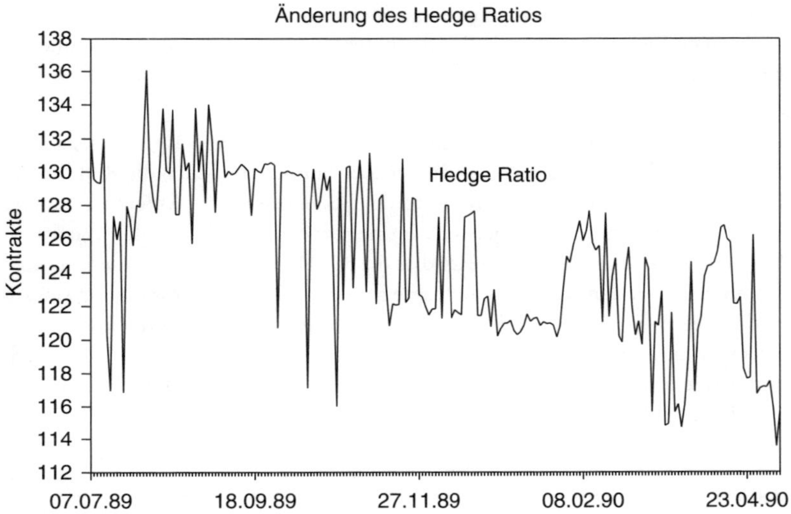

Abb. 7.18: Änderung des Hedge Ratios (Euro-DM Anleihen), bei Berechnung des Hedge Ratios mit Hilfe der Dollar Duration, bei täglicher Anpassung des Hedge Ratios

Auch bei diesem Hedge hatte die Fehlbewertung des Futures einen deutlichen Einfluß auf die Effizienz des Hedges. Am 5.3.90, als der Future um 55 Basispunkte überbewertet war, betrug die Abweichung im Hedge –1,011419 %. Bei einem Hedge Ratio von 121 Kontrakten (121,1102) an diesem Tag, beträgt der Wert der Überbewertung des Futures DM 166375 oder 0,5673777 % vom Anfangswert des Portfolios. Da die Abweichung einen negativen Wert hatte, wäre der Hedge an diesem Tag ohne die Überbewertung des Futures um 0,5673777 % effizienter gewesen. Am 16.10. 89 war der Future um 14 Basispunkte überbewertet, während er am folgenden Tag um 15 Basispunkte unterbewertet war. Am 16.10.89 betrug die Abweichung –0,919734 % und sank am nächsten auf –0,715322 %. Hier ist der Zusammenhang zwischen der Fehlbewertung des Futures und der Ineffizienz des Hedges ebenfalls deutlich zu sehen. Am 19.2.90, als der März-Kontrakt seine stärkste Unterbewertung (–49 Basispunkte) erfuhr, betrug die Abweichung im Hedge +0,109908 %. Das sind DM 31314,67. Bei einem Hedge Ratio von 128 Kontrakten (127,5515), beträgt der Wert der Unterbewertung des Futures DM 156800. Der Hedge wäre in diesem Fall ohne die Unterbewertung des Futures ineffizienter gewesen. Dies sind nur einige Beispiele. Ein Vergleich der Datenreihen und ein Vergleich der Graphen der Fehlbewertung des Futures mit dem Graphen des Ergebnisses des Hedges zeigen, daß auch hier die Fehlbewertung des Futures einen deutlichen Einfluß auf die Effizienz des Hedges hat. Bei diesem Hedge hat die Fehlbewertung des Futures die Effizienz des Hedges nicht nur negativ, sondern an mehreren Tagen auch positiv beeinflußt.

Der zweite Grund für die zeitweilige Ineffizienz des Hedges ist, wie in den vorherigen Beispielen, daß die Renditen der abzusichernden Anleihen und die Rendite des jeweiligen CTD nicht ständig parallel verlaufen sind. *Abb. 7.19* zeigt das sehr deutlich.

Die Durchschnittsrendite der beiden Euro-DM Anleihen lag meistens über der Rendite des jeweiligen CTD. In den Zeiträumen, in denen die Rendite des CTD stärker anstieg, als die Rendite der abzusichernden Anleihen, näherte sich die Abweichung, die meistens im negativen Bereich lag, dem positiven Bereich an. Als umgekehrt die Rendite des CTD stärker sank als die Renditen der abzusichernden Anleihen, bewegte sich der Wert der Abweichung stärker in den negativen Bereich. Dieses gelegentliche Auseinanderlaufen in der Renditeentwicklung war der Hauptgrund für die zeitweilige Ineffizienz des Hedges. Insgesamt jedoch war der Zusammenhang zwischen dem Renditeentwicklungen überraschend stark.

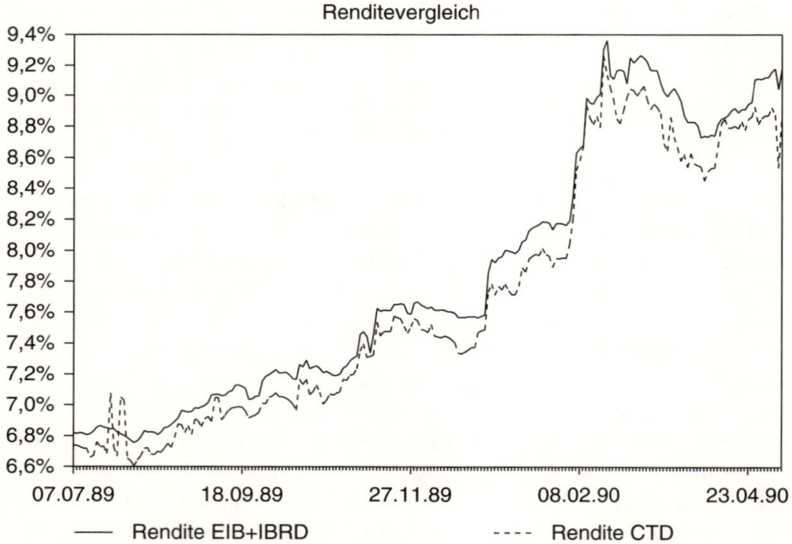

Abb. 7.19: Vergleich der Entwicklung der Durchschnittsrendite der abgesicherten Euro-DM Anleihen und der Rendite des jeweiligen CTD im Zeitraum vom 7.7.89 bis zum 8.5.90

Die relativ starke negative Abweichung in den letzten Tagen der Absicherung, ist darauf zurückzuführen, daß in diesen Tagen die Kurse der abzusichernden Anleihen sich kaum bewegt haben, während der Futurekurs gestiegen ist. Deshalb auch das negative Vorzeichen der Abweichung.

7.1.5.5 Resümee

Eine Absicherung von Anleihen kann trotz heftiger Kursschwankungen auch über einen längeren Zeitraum effizient sein. Der Bund-Future hat sich als ein relativ wirkungsvolles Instrument zur Absicherung gegenüber Zinsänderungsrisiken erwiesen. Dabei ist es von grundlegender Bedeutung, die richtige Absicherungsstrategie zu wählen. Die verschiedenen Absicherungen haben gezeigt, daß darüberhinaus der Haupteinflußfaktor auf die Effizienz eines Hedges von Anleihen, die Parallelentwicklung der Renditen der abzusichernden Anleihen und der Rendite des jeweiligen CTD ist. Weiterhin spielt eine mögliche Fehlbewertung des Futures eine nicht unerhebliche Rolle.

Als Zusammenfassung ein Überblick über die Ergebnisse der einzelnen Absicherungen:

	Tägl. Anpassung	Wöchentl. Anpassung
LFB D_{MAC}	0,685377 %	0,623865 %
LFB D_{MAC} K	0,679263 %	0,622220 %
LFB D_{Dol}	0,626695 %	0,571321 %
Euro-DM DD	0,513852 %	

Abb. 7.20: Vergleich der arithmetischen Mittel der Beträge der prozentualen Abweichungen bei den einzelnen Absicherungen.

mit: LFB = lieferbar (Anleihe)
K = Konvexität
J = Jahre

7.1.6 Optimierung des Hedges mit Hilfe von Optionen

An dieser Stelle soll ein neues Konzept vorgestellt werden, mit dem die Effizienz eines Hedges verbessert werden kann. Dieses Konzept wird in seiner Grundstruktur erläutert. Eine weitergehend detaillierte Ausführung oder ein empirischer Test kann an dieser Stelle nicht erfolgen, da dies den Rahmen des Buches sprengen würde. Es werden daher einige theoretische Grundlagen als bekannt vorausgesetzt, so z.B. die Kenntnis der Risikoparameter von Optionen.

Für die folgenden Ausführungen wird vorausgesetzt, daß sowohl der aktuelle Futurepreis als auch die Optionen auf den Future ohne Marktverzerrungen mit ihrem theoretischen Wert gehandelt werden.

Bei einem Hedge von Anleihen, selbst wenn es lieferbare Anleihen sind oder sogar der CTD, kann es passieren, daß, obwohl sich der aktuelle Futurepreis an seinem theoretischen Wert orientiert und obwohl keine Änderung in der Rendite*struktur* stattfindet, der Hedge ineffektiv ist.

Um diese Behauptung zu begründen, müssen zunächst einige Zusammenhäge über den Wechsel des CTD und die Konvexität des Futures ins Gedächtnis gerufen werden die zum Teil schon in vorherigen Kapiteln behandelt wurden, aber sehr wichtig für die Argumentation sind.

Wenn sämtliche lieferbaren Anleihen dieselbe Rendite in Höhe von 6 % haben, so haben sie alle einen über den Preisfaktor angeglichenen Preis von 100. Der Preis jeder Anleihe geteilt durch ihren Preisfaktor ergibt dann 100. Das hat zur Folge, daß jede Anleihe im Hinblick auf die Lieferung gleich billig oder teuer ist. Jede Anleihe ist dann der CTD.[1] Dabei kann es noch zu kleinen Unterschieden, verursacht durch unterschiedliche Kuponzahlungstermine, kommen.

Ändert sich jetzt aber die Rendite, so wird sich auch der CTD ändern. Fällt die Rendite unter 6 % – eine Parallelverschiebung der Renditen wird zunächst vorausgesetzt – so wird die Anleihe mit der niedrigsten Duration der CTD. Diese Anleihe hat die niedrigste Zinsreagibilität, was zur Folge hat, daß der Kurs relativ schwächer steigen wird, als der Kurs der anderen lieferbaren Anleihen. Diese Anleihe ist dann der CTD. Steigen hingegen die Renditen über 6 %, dann wird die Anleihe mit der höchsten Duration der CTD sein. Diese Anleihe wird dann am stärksten auf einen Renditeanstieg reagieren mit der Folge, daß ihr Kurs im Verhältnis zu den anderen Anleihen, relativ gesehen, am stärksten fallen wird. Bei derselben Rendite sind dann die Kosten der Lieferung von Anleihen im Nominalwert von € 100.000, bei der Anleihe mit der höchsten Duration am geringsten.[2] Diese Anleihe ist dann der CTD und hat den über den Preisfaktor angepassten niedrigsten Kurs. Dabei ist zu beachten, daß ceteris paribus der Kurs des Futures, der sich am CTD orientiert, bei einem Renditeanstieg mindestens gleich stark fallen wird und bei einem Renditeverfall höchstens genauso stark ansteigen wird, wie der Kurs einer beliebigen lieferbaren Anleihe. Die Preis-Rendite-Kurve des Futures verläuft somit ceteris paribus flacher als die Preis-Rendite-Kurve sämtlicher lieferbaren Anleihen. Die Konvexität der Preis- Renditekurve des Futures ist somit niedriger als die der lieferbaren Anleihen.

In der Regel haben nicht alle lieferbaren Anleihen dieselbe Rendite. Oft kommt es vor, daß Anleihen dieselbe Duration haben, aber eine unterschiedliche Rendite. „Haben Anleihen dieselbe Duration, aber eine unterschiedliche Rendite, so ist die Anleihe mit der höchsten Rendite der CTD."[3] Diese Anleihe hat dann den über den Preisfaktor angepassten niedrigsten Kurs. Bei gleicher Duration und unterschiedlichen Renditen orientiert sich der Future an der Anleihe, die den über den Preisfaktor angepassten niedrigsten Kurs und somit die höchste Rendite hat. Diese Eigenschaft hat zur Folge, daß die Preis- Renditekurve des Futures höchstens genauso konvex, aber meistens geringer konvex ist, als die Preis-Rendite-Kurve einer beliebigen lieferbaren Anleihe.

1 Vgl. *Burghard, G., Lane, M., Papa, J.:* (Treasury Bond), S.42.
2 Vgl. *Figlewski, S.:* (Hedging), S.61.
3 Vgl. *Burghard, G., Lane, M., Papa, J.:* (Treasury Bond), S.44.

Es gibt also zwei Faktoren die bestimmen, wann eine Anleihe der CTD ist; nämlich die Duration und die Rendite. Wann einer der beiden Faktoren überwiegt, hängt von der Höhe der Rendite und der Höhe der Duration ab. Zu einem Zeitpunkt kann die Anleihe mit der höchsten Duration der CTD sein, zu einem anderen Zeitpunkt kann es die Anleihe mit der höchsten Rendite sein. Beide Faktoren bewirken aber, daß die Konvexität der Preis-Rendite-Kurve des Futures kleiner oder gleich der Preis-Rendite-Kurve einer beliebigen lieferbaren Anleihe ist. *Abb. 7.21* verdeutlicht diesen Zusammenhang:

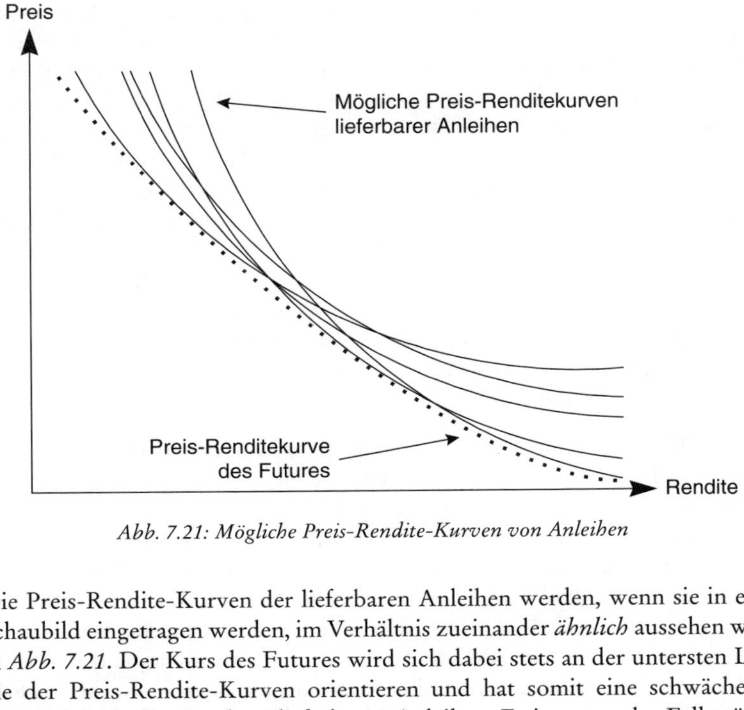

Abb. 7.21: Mögliche Preis-Rendite-Kurven von Anleihen

Die Preis-Rendite-Kurven der lieferbaren Anleihen werden, wenn sie in ein Schaubild eingetragen werden, im Verhältnis zueinander *ähnlich* aussehen wie in *Abb. 7.21*. Der Kurs des Futures wird sich dabei stets an der untersten Linie der Preis-Rendite-Kurven orientieren und hat somit eine schwächere Konvexität als die einzelnen lieferbaren Anleihen. Es ist sogar der Fall möglich, daß der Future eine negative Konvexität aufweist, sich also konkav verhält.[1]

Der Effekt auf einen Hedge ist folgender:

Wird der CTD abgesichert, so befindet man sich auf dem Berührungspunkt der Preis-Rendite-Kurve der abzusichernden Anleihe (CTD) und der Preis-Rendite-Kurve des Futures. Wird nun diese Anleihe abgesichert und das Hedge Ratio nicht ständig an die Änderung des CTD angepaßt, kann es passieren, daß, obwohl die Anleihe abgesichert wurde, die zu Beginn der Absicherung der CTD war, der Hedge nicht effektiv ist und in einen Verlust resul-

1 Vgl. hierzu auch Kapitel 6.1.6 Duration und Konvexität des Futures.

tiert. Da die Konvexität des Futures höchstens genauso hoch, meistens aber niedriger ist als die Konvexität einer beliebigen lieferbaren Anleihe, wird der Kurs des Futures bei steigenden Renditen stärker fallen und bei fallenden Renditen weniger stark steigen, wie der Kurs der Anleihe, die abgesichert wird. Für einen Short Hedge ist dieser Effekt positiv. Für einen Long Hedge, ist dieser Effekt aber negativ, da bei einem Kursanstieg der Gewinn aus dem gekauften Future immer kleiner oder gleich dem Verlust aus dem Leerverkauf der Anleihe ist. Umgekehrt ist bei einem Kursverfall der Verlust aus dem Kauf des Futures immer größer oder gleich dem Gewinn aus dem Leerverkauf der Anleihe. Gewinn und Verlust heben sich nur dann auf, wenn der CTD abgesichert wird und während der Absicherungsdauer nicht wechselt. Dies ist aber selten. Wird somit das Hedge Ratio nicht ständig an den Wechsel des CTD angepaßt, wird ein Long Hedge in einem Verlust resultieren. Eine ständige Anpassung des Hedge Ratios erhöht die Transaktionskosten und erfordert zudem einen höheren Zeit- und Arbeitsaufwand. Fallen die Renditebewegungen sehr stark aus, so kann es außerdem passieren, daß trotz einer täglichen Anpassung des Hedge Ratios die Kurse zwischen Future und Anleihe auseinanderdriften. Wie stark die Kurse ohne Anpassung des Hedge Ratios auseinanderdriften, hängt von der Konvexität der abzusichernden Anleihe ab. Ist die Konvexität der abzusichernden Anleihe sehr hoch, so werden die beiden Preis-Rendite-Kurven bei besonders extremen Renditeschwankungen auch besonders weit auseinanderstreben. Bei mittleren Renditeschwankungen wird der Abstand geringer sein.

Diesen für einen Long Hedge negativen Effekt kann man teilweise durch geschickten Einsatz von Optionen kompensieren. Die Abweichung der Kursentwicklung der beiden Instrumente voneinander für den Fall, daß die Renditen steigen, kann durch den Kauf einer Verkaufsoption auf den Future kompensiert werden. Das Auseinanderdriften der Kurse für den Fall, daß die Zinsen sinken, wird durch den Kauf einer Kaufoption auf den Future kompensiert. Da man in beide Richtungen abgesichert sein muß, müssen beide Optionen gekauft werden. Die Wahl des Basispreises, mithin ob man einen Straddle oder Strangle kauft, und die Anzahl der Optionen hängen von mehreren Faktoren ab. Es soll versucht werden, durch den Kauf eines Futures und den Kauf von Optionen die Preis-Rendite-Kurve der abzusichernden Anleihe möglichst genau nachzubilden.

Zuerst muß die Preis-Rendite-Kurve der abzusichernden Anleihe berechnet werden. Im zweiten Schritt muß die Preis-Rendite-Kurve für sämtliche lieferbare Anleihen berechnet werden. Man weiß dann, welchen Kurs jede lieferbare Anleihe bei einer bestimmten Rendite hat. Geht man von dem heutigen Zinsniveau aus und trifft die Annahme, daß sich die Zinsstruktur im 8,5- bis 10jährigen Bereich nicht ändert, so kann nun festgestellt werden, welche Anleihe bei einem Renditeniveau der CTD ist. Aufgrund dieser Daten kann die Preis-Rendite-Kurve des Futures bestimmt werden. Vergleicht man sie dann mit der Preis-Rendite-Kurve der abzusichernden Anleihe, so kann festgestellt werden, bei welcher Rendite welche Abweichung der beiden Kurven voneinander stattfindet. Man kann, ausgehend von dem heutigen Renditeniveau feststellen, welche Optionen man in welcher Anzahl kaufen muß, damit der Verlust ausgeglichen wird. Dazu muß man sich ausrechnen, zu welchem Preis die Optionen notieren werden, wenn sich die Rendite ändert. Es müssen nicht nur die Optionspreise für sämtliche Basispreise berechnet werden, sondern auch für verschiedene Renditeänderungen.

Welche Option gekauft wird hängt davon ab, wie hoch die Konvexität der abzusichernden Anleihe ist. Ist sie stark konvex, was zur Folge hat, daß die beiden Kurven am oberen und unteren Ende stark auseinanderdriften, so muß eine Option gekauft werden, deren Delta sich diesem Auseinanderdriften anpasst. Je schneller die beiden Kurven sich auseinanderbewegen, desto schneller muß das Delta ansteigen, um den Verlust zu kompensieren. Das heißt, es muß bei starker Konvexität der abzusichernden Anleihe zunächst einen geringen Wert haben und dann immer größer werden. Je stärker die Konvexität der abzusichernden Anleihe (hier der CTD) im Verhältnis zu der Konvexität des Futures ist, desto schneller muß das Delta der Option ansteigen. Wie schnell das Delta der Option ansteigt, kann durch die zweite Ableitung der Optionsbewertungsformel nach dem Anleihekurs festgestellt werden. Das ist dasselbe wie die erste Ableitung des Deltas nach dem Anleihekurs. Dieser Faktor wird Gamma genannt. Je stärker die Konvexität der abzusichernden Anleihe im Verhältnis zu der Konvexität des Futures ist, desto höher muß das Gamma der Option sein. Kauft man eine Option am oder im Geld, so kann es geschehen, daß bei einer starken Renditebewegung die Option soweit im Geld ist, daß ihr Delta fast eins beträgt. Bewegt sich dann die Rendite weiter in die gleiche Richtung und bewegen sich die Kurven weiter auseinander so kann es sein, daß der Gewinn in der Option, da das Delta nicht weiter ansteigt, nicht ausreicht um den Verlust, der durch die schwächere Konvexität des Futures entsteht, zu kompensieren. Es wird in der Regel sinnvoll sein, statt einer Option im oder am Geld, mehrere Optionen aus dem Geld zu kaufen. Diese haben zu Beginn der Kursbewegung ein niedrigeres Delta was dazu führen kann, daß die Gewinne am Anfang nicht ausreichen. Deshalb müssen mehrere Optionen gekauft werden. Man muß dabei mehrere Optionen aus dem Geld mit nach oben gestaffelten Basispreisen kaufen. Bei einer Option aus dem Geld steigt das Gamma immer mehr an, bis zu dem Zeitpunkt, an dem sie sich am Geld befindet. Sobald sich die Option über den Basispreis hinaus ins Geld bewegt, steigt das Delta nur noch mit einer sinkenden Zuwachsrate an. Da die beiden Preis-Rendite-Kurven sich nicht linear auseinanderbewegen, muß das Delta der Gesamtposition sich mit einer steigenden Zuwachsrate erhöhen. Sobald die eine Option sich am Geld befindet, muß die Option mit dem höheren Basispreis beginnen zu greifen, was bedeutet, daß ihr Delta sich mit einer steigenden Zuwachsrate erhöhen muß. Diese Option muß sich tendenziell ans Geld bewegen. Dadurch wird die fallende Zuwachsrate des Deltas der ersten Option ausgeglichen. Sobald die zweite Option am Geld ist, beginnt die nächste Option mit einem höheren Basispreis zu wirken usw...

Es ist nicht ausreichend, nur eine Kauf- oder Verkaufsoption zu kaufen. Da man die Preis-Rendite-Kurve der abzusichernden Anleihe nach *beiden* Richtungen nachbilden will, müssen sowohl Calls als auch Puts gekauft werden. Es wird weiterhin nicht genügen, nur einen Call und einen Put zu kaufen. Man will die Preis-Rendite-Kurve der abzusichernden Anleihe möglichst genau nachbilden. Dazu muß man mehrere Optionen mit verschiedenen Basispreisen kaufen. Die Zusammenstellung der verschiedenen Optionen kann mit Hilfe einer multilinearen Regression erfolgen. Die Grundlage dafür bildet jedoch die Optionspreistheorie.

Der Kauf der Optionen hat zur Folge, daß das Theta der Option gegen den Käufer der Option läuft. Man hat somit eine Position, die durch einen Verfall des Zeitwertes der Option negativ beeinflußt wird. Ist die Kursbewegung ausreichend hoch, so kann der negative Thetaeffekt durch den positiven Gammaeffekt und somit durch die positive Entwicklung des Deltas in der Form überkompensiert werden, daß der entstandene Abstand zwischen den beiden Preis-Rendite-Kurven geschlossen wird. Bewegen sich die Kurse allerdings nicht, so arbeitet das Theta der Option ohne irgendeinen Ausgleich gegen den Käufer der Option. Es kann daher sinnvoll sein, Optionen zu kaufen, deren Laufzeit länger ist als der Absicherungshorizont. Bei längerlaufenden Optionen ist der Thetaeffekt nicht so stark wie bei Optionen mit kurzer Laufzeit.

Wird der Hedge vor dem Laufzeitende der Option aufgelöst, so besteht als zusätzliches Risiko das Vegarisiko. Durch eine Veränderung der Erwartung der Marktteilnehmer kann sich die implizite Volatilität der Option ändern. Dieser Faktor kann aber auch günstig für den Hedger sein. Findet nämlich wie erwartet eine starke Kursbewegung statt, so wird sich in der Regel die implizite Volatilität der Option erhöhen. Das ist für den Käufer der Option günstig.

Diese Absicherungsstrategie ist dann sinnvoll, wenn der Investor eine starke Renditebewegung erwartet. Die gekauften Optionen werden dann den negativen Effekt, der durch die geringere Konvexität des Futures entsteht, ausgleichen. Bewegen sich dann die Kurse – entgegen der Erwartung des Investors – nicht oder nur wenig, so wird durch den negativen Thetaeffekt aus der Optionsposition ein Verlust entstehen. Man hat dann eine Art Versicherungsprämie gezahlt.

Erwartet man, daß die Renditebewegung innerhalb bestimmter Grenzen bleibt (z.B. +–3 %), so kann man den negativen Thetaeffekt dadurch etwas lindern, indem man zusätzlich Optionen schreibt, die einen höheren Basispreis haben als die Optionen, die man gekauft hat. Das Delta der geschriebenen Optionen ist dann kleiner als das Delta der gekauften Optionen, wodurch bei einem Kursanstieg der Gewinn der gekauften Optionen größer ist als der Verlust durch das Schreiben der Optionen. Der Vorteil dieser Strategie ist, daß die eingenommene Zeitprämie der verkauften Optionen die Kosten, die durch den Kauf der Optionen entstanden sind, vermindert. Der negative Thetaeffekt aus der Long-Position wird somit etwas kompensiert. Die Preis-Rendite-Kurve der abzusichernden Anleihe wurde aber nicht mehr vollständig nachgebildet. Innerhalb einer bestimmten Schwankungsbreite der Renditen ist man jetzt besser abgesichert. Geht die Kursbewegung des Futures aber über den Basispreis der geschriebenen Optionen hinaus, so wird der Hedge an Effizienz einbüßen.

Den negativen Thetaeffekt kann man aber auch für sich wirken lassen. Diese folgend beschriebene Strategie hat dann nicht mehr viel mit einem Hedge zu tun. Sie ist mehr eine Art Arbitrage.

Wie oben beschrieben, ist die schwächere Konvexität des Futures günstig, wenn man einen Short Hedge hat. Bei starken Kursbewegungen wird der verkaufte Futures stärker fallen bzw. schwächer steigen, als die gekaufte Anleihe. Die gekaufte Anleihe muß dabei der CTD sein, da man sich dann an dem Berührungspunkt der beiden Preis-Rendite-Kurven befindet. Man wird bei einer starken Renditebewegung einen zusätzlichen Gewinn einnehmen, der bei einem perfekten Hedge eigentlich nicht entstehen dürfte. Man hat somit in dem Hedge implizit noch eine Art Option. Diese Option kann verkauft werden.

Erwartet man keine starke Renditebewegung, wird man die oben beschriebene Strategie umdrehen. Der Futures wird verkauft, die Anleihe (der derzeitige CTD) gekauft und die Optionen werden geschrieben. Die Optionen werden in derselben Art geschrieben, wie sie bei dem obigen Long Hedge gekauft wurden. Man versucht die Optionen so zu schreiben, daß die Preis-Rendite-Kurve der abzusichernden Anleihe wieder möglichst genau nachgebildet wird. Kommt es dann zu einer starken Kursbewegung, erzielt man im Short Hedge (der jetzt eigentlich keiner mehr ist) keinen zusätzlichen Gewinn, aber auch keinen Verlust. Bewegen sich die Kurse hingegen nicht oder nur wenig, so nimmt man durch das Schreiben der Optionen die Zeitprämie ein. Das Theta der Option arbeitet in diesem Fall für den Investor. Bei starken Renditeschwankungen wird der negative Effekt, der durch das Schreiben der Optionen entstanden ist, durch die schwächere Konvexität des Futures ausgeglichen. Bei schwachen Renditebewegungen nimmt der Investor fast risikolos die Zeitprämie ein. Je genauer dabei die Preis-Rendite-Kurve der abzusichernden Option nachgebildet wurde, desto risikoloser ist der Gewinn.

7.1.7 Absicherung von zukünftigen Verbindlichkeiten

Eine Firma beabsichtigt, in 30 Tagen eine Anleihe mit einer Restlaufzeit von 9 Jahren zu emittieren. Das Nominalvolumen soll € 50 Mio. betragen. Das augenblickliche Zinsniveau von 8,5 % wird dafür als günstig erachtet. Das Unternehmen war in der Vergangenheit stets in der Lage, Mittel aufzunehmen, deren Zinssatz 108 % des Zinssatzes der entsprechenden Regierungsanleihen betrug, derzeit könnte die Firma daher eine neunjährige Anleihe mit einem Kupon von 9,18 % (8,5*1,08) zu pari emittieren.

Die zuständigen Manager befürchten jedoch einen Anstieg der Zinsen bis zu der Plazierung der Emssion in 30 Tagen. Steigen die Zinsen, muß die Firma entweder einen höheren Kupon zahlen oder kann die Emission nur zu einem niedrigeren Marktpreis unterbringen. Es ist daher beabsichtigt, sich den derzeitigen Marktzinssatz durch Verkauf von Terminkontrakten abzusichern.

Eine Anleihe mit 9 Jahren Restlaufzeit und einem Kupon von 9,18 hat, wenn sie zu pari notiert, eine Dollar Duration von 5,949 (Basis Point Value: 5,952). Da der Aufnahmesatz für das Unternehmen 108 % des Zinssatzes der entsprechenden Regierungsanleihen beträgt, ist auch die Sensitivität auf Zinsänderungen 1,08 mal höher. Die Dollar Duration von 5,949 muß daher mit 1,08 multipliziert werden. 5,949 * 1,08 = 6,425. Der Cheapest to Deliver des Bund-Futures, mit dem die Absicherung erfolgen soll, hat eine Dollar Duration von 6,2119 und einen Preisfaktor von 1,142062. Das Hedge Ratio errechnet sich dann nach der folgenden Formel:

$$\textit{Hedge Ratio} = \frac{50.000.000 \times 6{,}4250}{100.000 \times 6{,}2119} = 517{,}15$$

Zur Absicherung der Position müssen daher 517 Kontrakte des Bund-Futures verkauft werden.

7.1.8 Absicherung von zukünftigen Einzahlungen

Erwartet ein Marktteilnehmer (z.B. Versicherung, Unternehmen, Bank) zu einem bestimmten Zeitpunkt in der Zukunft eine Einzahlung und beabsichtigt diese Einzahlung nach Erhalt festverzinslich anzulegen, kann er sich dur den Kauf von Zinsterminkontrakten das augenblickliche Zinsniveau sichern.

Die Wahl des Futures hängt von der beabsichtigten Anlagedauer ab. Für den Fall einer Anlage in langfristige Regierungsanleihen müßte z.B. ein langfristiger Zinsterminkontrakt gewählt werden.

Für die Wahl des Kontraktes ist der Zeitpunkt, an dem die Einzahlung erfolgt, ausschlaggebend. Erfolgt die Einzahlung an einem weit entfernten Zeitpunkt, so kann die Wahl eines entferntliegenden Kontraktes sinnvoll sein. Ist der Kontrakt nicht ausreichend liquide oder wird er noch nicht notiert, so muß auf einen näherliegenden Kontrakt ausgewichen werden und dieser dann in den folgenden Kontraktmonat gerollt werden. Dieser Aspekt ist übrigens auch für das Beispiel des letzten Kapitels wichtig.

Die Berechnung des Hedge Ratios erfolgt analog zu den beschriebenen Methoden. Das Hedge Ratio hängt somit auch hier von der Duration bzw. Dollar Duration der Einlage ab.

7.1.9 Hedging von Swaps

Swaps werden sehr oft mit Bond Futures der entsprechenden Laufzeit abgesichert. So kann z.B der Bobl Future zur Absicherung eines Swaps mit 4–5 Jahre Laufzeit verwendet werden. Die Absicherung von Swaps mit Anleihe-Kontrakten ist oft kurzfristiger Natur. Gerade bei kurzfristigen Absicherugen ist es wichtig, eine effiziente, schnell zu arrangierende Hedge-Möglichkeit zu haben, die niedrige Transaktionskosten verursacht.[1]

Die Absicherung erfolgt auch hier wie das Hedgen von Anleihen. Um einen Swap gegenüber Zinsschwankungen zu schützen, muß seine Preissensitivität auf Zinsänderungen bestimmt werden. Als Maß für die Preissensitivität ist es sinnvoll, die Dollar Duration oder Basis Point Value zu nehmen. Eine Festzinsempfänger-Position in einem Swap kann als eine Long Position in einer Anleihe gesehen werden, die einen festen Kupon zahlt, zu par notiert und alle drei bzw. sechs Monate refinanziert wird. Dies ist dasselbe wie eine Long Position in einer Anleihe und eine Short Position in einer Floating Rate Note. Entsprechend berechnet sich die Preissensitivität der Nettoposition. Die Netto-Duration eines Swaps ist daher die Duration der fixen Seite, abzüglich der Duration der variablen Seite (falls variabel gezahlt wird), oder die Duration der variablen Seite, abzüglich der Duration der fixen Seite (falls fix gezahlt wird).[2]

$$Hedge\ Ratio = \frac{NW_{SW} \times DD_{SW}}{NW_{Fut} \times DD_{CTD/fw}} \times PF_{CTD}$$

DD = Dollar Duration
NW = Nominalwert
SW = Swap
PF = Preisfaktor
CTD = Cheapest to Deliver
fw = forward
Fut = Future

Meistens wird bei einem Swap nicht von der Dollar Duration sondern von der Sensitivität gesprochen. Die Sensitivität einer Swap-Position ist das Basispoint Value bezogen auf den gesamten Nominalwert der Position. Wird die Sensitivität der Swap-Position als Risikogröße verwendet, so muß analog dazu die Sensitivität des Futures verwendet werden. Die Sensitivität des Futures ist die Dollar Duration des Futures bezogen auf den Nominalwert des Kontraktes.

Die Wahl des Futures, mit dem die Absicherung erfolgt, hängt von der Laufzeit der ihm zugrundeliegenden Instrumente und der Laufzeit des Swaps ab.

Da beide Instrumente ein unterschiedliches Underlying haben, nämlich Interbank Rates und Government Rates, ist ein solcher Hedge ein Cross Hedge mit dem entsprechenden Risiko.

---

1 *Kapner, K.R. Marshall, J.F.:* (The Swaps Handbook), S.391.
2 *Goodman, L.S.:* (The Duration of a Swap), S.310.

7.2 Arbitrage

Allgemein gehalten, ist Arbitrage das Ausnutzen von Kursungleichgewichten zur Erzielung eines risikolosen Gewinnes. Ursprünglich wurde Arbitrage in der Form betrieben, daß der Wertunterschied derselben Ware, die gleichzeitig an zwei verschiedenen Plätzen gehandelt wurde, ausgenuzt wurde. An den heutigen Märkten wird Arbitrage nicht nur zwischen identischen, sondern auch zwischen ähnlichen Gütern bzw. Instrumenten betrieben. Das gilt besonders für die Terminmärkte.

Bei Optionen wird nicht nur innerhalb einer Optionsart, sondern vielmehr zwischen Optionen mit verschiedenen Basispreisen, Laufzeiten und auch zwischen Kauf- und Verkaufsoptionen arbitriert.[1]

Wird derselbe Terminkontrakt zum gleichen Zeitpunkt an zwei verschiedenen Märkten gehandelt, dann kann die Arbitrage zwischen diesen beiden Plätzen stattfinden. An dem Ort mit dem niedrigeren Preis wird gekauft und an dem Ort mit dem höheren Preis wird verkauft. Diese Form der Arbitrage wird auch Differenzarbitrage genannt. Sie ist allerdings relativ selten möglich, da die heutigen Märkte eine außerordentlich hohe Transparenz aufweisen. Bei Terminkontrakten ist eine andere Form der Arbitrage wesentlich häufiger anzutreffen. Es ist das Ausnutzen von Kursungleichgewichten zwischen dem Kontrakt und dem ihn zugrundeliegenden Instrument (Underlying). Diese Form der Arbitrage wird für den Bund-Future und den Future auf Bundesobligationen in zwei Unterformen gegliedert: Die Cash and Carry Arbitrage und die Reverse Cash and Carry Arbitrage.

7.2.1 Cash and Carry Arbitrage[2]

Bei einer Cash and Carry Arbitrage kauft der Arbitrageur die dem Kontrakt zugrundeliegende Anleihe[3] (Cash) und hält diese bis zum Kontraktliefertag (Carry). Als Gegengeschäft dazu verkauft er die entsprechende Anzahl an Futures. Am Kontraktliefertag liefert er dann die Anleihe, um seiner Lieferverpflichtung, die durch den Verkauf des Futures entstanden ist, nachzukommen.

*Die Anzahl der zu verkaufenden Kontrakte beträgt pro Nominalwert: Nominalwert * Preisfaktor.*

1 Die einzelnen Optionsstrategien zur Erzielung eines Arbitragegewinnes wie z.B. Conversion, Reversal und Box sind anschaulich und detailliert in *McMillan, L.G.:* (Options) beschrieben und werden deshalb an dieser Stelle nicht mehr erörtert.

2 Die Cash and Carry Arbitrage und die Reverse Cash and Carry Arbitrage verläuft für die meisten mittel- und langfristigen Kontrakte identisch und wird aus diesem Grund nur anhand des Bund-Futures dargelegt. Falls bei einzelnen Kontrakten Unterschiede bestehen, wird an der entsprechenden Stelle darauf hingewiesen.

3 Sinnvollerweise wird er den Cheapest to Deliver kaufen.

Der Grund für dieses Ratio liegt in der Multiplikation des Futurepreises mit dem Preisfaktor zur Berechnung des Andienungsbetrages.

Am Kontraktliefertag muß der Überhang in der Höhe des Preisfaktors glattgestellt werden.

Diese Art der Arbitrage ist nur dann möglich, wenn der Future im Verhältnis zur Anleihe überbewertet ist.

Die folgenden **Beispiele**[1] verdeutlichen, wie diese Art der Arbitrage funktioniert:

Am 31. Juli 1992 bestand um etwa 11 Uhr Vormittag folgende Marktsituation:
Kurs des September-Kontraktes des Bund-Futures: 86,85
Cheapest to Deliver: Anleihe mit Laufzeit bis zum 22.7.2002 und Kupon 8 %
Kurs des Cheapest to Deliver: 99,24
Rendite des Cheapest to Deliver: 8,116 %
Repo Rate: 9,7 %

Ein Arbitrageur, der der Meinung ist, daß der Future im Verhältnis zu der Anleihe überbewertet ist, würde folgendes Geschäft tätigen:

Kauf von Anleihen im Nominalwert von DM 250000 zum Kurs von 99,24.

Als Gegengeschäft wird er September-Kontrakte des Bund-Futures zum Kurs von 86,85 verkaufen.

Er wird aber nicht einen Kontrakt verkaufen, sondern 1,145064 Kontrakte. 1,145064 ist der Preisfaktor der Anleihe für den September-Kontrakt. Er muß diese Anzahl an Kontrakten verkaufen, damit die Margin-Zahlungen die Kursbewegung der Anleihe wertmäßig ausgleichen. Es können natürlich nicht 1,145064 Kontrakte verkauft werden, sondern immer nur eine volle Anzahl. In der Praxis wird Arbitrage ohnehin nur mit größeren Volumina getätigt. Es werden dann statt 1,145064 Kontrakten, z.B. 114 Kontrakte verkauft und Anleihen im Nominalwert von DM 25 Millionen gekauft.

Bei Eingehen der Arbitrage am 31.7.1992 kann man folgende Rechnung tätigen:

Kurs der Anleihe: 99,24
Zu zahlender Stückzins bei Kauf der Anleihe: DM 0,1778[2]
Ausgaben durch den Kauf der Anleihe: (99,24 + 0,1778) * 2500 = DM 248544,50
Kontraktliefertag: 10.9.1992
Tage bis zum Kontraktliefertag: 41
Finanzierungskosten für den Kauf der Anleihe (Repo Rate): 9,7 %

1 Die Beispiele wurden für den Bund Future vor der Umstellung auf den Euro durchgeführt. Der Kontraktwert war DM 250.000. Aktuell ist der Kontraktwert € 100.000. Für das Prinzip der Berechnungen macht dies jedoch keinen Unterschied.

2 Das ist der Stückzins, der bei dem Kauf von einer Anleihe im Nominalwert von DM 100 anfällt.

Cost of Carry: 248544,5 * 1,097 = DM 272653,317. 272653,317 – 248544,5 = DM 24108,817. Diese auf ein Jahr berechneten Finanzierungskosten müssen noch auf die Haltedauer der Anleihe (Zeit bis zum Kontraktliefertag) umgelegt werden. Es ergeben sich dann als effektive Cost of Carry: 24108,817 * 41/360 = DM 2745,726.[1]

Verkauf von 1,145064 September-Kontrakten zum Kurs von 86,85.

Der Arbitrageur hat sich einen bestimmten Gewinn beziehungsweise Verlust gesichert, unabhängig von dem Kurs der Anleihe bzw. des Futures am Kontraktliefertag. Das kann man sich anhand von möglichen Szenarien für den Kontraktliefertag verdeutlichen:

Fall 1:

Mögliche Situation am Kontraktliefertag (10.9.1992):

Die gekaufte Anleihe (8 %, 22.7.2002) ist Cheapest to Deliver geblieben. Der Kurs ist aber gestiegen und die Anleihe notiert bei einer Rendite von 8011 % (31.7.: 8,116 %) zu einem Kurs von 99,92 (31.7.: 99,24). Aus dem Kurs des Cheapest to Deliver ergibt sich ein Futurepreis von 87,26. Der Future muß nämlich am letzten Handelstag zum Preis von dem Kurs des Cheapest to Deliver, dividiert durch den entsprechenden Preisfaktor notieren.[2] Die Veränderung des Futures beträgt: 86,85–87,26 = 41 Ticks. Da der Future gestiegen ist, errechnet sich aus der Futureposition folgender Verlust: 41 * 25 * 1,145064 = DM 1173,691.

Der aufgelaufene Stückzins beträgt am Kontraktliefertag (10.09.1992) DM 1,0667.[3]

Als Andienungspreis erhält man:

(87,26 * 1,145064 + 1,0667) * 2500 = DM 252462,462.

Jetzt kann der gesamte Gewinn bzw. Verlust ausgerechnet werden:

Kaufpreis:	–	DM	248544,500
Cost of Carry:	–	DM	2745,726
Futureposition:	–	DM	1173,691
Andienungspreis:	+	DM	252462,462
Nettoverlust:	**–**	**DM**	**1,455**

Der Verlust von DM 1,455 ist verschwindend gering. Das wird besonders bei einem Vergleich der Implied Repo Rate dieses Geschäftes mit der tatsächlichen Repo Rate deutlich. Die Implied Repo Rate beträgt 9,6945 % gegenüber

1 Bei der Berechnung des Stückzinses und der Finanzierungskosten ist die genaue Tagezählung zu beachten. Bei Stückzinsen kann das 30/360 oder actual/actual sein und bei Geldmarktzinsen actual/360.

2 Siehe Kapitel 6.1.2.3 Formel für den theoretischen Futurepreis.

3 Stückzins für eine Anleihe im Nominalwert von DM 100.

einer Repo Rate am Markt von 9,7 %. Gewinn und Verlust betragen daher fast Null und eine Arbitrage war nicht möglich.

Es ist wichtig zu beachten, daß am letzten Handelstag 0,145064 Kontrakte zurückgekauft werden müssen. Es wurden nämlich 1,145064 Futures verkauft, aber Anleihen im Nominalwert von nur DM 250000 gekauft. Diese Anzahl der Anleihen entspricht nämlich dem Nominalwert von einem Kontrakt. Damit der Arbitragegewinn der am Anfang berechneten Zahl entspricht, ist es notwendig, die Kontrakte möglichst zum EDSP zurückzukaufen.

Fall 2:

Auch ein Kursverfall am Anleihemarkt hätte zu demselben Ergebnis geführt. Stände die Anleihe am 10.9.92 bei 96,60 (31.7.: 99,24)[1], woraus sich eine Rendite von 8,522 % ergibt, würde folgende Rechnung zutreffen:

Kurs des Futures: Anleihekurs/Preisfaktor = 84,36

Der Future hat sich um 249 Ticks nach unten bewegt. Daher errechnet sich ein Gewinn aus der Futureposition von:

249 * 25 * 1,145064 = DM 7128,023

Der aufgelaufene Stückzins hat sich nicht geändert und beträgt am Kontraktliefertag (10.9.1992) DM 1,0667.

Als Andienungspreis erhält man:

(84,36 * 1,145064 + 1,0667) * 2500 = DM 244160,748

Jetzt kann wiederum der gesamte Gewinn bzw. Verlust ausgerechnet werden:

Kaufpreis:	–	DM	248544,500
Cost of Carry:	–	DM	2745,726
Futureposition:	–	DM	7128,023
Andienungspreis:	+	DM	244160,748
Nettoverlust:	+	**DM**	**1,455**

Auch hier erhält man dasselbe Resultat. Der Gewinn bzw. Verlust ist bei einer korrekt ausgeführten Cash and Carry Arbitrage für jede mögliche Kursentwicklung gesichert. Im obigen Beispiel war keine Arbitrage möglich, es entstand aber auch (fast) kein Verlust. Das legt den Gedanken nahe, daß der Future korrekt bewertet war. Eine Überprüfung des Futurepreises vom 31.7.92 anhand der Formel für den theoretischen Futurepreis[2] bestätigt diese Annahme. Setzt man in die Formel die entsprechenden aktuellen Zahlen ein, dann erhält man folgendes Ergebnis:

1 Unter der Annahme, daß kein Wechsel des Cheapest to Deliver stattfindet.
2 Siehe Kapitel 6.1.2.3.

$$FP = \frac{KP_{CTD} - K \times \frac{t}{T} + (KP_{CTD} + AZ) \times r \times \frac{t}{T}}{PF_{CTD}}$$

mit:
- FP = Futurepreis (theoretisch)
- KP = Aktueller Kassapreis der Anleihe
- CTD = Cheapest to Deliver.
- K = Kupon der Anleihe.
- t = Anzahl der Tage vom Valutatag bis zum Kontraktliefertag.
- T = Anzahl der Tage für das Jahr.
- AZ = Aufgelaufene Stückzinsen vom letzten Kuponzahlungstag bis zum Valutatag.
- r = Fremdfinanzierungszinssatz
- PF = Preisfaktor

$$FP = \frac{99{,}24 - 8{,}00 \times \frac{40}{360} + (99{,}24 + 0{,}1778) \times 0{,}097 \times \frac{41}{360}}{1{,}145064} = 86{,}851$$

Der Future notierte am 31.7.92 bei 86,85. Da die Preisnotierung nur auf zwei Stellen nach dem Komma erfolgt, war der Kontrakt bei einer Repo Rate von 9,7 % korrekt bewertet. Somit bestätigt die Futurepreisformel die Rechnung für die Cash and Carry Arbitrage.[1]

Damit eine Cash and Carry Arbitrage möglich ist, muß der Future im Verhältnis zu den lieferbaren Anleihen überbewertet sein. Bei sonst unveränderten Marktdaten wäre das z.B. bei einem Futurekurs von 86,89 der Fall. Der Kontrakt wäre um 4 Ticks überbewertet. Die Implied Repo Rate beträgt in diesem Falle 10,099 % gegenüber einer Repo Rate am Markt von 9,7 %. Ein Händler, der diese Überbewertung erkennt, wird dasselbe oben gezeigte Geschäft tätigen: Verkauf des überbewerteten Futures und Kauf der entsprechenden Anzahl von Anleihen.

Analog zu obigem Beispiel errechnet sich der Gewinn aus der Arbitrage folgendermaßen:

Kurs der Anleihe (8 %, 22.7.92) = 99,24
Zu zahlender Stückzins bei Kauf der Anleihe: DM 0,1778
Ausgaben durch den Kauf der Anleihe: (99,24 + 0,1778) * 250000 = DM 248544,5
Kontraktliefertag: 10.09.1992
Tage bis zum Kontraktliefertag: 41
Finanzierungskosten für den Kauf der Anleihe (Repo Rate): 9,7 %
Cost of Carry: 248544,5 * 1,097 = DM 272653,317. 272653,317–248544,5 = DM 24108,817. Aus diesen auf ein Jahr berechneten Finanzierungskosten ergeben sich die für die Haltedauer geltenden Cost of Carry: 24108,817 * 41/360 = DM 2745,726.

1 Die Seller's Option wurde somit vom Markt mit null bewertet.

Verkauf von 1,145064 September-Kontrakten zu 86,89.

Der Arbitragegewinn ist für jede mögliche Situation am Kontraktliefertag gesichert. Das kann man sich leicht verdeutlichen, wenn man sich den Gewinn für mehrere Kursszenarien am Kontraktliefertag ausrechnet.

Mögliche Situationen am Kontraktliefertag (10.9.1992):

Fall 1:

Die gekaufte Anleihe (8 % 22.7.2002) ist Cheapest to Deliver geblieben. Ihr Kurs ist unverändert geblieben und beträgt bei einer Rendite von 8,114 % 99,24. Aus diesem Kurs ergibt sich ein Futurepreis von 86,67 (99,24/1,145064). Veränderung des Futures: 86,89–86,67 = 22 Ticks. Da der Future gefallen ist, errechnet sich aus der Futureposition folgender Gewinn: 22 * 25 * 1,145064 = +DM 629,785.

Der aufgelaufene Stückzins beträgt am Kontraktliefertag (10.09.1992) DM 1,0667.

Als Andienungspreis erhält man:

(87,76 * 1,145064 + 1,0667) * 2500 = DM 250773,492

Jetzt kann der gesamte Gewinn bzw. Verlust ausgerechnet werden:

Kaufpreis:	–	DM	248544,500
Cost of Carry:	–	DM	2745,726
Futureposition:	+	DM	629,785
Andienungspreis:	+	DM	250773,492
Nettogewinn:	+	DM	113,051

Die Arbitrage hätte in diesem Fall zu einem Gewinn von DM 113,051 geführt. Das ist für eine Arbitrage ein sich lohnender Betrag, besonders wenn man sich vor Augen führt, daß eine Arbitrage in der Regel nicht mit einem Kontrakt, sondern mit einer höheren Anzahl, z.B. 100 Kontrakten durchgeführt wird. Der Gewinn würde dann DM 11305,1 betragen. Umgelegt auf die zeitliche Dauer der Arbitrageposition (ca. 6 Wochen) errechnet sich eine Implied Repo Rate von 10,099 %. Da die tatsächliche Repo Rate am Markt 9,7 % beträgt, hat der Arbitrageur eine „risikolose" Rendite erzielt, die um 60,1 Basispunkte über dem kurzfristigen Zinssatz liegt. Vollkommen risikolos ist diese Rendite allerdings nicht, da das Etablieren und Auflösen einer Arbitrageposition mit gewissen technischen Risiken verbunden ist. Zum Beispiel müßten die Anleihen und der Future gleichzeitig ge- bzw. verkauft werden. Wird die Anleihe- und die Futureposition zeitlich nacheinander eingegangen, so besteht für einen kurzen Zeitraum ein Kursrisiko.

Der Gewinn von DM 113,051 ist für jede mögliche Kursbewegung der Anleihe und des Futures gesichert. Zwei andere denkbare Marktsituationen für den Kontraktliefertag verdeutlichen dies:

Fall 2:

Der Kurs der Anleihe ist relativ stark gefallen und beträgt am 10.09.92 94,02. Daraus errechnet sich eine Rendite von 8,936 %. Da der Cheapest to Deliver nicht gewechselt hat, errechnet sich ein Kurs für den Future von 82,11 (94,02/1,145064). Veränderung des Futures: 86,89- 82,11 = 478 Ticks. Durch den Kursverfall des Futures beträgt der Gewinn aus der Futureposition: 478 * 25 * 1,145064 = + DM 13683,515.

Der aufgelaufene Stückzins beträgt DM 1,0667.

Als Andienungspreis erhält man:

(87,76 * 1,145064 + 1,0667) * 2500 = DM 250773,492.

Der gesamte Gewinn bzw. Verlust beträgt:

Kaufpreis:	– DM	248544,500
Cost of Carry:	– DM	2745,726
Futureposition:	+ DM	13683,515
Andienungspreis:	+ DM	250773,492
Nettogewinn:	+ DM	113,051

Auch hier fiel ein Nettogewinn von DM 113,051 an.

Fall 3:

Kurs der Anleihe am 10.9.92: 102,05. Rendite: 7,695 %. Kurs des Kontraktes: 102,05/1,145064 = 89,12. Kursveränderung des Futures: 86,89- 89,12 = 223 Ticks. Verlust aus der Futureposition: 223 * 25 * 1,145064 = DM 6383,732.

Der Andienungspreis beträgt:

(89,12 * 1,145064 + 1,0667) * 2500 = DM 257787,009.

Der gesamte Gewinn bzw. Verlust beträgt:

Kaufpreis:	– DM	248544,500
Cost of Carry:	– DM	2745,726
Futureposition:	– DM	6383,515
Andienungspreis:	+ DM	257787,009
Nettogewinn:	+ DM	113,051

Wie ersichtlich ist, ist der Gewinn in jedem Fall gesichert. Egal ob der Kurs der Anleihe oder des Futures bis zum Liefertag gleichbleibt, fällt oder steigt, der Gewinn bleibt unverändert.

Der Kontraktliefertag ist der 10.9.92. Der letzte Handelstag ist aber der 08.9.92. Wäre der letzte Handelstag auch der Kontraktliefertag, so müßte der Future am Ende des Tages wie in den obigen Beispielen zu Kurs der Cheapest to Deliver Anleihe dividiert durch den Preisfaktor der Cheapest to Deliver Anleihe notieren. Zwischen dem letzten Handelstag und dem Kontraktliefertag liegen aber bei dem September 92 Kontrakt zwei Tage. Während dieser zwei Tage fallen Kuponerträge, aber auch Haltekosten an. Der Future hat daher am letzten Handelstag eine theoretische Basis. Diese ist aber, da der Zeitraum sehr kurz ist, verschwindend gering. Für des Fall 3 des obigen Beispiels betrug sie 0,011. Daraus errechnet sich ein theoretischer Futurekurs von 89,13 statt den vorher errechneten 89,12. Die Differenz beträgt also einen Tick. Das macht aber keinen Unterschied für die Gewinnberechnung der Arbitrage. Ist der Settlementpreis des Futures einen Tick höher, dann ist der Verlust aus der Futureposition etwas höher, nämlich: 1 * 25 * 1,145064 = DM 28,6266. Dieser Verlust wird aber exakt durch den höheren Andienungspreis ausgeglichen. Der Andienungspreis berechnet sich nämlich auf der Basis des Settlementpreises, der nun einen Punkt höher ist. Der Andienungspreis wäre in diesem Falle: (89,13 * 1,145064 + 1,0667) * 2500 = DM 257815,62. Dieser Andienungspreis ist aber genau um DM 28,6266 höher als der ursprügliche Andienungspreis, der DM 257787,009 betrug. Wie ersichtlich ist, bleibt die obige Gewinn- und Verlustrechnung von der theoretischen Basis am letzten Handelstag unberührt.

Auch dieses Beispiel macht deutlich, daß, egal wo der Future am letzten Handelstag steht, der Gewinn, der bei Eingehen der Cash and Carry Arbitrage ausgerechnet wurde, gesichert ist.

Einen zusätzlichen Ertrag kann der Arbitrageur erzielen, indem er die Anleihen bis zum Kontraktliefertag verleiht. Da er die Anleihen bis zum Kontraktliefertag nicht mehr braucht, ist ein Verleihen der Anleihen in Form einer Wertpapierleihe vorteilhaft, da ertragbringend. Dieser Aspekt sollte nicht vernachlässigt werden.

7.2.2 Cash and Carry Arbitrage unter Ausnutzen der Seller's Option

In der vorherigen Beispielen wurde davon ausgegangen, daß am letzten Kontraktliefertag der Cheapest to Deliver dieselbe Anleihe war wie zum Zeitpunkt des Eingehens der Arbitrageposition, das heißt, daß kein Wechsel stattgefunden hat. Ist der Cheapest to Deliver am Kontraktliefertag aber eine andere Anleihe, so hat der Arbitrageur bei einer Cash and Carry Arbitrage die Möglichkeit, die sogenannte Seller's Option[1] auszunutzen. Da er den Future short gegangen ist, liegt es in seinem Ermessen, welche lieferbare Anleihe er in den Future einliefert. Durch diese Wahlmöglichkeit kann er seinen ohnehin sicheren Arbitragegewinn noch zusätzlich steigern.

Auch ohne eine reine Arbitrageposition ist es möglich, von der Qualitätsoption zu profitieren. Ist der Future fair bewertet, das heißt, er notiert zu seinem theoretischen Preis, so ist eine Arbitrage nicht möglich. Der Händler kann

1 In diesem Beispiel handelt es sich um den Aspekt der Qualitätsoption.

aber eine der Cash and Carry Arbitrage identische Position eingehen, in der Erwartung, daß der Cheapest to Deliver bis zum Kontraktliefertag wechselt. Da der Future fair bewertet ist, ist ein Arbitragegewinn nicht möglich. Anderseits kann auch kein Verlust entstehen. Wechselt aber der Cheapest to Deliver, dann kann der Händler einen Gewinn erzielen. Dieser Gewinn kann bei Eingehen der Position zwar nicht genau vorherbestimmt werden, ist jedoch risikolos.

Anhand des ersten Beipiels des vorherigen Kapitels soll dieser Sachverhalt verdeutlicht werden.

Der Future notierte am 31.7.92 zu seinem theoretischen Wert von 86,85 bei einem Kurs des Cheapest to Deliver (8 %, 22.7.2002) von 99,24. Unter der Annahme, daß der Cheapest to Deliver nicht gewechselt hat, errechnet sich ein Verlust von DM 1,455 aus der Arbitrageposition.

Ist am letzten Handelstag aber eine andere Anleihe der Cheapest to Deliver, z.B. die Anleihe mit 8 % Kupon und Laufzeit bis zum 22.1.2002, dann besteht folgende Situation:

Der ursprüngliche Cheapest to Deliver notiert wie im ersten Beispiel am letzten Handelstag bei 99,92 (Rendite: 8,011). Der neue Cheapest to Deliver (8 %, 21.1.2002) notiert bei 98,80 (Rendite: 8,176). Der Preisfaktor dieser Anleihe ist 1,139309. Als Futurepreis errechnet sich jetzt statt 87,26 ein Kurs von 86,72 (98,80/1,139309). Die Kursveränderung des Futures beträgt 86,85–86,72 = 13 Ticks. Der Gewinn aus der Futureposition beträgt 13 * 25 *1,145064 = DM 372,146

Der Arbitrageur hat am Kontraktliefertag zwei Möglichkeiten:

Möglichkeit 1:

Lieferung der ursprünglichen Anleihe, d.h. er liefert die Anleihe, die er am 31.7.92 gekauft hat.

Der Andienungspreis beträgt in diesem Fall:

(86,72 * 1,145064 + 1,0667) * 2500 = DM 250916,625.

Der gesamte Gewinn bzw. Verlust beträgt:

Kaufpreis:	– DM	248544,500
Cost of Carry:	– DM	2745,726
Futureposition:	+ DM	372,146
Andienungspreis:	+ DM	250916,625
Nettoverlust	– DM	1,455

Das Ergebnis ist auch bei einem Wechsel des Cheapest to Deliver dasselbe, falls der Arbitrageur die ursprüngliche Anleihe liefert.

Möglichkeit 2:

Der Arbitrageur hat jetzt aber die Möglichkeit, einen zusätzlichen Gewinn zu erzielen. Er kann den alten Cheapest to Deliver am Markt verkaufen, den neuen Cheapest to Deliver kaufen und in den Kontrakt einliefern.

Durch den Verkauf der Anleihe, die er am 31.7.92 gekauft hatte (8 %, 22.07.2002), erhält der Verkäufer neben dem Kurswert von 99,92 auch den bis zum Verkaufszeitpunkt (10.9.92) aufgelaufenen Stückzins in Höhe von DM 1,0667. Der Erlös durch den Verkauf beträgt dann:

(99,92 + 1,0667) * 2500 = DM 252466,75

Der neue Cheapest to Deliver (8 %, 21.01.2002) notiert bei 98,80 und hat am 10.9.92 aufgelaufene Stückzinsen in Höhe von DM 5,0889. Die Ausgaben für den Kauf dieser Anleihe betragen dann:

(98,80 + 5,0889) * 2500 = DM 259722,25

Der Andienungspreis, der bei der Lieferung dieser Anleihe gezahlt wird, beträgt:

(86,72 * 1,139309 + 5,0889) * 2500 = 259742,441

Jetzt kann erneut eine Gewinn- und Verlustrechnung aufgestellt werden:

Kaufpreis (8 %, 22.7.2002):	–	DM	248544,500
Verkauferlös (8 %, 22.7.2002):	+	DM	252466,750
Kaufpreis (8 %, 21.1.2001):	–	DM	259722,441
Andienungspreis:	+	DM	250916,625
Cost of Carry:	–	DM	2745,726
Futureposition:	+	DM	372,146
Nettogewinn:	+	DM	1550,861

Durch die Lieferung des neuen Cheapest to Deliver anstelle des ursprünglichen Cheapest to Deliver konnte ein Gewinn von DM 1550,861 erzielt werden. Verglichen mit dem Verlust von DM 1,455 beträgt die Erhöhung des Ertrages DM 1552,316.[1]

Auch für den Fall eines Sinkens der Anleihekurse ist es sinnvoll, den neuen Cheapest to Deliver zu liefern. Steht der ursprüngliche Cheapest to Deliver (8 %, 22.7.2002) bei 96,60 und der neue Cheapest to Deliver (8 %, 21.1.2002) bei 95,50 dann beträgt der Verlust bei der Lieferung des ursprünglichen Cheapest to Deliver DM 1,455. Der Future notiert am letzten Handelstag bei 83,82. Da der Future um 303 Ticks gefallen ist, beträgt der Gewinn aus der

1 Ohne eine Rechnung explizit durchzuführen, soll erwähnt werden, daß ein Wechsel des Cheapest to Deliver auf die 8,25prozentige Anleihe mit Restlaufzeit bis 20.9.2001 zu einem noch höheren Ertrag geführt hätte. Notiert diese am letzen Handelstag bei 99,50, dann würde der Gewinn bei Lieferung dieser Anleihe DM 2768,737 betragen. Solche Situationen sind in der Praxis aber äußerst selten anzutreffen.

Futureposition 303 * 25 * 1,145064 = DM 8673,863. Der Andienungspreis beträgt bei Lieferung der Anleihe mit Restlaufzeit bis 22.07.2002 und 8 % Kupon:

(83,82 * 1,145064 + 1,0667) * 2500 = 242614,726

Gewinn und Verlust:

Kaufpreis:	– DM	248544,500
Cost of Carry:	– DM	2745,726
Futureposition:	+ DM	8673,863
Andienungspreis:	+ DM	242614,726
Nettoverlust	– DM	1,455

Sinnvoller ist es, statt dieser Anleihe den neuen Cheapest to Deliver zu liefern.

Der Erlös durch den Verkauf des alten Cheapest to Deliver beträgt:

(96,60 + 1,0667) * 2500 = DM 244166,75

Die Kosten für den Kauf des neuen Cheapest to Deliver betragen:

(95,50 + 5,0889) * 2500 = DM 252472,25

Der Andienungspreis beträgt in diesem Fall:

(83,82 * 1,139309 + 5,0889) * 2500 = DM 251464,451

Gewinn und Verlust:

Kaufpreis (8 %, 22.7.2002):	– DM	248544,500
Verkauferlös (8 %, 22.7.2002):	+ DM	244166,750
Kaufpreis (8 %, 21.1.2001):	– DM	251472,250
Andienungspreis:	+ DM	251464,451
Cost of Carry:	– DM	2745,726
Futureposition:	+ DM	8673,863
Nettogewinn:	+ DM	1542,858

Generell kann man sagen, daß es stets sinnvoll ist, die Anleihe in den Kontrakt zu liefern, die am Kontraktliefertag der Cheapest to Deliver ist. Hält sich ein Marktteilnehmer nicht an diese Regel, dann verschenkt er Geld. Diese Aussage hat für sämtliche lang- und mittelfristige Zinsterminkontrakte Gültigkeit.

Da der Cheapest to Deliver häufig und rasch wechseln kann, ist es für einen Arbitrageur äußerst wichtig, ständig sein Augenmerk darauf zu richten, welche Anleihe Cheapest to Deliver ist.

In der Praxis kommt es dennoch immer wieder vor, daß Anleihen geliefert werden, die nicht Cheapest to Deliver sind. Ein Grund dafür mag sein, daß der Arbitrageur, wenn der Cheapest to Deliver von einer Anleihe mit einem hohen Kupon und relativ niedrigen Kurs auf eine Anleihe mit niedrigem Kupon und relativ hohem Kurs wechselt, die erste Anleihe am Markt verkaufen muß und die teurere Anleihe kaufen muß. Verfügt er nicht über ausreichende liquide Mittel, dann kann er den Kauf des neuen Cheapest to Deliver nicht finanzieren und wird die ursprüngliche Anleihe einliefern. Allerdings verfügen Marktteilnehmer, die Arbitrage betreiben, in der Regel auch über ausreichend liquide Mittel.

Oft liegen mehrere Anleihen bei der Beurteilung, welche von ihnen Cheapest to Deliver ist, sehr dicht beieinander. In diesem Fall macht es besonders bei Berücksichtigung der Transaktionskosten und des Tranaktionsrisikos (gleichzeitiger Kauf und Verkauf der Anleihen ist notwendig) keinen großen Unterschied, wenn nicht der Cheapest to Deliver eingeliefert wird.

Fall der CTD vor dem Verfalltag wechselt, dann muß der alte CTD verkauft werden und der neue CTD gekauft werden. Sonst besteht die Gefahr, daß der CTD wieder zurückwechselt. Das Verhalten in der Zeit vor dem Verfalltag ist ähnlich wie bei einem Basis Trade. Glaubt man daß der alte CTD noch teurer wird, wird man mit dem Tausch in den neuen CTD noch warten.

7.2.3 Reverse Cash and Carry Arbitrage

Das Geschäft bei einer Reverse Cash and Carry Arbitrage entspricht dem einer Cash and Carry Arbitrage, nur daß es mit umgekehrten Vorzeichen getätigt wird. Der Future, der in diesem Fall im Verhältnis zur Anleihe unterbewertet ist, wird gekauft und die entsprechende Anzahl an Anleihen wird leerverkauft.

Die Anzahl der Kontrakte, die gekauft wird, entspricht dem Preisfaktor des CTD für den relevanten Liefermonat.

Man hat auch dieselben Zahlungsströme; nur muß man diese Zahlungsstöme mit einem umgekehrten Vorzeichen versehen: Durch den Leerverkauf der Anleihe hat man zunächst einen Cash Inflow, den man zu der Repo Rate über den Zeitraum bis zum Kontraktliefertag anlegen kann. Statt der Finanzierungskosten für den Kauf der Anleihe hat man jetzt Anlageerträge durch den Leerverkauf der Anleihe. Andererseits hat man keine Kuponerträge. Da man die Anleihe verkauft hat und später wieder zurückkaufen muß, muß man die Stückzinsen über diesen Zeitraum bezahlen. Zusätzlich können noch Leihkosten hinzukommen, die durch das Entleihen der Anleihe entstehen. Man könnte das Zahlenbeispiel aus dem letzten Kapitel nehmen und testen, ob sich eine Reverse Cash and Carry Arbitrage lohnen würde. In diesem Fall würde ein Verlust entstehen, da ein Gewinn aus einer Cash and Carry Arbitrage dem Verlust bei einer Reverse Cash and Carry Arbitrage entspricht.[1]

Im Gegensatz zu einer Cash and Carry Arbitrage ist eine Reverse Cash and Carry Arbitrage mit gewissen Risiken behaftet. Das Risiko liegt hier in der

1 Die Zahlen werden sich nicht exakt entsprechen, da es bei der Repo Rate und den Leihkosten noch eine Geld-Brief-Spanne gibt.

Seller's Option. Der Verkäufer des Kontraktes besitzt die Qualitätsoption und bei einigen Kontrakten auch die Zeitoption.

Wurde eine Reverse Cash and Carry Arbitrage mit dem CTD eingegangen und der CTD wechselt bis zum Kontraktliefertag, so wird man in der Regel den neuen CTD geliefert bekommen. Dieser Wechsel des CTD schmälert aber den möglichen Gewinn. Der zusätzliche Ertrag, der aus dem Wechsel des CTD für den Verkäufer des Kontraktes im Beispiel des letzten Kapitels entstanden ist, geht voll zu Lasten des Käufers.

Wüßte man im voraus, welche Anleihe man zu welchem Zeitpunkt angedient bekommt, wäre auch die Reverse Cash and Carry Arbitrage risikolos. Man könnte sich dann den sicheren Ertrag aus diesem Geschäft berechnen. Durch die Seller's Option ist man aber einem schwer kalkulierbaren Risiko ausgesetzt.

Um das Risiko der Qualitätsoption einigermaßen in den Griff zu bekommen, kann man versuchen, die Wahrscheinlichkeit für einen Wechsel des CDT zu ermitteln. Kann man dann noch die Kosten abschätzen, die durch die Andienung einer anderen Anleihe als dem CTD entstehen, hat man einen groben Anhaltspunkt dafür, wie stark der Future unterbewertet sein muß, damit eine Reverse Cash and Carry Arbitrage ohne allzugroßes Risiko ertragreich wird.

Hinzu kommen einige technische Probleme, die bei dem für die Reverse Cash and Carry Arbitrage notwendigen Leerverkauf von Anleihen auftreten können. Ist der betreffende Repo-Markt nicht ausreichend liquide, kann der Fall auftreten, daß, obwohl der Future stark unterbewertet ist, diese Unterbewertung nicht wegarbitriert werden kann, weil es nicht möglich ist, die notwendige Anzahl an Anleihen leerzuverkaufen. Gelingt es, die Anleihen leerzuverkaufen, muß die Leihdauer dem Zeitraum bis zum Kontraktliefertag entsprechen. Ist die Leihdauer kürzer, besteht die Gefahr, daß man sich die Anleihen nicht erneut ausleihen kann. Man muß dann die Arbitrageposition auflösen. Das Risiko bei einer vorzeitigen Auflösung besteht darin, daß die Basis in der Zwischenzeit einen für die Position ungünstigen Verlauf genommen hat. Bei einer solchen Illiquidität des Repo-Marktes kann sogar der Fall eintreten, daß Anleihen gegenüber dem Future mit einer negativen Implied Repo Rate gehandelt werden.[1]

Gelingt es die Anleihen leerzuverkaufen, bleibt das Risiko, daß man eine andere Anleihe geliefert bekommt als man ursprünglich leerverkauft hat. Man muß sich dann am Markt wieder eindecken, d.h. die Anleihe wieder zurückkaufen. Hier kann es bei illiquiden Papieren zu einem Short Squeeze kommen. Es sind dann nicht genügend Papiere im freien Umlauf damit der ursprüngliche Verkäufer seinen Lieferverpflichtungen nachkommen kann.

Banken haben oft die Möglichkeit, Anleihen aus dem eigenen Bestand zu nehmen und am Markt zu verkaufen. Durch dieses Vorgehen wurden die Anlei-

1 Vgl. *Burghard, G., Lane, M., Papa, J.:* (Treasury Bond), S. 108.

hen indirekt leerverkauft. Abgesehen von eventuell auftretenden bilanziellen Problemen, haben es Banken dadurch wesentlich leichter, Anleihen leerzuverkaufen als viele andere Marktteilnehmer.

Das waren einige Probleme, die bei einer Reverse Cash and Carry Arbitrage auftreten können. Diese Probleme müssen in der geschilderten Form nicht immer auftreten. Eine Reverse Cash and Carry Arbitrage kann daher durchaus profitabel sein. Oft sieht man Unterbewertungen in den Terminkontrakten, die eine solche Arbitrage trotz der genannten Risiken äußerst ertragreich machen.

7.2.4 Inter Market Arbitrage

Eine Inter Market Arbitrage findet im selben Kontrakt zwischen zwei verschiedenen Märkten statt. Notiert der Future an dem einen Markt zu einem niedrigeren Kurs als an dem anderen Markt, so wird er an dem ersten Markt gekauft, und möglichst gleichzeitig an dem anderen Markt verkauft. Dieses Vorgehen bewirkt, daß sich die Preise an dem beiden Märkten wieder angleichen.

Das Risiko bei einer Inter Market Arbitrage besteht in dem zeitlichen Risiko. Theoretisch müßten Kauf und Verkauf gleichzeitig stattfinden. Dies ist oft aus technischen Gründen nicht möglich. Es besteht dann das Risiko, daß sich in der Zwischenzeit die Kurse zuungunsten des Arbitrageurs entwickeln.

7.2.5 Arbitrage zwischen Terminkontrakten mit unterschiedlichen Liefermonaten

In Kapitel 6.1.7 wurde eine Formel hergeleitet, mit der das Preisverhältnis zwischen Kontrakten mit unterschiedlichen Liefermonaten bestimmt werden kann. Weichen die Marktpreise von diesem Preisverhältnis ab, d.h., ein Kontrakt ist im Verhältnis zum anderen Kontrakt über- bzw. unterbewertet, so ist (mit gewissen Einschränkungen) eine Arbitrage möglich.

Der erste denkbare Fall ist, daß der naheliegende Kontrakt im Verhältnis zum entferntliegenden Kontrakt unterbewertet ist, bzw. der entferntliegende Kontrakt im Verhältnis zum naheliegenden Kontrakt überbewertet ist. Um sich einen Gewinn zu sichern, muß der Front-Monat gekauft und der entfernte Monat verkauft werden. Am Liefertag des naheliegenden Monats läßt man sich die Anleihe andienen und liefert sie später in den entfernten Monat ein.

Damit dieses Geschäft auch einigermaßen sicher ist, muß man schon am Anfang die Finanzierungskosten, die für die Fremdfinanzierung der Anleihe ab dem Liefertag des Front-Monats anfallen, fixieren. Es muß also der entsprechende Forward-Zinssatz gesichert werden. Das kann mit Hilfe eines FRA's geschehen. Eine andere Möglichkeit wäre der Verkauf der entsprechenden Anzahl an kurzfristigen Terminkontrakten, wie z.B. Euribor-Futures. Da die

Liefertage dieser Kontrakte meist nicht sehr weit voneinander abweichen, wird der entsprechende Zeitraum abgedeckt. Allerdings muß der tatsächliche Fremdfinanzierungszinssatz des Arbitrageurs mit dem Zinssatz des Euribor-Futures eng korreliert sein.

Das Risiko bei diesem Geschäft ist, daß man im Front-Monat eine andere Anleihe angedient bekommt als ursprünglich geplant. Das kann den anfangs berechneten Gewinn unter Umständen vermindern. Bis zum letzten Handelstag des Front-Monats besteht somit das Risiko der Seller's Option. Da man aber den Future im Back-Monat short ist, besitzt man für diesen Kontraktmonat die Seller's Option. Das Risiko im ersten Kontrakt kann somit durch ein Potential im zweiten Kontrakt ausgeglichen werden. Je näher man sich am Liefertag des ersten Kontraktes befindet, desto geringer ist das aus der Seller's Option entstehende Risiko. Dieses Risiko wird umso größer, je weiter man sich von dem Liefertag entfernt. Befindet man sich genau drei Monate vor dem Kontraktliefertag des Front-Monat, so hat man eine dreimonatige Seller's Option verkauft und eine sechsmonatige Seller's Option gekauft. Wie ersichtlich ist, ist die Laufzeit der gekauften Seller's Option bei einem Verkauf des Back-Monats und einem Kauf des Front-Monats stets länger als die Laufzeit der verkauften Option. Das Potential ist somit größer als das Risiko. Es besteht jedoch immer noch das Risiko, daß der CTD im Front-Monat wechselt, ohne daß der CTD im Back-Monat wechselt, bzw. daß der Ertrag aus dem Wechsel des CTD im Back-Monat nicht ausreicht, um den Verlust aus dem Wechsel im Front-Monat auszugleichen.

Der zweite denkbare Fall ist, daß der Front-Monat im Verhältnis zum entfernten Monat überbewertet ist. Der Front-Monat wird dann verkauft und der Back-Monat gekauft. Am Liefertag des naheliegenden Monats wird die Anleihe ausgeliehen und in den Kontrakt geliefert. Die Leihdauer ist hier der Zeitraum bis zum Liefertag des entferntliegenden Monats. Dadurch ist man die Anleihe über diesen Zeitraum short, bekommt sie aber am Liefertag wieder angedient.

In diesem Fall ist das durch die Seller's Option entstehende Risiko wesentlich größer. Zudem besteht die nicht unbeträchtliche Gefahr eines Short Squeeze. Am Kontraktliefertag des Front-Monats muß man sich die Anleihe beschaffen bzw. ausleihen. Das kann unter Umständen problematisch werden.

7.3 Trading

7.3.1 Long Position

Jemand der eine Long Position in einem Zinsterminkontrakt hat, hat den Kontrakt gekauft, hofft auf steigende Kurse und somit fallende Zinsen.

Beispiel:
Kauf von britischen Long-Gilt-Kontrakten[1] an der LIFFE:

Am 16.10.1992 notierte der Long-Gilt-Future zu 98–31/32. Ein Anleger, der auf steigende Kurse spekuliert, kauft 25 Kontrakte. Für diese 25 Kontrakte hinterlegt er eine Initial Margin in Höhe von £ 37500 (£ 1500 pro Kontrakt).

Am nächsten Börsentag (19.10.) notiert der Future 1–5/32 niedriger (37 Ticks) bei 97–26/32.

Die Kontowertänderung beträgt:

– 37 Ticks * £ 15,625 * 25 Kontrakte = – £ 14453,125

Der neue Kontostand beträgt:

  £ 37500,000
– £ 14453,125
= £ 23046,875

Bis zum 23.10.1992 stieg der Future auf 100–12/32. Das entspricht einer Veränderung von 2–18/32 (82 Ticks) gegenüber dem 19.10.

Die Kontowertänderung beträgt:

+ 82 Ticks * £ 15,625 * 25 Kontrakte = + £ 32031,25

Der neue Kontostand beträgt:

  £ 23046,875
+ £ 32031,250
= £ 55078,125

Der Investor hat gegenüber seinem anfänglichen Kontostand von £ 37500 einen Gewinn von £ 17578,125 gemacht. Das entspricht einem Gewinn von 46,875 Prozent, obwohl der Future nur um 1,421 Prozent gestiegen ist.

Dieses Beispiel macht die Hebelwirkung, die durch den relativ geringen Einschuß entsteht, deutlich. Diese Hebelwirkung kann sich aber auch gegen den Investor richten. Dabei ist es wichtig zu beachten, daß das Risiko des Anlegers nicht auf den Einschuß beschränkt ist. Eine ungünstige Marktentwicklung kann dazu führen, daß Variation-Margin-Zahlungen zu leisten sind, die ein Vielfaches der ursprünglichen Initial Margin ausmachen. Dieses Risiko kann teilweise dadurch ausgeschaltet werden, indem schon bei Eingehen der Position eine Stop Order erteilt wird. In diesem Beispiel wäre es eine Stop Sell Order. Sinkt der Future auf einen bestimmten vorher festgegten Kurs, werden die Kontrakte bestens verkauft. Bei heftigen Marktbewegungen kann es dem Anleger passieren, daß seine Order zu einem für ihn nur sehr ungünstigen Kurs ausgeführt wird. Außerdem besteht die Gefahr, daß der Future nur kurzfristig den Kurs erreicht und dann wieder nach oben dreht. Der Anleger wurde dann ausgestoppt.

7.3.2 Short-Position

Das Gegenteil von einer Long Position ist eine Short-Position. Hier hofft der Anleger auf fallende Kurse und somit steigende Zinsen.

1 Der Gilt-Future notiert nicht mehr in 1/32 sondern in Dezimalen. Der Tick-Wert beträgt £ 10. Der Rest der Rechnung verläuft analog.

Ein Investor geht von steigenden Zinsen in Italien aus und verkauft daher am 5.2.1999 150 Treasury-Bond-Futures zum Kurs von 125–18/32.

Er hinterlegt für diese 150 Kontrakte eine Initial Margin von US-$ 405.000 (US-$ 2.700 pro Kontrakt).

Tatsächlich fällt der Future am nächsten Tag um 31 Ticks auf 124–19/32.

Die Kontowertänderung beträgt:

+ 31 Ticks * $ 31,25 * 150 Kontrakte = $ 145.312,50

Der neue Kontostand beträgt:

	US-$ 405.000,00
+	US-$ 145.312,50
=	US-$ 550.312,50

Auch am nächsten Tag fällt der Future. Bei einem Stand von 124–10/32 entschließt sich der Anleger, seine Gewinne zu realisieren und verkauft seine Kontrakte. Seine Abrechnung sieht folgendermaßen aus:

Die Kontowertänderung beträgt:

+ 9 Ticks * $ 31,25 * 150 Kontrakte = $ 42.187,50

Der neue Kontostand beträgt:

	US-$ 550.312,50
+	US-$ 42.187,50
=	US-$ 592.500,00

Das entspricht gegenüber dem Anfangsbestand von US-$ 550.312,50 einem Gewinn von US-$ 187.500 oder 46,296 Prozent.

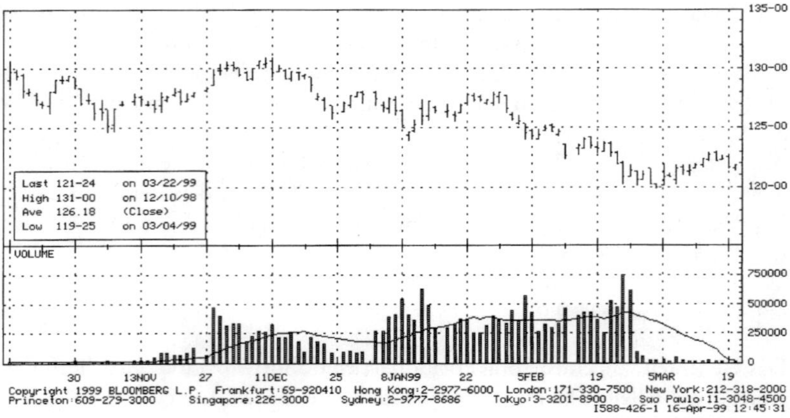

Abb. 7.22: Kursverlauf des März 99 Kontrakt des T-Bond Futures (Quelle: Bloomberg)

7.3.3 Spread Trading

Unter einem Spread versteht man in den Future-Märkten den gleichzeitigen Kauf und Verkauf von zwei verschiedenen Terminkontrakten. Die Kontrakte können sich in der Fälligkeit und/oder in den Spezifikationen untescheiden.

Ein Spread wird eingegangen, wenn man der Meinung ist, daß sich das Preisverhältnis und/oder das Renditeverhältnis zwischen den beiden Kontrakten verändern wird. Es ist unerheblich, ob beide Kontrakte steigen oder fallen, entscheidend ist die Veränderung der Kontrakte im Verhältnis zueinander.

Oft werden Spreads auch zum Rollen einer Position von einem Liefermonat in den nächsten Liefermonat genutzt.

Bei dem Aufbau eines Spreads ist es wichtig, daß beide Seiten gleichzeitig in den Markt gegeben werden. Werden beide Seiten nicht gleichzeitig ausgeführt, hat man in der Zwischenzeit eine ungedeckte Long- oder Short-Position, wodurch ein zusätzliches Risiko entsteht. Dieses Risiko wird Investoren an der Eurex abgenommen. An dieser Börse (sowie an den meisten anderen Terminbörsen) ist es möglich, bestimmte Arten von Spreads als solche zu handeln. Es ist dann nicht notwendig, den Kauf- bzw. den Verkaufspreis der einzelnen Kontrakte anzugeben, sondern ausreichend die Preisdifferenz zwischen den beiden Kontrakten zu nennen. Diese Preisdifferenz ist dann der Spread. Der Markteilnehmer braucht nur noch anzugeben, zu welchem Preis er den Spread kaufen bzw. verkaufen möchte. Ihm wird dadurch das Risiko abgenommen, daß er eventuell nur eine Seite des Spreads aufbauen kann. Nach der Ausführung seiner Order erhält er jedoch eine Bestätigung, zu welchen Preisen er die einzelnen Kontrakte ge- bzw. verkauft hat.

Der Handel eines Spreads ist in bezug auf die entstehenden Gebühren wesentlich günstiger als der separate Aufbau der einelnen Positionen, da beim Spread eine einfache Spread Gebühr in Rechnung gestellt wird, beim separaten Aufbau dagegen Gebühren für den Kauf und Verkauf der Kontrakte zu entrichten sind.

Spreads können in verschiedenen Formen gehandelt werden. Eine Form sind die Renditestruktur-Spreads. Zu ihnen gehören z.B. Time Spreads (gleichzeitiger Kauf und Verkauf von verschiedenen Kontraktmonaten desselben Futures), Spreads zwischen mittel- und langfristigen Kontrakten (z.B. Bund – Bobl) oder Spreads zwischen kurz- und langfristigen Kontrakten (z.B. Short-Sterling gegen Long-Gilt).[1]

Bei Bond Spreads (z.B. T-Bond Future – Bund-Future) werden verschiedene langfristige Terminkontrakte gegeneinandergestellt. Hier wird weniger auf eine Veränderung der Renditestruktur spekuliert, als vielmehr auf eine Veränderung der Renditeverhältnisse (z.B. Renditeverhältnis zwischen Treasury Bonds und Bundesanleihen). Da aber die meisten langfristigen Zinstermin-

1 Siehe dazu Kapitel 8.3.2.2.

kontrakte unterschiedliche Kontraktspezifikationen bezüglich der Restlaufzeit der zugrundeliegenden Anleihen haben, wird auch eine solche Position zum Teil von einer Veränderung der Zinsstruktur beeinflußt.

7.3.3.1 Intrakontrakt Spread Trading

Unterscheiden sich die Kontrakte bei einem Spread nur bezüglich ihres Kontraktliefermonats, nicht aber bezüglich ihrer Spezifikationen, so spricht man von einem Intrakontrakt Spread.

Ein Beispiel für einen Intrakontrakt Spread ist der gleichzeitige Kauf des Juni-Kontraktes des Bund-Futures und Verkauf des September-Kontraktes des Bund-Futures. Ein derartiger Spread wird auch Kalender oder Time Spread genannt.

Sind Bid (Geld) und Ask (Brief) Kurse des Juni-Kontraktes 93,15 und 93,25 und Bid und Ask Kurse des September-Kontraktes 93,67 und 93,79, so kann der Spread zu –0,42 gekauft werden. Das entspricht dem Kauf des Juni-Kontraktes zu 93,25 und dem Verkauf des September-Kontraktes zu 93,67. Verkauft werden kann der Spread zu –0,64 (93,15–93,79 = –0,64). Geld und Brief des Spread sind somit –0,64 zu –0,42.[1] Der Spread wird somit immer gekauft, wenn der naheliegende Monat gekauft wird und der entferntliegende Monat verkauft wird. Verkauft wird der Spread, wenn der naheliegende Monat verkauft und der entfernte Monat gekauft wird.

Steigt der Juni-Kontrakt auf 93,57 zu 93,62 und der September-Kontrakt auf 93,76 zu 93,83 so steht der Spread bei –0,26 zu – 0,14. Wäre der Spread zu –0,42 gekauft worden, könnte er jetzt zu –0,26 verkauft werden. Das entspricht einer Veränderung von 16 Ticks und somit einem Gewinn von € 160 pro Kontrakt. Der Gewinn kann auch (umständlicher) über die Future-Transaktionen errechnet werden: Der Juni-Kontrakt wurde zu 93,25 gekauft und zu 93,57 verkauft = Gewinn von € 320 Der September-Kontrakt wurde zu 93,67 verkauft und zu 93,83 zurückgekauft = Verlust von € 160.Der gesamte Gewinn beträgt: € 320 – € 160 = € 160.

Ein Intrakontrakt Spread kann sowohl als ein Preisspread als auch als ein Renditespread eingegangen werden.

Ein Preisspread wird im Verhältnis eins zu eins aufgebaut. Hier kommt es auf die absolute Veränderung der Preise zueinander an.

Bei einem Renditespread müssen auch bei einem Time Spread die unterschiedlichen Preissensitivitäten der Kontrakte auf Renditeänderungen berücksichtigt werden. Haben beide Kontrakte denselben CTD so müssen, da

---

1 Das negative Vorzeichen hat zur Folge, daß auf der Geld Seite der zahlenmäßig größere Betrag steht. An den meisten Terminbörsen ist es möglich, den Spread als solchen zu handeln. Der Spread kann daher enger und somit günstiger stehen, als es sich aus den Bid und Ask Kursen der einzelnen Kontrakte ergeben würde. Zudem ist der Bid/Offer Spread nur in dem Beispiel so weit; bei liquiden Kontrakten ist er meist wesentlich enger z.B. 2 bis 5 Ticks.

sich der Future im Verhältnis Kassapreis des CTD geteilt durch den Preisfaktor bewegt, die Preisfaktoren des CTD für die beiden verschiedenen Liefermonate ins Verhältnis gesetzt werden. Dieses Ratio wird in den meisten Fällen nur geringfügig von eins abeichen und ist vorwiegend für große Positionen von Bedeutung. Nimmt man dieses Verhältnis als Spread Ratio, ist der Gewinn der Position von der Veränderung der kurzfristigen Finanzierungszinssätze (Repo Rate) mit denen die Kontrakte bewertet sind, abhängig. Da der Kassapreis der zugrundeliegenden Anleihe für beide Kontrakte gleich ist und das Verhältnis der Kuponerträge sich nicht ändert, bleibt als variabler Faktor, die sich ändernden kurzfristigen Zinssätze. Wie man sieht, ist eine solche Position ein Zinsstrukturspiel. Man spekuliert auf eine Veränderung der Zinsstruktur zwischen dem Valutatag und dem Kontraktliefertag des ersten Kontraktes und der Zinsstruktur zwischen dem Valutatag und dem Kontraktliefertag des zweiten Kontraktes. Es werden zwei Zinssätze gegeneinander gestellt: Der erste Zinssatz ist der im ersten Future implizite Zins bis zum ersten Kontraktliefertag, und der zweite Zinssatz ist der im zweiten Kontrakt implizite Zinssatz bis zum zweiten Kontraktliefertag. Im Endeffekt spekuliert man auf eine Veränderung des in den beiden Futures impliziten Drei-Monats-Forward-Zinses, der ab dem Kontraktliefertag des naheliegenden Kontraktes gilt. Sind beide Futures fair bewertet, folgt dieser Forward-Zinssatz der Zinsentwicklung des entsprechenden Drei-Monats-Futures (z.B Euribor-Future). Man könnte dann statt dem Spread auch den entsprechenden Dreimonats-Future handeln.[1] Dies hat jedoch nur für den Fall Gültigkeit, daß beide Kontrakte ständig fair bewertet sind. Das kommt in der Realität jedoch selten vor.

Relevant ist auch die Veränderung des Verhältnisses der beiden Lieferoptionen zueinander. Ob die Lieferoption des Back Month mehr wert ist und sich stärker bewegt als die des Front Month, hängt von der Nähe der Anleihen zueinander ab. Eine pauschale Aussage kann jedoch nicht getroffen werden. Der Zeitwert der Option des Back Month ist in jedem Fall größer.

Haben beide Kontrakte einen unterschiedlichen Cheapest to Deliver, kommt zusätzlich noch eine Spekulation auf die Veränderung des Renditeverhältnisses zwischen den beiden Anleihen hinzu. Damit die Veränderung des Renditeverhältnisses im Spread Ratio korrekt berücksichtigt wird, müssen die unterschiedlichen Preissensitivitäten der beiden Anleihen in die Formel für das Spread Ratio implementiert werden. Da es hier auf die Preisveränderung der Anleihe bzw. des Futures ankommt, ist es sinnvoll, die Dollar Durationen der Anleihen zu nehmen.[2] Da die Dollar Duration des Futures die Forward-Dollar Duration des CTD geteilt durch dessen Preisfaktor ist, genügt es, die Dollar Durationen der beiden Kontrakte ins Verhältnis zueinander zu setzen. Das Spread Ratio für einen Intrakontrakt Renditespread berechnet sich dann nach der folgenden Formel:

---

1 Zum besseren Verständnis siehe auch Kapitel 6.1.7 und 7.2.5.
2 Siehe dazu auch Kapitel 7.1.4.2.3: Berechnung des Hedge Ratios mittels der Dollar Duration.

$$Spread\ Ratio = \frac{DD_{Kontrakt1}}{DD_{Kontrakt2}}$$

und

$$DD_{Kontrakt\ x} = \frac{DD_{CTD/x/fw}}{PF_{CTD/x}}$$

DD = Dollar Duration
fw = forward
CTD = Cheapest to Deliver

Das Spread Ratio eines Intrakontrakt Renditespreads wird in der Regel nicht so stark von eins abweichen wie das Spread Ratio eines Interkontrakt Renditespreads. Das hat zur Folge, daß man bei einem Interkontrakt Preisspread viel leichter erkennen kann, daß ein Teil der Position eine Renditespread ist und der andere Teil eine einfache Long- oder Short-Position ist.

7.3.3.2 Interkontrakt Spread Trading

Bei einem Interkontrakt Spread wird ein Spread zwischen zwei Futures mit verschiedenen Kontraktspezifikationen aufgestellt.

Er kann sowohl als Preisspread als auch als Renditespread eingegangen werden.

Renditespreads sind in den verschiedensten Formen möglich. Spreads, die von der Veränderung der Renditestruktur in einem Markt beeinflußt werden, sind z.B. Euribor-Future gegen Bund-Future, Euro-Dollar-Future gegen T-Bond-Future, Bobl- gegen Bund-Future.

Beispiele für Spreads, die von der Veränderung des Renditeverhältnisses zwischen zwei verschiedenen Märkten abhängig sind, sind: T-Bond-Future gegen JGB-Future, Bund-Future gegen Long-Gilt-Future oder Euro-Dollar gegen Short-Sterling-Future.

Um sich eine Meinung über die Entwicklung des Renditeverhältnis zweier Zinsterminkontrakte bzw. zweier Märkte bilden zu können, muß man die entsprechenden Renditen miteinander vergleichen. Bei einem kurzfristigen Zinsterminkontrakt ist die Rendite aus dem Kurs des Futures ersichtlich (100 minus dem Kurs).

Bei lang- bzw. mittelfristigen Zinsterminkontrakten kann man als Maßstab dafür, wie stark sich das Renditeverhältnis zwischen den beiden Märkten verändert hat, entweder die Rendite des Cheapest to Deliver des jeweiligen Kontraktes nehmen oder die Implied Forward Yield der verschiedenen Kontrakte. Welcher Maßstab der bessere ist, ist schwierig zu entscheiden. Die Implied Forward Yield wird unter anderem von Veränderungen in der Basis beeinflußt, die wiederum auch von sich ändernden kurzfristigen Zinsen beeinflußt wird. Die Veränderung der Implied Forward Yield gibt daher zwar die Veränderung der impliziten Rendite des Futures wieder, nicht aber zwangsläufig die

Veränderung der Renditen des dem Future zugrundeliegenden Marktes. Nimmt man dagegen die Renditeentwicklung der Cheapest to Deliver Anleihen der einzelnen Futures als Vergleichsmaßstab, hat man das Problem, daß sich das Renditeverhältnis zwischen den Märkten zwar verändern kann, die Futures dieser Veränderung aber nicht unbedingt folgen müssen.[1]

Ist ein Händler der Meinung, daß die Renditedifferenz zwischen Future X (niedrigere Rendite) und Future Y (höhere Rendite) geringer wird, so kauft er Future Y und verkauft Future X.

Ist er umgekehrt der Meinung, daß sich die Renditedifferenz zwischen den beiden Kontrakten ausweiten wird, kauft er Future X (niedrigere Rendite) und verkauft Future Y (höhere Rendite).

Es kommt hierbei auf die relative Preisveränderung zwischen den Kontrakten an und nicht auf die absolute Preisänderung. Ein Ratio von eins zu eins ist folglich nur bei einem Preisspread und nicht bei einem Renditespread korrekt.[2]

Eine Position in einem Renditespread soll von Parallelverschiebungen in den Zinsen nicht beeinflußt werden. Beim Aufbau eines Renditespreads ist es daher notwendig, die unterschiedlichen Preisreagibilitäten der einzelnen Kontrakte auf eine gegebene Renditeänderung zu berücksichtigen. Ändern sich z.B. in beiden Märkten die Renditen parallel um einen Prozentpunkt, hat sich das Renditeverhältnis nicht verschoben. Bei einem Renditespread sollte daher noch kein Gewinn oder Verlust aufgetreten sein. Haben beide Kontrakte aber eine unterschiedliche Preisreagibilität, wird sich das Preisverhältnis zwischen den Kontrakten verändert haben. In der Berechnung des Spread Ratios muß daher diese Reagibilität berücksichtigt werden. Als Preisreagibilität des Futures kann die Dollar Duration des Futures genommen werden. Diese Berücksichtigung der unterschiedlichen Preisreagibilitäten entspricht der Berechnung des Hedge Ratios zwischen Anleihen und Terminkontrakten. Genauso wie die Berechnung des Hedge Ratios ist die Güte der Berechnung des Spread Ratios unter anderem von der Berücksichtigung der möglicherweise unterschiedlichen Konvexität der beiden Terminkontrakte abhängig. Weisen beide Terminkontrakte eine stark unterschiedliche Konvexität auf, muß diese bei der Berechnung des Spread Ratios berücksichtigt werden.

Als weiteren Punkt muß man noch das möglicherweise unterschiedliche Nominalvolumen der beiden Futures beachten.

Wird zudem der Spread zwischen zwei Kontrakten mit unterschiedlichen Währungen (Cross-Currency Spread) aufgebaut, ist auch das Kursverhältnis der beiden Währungen zu berücksichtigen.

Das Spread Ratio für einen Interkontrakt Renditespread berechnet sich dann folgendermaßen:

---

1 Dieser Effekt kann durch eine gegenläufige Entwicklung der Basis bedingt sein.

2 Theoretisch ist es denkbar, daß auch bei einem Renditespread das Spread Ratio eins zu eins beträgt.

$$Spread\ Ratio = \frac{NW_{Fut\ Y} \times DD_{Fut\ Y}}{NW_{Fut\ Z} \times DD_{Fut\ Z}} \times WK\ \frac{Z}{Y}$$

und

$$DD_{Kontrakt\ x} = \frac{DD_{CTD/x/fw}}{PF_{CTD/x}}$$

mit: NW = Nominalwert
Fut = Future
fw = forward
DD = Dollar Duration
WK = Wechselkurs

Als ein **Beispiel** sei ein Renditespread zwischen dem Bund- und dem Bobl-Future genannt:

Am 15.10 1992 notierte der Dezember-Kontrakt des Bobl-Futures an der DTB[1] zu 95,14. Der Cheapest to Deliver war die Bundesobligation mit 8 % Kupon und einer Laufzeit bis zum 22.9.1997 und notierte zu 102,49. Das entspricht einer Rendite von 7,369 % für die Anleihe und einer Implied Forward Yield von 7,276 % für den Future. Der Dezember-Kontrakt des Bund-Futures hatte zu derselben Zeit einen Kurs von 91,19. Der Cheapest to Deliver (7,25 %, 21.10.2002) notierte bei 99,11. Das entspricht einer Rendite von 7,372 % für die Anleihe und einer Implied Forward Yield von 7,321 % für den Future.

Der Preisspread zwischen beiden Kontrakten beträgt -3,95 und der Renditespread 0,03 % (CTD), bzw. 0,054 % (Future). Der Spread entspricht 3 Basispunkten bzw. 5,4 Basispunkten.

Ein Händler ist der Meinung, daß sich der Renditespread ausweiten wird. Er kauft deshalb Bobl-Futures und verkauft Bund-Futures. Da er den Renditespread handeln möchte, muß er sich vorher das korrekte Spread Ratio berechnen. Der CTD des Bobl-Futures hatte eine Forwar-Dollar Duration von 4,0623 und einen Preisfaktor von 1,08016. Der CTD des Bund-Futures hatte eine Forward-Dollar Duration von 6,4089 und einen Preisfaktor von 1,09057. Die Dollar Duration der beiden Futures beträgt demzufolge: Bobl-Future: 3,7608 (4,0623/1,08016), Bund-Future: 5,8767 (6,4089/1,09057). Da hier keine Wechselkursdifferenzen zu beachten sind, berechnet sich das Spread Ratio folgendermaßen:

$$Spread\ Ratio = \frac{250.000 \times 5{,}8767}{250.000 \times 3{,}7608} = \frac{1{,}5626}{1}$$

Das heißt, daß als Gegengeschäft zu dem Verkauf eines Bund-Future-Kontraktes 1,5626 Bobl-Kontrakte gekauft werden müssen, bzw. 100 Bund-Futures gegen 156 Bobl-Futures.

Am 19.10. steht der Bobl-Future bei 95,75 und der Bund-Future bei 91,50. Der CTD des Bobl notiert bei 103,27 (Rendite: 7,177 %) und der CTD des Bund notiert bei 99,58 (Rendite: 7,3055). Die Implied Forward Yield des Bobl-Futures beträgt 7,113 % und die des Bund-Futures 7,272 %.

Der Renditespread der Anleihen beträgt jetzt 0,128 % und hat sich somit um 0,098 % ausgeweitet. Genauso hat sich auch der Spread der Implied Forward Yield der beiden Futures um 0,105 % auf 0,159 % ausgeweitet.

1 Damals wurden Bund- und Bobl-Future noch in DM mit einem Tick Wert von DM 25 notiert. Für das Beispiel macht dies jedoch keinen Unterschied.

Der Händler beschließt seine Gewinne zu realisieren und verkauft 156 Bobl Kontrakte und kauft 100 Bund Kontrakte. Sein Gewinn berechnet sich dann folgendermaßen:

Kauf von 156 Bobl-Futures bei 95,14.
Verkauf von 156 Bobl-Futures bei 95,75.
Gewinn: 61 * 25 * 156 = DM 237900,00
Verkauf von 100 Bund-Futures bei 91,19.
Kauf von 100 Bund-Futures bei 91,50.
Verlust: 31 * DM 25 * 100 = DM 77500,00.

Der gesamte Gewinn aus dem Trade beträgt: DM 160400,00 (237900,00–77500,00).

Wäre der obige Spread im Verhältnis eins zu eins eingegangen worden, wäre dies ein Preisspread gewesen. Entscheidend wären dann die Preisveränderungen zwischen den Kontrakten gewesen. Der Händler hätte dann beispielsweise 100 Bobl-Kontrakte gekauft und 100 Bund-Future-Kontrakte verkauft. Man muß sich aber darüber im klaren sein, daß ein Teil dieser Position ein Renditespread ist und der andere Teil eine einfache Long- bzw. Short-Position. Für einen Renditespread müßten für 100 Bund Kontrakte 156 Bobl-Kontrakte gekauft werden, bzw. müßten für 100Bobl-Futures 64 Bund-Futures (1/1,5626) verkauft werden. In diesem Fall wurden aber 100 Bund-Futures verkauft und 100 Bobl-Futures gekauft. 64 verkaufte Bund-Futures gegen 100 verkaufte Bobl-Futures ist der Teil der Position, der den Renditespread darstellt. Die restlichen 36 Bund-Future-Kontrakte sind eine einfache ungedeckte Short-Position. Es fließt somit eine zusätzliche Marktmeinung über die Kursentwicklung des Bund-Futures mit ein. Der Händler muß sich daher darüber im klaren sein, daß er eigentlich zwei verschiedene Positionen gleichzeitig etabliert hat; nämlich einen Renditespread und eine Short-Position.

Bei einem Spread Trade ist zu beachten, daß das Spread Ratio gegebenenfalls angepaßt werden muß. Ändern sich nach Eingehen der Position die Dollar Durationen der einzelnen Futures, so ändert sich auch das Spread Ratio. Eine Änderung der Dollar Duration des Futures kann durch sich ändernde Dollar Durationen der Cheapest to Deliver Anleihen der Futures bedingt sein. Einen stärkeren Effekt wird meistens ein Wechsel des CTD haben, da die neue Anleihe in aller Regel nicht nur eine andere Dollar Duration hat, sondern auch einen anderen Preisfaktor.

Die Entwicklung des Renditespreads zwischen dem Dezember 92 Kontrakt des Bobl-Futures und dem Dezember 92-Kontrakt des Bund-Futures zeigen *Abb. 7.23* und *Abb. 7.24.*

Wird der Spread zwischen Kontrakten mit unterschiedlichen Währungen aufgestellt, so müssen zusätzlich noch auftretende Wechselkursveränderungen berücksichtigt werden.

In den genannten Fällen muß das Spread Ratio neu berechnet werden und gegebenenfalls Kontrakte ge- bzw. verkauft werden. Die Anpassung des Spread Ratios entspricht der Anpassung des Hedge Ratios bei einem Hedge.

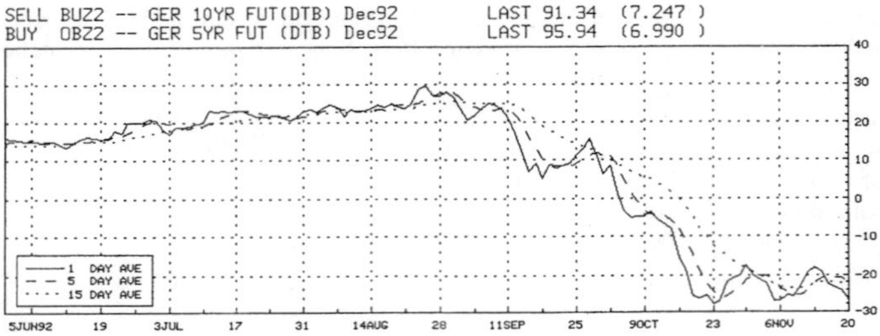

Abb. 7.23: Entwicklung des Renditespread des Dez. 92 Kontrakt zwischen Bund und Bobl-Future (Quelle: Bloomberg)

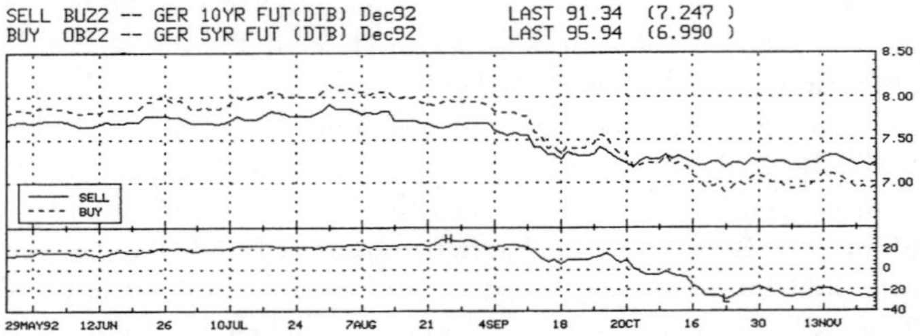

Abb. 7.24: Entwicklung des Renditespread des Dez. 92 Kontrakt zwischen Bund und Bobl-Future[1] (Quelle: Bloomberg)

Beispiel für einen Renditespread zwischen dem Treasury Bond Future und dem Bund-Future: [2]

2.10.1992:
Kurs des T-Bond-Futures: 106–1/32. CTD: 9,25 % Kupon, Laufzeit bis Februar 2016, Kurs: 121–2/32, Preisfaktor: 1,1305, Forward-Dollar Duration der Anleihe: 12,2561, Rendite der Anleihe: 7,331 %. Implied Forward Yield des Futures: 7,420 %, Dollar Duration des Futures: 10,1483 (12,2561/1,1305).

Kurs des Bund-Futures: 91,34. CTD: 7,25 % Kupon, Laufzeit bis 20.9.2001, Kurs: 104,74, Preisfaktor: 1,14933, Forward-Dollar Duration der Anleihe: 6,5449, Rendite der Anleihe: 7,503 %, Implied Forward Yield des Futures: 7,442 %, Dollar Duration des Futures: 5,6945 (6,5449/1,14933).[3]

Aus diesen Daten errechnet sich ein Renditespread von 0,172 % (CTD), bzw. 0,022 % (Implied Forward Yield) und ein Preisspread von 14,69.

Der Wechselkurs des Dollars betrug 1,4095 DM/$, bzw. 0,709 $/DM.

Ein Marktteilmehmer glaubt, daß sich der Renditespread verkleinern wird und verkauft daher Treasury Bond Kontrakte und kauft Bund-Future-Kontrakte im folgenden Verhältnis:

---

1 Bei diesem Graph ist zu beachten, daß die Renditeentwicklungen verglichen werden und nicht die Preisentwicklungen.

2 Damals wurde der Bund-Future noch in DM mit einem Tick Wert von DM 25 notiert. Für das Beispiel macht dies jedoch keinen Unterschied.

3 Bloomberg liefert leicht abweichende Ergebnisse. Deshalb stimmen diese Zahlen teilweise nicht mit den Zahlen in den Abb. 7.25 und 7.26 überein. Die Graphen verdeutlichen jedoch sehr schön die Entwicklung des Spreads.

$$\textit{Spread Ratio} = \frac{100.000 \times 10{,}1483}{250.000 \times 5{,}6945} \times \frac{1{,}4095}{1} = \frac{1{,}00476}{1}$$

Das heißt, daß für 100 verkaufte Treasury Bond Kontrakte 100,476 (gerundet 101) Bund-Future-Kontrakte gekauft werden müssen.

Am 8.10.1992 haben sich die Marktverhältnisse geändert. Der Treasury Bond Future steht bei 104–6/32 und der Bund-Future bei 91,12. Besonders wichtig ist die Tatsache, daß bei beiden Futures der CTD gewechselt hat. Für den Treasury Bond Future ist die Anleihe mit 7,5 % Kupon und Laufzeit bis November 2016 (Kurs: 99–27/32, Rendite: 7,511 %, Preisfaktor: 0,9470, Dollar Duration: 10,300) Cheapest to Deliver. Für den Bund-Future ist es die Anleihe mit 8 % Kupon und Laufzeit bis 22.7.2002 (Kurs: 103,87, Rendite: 7,426 %, Preisfaktor: 1,142062, Dollar Duration: 6,8559). Die Implied Forward Yield und Dollar Duration beträgt für den T-Bond Future 7,590 % und 10,8765 und für den Bund-Future 7,382 % und 6,0031.

Zusätzlich zu dem Wechsel des CTD kam noch eine Veränderung des Wechselkurses hinzu: 1,4720 DM/$, bzw. 0,679 $/DM.

Durch diese Veränderungen wird eine Anpassung des Spread Ratios notwendig:

$$\textit{Spread Ratio} = \frac{100.000 \times 10{,}8765}{250.000 \times 6{,}0031} \times \frac{1{,}4720}{1} = \frac{1{,}0668}{1}$$

Gerundet beträgt Spread Ratio jetzt 100 verkaufte T-Bond-Kontrakte zu 107 gekauften Bund-Future-Kontrakten.

Es müssen daher 6 Bund-Future-Kontrakte gekauft werden.

Bis zum 16.10. 1992 hat sich der Renditespread weiter verkleinert:

Der Treasury Bond Future notiert jetzt bei 103–19/32. Cheapest to Deliver: 8,125 % Kupon, Laufzeit bis Mai 2021, Kurs: 106–2/32, Rendite: 7,595 %, Preisfaktor: 1,0137, Dollar Duration: 11,7625. Implied Forward Yield und Dollar Duration des Futures: 7,650 % und 11,6035.

Der Kurs des Bund-Futures beträgt 91,39. Cheapest to Deliver ist die Anleihe mit 8,25 % Kupon und Laufzeit bis zum 20.09.2001. Kurs der Anleihe: 104,89, Rendite: 7,469 %, Preisfaktor: 1,14933, Dollar Duration: 6,5268. Implied Forward Yield und Dollar Duration des Futures: 7,433 % und 5,6788.

Der Wechselkurs DM/$ beträgt: 1,4800.

Der Renditespread beträgt jetzt -0,126 % (Bund-T-Bond) für die Anleihen und –0,217 % für die Implied Forward Yield. Er hat sich somit um 0,298 % bzw. 0,239 % verkleinert.

Der Preisspread hat sich um 2,49 Punkte verkleinert und beträgt nun 12,20.

Durch ein Glattstellen der Positionen könnte folgender Gewinn realisiert werden:

Kauf von 101 Bund-Future-Kontrakten zu: 91,34 am 2.10.

Verkauf von 101 Bund-Future-Kontrakten zu: 91,39 am 16.10.

Gewinn: 5 * DM 25 * 101 = DM 12625,00.

Zusätzlich wurden am 8.10. wegen der notwendigen Anpassung des Spread Ratios 6 Bund-Future-Kontrakte zu einem Kurs von 91,12 gekauft. Diese Kontrakte wurden ebenfalls am 16.10. zum Kurs von 91,39 glattgestellt. Daraus errechnet sich ein Gewinn vo DM 4050 (27 * DM 25 * 6).

Der gesamte Gewinn der Bund-Future-Position beträgt somit DM 16675,00.

Der Gewinn aus der T-Bond-Position errechnet sich folgendermaßen:

Verkauf von 100 Treasury Bond Kontrakten zu 106–01/32.

Kauf von 100 Treasury Bond Kontrakten zu 103–19/32.

Die Kursveränderung beträgt 78 Ticks (2–14/32).

Der Gewinn beträgt dann: 78 * $ 31,25 * 100 = $ 243750,00.

Bei einem Wechselkurs von 1,4800 DM/$ entspricht das DM 360750,00.

Der Gesamtgewinn der aus dem Spread Trade entstand, beträgt nun DM 360750,00 + DM 16675,00 = DM 377425,00.

Die Entwicklung des Renditespreads zwischen dem Dezember 92 Kontrakt des Treasury Bond Futures und dem Dezember 92 Kontrakt des Bund-Futures über den Zeitraum vom 01.06.92 bis zum 20.11.92 zeigt *Abb. 7.25* und *Abb. 7.26.*

Wird ein Spread zwischen Märkten mit verschiedenen Währungen eingegangen, besteht ein Wechselkursrisiko. Dieses Wechselkursrisiko ist aber geringer, wenn der Spread statt mit Anleihen über den Future durchgeführt wird. Wird der Spread mit Anleihen etabliert, besteht das Wechselkursrisiko bezüglich des gesamten Kaufpreises der Anleihen. Bei Terminkontrakten muß dagegen nur eine vergleichsweise geringe Margin hinterlegt werden. Das Wechselkursrisiko beschränkt sich daher auf die hinterlegte Margin, sowie auf die aus den Kursänderungen der Terminkontrakte resultierenden Variation-Margin-Zahlungen.

Als weiteres Risiko besteht bei einem Spread, genauso wie bei einem Hedge von Anleihen, das Basisrisiko. Folgt der Future nicht den Bewegungen der zugrundeliegenden Anleihen, kann der Trader in seiner Markteinschätzung zwar Recht bekommen, die Position kann trotzdem mit einem Verlust enden.

Abb. 7.25: Entwicklung des Renditespread des Dez. 92 Kontraktes zwischen T-Bond- und Bund-Future (Quelle: Bloomberg)

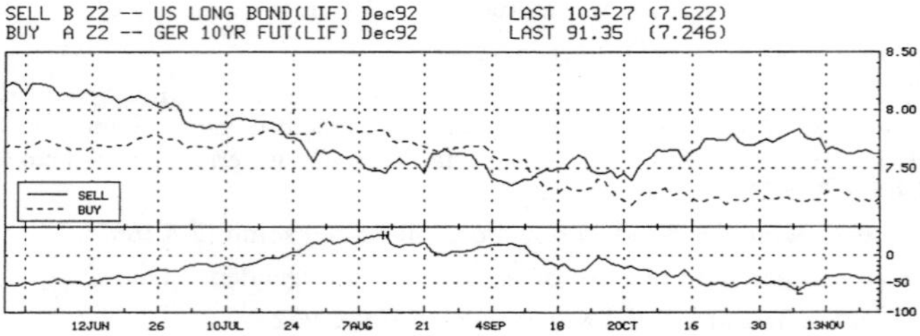

Abb. 7.26: Entwicklung des Renditespread des Dez. 92 Kontraktes zwischen T-Bond- und Bund-Future (Quelle: Bloomberg)

Die Basis kann sich auch aus anderen Gründen ändern (z.B. Änderung der kurzfristigen Zinsen, Wechsel des CTD und nicht zu vergessen die Änderung der Seller's Option). In jedem Fall besteht das Risiko, daß sich die Basis zuungunsten der bestehenden Position entwickelt.

Ein weiterer wichtiger Aspekt der nicht vernachlässigt werden sollte, ist der Effekt der **Carry**. Zwischen den meisten Anleihen oder Märkten bestehen Renditeunterschiede. Da der Future der Forward der Cheapest to Deliver Anleihe ist, spiegeln sich diese Renditeunterschiede in den Futures wieder. Handelt man daher einen Future-Spread, so zahlt man oder erhält man diese Renditedifferenz (Carry) für den Zeitraum in dem man die Position hält. Ob man die Renditedifferenz erhält oder zahlt, hängt nicht nur von der Rendite der Anleihen ab, sondern auch von den jeweiligen Repo Raten. Eine Anleihe kann zwar eine höhere Rendite haben als eine andere Anleihe; dieser Effekt kann jedoch durch eine ebenfalls höhere Repo Rate überkompensiert werden. Die Haltekosten für diese Anleihe sind dann höher. Die Kosten für das Halten der Anleihen werden in den Forward-Preisen abgebildet. Eine sehr gute Schätzung wieviel Basispunkte sich ein Spread bewegen muß, damit der Effekt der Carry kompensiert wird, liefert die Differenz zwischen dem Kassa-Renditespread der Anleihen (CTD) und dem Forward-Renditespead. Man muß somit eine Abschätzung für die Haltedauer der Position machen. Dann kann man auf der Basis der Forward-Preise der beiden CTD-Anleihen den Forward-Renditespread ermitteln. Die Differenz zu dem Kassa-Renditespread ist der Betrag, um den sich der Renditespread auf Forward-Basis bewegen muß, damit der Effekt der unterschiedlichen Haltekosten (Carry) kompensiert wird.

7.3.4 Basis Trading

Basis Trader spekulieren auf eine Veränderung der Basis. Die Positionen, die sie dabei eingehen und auch die Vorgehensweise entspricht der einer Arbitrage zwischen der Anleihe und dem Future. Es ist nämlich der gleichzeitige Kauf bzw. Verkauf von Terminkontrakt und Anleihe. Der Unterschied besteht aber darin, daß bei einer Arbitrage die Position eingegangen wird, mit der Absicht, sie bis zum Kontraktliefertag zu halten und einen relativ sicheren Gewinn einzunehmen. Bei einem Basis Trade wird die Position aus rein spekulativen Gründen eingegangen. Sie wird meistens vor dem Liefertag aufgelöst, kann aber auch in den nächsten Kontraktmonat gerollt werden.

Oft machen Händler aus einer Arbitrage einen Basis Trade, indem sie, wenn sich die Basis stark zu ihren Gunsten entwickelt hat, die Position vorzeitig schließen. Sie werden dies dann tun, wenn sie durch das vorzeitige Schließen der Position einen gößeren Gewinn erzielen würden, als dies durch das Halten der ursprünglichen Arbitrageposition bis zum Liefertag möglich wäre.

Beispiel:
Die aktuelle Repo Rate beträgt 9 Prozent und die Implied Repo Rate des Futures 9,3 Prozent. Ein Händler tätigt in diesem Fall eine Cash and Carry Arbitrage. Sinkt nach Eingehen der Position die Implied Repo Rate unter 9 Prozent, ist es möglich, durch vorzeitiges Auflösen der Position die Differenz zwischen der aktuellen Implied Repo Rate und der Repo Rate von 9 Prozent als zusätzlichen Gewinn einzumehmen.

Beim Basis Trading unterscheidet man zwischen einer „Long the Basis" Position und einer „Short the Basis" Position.

7.3.4.1 Long the Basis

Man kauft die Basis bzw. ist „Long the Basis" wenn man Anleihen kauft und Futures verkauft.

Man verkauft die Basis bzw. ist „Short the Basis" wenn man Anleihen leerverkauft und Futures kauft.[1]

Das Verhältnis, in dem Anleihen gegen den Kontrakt gestellt werden, wird durch den Preisfaktor der jeweiligen Anleihe bestimmt, mit der der Basis Trade eingegangen wird. Der Future bewegt sich nämlich nicht im Verhältnis eins zu eins mit der Anleihe. Geht man von einer konstanten Basis aus, bewegt sich der Future im Verhältnis eins geteilt durch den Preisfaktor zu der Anleihe. Es wird dabei vorausgesetzt, daß der Basis Trade mit dem Cheapest to Deliver aufgesetzt wird.

Eine Long the Basis Position profitiert von einer Vergrößerung der Basis. Der Future wird dann im Verhältnis zur Anleihe billiger.

Ist die Carry positiv, d.h. daß die Erträge aus dem Halten der Position größer sind als die Finanzierungskosten, dann nimmt der Händler, zusätzlich zu seinem möglichen Gewinn aus der Veränderung der Basis, diese Carry ein. Ist die Carry dagegen negativ, dann muß er diese Kosten bezahlen.

Ein solcher Basis Trade soll anhand des Futures auf Bundesobligationen verdeutlicht werden. Er ist jedoch analog für jeden anderen mittelfristigen und langfristigen Zinsterminkontrakt möglich.

Beispiel:
Am 17. November 1992 betrug die Repo Rate 8,90 % für die Serie 100 der Bundesobligationen. Der Bobl-Future für den Monat Dezember notierte bei 95,42. Die Obligation der Serie 100 (Conversion Faktor 1,08731) Kupon 8,25 % und Laufzeit bis 20.7.1997 notierte bei 103,49. Daraus errechnet sich eine Implied Repo Rate von 9,326 % und eine aktuelle Basis von –0,26096.

Ein Marktteilnehmer, der der Meinung ist, daß sich die Basis vergrößern wird, kann folgende Positionen eingehen:

Kauf von Obligationen im Nominalwert DM 25000000,00. Verkauf von 109 Bobl-Futures [(25000000,00/250000) * 1,08731=109].

Am 23. November stand der Future bei 96,20 und die Obligation bei 104,59. Die Implied Repo Rate ist auf 7,633 % gesunken und die aktuelle Basis hat sich gemäß der Erwartung des Marktteilnehmers um ca. 25 Basispunkte auf –0,00906 ausgedehnt. Durch

1 Vgl. *Burghard, G., Lane, M., Papa, J.:* (Treasury Bond), S.25f.

ein Schließen der Position zu diesen Preisen, könnte folgender Gewinn realisiert werden:

Wertpapierposition:		
Kauf: 103,49 * 250000	= DM	25872500,00
Verkauf: 104,59 * 250000	= DM	26147500,00
Gewinn:	+ DM	275000,00

Futureposition:
Verkauf: 95,42
Kauf: 96,20
Das entspricht einem Anstieg um 78 Ticks.
Verlust: 78 * 25 * 109 = – DM 212550,00

Aus der Kursveränderung errechnet sich daher ein Gewinn von: + DM 275000,00 – DM 212550,00 = + DM 62450,00

Es muß jedoch noch die Cost of Carry berücksichtigt werden, die für das Halten der Anleihe während der sechs Tage angefallen ist.

Carry für 6 Tage:
Stückzins erhalten:

250000 * 6/360 * 0,0825 = + DM 34375,00.

Finanzierungskosten bezahlt (berechnet auf den dirty spot-price):

Stückzins pro Obligation seit dem letztem Kuponzahlungsdatum:

87/360 * 8,25 = 1,9938.

Finanzierungszinssatz: 8,90 Prozent.

(103,49 + 1,99) * 0,0890 * 6/360 * 250000 = – DM 39115,50

Als Carry ist insgesamt zu bezahlen: + DM 34375,00 – DM 39115,50 = – DM 4740,50

Der gesamte Gewinn beträgt dann:

Kurswertänderung:	+ DM	62450,00
Carry:	– DM	4740,50
Gewinn:	+ DM	57709,50

7.3.4.2 Short the Basis

Wie oben festgestellt, verkauft man die Basis bzw. ist Short the Basis, wenn man Anleihen leerverkauft und die entsprechende Anzahl an Futures kauft. Wenn man die Basis verkauft, profitiert man von einer Verengung der Basis. Auch hier hat man neben der Veränderung der Basis als zweite Ertrags- bzw. Kostenkomponente, je nachdem, ob sie positiv oder negativ ist, die Carry. Bei einer Short Basis Position muß man, wenn sie positiv ist, die Carry bezahlen. Umgekehrt ist es für diese Position günstig, wenn die Carry negativ ist, da man sie dann als zusätzlichen Ertrag erhält.

Beispiel:
Glaubt in dem letzten Beispiel der Marktteilnehmer, daß sich die Basis verengen wird, dann wird er den Future kaufen und die Obligationen leerverkaufen. Er muß für den Zeitraum, in dem er die Position hält, die Stückzinsen bezahlen. Anderseits hat er Zinseinnahmen in Höhe der Repo Rate. Diese Einnahmen entstehen dadurch, daß die Obligationen verkauft werden und der erhaltene Betrag zu der Repo Rate angelegt wird. Die Position lautet dann folgendermaßen:

Leerverkauf von Obligationen im Nominalwert DM 25000000,00. Kauf von 109 Bobl-Futures [(25000000/250000) * 1,08731=109].

Hätte sich die Basis bis zu 23. Oktober statt auszuweiten verengt, könnte man folgende Rechnung aufstellen:

Rückkauf der Obligationen zu: 104,19.

Verkauf des Futures zu: 96,13

Die Basis beträgt bei diesen Preisen -0,33294 und die Implied Repo Rate 9,94647.

Obwohl sie sich betragsmäßig ausgeweitet hat, hat die Basis sich effektiv verengt, da sie hier ein negatives Vorzeichen hat.

Die Basis wurde in diesem Fall zu -0,26096 verkauft und zu -0,33294 zurückgekauft.

Die Gewinn und Verlustrechnung sieht dann folgendermaßen aus:

Wertpapierposition:

Verkauf: 103,49 * 250000	= DM 25872500,00
Kauf: 104,19 * 250000	= DM 26047500,00
Verlust:	+ DM 175000,00

Futureposition:
Kauf: 95,42
Verkauf: 96,13
Das entspricht einem Anstieg um 71 Ticks.
Gewinn: 71 * 25 * 109 = – DM 193475,00

Aus der Kursveränderung errechnet sich daher ein Gewinn von:

+ DM 193475,00 – DM 175000,00 = <u>+ DM 18475,00</u>

Auch in diesem Beispiel muß die Cost of Carry berücksichtigt werden. Hier ist sie jedoch positiv, da der Zinsertrag aus der Anlage des durch den Leerverkauf der Obligationen hereingeflossenen Geldes die zu zahlenden Stückzinsen überkompensiert.

Carry für 6 Tage:
Zu zahlender Stückzins:

250000 * 6/360 * 0,0825 = – DM 34375,00.

Zinserträge durch den Verkauf der Obligationen (berechnet auf den Dirty Spot-Price):

Stückzins pro Obligation seit dem letztem Kuponzahlungsdatum:

87/360 * 8,25 = 1,9938.

Anlagezinssatz: 8,90 Prozent.

(103,49 + 1,99) * 0,0890 * 6/360 * 250000 = + DM 39115,50

Die erhaltene Carry beträgt insgesamt: + DM 39115,50 – DM 34375,00 = <u>+ DM 4740,50</u>

Der gesamte Gewinn beträgt dann:

Kurswertänderung:	+ DM 18475,00
Carry:	+ DM 4740,50
Gewinn:	+ DM 23215,50

Es ist zu beachten, daß der Gewinn in diesem Fall aus zwei Komponenten besteht: Dem Ertrag aus der Kursveränderung und dem Zinsertrag, der durch den Leerverkauf der Obligationen entstanden ist.

Die Veränderung der Implied Repo Rate kann einen Hinweis darauf geben, in welche Richtung sich die Basis entwickelt hat. Zum Beispiel hat eine Verringerung der Implied Repo Rate meistens eine Erweiterung der Basis zur Folge. Umgekehrt wird sich meistens die Basis verengen wenn die Implied Repo Rate steigt. Entscheidend ist aber der Zeitraum in dem die Veränderung stattfindet. Da die Basis bis zum Liefertag gegen Null konvergiert, wird sich die Basis, auch wenn sich die IRR nicht verändert, ständig abbauen. Anderseits kann es vorkommen, daß sich die Basis über einen längeren Zeitraum nicht verändert. Die IRR wird sich in diesem Fall nur dann nicht verändern, wenn die Carry gleich Null ist (Erträge entsprechen den Finanzierungskosten).

Nähert sich der Liefertag und sind die Positionen noch nicht geschlossen, bestehen bei einem Basis Trade drei Möglichkeiten:[1]

1. Glattstellen der Position

Diese Möglichkeit wurde in den vorhergehenden Beispielen erörtert.

2. Halten der Position bis zum Lieferzeitpunkt

Hält man die Position bis zum Liefertag, muß man, wenn die Basis gekauft wurde, Anleihen in den Kontrakt liefern. Umgekehrt muß man bei einem Verkauf der Basis die Lieferung der Anleihen entgegennehmen. In beiden Fällen muß man, ähnlich wie bei einer Arbitrage, am letzten Handelstag den überhängenden Teil der Future-Position, der nicht mit dem Nominalwert der Anleihen übereinstimmt, verkaufen bzw. zukaufen.

3. Rollen der Future-Position

Die dritte Möglichkeit besteht in dem Rollen der Future-Position in einen der folgenden Kontraktmonate. Die bestehende Future-Position wird geschlossen, während für den darauffolgenden Liefermonat dieselbe Position eröffnet wird, wie sie ursprünglich für den laufenden Kontraktmonat bestanden hat.

Ist man Short the Basis, kauft man die Basis zum aktuellen Preis zurück und verkauft sie für den nächsten Kontraktmonat. Bei einer Long the Basis Position wird umgekehrt verfahren.

Ein Punkt, der nur bei großen Positionen von Bedeutung ist, ist der Umstand, daß für unterschiedliche Liefermonate auch unterschiedliche Preisfaktoren gelten. Die Anzahl der Futures die ge- bzw. verkauft werden, kann dann leicht unterschiedlich sein.

7.3.4.3 Risiken eines Basis Trades

Neben dem Risiko, daß sich der Händler mit seiner Markteinschätzung geirrt hat und sich die Basis zu seinen Ungunsten entwickelt, gibt es einige für einen Basis Trade spezifische Risiken.

Ein beträchliches Risiko, das auftreten kann, wenn man die Basis verkauft, besteht in dem sogenannten „Short Squeeze". Wurde die Anleihe leerverkauft, so muß sie, wenn die Position glattgestellt werden soll, zurückgekauft

---

1 Vgl. *Burghard, G., Lane, M., Papa, J.:* (Treasury Bond), S. 115.

werden. Das kann aber unter bestimmten Umständen problematisch werden. Haben viele Marktteilnehmer in demselben Papier eine Short-Position und müssen sie sich zur gleichen Zeit wieder eindecken, kann es zu einer vorrübergehenden Nichtverfügbarkeit bei diesem Wert kommen. Ist das Volumen der Positionen, die eingedeckt werden müssen, größer als das Volumen der Positionen, die am Markt frei verfügbar sind, kommt es einem Short Squeeze. Es ist dann nicht oder nur zu äußerst ungünstigen Bedingungen möglich, seine Position glattzustellen. Eine solche Nichtverfügbarkeit kann auch bei illiquiden Papieren oder bei Werten vorkommen, bei denen ein großer Anteil von einer Marktteilnehmergruppe gehalten wird. Solche Anleihen können im Vergleich mit anderen Anleihen mit einer völlig unterschiedlichen Rendite rentieren, obwohl sie ähnliche Ausstattungsmerkmale aufweisen.

Das Risiko bei einer Short Basis Spekulation ist theoretisch unbegrenzt, da bei einem Short Squeeze auch der Fall einer negativen Implied Repo Rate eintreten kann. Bei einer Long Basis Spekulation kann man notfalls die Anleihe in den Future einliefern und so sein Risiko begrenzen.

Ein weiteres Risiko liegt in dem möglichen Wechsel des Cheapest to Deliver. Der CTD kann relativ schnell wechseln. Tut er das, dann ändert sich auch die Duration des Futures und meistens auch der Preis des Futures. Als Folge wird eine Renditeänderung nicht mehr dieselbe Preisänderung im Future bewirken, wie es vor dem Wechsel des CTD der Fall war. Das Verhältnis der Preisbewegung des Futures gegenüber dem ursprünglichen CTD entspricht dann nicht mehr dem Preisfaktor dieser Anleihe.[1] Aus einem Basis Trade wird dann ein Spread Trade zwischen den Renditen des ursprünglichen und des neuen CTD. Das Verhältnis Anleihe zu Future ist in diesem Renditespread zudem auch noch unausgewogen.

Handelt man die Basis mit einer anderen Anleihe als dem CTD, so muß man das Verhältnis von Future zu Anleihe anpassen. Die Anzahl der ge- bzw. verkauften Futures entspricht dann dem Preisfaktor des CTD. Dieser Preisfaktor muß aber zusätzlich noch durch die Dollar Duration des CTD dividiert werden und mit der Dollar Duration der Anleihe multipliziert werden, mit der der Basis Trade eingegangen wird.[2] Nur bei dieser Berechnung resultieren die entstehenden Zahlungsströme aus Veränderungen der Basis und nicht aus einfachen Preisveränderungen zwischen Anleihe und Future. Allerdings besteht bei einem solchen Basis Trade der nicht mit dem CTD eingegangen wird, das Risiko, daß sich die Renditen der einzelnen Anleihen nicht parallel entwickeln. Dies ist ein zusätzliches Basisrisiko, das auch bei einem Cross Hedge auftritt.

1 Vgl. *Jonas S.:* (Change in the Cheapest to Deliver), S.316.
2 Vgl. hierzu auch Methoden zur Berechnung des Hedge Ratios, Kapitel 7.1.4.

7.4 Management von Anleiheportfolios

Bond-Futures geben Portfoliomanagern eine Vielzahl von Möglichkeiten zur Adjustierung bzw. Feinsteuerung eines Portfolios. Sie geben z.B. die Möglichkeit in verschiedenen internationalen Bondmärkten Positionen aufzubauen ohne ein zu großes **Wechselkursrisiko** einzugehen. Während man an den Zinsbewegungen an den ausländischen Märkten teilnimmt, verbleibt der Großteil des Geldes am heimischen Markt. Ein Wechselkursrisiko entsteht erst wenn ein Gewinn oder ein Verlust in der Future-Position auf dem Marginkonto anfällt.

Die weiteren Möglichkeiten werden in den folgenden Kapiteln eräutert.

7.4.1 Steuerung der Duration eines Anleiheportfolios

7.4.1.1 Die Duration eines Anleiheportfolios

Die Duration ist eine Maßzahl für die Preisreagibilität einer Anleihe in bezug auf Renditeänderungen. Wie bereits in Kapitel 2.1.1 erläutert ist die Duration eine lineare Annäherung an die Zinssensitivität einer Anleihe und hat einen additiven Charakter. **Die Duration eines Portfolios aus Anleihen entspricht daher der Summe der Durationen der einzelnen Anleihen, gewichtet mit ihrem jeweiligen Anteil am Portfolio.** Als Gewichte dienen die Nominalwerte der einzelnen Anleihepositionen.

$$Dur_{PF} = \frac{\sum_{n=1}^{N} NW_{Bond/n} \times Dur_{Bond/n}}{\sum_{n=1}^{N} NW_{Bond/n}}$$ [1]

Diese Definition kann man sowohl zur Berechnung der Macauly Duration als auch zur Berechnung der Modified und Dollar Duration eines Portfolios verwenden.

Kennt man die Dollar Duration und das Nominalvolumen eines Portfolios, so läßt sich die Sensitivität des Porfolios bezüglich Renditeänderungen feststellen. **Die Sensitivität ist der in Geldeinheiten ausgedrückte Betrag den den man gewinnt oder verliert, wenn sich die Zinsen um einen Basispunkt verändern.**

$$Sensitivität_{PF} = DD_{PF} \times NW_{PF} \times 0{,}0001$$

Die Duration eines Portfolios ist eine aggregierte Größe und somit nur bedingt aussagekräftig. Bei einem gegebenen Volumen hat eine Erhöhung der Duration eine Erhöhung der Sensitivität bezüglich Zinsänderungen zur Fol-

---

1 Vgl. auch Plona, C.: (Bond Basis), S. 191 f.

ge. Andererseits läßt sich durch Hinzufügen eines Instruments mit kürzerer Duration die Duration des Portfolios verringern. Da sich das Volumen des Portfolios erhöht hat, wird sich die Sensitivität des Portfolios erhöhen.

Eine Aussage über die Sensitivität bezüglich der einzelnen Punkte auf der Zinskurve kann jedoch nicht gemacht werden. Dies ist jedoch entscheidend für die Risikoanalyse und das Risikomanagement eines Portfolios. Ein Portfolio kann z.B aus einer kurzlaufenden und einer langlaufenden Anleihe bestehen. Die Duration wird dann eine mittlere Größe sein. Das Risiko bezüglich der Zinkurvenentwicklung liegt jedoch auf vollkommen anderen Punkten. Die Sensitivität bezüglich der einzelnen Punkte auf der Zinskurve zu kennen ist jedoch wichtig für den Fall einer Veränderung der Zinskurve. Das Konzept der Duration geht stets von einer Parallelbewegung der Zinskurve aus. Diese Annahme ist gerade dann problematisch, wenn das Portfolio aus Anleihen mit verschiedenen Fälligkeiten besteht. Noch weniger aussagekräftig wird die Duration, wenn sich Short-Positionen im Portfolio befinden. Eine Short-Position in einer Fälligkeit kann eine Long-Position in einer anderen Fälligkeit ausgleichen und die Duration des Portfolios auf null bringen. In diesem Portfolio besteht dann ein erhebliches Zinskurvenrisiko das in der Duration überhaupt nicht zum Ausdruck kommt.

Die Vorgabe einer bestimmten Duration für ein Anleiheportfolio macht daher ohne Beachtung der weiteren Risikoparameter wie z.B. Sensitivität des gesamten Portfolios, Sensitivität bezüglich der Punkte auf der Zinskurve oder Reinvestmentrisiko, wenig Sinn. Sie kann jedoch zur Berechnung der Sensitivität des Portfolios bezüglich Zinsänderungen (Parallelveränderung der Zinskurve) herangezogen werden.

Beispiel:
Ein Portfolio enthält drei 3 Anleihepositionen:

Anleihe 1: 20 Mio Nominalwert, Dollar Duration: 4,00
Anleihe 2: 10 Mio Nominalwert, Dollar Duration: 5,00
Anleihe 3: 30 Mio Nominalwert, Dollar Duration: 6,00

Die Dollar Duration des gesamten Portfolios ist 5,375:

(4*20 + 5*10 + 6*50)/80.

Die Sensitivität des Portfolios bezüglich einer Renditeänderung um einen Basipunkt beträgt: 5,375 * 80 Mio * 0,0001 = € 43.000.

Es ist nun möglich, zu einem Anleiheportfolio eine Futureposition hinzuzufügen. Ein Future bindet, abgesehen von der vergleichsweise geringen Marginzahlung, kein Kapital. Eine zusätzliche Futureposition kann daher die durchschnittliche Restbindungsdauer und somit die Macaulay Duration eines Portfolios nicht verändern.

Die Dollar Duration wird jedoch nicht unverändert bleiben. Der Kauf eines Futures kann als der Kauf von Anleihen zum Forward-Preis angesehen werden, mit dem Unterschied, daß beim Kauf des Futures der Kaufpreis noch nicht voll entrichtet wurde. Das Nominalvolumen des Portfolios wird sich entsprechend erhöhen. Mit diesem Nominalvolumen könnte nun unter Berücksichtigung der Dollar Duration des Futures (siehe Kapitel 6.1.6) nach der obigen Formel die Duration des Portfolios ermittelt werden. Mit der Begründung, daß der Future kein Kapital bindet und somit nicht den Wert des Portfolios erhöht, wird jedoch in den meisten Fällen dieses Nominalvolumen nicht berücksichtigt.[1] Die Duration des Porfolios ohne Futures wird als der gewichtete Durchschnitt der einzelnen Durationen berechnet. Eine zusätzliche Futureposition wird jedoch nicht im Durchschnitt gewichtet, sondern als eine Erhöhung des Marktrisikos (Sensitivität) des betreffenden Portfolios angesehen.[2] Ein Kauf von einem Future, egal ob kurz- oder langfristig, wird hier die Duration stets erhöhen. Dieses Vorgehen kann als inkonsistent angesehen werden, es wird jedoch sehr häufig angewandt. Dies ist jedoch nicht weiter gravierend, da man die so erhaltene Duration primär zur Ermittlung der Sensitivität des Portfolios verwendet. Nimmt man als Duration die Dollar Duration, kann man nach diesem Ansatz die Duration eines Portfolios mit einer Futureposition folgendermaßen anschreiben:

$$Dur_{PF+Fut} = \frac{DD_{PF} \times NW_{PF} + DD_{Fut} \times NW_{Fut-Pos}}{NW_{PF}}$$ [3]

PF bezieht sich auf das Portfolio ohne die Future-Position. Den Nominalwert der Futureposition erhält man durch Multiplikation des Nominalwertes des einzelnen Futures mit der Anzahl der Futures.

Beispiel:

Zu dem obigen Porfolio werden noch 100 Bund Future Kontrakte hizugefügt. Hat der Bund Future eine Dollar Duration von 8,50 und einen Nominalwert von € 100.000, dann beträgt die Duration des gesamten Portfolios:

(5,375 * 80 Mio + 8,50 * 10 Mio)/80 Mio = 6,4375.

Die Duration die man hier erhält, ist eine Basis Point Value Zahl, bezogen auf den Nominalwert des Portfolios (Nominalwert ohne die Futureposition). Sie sagt wenig aus, auf welchem Punkt der Zinskurve das Risiko liegt. Etwas aussagekräftiger wäre hierfür eine durchschnittliche Duration unter Einbeziehung des Nominalvolumens des Futures. Im Beispiel stände dann im Nenner 90 Mio statt 80 Mio. Die in dem Beispiel ermitttelte Duration ist jedoch geeignet um die Sensitivität des Portfolios inklusive der Futureposition zu bestimmen.

Die Sensitivität des Portfolios beträgt: 6,4375 * 80 Mio * 0,0001 = € 51.500.

Sinken die Zinsen um einen Basipunkt, gewinnt das Portfolio € 51.500 an Wert.

---

1 Vgl. Burghard, G., Belton, M., Lane, M., Papa, J.: (Treasury Bond), S. 117.
2 Vgl. Yawitz, J.B., Marshall, W.J.: (Use of Futures), S. 53.
3 Vgl. auch Yawitz, J.B., Marshall, W.J.: (Use of Futures), S. 57.

7.4.1.2 Veränderung der Duration und Sensitivität eines Anleiheportfolios

Die Duration eines Portfolios wird sehr oft zur Bestimmung der Zinssensitivität eines Portfolios herangezogen. Spricht man daher von einer Erhöhung (Verringerung) der Duration eines Portfolios, so ist meistens eine Erhöhung (Verringerung) der Sensitivität bezüglich Zinsänderungen gemeint. Will man die Duration des Portfolios auf eine bestimmte Zielgröße erhöhen oder verringern, stellt sich die Frage, wieviele Kontrakte des Futures dafür benötigt werden.

Die Duration eines Portfolios kann folgendermaßen definiert werden:

$$Dur_{PF+Fut} = \frac{DD_{PF} \times NW_{PF} + DD_{Fut} \times NW_{Fut} \times A_{Fut}}{NW_{PF}}$$

mit: A_{Fut} = Anzahl der benötigten Kontrakte

Gesucht ist die Anzahl der Kontrakte für eine vorgegebene Ziel-Duration. Die obige Gleichung muß daher nach A_{Fut} aufgelöst werden:

$$A_{Fut} = \frac{(Dur_{PF+Fut} - DD_{PF}) \times NW_{PF}}{DD_{Fut} \times NW_{Fut}}$$

Wird jetzt eine bestimmte Zielgröße für die Duration eines Portfolios vorgegeben, so kann anhand dieser Formel die benötigte Anzahl an Future-Kontrakten bestimmt werden. Da man im Endeffekt die Sensitivität des Portfolios gegenüber Zinsänderungen steuern will, ist es sinnvoller gleich eine Zielsensitivität für das Porfolio vorzugeben. Dies hat zudem den Vorteil, daß sich die Anzahl der benötigten Futures leichter berechnen läßt:

$$A_{Fut} = \frac{Sensi_{neu} - Sensi_{alt}}{DD_{Fut} \times TV_{Fut}}$$

mit: TV_{Fut} = Tick Value des Futures

Beispiel:
Die Sensitivität des Portfolios im letzten Kapitel betrug € 43.000. Der Portfoliomanager erwartet eine Abwärtsbewegung der Zinsen und will daher die die Sensitivität seines Porfolios um € 8.500 auf € 51.500 erhöhen. Der Bund Future hat einen Tick-Wert von € 10. Bei einer Dollar Duration von 8,50 werden 100 Futures benötigt:

$A_{Fut} = 8.500/(8,50 * 10) = 100$

Futures bieten eine Reihe von Vorteilen aber auch Nachteilen gegenüber dem Einsatz von Anleihen.

Der Vorteil der Futures liegt in der hohen Liquidität und schnellen Ausführung (execution). Zudem kann die ursrprüngliche Struktur des Portfolios unangetastet bleiben. Dies besonders dann wichtig, wenn das Portfolio aus einer Vielzahl von Anleihen besteht. Ist die erwartete Zinsänderung eingetreten, kann die Anpassung schnell wieder aufgelöst werden. Besonders wenn die Adjustierung einen Leerverkauf von Anleihen zur Folge hätte, haben Futures mehrere Vorteile. Es ist nur eine Transaktion notwendig, während bei einem Leerverkauf zunächst ein Repo abgeschlossen werden muß und danach die Anleihe verkauft wird. Die Geld-Brief Spanne ist bei Futures meistens wesentlich geringer. Für den Kauf von Futures wird abgesehen von der Margin kein zusätzliches Kapital benötigt. Das kann für Fonds die bereits voll investiert sind von Vorteil sein.

Ist für die Adjustierung eine Long-Position notwendig, so kann es durchaus Sinn machen, statt dem Future eine entsprechende liquide Anleihe zu kaufen. Das Basis Risiko entfällt und ebenso das Risiko eines Wechsels des Cheapest to Deliver. Bei einem liquiden Anleihemarkt stehen meisten Anleihen mit einer Vielzahl von Laufzeiten zur Verfügung. Es fällt dann leichter, das Risiko auf einen bestimmten Punkt der Zinskurve zu fixieren.

7.4.1.3 Verlagerung des Zinskurvenrisikos

Da die Duration eines Portfolios eine aggregierte Größe ist, kann sie zu einer genauen Bestimmung des Zinskurvenrisikos nicht herangezogen werden. Für die Risikoanalyse und das Risikomanagement eines Portfolios ist es jedoch sehr wichtig zu wissen, bezüglich welcher Punkte auf der Zinskurve das Portfolio sensitiv ist.

Eine Möglichkeit ist, die einzelnen Instumente des Portfolios in Laufzeitenbänder einzustellen wie z.B. 6 Monate, 1 Jahr, 2 Jahre, ..., 15 Jahre. Eine Anleihe mit einer Restlaufzeit von 9,50 Jahren, würde beispielsweise in den Laufzeitbereich 10 Jahre fallen. Hat man jetzt noch die Sensitivität der einzelnen Positionen, kann man die Sensitivität des Portfolios für die jeweiligen Laufzeitbereiche feststellen. Die Sensitivität einer Anleiheposition berechnet sich wie folgt: Dollar Duration * Nominalwert * 0,0001.

Will man das Zinskurvenrisiko verlagern ohne die Sensitivität des Portfolios zu erhöhen, so müssen Futures mit verschiedenen Laufzeiten im Verhältnis der unterschiedlichen Durationen gehandelt werden. Das Vorgehen und das Ratio ist dasselbe wie bei einem Interkontrakt-Spread.

Der Einsatz von Futures hat hier u.a. den Vorteil, daß durch ein Geschäft (z.B. Bund-Bobl Spread) zwei verschiedene Positionen angepaßt werden können. Die Liquidität ist hoch und die Ausführung kostengünstig und schnell.

Bond-Futures stehen in der Regel nur mit einer begrenzten Anzahl an Laufzeiten zur Verfügung. Eine längerfristige Feinadjustierung des Zinskurvenrisikos des Portfolios kann daher mit Anleihen sinnvoller sein.

Stehen kurzfristige Zinsterminkontrakte (z.B. Euro-Dollar-Futures) mit ausreichenden Laufzeiten zur Verfügung, so kann ein solcher Future-Strip eine Alternative zu Anleihe-Futures darstellen; dies besonders am kurzen bis mittleren Ende. Der Abstand zwischen den Fälligkeiten der einzelnen Kontrakte beträgt in der Regel maximal drei Monate, oft auch weniger. Das jeweilige Risiko auf der Zinskurve läßt sich somit relativ genau anpassen.

7.4.2 Erhöhung der Portfoliorendite durch Anleihe-Futures

Fehlbewertete Bond-Futures können Portfoliomanagern attraktive Gelegenheiten geben die Rendite ihres Portfolios zu erhöhen.

Will man beispielsweise eine Anleihe verkaufen und ist gleichzeitig der entsprechende Future überbewertet, so bietet es sich an, statt der Anleihe den Future zu verkaufen. Man hält die Anleihe bis zum Kontraktliefertag und liefert sie dann in den Future ein. Der Erlös den man dabei erwirtschaftet ist die Differenz zwischen dem aktuellen un dem theoretischen Wert des Kontraktes. Starke Überbewertungen sind bei Anleihekontrakten jedoch selten zu finden da sie sich nicht allzu schwer arbitrieren lassen.

Öfter anzutreffen sind Unterbewertungen von Bond Futures. Um eine Unterbewertung zu arbitrieren, braucht man nämlich nicht nur einen liquiden Anleihemarkt sondern auch einen liquiden Repo Markt. Der Repo Markt ist oft das letzte Glied in der Entwicklungskette. Die meisten großen Anleihemärkte sind inzwischen soweit entwickelt, daß auch ihr Repo Markt einigermaßen liquide ist. Eine Unterbewertung von Futures ist daher nicht mehr so häufig zu festzustellen wie vor einigen Jahren. In hektischen Marktsituationen ist dies jedoch noch möglich. Meistens sind es die noch nicht soweit entwickelten Märkte die unterbewertete Futures haben und Portfoliomanagern Möglichkeiten eröffnen. Sind die Märkte in Teilbereichen (z.B. Repos) nicht ausreichend liquide, so haben die Marktteilnehmer Probleme eine Unterbewertung zu arbitrieren. Hierfür müßte nämlich der Future gekauft und die Anleihe leerverkauft werden. Ohne einen funktionierenden Repo Markt (und natürlich auch Anleihemarkt) ist dies jedoch nicht möglich. Hier haben Porfoliomanager die mittel- oder langfristig agieren einen unschätzbaren Vorteil. Wollen diese nämlich in Anleihen investieren, haben sie jetzt die Alternative statt der Anleihen den unterbewerteten Future zu kaufen. Der Kauf des Futures ist nämlich dasselbe wie der Kauf des aktuellen Cheapest to Deliver zum Forward-Preis. Das Geld das in die Anleihe investiert worden wäre, wird bis zum Kontraktliefertag angelegt. Der zusätzliche Erlös ist hier die Differenz zwischen dem theoretischen und dem aktuellen Futurepreis. Die einzelnen Schritte sehen wie folgt aus:

1. Statt Kauf der Anleihen, Kauf des unterbewerteten Futures.
2. Anlage des Cash-Betrages bis zum Kontraktliefertag des Futures.
3. Kauf der Anleihen am Kontraktliefertag durch die Lieferung aus dem Future.
4. Renditeverbesserung: Höhe der Differenz zwischen dem theoretischen und dem aktuellen Futurepreis.

Da der Cheapest to Deliver wechseln kann, besteht die Gefahr, daß am Kontraktliefertag eine andere Anleihe angedient wird. Es kann auch nicht der volle Betrag der in die Anleihe investiert worden wäre bis zum Kontraktliefertag angelegt werden. Ein Teil muß verfügbar bleiben um eventuelle Marginzahlungen auszugleichen.

Diese Strategie bietet sich auch an, wenn sich bereits Anleihen im Portfolio befinden. In diesem Fall würden die Anleihen in den billigen Future getauscht. Das weitere Vorgehen ist dasselbe wie bereits beschrieben.

Die Anzahl der Futures die anstelle der Anleihen gekauft werden müssen, ist dieselbe wie bei einem Hedge von Anleihen.

7.4.3 Absicherung des Reinvestitionsrisikos von Anleihen

Bei einer Long-Position in einer Anleihe besteht nicht nur das Risiko, daß die Zinsen steigen (Marktrisiko), sondern auch daß sie sinken (Reinvestmentrisiko der Kuponzahlungen). Der Kupon den man bei Anleihen erhält, muß wieder angelegt werden. Das Risiko hierbei ist jedoch, daß die Zinsen bis zum Erhalt des Kupons sinken. Je länger der Anlagehorizont ist, desto größer ist das Wiederanlagerisiko. Ab einer bestimmten Länge des Anlagehorizonts wird das Reinvestmentrisiko das Marktrisiko überwiegen. Beabsichtigt man die Anleihe bis zur Endfälligkeit zu halten, so besteht nur noch das Reinvestitionsrisiko.[1] Eine Absicherung dieses Risikos kann daher für einen Portfoliomanager extrem wichtig sein.

Das Wiederanlagerisiko der Kupons kann durch den *Kauf* von kurzfristigen Zinsterminkontrakten (z.B. EURIBOR-Futures) abgesichert werden. Eine Long-Position in einer Anleihe kann daher nicht nur durch Verkauf von Futures, sondern auch durch den Kauf von Futures abgesichert werden. Die Kuponzahlungen der Anleihe können als zukünftige Geldmarkteinlagen angesehen werden. Die Anzahl der zu kaufenden Kontrakte berechnet sich daher nach derselben Methode wie sie im Kapitel über die Absicherung von Geldmarkteinlagen beschrieben wurde. Welche Future-Fälligkeiten verwendet werden hängt von den Anleihen in dem Portfolio ab. Sind mehrere Anleihen im Portfolio, werden die Abstände zwischen den Kuponzahlungen in der Regel unregelmäßig sein. Eine gleichmäßige Verteilung der Kontrakte wird dann nicht möglich sein.

Bei dem Reinvestmentrisiko des Nominalbetrages der Anleihe kommt es darauf an, wie lang die Fälligkeit der Anleihe ist. Liegt die Fälligkeit nicht weit entfernt, können Bond-Futures verwendet werden. Bond-Futures werden nur mit wenig Kontraktmonaten gehandelt. Ein Rollen der Kontrakte in den nächsten Monat kann dann notwendig werden. Bei einer längeren Laufzeit der Anleihe müssen Geldmarktfutures verwendet werden.

---

1 Yawitz, J.B., Marshall, W.J.: (Use of Futures), S. 52.

8. Anwendungsmöglichkeiten für kurzfristige Zinsterminkontrakte

8.1 Berechnung von Zinsätzen

Mit Hilfe von kurzfristigen Zinsterminkontrakten können verschiedene an den Märkten gehandelte Zinsinstrumente bewertet und deren Zinssätze bestimmt werden. So ist es unter anderem möglich, die Zinssätze von FRA's zu ermitteln, Geldmarktsätze zu bestimmten und Swap-Raten zu ermitteln.

8.1.1. Aufbau von Zinskurven und Berechnung von Diskontfaktoren

Die Marktzinsssätze für verschiedene Laufzeiten können in einer Graphik dargestellt werden. Diese Graphik wird auch Zinskurve genannt. Da am Markt eine Vielzahl verschiedener Instrument gehandelt wird, werden i.d.R. nur gleichartige oder ähnliche Instrumente zur Berechnung einer Zinskurve zusammengefaßt. Es gibt daher verschiedene Zinskurven, wie z.B. Zinkurven für Government-Rates, Pfandbriefe, oder Interbankenzinssätze (Geldmarktsätze, Swap Raten). Es stellt sich die Frage, welche Instrumente man für welche Zinskurve verwendet. Kurzfristige Zinsterminkontrakte basieren auf Interbankenzinssätzen. Je nachdem mit welchen Fälligkeiten sie notiert werden und wie liquide die einzelnen Fälligkeiten sind, können Geldmarktfutures nicht nur das kurze Ende der Zinskurve sondern auch den mittleren Teil abdecken. Die folgenden Ausführungen sollen darstellen, wie aus einem Strip von Geldmarktfutures verschiedene Zinssätze mit verschiedenen Laufzeiten und Diskontfaktoren berechnet werden können.

Mit einem Geldmarktfuture ist es möglich, sich einen Zinssatz für eine Forward-Periode zu sichern. Die Kombination mit einem Geldmarktdeposit bis zum Settlement Date des Futures ergibt eine Geldmarkteinlage bzw. Aufnahme bis zum Ende der Forward-Periode die der Future umfaßt. Für diese Transaktion kann ein impliziter Zins ermittelt werden. Durch Hinzufügen von Kontrakten mit späteren Fälligkeiten können Zinssätze für längere Laufzeiten ermittelt werden.

Umgekehrt kann man aus Forward-Raten die entsprechenden Forward-Diskontfaktoren[1] berechnen und durch sukzessives Zurückdiskontieren den Diskontfaktor für den gesamten Zeitraum. Hat man beispielweise 5 aufeinander-

1 Siehe Kapitel 6.2.1 Zinskurvenberechnungen.

folgende Forward-Perioden, so diskontiert DF_5 (Diskontfaktor der Forward-Periode 5) einen Betrag bis zum Beginn der Forward-Periode 5. Will man diesen Betrag bis zum Beginn der Periode 4 diskontieren, so muß DF_5 mit DF_4 multipliziert werden. Diese Rechnung kann bis zum Zeitpunkt null durchgeführt werden. Ebenso ist es möglich, diese Rechnung umgekehrt durchzuführen, d.h. heute beginnen und durch sukzessives Multiplizieren des Diskontfaktors für die Spot-Periode mit dem Diskontfaktoren für die Forward-Perioden die Diskontfaktoren für längere Perioden ermitteln. Diesen Sachverhalt kann man in folgender Formel zusammenfassen:

$$DF = DF_S \times DF_1 \times DF_2 \times DF_3 \times \ldots \times DF_n$$

mit: DF = Diskontfaktor für den gesamten Zeitraum.
DF_s = Diskontfaktor für die Spot-Periode.[1]
DF_n = Diskontfaktor für Forward-Periode n.

Anhand der Diskontfaktoren können jetzt verschiedene Zinssätze wie z.B. Zero-Raten oder Par-Kupon-Raten berechnet werden. Das Vorgehen dazu, mit den entsprechenden Formeln, ist ausführlich in Kapitel 6.2.1 beschrieben.

Aus dem Future-Strip (Reihe von Kontrakten mit aufeinanderfolgenden Fälligkeiten) kann somit eine Zinskurve mit den entsprechenden Diskontfaktoren und Spot-Raten herausgerechnet werden.

Aus den Future-Raten und Future-Fälligkeiten herausgerechnete Spot-Raten haben in der Regel keine Standardfälligkeiten wie z.B. 1 Monat, 2 Monate, 3 Monate. Will man Zero-Raten für „glatte Fälligkeiten", so kann man diese durch Interpolation aus den Future Zero-Raten erhalten.

Führt man eine einfache lineare Interpolation durch, so kann gemäß folgender Formel vorgegangen werden:

$$r_i = \frac{T_l - T_i}{T_l - T_k} \times r_k + \frac{T_k - T_i}{T_l - T_k} \times r_l$$

mit: r_l = Zins langer Zeitraum
r_k = Zins kurzer Zeitraum
r_i = Zins interpolierter Zeitraum.
T_l = Tage langer Zeitraum
T_k = Tage kurzer Zeitraum
T_i = Tage interpolierter Zeitraum

Eine lineare Interpolation berücksichtigt die Krümmung der Zinskurve nicht. Weist die Zinskurve eine starke Krümmung auf, können die auf diese Weise interpolierten Zinssätze von den tatsächlichen Marktraten abweichen. Eine Möglichkeit wäre eine andere Interpolationstechnik zu verwenden. Stehen jedoch Serial Month oder Einmonats-Kontrakte zur Verfügung, hat man die Möglichkeit, damit die Lücke zwischen den Dreimonats-Fälligkeiten zu

1 Spot-Periode = Periode vom Valutatag bis zum Settlement Date des ersten Futures = First Stub-Period.

schließen. Aus einem Strip von Einmonats-Kontrakten können nämlich auf dieselbe Weise Zinssätze berechnet werden wie aus einem Strip von Dreimonats-Kontrakten.

Beispiel:
Die folgenden Ausführungen beziehen sich auf die Daten in Tabelle 8.1. Handelstag ist der 19.08.98, Valuta ist der 21.08.98 (T+2). Der letzte Handelstag des September 98 Kontrakt ist der 14.09.98. Auch hier beginnt gemäß der Geldmarktusancen die Forward-Periode zwei Handelstage später am 16.09.98. Die Anzahl der Tage bis zum 16.09.98 beträgt 26. Der Future umfaßt eine Forward-Periode von 91 Tagen (16.09.98–16.12.98). Aus dem Future-Preis von 96,47 ergibt sich eine Forward-Rate von 3.530 % und ein Diskontfaktor für die Forward-Periode von 0,9911559: 1/(1+0,0353*91/360). Der Diskontfaktor für die Stub-Period (21.08.98–16.09.98) beträgt 0,9975145. Mit diesen Daten und den Daten aus Tabelle 8.1 kann jetzt eine Zinskurve mit Diskontfaktoren ermittelt werden.

Der Diskontfaktor des September Kontrakt stellt den Barwert einer Zahlung (eine Geldeinheit) dar, die am 16.12.98 erfolgt. Diskontiert wird jedoch nur bis zum 16.09.98. Will man den Barwert bis zum Valutatag (21.08.98), so muß noch über die Stub-Period diskontiert werden. Das erreicht man durch Multiplikation mit dem Diskontfaktor für die Stub-Period. Der Diskontfaktor der Stub-Period, multipliziert mit dem Diskontfaktor der Forward-Periode, ergibt den Diskontfaktor für den gesamten Zeitraum: 0,9975145 * 0,9911559 = 0,9886924. Analog können jetzt die Diskontfaktoren für weitere Fälligkeiten berechnet werden: Unter Benutzung des Diskontfaktors für den Dezember 98 Kontrakt (0,9906471) berechnet sich der Diskontfaktor für den Zeitraum vom 21.08.98 bis zum 17.03.98: 0,9975145 * 0,9911559 * 0,9906471 = 0,9794452.

In Spalte 9 der Tabelle 8.1 finden sich die Diskontfaktoren bis zum Dezember 2001 Kontrakt. Die letzte Forward-Periode ist die des September 2001 Kontrakt und endet am 19.12.2001 (1216 Tage entfernt vom 21.08.1998).

Aus den Diskontfaktoren können jetzt die entsprechenden Zero-Raten[1] nach der folgenden Formel berechnet werden:

$$Zero\ Rate = \left(\frac{1}{DF} - 1\right) \times \frac{T}{t}$$

mit: DF = Diskontfaktor
t = Tage für den Zeitraum
T = Tage für das Jahr

So beträgt die Zero-Rate bis zum 19.12.2001: (1/0,8720191–1)*360/1216 = 4,3450 %.

1 Siehe hierzu Kapitel 6.2.1.

Durch Interpolation zwischen den Future-Fälligkeiten können jetzt die Spot-Raten für glatte Fälligkeiten berechnet werden: Die 4-Monats Zero-Rate wird beispielsweise zwischen dem Dezember 98 und dem März 99 Kontrakt interpoliert: (208–122)/91*3,5191 % + (122–117)/91*3,6322 % = 0,9451*3,5191 % + 0,0549*3,6322 % = 3,5253 %. Dies ist der Zinssatz für ein 4-Monats-Deposit (Beginn 21.08.98, Ende 21.12.98). Der Future-Value (Endwert) dieser Geldmarkteinlage beträgt: 1 + (0,035253 * 122/360) = 1,011947. Es findet hier eine lineare Verzinsung statt, deshalb auch die Bezeichnung linare Zero-Rate. Der Diskontfaktor für diesen Zeitraum beträgt 0,988194 (1/1,011947).

Man kann für beliebige Zeiträume die entsprechenden Raten ermitteln und somit die Zinskurve bis zur letzten verwendbaren Futurefälligkeit aufbauen. In der Regel wird man nicht sämtliche notierten Futurefälligkeiten verwenden können, da die weit hinten liegenden Kontrake oft illiquide sind. Anhand des Volumens und des Open Interest kann jedoch festgestellt werden, ob der Preis des Kontrakt eine zuverlässige Information für den tatsächlichen Markt gibt.

Im unteren Teil der Tabelle 8.1 finden sich die Zero-Raten von einem Monat bis zu einer Laufzeit von 3 Jahren (36 Monate).

Aus diesen Zero-Raten ergeben sich wiederum die Diskontfaktoren, z.B. für 21 Monate: 1/(1+ 0,03931 * 640/360) = 0,9346802. Neben den linearen Zero-Raten stehen die Zero-Raten mit compounding. Bei diesen Raten finden keine zwischenzeitlichen Zinszahlungen statt, der Kapitalbetrag wird jedoch jährlich einschließlich angefallender Zinsen verzinst.[1] Bis zu einem Jahr entsprechen diese Zinsen daher den linearen Zero-Raten. Über einem Jahr kann der Zinssatz aus dem Diskontfaktor nach folgender Formel ermittelt werden:

$$r_c = \left(\frac{1}{DF}\right)^{\frac{T}{t}} - 1$$

mit: r_c = Zero-Rate mit compounding
t = Tage bis Laufzeitende
T = Tage für das Jahr

Für 21 Monate (1,75 Jahre) beträgt die Rate 3,8728 %: $1/0{,}9346802^{360/640} - 1 = 1{,}069885^{0{,}5625} - 1 = 3{,}8728\,\%$. Damit man denselben Endbetrag erhält, muß wegen des Zinseszinseffektes diese Rate niedriger sein als die Zero-Rate ohne compounding.

8.1.2 Future-Strip-Raten

Diskontfaktoren haben den Vorteil, daß sie allgemeingültig sind. Sie können daher zur Berechnnung von verschiedenen Zinssätzen und zur Diskontierung

1 Siehe hierzu Kapitel 6.2.1.1

Datum:	19-Aug-98		Tage im Jahr:	360				O/N	3,3950 %
Valuta:	21-Aug-98							T/N	3,3750 %
								Stub-Period	3,4500 %

Kontrakt	Preis	Letzter H.T.	T+2	Tage	Tage FP	FFR	DF FP	DF	Lin Zero Rate
Sep 98	96,470	14.09.98	16-Sep-98	26	91	3,5300 %	0,9911559	0,9975145	3,4500 %
Dez 98	96,265	14.12.98	16-Dez-98	117	91	3,7350 %	0,9906471	0,9886924	3,5191 %
Mär 99	96,240	15.03.99	17-Mär-99	208	91	3,7600 %	0,9905850	0,9794452	3,6322 %
Jun 99	96,165	14.06.99	16-Jun-99	299	91	3,8350 %	0,9903990	0,9702237	3,6951 %
Sep 99	96,095	13.09.99	15-Sep-99	390	91	3,9050 %	0,9902255	0,9609087	3,7552 %
Dez 99	95,940	13.12.99	15-Dez-99	481	91	4,0600 %	0,9898415	0,9515163	3,8136 %
Mär 00	95,920	13.03.00	15-Mär-00	572	98	4,0800 %	0,9890153	0,9418503	3,8857 %
Jun 00	95,840	19.06.00	21-Jun-00	670	91	4,1600 %	0,9895939	0,9315044	3,9510 %
Sep 00	95,745	18.09.00	20-Sep-00	761	91	4,2550 %	0,9893588	0,9218110	4,0126 %
Dez 00	95,630	18.12.00	20-Dez-00	852	91	4,3700 %	0,9890743	0,9120018	4,0770 %
Mär 01	95,595	19.03.01	21-Mär-01	943	91	4,4050 %	0,9889878	0,9020375	4,1460 %
Jun 01	95,510	18.06.01	20-Jun-01	1034	91	4,4900 %	0,9887776	0,8921041	4,2109 %
Sep 01	95,430	17.09.01	19-Sep-01	1125	91	4,5700 %	0,9885800	0,8820926	4,2774 %
Dez 01	95,330	17.12.01	19-Dez-01	1216		4,6700 %		0,8720191	4,3450 %

Monate	Datum	Tage	Tage 30/360	DF	Lin Zero Rate	CP Zero Rate	Par Coupon-	bzw.	Swap Raten
O/N	20-Aug-98	1		0,9999057	**3,3950 %**	3,3950 %			
T/N	21-Aug-98	2		0,9998125	**3,3750 %**	3,3750 %	act/act	act/360	30/360
1	21-Sep-98	31		0,9970347	**3,4538 %**	3,4538 %			
2	21-Okt-98	61		0,9941437	**3,4766 %**	3,4766 %			
3	23-Nov-98	94		0,9909398	**3,5016 %**	3,5016 %			
4	21-Dez-98	122		0,9881943	**3,5253 %**	3,5253 %			
6	22-Feb-99	185		0,9818181	**3,6036 %**	3,6036 %			
9	21-Mai-99	273		0,9728714	**3,6772 %**	3,6772 %			
12	23-Aug-99	367	362	0,9632727	**3,7400 %**	3,7400 %	**3,8128 %**	**3,7400 %**	**3,7917 %**
15	22-Nov-99	458		0,9538982	**3,7989 %**	**3,7796 %**			
18	21-Feb-00	549		0,9443054	**3,8675 %**	**3,8292 %**			
21	22-Mai-00	640		0,9346802	**3,9310 %**	**3,8728 %**			
24	21-Aug-00	731	358	0,9250137	**3,9923 %**	**3,9133 %**	**3,9711 %**	**3,9110 %**	**3,9707 %**
27	21-Nov-00	823		0,9151347	**4,0565 %**	**3,9555 %**			
30	21-Feb-01	915		0,9051106	**4,1247 %**	**4,0005 %**			
33	21-Mai-01	1.004		0,8953837	**4,1895 %**	**4,0418 %**			
36	21-Aug-01	1.096	360	0,8852872	**4,2562 %**	**4,0833 %**	**4,1359 %**	**4,0752 %**	**4,1356 %**

Abb. 8.1: Zinskurve mit Diskontfakoren

von Zahlungsströmen verwendet werden. Oft benötigt man jedoch nicht die gesamte Zinskurve mit ihren Diskontfaktoren, sondern nur einen Zins bis zu einer bestimmten Fälligkeit. Ein Geldmarktzins, der aus Geldmarktkontrakten herausgerechnet wird, ist die sogenannte Future-Strip-Rate. Die Berechnungsmethode dieses Zinses weicht nur leicht von der Methode des letzten Kapitels ab. Sie zu behandeln ist jedoch sinnvoll, da sie die Zinsermittlung aus einem anderen Blickwinkel anschaulich macht.

Kurzfristige Zinsterminkontrakte werden genauso wie langfristige Futures mit mehreren Fälligkeiten gehandelt. Bei einigen Futures werden mehr als 18 Kontrakte auf einmal notiert. Aus der Kombination von mehreren Kontrakten mit dem entsprechenden Zinssatz (z.B. LIBOR) kann die sogenannte Strip Rate ermittelt werden.

Die Strip-Rate ist der Ertrag, der realisiert werden kann, wenn Geld zu der LIBOR mit Fälligkeit des naheliegenden Kontraktes angelegt wird und der Ertrag aus diesem Geschäft alle drei Monate mit dem in der Sequenz der Futurepreise impliziten Zinssatz aufgezinst wird.[1] Die in den Futures impliziten Forward-Zinssätze werden durch den Kauf der entsprechenden Kontrakte d.h. durch den Kauf eines Future-Strips (Reihe von Kontrakten mit aufeinanderfolgenden Fälligkeiten) gesichert. Im Prinzip handelt es sich genauso wie im letzten Kapitel um die Ermittlung von Zinssätzen aus Terminkontrakten. Das Vorgehen ist jedoch etwas anders.

Beispiel:
Im nächsten Beispiel werden die Daten aus Tabelle 8.1 in Kapitel 8.1.1 verwendet. Die Preise in dieser Tabelle sind Kurse für den Drei-Monats-Euro-DM-Future für den Handelstag 19.08.98. Valuta für Geldmarktgeschäfte ist 2 Tage und somit der 21.08.98. Der letzte Handelstag des ersten Kontrakt (Sep. 98) ist der 14.09.98. Valuta ist hier der 16.09.98. Der 16.09.98 liegt vom 21.09.98 28 Tage entfernt. Der 16.12 liegt vom 21.08.98 117 Tage entfernt usw.. Der Abstand zwischen den einzelnen Kontrakten bzw. Forward Perioden beträgt 91 Tage bis auf den Sep.00 Kontrakt). Der Zeitraum von einem Jahr endet am 23.08.99 (367 Tage).[2] Mit den Kursen aus Tabelle 8.1 läßt sich die einjährige Strip Rate r_s folgendermaßen errechnen:

$$1 + r_s \times \frac{367}{360} = \left(1{+}0{,}0345 \times \frac{26}{360}\right) \times \left(1{+}0{,}0353 \times \frac{91}{360}\right) \times \left(1{+}0{,}03735 \times \frac{91}{360}\right) \times \left(1{+}0{,}0376 \times \frac{91}{360}\right) \times \left(1{+}0{,}03835 \times \frac{68}{360}\right)$$

$$1 + r_s \times \frac{367}{360} = 1{,}002492 \times 1{,}008923 \times 1{,}009441 \times 1{,}00951 \times 1{,}007244$$

$$1 + r_s \times \frac{367}{360} = 1{,}038162 \Rightarrow r_s = 3{,}7434\ \%$$

Das Geld wird zunächst für 26 Tage zu einem Zins von 3,45 % angelegt. Am Fälligkeitstag des ersten Kontraktes wird der Betrag, den man aus der 26 Ta-

1 Vgl. *Nadler, D.:* (Euro-Dollar-Futures), S. 1221 f.
2 Der 21.08.99 ist ein Samstag. Deshalb wird der nächste Arbeitstag als Enddatum genommen.

gesanlage zurückerhält, für 91 Tage zu einem Zins von 3,53 % angelegt. Am Fälligkeitstag des nächsten Kontraktes erfolgt eine Anlage zu einem Zins von 3,735 % usw.. Die einzelnen Forward-Sätze werden durch den Verkauf von Futures gesichert. Der annualisierte Zinssatz aus diesem Geschäft ist die Future-Strip-Rate für den betreffenden Zeitraum. Weicht die Zero-Rate für denselben Zeitraum von von der Future-Strip-Rate ab, so ist vorbehaltlich des folgenden Einwandes eine Arbitrage möglich. In dem obigen Beispiel beträgt der Zeitraum der letzten Periode 68 Tage. Durch den Kauf des letzten Kontraktes wird jedoch ein Drei-Monats-Zinssatz abgesichert. Für die letzte Periode besteht daher das Risiko, daß am Fälligkeitstag des letzten Kontraktes der Drei-Monats-Zinssatz und der 68 Tage-Zinssatz sich nicht entsprechen.

Die Future-Strip-Rate kann man sich nur dann ohne Risiko sichern, wenn der Zeitraum der letzten Periode auch dem Zeitraum des Zinssatzes der dem Future zugrundeliegt entspricht.

Selbstverständlich lassen sich nach der beschriebenen Methode auch andere Strip-Raten berechnen z.B. für 6 Monate oder 2 Jahre. Die Future-Strip-Rate für 4 Monate bzw. 122 Tage beträgt beispielsweise 3,5283 %: $1 + r_s * 122/360 = 1{,}00249 * 1{,}00892 * 1{,}000519 = 1{,}011956$. $r_s = 3{,}5283\ \%$.

Im letzten Kapitel wurden die Zinssätze für „glatte“ Fälligkeiten durch Interpolation aus den Future-Fälligkeiten bestimmt. Hier wird für den Zins der letzten Periode (68 Tage) der Zins des letzten Futures genommen. Dieses Vorgehen ist etwas ungenauer. Da diese Berechnung jedoch etwas einfacher ist, wird sie in vielen Fällen verwendet.

Das Prinzip der Vorgehensweise ist dasselbe wie im letzten Kapitel. Hier wird jedoch besonders deutlich, daß sämtliche Bewertungen an den Märkten auf dem Arbitrageprinzip basieren.

8.1.3 Ermittlung von FRA-Sätzen

Da Geldmarktfutures nichts anderes sind als standardisierte FRA's sind, liegt es nahe, daß man mit Hilfe der Terminkontrakte auch FRA-Sätze berechnen kann. Hat man aus den Future-Raten bereits eine Zinskurve mit Diskontfaktoren aufgebaut, so lassen sich für Standardfälligkeiten mit einem relativ geringen Aufwand die entsprechenden FRA-Sätze ermitteln. Als Datenbasis dient auch hier die inzwischen bekannte Tabelle 8.1. Da die Diskontfaktoren bereits zur Verfügung stehen, kann die Rechnung relativ kurz gehalten werden und die Formel aus Kapitel 6.2.1.6 verwendet werden.

$$r_{FRA} = \left(\frac{DF_k}{DF_l} - 1 \right) \times \frac{T}{t_{l-k}}$$

mit: DF_k = Diskontfaktor bis zum Beginn der FRA-Periode
DF_l = Diskontfaktor bis zum Ende der FRA-Periode
t_{l-k} = Tage für Zeitraum des FRA
T = Tage für das Jahr

Beispiel:
Handelstag ist der 19.08.98 mit Valuta 21.08.98. Ein 6x9 FRA beginnt am 22.02.1999 und endet am 21.05.99. Der Diskontfaktor für 6 Monate beträgt 0,9818181 und für 9 Monate 0,9728714. Das FRA umfaßt einen Zeitraum von 88 Tagen.

$$r_{FRA} = \left(\frac{0{,}9818181}{0{,}9728714} - 1 \right) \times \frac{360}{88} = 0{,}36721 \; bzw. \; 3{,}6721\ \%$$

Das Delta[1] des FRA beträgt:

$$Delta_{FRA} = \frac{t_{FRA}}{T} \times DF_l = \frac{88}{360} \times 0{,}9728714 = 0{,}23781$$

Analog kann man nun für sämtliche andere Fälligkeiten vorgehen. Tabelle 8.2 zeigt die Raten für 3'er, 6'er, 9'er und 12'er FRA's mit den dazugehörigen Deltas. Aus der Tabelle wird deutlich, daß das Delta eines FRA's umso kleiner wird, je weiter der Fälligkeitszeitpunkt in der Zukunft liegt. Weiterhin sieht man sehr deutlich, daß bei einer ansteigenden Zinskurve die FRA-Sätze stets über den Spot-Raten liegen.

8.1.4 Berechnung von Swap-Raten

Ein Swap ist ein Tausch von Zahlungsströmen zwischen zwei Kontrahenten. Die Zahlungsströme liegen in der Zukunft und richten sich nach einem bestimmten Index, Zins, Formel oder einer anderen Bezugsgröße.

Die einfachste Form (plain vanilla) eines Zinsswaps ist der Tausch eines festen Zins gegen einen variablen Zins. Der feste Zinssatz wird bei Geschäftsabschluß festgelegt und jährlich gezahlt. Die Zinszahlungen der variablen Seite hängen von dem Referenzzins (z.B. 3 Monats- oder 6 Monats-Euribor) an den einzelnen Settlement-Zeitpunkten ab und werden alle 3 oder 6 Monate gezahlt. Es erfolgt kein Tausch des Nominalvolumens.

Ein Zinsswap kann folgendermaßen bewertet werden:

Ein Zins, zu dem man an einem bestimmten Zeitpunkt in der Zukunft Geld aufnehmen bzw. anlegen kann, ist eine Forward-Rate. Ein Geschäft, bei dem eine Forward-Rate gezahlt bzw. empfangen wird, ist ein Forward-Rate-Agreement. Die variable Seite eines Swap hängt von mehreren zukünftigen Fixings[2] des Referenzsatzes ab. Sie kann daher auch als ein Strip von Forward-Rate-Agreements (FRA's) gesehen werden.

Entspricht bei Vertragsabschluß die Swap Rate dem aktuellen Marktzins, so ist die Summe der Barwerte der fixen Seite gleich der Summe der Barwerte der variablen Seite.[3] Anders ausgedrückt: Der Summe der Barwerte der einzelnen

1 Siehe Kapitel 6.2.1.6
2 Ermittlung des Zinses für die Periode.
3 Dies ist bei einem plain vanilla Swap in der Regel der Fall.

FRA's muß gleich der Summe der diskontierten Zahlungen der festen Seite sein. Die FRA's bzw. die Zahlungsströme der variablen Seite werden gemäß der am Markt geltenden Forward Raten bewertet. Weiß man welche Zahlungen gemäß heutigem Marktzins auf der variablen Seite fließen, ist es möglich den Zins für die feste Seite zu berechnen und zwar so, daß sich die Barwerte beider Seiten ausgleichen.

Ein Future-Strip ist eine Strip von synthetischen FRA's und somit im Prinzip dasselbe wie die variable Seite eines Swap. Aus einem Strip von Forward-Raten kann man die entsprechenden Zero-Raten ermitteln. Hat man eine Zero-Kupon-Rate berechnet, so kann man diese in eine Par-Kupon-Rate umrechnen. Eine aktuelle Swap Rate ist jedoch dasselbe wie eine Par-Kupon-Rate: Ein Swap kann auch als eine Long-Position in einer Anleihe gesehen werden, die zu par (100) notiert und jährlichen Kupon zahlt. Der Kauf der Anleihe wird durch eine Geldmarktaufnahme zum 3 Monats- bzw. 6 Monatszins finanziert. Dies ist das Äquivalent zu einer Long-Position in einer Anleihe und einer Short-Position in einer Floating-Rate Note. In beiden Fällen ist das Resultat der Tausch einer festen Zahlung gegen eine variable Zahlung.

Das folgende **Beispiel** soll erläutern, wie aus einem Future-Strip die entsprechenden Swap-Raten herausgerechnet werden. Hierfür wird auf die Daten aus Tabelle 8.1 zurückgegriffen.

Eine Zero-Rate für ein Jahr kann gemäß der letzten Formel in Kapitel 6.2.1 in eine Par-Kupon-Rate und somit Swap-Rate umgerechnet werden:

$$C = \frac{1 - DF_n}{\frac{t_1}{T} \times DF_1 + \frac{t_2}{T} \times DF_2 + \ldots + \frac{t_n}{T} \times DF_n}$$

mit: C = Par-Kupon-Rate
t_n = Tage für den Zeitraum t_n
T = Tage für das Jahr
DF_n = Diskontfaktor für den Zeitpunkt n

und:

$$DF_n = \frac{1}{(1+r_n)^n}$$

mit : r_n = Zero-Rate für den Zeitpunkt n

Bevor man sich anhand eines Beispiels die Vorgehensweise zur Ermittlung der Swap-Rate deutlich macht, ist es sinnvoll sich mit den Konventionen des Swap Marktes vertraut zu machen. Die Konventionen können sich von Markt zu Markt unterscheiden. Im folgenden werden die Konventionen für den Euro-Raum erläutert.

- Valuta des Geschäftes ist zwei Arbeitstage nach Geschäftsabschluß (T+2).

Datum: 19.08.98	Valuta: 21.08.98					FRA's				
Start	3 Monate	Ende	Tage	Rate	Delta	6 Monate	Ende	Tage	Rate	Delta
21-Sep-98	1x4	21-Dez-98	91	3,5391 %	0,24979	1x7	22-Mär-99	182	3,6558 %	0,49491
21-Okt-98	2x5	21-Jan-99	92	3,6005 %	0,25174	2x8	21-Apr-99	182	3,6949 %	0,49338
23-Nov-98	3x6	22-Feb-99	91	3,6754 %	0,24818	3x9	21-Mai-99	179	3,7352 %	0,48373
21-Dez-98	4x7	22-Mär-99	91	3,7390 %	0,24745	4x10	21-Jun-99	182	3,7695 %	0,49024
21-Jan-99	5x8	21-Apr-99	90	3,7569 %	0,24398	5x11	21-Jul-99	181	3,7913 %	0,48601
22-Feb-99	6x9	21-Mai-99	88	3,7621 %	0,23781	6x12	23-Aug-99	182	3,8082 %	0,48699
22-Mär-99	7x10	21-Jun-99	91	3,7643 %	0,24512	7x13	21-Sep-99	183	3,8205 %	0,48815
21-Apr-99	8x11	21-Jul-99	91	3,7898 %	0,24435	8x14	21-Okt-99	183	3,8453 %	0,48658
21-Mai-99	9x12	23-Aug-99	94	3,8162 %	0,25152	9x15	22-Nov-99	185	3,8705 %	0,49020
21-Jun-99	10x13	21-Sep-99	92	3,8396 %	0,24541	10x16	21-Dez-99	183	3,8959 %	0,48337
21-Jul-99	11x14	21-Okt-99	92	3,8632 %	0,24462	11x17	21-Jan-00	184	3,9336 %	0,48433
23-Aug-99	12x15	22-Nov-99	91	3,8879 %	0,24112	12x18	21-Feb-00	182	3,9730 %	0,47740
21-Sep-99	13x16	21-Dez-99	91	3,9145 %	0,24036	13x19	21-Mär-00	182	4,0082 %	0,47584
21-Okt-99	14x17	21-Jan-00	92	3,9648 %	0,24216	14x20	21-Apr-00	183	4,0372 %	0,47679
22-Nov-99	15x18	21-Feb-00	91	4,0187 %	0,23870	15x21	22-Mai-00	182	4,0670 %	0,47253
21-Dez-99	16x19	21-Mär-00	91	4,0618 %	0,23792	16x22	21-Jun-00	183	4,0925 %	0,47351
21-Jan-00	17x20	21-Apr-00	91	4,0692 %	0,23709	17x23	21-Jul-00	182	4,1094 %	0,46932
21-Feb-00	18x21	22-Mai-00	91	4,0739 %	0,23627	18x24	21-Aug-00	182	4,1253 %	0,46765
21-Mär-00	19x22	21-Jun-00	92	4,0810 %	0,23805	19x25	21-Sep-00	184	4,1426 %	0,47109
21-Apr-00	20x23	21-Jul-00	91	4,1073 %	0,23466	20x26	23-Okt-00	185	4,1732 %	0,47188
22-Mai-00	21x24	21-Aug-00	91	4,1341 %	0,23382	21x27	21-Nov-00	183	4,2016 %	0,46519
21-Jun-00	22x25	21-Sep-00	92	4,1609 %	0,23555	22x28	21-Dez-00	183	4,2308 %	0,46355
21-Jul-00	23x26	23-Okt-00	94	4,1935 %	0,23977	23x29	22-Jan-01	185	4,2671 %	0,46681
21-Aug-00	24x27	21-Nov-00	92	4,2242 %	0,23387	24x30	21-Feb-01	184	4,3023 %	0,46261
21-Sep-00	25x28	21-Dez-00	91	4,2562 %	0,23051	25x31	21-Mär-01	181	4,3363 %	0,45352
23-Okt-00	26x29	22-Jan-01	91	4,2962 %	0,22962	26x32	23-Apr-01	182	4,3638 %	0,45421
21-Nov-00	27x30	21-Feb-01	92	4,3337 %	0,23131	27x33	21-Mai-01	181	4,3874 %	0,45018
21-Dez-00	28x31	21-Mär-01	90	4,3702 %	0,22551	28x34	21-Jun-01	182	4,4125 %	0,45095
22-Jan-01	29x32	23-Apr-01	91	4,3838 %	0,22711	29x35	23-Jul-01	182	4,4344 %	0,44918
21-Feb-01	30x33	21-Mai-01	89	4,3942 %	0,22136	30x36	21-Aug-01	181	4,4537 %	0,44510
21-Mär-01	31x34	21-Jun-01	92	4,4058 %	0,22795					
23-Apr-01	32x35	23-Jul-01	91	4,4359 %	0,22459					
21-Mai-01	33x36	21-Aug-01	92	4,4627 %	0,22624					

Abb. 8.2: FRA-Matrix

9 Monate	Ende	Tage	Rate	Delta	12 Monate	Ende	Tage	Rate	Delta
1x10	21-Jun-99	273	3,7152 %	0,73537	**1x13**	21-Sep-99	365	3,7738 %	0,97363
2x11	21-Jul-99	273	3,7502 %	0,73305	**2x14**	21-Okt-99	365	3,8063 %	0,97050
3x12	23-Aug-99	273	3,7875 %	0,73048	**3x15**	22-Nov-99	364	3,8405 %	0,96450
4x13	21-Sep-99	274	3,8176 %	0,73089	**4x16**	21-Dez-99	365	3,8701 %	0,96409
5x14	21-Okt-99	273	3,8404 %	0,72588	**5x17**	21-Jan-00	365	3,9008 %	0,96076
6x15	22-Nov-99	273	3,8597 %	0,72337	**6x18**	21-Feb-00	364	3,9289 %	0,95480
7x16	21-Dez-99	274	3,8770 %	0,72373	**7x19**	21-Mär-00	365	3,9529 %	0,95429
8x17	21-Jan-00	275	3,9112 %	0,72386	**8x20**	21-Apr-00	366	3,9807 %	0,95359
9x18	21-Feb-00	276	3,9458 %	0,72397	**9x21**	22-Mai-00	367	4,0081 %	0,95285
10x19	21-Mär-00	274	3,9777 %	0,71637	**10x22**	21-Jun-00	366	4,0348 %	0,94703
11x20	21-Apr-00	275	4,0055 %	0,71649	**11x23**	21-Jul-00	366	4,0621 %	0,94379
12x21	22-Mai-00	273	4,0339 %	0,70880	**12x24**	21-Aug-00	364	4,0906 %	0,93529
13x22	21-Jun-00	274	4,0604 %	0,70898	**13x25**	21-Sep-00	366	4,1180 %	0,93707
14x23	21-Jul-00	274	4,0885 %	0,70655	**14x26**	23-Okt-00	368	4,1486 %	0,93867
15x24	21-Aug-00	273	4,1177 %	0,70147	**15x27**	21-Nov-00	365	4,1778 %	0,92784
16x25	21-Sep-00	275	4,1443 %	0,70408	**16x28**	21-Dez-00	366	4,2057 %	0,92709
17x26	23-Okt-00	276	4,1677 %	0,70400	**17x29**	22-Jan-01	367	4,2336 %	0,92606
18x27	21-Nov-00	274	4,1881 %	0,69652	**18x30**	21-Feb-01	366	4,2594 %	0,92020
19x28	21-Dez-00	275	4,2101 %	0,69658	**19x31**	21-Mär-01	365	4,2842 %	0,91457
20x29	22-Jan-01	276	4,2441 %	0,69644	**20x32**	23-Apr-01	367	4,3141 %	0,91591
21x30	21-Feb-01	275	4,2767 %	0,69140	**21x33**	21-Mai-01	364	4,3406 %	0,90533
22x31	21-Mär-01	273	4,3077 %	0,68405	**22x34**	21-Jun-01	365	4,3687 %	0,90438
23x32	23-Apr-01	276	4,3373 %	0,68880	**23x35**	23-Jul-01	367	4,3983 %	0,90575
24x33	21-Mai-01	273	4,3638 %	0,67900	**24x36**	21-Aug-01	365	4,4259 %	0,89758
25x34	21-Jun-01	273	4,3921 %	0,67643					
26x35	23-Jul-01	273	4,4204 %	0,67376					
27x36	21-Aug-01	273	4,4459 %	0,67134					

Fortsetzung Abb. 8.2

- Der Beginn der Perioden der variablen Seite richtet sich nach dem Valutatag. Ist Valuta des Geschäftes beispielweise der 21., so beginnen die Perioden der variablen Seite stets am 21.des jeweiligen Monats. Ist der 21. ein Wochenende oder ein Feiertag, so ist der Beginn der Periode der nächste Arbeitstag. Das Ende ist dann wieder der 21., falls dies ein Arbeitstag ist. Ansonsten ist es der nächste Arbeitstag. Die Perioden werden sich dann entsprechend verkürzen bzw. verlängern. Das Fixing wiederum erfolgt zwei Arbeitstage vor Beginn der Periode.
- Das erste Fixing der variablen Seite findet bereits am Handelstag statt.
- Die variablen Zahlungen werden nachschüssig gezahlt, d.h. am Ende der jeweiligen Periode und basieren gemäß Geldmarktkonventionen auf einer actual/360 Tageszählung.
- Die Zahlungszeitpunkte der festen Seite richten sich ebenfalls nach dem Valuta-Tag. Ist Valuta z.B. der 21.08, so erfolgt die erste Zahlung am 21.08. des nächsten Jahres. Falls dies ein Feiertag ist, dann wird der nächste Arbeitstag genommen. Am Tag einer festen Zahlung erfolgt stets auch eine variable Zahlung. Die beiden Zahlungen werden deshalb miteinander verrechnet.
- Die Tagezählung der fixen Seite entspricht meistens der Konvention des jeweiligen Anleihemarktes und ist im Euro-Raum 30/360. In anderen Ländern ist auch actual/360 und actual/actual möglich.

Beispiel:
Ein Swap wurde am 19.08.1998 mit Valuta 21.08.98 abgeschlossen. Die Laufzeit beträgt 3 Jahre. Die Zahlungen der variablen Seite erfolgen alle 3 Monate. Bei dieser Laufzeit wäre auch gegen 6 Monate möglich gewesen. Das erste Fixing der variablen Seite erfolgt am Handelstag dem 19.08.98. Die Periode beginnt am 21.08.98 und endet am 23.11.98. Die Zahlung erfolgt nachschüssig am 23.11.98. Das letzte Fixing findet am 21.05.01 statt, mit Zahlung am 21.08.01. Die erste Zahlung der festen Seite erfolgt am 23.08.99 (der 21.08.99 ist ein Samstag) und die letzte Zahlung am 21.08.01.

Setzt man die Werte aus Tabelle 8.1 in die obige Formel ein, kann man zunächst die Swap-Rate für ein Jahr berechnen: (1–0,9632727)/(362/360 * 0,9632727) = 3,7917 %. Dies ist die Swap-Rate für ein Jahr gemäß 30/360 Konvention. Nach act/act Tagezählung beträgt die Rate 3,8128 %: (1–0,9632727)/(367/367 * 0,9632727) = 0,038128.

Die Swap-Rate für drei Jahre berechnet sich analog und beträgt 4,1356 %: (1–0,8852872)/(0,9632727*362/360 + 0,9250137*358/360 + 0,8852872*360/360)[1]

Die erste Zahlung der festen Seite erfolgt am 23.08.99 und beträgt € 4.158.575,56 = 100 Mio * 0,041356 * 362/360.

---

1 I.d.R. wird die aus dem Future-Strip herausgerechnete Swap-Rate noch wegen des „Konvexitätseffektes" um ein paar Basispunkte nach unten adjustiert. Siehe hierzu ausführlicher Kapitel 8.1.5.

Anhand einer Barwertberechnung können die so ermittelten Swap-Raten überprüft werden. Zudem wird dadurch auch der Aufbau und die Bewertung des Swaps verdeutlicht.

Die erste Zahlung der variablen Seite erfolgt am 23.11.98 und beträgt € 914.308,67 = 100 Mio * 0,035016 * 94/360. Die weiteren Zahlungen der variablen Seite sind unbekannt. Mit Hilfe der Zero-Raten oder der Diskontfaktoren kann man sich jedoch die einzelnen Forward-Raten ausrechnen und feststellen, welche Zinssätze (und somit auch Zahlungen) der Markt erwartet. Gegebenenfalls kann eine Swap-Position mit diesen FRA's abgesichert werden. Wurden die Forward-Raten und die Swap-Rate korrekt berechnet, wird aus dem Geschäft Swap + FRA's weder ein Gewinn noch ein Verlust entstehen. Die einzelnen FRA-Sätze wiederum können aus den Future-Raten herausgerechnet werden.

Nach der Vorgehensweise in Kapitel 6.2.1.6 berechnet sich das 3x6 FRA: (0,9909398/0,9818181 –1)* 360/91 = 3,6754 %. Analog berechnen sich die restlichen FRA's wie z.B. 6x9, 9x12 etc.. Die Ergebnisse finden sich in Tabelle 8.3 (Swap Pricing).

Würde man nun einen Strip von FRA's (3x6 bis 33x36 jeweils 100 Mio) handeln, wüßte man welche Zahlungen jeweils auf der variablen Seite zu leisten sind. Die einzelnen Raten wurden nämlich durch die FRA's abgesichert. In Tabelle 8.3 stehen in der oberen rechten Spalte die Zahlungen der variablen Seite wie sie sich aus den einzelnen FRA's ergeben. Man kann nun den Barwert dieser Zahlungen bilden. Die Barwerte erhält man durch Multiplikation der einzelnen Zahlungen mit den Diskontfaktoren aus Tabelle 8.1. Auf dieselbe Weise werden die Barwerte der bereits bekannten fixen Zahlungen ermittelt.

Wurden die Berechnungen korrekt durchgeführt, so muß die Summe der Barwerte (PV) der variablen Seite, gleich der Summe der Barwerte der fixen Seite sein. Dies ist in der Regel bei Abschluß eines Swaps der Fall.[1] Der PV der variablen Seite beträgt in dem Beispiel € 11.471.281,22 und der PV der festen Seite € 11.471.269,98. Da die beiden Barwerte sich entsprechen ist der Swap korrekt bewertet.[2]

8.1.5 Konvexität

Der Zusammenhang zwischen einer Zinsänderung und der Kursänderung ist bei einem Future linear. Bei einem FRA und bei einem Swap ist dieser Zusammenhang ähnlich zu einer Anleihe nicht linear sondern konvex. Konvexität ist für den Verkäufer des FRA und den Empfänger des festen Zinses im Swap etwas positives. Da ein Future keine Konvexität besitzt, muß sein Preis im Ver-

1 Außer die Swap-Rate ist nicht der aktuelle Marktzins.
2 Die Differenz von DM 11,24 ist auf Rundungsfehler zurückzuführen und bei einem Volumen von DM 100 Mio unerheblich.

Volumen: € 100 Mio **FRA**	**Variable Seite** **RATE**	**Fixing Date**	**Beginn**	**Ende**	**Tage**	**Betrag**
Spot 3M	3,5016 %	19-Aug-98	21-Aug-98	23-Nov-98	94	914.308,67
3x6	3,6754 %	19-Nov-98	23-Nov-98	22-Feb-99	91	929.058,75
6x9	3,7621 %	18-Feb-99	22-Feb-99	21-Mai-99	88	919.617,67
9x12	3,8162 %	19-Mai-99	21-Mai-99	23-Aug-99	94	996.464,24
12x15	3,8879 %	19-Aug-99	23-Aug-99	22-Nov-99	91	982.762,92
15x18	4,0187 %	18-Nov-99	22-Nov-99	21-Feb-00	91	1.015.849,79
18x21	4,0739 %	17-Feb-00	21-Feb-00	22-Mai-00	91	1.029.786,17
21x24	4,1341 %	18-Mai-00	22-Mai-00	21-Aug-00	91	1.045.016,09
24x27	4,2242 %	17-Aug-00	21-Aug-00	21-Nov-00	92	1.079.512,58
27x30	4,3337 %	17-Nov-00	21-Nov-00	21-Feb-01	92	1.107.496,82
30x33	4,3942 %	19-Feb-01	21-Feb-01	21-Mai-01	89	1.086.346,10
33x36	4,4627 %	17-Mai-01	21-Mai-01	21-Aug-01	92	1.140.473,88
						€ 12.246.693,68

Fixe Seite **Start Date**	**Payment Date**	Swap Rate: 4,13560 % **Tage 30/360**	**Betrag**	**PV Variabel**	**PV Fix**
				906.024,81	
				912.166,68	
				894.669,72	
21-Aug-98	23-Aug-99	362	4.158.575,56	**959.866,82**	**4.005.842,39**
				937.455,74	
				959.272,48	
				962.520,78	
23-Aug-99	21-Aug-00	358	4.112.624,44	**966.654,19**	**3.804.233,90**
				987.899,41	
				1.002.407,14	
				972.696,54	
21-Aug-00	21-Aug-01	360	4.135.600,00	**1.009.646,91**	**3.661.193,69**
				Summe:	**Summe:**
			€ 12.406.800,00	**€ 11.471.281,22**	**€ 11.471.269,98**

Abb. 8.3: Swap Pricing

gleich zum FRA um einen gewissen Betrag nach unten adjustiert werden oder der FRA-Satz der sich aus den Future-Raten ergibt wird ebenfalls nach unten angepaßt. Das heißt die FRA-Raten am Markt müssen im Vergleich zu den Future-Raten zu leicht niedrigeren Sätzen notieren. Genauso muß die Swap-Rate die sich aus dem Future-Strip errechnet, nach unten adjustiert werden. Anders ausgedrückt: Ähnlich zur einer Short-Position in einer Anleihe, ist ein Zahler auf der festen Seite des Swaps durch die Konvexität benachteiligt. Er wird daher bereit sein nur eine etwas **niedrige** Swap-Rate zu zahlen als sich aus dem Future-Strip ergibt. Der Empfänger der festen Seite im Swap hat dagegen die Konvexität auf seiner Seite. Beim Kauf eines Futures ist dies nicht der Fall. Die Future-Zinssätze müssen daher zur Kompensation zu höheren Raten notieren, als die vergleichbaren Swap-Raten.

Am Markt wird dieser Effekt in der Regel in der Bewertung mit berücksichtigt. Mit wieviel Basispunkten die Marktteilnehmer den Konvexitätseffekt bewerten, hängt von dem Zinsniveau, der Laufzeit des Swaps und der Volatilität der Zinsen ab. Für ein einzelnes FRA ist dieser Effekt nicht sonderlich groß. Je weiter der Startzeitpunkt des FRA in der Zukunft liegt bzw. je länger die Laufzeit des Swap ist, desto größer ist der Konvexitätseffekt und kann für längerlaufende Swaps signifikant werden.

Die Ursachen und Bewertungsmodelle für den Konvexitätseffekt sollen die folgenden Kapitel erläutern.

8.1.5.1 Ursachen für die Konvexität

Wurde beispielsweise ein FRA gekauft und die Zinsen sinken, so erhält man am Settlement Date die Differenz zwischen dem FRA-Zins und dem Referenzzinssatz am Settlement Date. Dieser Betrag wird noch über die FRA-Laufzeit diskontiert. Die Diskontierung erfolgt jedoch nicht mit dem ursprünglichen FRA Zins, sondern mit dem Settlementzins am Laufzeitende. Bei einem Sinken der Zinsen wird mit dem niedrigeren Settlement-Zins diskontiert. Dadurch wird ein vergleichsweise höherer Betrag ausgezahlt. Der für den Verkäufer des FRA positive Konvexitätseffekt entsteht durch die Diskontierung mit dem niedrigeren Zins und im Falle eines Anstiegs der Zinsen durch die Diskontierung mit einem höheren Zins. Da bei einem Anstieg der Zinsen der zu zahlende Betrag mit einem höheren Zins diskontiert wird, wird der Verlust somit geringer. Bei einem Future wird dagegen die Zinsdifferenz ohne eine Diskontierung ausgezahlt. Ein Hedge und eine Arbitrage zwischen Future und FRA kann durch die Konvexität ineffizient werden. Die Konvexität ist definiert als die Änderung der Duration für eine bestimmte Renditeänderung (meistens ein Basispunkt Renditeänderung). Die Duration des FRA ist dasselbe wie sein Delta oder BPV:

Für eine Zinsbewegung von einem Basispunkt und einem Nominalbetrag von eins gilt:

$$Duration_{FRA} = \frac{t_{FRA}}{T} \times DF$$

Je nachdem ob man die Duration auf Forward-Basis (Settlement Date des FRA) oder per Valuta betrachtet, wird der Diskontfaktor der Forward-Periode oder der Diskontfaktor vom Ende des FRA-Zeitraums bis zum Valutatag genommen.

Für die folgenden Ausführungen ist es hilfreich, sich noch einmal den Barwert eines FRA's zu vergegenwärtigen:

$$PV_{FRA} = (r_{FRA} - r_{AKT}) \times \frac{t_{FRA}}{T} \times DF_{FRA} \times DF_k \times N = (r_{FRA} - r_{AKT}) \times \frac{t_{FRA}}{T} \times DF_l \times N$$

mit:	PV	=	Barwert
	r_s	=	Referenzzinssatz am Settlement Date des FRA
	r_{FRA}	=	Zins mit dem das FRA abgeschlossen wurde
	r_{AKT}	=	aktueller Marktzins für das FRA
	N	=	Nominalvolumen
	t_{FRA}	=	Tage für Zeitraum des FRA
	DF_k	=	Diskontfaktor vom Anfang der FRA-Periode bis zum Valutatag
	DF_{FRA}	=	Diskontfaktor für FRA-Periode (diskontiert wird mit r_{AKT})
	DF_l	=	Diskontfaktor für die gesamte Periode, d.h. bis zum Ende der FRA-Periode

Geldmarkt-Futures können nicht nur zu Bestimmung von Swap Raten, sondern auch zur Absicherung von Swaps (Swap = Strip von FRA's) und FRA's verwendet werden. Das Hedge Ratio zwischen Geldmarkt Future und FRA berechnet sich als Verhältnis zwischen dem Basis Point Value des Futures und dem BPV (oder Delta bzw. Dollar Duration) des FRA. Während ein Euro-Dollar Future beispielsweise stets ein Delta von € 25 hat, richtet sich das Delta des FRA nach der Länge der Forward Periode und dem Zeitpunkt an dem die Forward Periode startet. Der Cash Flow der am Ende der Laufzeit des FRA fließt, ist die Differenz zwischen FRA-Zins und dem Zinssatz mit dem das FRA am Ende der Laufzeit abgerechnet wird. Da dieser Zahlungsstrom erst in der Zukunft fließt, muß er noch bis zum Valutatag diskontiert werden. Für eine Zinsänderung von einem Basispunkt berechnet sich das Delta eines FRA nach folgender Formel:

$$Delta_{FRA} = \frac{t_{FRA}}{T} \times DF_{FRA} \times DF_k = \frac{t_{FRA}}{T} \times DF_l$$ [1]

Beispiel:

Ausgangsdaten:	Kurs des Futures:	95,300
	Zins Future:	4,700 %
	Zins FRA:	4,700 %
	Zins Spot:	4,000 %

1 Diese Formel wird in den späteren Ausführungen zur Berechnung der Duration des FRA's verwendet.

Zeitraum des FRA:	91 Tage
Tage bis Beginn des FRA:	270 Tage
FRA Position:	€ 100 Mio
Hedge Ratio:	0,970136
Anzahl der Futures:	97,0136
Day Count:	actual/360

Aus diesen Angaben ergeben sich folgende Parmeter:

Der Diskontfaktor für die FRA-Periode:

$$DF_{FRA\text{-}Periode} = \frac{1}{1+0{,}047 \times \frac{91}{360}} = 0{,}9882589$$

Der Diskontfaktor von Valuta bis zum Beginn der FRA-Periode:

$$DF_{Valuta\ bis\ FRA\text{-}Periode} = \frac{1}{1+0{,}040 \times \frac{270}{360}} = 0{,}97087379$$

Das Delta des FRA per Settlementzeitpunkt:

$$Delta_{FRA/Forward} = \frac{91}{360} \times 0{,}9882589 = 0{,}24980988$$

Das aktuelle Delta des FRA:

$$Delta_{FRA/Spot} = \frac{91}{360} \times 0{,}9882589 \times 0{,}97087379 = 0{,}24253387$$

Das Delta von 0,24253387 besagt, daß für eine Renditeänderung von einem Basispunkt sich der Wert der FRA Position bezogen auf einen Nominalwert von € 1.000.000 um € 24,25 ändern wird.

Das Hedge Ratio FRA zu Future beträgt dementsprechend 24,253387/25 bzw. 0,970136. Das heißt um den Kauf von einem FRA im Nominalwert von € 100.000.000 abzusichern müssen 97,0136 Futures bzw. 97 Futures gekauft werden. Für eine Arbitrage-Position die bis zum Settlement-Date des FRA's gehalten wird, müssen 99,92 (24,980988/25) bzw. 100 Futures gekauft werden.

Mit diesem Hedge (Ratio) sollte die FRA-Position gegenüber Zinsänderungen abgesichert sein. Bei kleinen Zinsänderungen ist dies auch weitgehend der Fall. Bei größeren Bewegungen ergeben sich trotzdem Differenzen wie aus den Abbildungen 8.4 und 8.5 ersichtlich ist.

Es wurden Futures gekauft und dagegen FRA's gekauft. Der erste Chart zeigt die Differenz im Gewinn und Verlust zwischen der Future- und der FRA-Position bei obigem Hedge. Der zweite Chart zeigt dieselbe Differenz, jedoch für eine Arbitrage-Position. Da eine Arbitrage-Position in der Regel bis zur Fälligkeit gehalten wird, wird die Duration und Konvexität forward per

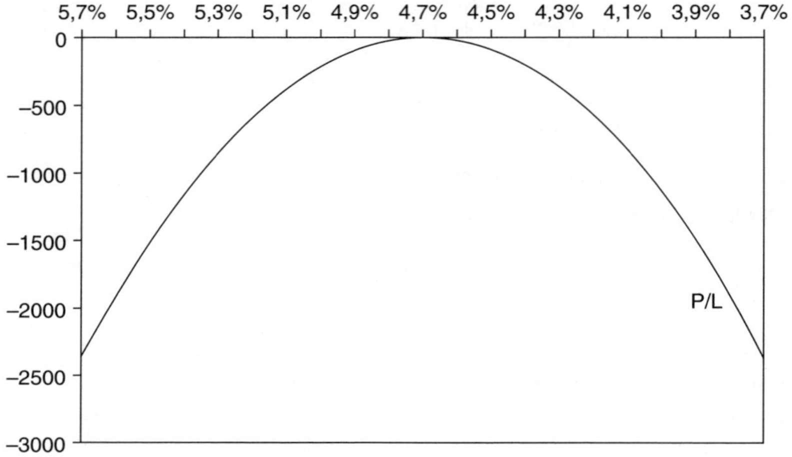

Abb.: 8.4: Konvexitätseffekt auf Future-FRA-Hedge

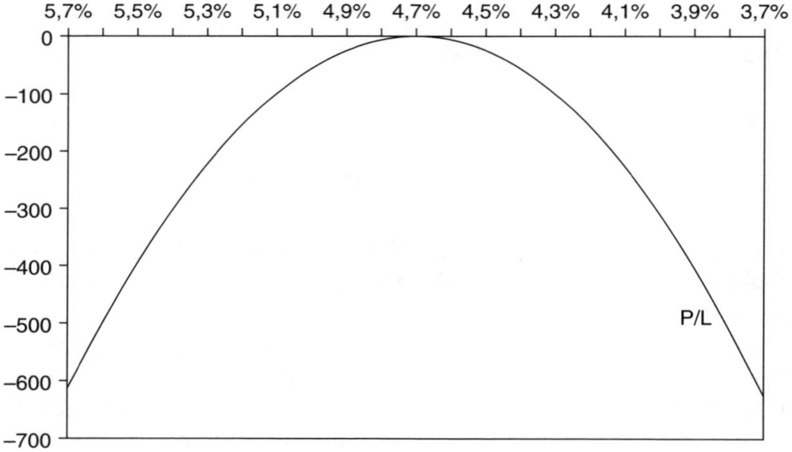

Abb.: 8.5: Konvexitätseffekt auf Future-FRA-Arbitrage

Settlement-Date des FRA's betrachtet. Es ergibt sich daher auch ein unterschiedliches Hedge Ratio.

Im theoretisch idealen Fall, sollte die FRA-Position gegenüber Zinsschwankungen vollständig abgesichert sein, d.h. ein Verlust im FRA wird durch einen Gewinn im Future vollständig ausgeglichen. Wie aus den beiden Graphen jedoch ersichtlich ist, entstehen bei Kursbewegungen Differenzen in den Gewinn- und Verlustentwicklungen zwischen den beiden Positionen. Diese Differenzen wachsen überproportional bei starken Zinsbewegungen. Der Umstand, daß trotz korrekter Berechnung des Hedge Ratios derartige Abweichungen auftreten, ist auf die Konvexität des FRA zurückzuführen.

Die Wertveränderung eines Euribor-Futures für eine Renditeänderung von einem Basispunkt beträgt immer € 25. Durch das Margining fließt dieser Betrag sofort auf das entsprechende Konto und ist unmittelbar verfügbar. Bei einem FRA hingegen findet eine Diskontierung statt. Diese Diskontierung kann zweigeteilt werden:

Am Ende der Laufzeit wird die Differenz zwischen FRA-Zins und dem zu diesem Zeitpunkt gültigen Referenzzinssatz gebildet. Diese Differenz wird jedoch noch über den Zeitraum den das FRA umfaßt mit dem Referenzzins abgezinst. Da die Abzinsung mit dem am Settlement Date gültigen Referenzzins erfolgt, bleibt der Diskontfaktor für die Diskontierung des Differnzbetrages nicht konstant. Dies wirkt sich positiv für den Verkäufer eines FRA aus. Sinken die Zinsen, erhält er die entsprechende Zinsdifferenz. Diese Zinsdifferenz wird bei Fälligkeit nicht mehr mit dem ursprünglichen FRA-Zins diskontiert, sondern mit dem nunmehr gültigen niedrigeren Zins. Durch die Abzinsung mit dem niedrigeren Zins erhält er einen etwas höheren Betrag.

Befindet man sich an einem Zeitpunkt vor dem Settlement Date, muß eine zweite Diskontierung erfolgen (siehe Formel zu Barwertbestimmung des FRA's). Durch diese Diskontierung entsteht bei Zinsänderungen ebenfalls ein Konvexitätseffekt.

Beispiel:
Der Forward Zins im letzten Beispiel sinkt von 4,70 % auf 4,60 %. Die Ausgleichszahlung die der Verkäufer des FRA am Abrechnungstag erhalten würde, würde bei einem Nominalwert von € 100 Mio, € 25.277,78 betragen: 0,01*91/360*100 Mio.

Dieser Betrag muß noch über die FRA-Periode diskontiert werden. Mit dem ursprünglichen FRA-Zins von 4,70 % diskontiert erhält man:

€ 25.277,78*(1/(1+0,0470*91/360 = € 25.277,78*0,988259 = € 24.980,99.

Korrekterweise muß jedoch mit dem Settlementzins von 4,60 % diskontiert werden:

€ 25.277,78*(1/(1+0,0460*91/360 = € 25.277,78*0,988506 = € 24.987,24.

Die Differenz beträgt € 6,25.

Erfolgt die Zinsänderung nicht erst kurz vor dem Abrechnungstag des FRA sondern bereits zum heutigen Zeitpunkt, so muß man um den Gewinn der FRA-Position zu bestimmen, den Betrag von € 24.987,24 bis zum heutigen Zeitpunkt diskontieren. Die Diskontierung erfolgt dann ebenfalls mit dem niedrigeren für diese Periode gültigen Marktzins. Es tritt dann analog zu der letzten Rechnung ein zweiter Konvexitätseffekt auf:

€ 24.987,24*(1/(1+0,040*270/360 = € 24.987,24*0,970874 = € 24.259,46, bzw. korrekt:

€ 24.987,24*(1/(1+0,039*270/360 = € 24.987,24*0,971581 = € 24.277,13.

Die Differenz beträgt € 17,67.

Die gesamte Differenz beträgt somit € 23,92.

Gegen die FRA Position wurden 97,0136 Futures gekauft. Das Future-P/L beträgt 25*10*97,0136 = € 24.253,40. Die Differenz zum FRA-P/L in Höhe von € 24.277,13 ist der Effekt bedingt durch die Konvexität: € 23,73.

Für eine Arbitrage-Position müssen 99,92 Futures gekauft werden. Das Future-P/L beträgt dann 25*10*99,924 = € 24.981,00. Der Konvexitätseffekt auf das FRA ist derselbe, wie bereits oben im ersten Schritt beschrieben. Auch das P/L des FRA bezieht sich dann auf den Settlement-Zeitpunkt und beträgt € 24.987,24. Die Differenz zum Future-P/L ist der Konvexitätseffekt: € 6,24.

Der Konvexitätseffekt ist hier geringer, da über einen kürzeren Zeitraum diskontiert wird.

Der Effekt der Konvexität wird umso größer je entfernter Settlement Tag des FRA ist, je größer der Zeitraum ist den das FRA umfaßt und je stärker die Zinsbewegung ist.

Die obigen Graphen zeigen, daß der Effekt der Konvexität überproportional zu der Zinsänderung steigt. Bei kleinen Zinsänderungen ist der Effekt verschwindend gering, bei gößeren Bewegungen wird er signifikant. Wie in Kapitel 2 erläutert ist die Konvexität die zweite Ableitung der Preis- Renditefunktion bzw. die Ableitung der Dollar Duration nach r.

$$dK_t = -\,Duration \times dr + \frac{1}{2} \times Konvexität \times dr^2$$

In dem obigen Beispiel fand die Zahlung am Settlement Date des FRA's statt, wurde jedoch noch über den FRA-Zeitraum diskontiert. Genauso hätte die Zahlung ohne Diskontierung auch am Ende des FRA-Zeitraums erfolgen können. Das finanzielle Ergebnis wäre dasselbe gewesen.

Genauso wird bei einer Geldmarkteinlage bei Abschluß der Zins festgelegt, die Zahlung erfolgt jedoch später, am Ende der Zeitraums.

Dasselbe ist bei einem Swap der Fall. Die Fixings der variablen Seite finden statt, die Zahlungen erfolgen jedoch nachschüssig d.h. am Ende der Periode.

Bei all diesen Instrumenten wird die Zinsänderung zu einem bestimmten Zeitpunkt (kann auch vor dem Fixing sein) beobachtet, die Zahlungen erfolgen jedoch zu einem späteren Zeitpunkt. Die Zeitspanne zwischen der Feststellung der Zinsänderung und dem Fließen des Geldbetrags wird auch als *natural time lag* bezeichnet.[1] Instrumente mit einem natural time lag können unter der Annahme bewertet werden, daß der erwartete zukünftige Zinssatz die Forward-Rate ist. Bei Instrumenten ohne ein natural time lag entspricht der erwartete zukünftige Zinssatz der Forward-Rate zuzüglich eines Konvexitäts-Adjustment.[2]

1 *Hull, J.:* (Options, Futures), S. 407.
2 *Hull, J.:* (Options, Futures), S. 408.

8.1.5.2 Bewertung der Konvexität

Ein Swap kann mit einem Strip von FRA's nachgebildet werden. Der Konvexitätseffekt des FRA ist daher in einem Swap, je nach Laufzeit, in verstärkter Form vorhanden. Werden Swap-Raten aus Future-Strips herausgerechnet, muß eine Adjustierung der aus dem Future-Strip ermittelten Swap-Rate um den Konvexitätseffekt erfolgen. Der Konvexitätseffekt wirkt sich positiv auf folgende Position aus: Fixed-Rate Receiver im Swap und dagegen Short-Position im Future-Strip. Die Swap Rate muß daher nach unten angepaßt.

Ähnlich wie bei einer Optionsposition ist der Wert der Konvexität abhängig von dem Zeitraum T und der erwarteten Zinsbewegung (Volatilität). Die Konvexität hat einen Zeitwert wie eine Option und tritt auch auf, wenn das Hedge Ratio bei Veränderung des Diskontfaktors bedingt durch Zins- und Zeitänderung angepaßt wird. Eine kontinuierliche Anpassung hat ein Gewinn- und Verlustprofil ähnlich zu einer Long- oder Short-Straddle Position deren Delta ebenfalls gehedged wird. Die Konvexität kann somit auch mit Optionsstrategien wie z.B. Straddles nachgebildet werden.[1]

Es wurden daher mehre optionsähnliche Modelle entwickelt um diesen Konvexitätseffekt zu bewerten.

Eine „rule of thumb" geben Burghard & Hoskins:[2]

Konvexity-Adjustment: Stdv der Forward-Rate Änderungen * Stdv der Zero-Bond-Rate Änderungen * Corr zwischen den Änderungen der Forward- und Zero-Raten.

Die Laufzeit des Zero-Bonds geht bis zum Ende der Periode die die Forward-Rate umfaßt.

Eine Lösung im Rahmen eines Black-Sholes Modells gibt Hart[3] und eine Lösung bezüglich eines Hull-White Modells stammt von Kirikos-Novak.[4] Ein Hull-White Modell erfordert jedoch einen stark erhöhten Rechenaufwand.

Ein praxisgerechtes Modell, das dennoch genaue Ergebnisse liefert, stammt von Brotherton-Ratcliffe & Iben.[5] Es wurde anhand eines Constant Maturitiy Swaps (CMS) bzw. eines Constant Maturity Treasury Swaps (CMT) entwickelt.

Bei einem Constant Maturity Swap findet ein Austausch statt zwischen LIBOR und einer Swap Rate (z.B. 10-Jahres Swap-Rate) oder LIBOR und einer Government Rate als Referenzzins (CMT). Der Austauch kann zu denselben Zeitpunkten z.B alle 6 Monate erfolgen.

Der Zahlungsstrom der einen Seite eines Constant Maturity Swaps kann nach folgender Formel erfolgen:

---

1 *Hart, I.:* (Unifying Theory), S. 55.
2 *Burghard, G., Hoskins, B.:* (A Question of Bias), S. 67.
3 *Hart, I.:* (Unifying Theory).
4 *Kirikos, G., Nowak, D.:* (Convexity Conundrums).
5 *Brotherton-Ratcliffe, Iben:* (Yield Curve Applications), S. 245–267.

$$CF = N \times r \times \frac{t}{T}$$

mit: CF = Cash Flow
r = Referenzzinssatz (oft zuzüglich eines Spreads)
t = Tage für Zinsperiode
T = Tage im Jahr
N = Nominalvolumen

Auf der anderen Seite kann beispielsweise eine Sechsmonats-LIBOR fließen. Der gesamte Zahlungsstrom besteht somit aus der Differenz zwischen einer kurzfristigen Rendite (z.B. Sechsmonats-Libor) und einer langfristigen Rendite (z.B. Rendite einer vorher festgelegen 10-jährigen Anleihe).[1]

Dient beispielsweise eine langfristige Anleihe (z.B. 10-Jahre) zur Bestimmung des Referenzzinssatz, kann man versuchen den CMT mit dieser Anleihe abzusichern. Findet das erste Fixing in 6 Monaten statt, wird man versuchen, sich die langfristige Rendite durch den Kauf der Referenzanleihe auf Forward Basis (6 Monate Forward) zu sichern. Der Nominalwert der Anleihe der von der Anleihe gekauft werden muß, richtet sich nach dem Verhältnis der Sensitivitäten auf Renditeänderungen der Cash Flows des CMT und der Sensitivität der Anleihe. Sinken die Zinsen wird ein Verlust im CMT durch die Long Position in der Anleihe ausgeglichen. Änlich zu dem Beispiel im letzten Kapitel wird diese Absicherung nur unvollständig sein, da der Konvexitätseffekt nicht berücksichtigt wird. Ein CMT hat nämlich ähnlich wie eine Futureposition keine Konvexität. Für die einzelnen Zahlungen wird nur die Differenz zwischen den verschiedenen Zinssätzen gebildet. Eine Diskontierung findet am Ende nicht mehr statt. Der Konvexitätseffekt liegt somit nicht im CMT sondern in der Anleihe. Der Effekt ist hier ähnlich wie zwischen Future und FRA.

Es wird somit ein Portfolio aus einer Long Position im Bond und einer Short Position im CMT gebildet. Das Hedge Ratio ist durch die Ableitung des Forward-Preises der Anleihe nach der Rendite gegeben. Bei Eingehen der Position zu Marktzinsen ist der Wert des Portfolios gleich null. Bei Zinsänderungen wird er jedoch wegen der Konvexität von null abweichen.

$$PF = DF \times \left[y - \frac{P(y)}{P'(f)} \right]^2$$

mit: PF = Portfolio
DF = Diskonfaktor vom Cash Flow Datum bis Valuta
y = Rendite der Anleihe

1 Oft wird ein CMS gemäß der entsprechenden Forward Rates bewertet. Den Forward-Raten entsprechend werden die erwarteten Cash Flows bestimmt und mit den einzelnen Zero-Raten diskontiert. Der Zinssatz den man auf diese Weise erhält muß jedoch noch um den Konvexitätseffekt angepaßt werden.

2 Vgl. *Brotherton-Ratcliffe, Iben:* (Yield Curve Applications), S. 250.

P(y) = Forward-Preis der Anleihe mit Rendite y
f = Forward-Rendite der Anleihe
P'(f) = Ableitung des Forward-Preises der Anleihe nach der Rendite

Es wird hier die Differenz zwischen der Wertveränderung in dem CMS und der Anleiheposition gebildet. Da die Bewertung auf Forward-Basis erfolgt, muß diese Differenz mit D diskontiert werden.

Bewegt sich die Anleihe vom Zins y auf Zins f (Zinsänderung: y-f), kann der neue Preis P(y) als eine Taylor-Reihe von Ableitungen angeschrieben werden:

$$P(y) \approx P(f) + (y-f) \times P'(f) + 0{,}5 \times (y-f)^2 \times P''(f) + \ldots$$

mit: P"(f) = Zweite Ableitung des Forward-Preises der Anleihe nach der Rendite

Durch die Ableitungen wird die Konvexität der Anleihe berücksichtigt. Setzt man dieses P(y) für das ursprüngliche P(y) in die obige Gleichung ein, erhält man:

$$PF = DF \times \left[f - \frac{P(f)}{P'(f)} - 0{,}5 \times (y-f)^2 \times \frac{P''}{P'} \right]$$

Die Long-Position in der Anleihe wird mit dem kurzfristigen Zinssatz finanziert.

$$PF = DF \times \left[f - 0{,}5 \times (y-f)^2 \times \frac{P''}{P'} \right]$$

Der Wert $(y\text{-}f)^2$ kann bei einer lognormalverteilten Anleiherendite wie folgt approximiert werden.

$$(y-f)^2 \approx f^2 \times \sigma^2 \times T$$

mit: σ = Volatilität
T = Zeitraum

Unter Berücksichtigung der letzten Gleichung erhält man als Wert des zukünftigen Cash Flows inklusive der Konvexitätsanpassung:

$$CF = DF \times \left[f - 0{,}5 \times f^2 \times \sigma^2 \times T \times \frac{P''}{P'} \right]$$ [1]

Der Betrag um den die Forward-Rendite angepasst werden muß, (Konvexitäts-Adjustment) kann somit in folgende Formel gefaßt werden:

$$KA = -0{,}5 \times f^2 \times \sigma^2 \times T \times \frac{Konvexität}{Duration}$$ [2]

1 *Brotherton-Ratcliffe, Iben:* (Yield Curve Applications), S. 252.
2 Vgl. *Hull, J.:* (Options, Futures), S. 409.

mit: KA = Konvexitäts-Adjustment
f = Forward-Rendite
s = annualisierte Rendite-Volatilität
T = Zeitraum vom Valutatag bis zum Settlement Date

Die adjustierte Forward-Rendite ist dann: f + KA.

Ein wichtiger Punkt ist, daß die Werte die man mit Hilfe dieses Modells erhält, kaum von den Werten abweichen die man mit einem wesentlich komplexeren Modells wie dem Black-Derman-Toy Modell erhält.[1] Das ist besonders unter dem Aspekt der Durchführbarkeit und Praxisnähe relevant.

Die obige Herleitung kann auch auf ein Portfolio zwischen Geldmarktfuture und FRA übertragen werden:

$$PF = P_{Fut} - P_{FRA} \times \frac{D_{Fut}}{D_{FRA}}$$

mit: P = Preis (hier Wert der Position)
D = Duration (hier Dollar Duration)

Ist der Wert beider Positionen (P) bei Abschluß null, so ist der Barwert der FRA-Position null und beim Future ist noch kein Profit angefallen. Entwickeln sich beide Positionen parallel, so muß der Wert des Portfolios bei Renditeänderungen stets null bleiben. Wie sich jedoch zeigen wird, ist dies nicht der Fall. Bei der Entscheidung wieviele Kontrakte des Futures für eine FRA-Position gehandelt werden, muß die unterschiedliche Zinssensitivität beider Instrumente berücksichtigt werden. Das Verhältnis D_{Fut}/D_{FRA} ist deshalb das Hedge Ratio. D ist bei einem Geldmarktfuture konstant 0,25.

Bewegt sich die Forward-Rate von f auf r, dann ist der Wert der Future-Position: $(r-f) \times D_{Fut}$

Der neue Wert $P_{FRA/r}$ der FRA-Position kann für diese Bewegung unter Berücksichtigung der Konvexität folgendermaßen angeschrieben werden:

$$P_{FRA/r} \approx P_{FRA} + (r-f) \times D_{FRA} + 0{,}5 \times (r-f)^2 \times C_{FRA} + \ldots$$

C_{FRA} ist die Konvexität des FRA's.

Durch Einsetzen in die obige Gleichung erhält man:

$$PF = (r-f) \times D_{Fut} - D_{Fut} \times \left(\frac{P_{FRA}}{D_{FRA}} + (r-f) + 0{,}5 \times (r-f)^2 \times \frac{C_{FRA}}{D_{FRA}} \right)$$

Der Wert des Portfolios ist ungleich null da:

$$D_{Fut} \times (r-f) \neq D_{Fut} \times \left(\frac{P_{FRA}}{D_{FRA}} + (r-f) + 0{,}5 \times (r-f)^2 \times \frac{C_{FRA}}{D_{FRA}} \right)$$

1 Vgl. *Brotherton-Ratcliffe, Iben:* (Yield Curve Applications), S. 253.

Da P_{FRA}/D_{FRA} wegfällt, unterscheidet sich die rechte Seite der Gleichung von der linken Seite um folgenden Faktor:

$0{,}5 \times (r-f)^2 \times \frac{C_{FRA}}{D_{FRA}}$ dies entspricht näherungsweise $0{,}5 \times f^2 \times \sigma^2 \times T \times \frac{C_{FRA}}{D_{FRA}}$

Dies ist der Faktor, um den die Rate des FRA's verringert werden muß, damit der Wert der FRA-Position dem Wert der Future-Position entspricht.

Will man daher aus Rate des linearen Instrumentes (z.B. Future) die Rate des nichtlinearen Instrumentes (z.B FRA) herausrechnen, muß die aus dem linearen Instrument ermittelte Rate noch um den Faktor $0{,}5 \times f^2 \times \sigma \times T \times \frac{C_{FRA}}{D_{FRA}}$ verringert werden.

Diese Herleitungen können auch in allgemeiner Form angeschrieben werden:

Geht man bei der Preisänderung eines Bonds für eine Renditeänderung nur bis zur ersten Ableitung, so erhält man für P(y):

$$P(y) \approx P(f) + (y-f) \times P'(f) + \ldots$$

mit: P(y) = Preis einer Anleihe als Funktion der Rendite y.
f = Forward Bond-Rendite

Nimmt man den Erwartungswert von P(y), dann erhält man:

$$E[P(y)] \approx P(f) + (E[y]-f) \times P'(f)$$[1]

Bei einem Black-Modell entspricht der erwartete Bondpreis E[P(y)] dem Forward-Bondpreis P(f).[2]

E[(y)] entspricht dann f:

$$E[y] \approx f$$

Um die Konvexität zu berücksichtigen, muß die Taylorreihe jedoch bis zur zweiten Ableitung ausgedehnt werden:

$$P(y) \approx P(f) + (y-f) \times P'(f) + 0{,}5 \times (y-f)^2 \times P''(f) + \ldots$$

Nimmt man wieder die Erwartungswerte erhält man:

$$E[y] \approx f - 0{,}5 \times E\,[(y-f)^2] \times \frac{P''(f)}{P'(f)}$$[3]

In einem Black-Modell werden die Renditen als lognormalverteilt angesehen wobei die Standardabweichung der ln der Renditen als $\sigma\sqrt{T}$ gegeben ist.[4] $E[(y-f)^2]$ kann somit approximiert werden:

---

1 Vgl. *Long, D.:* (Convexity Correction), S. 8.
2 *Hull, J.:* (Options, Futures), S. 393 f.
3 Vgl. *Long, D.:* (Convexity Correction), S. 8.
4 *Hull, J.:* (Options, Futures), S. 393.

Datum	06. Apr 99		Tage im Jahr:	360				**O/N**	4,9100 %
Valuta:	08. Apr 99							**T/N**	4,9100 %
				Future Daten				**Stub Period**	4,9800 %
Kontrakt	**Preis**	**Letzter H.T.**	**T + 2**	**Tage**	**Tage FP**	**FFR**	**DF FP**	**DF**	**Lin Zero Rate**
Jun. 99	95,010	14.06.99	16.06.99	69	91	4,9900 %	0,9875435	0,9905452	4,9800 %
Sep. 99	94,945	13.09.99	15.09.99	160	91	5,0550 %	0,9873833	0,9782065	5,0128 %
Dez 99	94,630	13.12.99	15.12.99	251	91	5,3700 %	0,9866076	0,9658648	5,0689 %
Mrz 00	94,700	13.03.00	15.03.00	342	98	5,3000 %	0,9857774	0,9529296	5,1995 %
Jun 00	94,590	19.06.00	21.06.00	440	91	5,4100 %	0,9865092	0,9393764	5,2802 %
Sep 00	94,500	18.09.00	20.09.00	531	91	5,5000 %	0,9862879	0,9267035	5,3623 %
Dez 00	94,350	18.12.00	20.12.00	622	91	5,6500 %	0,9859192	0,9139964	5,4461 %
Mrz 01	94,375	19.03.01	21.03.01	713	91	5,6250 %	0,9859806	0,9011266	5,5400 %
Jun 01	94,330	18.06.01	20.06.01	804	91	5,6700 %	0,9858700	0,8884933	5,6194 %
Sep 01	94,305	17.09.01	19.09.01	895	91	5,6950 %	0,9858086	0,8759389	5,6969 %
Dez 01	94,230	17.12.01	19.12.01	986	91	5,7700 %	0,9856244	0,8635081	5,7712 %
Mrz 02	94,230	18.03.02	20.03.02	1077	91	5,7700 %	0,9856244	0,8510947	5,8482 %
Jun 02	94,190	17.06.02	19.06.02	1168	91	5,8100 %	0,9855262	0,8388597	5,9207 %
Sep 02	94,160	16.09.02	18.09.02	1259	91	5,8400 %	0,9854525	0,8267182	5,9934 %
Dez 02	94,085	16.12.02	18.12.02	1350	91	5,9150 %	0,9852685	0,8146915	6,0656 %
Mrz 03	94,085	17.03.03	19.03.03	1441	91	5,9150 %	0,9852685	0,8026899	6,1410 %
Jun 03	94,045	16.06.03	18.06.03	1532	91	5,9550 %	0,9851703	0,7908650	6,2140 %
Sep 03	94,010	15.09.03	17.09.03	1623	91	5,9900 %	0,9850845	0,7791367	6,2877 %
Dez 03	93,935	15.12.03	17.12.03	1714	91	6,0650 %	0,9849005	0,7675155	6,3621 %
Mrz 04	93,925	15.03.04	17.03.04	1805	91	6,0750 %	0,9848760	0,7559264	6,4397 %
Jun 04	93,870	14.06.04	16.06.04	1896	91	6,1300 %	0,9847412	0,7444937	6,5164 %
Sep 04	93,830	13.09.04	15.09.04	1987	91	6,1700 %	0,9846431	0,7331336	6,5950 %

Dez 04	93,740	13.12.04	15.12.04	2078	91	6,2600 %	0,9844226	0,7218750	6,6747 %
Mrz 05	93,750	14.03.05	16.03.05	2169	91	6,2500 %	0,9844471	0,7106301	6,7585 %
Jun 05	93,680	13.06.05	15.06.05	2260	98	6,3200 %	0,9830865	0,6995777	6,8405 %
Sep 05	93,640	19.09.05	21.09.05	2358	91	6,3600 %	0,9841777	0,6877454	6,9317 %
Dez 05	93,550	19.12.05	21.12.05	2449	84	6,4500 %	0,9851731	0,6768637	7,0178 %
Mrz 06	93,550	13.03.06	15.03.06	2533	98	6,4500 %	0,9827446	0,6668280	7,1010 %
Jun 06	93,510	19.06.06	21.06.06	2631	91	6,4900 %	0,9838595	0,6553216	7,1968 %
Sep 06	93,470	18.09.06	20.09.06	2722	91	6,5300 %	0,9837616	0,6447444	7,2873 %
Dez 06	93,380	18.12.06	20.12.06	2813	91	6,6200 %	0,9835415	0,6342748	7,3792 %
Mrz 07	93,380	19.03.07	21.03.07	2904	91	6,6200 %	0,9835415	0,6238356	7,4750 %
Jun 07	93,340	18.06.07	20.06.07	2995	91	6,6600 %	0,9834437	0,6135682	7,5703 %
Sep 07	93,310	17.09.07	19.09.07	3086	91	6,6900 %	0,9833704	0,6034098	7,6672 %
Dez 07	93,220	17.12.07	19.12.07	3177	91	6,7800 %	0,9831504	0,5933753	7,7651 %
Mrz 08	93,220	17.03.08	19.03.08	3268	91	6,7800 %	0,9831504	0,5833772	7,8671 %
Jun 08	93,180	16.06.08	18.06.08	3359	91	6,8200 %	0,9830527	0,5735476	7,9688 %
Sep 08	93,150	15.09.08	17.09.08	3450	91	6,8500 %	0,9829794	0,5638275	8,0723 %
Dez 08	93,060	15.12.08	17.12.08	3541	91	6,9400 %	0,9827597	0,5542309	8,1770 %
Mrz 09	93,060	16.03.09	18.03.09	3632	91	6,9400 %	0,9827597	0,5446757	8,2859 %
Jun 09	0,000	15.06.09	17.06.09	3723				0,5352853	8,3948 %

Abb. 8.6: Daten für den Dreimonats-Euro-Dollar-Future

$$E[(y-f)^2] = Varianz(y) \approx f^2 \times \sigma^2 \times t$$

Der erwartete Zinsatz ist somit:

$$E[y] \approx f - 0{,}5 \times f^2 \times \sigma^2 \times t \times \frac{P''(f)}{P'(f)}$$

Der Faktor der von f abgezogen wird ist das Konvexitäts-Adjustment und stimmt mit dem Faktor der beiden anderen Herleitungen überein.

8.1.5.3 Anwendungen

Aus einem Strip von Geldmarktfutures können die entsprechenden FRA-Raten und Swap-Raten herausgerechnet werden. Ab einer bestimmten Laufzeit hat die Konvexität einen signifikanten Einfluß auf diese raten. Das folgende **Beispiel** zeigt, wie die Bewertungsformel für das Konvexitäts-Adjustment in der Berechnung berücksichtigt werden kann, wie hoch das Adjustment für verschiedene Laufzeiten, Volatilitäten und Zinsniveaus ist.

Da die Dreimonats-Euro-Dollar-Futures an der CME mit Laufzeiten bis zu 10 Jahren notiert werden,[1] kann der Konvexitätseffekt an diesem Kontrakt sehr gut demonstriert werden.

Die untenstehende Tabelle 8.6 zeigt den Euro-Dollar-Strip wie er am 6.4.1999 gehandelt wurde. Aus diesem Strip wurden zunächst auf die herkömmliche Weise die Diskontfaktoren und linearen Zero-Raten herausgerechnet.

Im zweiten Schritt wurden zu den Futures die entsprechenden FRA's mit ihren Risikokennzahlen Duration und Konvexität berechnet. Die Rate der FRA's entspricht der im Future impliziten Forward Rate (FFR). Start und Ende der FRA's wurden valutagerecht auf IMM-Dates, d.h. auf die Verfalltage des Futures gelegt.

Die Duration des FRA's wurde nach der Formel im vorletzten Kapitel ermittelt. So beträgt beispielweise die Duration des FRA's mit dem Verfall des März 03 Futures 0,199913096. Dies entspricht = 0,249053971 * 0,8026899. Mit: 0,249053971 = 91/360*0,9852685. 0,9852685 = 1/(1+0,05915*91/360).

Zur Ermittlung der Konvexität des FRA's wurde die Zinskurve um einen Basispunkt nach oben und um einen Basispunkt nach unten verschoben. Die beiden Veränderungen in der Duration wurden addiert und durch zwei geteilt. Da die Kurve um einen Basispunkt verschoben wurde, muß der so erhaltene Wert noch mit 10.000 (=1/0,0001) multipliziert werden.

Der Zeitraum T vom Valutatag bis zum jeweiligen Futureverfall (+ 2 Tage) ist in Jahren angegeben.

Aus diesen Daten kann nun für den Zinssatz jedes einzelnen Futures das

1 Bis zu welcher Laufzeit die einzelnen Kontrakte liquide sind, muß anhand der Umsätze und des Open Interest geprüft werden. In der Regel ist nicht der gesamte Strip bis 10 Jahre liquide.

Konvexitäts-Adjustment ermittelt werden. Die Rechnung für den März 03 Future sieht bei einer Volätilität von 18,50 % wie folgt aus:

$$Adjm_{März03} = 0{,}5 \times 0{,}05915^2 \times 0{,}0185^2 \times 4{,}00278 \times \frac{0{,}801072653}{0{,}199913096} = 0{,}0009603 \; bzw. \; 9{,}603 \; BP$$

Der Zinssatz für das FRA, der aus dem Zins des Futures (5,915 %) ermittelt wird, sollte somit statt 5,915 %, eher 5,81897 % (5,915 %–9,603 BP) betragen. Dies ist äquivalent zu 9,603 Ticks im Future.

Diese Rechnung wurde analog für den gesamten Strip und für verschiedene Volatilitäten durchgeführt. Die Ergebnisse wurden in Basispunkten angeschrieben und finden sich in Tabelle 8.7.

Mit den nach unten adjustierten FRA-Raten kann jetzt die korrekte Zinskurve aufgebaut werden. Es können die Zero-Raten und viel wichtiger die Swap-Raten berechnet werden. Um zu sehen, wie hoch der Konvexitätseffekt für die einzelnen Swap-Raten ist, müssen die Swap-Raten zuerst aus der Future-Zinskurve ohne Adjustment berechnet werden. Im zweiten Schritt werden die Future-Raten um das Konvexitäts-Adjustment verringert. Hierfür wird der Kurs jedes einzelnen Future-Kontrakt um sein eigenes Konvexitätsadjustment erhöht. Aus dieser neuen Kurve werden wieder die Swap-Raten berechnet. Die Differenz zwischen den beiden Swap-Raten ergibt das Konvexitäts-Adjustment für die Swap-Raten.

Diese Rechnung wurde für mehrere Volatiliäten durchgeführt. In der unteren vierten Spalte von links der Tabelle 8.8 stehen die Swap-Raten wie sie mit den Futures von Tabelle 8.6 aktuell am Markt gehandelt wurden. Bei einer Volatilität von 18,50 entsprechen die aus dem Strip herausgerechneten Swap-Raten mit Adjustment den Marktraten. Der Abstand zwischen den einzelnen Laufzeiten beträgt für die gesamte Kurve nicht mehr als einen Basispunkt. Das zeigt, daß die Formel für das Adjustment auch für verschiedene Laufzeiten marktkonforme Werte liefert.

Der Markt hat somit die Konvexität mit einer Volatilität von 18,50 % bewertet. Diese Volatilität kann nun mit der am Markt gehandelten Volatilität für Caps/Floors verglichen werden. Sie betrug zu dieser Zeit 16,50 %. Ein Cap ist ein Strip von Optionen auf FRA's und kann deshalb als Vergleichsgröße herangezogen werden. In einigen Kontraktmonaten werden Optionen auf Futures gehandelt. Die implizite Volatilität dieser Optionen kann dann anstelle der Volatilität der Caps und Floors verwendet werden. Mit einer Volatilität von 16,50 % für das Adjustment verändert sich die Zinskurve (rechte Spalte) nur leicht. Die Abweichung beträgt einen Basispunkt für 6 Jahre und vier Basispunkte für 10 Jahre.

Das Konvexitäts-Adjustment eines FRA's und eines Swaps ist nicht nur von der Laufzeit sondern auch von dem Zinsniveau abhängig. Das Konvexitäts-Adjustment für Swap-Raten bei verschiedenen Zinsniveaus zeigt Abb. 8.7. Für die Volatilität wurden 20 % genommen. Es wurde eine flache Zinskurve

Future-Rate Adjustment

			Scaling:			Vola:			
			*10000	10,00 %	15,00 %	18,50 %	20,00 %	25,00 %	30,00 %
Kontrakt	T in Jahren	**Dur FRA**	**Conv FRA**		Adjustment in Basispunkten für den einzelnen Future				
Jun 99	0,19167	0,247268873	0,061725495	0,006	0,013	0,020	0,024	0,037	0,054
Sep 99	0,44444	0,244149155	0,121883558	0,028	0,064	0,097	0,113	0,177	0,255
Dez 99	0,69722	0,240879418	0,180324764	0,075	0,169	0,258	0,301	0,470	0,677
Mrz 00	0,95000	0,255719145	0,260056299	0,136	0,305	0,464	0,543	0,848	1,221
Jun 00	1,22222	0,234250057	0,296637459	0,226	0,510	0,775	0,906	1,416	2,038
Sep 00	1,47500	0,231037987	0,350170387	0,338	0,761	1,157	1,353	2,113	3,043
Dez 00	1,72778	0,227784778	0,402007864	0,487	1,095	1,666	1,947	3,042	4,380
Mrz 01	1,98056	0,224591369	0,452347753	0,631	1,420	2,160	2,524	3,944	5,680
Jun 01	2,23333	0,221417897	0,501134765	0,813	1,828	2,781	3,250	5,078	7,313
Sep 01	2,48611	0,218275667	0,548415187	1,013	2,279	3,467	4,052	6,331	9,116
Dez 01	2,73889	0,215137822	0,594131675	1,259	2,833	4,309	5,036	7,869	11,332
Mrz 02	2,99167	0,212045086	0,638420424	1,499	3,374	5,132	5,998	9,371	13,494
Jun 02	3,24444	0,208975983	0,681239956	1,785	4,017	6,110	7,140	11,157	16,066
Sep 02	3,49722	0,205935912	0,722628381	2,093	4,709	7,162	8,371	13,079	18,834
Dez 02	3,75000	0,202902158	0,762516543	2,465	5,547	8,438	9,861	15,408	22,188
Mrz 03	4,00278	0,199913096	0,801072653	2,806	6,313	9,603	11,224	17,537	25,253
Jun 03	4,25556	0,196948448	0,838238908	3,211	7,226	10,991	12,846	20,072	28,903
Sep 03	4,50833	0,194010854	0,874046271	3,644	8,198	12,471	14,575	22,773	32,794
Dez 03	4,76111	0,191081390	0,908420438	4,163	9,367	14,248	16,652	26,019	37,467
Mrz 04	5,01389	0,188191475	0,941532656	4,629	10,415	15,842	18,515	28,930	41,660
Jun 04	5,26667	0,185319892	0,973295922	5,197	11,693	17,787	20,788	32,481	46,773

Sep 04	5,51944	0,182473957	1,003766164	**5,779**	**13,003**	**19,779**	**23,117**	36,120	52,013
Dez 04	5,77222	0,179631488	1,032829638	**6,503**	**14,632**	**22,256**	**26,012**	40,643	58,526
Mrz 05	6,02500	0,176837698	1,060771570	**7,059**	**15,882**	**24,159**	**28,235**	44,118	63,530
Jun 05	6,27778	0,187219589	1,173151309	**7,856**	**17,676**	**26,888**	**31,425**	49,101	70,706
Sep 05	6,55000	0,171096106	1,114683692	**8,631**	**19,419**	**29,538**	**34,522**	53,941	77,675
Dez 05	6,80278	0,155593190	1,049449661	**9,544**	**21,475**	**32,666**	**38,177**	59,652	85,899
Mrz 06	7,03611	0,178393103	1,250955818	**10,263**	**23,092**	**35,126**	**41,053**	64,145	92,369
Jun 06	7,30833	0,162977054	1,183385059	**11,176**	**25,145**	**38,249**	**44,703**	69,849	100,582
Sep 06	7,56111	0,160330575	1,204038746	**12,106**	**27,239**	**41,433**	**48,425**	75,663	108,955
Dez 06	7,81389	0,157691779	1,223427044	**13,284**	**29,889**	**45,464**	**53,135**	83,024	119,554
Mrz 07	8,06667	0,155096413	1,241850987	**14,153**	**31,844**	**48,439**	**56,612**	88,456	127,377
Jun 07	8,31944	0,152528594	1,259208071	**15,232**	**34,272**	**52,132**	**60,928**	95,200	137,089
Sep 07	8,57222	0,149992102	1,275552107	**16,313**	**36,705**	**55,833**	**65,254**	101,959	146,821
Dez 07	8,82500	0,147464801	1,290707373	**17,753**	**39,945**	**60,761**	**71,014**	110,959	159,781
Mrz 08	9,07778	0,144980084	1,304989782	**18,781**	**42,256**	**64,276**	**75,122**	117,378	169,025
Jun 08	9,33056	0,142523066	1,318289876	**20,071**	**45,160**	**68,693**	**80,285**	125,445	180,640
Sep 08	9,58333	0,140097243	1,330662571	**21,355**	**48,049**	**73,089**	**85,421**	133,471	192,198
Dez 08	9,83611	0,137681920	1,341924435	**23,087**	**51,945**	**79,015**	**92,347**	144,292	207,781
Mrz 09	10,08889	0,135308238	1,352402472	**24,284**	**54,638**	**83,111**	**97,135**	151,773	218,553

Abb. 8.7: Konvexitäts-Adjustment für die einzelnen Futures

Zinskurve ohne Adjustment

Datum	Tage	Tage 30/360	DF	Lin Zero Rate	CP Zero Rate	PCR bzw. Swap Raten			Monate	Jahre
						act/act	act/360	30/360		
07.04.99	1		0,99986363	4,9100 %	4,9100 %				O/N	O/N
08.04.99	2		0,99972730	4,9100 %	4,9100 %				T/N	T/N
08.05.99	30		0,99588924	4,9533 %	4,9533 %				1	0,08
08.06.99	61		0,99164145	4,9745 %	4,9745 %				2	0,17
10.07.99	93		0,98729108	4,9829 %	4,9829 %				3	0,25
08.08.99	122		0,98335896	4,9936 %	4,9936 %				4	0,33
09.10.99	184		0,97495156	5,0267 %	5,0267 %				6	0,50
08.01.00	275		0,96245330	5,1070 %	5,1070 %				9	0,75
09.04.00	367	361	0,94947214	5,2202 %	5,2202 %	5,3217 %	5,2202 %	5,3069 %	12	1,00
08.04.01	731	359	0,89862770	5,5555 %	5,4049 %	5,4852 %	5,4021 %	5,4848 %	24	2,00
08.04.02	1096	360	0,84854012	5,8630 %	5,5428 %	5,6166 %	5,5341 %	5,6163 %	36	3,00
08.04.03	1461	360	0,80009099	6,1567 %	5,6494 %	5,7170 %	5,6343 %	5,7168 %	48	4,00
08.04.04	1827	360	0,75316245	6,4578 %	5,7446 %	5,8081 %	5,7221 %	5,8079 %	60	5,00
10.04.05	2194	362	0,70759370	6,7806 %	5,8396 %	5,8983 %	5,8073 %	5,8934 %	72	6,00
09.04.06	2558	359	0,66389266	7,1250 %	5,9344 %	5,9791 %	5,8900 %	5,9767 %	84	7,00
08.04.07	2922	359	0,62180470	7,4935 %	6,0285 %	6,0577 %	5,9698 %	6,0572 %	96	8,00
08.04.08	3288	360	0,58121687	7,8890 %	6,1213 %	6,1366 %	6,0465 %	6,1361 %	108	9,00
08.04.09	3653	360	0,54250871	8,3105 %	6,2121 %	6,2101 %	6,1194 %	6,2097 %	120	10,00

	Swap-Rate Adjustment			Zinskurve mit Adjustment			Markt Vol. Caps/Floors:		16,50 %	
	in BP		Swap-Raten		Volatilität:	18,50 %	18,50 %	18,50 %	16,50 %	
			am Markt	Lin Zero Rate	CP Zero Rate	Par Coupon Raten bzw. Swap Raten				Jahre
act/act	act/360	30/360	act/360	4,9100 %	4,9100 %	act/act	act/360	30/360	act/360	O/N
				4,9100 %	4,9100 %					T/N
				4,9533 %	4,9533 %					0,08
				4,9745 %	4,9745 %					0,17
				4,9829 %	4,9829 %					0,25
				4,9935 %	4,9935 %					0,33
				5,0265 %	5,0265 %					0,50
				5,1063 %	5,1063 %					0,75
0,1316	0,1291	0,1313	5,23 %	5,2189 %	5,2189 %	5,3204 %	5,2189 %	5,3056 %	5,2191 %	1,00
0,6295	0,6198	0,6294	5,39 %	5,5488 %	5,3986 %	5,4789 %	5,3959 %	5,4785 %	5,3971 %	2,00
1,5369	1,5141	1,5367	5,50 %	5,8454 %	5,5271 %	5,6012 %	5,5189 %	5,6010 %	5,5220 %	3,00
2,8629	2,8212	2,8627	5,60 %	6,1213 %	5,6195 %	5,6884 %	5,6061 %	5,6882 %	5,6119 %	4,00
4,6403	4,5717	4,6400	5,67 %	6,3959 %	5,6953 %	5,7617 %	5,6763 %	5,7615 %	5,6857 %	5,00
6,9213	6,8157	6,9169	5,72 %	6,6806 %	5,7645 %	5,8291 %	5,7392 %	5,8243 %	5,7531 %	6,00
9,6973	9,5523	9,6934	5,79 %	6,9728 %	5,8271 %	5,8821 %	5,7945 %	5,8798 %	5,8140 %	7,00
12,9938	12,8028	12,9911	5,83 %	7,2717 %	5,8815 %	5,9278 %	5,8418 %	5,9273 %	5,8680 %	8,00
16,8461	16,5979	16,8432	5,88 %	7,5757 %	5,9266 %	5,9681 %	5,8805 %	5,9677 %	5,9146 %	9,00
21,2220	20,9103	21,2190	5,92 %	7,8801 %	5,9614 %	5,9979 %	5,9103 %	5,9975 %	5,9533 %	10,00

Abb. 8.8: Zinskurve ohne und mit Konvexitäts-Adjustment

unterstellt. Für ein Zinsniveau von beispielsweise 7 % wurde ein Kurs von 93,00 für sämtliche Futures genommen und dann die Kurve mit Adjustment berechnet.

Abb. 8.8 zeigt den Wert des Konvexitäts-Adjustments für verschiedene Volatilitäten.

Die Werte wurden in Basispunkten angegeben. Ein Wert von 20 besagt beispielsweise daß die aus dem Future-Strip berechnete Swap-Rate 6,30 % statt 6,50 % betragen sollte.

Bei beiden Graphen ist zu beachten, daß in der Regel das Volatilitätsniveau von dem Zinsniveau nicht unabhängig ist. Meistens erhöht sich die Cap/Floor Volatilität wenn das Zinsniveau sinkt und verringert sich wenn das Zinsniveau steigt. Man hat somit zwei Effekte, die sich zum Teil kompensieren können.

Zuletzt ist zu beachten, daß die Volatilität und somit die Bewertung des Adjustments kann sich ändern kann. Eine Änderung der Bewertung kann sich jedoch negativ auf die Effizienz eines Hedges zwischen Future und Swap (oder FRA) auswirken, da sich dann der Spread zwischen den im Future impliziten Swap-Raten und den tatsächlichen Swap-Raten bewegt.

Da die Konvexität auch dazu führt, daß das BPV eines Swaps und FRA's sich bei Zinsbewegungen ändert, kann auch hierdurch eine Anpassung des Hedge Ratios notwendig werden.

8.2 Hedging

8.2.1 Grundlagen

8.2.1.1 Allgemeine Probleme beim Hedge und Arbitrage mit Geldmarktkontrakten

Die meisten kurzfristigen Zinsterminkontrakte sind auf 90 Tage für drei Monate (Dreimonats-Future) und 30 Tage für einen Monat (Einmonats-Future) mit 360 Tagen für das Jahr standardisiert. Die tatsächliche Anzahl der Tage für Drei-Monats-Perioden (bzw. Ein-Monats-Perioden) wird jedoch meistens davon abweichen. Sie kann kürzer oder länger sein.

Zudem beträgt die Anzahl der Tage zwischen den einzelnen Future-Fälligkeiten nicht 90 Tage sondern, abgesehen vom Schaltjahr, 91 Tage.

Es besteht somit ein Mismatch zwischen der Laufzeit des Futures und den Laufzeiten im Geldmarkt. Der Grund dafür ist, daß ein Future standardisiert ist und nicht die exakte Nachbildung des zugrundeliegenden Instrumentes (Underlying). Diese Unterschiede werden sich unter anderem in unterschiedlichen Basis-Point-Values für Future und Underlying niederschlagen und sind bei Hedge-und Arbitragestrategien zu berücksichtigen.

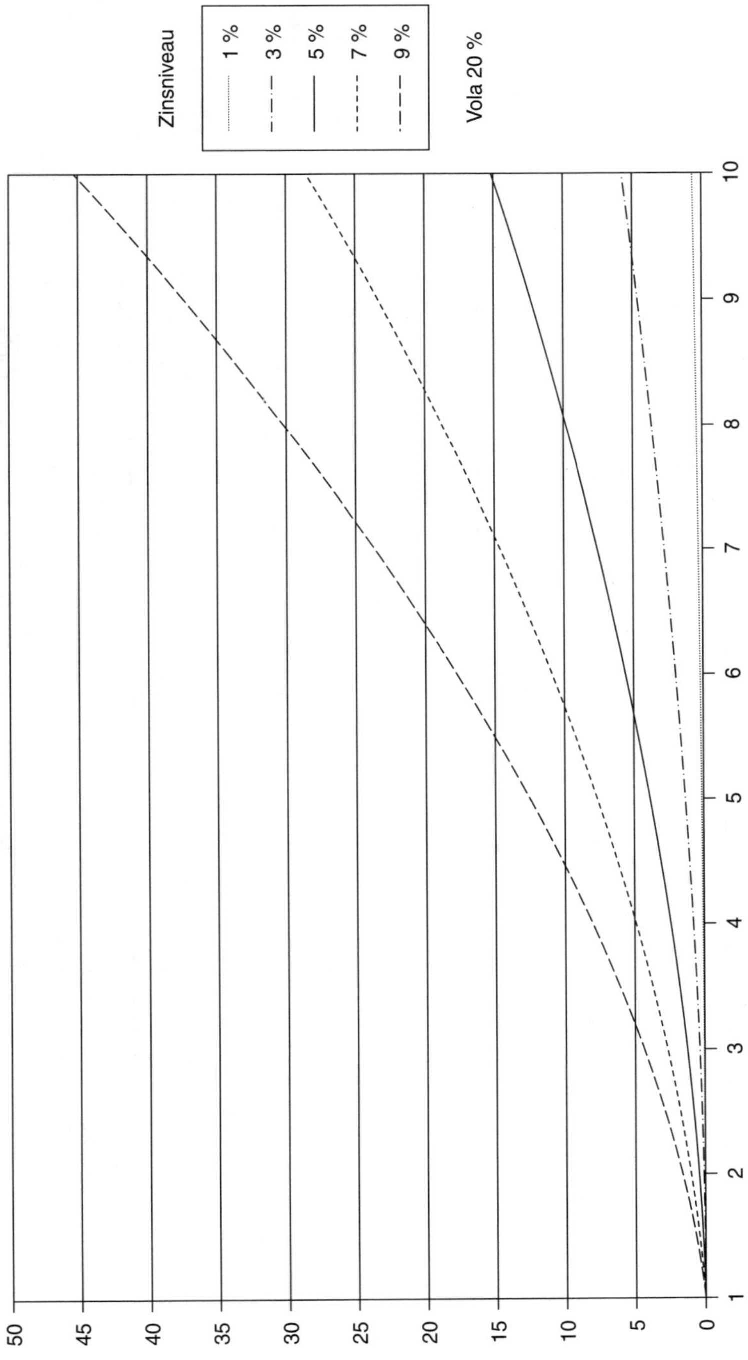

Abb. 8.9: Konvexitäts-Adjustment für Swap-Raten in BP bei verschiedenen Zinsniveaus

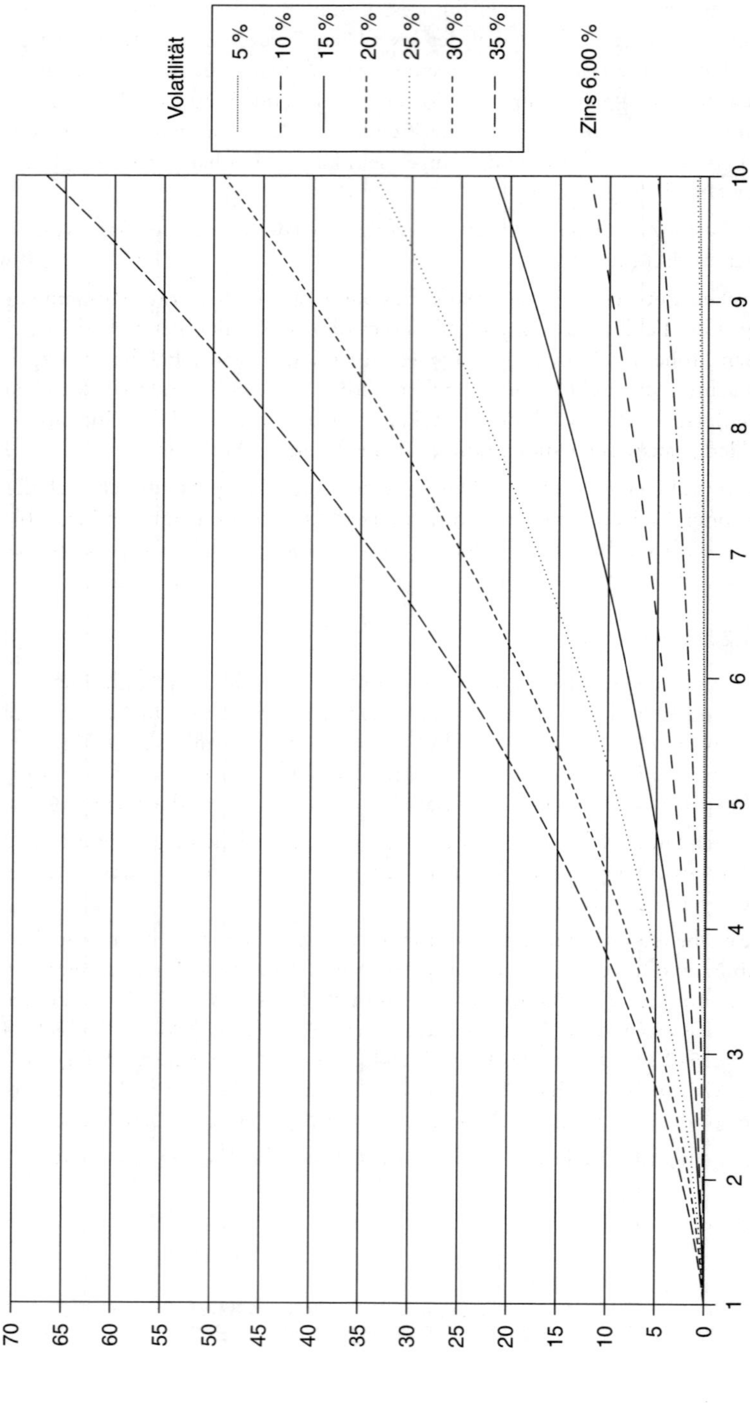

Abb. 8.10: Konvexitäts-Adjustment für Swap-Raten in BP bei verschiedenen Volatilitäten

Man kann beispielweise einen Futurestrip mit Hilfe von FRA's nachbilden, die genau auf den Fälligkeiten der jeweiligen Futures liegen (IMM-Dates). Die FRA's richten sich dann nach einem Zins mit einer Laufzeit von stets 91 Tagen (falls kein Schaltjahr). Der Settlementpreis des Futures richtet sich jedoch nach dem Zins einer Geldmarkteinlage (z.B. Dreimonats-Euribor) deren Laufzeit etwas kürzer oder länger sein kann. Man hat somit zwei leicht unterschiedliche Zinssätze.

Die Margin Zahlungen des Futures erfolgen wiederum auf der Basis von 90 Tagen für drei Monate.

Zwischen Future- und Kassamarkt besteht zwar ein Arbitrage-Zusammenhang. Eine Fehlbewertung zu arbitrieren lohnt sich jedoch erst ab einer gewissen Höhe. Zudem kann man gelegentlich auch höhere Fehlbewertungen beobachten, die nicht sofort arbitriert werden (z.B. in besonders hektischen Zeiten). Ist der Future fehlbewertet, kann sich das negativ auf die Effizienz eines Hedge auswirken; dies besonders bei vorzeitiger Auflösung.

Negativ auf eine Arbitrage und die Effizienz eines Hedges kann sich auch der in Kapitel 8.1.5 beschriebene Konvexitätseffekt auswirken, da sich beide Instrumente bei größeren Renditebewegungen nicht parallel zueinander bewegen müssen.

8.2.1.2 Das Basisrisiko

Wird ein Hedge nicht exakt zum Zeitpunkt der Fälligkeit des Kontraktes aufgelöst, oder wird ein Zinssatz abgesichert, der dem Future nicht zugrunde liegt, so besteht ein Basisrisiko. Das Risiko besteht darin, daß die Wertentwicklung des Futures nicht der Wertentwicklung der abzusichernden Position entspricht, daß sich somit die Basis zuungunsten des Hedgers entwickelt.

Für einen Short Hedge (Verkauf von Futures) ist es nachteilig, wenn die Basis größer wird, dagegen günstig, wenn die Basis kleiner wird. Das Gegenteil gilt für einen Long Hedge.

Eine grobe Abschätzung der Basis für einen bestimmten Zeitpunkt in der Zukunft kann erfolgen, indem man von einer linearen Entwicklung ausgeht: Der Future notiert bei 90,65 und hat eine aktuelle Basis von 0,37. Die derzeitige Spot-LIBOR für drei Monate beträgt daher 8,98 % (100,00–90,65–0,37 = 8,98 bzw. 9,35–0,37 = 8,98). Der letzte Handelstag des Futures liegt 62 Tage entfernt. Würde sich die Basis linear abbauen, so würde ihr Wert in 28 Tagen (34 Tage vor dem letzten Handelstag) nur noch 0,203 = (34/62) * 0,37 betragen.

Allgemein ausgedrückt beträgt die erwartete Basis bei linearer Abnahme:

$$\textit{Erwartete Basis} = B_a \times \frac{T_{AK}}{T_{LH}}$$

mit: B_a = aktuelle Basis
T_{AK} = Tage vom Absicherungsende bis zum Kontraktliefertag
T_{LH} = Tage bis zum letzten Handelstag

In der Regel konvergiert die Basis nicht linear, sondern unter Schwankungen gegen Null.[1] Die geschilderte Vorgehensweise stellt daher nur eine grobe Abschätzung dar.

Die erwartete Basis kann ebenso auch für entferntliegende Kontrakte ermittelt werden.

Das Basisrisiko ist am höchsten, wenn Zinssätze abgesichert werden, die dem Future-Zinssatz nicht entsprechen. Beispiele hierfür sind Absicherungen von unterschiedlichen Referenzzinssätzen, von Zinssätzen die sechs Monate oder neun Monate umfassen mit Hilfe eines Drei-Monats-Futures oder die Absicherung von Bubills über den Euribor-Future. In diesen Fällen konvergiert die Basis nicht zwangsläufig gegen Null. Eine Abschätzung der Basisentwicklung kann dann äußerst problematisch werden.

8.2.1.3 Ermittlung des Zielzinssatzes

Kurzfristige Zinsterminkontrakte werden mit Forward-Zinssätzen bewertet. Mit einem Future wird daher der entsprechende Forward-Zinssatz abgesichert und nicht ein Spot-Zinssatz.

Richtet sich der Kurs des Terminkontraktes nach der LIBOR, dann sichert man sich durch den Verkauf von Kontrakten einen Kreditsatz ab. Die LIBOR ist die Briefseite bzw. die Offered Rate, also der Zins, zu dem man Geld aufnehmen kann.[2] Beabsichtigt man einen Kredit aufzunehmen, so sind steigende Zinsen ungünstig. Der Verkauf von Futures stellt die Gegenposition dazu dar, da diese Position von steigenden Zinsen profitiert. Durch den Verkauf eines Futures hat man indirekt für einen in der Zukunft liegenden Zeitpunkt einen Kredit aufgenommen.

Werden Futures gekauft, so werden Einlagesätze abgesichert. Der Forward-Einlagezinssatz, den man sich mit dem Future absichern kann, entspricht dem im Future impliziten Zinssatz, abzüglich der marktüblichen Geld-Brief-Spanne. Der Verkauf eines Euro-Dollar-Futures zu 91,70 sichert daher – eine Geld-Brief-Spanne von 0,03 angenommen- einen Forward-Einlagenzinssatz von 8,27 (100,00–91,70–0,03 oder 8,30 % –0,03 %) ab.[3]

Wird die Absicherung vor der Fälligkeit des Kontraktes aufgelöst, so besteht ein Basisrisiko. Der abzusichernde Zinssatz kann somit nicht mehr genau fixiert werden. Es kann jedoch über eine Abschätzung der Basisentwicklung ein zu erreichender Zielzinssatz grob festgelegt werden. **Dieser Zielzinssatz ist ein Zinssatz, der bei einer realistischen Bewertung der Position eine Zielgröße darstellt.** Er stellt aber keine unwiderruflich fixierte Größe dar, da die Position unter anderem durch Basiseffekte und Fehlbewertung des Futures negativ beeinflußt werden kann.

---

1 Siehe hierzu auch Abb. 6.7.

2 LIBID wäre die Geldseite.

3 In den folgenden Beispielen wird aus Gründen der Vereinfachung von der Berücksichtigung des Geld-Brief-Spread abgesehen. In der Realität ist er aber stets existent.

Der Future im Beispiel des letzten Kapitels hatte einen Kurs von 90,65 (Spot-LIBOR 8,98 %, Forward-Rendite des Futures: 9,35 %) und für 34 Tage vor Verfall eine erwarte Basis von 0,203 = (34/62) * 0,37. Durch den Verkauf eines Futures kann ein Kreditsatz von 9,35 % (100–90,65) abgesichert werden. Wird der Hedge aber in 28 Tagen (34 Tage vor Kontraktfälligkeit) aufgelöst, hat sich die Basis nur um 0,167 (0,37–0,203) abgebaut. Der erwartete Kreditzinssatz, der durch den Verkauf von Kontrakten bei einer linearen Entwicklung der Basis erzielt werden kann, beträgt somit 9,147 % (8,98 % + 0,167 oder 9,35 % –0,203).

Allgemein beträgt der Zielzinssatz bei einem linearen Abbau der Basis:

Erwarteter Zins = 100 – aktueller Futurepreis – erwartete Basis

Liegt das Datum der Auflösung des Hedges zwischen zwei Kontraktmonaten und wird die Absicherung mit diesen beiden Kontrakten vorgenommen, so kann ebenfalls durch eine Interpolation zwischen den Kursen und somit zwischen den impliziten Forward-Zinssätzen dieser beiden Kontrakte ein Zielzinssatz ermittelt werden. Die Gewichtung der beiden Zinssätze erfolgt in dem Verhältnis des Abstands des Zeitpunkts der Auflösung des Hedges zu den Fälligkeitszeitpunkten der einzelnen Kontrakte.

Beispiel:
Valuta iat 15 Tage vor dem letzten Handelstag des März-Kontrakt des Euro-Dollar Futures und 106 Tage vor Ende des Juni Kontraktes. Der März-Kontrakt notiert bei 92,30 und der Juni-Kontrakt bei 91,70. Der Zeitraum zwischen den beiden Kontrakten umfaßt 91 Tage. Spot-LIBOR beträgt 7,60 %. Der Auflösungszeitpunkt der Absicherung des Zinssatzes liegt 23 Tage nach der Fälligkeit des März Kontraktes. Gesucht ist der Zielzinssatz für die Absicherung.

Die aktuelle Basis für den Juni Kontrakt beträgt –0,70 (7,60 %–8,30 %) und die erwartete Basis 68/106 * –0,70 = –0,449. Der März-Future wird bis zur Fälligkeit gehalten. Die erwartete Basis ist daher null.

Mit Hilfe einer linearen Interpolation kann nun der Zielzinssatz für die Absicherung ermittelt werden:

$$92{,}30 \times \frac{68}{91} + (91{,}70 - (-0{,}449)) \times \frac{23}{91} = 68{,}9714 + 23{,}2904 = 92{,}262$$

Der Zielzinssatz beträgt 7,738 %.

Hat eine Absicherung einen langen Zeithorizont, ist es meistens sinnvoll, einen diesem Zeithorizont entsprechenden Kontraktmonat zu wählen. Es kann dabei der Fall auftreten, daß die benötigten entferntliegenden Kontraktmonate noch nicht notiert werden oder zu illiquide sind. Es muß dann auf die näherliegenden Kontrakte ausgewichen werden. Die Bestimmung des Zielzinssatzes muß hier durch eine Extrapolation aus den gehandelten Kursen der gehandelten Kontrakte vorgenommen werden. Wird aus den impliziten Forward-Zinssätzen von zwei naheliegenden Kontrakten auf den Zinssatz eines entferntliegenden Kontraktes linear extrapoliert, wird davon ausgegangen, daß sich die Zinskurve entsprechend linear fortsetzt. Ein Hedge hätte z.B. mit dem März-Kontrakt durchgeführt werden sollen. Dieser Kontrakt wird aber noch nicht notiert. Es muß somit auf die näherliegenden Kontrakte ausgewichen werden. Aus diesen Kursen kann aber auf den Kurs des März-Futures extrapoliert werden. Beträgt der Kurs des September-Futures beispielsweise 91,90 und der Kurs des Dezember-Futures 91,60, so erhält man bei linearer Extrapolation einen Kurs von 91,30 für den März-Future und somit einen Zielzinssatz von 8,70 %. Ein genaueres Vorgehen bestände darin, sich aus den gegebenen Spot-Zinssätzen bzw. Zero-Raten und den in den gehandelten Futures impliziten Forward-Zinssätzen, den theoretischen Future-Kurs für den März-Kontrakt auszurechnen. Dieser Forward-Zinssatz wäre dann der Zielzinssatz.

Umfaßt der Zinssatz, der abgesichert wird, einen anderen Zeitraum als der Zinssatz, der dem Future zugrunde liegt, kann durch die Benutzung zweier kurzfristiger Zinssätze der entsprechende langfristige Zinssatz berechnet werden. Das Vorgehen entspricht der Methodik zur Berechnung von Zero- und Forward-Raten bzw. der Berechnung des theoretischen Futurepreises.[1]

Die Formel lautet:

$$\left(1 + r_l \times \frac{t_l}{T}\right) = \left(1 + r_k \times \frac{t_k}{T}\right) \times \left(1 + r_f \times \frac{t_{l-k}}{T}\right)$$

mit:
r_f = Forward-Zins
r_k = Zins für kurzen Zeitraum
r_l = Zins für langen Zeitraum
t_k = Tage für kurzen Zeitraum
t_l = Tage für langen Zeitraum
t_{l-k} = Tage für Zeitraum des FRA
T = Tage für das Jahr

In die Formel kann für r_k und r_f entweder ein Spot-Zins und ein im Future impliziter Forward-Zins oder zwei aus zwei verschiedenen Kontrakten erhaltene Forward-Zinssätze eingesetzt werden. R_l ist dann der Zielzinssatz. Es ist somit auch möglich, aus den in den verschiedenen Futures enthaltenen Forward-Raten eine Forward-Rate mit einer anderen Periode zu ermitteln.

Beispiel:

Kontrakt	Kurs	Impliziter Forward-Zins
Dezember	90,80	9,20 %
März	90,55	9,45 %
Juni	90,30	9,70 %

1 Siehe dazu Kapitel 6.2.1 und 6.2.2.

Der Sechs-Monats-Forward-Zinssatz für den letzten Handelstag des Dezember-Kontraktes errechnet sich folgendermaßen:

$$\left(1 + r \times \frac{182}{360}\right) = \left(1 + 0{,}0920 \times \frac{91}{360}\right) \times \left(1 + 0{,}0945 \times \frac{91}{360}\right) \Rightarrow r = 0{,}09435 \textit{ bzw. } 9{,}435\ \%$$

Kauft man einen Dezember- und einen März-Kontrakt, so entspricht das einer Anlage von Geld zu 9,20 % für drei Monate am letzten Handelstag des Dezember-Futures. Nach drei Monaten wird das Geld für weitere drei Monate zu 9,45 % angelegt. Dieser Zinssatz ist durch den Kauf des März-Futures abgesichert. Der Forward-Zinssatz für die sechs Monate beträgt somit 9,434 %.

Analog läßt sich auch für den März-Termin ein Sechs-Monats- Forward-Zins ausrechnen.

Soll jetzt ein Sechs-Monats-Zins abgesichert werden und liegt das Datum der Auflösung des Hedges z.B. zwischen den letzten Handelstagen des Dezember- und März-Kontraktes, so ist es möglich, unter Berücksichtigung der erwarteten Basis durch Interpolation zwischen den Sechs-Monats-Forward-Zinssätzen vom Dezember- und März-Kontrakt einen Zielzinssatz zu ermitteln.

8.2.1.4 Stack Hedge und Strip Hedge

Wird die zum Absichern der Position benötigte Anzahl an Terminkontrakten über mehrere Kontraktmonate des Futures verteilt, so spricht man von einem Strip Hedge. Wird dagegen die gesamte Absicherung (zunächst) nur über einen Kontraktmonat vorgenommen, liegt ein Stack Hedge vor. Bei einem Stack Hedge werden die zu kaufenden bzw. zu verkaufenden Kontrakte somit nicht über mehrere Fälligkeiten verteilt. Eine solche Absicherung ist sinnvoll, wenn der Zeitraum der Absicherung mit dem Zeitraum bis zum Kontraktliefertag übereinstimmt. Weichen diese Zeiträume voneinander ab, kann es sinnvoll, sein die Anzahl der Kontrakte über mehrere Fälligkeiten zu verteilen. Dieses Vorgehen ist besonders dann empfehlenswert, wenn die Absicherung als Stack Hedge vorgenommen gegenüber Veränderungen in der Zinsstruktur sensitiv ist.

Bei manchen Futures werden jedoch nicht genügend Fälligkeiten gehandelt oder falls genügend Kontraktmonate vorliegen, sind sie manchmal nicht liquide[1] genug, um einen Strip Hedge vorzunehmen. Es muß dann auf einen Stack Hedge ausgewichen werden, der dann gegebenenfalls in den folgenden Kontraktmonat gerollt wird.

8.2.1.5 Tailing the Hedge

Auch bei kurzfristigen Zinsterminkontrakten muß aufgrund der durch Kursbewegungen erfolgenden Variation-Margin-Zahlungen eine Anpassung des

1 Bei illiquiden Kontrakten kommt als zusätzlicher Nachteil der höhere Geld-Brief-Spread hinzu.

Hedge Ratios stattfinden. Es finden hier die Punkte des Kapitel 7.1.4.5 Anwendung. Die Berechnung des Tailing Factors erfolgt nach derselben Methode:

$$Tailing\ Factor = \frac{1}{(1+r)^{\frac{t}{T}}}$$

mit: t = Tage bis zur Auflösung der Position minus 1
T = Tage für das Jahr
r = Zinssatz

Das angepaßte Hedge Ratio erhält man durch Multiplikation des ursprünglichen Hedge Ratios mit den Tailing Factor.[1]

Beispiel:
Im folgenden Beispiel wurde ein Kontrakt des Drei-Monats-Euribor Futures verkauft. Die Haltedauer des Kontraktes beträgt eine Periode, die in drei Tage unterteilt wird. Die Verzinsung für die Periode beträgt 9 %. Dieser Zins bleibt während der Haltedauer konstant. Zur einfacheren Darstellung wird angenommen, daß sich der Kontrakt an einem Tag entweder um 100 Basispunkte nach oben oder nach unten bewegen kann, mit einer Wahrscheinlichkeit von jeweils 50 %. Gemäß obiger Formel beträgt der Tailing Factor TF am Tag T_0:

$$TF_{T0} = \frac{1}{(1+0{,}09)^{\frac{2}{3}}} = 0{,}944167$$ [2]

Statt einem Kontrakt müssen daher nur 0,944167 Kontrakte verkauft werden. Am nächsten Tag hat sich durch das Verstreichen der Zeit der Tailing Factor auf 0,971683 erhöht:

$$TF_{T1} = \frac{1}{(1+0{,}09)^{\frac{1}{3}}} = 0{,}971683$$

Damit die Position weiterhin gegen die Finanzierungsrisiken aus dem Margining abgesichert ist, muß eine Anpassung erfolgen, d.h. es werden 0,027516 Kontrakte zusätzlich gekauft. Die Gewinn- und Verlustrechnung für die möglichen Kursbewegungen zeigen die untenstehenden Schaubilder. Die erste Abbildung zeigt die Entwicklung ohne Tailing, die zweite Abbildung zeigt die Entwicklung mit einer Anpassung.

1 In den Beispielen der folgenden Kapitel wird aus Gründen der besseren Darstellung des jeweiligen Sachverhalts von einem Tailing abgesehen. Tailing ist jedoch ein wichtiger Aspekt, der nicht vernachlässigt werden sollte. Bei den einzelnen Strategien muß daher noch berücksichtigt werden, daß u.U. noch ein Tailing vorzunehmen ist.

2 Im Exponenten des Nenners steht 2/3 und nicht 3/3 da eine eventuelle Margin Zahlung erst am nächsten Tag finanziert werden muß. Zudem steht nicht 2/360 sondern 2/3 da für Anschauungszwecke die Periode in 3 Teile unterteilt wurde.

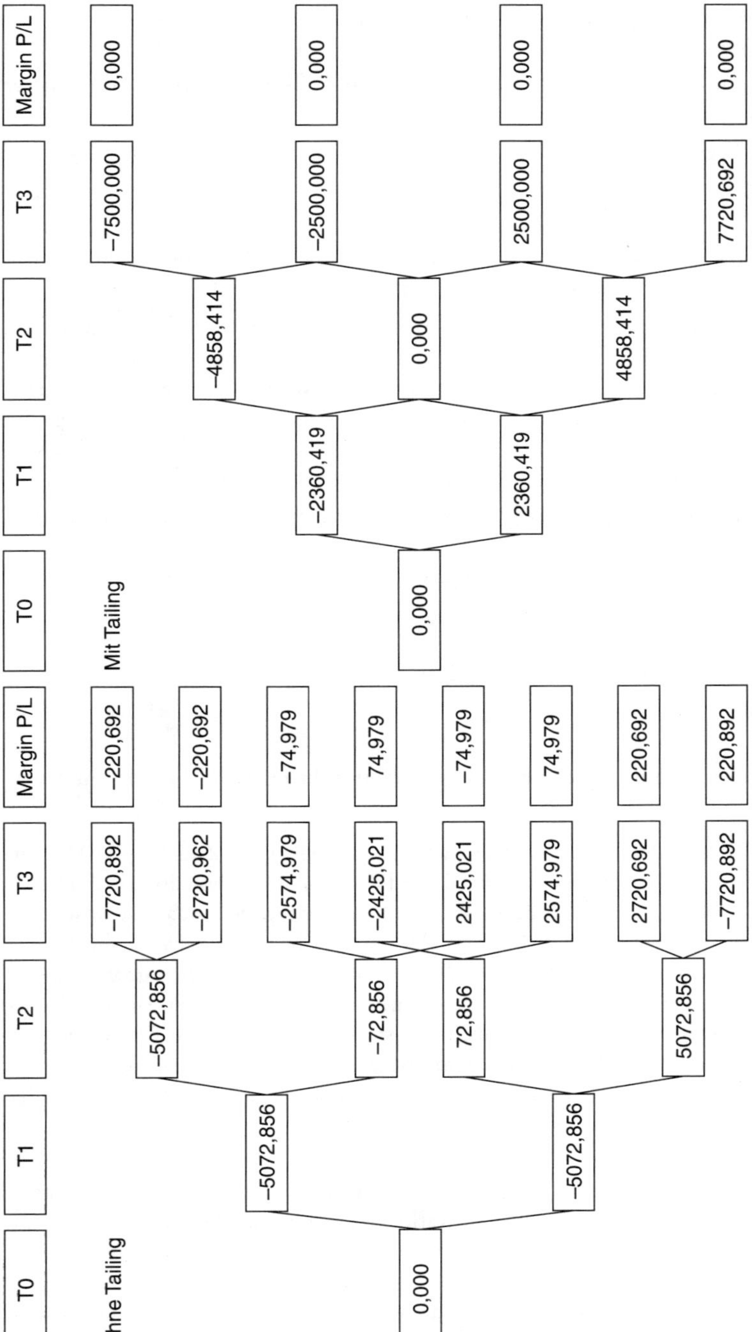

Abb. 8.11: Margin P/L ohne Tailing/mit Tailing

Ohne eine Anpassung entwickelt sich der Gewinn und Verlust folgendermaßen:

Zeitpunkt T_1: 100 Ticks * € 25 = € 2500. Im Falle eines Verlustes muß dieser Betrag finanziert werden.

Für T_2 gibt es dann zwei Möglichkeiten:

$-2500 * 1{,}09^{1/3} + 2500 =$ € $-72{,}856$ oder:
$-2500 * 1{,}09^{1/3} - 2500 =$ € $-5072{,}856$.

Auf diese Weise kann man die Zahlen für sämtliche Knotenpunkte berechnen. Die Ergebnisse finden sich in Abb. 8.10.

In T_3 erhält man für den obersten Knotenpunkt einen Verlust von € –7720,692. Für eine Bewegung von 300 Ticks hätte man normalerweise einen Verlust von € 7500 (300 * 25 = € 7500) erwartet und nicht € –7720,692. Das sind € 220,692 zuviel. Durch die Finanzierung bzw. durch die Anlage der entstehenden Variation Margin entstand ein zusätzlicher Gewinn bzw. Verlust. Ein Tailing the Hedge kann diese Beträge ausgleichen (Abb.8.11).

In Abb. 8.11 berechnet sich der Verlust in T_3 im obersten Knotenpunkt folgendermaßen:

$T_1 = 100 * 25 * 0{,}944167 =$ € 2360,419.
$T_2 = -2360{,}419 * 1{,}09^{1/3} - 2500 * 0{,}971683 =$ € -4858,414.
$T_3 = -4858{,}414 * 1{,}09^{1/3} - 2500 =$ € –7500.

Dies ist der Betrag der mit einer Anpassung zu erwarten war: 300 * 25 = € 7500.

8.2.1.6 Optionsähnliche Positionen erzeugt durch Variation Margin Cash Flows

Im Beispiel des letzten Kapitels wurde ein konstanter Zins für die Margin-Zahlungen angenommen. Der Tailing Factor hat sich deshalb nur durch die Änderung der Zeit verändert. Diese Annahme ist jedoch nicht realistisch. Bei Geldmarktkontrakten ist die Korrelation zwischen dem Zins für die Margin Cash Flows und dem Zins des Terminkontraktes wesentlich größer als bei Anleihe-Kontrakten. Die Zinssätze liegen auf der Zinskurve wesentlich näher zusammen und zeigen daher auch eine stärkere Abhängigkeit. Verändern sich die Einlage- bzw. Fremdfinanzierungszinssätze, so muß der Hedge angepaßt werden. Der Tailing Factor verändert sich dann und somit auch das Hedge Ratio.

Aus der Formel für den Tailing Factor wird ersichtlich, daß bei steigenden Zinssätzen mit einem höheren Zins abgezinst wird, der Tailing Factor geringer und somit auch das Hedge Ratio geringer wird. Bei einem Hedge mit Drei-Monats-Zinsterminkontrakten kann man von einer hohen positiven Korrelation zwischen den kurzfristigen Finanzierungs- bzw. Einlagezinssätzen und den im Future impliziten Zinsen ausgehen. Fallen die Kurse bzw. steigen die Zinsen, so verringert sich das Hedge Ratio. Das bedeutet für einen

Short Hedger der Futures short ist, daß er bei fallenden Kursen einen Teil seiner Future-Position zurückkauft und somit einen kleinen Gewinn realisiert. War er beispielsweise ursprünglich 909 Futures short und beträgt sein neues Hedge Ratio –893 Futures, so kauft er bei fallenden Kursen 16 Futures zurück und realisiert einen Gewinn. Umgekehrt erhöht sich bei sinkenden Zinsen das Hedge Ratio. Der Short Hedger wird bei steigenden Kursen ein paar Futures mehr verkaufen. Wie ersichtlich ist, ist in dem Hedge eine optionsähnliche Position eingebettet, deren Wert abhängig ist von der Zeit bis zur Fälligkeit und der Volatilität der Kurse bzw. Zinsen.

Für einen Short Hedger stellt diese Position eine Gamma Long Position dar (d.h. die Position profitiert von starken Bewegungen des Underlying). Um diese deltaneutral zu halten, wird er bei steigenden Kursen Futures verkaufen und bei fallenden Kursen kaufen. Je stärker die Kurse sich bewegen, desto besser ist das für seine Position.

Der Long Hedger dagegen ist Gamma Short (starke Bewegungen des Underlying wirken sich ungünstig auf die Position aus). Bei steigenden Zinsen und fallenden Kursen muß er, um seine Position anzupassen, Futures verkaufen. Steigen dagegen die Kurse, muß er Futures kaufen. Ähnlich wie bei einer Gamma Short Position, gibt er bei schwankenden Kursen einen Teil seines möglichen Gewinnes ab.

Ein weiterer wichtiger Punkt ist, daß bei steigenden Kursen und somit fallenden Zinsen, der Short Hedger seinen Verlust auf dem Margin Konto zu niedrigeren Zinsen finanzieren kann. Umgekehrt kann er einen Gewinn bei fallenden Kursen zu höheren Zinsen anlegen. Bei starken Zinsbewegungen *in eine Richtung* wird dieser Aspekt stärker ins Gewicht fallen. Der erste Aspekt gewinnt an Bedeutung wenn die Kurse mit Ausschlägen um einen bestimmten Wert schwanken.

Diese beiden Punkte sind bei einem Hedge mit kurzfristigen Zinsterminkontrakten wichtiger als bei langfristigen Futures. Bei Futures auf Anleihen ist diese Option zwar auch gegeben, jedoch ist ihr Wert geringer, da die Korrelation zwischen den langfristigen Anleihezinsen – die für den Kurs des Futures relevant sind – und den kurzfristigen Zinsen – die für den Tailing Factor ausschlaggebend sind – nicht so hoch ist wie zwischen den kurzfristigen Zinsen und Dreimonatszinssätzen. Trotzdem muß auch hier die Position ständig an sich ändernde Geldmarktzinsen angepaßt werden.

Für kurze Zeiträume wird der Wert dieser Option nicht sehr hoch sein. Für längere Zeiträume (ab etwa einem Jahr) jedoch gewinnt sie an Bedeutung und kann die Future-Preise bzw. die in den Futures impliziten Zinsen beeinflussen. In diesem Fall kann besonders bei hoher Volatilität ein Hedge notwendig werden, der mit Optionspositionen z.B. Strangles oder Straddles durchgeführt werden kann.

Beispiel:

Im Gegensatz zum Beispiel des letzten Kapitels, wird im folgenden Beispiel unterstellt, daß sich der Zins für die Margin nicht konstant ist, sondern sich parallel zum Zins des Terminkontrakt bewegt. In T_0 beträgt er jeweils 9 %. Der Kontrakt notiert somit bei 91,00. Für den Tailing Factor gibt es jetzt in T_1 zwei Möglichkeiten:

$$TF_{T1} = \frac{1}{(1+0{,}08)^{\frac{1}{3}}} = 0{,}974673 \; bzw.: TF_{T1} = \frac{1}{(1+0{,}10)^{\frac{1}{3}}} = 0{,}968729$$

Wie aus dem untenstehenden Schaubild ersichtlich ist, entstand trotz Anpassung der Positon ein Gewinn durch das Margining. Diesmal ist jedoch für jede mögliche Zinsbewegung am Ende der Periode ein Gewinn entstanden.

T_1 = 2500 * 0,944167 = € +-2360,419.

Die beiden mittleren Knotenpunkte in T_2 berechnen sich folgendermaßen:

$T_2 = -2360{,}419 * 1{,}08^{1/3} + 2500 * 0{,}974673$ = € 14,926.

Bewegt sich der Kurs zuerst nach unten und dann nach oben:

$T_2 = +2360{,}419 * 1{,}10^{1/3} - 2500 * 0{,}968729$ = € 14,790.

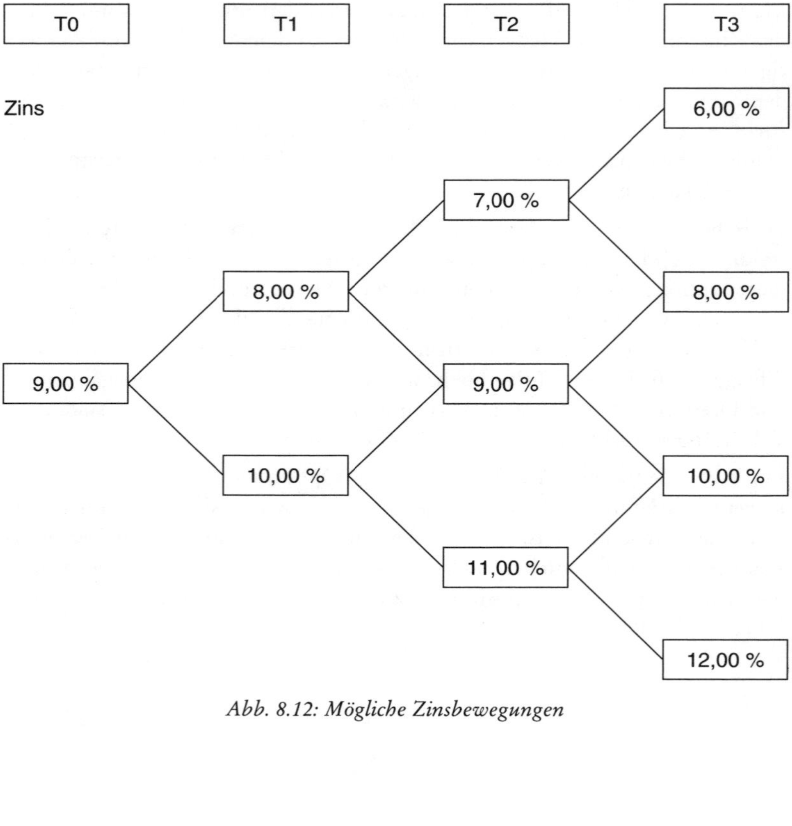

Abb. 8.12: Mögliche Zinsbewegungen

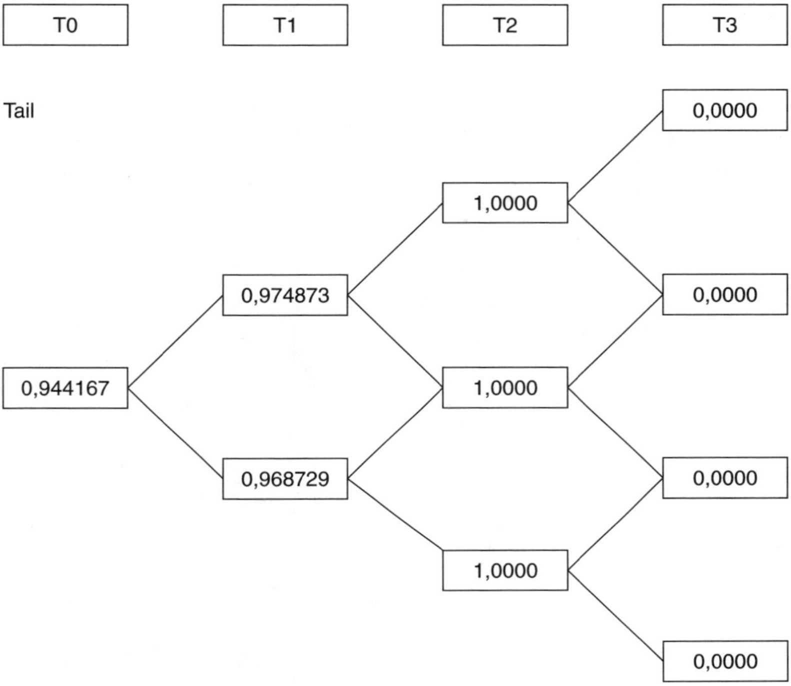

Abb. 8.13: Veränderung des Tailing Factors

Der Gewinn in Höhe von € 14,790 setzt sich folgendermaßen zusammen:

Anlage des Gewinns auf dem Marginkonto zu einem höheren Zins:

$+2360{,}419 * 1{,}10^{1/3} - 2360{,}419 * 1{,}09^{1/3} =$ € 7,4062 und:

Anpassung der Position wegen Änderung des Tailing Factor, bedingt durch Änderung des Zinses:

$2500 * 0{,}971683 - 2500 * 0{,}968729 =$ € 7,385.

Für den obersten Knotenpunkt in T_3 gilt:

$T_1 = 100 * 25 * 0{,}944167 =$ € 2360,419.
$T_2 = -2360{,}419 * 1{,}08^{1/3} - 2500 * 0{,}974673 =$ € –4858,437.
$T_3 = -4858{,}414 * 1{,}07^{1/3} - 2500 =$ € –7469,253.

Der Verlust ist um € 30,747 geringer ausgefallen als erwartet. Dieser Betrag setzt sich zusammen aus: Finanzierung des Verlustes zu einem niedrigeren Zins:

€ 38,392 und:

Anpassung der Position wegen Änderung des Tailing Factor, bedingt durch Änderung des Zinses:

€ –7,645.

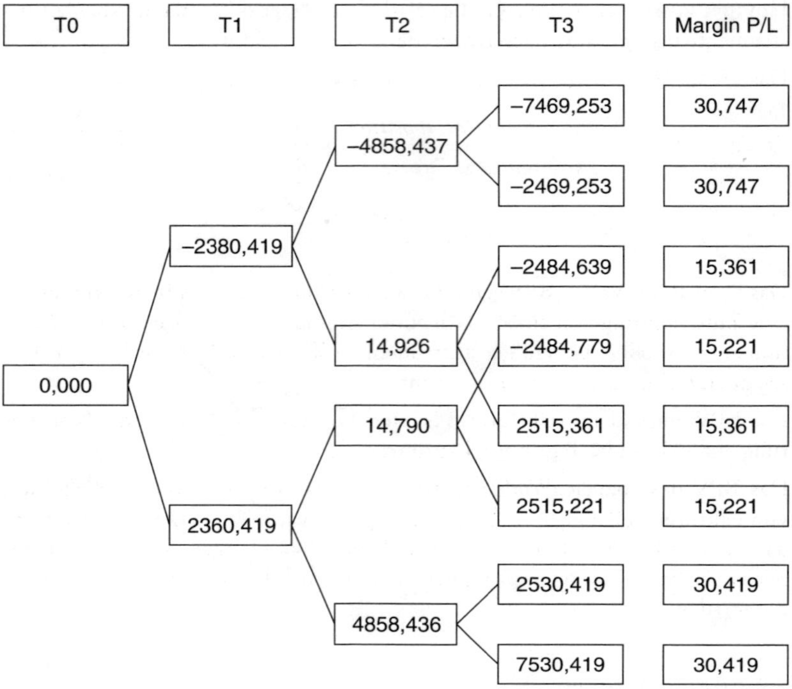

Abb. 8.14: Margin P/L aus impliziter Option

Im letzten Fall ist durch die Anpassung ein Verlust entstanden. In T_2 wurden 0,00299 Kontrakte zusätzlich verkauft (0,974673 –0,971683). –0,00299 * 2500 * $1{,}07^{1/3}$ = € –7,645. Ein Gewinn konnte hier noch nicht eintreten, da der Future nicht mehr gefallen ist. Überkompensiert wurde dieser Effekt jedoch durch die niedrigeren Finanzierungskosten. Im mittleren Knotenpunkt von T_2 war der Kontrakt jedoch wieder gesunken. Durch den vorherigen Verkauf von zusätzlichen Kontrakten konnte hier ein Gewinn entstehen. Ähnlich wie bei einer Gamma Long Position ist es notwendig, daß sich die Kurse nach oben und unten bewegen. In dem Beispiel waren relativ wenig Verzweigungen vohanden. Bei mehr Verzweigungen und starken Bewegungen innerhalb einer gewissen Bandbreite, würde dieser Effekt wesentlich stärkere Ausmaße annehmen, ansonsten überwiegt der Effekt der niedrigeren Finanzierungskosten bzw. des höheren Wiederanlagezinses.

8.2.1.7 Berechnung des Hedge Ratios

Das Hedge Ratio gibt die Anzahl an Kontrakten an, die benötigt werden, um eine Position abzusichern. Ziel ist, daß die Wertänderung der abzusichernden Position durch die Wertänderung der Position im Future ausgeglichen wird.

Um dies zu erreichen, müssen die relativen Preissensitivitäten der beiden Instrumente ins Verhältnis gesetzt werden.[1]

Das Hedge Ratio berechnet sich daher nach der folgenden Formel:

$$Hedge\ Ratio = \frac{Nominalwert\ Kassaposition}{Nominalwert\ Future} \times \frac{BPV_{KP}}{BPV_{Fut}}$$

mit: BPV_{KP} = Basis Point Value Kassaposition
BPV_{Fur} = Basis Point Value Future

Das Basis Point Value (BPV) gibt die Wertveränderung eines Instrumentes für eine Zinsänderung von einem Basispunkt an und entspricht der Dollar Duration einer Anleihe. Bei einigen Instrumenten wie z.B. FRA's wird es stattdessen auch **Delta** oder Duration genannt.

Das BPV eines Geldmarktfutures ist stets konstant. Dies ist auf die Normierung auf 30 bzw. 90 Tage zurückzuführen.

Das BPV des abzusichernden Instrumentes ist hingegen von einer Vielzahl von Faktoren abhängig, z.B. Laufzeit, Tage forward, Zinssatz etc.. Auch wird das BPV im Zeitablauf nicht konstant bleiben. Das Hedge Ratio wird sich daher verändern. Eine Anpassung des Hedges wird unter Umständen notwendig werden.

8.2.2 Anwendungen

8.2.2.1 Absicherung von Geldmarkteinlagen

Ein Unternehmer erwartet am 14.09.98 einen Zahlungseingang in Höhe von € 100 Mio. Nach Erhalt der Zahlung beabsichtigt er diesen Betrag für drei Monate anzulegen. Das augenblickliche Zinsniveau erscheint ihm günstig. Aus diesem Grund möchte er sich gegenüber sinkenden Zinsen absichern.

Es handelt sich hier um eine zukünftige Geldmarkteinlage. Der Hedge kann deshalb sehr gut über ein FRA oder über den Kauf von Geldmarktfutures erfolgen. Der Unternehmer entscheidet sich für Geldmarktfutures.

Zur Absicherung wird der Sep 98 Euribor-Future mit einem aktuellen Kurs von 96,47 (letzter Handelstag 14.09.98) genommen. Handelstag ist der 19.08.98 mit Valuta 21.08.98. Das Hedge Ratio läßt sich dann folgendermaßen herleiten:

Für eine Laufzeit von 90 Tagen und einem Betrag von € 100 Mio würde die Wertveränderung der Geldmarkteinlage für einen Basispunkt Renditeänderung € 2500 betragen: 0,0001 * 100 Mio * 90/360 = 2500. Die Laufzeit beträgt jedoch 91 Tage (16.09.98–16.12.98): 0,0001 * 100 Mio * 91/360 = 2527,778.

Die Wertveränderung im Future wird sofort ausgezahlt. Die Zahlungen bei einer Geldmarkteinlage erfolgen jedoch nachschüssig d.h. am Laufzeitende.

1 Siehe hierzu auch Kapitel 7.1.4.

Der Betrag von € 2.527,778 muß daher noch bis zum Beginn der Laufzeit (91 Tage) diskontiert werden: € 2.527,778 * 0,9911559 = € 2.505,422.[1] Das BPV eines Euribor-Futures beträgt € 25. Das Hedge Ratio beträgt somit: 2.505,422/25 = 100,217 Kontrakte. Zur Absicherung werden daher 100 September Euribor Kontrakte gekauft. Werden die Futures zu 96,47 gekauft, hat man sich eine Rendite von 3,530 % gesichert. (siehe Tabelle 8.1)

Ohne Berücksichtigung des Diskontfaktors wären 101,11 Kontrakte gekauft worden (2.527,778/25). Man wäre dann leicht „überhedged“ gewesen.

Dieser Sachverhalt kann auch in Form des Deltas ausgedrückt werden. Das Delta einer Geldmarkteinlage für N = 1 beträgt:

$$Delta_{GD} = \frac{t}{T} \times DF$$

mit: GD = Geldmarktdeposit
t = Tage bis Laufzeitende
T = Tage für das Jahr
DF = Diskontfaktor

DF bezieht sich auf den Zeitraum zwischen Valuta und dem Laufzeitende des Deposits während sich t auf den Zeitraum zwischen Beginn und Ende des Deposits bezieht. Dieser Unterschied ist bei einem Forward-Deposit wichtig. Mit Veränderung der Zinsen und der Zeit wird sich auch der Diskontfaktor verändern. Eine Anpassung kann daher notwendig werden. Da das Delta die Wertveränderung für einen Basispunkt Renditeveränderung angibt, wird oft auch der Begriff Basis Point Value verwendet.

In dem Beispiel wird die Absicherung zunächst bis zum Verfall des Futures aufrechterhalten. Der Diskontfaktor bezieht sich daher auf den Zeitraum zwischen Beginn und Ende des Deposit. Das Delta beträgt dann:

91/360 * 0,9911559 = 0,250542.

Zur Berechnung des Hedge Ratios muß hier statt des BPV das Delta des Futures verwendet werden.

Das Hedge Ratio läßt sich jetzt nach der Formel von Kapitel 8.2 in allgemeiner Form anschreiben:

$$Hedge\ Ratio = \frac{Nominalwert_{Geldmarktdeposit}}{Nominalwert_{Future}} \times \frac{Delta_{GD}}{Delta_{Fut}} = \frac{100\ Mio}{1\ Mio} \times \frac{0{,}250542}{0{,}25} = 100{,}217$$

In den bisherigen Ausführungen wurde davon ausgegangen, daß der Hedge bis zum Zahlungseingang aufrecherhalten wird. Soll der Hedge jedoch eventuell vor dem 14.12.98 aufgelöst werden, so ändert sich das Hedge Ratio leicht. DF in der Formel für das Delta bezieht sich nun auf den Zeitraum zwi-

---

1 0,9911559 = 1/(1+0,0353*91/360).

schen Valuta und dem Laufzeitende des Deposits. DF = 1/(1+0,035191* 117/360) = 0,9886924.[1] Delta: 91/360*0,9886924 = 0,2499195.

Das Hedge Ratio beträgt dann:

$$\textit{Hedge Ratio} = \frac{100\ \textit{Mio}}{1\ \textit{Mio}} \times \frac{0{,}24992}{0{,}25} = 99{,}968$$

Durch den Kauf von 100,217 September Kontrakten zu 96,47 wurde ein Zins von 3,53 % abgesichert. Notiert der Kontrakt am letzten Handelstag des Futures bei 96,90, so entspricht das einer Dreimonats-Euribor von 3,10 %. Der Unternehmer kann jetzt nur noch zu 3,10 % anlegen und nicht mehr zu 3,53 %. Dadurch entgehen ihm Zinsen von € 108.694,44 = 100 Mio * 91/360 * 0,0043 (0,0043 = 0,0353–0,031). Diese entgangenen Zinsen wären nachschüssig gezahlt worden. Zur Ermittlung des Barwertes per 16.09.98 muß dieser Betrag noch diskontiert werden: € 108.694,44 * 0,9911559 = € 107.733,14[2]

Der Future ist aber um 43 Ticks gestiegen. Der Wert eines Ticks beträgt € 25. Der Gewinn aus der Future-Position beträgt somit 43 * € 25 * 100,217 = € 107.733,275 und gleicht die entgangenen Zinseinnahmen voll aus. Der effektive Einlagezins entspricht somit dem ursprünglichen Forward-Zins des Futures.

Wird ein Hedge vor der Fälligkeit des Kontraktes aufgelöst, so besteht ein Basisrisiko. Würde der Unternehmer im letzten Beispiel seine Zahlung schon in acht Tagen erhalten, so wäre sein Hedge dem Risiko einer Basisveränderung ausgesetzt. Eine Vergrößerung der Basis wäre für ihm das ungünstige Szenario.

Liegt das Ende der Absicherung dagegen zwischen den letzten Handelstagen des September- und des Dezember-Kontraktes, so ist es sinnvoll, die zu kaufenden bzw. verkaufenden Kontrakte auf diese beiden Kontrakte zu verteilen. Das Verhältnis, in dem die Kontrakte verteilt werden, hängt davon ab, wie nah sich die Fälligkeit des Hedges an den Fälligkeiten der Kontrakte befindet:

Für eine abzusichernde Position von € 100 Mio werden z.B. 99 Kontrakte benötigt. Der zeitliche Abstand zwischen beiden Kontrakten beträgt 91 Tage und der Hedge wird 33 Tage nach dem Fälligkeitsdatum des September-Kontraktes aufgelöst. Das Hedge Ratio berechnet sich dann folgendermaßen:

Kauf von 63,10 September-Kontrakten = 99 * 58/91
Kauf von 35,90 Dezember-Kontrakten = 99 * 33/91

Am Fälligkeitstag des September-Futures muß die Position umgewandelt werden. Die September-Kontrakte müssen zum Schließen der Position

1 Der Diskontierungseffekt ist in dem Beispiel relativ gering. Der Grund dafür ist die kurze Laufzeit (117 Tage) und das niedrige Zinsniveau (Diskontfakor näher bei eins). Bei anderen Marktgegebenheiten kann dieser Efekt jedoch signifikant werden.

2 Korrekterweise müßte mit dem neuen Drei-Monats-Zins von 3,10 % diskontiert werden. Damit man die Wertveränderungen vom Deposit und dem Future besser vergleichen kann, wurde der alte Diskontfaktor genommen.

zurückgekauft werden und in den Dezember-Kontrakt gerollt werden, d.h. es werden 63 September-Kontrakte verkauft und 63 Dezember-Kontrakte gekauft.

Obwohl kurzfristige Zinsterminkontrakte auf 1 bzw. 3 Monate standardisiert sind, können sie da sie in mehreren Fälligkeiten zur Verfügung stehen, sehr gut zur Absicherung von längeren Zinsen verwendet werden.

Der Unternehmer im letzten Beispiel hätte die erwarteten Einnahmen statt für drei Monate auch für sechs oder neun Monate anlegen können. Für eine Anlage von sechs Monaten errechnet sich folgendes (höheres) Hedge Ratio:

$$Delta_{GD} = \frac{182}{360} \times 0{,}9794452 = 0{,}4952 \Rightarrow$$

$$Hedge\ Ratio = \frac{100\ Mio}{1\ Mio} \times \frac{0{,}4952}{0{,}25} = 198{,}08\ Kontrakte$$

Das Hedge Ratio berücksichtigt zwar jetzt die unterschiedlichen Zinsreagibilitäten, es wird aber ein Sechsmonats-Zins mit einem Dreimonats-Zins abgesichert. Diese Absicherung wird somit nur für den Fall einer Parallelverschiebung der Zinsen zu befriedigenden Ergebnissen führen. Sinken jedoch die Sechsmonats-Zinsen stärker als die Dreimonats-Zinsen, so wird der obige Long Hedge nicht optimal sein.

Es muß daher versucht werden, durch ein Verteilen der Kontrakte auf verschiedene Kontraktmonate den Sechsmonats-Zins nachzubilden. Kauft der Unternehmer einen September-Kontrakt zu 96,47 und einen Dezember-Kontrakt zu 96,265 so entspricht das einer Anlage von Geld zu 3,530 % für drei Monate am letzten Handelstag des September-Futures. Nach drei Monaten wird das Geld für weitere drei Monate zu 3,735 % angelegt. Dieser Zinssatz ist durch den Kauf des Dezember-Futures abgesichert. Durch den Kauf der beiden Futures wurde somit ein sechsmonatiger Forward-Zinssatz abgesichert. Das Zinsniveau, das abgesichert wurde, beträgt:

$$\left(1 + r \times \frac{182}{360}\right) = \left(1 + 0{,}03530 \times \frac{91}{360}\right) \times \left(1 + 0{,}03735 \times \frac{91}{360}\right) \Rightarrow r = 0{,}0364\ bzw.\ 3{,}649\ \%$$

Es sind somit statt 198 September-Kontrakte, 99 September-Kontrakte und 99 Dezember-Kontrakte zu kaufen. Auch hier müssen die September-Kontrakte am letzten Handelstag in den nächsten Kontrakt-Monat „gerollt“ werden.

Dieser Forward-Zinssatz ist für den Fall gesichert, daß das Ende der Absicherung mit dem letzten Handelstag des Dezember-Futures zusamenfällt. Endet der Hedge früher, so besteht ein Basisrisiko.

Erhält der Unternehmer seine Zahlung später, z.B. zwischen dem letzten Handelstag des September und des Dezember Kontrakt, so muß die Anzahl der zu kaufenden Kontrakte genauso wie im letzten Beispiel über mehrere Fälligkeiten verteilt werden. Hier sind es September, Dezember und März.

8.2.2.2 Hedging von FRA's

FRA's sind Forward-Zinssätze. Soll daher ein FRA abgesichert werden, so entspricht das der Absicherung eines zukünftigen Einlage- bzw. Kreditzinssatzes. Die Vorgehensweise der Berechnung des Hedge Ratios bzw. der Durchführung des Hedges unterscheidet sich daher nur unwesentlich von den Beispielen der letzten Kapitel. FRA's werden im Unterschied zu Futures in Zinssätzen quotiert, Futures dagegen in Prozentsätzen von Pari. Das führt zu dem leicht Verwirrung verursachenden Umstand, daß der Kauf eines FRA's mit dem Kauf von Futures abgesichert wird und der Verkauf eines FRA's mit dem Verkauf von Futures. Der Kauf eines FRA's entspricht der Fixierung eines zukünftigen Kreditzinsatzes. Der Käufer profitiert somit von einem Anstieg der Zinsen, ist aber dem Risiko fallender Zinsen ausgesetzt. Die Vorgehensweise der Absicherung des Kaufs eines FRA's erfolgt daher analog zu der Absicherung einer zu einem zukünftigen Zeitpunkt zu tätigenden Einlage. Umgekehrt kann der Verkauf eines FRA's als Fixierung eines zukünftigen Kreditvergabezinssatzes oder zukünftigen Einlagezinssatzes angesehen werden. Der Hedge wird somit analog zu dem Hedge einer zukünftigen Verbindlichkeit oder Einlage vorgenommen (siehe letztes Kapitel).

Damit ein FRA den Zahlungsstrom einer Geldmarkteinlage möglichst genau nachbildet, wird die Ausgleichssumme die am Settlement Date des FRA's gezahlt wird, noch über den Zeitraum des FRA's diskontiert.

Zur Berechnung des Hedge Ratios kann das Delta des FRA's gemäß Kapitel 6.2.1.6 (FRA's) verwendet werden:

$$Delta_{FRA} = \frac{t_{FRA}}{T} \times DF$$

mit: t = Tage für den Zeitraum des FRA
T = Tage für das Jahr
DF = Diskontfaktor bis Ende der FRA-Periode

Das Hedge Ratio berechnet sich dann analog zu dem Hedge Ratio des letzten Kapitels:

$$Hedge\ Ratio = \frac{Nominalwert\ FRA}{Nominalwert\ Future} \times \frac{Delta_{FRA}}{Delta_{Fut}}$$

mit:

$$Delta_{Fut} = \frac{t_{Fut}}{T_{Fut}}$$ [1]

1 Siehe Kapitel 6.2.2.

mit: t_{FUT} = Tage für Zeitraum des Futures (z.B. 30 oder 90)
T_{FUT} = Tage für das Jahr (bez. Future)

In Tabelle 8.2 sind die FRA-Sätze eingetragen wie sie sich aus der Zinskurve von Tabelle 8.1 ergeben. Valuta ist der 21.08.98. Das 16 x 19 FRA z.B. beginnt am 21.12.1999 (122 Tage), endet am 21.03.2000 (213 Tage) und umfaßt einen Zeitraum von 91 Tagen. Die FRA-Rate beträgt 4,0618 %. Das Delta beträgt 0,23792. Für eine Position von 100 Mio beträgt das Hedge Ratio:

$$Hedge\ Ratio = \frac{100\ Mio}{1\ Mio} \times \frac{0{,}23792}{0{,}25} = 95{,}17\ Kontrakte$$

Der Dec 99 Future mit Fälligkeit 13.12.99 liegt am nächsten am Settlement Date des FRA (21.12.99). Wird die Absicherung mit diesem Kontrakt durchgeführt, beträgt das Hedge Ratio 95 Kontrakte. Hier existiert jedoch ein Basisrisiko. Um diese Risiko zu verringern, kann die Anzahl der Kontrakte genauso wie im letzten Kapitel auf zwei Kontraktmonate verteilt werden:

86,65 Kontrakte des Dezember 99 Futures: 95 * 83/91
8,35 Kontrakte des März 00 Futures: 95 * 8/91

Wie aus Tabelle 8.2 ersichtlich ist, wird das Delta eines FRA mit näherrückendem Settlement Date immer größer. Bei einem Hedge kann daher mit Verstreichen der Zeit eine Anpassung des Hedge Ratios notwendig werden.

8.2.2.3 Hedge von Swaps

Strips von Geldmarkt-Futures können das Risikoprofil von Swaps relativ genau nachbilden. Sie sind deshalb ein sehr gutes Hedge-Instrument. Bis zu welcher Laufzeit Swaps mit Money-Market Futures abgesichert werden können, hängt von der Laufzeit und der Liquidität der Kontrakte ab. In vielen Märkten stehen liquide Future-Strips mit Laufzeiten bis 3 Jahre zur Verfügung, zum Teil auch bis 5 Jahre oder länger. In der Regel ist die Liquidität des einzelnen Kontrakes umso geringer, je entfernter die Fälligkeit ist. Welche Fälligkeiten für einen Hedge verwendet werden können, muß von Fall zu Fall entschieden werden.

Oft stehen als Alternative auch Bond Futures mit geeigneter Laufzeit zur Verfügung. Das kann z.B. der Schatz Future (Laufzeit 1,75 bis 2,25 Jahre) oder der Bobl Future (3,5 bis 5 Jahre) sein. Welches Instrument verwendet wird, hängt von der Art des Hedges ab. Mit Geldmarkt-Kontrakten kann ein Swap genauer nachgebildet werden. Da jedoch ein ganzer Strip gehandelt werden muß, ist der Aufwand bei der Ausführung höher und ebenso die Transaktionskosten. Ist der Hedge eher kurzfristiger Natur, so bieten sich Bond Futures an. Der Hedge kann schneller ausgeführt und schneller aufgelöst werden. Andererseits hat man hier ein höheres Basisrisiko (Spread Swap-Rendite – Government-Rendite).

Bei der Berechnung des Hedge Ratios kann man drei Methoden unterscheiden:

1. Delta Hedge

Ein Swap besteht aus einem Strip von FRA's.[1] Eine Vorgehensweise für das Hedging ist, das Zinsänderungsrisiko eines jeden FRA's zu ermitteln und abzusichern. Man kann für jedes FRA's das zugehörige Delta berechnen. Anhand des Deltas kann wiederum festgestellt werden, wieviele Kontrakte des Futures benötig werden um das FRA abzusichern. Für jedes FRA wird eine eigene Future-Fälligkeit genommen. Liegen die Fälligkeitszeitpunkte nicht auf IMM Dates (dies ist meistens der Fall), so muß das Hedge-Volumen des jeweiligen FRA,s auf zwei Kontraktmonate verteilt werden. In welchem Verhältnis das Volumen auf die beiden Kontraktmonate verteilt wird, hängt von der zeitlichen Nähe des FRA,s zum jeweiligen Kontrakt ab.

Für jedes FRA des Swaps ist auf diese Weise ein eigenes Hedge Ratio zu ermitteln.

Bei der Berechnung des Hedge Ratios wird auf die Zinssensitivität (Duration, Delta) des abzusichernden Instrumentes abgestellt wird, wird ein Delta Hedge und BPV Hedge auch Sensitivity Hedge genannt. Ein Problem bei der Duration und dem Delta (FRA) ist, daß sie nicht konstant bleibt. Eine Anpassung des Hedge Ratios kann daher sowohl bei Zinsbewegungen (Konvexität) als auch im Zeitablauf notwendig werden.

Das Hedge Ratio richtet sich nach den Deltas[2] der einzelnen FRA's:

$$Hedge\ Ratio = \frac{NW\ Swap}{NW\ Future} \times \frac{Delta_{FRA}}{Delta_{Fut}}$$

mit: NW = Nominalwert

Die gesamte benötigte Anzahl an Kontrakten ist die Summe der Hedge Ratios der einzelnen FRA's.

2. BPV Hedge

Die letzte Methode ging von dem Zinsrisiko der einzelnen FRA's aus. Es kann aber auch von einer Veränderung der in den Terminkontrakten impliziten Zinssätzen ausgegangen werden. Mit den Future-Raten kann die Zinskurve aufgebaut werden und die Swap-Raten ermittelt werden. Ändern sich die Zinssätze der Terminkontrakte, werden sich auch die Swap-Raten ändern. Die ursprüngliche Swap-Rate ist dann nicht mehr die aktuelle Swap-Rate und der Barwert des Swaps ist nicht mehr gleich null. Es wird folgendermaßen vorgegangen: Man bewegt die Kurse der einzelnen Kontrakte des Future-Strips nacheinander um einen Tick bzw. Basispunkt. Für jede Veränderung im Future-Zins stellt man anhand der neuen Zinskurve die wertmäßige Veränderung der Swap Position fest. Die wertmäßige Veränderung der Swap Position

1 Siehe Kapitel 8.1.4.
2 Das Delta des Futures entspricht dem BPV des Futures im nächsten Kapitel.

geteilt durch den Basis Point Value (oder Delta) des Futures[1], ergibt die Anzahl der Futures die von jedem Kontraktmonat benötigt wird.

$$Hedge\ Ratio = \frac{Wertveränderung\ Swap}{BPV\ Future}$$

3. Cash Flow Hedge

Bei einem Hedge der auf Cash Flows basiert, wird auf das Volumen der Zahlungsströme an den jeweiligen Zahlungszeitpunkten abgestellt. Wieweit diese Zahlungen in der Zukunft liegen, bleibt unberücksichtigt. Es wird lediglich darauf geachtet, daß die Zahlungen und ihr Refinanzierungsrisiko per Zahlungszeitpunkt abgesichert sind. Ein FRA hat z.B. heute ein anderes Delta als am Zahlungszeitpunkt. Bei einem Cash Flow Hedge wird nur die Wertveränderung (Delta) per Zahlungszeitpunkt betrachtet und nicht per Valuta.

Diese Strategie macht Sinn, wenn der Hedge zwischenzeitlich nicht aufgelöst werden soll und bis zum Laufzeitende des Swaps aufrechterhalten wird. Sie eignet sich auch für einen Hedge einer Anleihe bis zu deren Fälligkeit. Da Diskontaktoren und deren zwischenzeitliche Veränderung weitgehend außer acht gelassen werden, ist ein derartiger Hedge relativ „pflegeleicht". Anpassungen sind nur in geringem Maße notwendig.

Diese Methode kann jedoch bei einer vorzeitigen Auflösung zu einem Verlust führen. Sie ist somit für einen kurzfristigen Hedge nicht geeignet.

Da eine Diskontierung der Zahlungen nur bedingt erfolgt, und entferntliegende Zahlungen genauso stark gewichtet werden wie naheliegende Zahlungen, wird das Hedge Ratio höher sein als bei Methode eins und Methode zwei.

Das Hedge Ratio für jeden einzelnen Cash Flow berechnet sich nach folgender Formel:

$$Hedge\ Ratio = \frac{NW\ Swap}{NW\ Future} \times \frac{DF_{FP} \times \frac{t}{T}}{Delta_{Fut}}$$

mit:
- NW = Nominalwert
- DF_{FP} = Diskontfaktor der Forward-Periode
- FP = Forward-Periode
- t = Tage für die Periode
- T = Tage fürs Jahr
- $Delta_{Fut}$ = Delta des Futures

DF_{FP} ist der Diskontfaktor vom Beginn der Forward-Periode bis zum Ende der Forward-Periode.

1 Siehe Kapitel 6.2.2.

Zusätzlich muß noch das Refinanzierungrisiko der einzelnen Cash Flows berücksichtigt werden.

Beispiel:
Für das folgende Beispiel wird auf die Daten des Swaps mit Laufzeit 3 Jahre aus Kapitel 8.1.4 zurückgegriffen. Siehe hierzu Abb.8.4 und Abb. 8.9.

Eine Festzinszahler-Position im Swap soll mit Dreimonats-Euribor-Futures abgesichert werden. Das Hedge Ratio wird nach den oben geschilderten drei Methoden ermittelt. Die Ergebnisse und Zahlen finden sich in Tabelle 8.9.

1. Delta Hedge:

Bis das erste Fixing des Swaps erfolgt ist, besteht ein Risiko bezüglich des 3 Monatszinses. Das kann der Fall sein, wenn der Swap am Morgen gehandelt wird und das Fixing erst um 11 Uhr stattfindet. In September Futures ausgedrückt wäre dies ein Risiko von 103,50 Kontrakten: 100 Mio/1 Mio * 0,258745/0,25 mit 0,258745 = 0,9909398 * 94/360. Wird der Swap jedoch am Nachmittag gehandelt, entfällt dieses Risiko. In Tabelle 8.4 sind diese Kontrakte deshalb nicht fett gedruckt und auch nicht in der Summe des Hedge Ratios enthalten.

Das Hedge Ratio für das erste FRA berechnet sich folgendermaßen: HR = 100 Mio/1 Mio * 0,248182/0,25 = 99,27 Kontrakte. 0,248182 ist das Delta des FRA's : 0,9818181 * 91/360. Die Hedge Ratios für die restlichen FRA's berechnen sich auf dieselbe Weise. Die Werte finden sich in der vierten Spalte von Tabelle 8.9. Die gesamte Anzahl der benötigten Kontrakte ist die Summe der einzelnen Hedge Ratios und beträgt 1040,08 Kontrakte.

Das Verhältnis in dem das benötigte Volumen zur Absicherung jedes FRA's auf die Kontraktmonate verteilt wird, richtet sich nach der Nähe des jeweiligen FRA's zu den Fälligkeiten der Futures.

Beispiel: Zur Absicherung des 6x9 FRA werden 95,13 Kontrakte benötigt. Der Beginn des FRA's (22.02.99) liegt 68 Tage vom Settlement Date des Dezember 98 Futures (14.12. + 2 Tage) entfernt. Das FRA selber umfaßt einen Zeitraum von 88 Tagen. Die Verteilung der 95,13 Kontrakte auf den Dezember und März Future berechnet sich dann folgendermaßen: Dezember: (88–68)/88 * 95,13 = 21,62 Kontrakte. März: 68/88 * 95,13 = 73,51 Kontrakte.

2. BPV Hedge:

Nacheinander wurden alle Zinssätze um einen Basispunkt nach unten bewegt bzw. die Future-Preise um 0,01 nach oben. Für jede Bewegung im Future wurde eine neue Zinskurve ermittelt und anhand der neuen Zinskurve der Wert der Swap-Position. Der Barwert des ursprünglichen Swaps war null. (bzw. durch Rundung € 11,24). Zur Erinnerung: Der Barwert eines Swaps ist die Differenz zwischen der Summe der Barwerte der variablen Seite und der Summe der Barwerte der festen Seite. Die Differenz zwischen dem alten und dem neuen Barwert ist die Auswirkung der Zinsveränderung durch den einzelnen Kontraktes. Die in Geldeinheiten ausgedrückte Wertänderung geteilt durch den Basis Point Value des Futures ergibt die Anzahl an benötigten Kontrakten.

Wird der Dezember 98 Kontrakt beispielsweise von 96,265 auf 96,275 bewegt, hat die varible Seite des Swaps einen Barwert von € 11.469.061,25 und die fixe Seite einen Barwert von € 11.471.558,98. Der Swap insgesamt hat somit einen neuen Barwert von –€ 2.497,73. Die Differenz zum ursprünglichen Barwert beträgt –€ 2.508,97 (2.497,73+11,24). Vom Dezember Future werden daher 100,36 Kontrakte benötigt: 2.508,97/25 = 100,36. Analog ist das Vorgehen für die restlichen Kontrakte.

Das erste Fixing (siehe hierzu Methode 1 Delta Hedge) wurde nicht berücksichtigt, d.h. der zu zahlende Betrag wurde konstant gelassen. Dies betrifft die Veränderung der Stub-Period (umgekehrtes Vorzeichen beim Hedge Ratio da nur die Veränderung der hinteren FRA,s berücksichtigt wurde) und die Veränderungs des September 98 Kontraktes. Bei Berücksichtigung des ersten Fixings, würde sich das Hedge Ratio um 104,25 Kontrakte erhöhen.

3. Methode: Cash Flow Hedge:

Abgesichert wird stets das Nominalvolumen des Swap unter Berücksichtigung der Anzahl der Tage der jeweiligen Periode der variablen Zahlung. Die Zahlungen erfolgen beim Future sofort, beim Swap jedoch nachschüssig. Damit die einzelnen Cash Flows sich entsprechen, muß das Nominalvolumen des Swaps noch mit dem Forward-Diskontfaktor der jeweiligen Periode multipliziert werden. Auf dieses Volumen wird dann das Hedge Ratio berechnet.

Im letzten Schritt muß noch das Refinanzierungsrisiko berücksichtigt werden. Die einzelnen Cash Flows müssen an den Zahlungszeitpunkten finanziert werden bzw. können angelegt werden. Ist man beispielsweise Festzinszahler, so erhält man zunächst die variablen Zahlungen. Diese Zahlungen können solange angelegt werden, bis eine Zahlung auf der festen Seite zu tätigen ist. Hier besteht jedoch das Risiko, daß die Zinsen bis zu den Zahlungszeitpunkten sinken (Zinseszinsrisiko). Dieses Risiko kann durch den zusätzlichen Kauf von Futures abgesichert werden. Das abzusichernde Volumen, nämlich die Höhe der variablen Zahlungen ist bereits bekannt, da sie durch den Kauf der Futures gesichert wurde.

Bezüglich des Hedge Ratios des ersten Fixings gilt dasselbe was bereits bei Methode 1 festgestellt wurde. Da man sich bereits unmittelbar vor dem Fixing befindet, berechnet sich das Hedge Ratio auf dieselbe Weise. Eine Berücksichtigung im gesamten Hedge Ratio findet nicht statt. HR = 100 Mio/1 Mio * 0,9909398 * 94/360/0,25 = 103,50 Kontrakte.

Das Hedge Ratio für die erste Periode beträgt 100,18 Kontrakte: 100 Mio/1 Mio * 0,9907949 * 91/360/0,25. Den Diskontfaktor für die Forward-Periode erhält man durch Division des Diskontfaktors der langen Laufzeit durch den

Diskontfaktor der kurzen Laufzeit. 0,9907949 = 0,9818181/0,9909398. Diese Werte finden sich in Spalte 3 der Delta Hedge Methode in Abb. 8.15. Die restlichen Hedge Ratios berechnen sich anlog.

Am 23.11.98 erfolgt auf der variablen Seite eine Zahlung in Höhe von € 914.308,67. Ist man Zahler auf der festen Seite des Swap, erhält man diese variable Zahlung und kann sie wieder anlegen. Um das Wiederanlagerisiko dieses Volumens abzusichern, muß die folgende Anzahl an Kontrakten gekauft werden: 0,91430867 Mio/1Mio * 91/90 = 0,9245 Kontrakte. Das gesamte Hedge Ratio für die erste Periode beträgt jetzt: 100,18 Kontrakte + 0,9245 Kontrakte = 101,10 Kontrakte. Die Zinsen, die auf den Betrag von € 914.308,67 anfallen sind € 8.494,46 (€ = 914.308,67 * 91/360 * 3,6754 %).

Am 22.02.99 muß der Betrag von € 914.308,67 + € 8.494,46 Zinseszins wiederangelegt oder gegebenenfalls finanziert werden. Zusätzlich erfolgt eine weitere Zahlung in Höhe von € 929.058,75. Das gesamte Volumen das angelegt oder refinanziert werden muß, beträgt € 1.851.861,88. 1,8519 Mio * 88/90 =1,8107.[1] Das Hedge Ratio für dieses Volumen beträgt 1,8107 Kontrakte und das Hedge Ratio für das gesamte Volumen: 96,89 + 1,8107 = 98,70 Kontrakte. Sukzessive erhöht sich das Refinanzierungsvolumen bis zum 23.08.99. An diesem Datum fällt eine Zahlung auf der festen Seite an. Das abzusichernde Volumen verringert sich entsprechend. Diese Vorgehensweise kann bis zum Ende der Laufzeit des Swaps durchgeführt werden. Die Zinseszinzahlungen sind in der Spalte für das Refinanzierungsvolumen mit enthalten. In der rechten oberen Spalte der Abb. 8.15 sind sie jedoch separat ausgewiesen.

Die so ermittelte Anzahl an Kontrakten wird genauso wie bei Methode 1 gemäß der Nähe der FRA's zu den Fälligkeiten der Futures verteilt. Das gesamte Hedge Ratio beträgt aufsummiert 1117,60 Kontrakte. Vgl. hierzu die mittlere Spalte in Abb. 8.15 Cash Flow Hedge.

Auf der variablen Seite sind während der Laufzeit insgesamt € 12.246.693,68 geflossen und auf der festen Seite € 12.406.800,00. Die Differenz beträgt € 160.106,32. Man könnte jetzt annehmen, daß der Swap nicht korrekt bewertet war, weil auf der festen Seite ein höherer Betrag geflossen ist als auf der festen Seite. Die Zahlungen der variablen Seite mußten jedoch zunächst finanziert bzw. angelegt werden. Der dadurch entstandene Zinseszins beträgt € 160.119,01 und gleich die Differenz zwischen variabel und fest aus.

Der Betrag von € 160.119,01 fällt jedoch nur dann mit Sicherheit an, wenn entsprechend der obigen Vorgehensweise das Refinanzierungsrisiko abgesichert wurde. Dieses Risiko kann man sich leicht verdeutlichen, wenn man die gesamte Zinskurve um 100 BP nach oben bewegt und anhand der erhöhten

1 Bei dem abzusichernden Refinanzierungsvolumen handelt es sich um zukünftige Verbindlichkeiten oder Einlagen. Korrekterweise müßte daher zur Ermittlung des Hedge Ratios dieser Betrag genauso wie bei der Absicherung einer zukünftigen Geldmarkteinlage noch mit dem Diskontfaktor der Forward-Periode multipliziert werden. Da dieser Effekt selbst bei größeren Volumina äußerst gering ist, wurde in dem Beispiel aus Vereinfachungsgründen davon abgesehen.

Datum: 19.08.98		Volumen: 100 Mio		Delta Hedge				
FRA	**RATE**	**DF Spot**	**Delta FRA**	**HR**	**Verteilung**	**Verteilung**	**Kontrakt**	**Hedge Ratio**
Spot 3M	3,5016 %	0,9909398	0,258745	103,50	103,50		Sep 98	103,50
3*6	3,6754 %	0,9818181	0,248182	**99,27**	25,09	74,18	**Sep 98**	**25,09**
6*9	3,7621 %	0,9728714	0,237813	**95,13**	21,62	73,51	**Dez 98**	**95,80**
9*12	3,8162 %	0,9632727	0,251521	**100,61**	31,04	69,57	**Mär 98**	**104,54**
12*15	3,8879 %	0,9538982	0,241124	**96,45**	24,38	72,07	**Jun 99**	**93,95**
15*18	4,0187 %	0,9443054	0,238699	**95,48**	24,13	71,35	**Sep 99**	**96,20**
18*21	4,0739 %	0,9346802	0,236266	**94,51**	23,89	70,62	**Dez 99**	**95,23**
21*24	4,1341 %	0,9250137	0,233823	**93,53**	23,64	69,89	**Mär 00**	**94,26**
24*27	4,2242 %	0,9151347	0,233868	**93,55**	31,52	62,03	**Jun 00**	**101,41**
27*30	4,3337 %	0,9051106	0,231306	**92,52**	30,17	62,35	**Sep 00**	**92,20**
30*33	4,3942 %	0,8953837	0,221359	**88,54**	25,87	62,68	**Dez 00**	**88,22**
33*36	4,4627 %	0,8852872	0,226240	**90,50**	30,49	60,00	**Mär 01**	**93,17**
				Summe: 1040,08			**Jun 01**	60,00
								Summe: 1040,08

		Volumen: € 100 Mio		**BPV Hedge**	
	Sum PV	**Sum PV Fix**	**Differenz**		**Variabel**
Ausgangslage:	11.471.281,22	11.471.269,98	11,24		
			BPV Stub-Period	**Kontrakt**	**Hedge Ratio**
Stub-Period -1 BP:	11.471.730,04	11.471.353,13	376,91	**Sep 98**	**-14,63**
			BPV Fut. Rates:		
Future-Preise					
+0,01:	11.470.567,70	11.471.559,13	–991,43	**Sep 98**	**40,11**
	11.469.061,25	11.471.558,98	–2.497,73	**Dez 98**	**100,36**
	11.469.061,39	11.471.558,97	–2.497,58	**Mär 98**	**100,35**
	11.469.061,81	11.471.528,02	–2.466,21	**Jun 99**	**99,10**
	11.469.062,20	11.471.457,29	–2.395,10	**Sep 99**	**96,25**
	11.469.063,06	11.471.457,22	–2.394,16	**Dez 99**	**96,22**
	11.468.894,42	11.471.471,46	–2.577,04	**Mär 00**	**103,53**
	11.469.063,61	11.471.423,18	–2.359,57	**Jun 00**	**94,83**
	11.469.064,14	11.471.361,67	–2.297,53	**Sep 00**	**92,35**
	11.469.064,78	11.471.361,65	–2.296,87	**Dez 00**	**92,32**
	11.469.064,97	11.471.361,64	–2.296,67	**Mär 01**	**92,32**
	11.469.807,19	11.471.330,94	–1.523,76	**Jun 01**	**61,40**
					Summe: 1054,51

		Volumen: € 100 Mio **Variable Seite**			**Cash Flow Hedge** **Fixe Seite**			
FRA	**RATE**	**Payment Date**	**Tage**	**Betrag**	**Payment Date**	**Betrag**	**Refi Volumen**	**Zinseszins**
Spot 3M	3,5016 %	23-Nov-98	94	914.308,67			914.308,67	
3*6	3,6754 %	22-Feb-99	91	929.058,75			1.851.861,88	8.494,46
6*9	3,7621 %	21-Mai-99	88	919.617,67			2.788.509,61	25.524,51
9*12	3,8162 %	23-Aug-99	94	996.464,24	23-Aug-99	4.158.575,56	-345.815,20	53.311,02
12*15	3,8879 %	22-Nov-99	91	982.762,92			633.549,17	49.912,47
15*18	4,0187 %	21-Feb-00	91	1.015.849,79			1.655.834,86	56.348,38
18*21	4,0739 %	22-Mai-00	91	1.029.786,17			2.702.672,59	73.399,94
21*24	4,1341 %	21-Aug-00	91	1.045.016,09	21-Aug-00	4.112.624,44	-336.692,39	101.643,30
24*27	4,2242 %	21-Nov-00	92	1.079.512,58			739.185,55	98.008,66
27*30	4,3337 %	21-Feb-01	92	1.107.496,82			1.854.868,83	106.195,12
30*33	4,3942 %	21-Mai-01	89	1.086.346,10			2.961.365,22	126.345,42
33*36	4,4627 %	21-Aug-01	92	1.140.473,88	21-Aug-01	4.135.600,00	12,69	160.119,01
				Summe:	Diff. Swap	Summe:	ZinsesZ.+ Swap	
					Payments		Paym.	
				12.246.693,68	160.106,32	12.406.800,00	12,69	

Zinseszins + 100 BP	Differenz	**HR**	**Refi Hedge**	**HR mit Refi**	**Verteilung**	**Verteilung**	**Kontrakt**	**Hedge Ratio**
		103,50			103,50		Sep 98	103,50
10.805,63	2.311,17	100,18	0,9245	**101,10**	25,55	75,55	**Sep 98**	**25,55**
32.389,36	6.864,85	96,89	1,8107	**98,70**	22,43	76,27	**Dez 98**	**97,98**
67.543,30	14.232,29	103,41	2,9124	**106,33**	32,80	73,52	**Mär 98**	**109,07**
63.446,46	13.533,99	100,13	-0,3497	**99,78**	25,22	74,56	**Jun 99**	**98,74**
71.655,53	15.307,15	100,09	0,6406	**100,73**	25,46	75,27	**Sep 99**	**100,02**
93.089,00	19.689,06	100,08	1,6742	**101,75**	25,72	76,04	**Dez 99**	**100,99**
128.419,64	26.776,34	100,07	2,7327	**102,80**	25,98	76,82	**Mär 00**	**102,02**
124.282,05	26.273,39	101,13	-0,3442	**100,79**	33,96	66,83	**Jun 00**	**110,78**
134.715,66	28.520,54	101,10	0,7556	**101,86**	33,21	68,64	**Sep 00**	**100,04**
159.831,94	33.486,52	97,83	1,8343	**99,66**	29,11	70,55	**Dez 00**	**97,76**
201.640,95	41.521,94	101,07	3,0272	**104,10**	35,08	69,02	**Mär 01**	**105,62**
		Summe:	Summe:	**Summe:**			**Jun 01**	**69,02**
		1101,98	15,62	**1117,60**				**Summe:**
								1117,60

Abb. 8.15: Swap Hedging

Zinsen die neuen Zinseszinszahlungen ermittelt. Die neuen Zahlen finden sich in der linken Spalte des unteren Teils von Abb. 8.15. Die Differenz zu den ursprünglichen Zahlungen beträgt für den gesamten Betrag € 41.521,94. Ein Festzinszahler hätte die variablen Zahlungen zwischenzeitlich zu einem höheren Zins anlegen können und hätte einen zusätzlichen Gewinn in Höhe von € 41.521,94 gemacht. Ein Festzinsempfänger hätte einen entsprechenden Verlust erlitten.

Das Hedge Ratio nach dieser Methode ist höher als nach Methode 1. Bei Methode 1 findet eine Diskontierung statt, d.h. entferntliegende Zahlungen werden weniger stark gewichtet als näherliegende Zahlungen. Bei Methode 3 werden alle Zahlungen gleich gewichtet. Dieser Unterschied läßt sich sehr gut durch einen Vergleich der Hedge Ratios der beiden Methoden ablesen. Die einzelnen Hedge Ratios finden sich in der rechten Spalte von Abb. 8.15. Je entfernter der Kontrakt bzw. die Zahlung ist, desto größer die Differenz im Hedge Ratio.

Ein Großteil der nächsten Kapitel basiert auf denselben Überlegungen, wie sie in diesem Kapitel getätigt wurden. Für das Verständnis der folgenden Kapitel ist es daher notwendig, die vorangegangen Sachverhalte verstanden zu haben. Sollten einige Punkte unklar sein, möge der Leser die jeweiligen Stellen noch einmal überdenken.

8.2.2.4 Absicherung von Floating Rate Notes

Floating-Rate Notes sind Schuldverschreibungen mit variabler Verzinsung. Die Anpassung der Zinszahlungen an die Marktverhältnisse erfolgt in der Regel in bestimmten festgelegten Zeitabständen auf der Basis eines Referenzzinssatzes (z.B. EURIBOR oder LIBOR). Es besteht daher nur ein äußerst geringe Kursrisiko. Der Emittent und Käufer eines solchen Floaters sind jedoch dem Zinsänderungsrisiko des Referenzzinssatzes ausgesetzt.

Durch den Einsatz von kurzfristigen Zinsterminkontrakten ist es jedoch möglich, sich gegenüber diesem Risiko abzusichern.

Die Zinszahlungen der Floating Rate Note (FRN) sind, ähnlich wie die Zinszahlungen der variablen Seite eines Swaps, abhängig von einem in der Zukunft bestimmten Referenzzins (Forward Rate). Eine Absicherung kann daher analog zu der Absicherung eines Swaps mit Future Strips erfolgen. Die Berechnung des Hedge Ratios erfolgt nach denselben drei Methoden, die im Kapitel über den Hedge von Swaps beschrieben wurden. Welche Methode zur Berechnung genommen wird, hängt auch hier wieder davon ab, ob der Hedge kurzfristiger oder langfristiger Natur ist.

Wird ein Swap abgesichert, so besteht wenn der Hedge exakt ist, nur noch ein sehr geringes Zinsrisiko. Wird dagegen eine FRN abgesichert, werden die einzelnen variablen Zahlungen in feste Zahlungen umgewandelt. Man hat nun das Risiko einer Anleihe mit einem festen Kupon. Erfolgen bei einer 10-jährigen Floating Raten Note beispielsweise alle 6 Monate die Zinszahlungen, so hat sie unmittelbar nach der Zinszahlung das relativ geringe Kursrisiko einer Anleihe mit 6 Monate Restlaufzeit. Nach einem Hedge besteht jedoch das relativ hohe Kursrisiko einer 10-jährigen Anleihe mit festem Kupon. Als Regel kann man daher festhalten: **Durch eine Absicherung wird ein variabler Zins in einen festen Zins umgewandelt und das Zinsänderungsrisiko bezüglich des Referenzzinssatzes wird in ein Kursänderungsrisiko umgewandelt.** Die Kursentwicklung ist dann wiederum abhängig von der der Entwicklung der Zinsen der entsprechenden längeren Laufzeit z.B des 10-Jahres Zinses.

Liegt der FRN derselbe Referenzzinssatz zugrunde wie dem Geldmarktfuture und wird der Zins ohne Spread gezahlt, so entspricht der feste Zins den man nach der Absicherung erhält, der Swap Rate für die Laufzeit der Floating Rate Note. Die Berechnung dieses Zinses veräuft analog zu der Berechnung der Swap Raten aus dem Future-Strip.

8.2.2.5 Umwandlung einer Verbindlichkeit mit variabler Zinszahlung in eine Verbindlichkeit mit fixer Zinszahlung

Oft liegt die Situation vor, daß jemand zu einem fixen Zinssatz einen Kredit aufnehmen möchte, ihm aber nur ein Kredit angeboten wird, dessen Zinszahlungen variabel sind. Ein mögliches Beispiel dafür wäre ein Unternehmer, der ein Projekt zu einem fixen Zinssatz finanzieren möchte. Seine Bank bietet ihm jedoch nur einen Kredit an, dessen Zinszahlungen der Dreimonats-EURIBOR zuzüglich einem Spread entsprechen. Diese Zinszahlungen werden alle drei Monate an die zu diesem Zeitpunkt geltende Dreimonats-EURIBOR angepaßt. Der Unternehmer kann natürlich jetzt die Bank wechseln und versuchen, bei einer anderen Bank einen fixen Kredit zu bekommmen. Eine andere Lösung für sein Problem wäre der Einsatz von Geldmarkt-Futures. Um sich gegen den Anstieg der variablen Zinsen abzusichern, muß er Futures verkaufen. Er muß die Futures jedoch auf den Zeitraum des Kredits verteilen. Welcher langfristige Zinssatz dadurch zu realisieren ist, kann durch eine Future-Strip-Rate-Berechnung bestimmt werden.

Im Prinzip liegt hier derselbe Fall vor, wie bei der Emission einer Floating Rate Note. Auch hier nimmt der Emittent einen Kredit mit variablem Zinssatz auf. Die Berechnung des Hedge Ratios und die Ermittlung des auf diese Weise festgeschriebenen festen Zinssatzes erfolgt daher auf dieselbe Weise.

8.2.2.6 Absicherung von Anleihen

Anleihen können nicht nur mit Bond Futures sondern auch mit kurzfristigen Zinsterminkontrakten abgesichert werden. Hat eine Anleihe eine relativ kurze Restlaufzeit und stehen für diese Laufzeit keine Bond Futures zur Verfügung, so können für eine Absicherung auch Geldmarktkontrakte verwendet werden. Sind die Geldmarktkontrakte auch für längere Laufzeiten liquide, so können auch mittelfristige Anleihen abgesichert werden.

Oft wird eine Anleihe gekauft und mit einem gegenläufigen Swap abgesichert. Dies ist z.B. notwendig, wenn ein Credit Spread oder ein Spread über LIBOR festgeschrieben werden soll. Da mit kurzfristigen Zinsterminkontrakten Swaps sehr gut nachgebildet werden können, ist es möglich, diese anstelle von einem Swap zu verwenden. Man hat in diesem Fall ein geringeres Kontrahentenrisiko und kann die Position unter Umständen leichter wieder auflösen.

Einige Marktteilnehmer haben zudem nicht die Möglichkeit Swaps zu handeln und können stattdessen sehr gut auf Terminkontrakte zurückgreifen.

Anleihen werden in der Regel mit einem einheitlichen internen Zins bewertet und nicht mit Spot- oder Forward-Raten gemäß der Zinskurve. Das macht es etwas schwieriger, ein Hedge Ratio anzuwenden das auf der Veränderung von Spot- und Forward-Raten basiert.

Eine Methode die häufig angewandt wird ist die Berechnung des Hedge Ratios auf Cash Flow Basis. Sie wurde bereits in Kapitel 8.2.2.3 für den Hedge eines Swaps beschrieben. Die Absicherung einer Anleihe veräuft nach dieser Methode ähnlich:

Cash Flow Hedge:

Bei einem Hedge der auf Cash Flows basiert, wird auf das Volumen der Zahlungsströme des abzusichernden Instrumentes an den jeweiligen Zahlungszeitpunkten abgestellt.Wird der Hedge mit Drei-Monats Kontrakten durchgeführt, wird das anfängliche Gesamtvolumen (Dirty Spot-Price der Anleihe) am Geldmarkt zunächst bis zum ersten Futureverfall finanziert bzw. angelegt (first stub Period). Danach erfolgt die Finanzierung bzw. Anlage stets für drei Monate an den Verfalltagen der Terminkontrakte (IMM Dates). Die einzelnen Drei-Monats Forward-Raten werden mit Futures abgesichert. Zur Ermittlung des Hedge Ratio muß festgestellt werden, welches Volumen ursprünglich vorhanden ist und welche Cash Flows (z.B. Kuponzahlungen) später zu welchen Zeitpunkten anfallen. Es wird somit festgestellt, welches Volumen an den Future-Fälligkeiten vorhanden ist. Teilt man das für die einzelnen Fälligkeiten ermittelte Volumen durch das Nominalvolumen des Futures, erhält man die Anzahl der für die einzelnen Future-Fälligkeiten benötigten Kontrakte. Liegen die Cash Flow Zeitpunkte nicht auf IMM Dates, so muß das Volumen nochmals auf verschiedene Kontrakte verteilt werden. Welches Volumen des jeweiligen Kontraktes gehandelt wird, hängt dann von der zeitlichen Nähe des Zahlungsstromes zu dem Kontrakt ab.

Zusätzlich muß noch das Refinanzierungsrisiko für die einzelnen Zahlungströme berücksichtigt werden.

Beispiel:
Eine kurzlaufende Anleihe soll mit Hilfe von Dreimonats-Euribor-Kontrakten abgesichert werden.

Valuta: 22.10.1998.
Anleihe: Bundesobligation 113, 7,00 %, 13.01.2000.
Kurs: 104,46.

Stückzins bis 22.10.98 (297 Tage): 5,425.
Dirty Spot-Price: 109,885.
Rendite: 3,213.
Dollar Duration: 1,237.
Volumen: 100 Mio.

Die Daten für die Euribor-Futures mit der Anzahl an Kontrakten die für die Absicherung benötigt werden, finden sich in Tabelle 8.10.

Die Anleiheposition wird zunächst bis zum Verfall des Dezember Kontraktes mit der Stub Rate finanziert. Ab diesem Zeitpunkt erfolgt die Finanzierung stets an den IMM Dates mit Drei-Monats Geld. Die einzelnen Drei-Monats Zinsen werden mit Futures abgesichert. Fallen Kuponzahlungen zwischen zwei Future Fälligkeiten an, so wird das Volumen der benötigten Futures auf die beiden Kontrakte verteilt, zwischen denen die Zahlung anfällt.

Die einzelnen Hedge Ratios berechnen sich folgendermaßen:

Stub-Period:
Finanzierung des Dirty Spot-Price (109,885 Mio) zu 3,50 % bis zum 16.10.98 (55 Tage). Der 14.12.98 ist letzter Handelstag des Dezember Kontraktes. Da aber Valuta immer T+2 ist, muß die Position bis zum 16.12.98 finanziert werden. Bis diese Transaktion stattgefunden hat, besteht ein offenes Risiko von umgerechnet 67 Dezember Kontrakten: 109,885 Mio * 55/90 = 67,1519. Im Nenner stehen 90 Tage, da der Euribor-Future auf 90 Tage für drei Monate standardisiert ist. Ab dem 14.12.98 wird die Position im Geldmarkt mit dem dann geltenden Zinssatz bis zum Verfalltag des nächsten Futures finanziert. Das Zinsänderungsrisiko wird mit Dec 98 Kontrakten abgesichert.

Dezember 98 Future:
109,885 Mio werden bis zum 13.01.99 (28 Tage) finanziert. Dann verringert sich durch die Kuponzahlung (7 Mio) am 13.01.99 das abzusichernde Volumen für die restlichen 63 Tage auf 102,885 Mio. Die Kuponzahlung von 7 Mio wird am 13.01.99 zu dem dann gültigen Zins bis zum nächsten Kontraktdatum angelegt bzw. die Finanzierung wird um diesen Betrag verringert. 109,885 * 28/91 + 102,885 * 63/91 = 33,811 + 71,226 = 105,039 Mio. 105,039 Mio/1Mio = 105,039 Kontrakte. Vom Dezember 98 Future müssen 105 Kontrakte verkauft werden. In der Formel steht im Nenner 91 und nicht 90 da die Periode von 91 Tagen anteilmäßig geteilt werden muß.

März 99 Future:
Das verbliebene abzusichernde Volumen beträgt für diesen Zeitpunkt 102,885 Mio. Es müssen daher 103 März Kontrakte verkauft werden.

Juni 99 Future:
Das Volumen ist konstant geblieben. Das Hedge Ratio beträgt daher 103 Kontrakte

September 99 Future:
103 Kontrakte.

Dezember 99 Future:
Am 13.01.00 wird die Anleihe zurückgezahlt. Der Zeitraum vom 15.12.99 bis zum 13.01.00 beträgt 29 Tage. Das abzusichende Risiko ist kein Drei-Monats Risiko mehr sondern ein 29 Tages Risiko. Die Zinssensitivität ist deshalb geringer. 102,885 * 29/90 = 33,152 = 33 Kontrakte.

Hier wird ein Ein-Monats Zins mit einem Drei-Monats Future abgesichert. Dadurch entsteht ein Basisrisiko bzw. Zinskurvenrisiko. Um den Hedge sicherer zu machen, kann man anstelle eines Dreimonats-Futures einen Einmonats-Future verwenden.

Die geschilderte Ermittlung des Hedge Ratios stellt das Verfahren dar, das sehr viele Marktteilnehmer verwenden. Die Berechnungen werden jedoch durch Verteilung der Kontrakte und durch die Einbeziehung des Refinanzierungsrisikos noch etwas genauer:

Die Kuponzahlung am 13.01.99 liegt zwischen zwei Future-Daten. Wird nur das Volumen des Dezember Kontraktes verringert, besteht das Risiko, daß die Zinsen vom 14.12.98 bis zum 13.01.99 fallen. Dieses Risiko kann verringert werden indem man die Kontrakte die zur Absicherung des Kupons nötig sind, auf den Dezember und März Kontrakt verteilt: 7 Mio * 63/91 = 4,90 bzw 5 Kontrakte. 63/91 * 5 = 3,462 = 3 Dezember 98 Kontrakte und 28/91 * 5 = 1,538 = 2 März 99 Kontrakte. Das heißt dem Dezember Kontrakt werden von der Absicherung 2 Kontrakte weggenommen und dem März Kontrakt zugeschlagen. Ohne Verteilung würden 105 Dezember Kontrakte und 103 März Kontrakte verkauft werden. Mit Verteilung sind es 105 + 2 = 107 Dezember Kontrakte und 103–2 = 101 März Kontrakte. Dieses Hedge Ratio erfordert jedoch eine spätere Adjustierung. Kurz vor Verfall des Dezember Kontraktes müssen 2 Dezember Kontrakte in den März Future gerollt werden (Kauf von 2 März Kontrakten). Es bleiben 103 März Kontrakte übrig.

Zuletzt kann bzw. muß man noch das Refinanzierungsrisiko der Zinseszinszahlungen berücksichtigen. Am Verfalltag des Dezember Futures müssen Zinszahlungen in Höhe von 0,59 Mio finanziert werden:

109,885 Mio * 55/360 * 0,0350 = 0,58758 Mio. Will man diesen Betrag absichern, müßten 0,59 Dezember Futures verkauft werden. Analog kann für die restlichen Zeitpunkte vorgegangen werden:

(109,885 + 0,587) * 28/360 * 0,0347 = 0,29815 Mio (Dec).
109,885 + 0,587 + 0,298 -7,00 = 103,77 Mio.
103,77 * 63/360 * 0,0333 = 0,60472 Mio (Mar).[1]
103,77 + 0,605 = 104,375 Mio
104,375 * 91/360 * 0,3265 = 0,86143 Mio (Jun.).

1 Der Die Forward-Rate von 3,33 % wurde durch lineare Interpolation zwischen Dezember und März ermittelt.

(104,375 + 0,861) * 91/360 * 0,0321 = 0,85391 Mio (Sep).
(105,236 +0,854) * 91/360 * 0,03215 = 0,86217 Mio (Dec).
(106,0899 + 0,8622) * 29/360 * 0,0355 = 0,28862 Mio (Dec).

Die Summe der Refinanzierungskosten beträgt 4,35658 Mio. Will man dieses relativ geringe Volumen absichern, so müßten zusätzlich insgesamt 4 Kontrakte verkauft werden. Bei einem höheren Zinsniveau, längerer Laufzeit und einem größeren Volumen kann dieser Aspekt jedoch signifikant werden.

Das gesamte Hedge Ratio mit Refinanzierung und Verteilung steht in der rechten Spalte von Tabelle 8.16. Das Hedge Ratio wurde auf ganze Kontrakte gerundet.

Datum: 20. Okt 98
Valuta: 22. Okt 98

Kontrakt	Letzter H.T.	T+2	HR	HR verteilt	HR Refi	HR gesamt
Dez 98			67	67	0,58758	68
Dez 98	14. Dez 98	16. Dez 98	105	107	0,29815	107
Mrz 99	15. Mrz 99	17. Mrz 99	103	101	0,60472	102
Jun 99	14. Jun 99	16. Jun 99	103	103	0,86143	104
Sep 99	13. Sep 99	15. Sep 99	103	103	0,85391	104
Dez 99	13. Dez 99	15. Dez 99	33	33	1,15079	34
			Summe: 514	Summe: 514	Summe: 4,35658	Summe: 518

Abb. 8.16: Anleihe Hedge-Ratio

8.3 Arbitrage

8.3.1 Arbitrage zwischen Future und Zero-Rate

Das folgende **Beispiel** zeigt eine Arbitrage zwischen dem Euribor-Future und den entsprechenden Zero-Raten:

Der Kontraktliefertag des Euribor-Futures liegt 35 Tage entfernt.

Die Zero-Rate über 35 Tage beträgt 3,153 % und über 125 (35 + 90) Tage beträgt sie 3,555 %. Der theoretische Kurs des Euribor-Futures beträgt dann:

Kurs theoretisch: (1+0,03555 * 125/360) = (1+0,03153 * 35/360) * (1+FF * 90/360)

FF = 3,700 %. Der theoretische Kurs des Futures beträgt daher 96,300 (100–3,700).

In der Regel besteht bei Zinssätzen ein Bid-Offer-Spread. Beträgt beispielsweise bei beiden Zinssätzen eine Geld- Brief-Spanne von drei Basispunkten, so hat der theoretische Futurepreis eine Geld- Brief-Spanne von sechs Basispunkten. Können Marktteilnehmer nur auf den Geld- und Briefkursen der

Zinsquotierungen handeln, so stellen diese beiden Futurepreise eine Bandbreite dar, innerhalb der keine Arbitrage möglich ist. Zudem muß am letzten Handelstag des Futures ein Teil der Position zu dem an diesem Tag geltenden Zinssatz reinvestiert bzw. refinanziert werden. Kann auch hier nur auf dem Bid-Offer-Spread gehandelt werden, so muß dieser Aspekt vor Eingehen einer Arbitrageposition zusätzlich berücksichtigt werden.

Am Markt beträgt der aktuelle Futurepreis jedoch 96,20 und der im Future implizite Zinssatz somit 100–96,20 = 3,80 %. Der Futurekurs ist somit niedriger als der theoretische Preis von 96,30. Die Differenz beträgt 10 Ticks. Über eine Arbitrage sollte es möglich sein, diese Differenz als Gewinn zu realisieren. Für eine Arbitrage müßten folgende Transaktionen getätigt werden:

Kauf von Euribor-Future Kontrakten.
Geldanlage für 35 Tage.
Geldaufnahme für 125 Tage
Wiederanlage der ersten Geldanlage + Zinsen am Verfalltag des Futures.

Die Geldanlage für 35 Tage und die gleichzeitige Geldaufnahme für 125 Tage ist in Verbindung mit der Wiederanlage am Kontraktliefertag dasselbe wie das Abschließen einer zufünftigen Geldeinlage zu dem Forward-Zinssatz. Die Zinsen werden bei einer Geldmarkteinlage nachschüssig gezahlt. Dasselbe gilt für eine Forward-Geldmarkteinlage. Zur Barwertbestimmung am Kontraktliefertag müssen die Zinserträge daher noch diskkontiert werden. Die Wertveränderung für einen Basispunkt (BPV oder Delta) beträgt bei einer Geldmarkteinlage für einen Nominalwert von eins daher:

$$Delta_{GD} = \frac{t_{GD}}{T} \times DF$$

mit: GD = Geldmarkt Deposit
DF = Diskontfaktor
t = Tage bis Laufzeitende
T = Tage fürs Jahr

Da die Position bis zum Futureverfall gehalten wird, bezieht sich der Diskontfaktor hier auf die Zeit vom Beginn bis zum Ende des Forward-Deposits.

Das Verhältnis des Volumens der Geldmarktgeschäften und der Anzahl an Futurekontrakten ist abhängig von den verschiedenen Zinssensitivitäten (Future und Deposit). Dieses Verhältnis kann man als „Arbitrage-Ratio anschreiben:

$$Arbitrage\ Ratio = \frac{NW\ GD}{NW\ Future} \times \frac{Delta_{GD}}{Delta_{Fut}}$$

mit: NW = Nominalwert.

In dem obigen Beispiel beträgt das Delta der Geldmarkteinlage per Futureverfall:

$$DF = \frac{1}{1 + \frac{90}{360} \times 0{,}0370} = 0{,}9908348 \Rightarrow Delta_{GD} = \frac{90}{360} \times 0{,}990835 = 0{,}2477087$$

Das Delta des Futures beträgt 0,25. Das „Arbitrage-Ratio“ beträgt daher 0,25/0,2477087 = 1,00925.

Eine Futureposition von 50 Kontrakten entspricht einem Nominalwert von € 50 Mio. Die Gegenseite zu dieser Position ist ein Geldmarktgeschäft per Futureverfall in Höhe von € 50 Mio * 1,00925 = 50,4625 Mio. Um in 35 Tagen diesen Betrag anlegen zu können, muß am Valutatag ein entsprechend niedrigerer Betrag investiert werden:

50,4625 Mio * 1/(1+35/360*0,03153) = € 50,3083.

Der Arbitrageur entscheidet sich folgende Transaktionen zu tätigen:

Kauf von 50 Euribor-Future Kontrakten.
Geldanlage von € 50.308.283,07 für 35 Tage.
Geldaufnahme von € 50.308.283,07 für 125 Tage
Wiederanlage von € 50.308.283,07 * (1+35/360*0,03153) = € 50.462.498,91 am Verfalltag des Futures. Die Wiederanlagerate wurde durch den Kauf des Futures gesichert.

Da die Abweichung des Futurepreises von seinem theoretischen Wert 10 Ticks beträgt, sollte als Arbitragegewinn folgender Betrag anfallen:
10 * € 25 * 50 = € 12.500,00.

Es ist nun möglich, für den Zeitpunkt des Kontraktliefertages anhand von verschiedenen Szenarien zu testen, ob dieser potentielle Arbitragegewinn wirklich sicher ist.

Szenario 1:

Settlementpreis des Futures am letzten Handelstag: 96,30.

Ertrag aus der Anlage von € 50.308.283,07 über 35 Tage:

50.308.283,07 * 31/360 * 0,03153 = € 154.215,85.

€ 154.215,85 werden jetzt für 90 Tage zu einem Zins von 3,70 % (100–96,30) angelegt.[1] Die Zinseinnahmen betragen:

50.462.498,91 * 90/360 * 0,0370 = € 466.778,11.

Die gesamten Zinserträge belaufen sich auf:

154.215,85 + 466.778,11= € 620.993,96.

Durch die Geldaufnahme von € 50.308.283,07 über 125 Tage entstanden folgende Aufwendungen:

50.308.283,07 * 125/360 * 0,03555 = € 620.993,96.

1 Unter Umständen ist es nur möglich, auf dem Geld-Brief-Spread des Marktes zu handeln. Der Ertrag fällt dann etwas geringer aus.

Die Zinserträge und Aufwendungen gleichen sich aus.

Der Gewinn aus der Future-Position beträgt:

10 * € 25 * 50 = € 12.500,00

Der Gesamtgesinn beträgt somit: € 12.500,00.

Dieses Ergebnis kann auch in folgende Tabelle gefaßt werden:

			Gesamt
Geldanlage	154.215,85	466.778,11	620.993,96
Geldaufnahme			–620.993,96
Zinserträge netto			0,00
Future			12.5000,00
Profit gesamt:			12.5000,00

Szenario 2:

Der Future notiert am letzten Handelstag zu demselben Kurs wie bei Eingehen der Position (96,20 = Settlementkurs).

Die Gewinn und Verlustrechnung kann nun analog zu Szenario 1 durchgeführt werden. Hier ist jedoch zu beachten, daß netto Zinserträge in Höhe von € 12.615,62473 anfallen. Diese Erträge fallen jedoch erst am Ende der Laufzeit (125 Tage nach Futureverfall) an. Da die Position am Futureverfall bewertet wird, müssen diese Erträge mit dem nun gültigen Zinssatz diskontiert werden. 12.615,62473 * 1/(1+90/360*0,0380) = € 12.496,9041.

Da der Future-Gewinn null beträgt, beträgt der Gesamtgewinn € 12.496,9041. Dies sind € 3,0959 weniger als erwartet. Diese Differenz ist auf die Konvexität der Geldmarktdeposits zurückzuführen.[1] Der Konvexitätseffekt entsteht durch die Diskontierung mit der neuen Rate von 3,80 %. Bei einer Diskontierung mit 3,70 % würde der Netto-Zinsertrag die erwarteten € 12.500 betragen.

Dieser Effekt wird umso größer, je stärker die Zinsen schwanken. Bei einem Settlementpreis von 95,20 würde der Gesamtgewinn € 12.126,3557 betragen. Das sind € 373,6443 weniger als erwartet. Der Unterschied ist bei einem Gesamtgewinn von € 12.126,36 nicht sehr groß. Zudem kann dieser Effekt durch ein Anpassen des „Arbitrage-Ratios" verringert werden. Ein „hundertprozentiges" Festhalten des Arbitragegewinnes ist jedoch nicht möglich. Weiterhin ist zu beachten, daß wegen der Marginzahlungen des Futures noch ein „Tailing" der Kontraktanzahl vorgenommen werden muß.

1 Beim Future ist dagegen die P/L Entwicklung linear.

			Gesamt
Geldanlage	154.215,85	479.393,74	633.609,59
Geldaufnahme			–620.993,96
Zinserträge netto			12.615,63
Zinserträge diskontiert			12.496,90
Future			0,00
Profit gesamt:			12.496,90

Szenario 3:

Settlementpreis des Futures am letzten Handelstag: 96,40.

			Gesamt
Geldanlage	154.215,85	454.162,49	608.378,34
Geldaufnahme			–620.993,96
Zinserträge netto			–12.615,62
Zinserträge diskontiert			–12.503,10
Future			25.000,00
Profit gesamt:			12.496,90

Bei einer Überbewertung des Futures sind dieselben Geschäfte zu tätigen, nur mit umgekehrtem Vorzeichen.

Werden Zero-Raten mit etwas längeren Laufzeiten (z.B. ein oder zwei Jahre) arbitriert (in diesem Fall mit einem Future-Strip), ist es wichtig zu beachten, auf welcher Basis diese Zinssätze quotiert werden. Ab einer bestimmten Laufzeit (von Markt zu Markt unterschiedlich) fallen die Raten aus dem Geldmarktbereich heraus. Es erfolgt dann unter Umständen eine halbjährliche oder jährliche Aufzinsung. Bei einer Zero-Rate für beispielsweise 1,5 Jahre macht es einen Unterschied, ob man z.B. (1+r * 548/360), (1+r * 365/360) * (1+r * 183/360) oder $(1+r)^{1,5}$ (jährlich, 30/360) zu bezahlen hat. Dieser Unterschied fällt besonders bei längeren Laufzeiten ins Gewicht.

8.3.2 Arbitrage zwischen Future und FRA

Eine weitere Möglichkeit der Arbitrage ist die Arbitrage zwischen Terminkontrakt und dem entsprechenden Forward-Rate Agreement (FRA). Der Käufer eines FRA erhält am Settlement Date (Beginn der Periode, die das FRA umfaßt) die positive Differenz zwischen LIBOR und dem beim Kauf vereinbarten FRA-Zinssatz. Diese Zinsdifferenz muß noch auf das Nominalvolumen (notional principal) der Transaktion hochgerechnet werden. Es findet kein Austausch des Nominalvolumens statt, sondern nur eine Zahlung der Zinsdifferenz. Im letzten Schritt wird diese Summe über den Zeitraum des dem FRA zugrundeliegenden Zinssatzes (z.B. drei Monate, falls als Referenzzinssatz eine Drei-Monats-LIBOR vereinbart wurde) abgezinst. Es handelt sich um den Zeitraum zwischen dem Settlement Date und dem Endfälligkeitstag des FRA. Der Zinssatz, mit dem diskontiert wird, ist der am Settlement Date geltende Referenzzinssatz.[1] Eine Abzinsung des Differenzbetrages ist notwendig, weil die Zahlung schon am Settlement Date des FRA erfolgt, d.h. zu Beginn der Periode, die das FRA umfaßt, und nicht am Ende der Periode. Jede Zahlung, die früher erfolgt, ist mehr wert und wird daher zum Ausgleich mit dem entsprechenden Zinssatz diskontiert.

Der Käufer des FRA profitiert somit von einem Anstieg der Zinsen, während der Verkäufer von einem Sinken der Zinsen profitiert. Um einen unterbewerteten Future mit einem FRA zu arbitrieren, müssen daher Future *und* FRA gekauft werden.[2] Ist der Future überbewertet, werden Future und FRA verkauft.

Bei einer Arbitrage mit einem FRA ist zu beachten, daß Future und FRA auch am Kontraktliefertag unterschiedliche Sensitivitäten aufweisen. Die unterschiedlichen Sensitivitäten sind bei der Berechnung der benötigten Anzahl an Kontrakten zu beachten. Statt eines Hedge Ratios ist hier ein „Arbitrage Ratio" zu berechnen. Da man bei eine Arbitrageposition meistens bis Endfälligkeit hält, ist das BPV oder Delta des FRA per Fälligkeit zu nehmen:

$$Delta_{FRA} = \frac{t_{FRA}}{T} \times DF_{FRA/S} \text{ und: } DF_{FRA/S} = \frac{1}{1 + r_S \times \frac{t_{FRA}}{T}}$$

Der Diskontfaktor bezieht sich hier auf die Fälligkeit des FRA. Der Zinssatz r_S ist der aktuelle FRA-Zins bzw. der Zinssatz am Settlement-Date des FRA. Die Anzahl der für die Arbitrage benötigten Kontrakte berechnet sich dann wie folgt:

$$Arbitrage\ Ratio = \frac{NW\ FRA}{NW\ Future} \times \frac{Delta_{FRA}}{Delta_{Fut}}$$

mit: NW = Nominalwert.

In dem Beispiel des letzten Kapitels hätte die Arbitrage auch über ein FRA stattfinden können. Der Future handelt bei 96,20 und das FRA mit Beginn in 35 Tagen und Ende in 225 Tagen handelt bei einem Zins von 3,70. Der Future ist somit genauso wie im letzten Kapitel um 10 Ticks unterbewertet.

Das Delta des FRA beträgt per Futureverfall:

$$DF = \frac{1}{1 + \frac{90}{360} \times 0{,}0370} = 0{,}990835 \Rightarrow Delta_{GD} = \frac{90}{360} \times 0{,}990835 = 0{,}24770$$

1 Vgl. *Schwartz, R.J., Smith, C.W.:* (Risk Management), S. 196.

2 Daß die Positionen im Future und im FRA dasselbe Vorzeichen haben, erklärt sich aus der Tatsache, daß Futures in einem Prozentsatz von 100 notiert werden. FRA's dagegen werden in Zinssätzen quotiert.

Das Delta des Futures beträgt 0,25. Das „Arbitrage-Ratio“ beträgt daher 0,25/0,2477087 = 1,00925.

Der Kauf von 50 Future-Kontrakten (Kurs 96,20) entspricht einem Nominalwert von € 50 Mio.

Die Gegenseite zu dieser Position ist der Kauf eines FRA's (Rate 3,70 %) in Höhe von € 50 Mio * 1,00925 = 50.462.498,91 Mio.

Da die Abweichung des Futurepreises von seinem theoretischen Wert 10 Ticks beträgt, sollte auch hier als Arbitragegewinn folgender Betrag anfallen:

10 * € 25 * 50 = € 12.500,00.

Anhand von verschiedenen Szenarien kann jetzt getestet werden, ob dieser Arbitragegewinn tatsächlich anfällt.

Szenario 1:

Settlementpreis des Futures am letzten Handelstag: 96,30. Die Dreimonats-Euribor beträgt somit 3,70 %.

Gewinn aus der Future-Position: 10 * € 25 * 50 = € 12.500,00.

Die FRA-Rate hat sich nicht geändert, der Gewinn aus dem FRA beträgt daher null.

Der Gesamtgewinn beträgt: € 12.500,00.

Szenario 2:

Der Future notiert am letzten Handelstag zu demselben Kurs wie bei Eingehen der Position (96,20 = Settlementkurs).

Der Future hat sich nicht bewegt, der Gewinn aus der Future-Position beträgt daher null.

Der Gewinn des FRA's beträgt: Diskontfaktor des FRA's: 1/(1+0,0380* 90/360) = 0,9905894. Delta: 90/360*0,9905894 = 0,247647. Gewinn: 0,0010 * 50.462.498,91 * 0,247647 = € 12.496,90. Dieser Gewinn ist **€ 3,10** geringer als erwartet. Genauso wie im letzten Kapitel ist dieser Effekt auf die Konvexität zurückzuführen. Der Diskontfaktor der FRA's hat sich durch die Zinsänderung leicht verändert: 0,9905894 statt ursprünglich 0,9908348. Auch hier kann durch die Konvexität des FRA's der Arbitragegewinn nicht vollständig festgehalten werden.

Szenario 3:

Settlementpreis des Futures am letzten Handelstag: 96,40.

Gewinn aus der Future-Position: 20 * € 25 * 50 = € 25.000,00.

Verlust aus dem FRA: –0,001 * 50.462.498,91 * 0,9910803 * 90/360 = € 12.496,90.

Der Gewinn ist derselbe wie in Szenario 3 des letzten Kapitels. Hier wird sehr deutlich, daß durch die beiden Geldmarktgeschäfte das FRA exakt nachgebildet wurde.

8.3.3 Arbitrage von Swaps

In Kapitel 8.1.4 wurde die Berechnung von Swap Raten erläutert und in Kapitel 8.2.2.3 das Hedging von Swaps. Hat man diese beiden Kapitel verstanden, so ist es nicht weiter schwierig eine entsprechende Arbitrage zwischen Future und Swap durchzuführen.

Weicht die Swap-Rate am Markt von der in Kapitel 8.1.4 und 8.1.5 ermittelten Rate über ein bestimmtes Maß ab, dann handelt man einen Swap und sichert die Position mit einem Future-Strip ab. Das Hedge Ratio berechnet sich gemäß der Methoden in Kapitel 8.2.2.3.

In den wenigsten Fällen wird man eine solche Position über mehrere mehrere Jahre halten. In der Regel wird darauf warten, daß sich die Preise auf ein „faires Niveau" zurückbewegen. Man kann dann den Gewinn vorzeitig mitnehmen und die Position schließen. Ein Halten der Position bis zur Endfälligkeit wird besonders bei längeren Swap-Laufzeiten selten stattfinden. Deshalb empfielt sich für Laufzeiten größer als ein Jahr die Delta Hedge Methode. Hier hat man die Möglichkeit bei einer günstigen Marktentwicklung die Position vorzeitig aufzulösen.

Als Problem bei einer Arbitrage kann auftreten, daß die Settlementpreise des Swaps von den Settlementpreisen des Futures abweichen. Dieses Problem kann sich verstärken, wenn die Referenzzinssätze zwar den gleichen Zeitraum umfassen, aber nicht identisch sind oder zu unterschiedlichen Zeitpunkten festgestellt werden.

Zudem ist es wichtig, daß die Anpassungszeitpunkte des Swaps mit den letzten Handelstagen der verschiedenen Futures übereinstimmen. Ist das nicht der Fall, so besteht ähnlich wie bei einem Hedge, der vor dem Kontraktliefertag aufgelöst wird, ein Basisrisiko. Eine Arbitrage kann nur dann relativ risikolos funktionieren, wenn am Ende keine Basis mehr besteht. Ist zum Zeitpunkt des Endes der Arbitrage noch eine Basis vorhanden, so besteht das Risiko einer ungünstigen Basisentwicklung. Weichen die Zeitpunkte zu stark voneinander ab, so ist zu überlegen, ob die Arbitrage mit FRA's besser durchzuführen ist.

Insgesamt gesehen läuft diese Arbitrage darauf hinaus, daß man mit Hilfe eines Future-Strips die Zahlungströme des Swaps möglichst genau nachbildet.[1] Ein Swap kann mit einem Portfolio von FRA's nachgebildet werden. Die Variablen, die den Barwert des Swaps beeinflussen, sind dieselben Variablen, die auch den Barwert eines FRA's beeinflussen: die verschiedenen LIBOR-For-

1 Vgl. *Kawaller, I.:* (Eurodollar Strips), S.399.

ward-Raten zwischen dem heutigen Zeitpunkt und der Fälligkeit des Swaps und der Zeitfaktor.[1] Die Zahlungszeitpunkte liegen bei einem FRA, im Gegensatz zu einem Future (bei dem bei Zinsänderungen Variation-Margin-Zahlungen fließen), in der Zukunft. Da die Auszahlung in der Zukunft liegt, ist der Barwert der Auszahlung bei einer gleichen Zinsänderung beim FRA niedriger als beim Future. Der Barwert ist jedoch abhängig von den einzelnen Forward-Raten.[2] Außerdem ist der Effekt einer Zinsänderung auf den Barwert der Auszahlungen nicht linear wie bei einem Future, sondern konvex; ähnlich wie bei einem Wertpapier mit Kupon.

Besonders die zuletzt genannte Konvexität macht eine exakte Arbitrage zwischen Swap und Future-Strip besonders für längere Laufzeiten so gut wie umnöglich. Siehe dazu Kapitel 8.1.5.

8.4 Trading

8.4.1 Long- und Short-Positionen

Long- und Short-Positionen mit kurzfristigen Zinsterminkontrakten funktionieren genauso wie die bei langfristigen Futures. Die Margin-Berechnung und Gewinn- und Verlustberechnung erfolgen analog und werden daher an dieser Stelle nicht mehr erläutert. Der einzige Unterschied besteht in dem Cash Settlement der Kontrakte statt einer physischen Lieferung wie bei Anleihefutures. Die Inhaber von offenen Positionen müssen daher nicht befürchten, Instrumente liefern zu müssen bzw. angedient zu bekommen.

8.4.2 Spread Trading

Spread Trading mit kurzfristigen Zinsterminkontrakten funktioniert ähnlich wie Spread Trading mit mittel- und langfristigen Zinsterminkontrakten. Die Berechnung des Spread Ratios zwischen kurzfristigen Zinsterminkontrakten ist wesentlich einfacher als die Berechnung des Spread Ratios für langfristige Zinsterminkontrakte. Liegt den Kontrakten derselbe Zinssatz zugrunde bzw. umfassen die Zinssätze denselben Zeitraum, so weisen sie dieselbe Zinssensitivität auf. Falls die Kontrakte dasselbe Nominalvolumen besitzen, kann daher ein Renditespread im Verhältnis eins zu eins gehandelt werden.[3] Ansonsten müssen die unterschiedlichen Nominalvolumina ins Verhältnis zueinander gesetzt werden. Werden die Kontrakte in verschiedenen Währungen notiert, so muß aber auch hier das Wechselkursverhältnis berücksichtigt werden.

---

1 Vgl. *Wakeman, L.W., Tuffli, R.M.:* (Derivative Products), S.353f..
2 Vgl. *Wakeman, L.W., Tuffli, R.M.:* (Derivative Products), S.349.
3 Eine leichte Abweichung kann sich bei unterschiedlichen Tagen ergeben, z.B. 91 Tage statt 90 Tage.

Das Spread Ratio berechnet sich daher nach folgender Formel:

$$Spread\ Ratio = \frac{Nominalwert\ Future\ Y}{Nominalwert\ Future\ Z} \times Wechselkurs\ \frac{Z}{Y}$$

8.4.2.1 Intrakontrakt Spread Trading

Werden innerhalb eines Futures Kontrakte mit verschiedenen Liefermonaten gegeneinander gestellt, dann handelt es sich um einen Intrakontrakt Spread oder auch Time Spread. Ein Händler, der einen Time Spread aufbaut, spekuliert auf die Veränderung der verschiedenen Dreimonats-Forward-Zinssätze im Verhältnis zueinander. Wird zum Beispiel ein März-Kontrakt des Euribor-Futures gekauft und ein September-Kontrakt verkauft, dann wird von der Erwartung ausgegangen, daß die Dreimonats-Forward-Zinssätze per Liefertermin des März-Kontraktes im Verhältnis zu den Dreimonats-September-Forward-Zinssätzen fallen werden. Da hier kein Unterschied im Nominalvolumen und Wechselkurs besteht, können die Kontrakte im Verhältnis eins zu eins ge- bzw. verkauft werden.

8.4.2.2 Interkontrakt Spread Trading

Ein Interkontrakt-Spread mit kurzfristigen Zinsterminkontrakten kann als *Geldmarkt-Spread* (Euribor gegen Euro-Dollar) oder, wenn noch mittel- bzw. langfristige Terminkontrakte hinzugenommen werden, als *Renditestruktur-Spread* gehandelt werden.

Ein *Geldmarkt Spread* zwischen dem Euribor-Future und dem Euro-$-Future berechnet sich bei einem Eurokurs von € 1,09 (für einen Euro müssen 1,09 Dollar bezahlt werden) folgendermaßen:

$$Spread\ Ratio = \frac{Nominalwert\ Future\ Y}{Nominalwert\ Future\ Z} \times Wechselkurs\ \frac{Z}{Y}$$

$$Spread\ Ratio = \frac{\$\ 1.000.000}{€\ 1.000.000} \times Wechselkurs\ \frac{1}{1{,}09}$$

Das heißt, daß Euribor und Euro-$-Kontrakte im Verhältnis 1 zu 1,09 gehandelt werden müssen. So müssen z.B. für 100 gekaufte Euribor-Kontrakte 175 Euro-$-Kontrakte verkauft werden, bzw. müssen für 100 gekaufte Euro-$-Kontrakte 92 Euribor-Kontrakte verkauft werden. €

Bei einem *Renditestruktur-Spread* möchte man von Veränderungen in der Renditestruktur profitieren. Von Parallelverschiebungen der Renditekurve dagegen soll die Position unberührt bleiben. Bei der Berechnung des Spread Ratios muß daher die unterschiedliche Zinssensitivität der verschiedenen Kontrakte ins Verhältnis gesetzt werden.

Ein Geldmarktfuture besitzt, da sich der Kurs als die Differenz zwischen 100 und dem aktuellen annualisierten Dreimonatszins berechnet, eine *Preis*sensitivität gegenüber Zinsänderungen von eins. Ändert sich beispielsweise der Dreimonats-Forward-Zinssatz um 50 Basispunkte, dann ändert sich der Kurs des Futures um 50 Ticks. Der Zinssatz, der sich ändert, ist jedoch der Dreimonatszinssatz. Die wertmäßige Änderung eines Dreimonats-Futures beträgt daher 90/360 = 0,25 dieser Zinsänderung. 0,25 ist somit die Sensitivität auf Renditeänderungen, die für den Dreimonats-Future in das Spread Ratio eingesetzt wird. Für den langfristigen Kontrakt wird die Dollar Duration des Futures verwendet.

Zusätzlich müssen noch Unterschiede im Kontraktvolumen (Nominalwert) der beiden Kontrakte berücksichtigt werden.

Das Spread Ratio für einen Renditestruktur-Spread berechnet sich dann folgendermaßen:

$$Spread\ Ratio = \frac{Nominalwert\ Future_{langfristig}}{Nominalwert\ Future_{kurzfristig}} \times \frac{Dollar\ Duration_{Future\ langfristig}}{0{,}25}$$

Besitzt beispielsweise der Long-Gilt-Future eine augenblickliche Dollar Duration von 6,959, dann berechnet sich das Spread Ratio für einen Spread zwischen Short-Sterling-Future (Nominalvolumen £ 500000) und Long-Gilt-Future (Nominalvolumen £ 50000) folgendermaßen:

$$Spread\ Ratio = \frac{£\ 50.000}{£\ 500.000} \times \frac{6{,}959}{0{,}25} = 2{,}7836$$

Das heißt, daß Short-Sterling- und Long-Gilt-Futures im Verhältnis 2,7826 gehandelt werden müssen. Werden beispielsweise 100 Long-Gilt-Kontrakte gekauft, so müssen 278 Short-Sterling-Kontrakte verkauft werden.

Eine solche Position profitiert von einer Veränderung des Renditeverhältnisses zwischen dem Dreimonats-Forward-Zinssatz und den Zinssätzen im zehnjährigen Bereich. Der mittelfristige Bereich (z.B. vier- bis fünfjährige Anleihen) wird hiervon jedoch nicht erfaßt.

8.4.2.3 Der TED-Spread

Die ursprüngliche Form des TED-Spreads ist die Renditedifferenz zwischen Dreimonats-Euro-Dollar-Einlagen und Dreimonats-U.S. Treasury-Bills bzw. die Preisdifferenz zwischen dem Treasury-Bill Future (T-Bill Future) und dem Euro-Dollar Future. Der TED-Spread kann sich jedoch auch auf die Differenz zwischen Geldmarkt-Renditen und den entsprechenden Government-Renditen bzw. auf die Differenz zwischen den Renditen von kurzfristigen Futurestrips und Staatsanleihen beziehen.

Obwohl der TED-Spread aus den Vereinigten Staaten kommt, ist er nicht auf Euro-Dollar- und Treasury-Renditen beschränkt, sondern kann auf den internen Renditespread beliebiger anderer Länder angewandt werden.

Die folgenden Kapitel beschreiben die verschiedenen Arten des TED-Spreads und die Möglichkeiten ihn zu berechnen.

8.4.2.3.1 Der kurzfristige TED-Spread

Der kurzfristige TED-Spread ist die Renditedifferenz zwischen Drei-Monats Euro-Dollar-Einlagen und Drei-Monats U.S. Treasury-Bills. Der TED-Spread ist jedoch nicht auf US-Papiere beschränkt sondern kann sich auch auf alle anderen Länder beziehen. Zum Beispiel kann es auch die Renditedifferenz zwischen Euribor–Einlagen und Bubills sein.

Wird der TED-Spread aus Terminkontrakten berechnet, so ist es die Preisdifferenz zwischen dem T-Bill Future und dem Euro-Dollar Future. Notiert der T-Bill Future beispielsweise bei 94.50 und der Euro-Dollar-Future (mit derselben Fälligkeit) bei 94,10 so beträgt der Spread 40 Ticks oder in Rendite gerechnet 40 Basispunkte. Man kauft den Spread wenn man Treasury-Bill Futures kauft und Euro-Dollar-Futures verkauft und profitiert dann von einer Ausweitung des Spreads. Da der Euro-Dollar-Future und der Treasury-Bill Future in demselben Nominalwert ($ 1.000.000) gehandelt werden, kann er im Verhältnis eins zu eins gehandelt werden. Verändert sich der Spread um einen Basispunkt, bedeutet dies eine Wertveränderung von $ 25.

Der T-Bill Future ist im Gegensatz zum Euro-Dollar Future nicht sehr liquide. Der Spread kann daher in dieser Form wenn überhaupt nur in sehr geringen Stückzahlen gehandelt werden.

Auch wenn der Spread in dieser Form sehr schwer handelbar ist, kann seine Entwicklung äußerst aufschlußreich für die Analyse und die Einschätzung des Geschehens an den Kapitalmärkten sein. Einlagen die von der US-Regierung garantiert werden gelten als fast risikofrei. Zum Teil trifft dies auch auf andere Industrienationen zu. Auf der anderen Seite stehen Euro-Dollar Einlagen oder z.B. Euribor-Einlagen. Hinter diesen Einlagen stehen zwar erstklassige Banken, diese haben jedoch ein niedrigeres Credit-Rating als die Regierung. Sinkt das Rating oder das Vertrauen in diese Banken, so wird sich der Renditespread zu den Regierungszinsen ausweiten. **Der TED-Spread ist somit ein Credit-Spread.** Über ihn kann man Kreditrisiken handeln bzw. absichern. Für eine Ausweitung des Spreads ist nicht unbedingt ein Downgrading der Banken notwenig. Bereits das Abzeichnen einer Krise an den Märkten kann den TED-Spread bewegen. Kommt es tatsächlich zu einer Krise (z.B. Asien 1998), so führt dies fast immer zu heftigen Sprüngen im Spread. **Der TED-Spread kann somit als ein Vertrauensbarometer verwendet werden.** Der Spread wird nicht nur von dem *relativen* Renditeniveau sondern auch von dem *absoluten* Renditeniveau beeinflußt. Sinken die Zinsen, so suchen viele Investoren nach einem „Rendite Pick Up“ und investieren verstärkt in Anlagen die eine vergleichsweise höhere Rendite anbieten. Das führt dazu, daß sich der Spread verengt. Umgekehrt kann ein Anstieg der Zinsen eine Ausweitung des Spreads zur Folge haben.

Wie sich der TED-Spread bewegen kann, zeigt der untenstehende Chart:

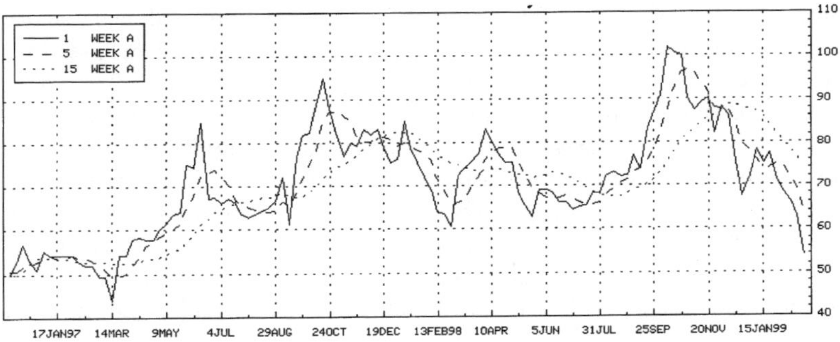

Abb.: 8.17: Entwicklung des TED-Spreads im Zeitraum vom 29.11.96 bis 26.02.99.

8.4.2.3.2 Der langfristige TED-Spread

Eine weitere Möglichkeit die Renditedifferenz zwischen Regierungszinsen und Geldmarkteinlagen zu handeln bietet der langfristige TED-Spread. Dieser Spread wird auch Term-TED-Spread genannt. Es ist die Renditedifferenz zwischen einer Regierungsanleihe beliebiger Fälligkeit und der entsprechenden Rendite am Interbankenmarkt. Die Rendite am Interbankenmarkt kann sich aus Swap-Raten, Geldmarktraten oder den Zinssätzen von Geldmarktfutures ergeben. Auch hier kauft man den Spread wenn man die Regierungsanleihe kauft und z.B. den entprechenden Future-Strip verkauft. Umgekehrt verkauft man den Spread, wenn man den Government Bond verkauft und den Future-Strip kauft. In diesem Fall profitiert man von einer Verengung des Spreads.

Auf den langfristigen TED-Spread trifft im Prinzip dasselbe zu wie auf den kurzfristigen TED-Spread. Auch er ist ein Vertrauensbarometer und Credit-Spread. Da hier jedoch zwei Instrumente genommen werden, die je nach Währung außerordentlich liqide sind, bietet er die Möglichkeit für einen sehr aktiven Handel. Auch ist eine erweiterte Anzahl an Strategien möglich. Man kann nicht nur den Spread zwischen kurzen Fälligeiten wie z.B. 3 Monaten handeln, sondern kann auch einen Spread zwischen längerfristigen Zinssätzen aufbauen. Kurzfristige Zinsfutures werden in der Regel mit Fälligkeiten von mindestens 2 bis 3 Jahre (z.B. 3 Jahre beim Euribor-Future) gehandelt. In einigen Fällen wie z.B. beim Euro-Dollar-Future in Chicago werden auch Fälligkeiten länger als 5 bis 6 Jahre gehandelt (bis 10 Jahre werden notiert). Es können somit Positionen aufgebaut bzw. angesichert werden, die auch gegenüber längerfristigen Kreditrisiken sensitiv sind.

Nicht nur für Spekulationszwecke sondern auch für Absicherungszwecke ist der TED-Spread geeignet. Der Spread spiegelt unter anderem die Einschätzung des Marktes bezüglich Kreditrisiken gegenüber Banken. Portfolios mit einem ähnlichen Kreditexposure können mit Hilfe des TED-Spreads zum Teil abgesichert werden. In diesem Fall würde man zur Absicherung den

Spread kaufen. Wie gut der Hedge funktioniert, hängt unter anderem von der Korrelation zwischen dem Kredit-Exposure des Portfolios zu dem Spread ab. Anleiherenditen werden auf eine andere Weise berechnet als Swap-Raten oder Geldmarktzinsen berechnet. Die Rendite einer Anleihe wird über einen einheitlichen internen Zinsfuß ermittelt. Bei Swap-Raten oder Par-Kupon-Raten aus Future-Strips werden die Cash-Flows gemäß der Zinskurve diskontiert. Zudem kann es Unterschiede in Tagezählung geben. Um den Spread auf eine korrekte Weise zu ermitteln, müssen daher die jeweiligen Renditen vergleichbar gemacht werden. Im folgenden werden drei Möglichkeiten beschrieben den Spread zwischen Anleiherenditen und Renditen aus Geldmarktfutures zu berechnen:

Methode 1:

Aus dem Future-Strip wird eine Par-Coupon-Yield berechnet. Von diesem Zinssatz wird die Rendite der Anleihe abgezogen. Die Differenz ist der TED-Spread.

Die Par-Coupon-Yield aus dem Future-Strip berechnet sich wie in Kapitel 8.1.4 beschrieben. Der Zeitraum den dieser Zinssatz umfaßt, muß der Laufzeit der Anleihe entsprechen. Die Rendite der Anleihe berechnet sich hier nach der konventionellen Methode des internen Zinsfußes, d.h. alle Zahlungsströme werden mit einem einheitlichen internen Zinsfuß diskontiert.

Hier wird auch gleich ein Nachteil dieser Methode sichtbar. Es handelt sich nämlich um zwei verschiedene Renditeberechnungsmethoden die miteinander verglichen werden. Bei der Par-Coupon-Yield des Future-Strips, die einer Swap-Rate entspricht, wird die Krümmung der Zinskurve berücksichtigt. Die Berechnung des Barwertes der einzelnen Cash Flows erfolgt mit dem Diskontfaktor der für die jeweilige Laufzeit gilt. Bei der normalen Methode zur Berechnung einer Anleiherendite werden sämtliche Cash Flows mit dem internen Zinsfuß d.h. der Rendite der Anleihe diskontiert. Durch diese unterschiedlichen Diskontierungsmethoden können sich, selbst bei gleichen Zinskurven bzw. bei einem Spread von null, unterschiedliche Barwerte ergeben.

Ein weiterer Unterschied kann sich ergeben, wenn die Anleihe nicht zu par notiert. In diesem Fall wird eine Par-Coupon-Rate mit einer Non-Par-Coupon-Rate verglichen.

Methode 2:

Die Zahlungsströme der Anleihe werden, statt mit dem internen Zinsfuß der Anleihe, mit den Zinssätzen für die verschiedenen Laufzeiten diskontiert, wie sie sich aus dem Future-Strip ergeben. Da die Renditen des Future-Strips i.d.R. höher sind als die Government-Raten, wird man so einen Barwert bzw. Preis für die Anleihe erhalten, der unter dem Marktpreis (Dirty-Spot-Price) der Anleihe liegt. Dieser neue Preis der Anleihe wird für die Renditeberechnung der Anleihe verwendet und zwar nach der konventionellen internen

Zinsfußmethode. Von dieser neuen höheren Rendite wird die ursprüngliche Rendite der Anleihe abgezogen. Die Differenz ist der TED-Spread.

Auch hier hat man das Problem, daß zur Berechnung des neuen Marktpreises die Cash Flows gemäß der Zinskurve diskontiert werden, während die Berechnung der ursprünglichen Anleiherendite über einen einheitlichen Zinssatz erfolgt.

Methode 3:

Diese Methode entspricht der unstenstehend beschriebenen Methode 4. Der Unterschied ist, daß statt den einzelnen aus dem Future-Strip berechneten Zero-Raten der ganze Future-Strip bewegt wird. Da die Diskontfaktoren der einzelnen Forward-Raten sich bei einer Zinsänderung gegenseitig beeinflussen, wird der Spread den man so erhält, niedriger sein als bei der Methode 4. Da es jedoch auf die Veränderungen der einzelnen Zero-Raten ankommt, ist die folgende Methode 4 genauer.

Methode 4:

Die Zahlungsströme der Anleihe werden mit den Zinssätzen bzw. Diskontfaktoren des Future-Strips diskontiert. Jeder einzelne Cash Flow wird mit dem der Laufzeit entsprechenden Zinssatz diskontiert. Nun wird festgestellt, um wieviel Basispunkte jeder einzelne Zinssatz nach unten bewegt werden muß, damit man über diese Diskontierung den aktuellen Marktpreis (Dirty-Spot-Price) der Anleihe erhält. Die Anzahl der Basispunkte um die die Futur-Strip-Raten nach unten bewegt werden müssem, gibt den TED-Spread an. Es wird nicht der gesamte Future-Strip bewegt, sondern nur die Laufzeiten bzw. Zinssätze die für die Diskontierung der einzelnen Cash Flows verwendet werden. Die einzelnen Schritte sind wie folgt:

Schritt 1:
Aus dem Future Strip werden Zero-Raten ermittelt. Die Laufzeit dieser Zero-Raten entspricht der Laufzeit der einzelnen Cash Flows der Anleihe.

Schritt 2:
Die Cash Flows der Anleihe werden mit diesen Zero-Raten diskontiert. Man erhält einen neuen Barwert bzw. Preis für die Anleihe.

Schritt 3:
Die einzelnen Zero-Raten werden solange nach unten bewegt (Parallelbewegung der Raten), bis der Barwert der Zahlungsströme dem Marktpreis der Anleihe entspricht.

Diese Methode ist von den beschriebenen Methoden die genaueste. Hier werden keine unterschiedlichen Renditen miteinander verglichen. Es wird nur die Renditeveränderung betrachtet, die notwendig ist um dieselben Barwerte zu erhalten.

Tabelle 8.18 zeigt Anhand von einem Beispiel die Ergebnisse für die verschiedenen Methoden. Der Future ist der Dreimonats-Euribor-Future. Als Anleihe diente für den Spread eine 3 Jahre laufende Bundesobligation. Die Anleihe- und Future-Daten sind wie folgt:

Future Daten			**Bond Daten**	
Datum:	16. Feb 99		Datum:	16. Feb 99
Valuta:	18. Feb 99		Valuta:	19. Feb 99
Kontrakt	**Preis**	**Letzter H.T.**	**Bond:**	Bobl 123
Mrz 99	96,965	15.03.99	Kupon:	4,5
Jun 99	97,060	14.06.99	Laufzeit:	17. Mai 02
Sep 99	97,100	13.09.99	Clean Spot Price	103,87
Dez 99	96,840	13.12.99	T 30/360 Stückzins:	272
Mrz 00	97,000	13.03.00	Stückzins:	3,400
Jun 00	96,920	19.06.00	T 30/360 bis Kupon:	88
Sep 00	96,820	18.09.00	Dollar Duration:	3,118
Dez 00	96,630	18.12.00		
Mrz 01	96,580	19.03.01		
Jun 01	96,480	18.06.01		
Sep 01	96,385	17.09.01		
Dez 01	96,225	17.12.01		
Mrz 02	96,170	18.03.02		
Jun 02	96,080	14.06.02		

Die Ergebnisse der Berechnung finden sich in Tabelle 8.18. Die Ergebnisse der einzelnen Methoden weichen nicht sehr stark voneienander ab. Das liegt unter anderem an der nicht sehr langen Restlaufzeit der Anleihe. Für andere Marktsituationen und Laufzeiten können die Unterschiede jedoch signifikant werden

Die Anzahl der Future-Kontrakte, die pro Anleihe ge- bzw. verkauft werden, entspricht dem Hedge Ratio für Anleihen mit Hilfe kurzfristigen Zins-Futures. Dieses Vorgehen wurde in Kapitel 8.2.2.6 beschrieben.

Dies war ein Beispiel für einen TED-Spread im 3-jährigen Bereich. Stehen Futures mit ausreichender Laufzeit zur Verfügung, kann der Spread auch auf längere Laufzeiten ausgedehnt werden.

Wie stark die Bewegungen in dem Ted-Spread sein können zeigen die Graphen 8.19 und 8.20.

Datum	17. Mai 99	17. Mai 00	17. Mai 01	17. Mai 02	17. Mai 02		PCR bzw. Swap-Rate aus Future 30/360
Cash Flow	4,5	4,5	4,5	4,5	100		3,3451 %
Laufzeit in Jahren	0,24444	1,24444	2,24444	3,24444	3,24444		
Methode 1						Clean Spot Price	**Impl. Price TED**
Berechnung der Rendite der Anleihe über internen Zinsfuß						103,8700	**12,4753**
DF Bond int. Rendite	0,992282	0,961324	0,931332	0,902275	0,902275	Dirty Spot Price	**Rendite Anleihe**
PV Cash Flow	4,4653	4,3260	4,1910	4,0602	90,2275	107,2700	**3,2204 %**
Methode 2							
Berechnung des Anleihepreises mit Diskontierung der Zahlungsströme gemäß der Future-Zinskurve							
Tage: actual	87	453	818	1183	1183	Clean Spot Price	**Impl. Yield TED**
Zero Rate Future	3,0755 %	3,0602 %	3,2048 %	3,4397 %	3,43967 %	103,4822	**12,4705**
DF Future Strip	0,992622	0,962921	0,932122	0,898447	0,898447	Dirty Spot Price	
PV Cash Flow	4,46680	4,33314	4,19455	4,04301	89,84472	106,8822	
Berechnung der Rendite der Anleihe mit neuem Preis über internen Zinsfuß							
DF Bond neue Rendite	0,991989	0,959881	0,92881	0,898748	0,898748	Dirty Spot Price	**Rendite Anleihe**
PV Cash Flow	4,46395	4,31946	4,17965	4,04437	89,8748	106,88222	**3,3451 %**
Methode 3							
Berechnung des Bondpreis mit Diskont. der Cash Flows gemäß der Future-Zinskurve minus Spread						Clean Spot Price	**Spread Adj. TED 1**
Zero Rate Fut. neu	2,9550 %	2,9363 %	3,0770 %	3,3072 %	3,3072 %	103,8700	**12,0190**
DF Future Strip	0,992909	0,964368	0,934652	0,901974	0,901974	Dirty Spot Price	
PV Cash Flow	4,46809	4,33965	4,20593	4,05888	90,19744	107,2700	
Spread zu urspr. Zero Rate	12,0466	12,3832	12,7802	13,2453	13,2453		
Methode 4							
Berechnung des Bondpreis mit Diskont. der Cash Flows gemäß der Future-Zero-Raten minus Spread						Clean Spot Price	**Spread Adj. TED 2**
Zero Rate Fut. neu	2,9433 %	2,9281 %	3,0727 %	3,3076 %	3,30756 %	103,8700	**13,2115**
DF Future Strip	0,992937	0,964465	0,934738	0,901965	0,901965	Dirty Spot Price	
PV Cash Flow	4,46822	4,34009	4,20632	4,05884	90,1965	107,2700	
Spread zu urspr. Zero Rate	13,2115	13,2115	13,2115	13,2115	13,2115		

Abb. 8.18: Ted-Spread Berechnung

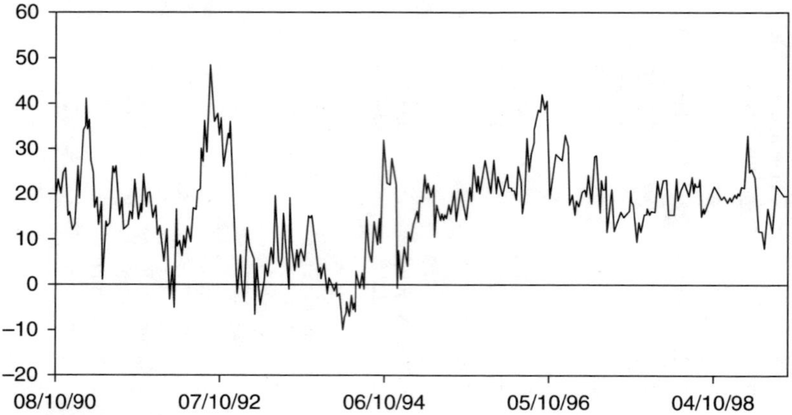

Abb.: 8.19: Spread zwischen deutschen 3-Jahres-Government- und Swap-Raten in BP (Quelle: Bloomberg)

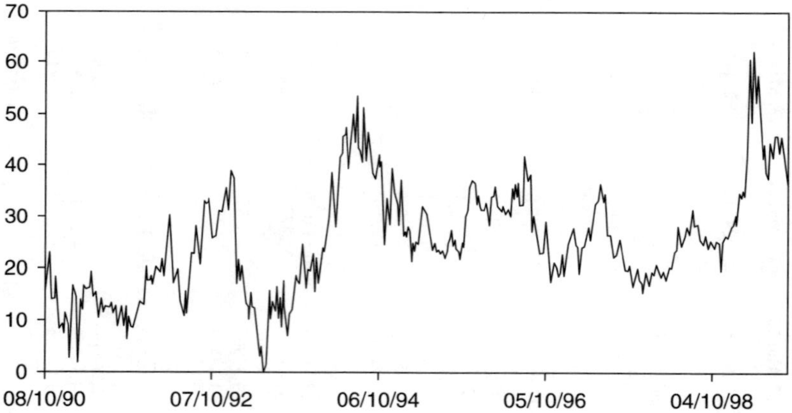

Abb.: 8.20: Spread zwischen deutschen 10-Jahres-Government- und Swap-Raten in BP (Quelle: Bloomberg)

9. Bildung von synthetischen Instrumenten

Aus der Kombination von Future- und Kassaposition lassen sich synthetische Kassainstrumente bilden. Umgekehrt kann aus verschiedenen Kassainstrumenten eine synthetische Future-Position erzeugt werden.

Die Bildungsweise solcher Instrumente läßt sich mit Hilfe der Arbitragebeziehungen vergegenwärtigen. Möchte man ein Instrument synthetisch darstellen, so muß man sich überlegen, mit welchen Gegenpositionen man dieses Instrument arbitrieren würde. Diese Positionen stellen dann das Instrument mit umgekehrtem Vorzeichen dar. Hat man beispielsweise eine Short-Position in einem Anleihefuture und möchte diese Position neutralisieren bzw. arbitrieren, so muß man Anleihen kaufen und Geld aufnehmen.[1] Eine Anleihe Long-Position in Kombination mit einer Kreditaufnahme stellt somit synthetisch eine Long Future-Position dar.

Hat man zwei Positionen, wie z.B. Long Anleihe und eine Kreditposition, muß man sich überlegen, welche Position man noch benötigt, um sein Risiko zu neutralisieren. In diesem Fall müßte der Future verkauft werden. Da man ihn nicht verkauft hat, hat man ihn gekauft. Hat man umgekehrt eine Position, die zur Neutralisierung des Risikos den Kauf von Terminkontrakten erfordert, so stellt diese Position synthetisch eine Short-Position dar. Was man nämlich nicht verkauft hat, hat man gekauft.

Auf diese Weise lassen sich synthetisch eine Vielzahl von Positionen darstellen. In den folgenden Absätzen werden einige Beispiele dafür genannt.

Die Darstellung einer synthetischen Long Future-Position wurde schon oben erläutert. Den Future hat man synthetisch verkauft, indem man die Vorzeichen umdreht und Anleihen verkauft und Geld anlegt.

Genauso wie Futures lassen sich auch Anleihen synthetisch darstellen. Eine synthetische Anleiheposition besteht in dem Kauf des Futures und einer risikolosen Geldanlage.

Hat man einen Kredit aufgenommen und gleichzeitig den Future verkauft, müßte man, um eine risikolose Position zu erhalten, Anleihen kaufen. Da man das aber nicht getan hat, ist man Anleihen synthetisch short.

Auch Geldmarktpositionen lassen sich synthetisch erzeugen. Wie in dem Kapitel über das Ergebnis eines perfekten Hedges mit Anleihe-Terminkontrakten erläutert, erhält man, wenn der Future fair bewertet ist, bei einem Long Hedge die kurzfristigen Fremdfinanzierungskosten für den Kauf der Anleihe. Anders ausgedrückt: Die Anleihe wird gekauft und der Future verkauft. Ist

1 Siehe Kapitel 7.2.1 Cash und Carry Arbitrage.

der Future fair bewertet, so erhält man, wenn man diese Position bis zum Kontraktliefertag hält, den kurzfristigen Finanzierungszinssatz. Man hat also synthetisch eine Geldmarkteinlage getätigt. Die Zeitdauer dieser Anlage ist in diesem Fall der Zeitraum vom Eingehen der Position bis zum Kontraktliefertag. Tätigt man dieses Geschäft z.B. mit dem Treasury Bond Future, hat man synthetisch Treasury Bills gekauft.

Verkauft man die Anleihe, kauft den Future und hält die Position bis zum Kontraktliefertag, so hat man synthetisch einen Kredit aufgenommen, der am Kontraktliefertag des Futures endet.

Diese synthetischen Beziehungen kann man auch in eine einfache Formel fassen:

Geld = Anleihe – Future[1]

mit: Geld = Geldmarktinstrument

Ein positives Vorzeichen zeigt eine Long-Position an, während ein negatives Vorzeichen eine Short-Position anzeigt. Eine Long-Position in einem Geldmarktinstrument ist äquivalent zu einer Geldanlage, und eine Short-Position in einem Geldmarktinstrument ist äquivalent zu einer Kreditaufnahme.

Synthetische Positionen können in der Praxis äußerst hilfreich sein. Ein Portfoliomanager hat beispielsweise Bundesanleihen in seinem Depot. Er fühlt sich mit dieser Position nicht mehr wohl und bevorzugt für die nächsten drei Monate eine Geldmarktposition. Außerdem erscheint ihm das Zinsniveau im Dreimonatsbereich attraktiv. Er könnte sein Anleihedepot verkaufen, den Erlös in Einlagen mit einer Laufzeit von drei Monaten investieren und nach Ablauf dieser Zeit die Anleihen zurückkaufen. Durch diese Vorgehensweise werden aber relativ hohe Transaktionskosten verursacht. Außerdem müßten der Verkauf der Anleihen und die Investition in die Geldmarkteinlagen simultan erfolgen. Die wesentlich elegantere Lösung wäre der Verkauf der entsprechenden Anzahl an Bund-Future-Kontrakten. Die Kombination von Anleihe Long und Future Short ergibt nämlich eine kurzfristige Geldanlage.[2]

Auch bei kurzfristigen Zinsterminkontrakten sind Arbitrageüberlegungen die Basis zur Erzeugung synthetischer Positionen. Mehrere dieser Positionen wurden schon in den entsprechenden Kapiteln dargestellt. Einen Kredit mit festgelegter Zinszahlung kann man z.B. synthisch aufnehmen, indem man einen variablen Kredit aufnimmt und kurzfristige Zinsterminkontrakte verkauft.[3]

1 *Pitts, M., Fabozzi, F.J.:* (Options and Futures Markets), S.705.

2 Steht kein Kontrakt zur Verfügung, dessen letzter Handelstag genau drei Monate entfernt liegt, müssen Kontrakte mit verschiedenen Liefermonaten kombiniert werden.

3 Je nach Laufzeit wird man einen längeren oder kürzeren Future-Strip verkaufen müssen. Zudem kann es unter Umständen notwendig werden, die erste variable Zahlung zu fixieren.

Hull, J.: Options, Futures, and Other Derivatives, Prentice Hall, Englewood Cliffs 1997, 3. Aufl.
Hull, J.: (Options, Futures).
Ihring, H., Pflaumer, P.: Finanzmathematik, Intensivkurs, Oldenbourg Verlag, München 1991.
Issing, O.: Einführung in die Geldpolitik, München 1987, 2. Aufl.
Issing, O.: (Geldpolitik).
Issing, O.: Einführung in die Geldtheorie, München 1987, 6.Aufl.
Issing, O.: (Geldtheorie).
Jamshidian, F., Zhu, Y.: Replication of an Option on a Bond Portfolio, in: Review of Futures Markets 9, S.84–100.
Jamshidian, F., Zhu, Y.: (Replication).
Jarrow, R.A.: Modelling Fixed Income Securities and Interest Rate Options, USA 1996.
Jarrow, R.A.: (Fixed Income Securities).
Jarrow, R.A., Oldfield, G.: Forward Contracts and Futures Contracts in: Journal of Financial Economics 9 (4), S. 373–382.
Jarrow, R.A.: (Forward Contracts).
Jarrow, R.A., Rudd, A.: Option Pricing, Business One Irwin, Homewood 1983.
Jarrow, R.A., Rudd, A.: (Option Pricing).
Jarrow, R.A., Turnbull, S.: Derivative Securities, Cleveland 1995
Jarrow, R.A., Turnbull, S.: (Derivative Securities).
Johnson, B.D., Meyer, K.R.: Managing Yield Curve Risk in an Index Environment, Financial Analysts Journal, November-Dezember 1989, S0.51–59.
Johnson, B.D., Meyer, K.R.: (Yield Curve Risk).
Jonas, S.: Change in the Cheapest to Deliver, in: Fixed Income Analysis, hrsg. v. Dattatreya, R.E., Chicago 1991, S.313–336.
Jonas S.: (Change in the Cheapest to Deliver).
Jones, D.J.: Fed Watching, New York Institute of Finance, New York 1989.
Jones, D.J.: (Fed Watching).
J.P. Morgan: J.P.Morgan Government Bond Indizes,New York Oktober 1998,
J.P. Morgan: (Govenment Bond Indizes).
Kane, A., Markus, A.: Conversion Factor Risk and Hedging in the Treasury Bond Futures Market, in: Journal of Futures Markets 4, 1984, S.55–64.
Kane, A., Markus, A.: (Conversion Factor Risk).
Kane, A., Markus, A.: The Quality Option in the Treasury Bond Futures Market: An Empirical Assessment, in: Journal of Futures Markets 6, Summer 1986, S.230–248.
Kane, A., Markus, A.: (The Quality Option).
Kane, A., Markus, A.: Valuation and Optimal Exercise of the Wild Card Option in the Treasury Bond Futures Market, in: Journal of Finance, 41 (1), März 1986, S. 195–207.
Kane, A., Markus, A.: (Wild Card Option).
Kapner, K.R., Marshall, J.F.: Understanding Swap Finance, Cincinatti 1989.
Kapner, K.R., Marshall, J.F.:
Kapner, K.R., Marshall, J.F.: The Swaps Handbook: Swaps and Related Risk Management Instruments, New York 1990.
Kapner, K.R., Marshall, J.F.: (The Swaps Handbook).
Kaufmann, G.: Measuring and Managing Interest Rate Risk: A Primer, in: Economic Perspectives, Januar-Februar 1984, S. 16–29.
Kaufmann, G.: (Interest Rate Risk).
Kawaller, I.: A Swap Alternative: Eurodollar Strips, in: Interest Rate Swaps, hrsg.v. Beidleman, C.R., Homewood 1991, S.390–404.
Kawaller, I.: (Eurodollar Strips).
Kawaller, I.: Hedging with Futures Contracts: Going the Extra Mile, in: Journal of Cash Management, Juli-August 1986, S.34–36.
Kawaller, I.: (Hedging).
Kawaller, I., Koch, T.: Managing Cash Flow Risk in Stock Index Futures: The Tail Hedge, in: The Journal of Portfolio Management, 15:1, Herbst 1988, S.41–44.
Kawaller, I., Koch, T.: (Cash Flow Risk).

Kempfle, W.: Duration: Ein Instrument zur Reduzierung des Zinsänderungsrisikos von Anlagen in festverzinslichen Wertpapieren, Studien zur Ökonomie Bd.24, Gabler Wiesbaden 1990.
Kempfle, W.: (Duration).
Kirikos,G., Nowak, D.: Convexity Conundrums, in: Risk Magazine March 1997, S. 60–61.
Kirikos,G., Nowak, D.: (Convexity Conundrums).
Klemkosky,G. D., Lasser, D. J.: An Efficiency Analysis of the T-Bond Futures Market, in: Journal of Futures Markets, 5, 1985, S. 607–620.
Klemkosky,G. D., Lasser, D. J.: (Efficiency Analysis).
Kolb, R.W.: Futures Markets, 3. Aufl., New York u.a. 1991.
Kolb, R.W.: (Futures Markets).
Kopprasch, R.W.: Understanding Duration and Volatility, Salomon Brothers, New York 1983.
Kopprasch, R.W.: (Duration and Volatility).
Kopprasch, R.W., MacFarlane, J., Showers, J., Ross, D.: The Interest Rate Swap Market: Yield mathematics, Terminology, and Conventions, in: The Handbook of Fixed Income Securities, hrsg. v. Fabozzi, F.J., 3. Aufl., Homewood 1991, S. 1189–1217.
Kopprasch, R.W., MacFarlane, J., Showers, J., Ross, D.: (Swap Market).
Kosiol, J.D.: Hedging: Principles, Practices & Strategies for the Financial Markets, John Wiley & Sons, New York 1990.
Kosiol, J.D.: (Hedging).
Kruschwitz, L.: Finanzmathematik, Lehrbuch der Zins-, Renten-, Tilgungs-, Kurs- und Renditeberechnung. München 1989.
Kruschwitz, L.: (Finanzmathematik).
Labuszewski, J.W., Nyhoff, J.E.: Trading Financial Futures, New York u.a. 1988.
Labuszewski, J.W., Nyhoff, J.E.: (Trading Futures).
Labuszewski, J.W., Nyhoff, J.E.: Trading Options on Futures, John Wiley & Sons, New York 1988.
Labuszewski, J.W., Nyhoff, J.E.: (Trading Options).
Lacey, J.: Financial Instruments Markets: An Advanced Study of Cash-Futures Relationships, Chicago Board of Trade, Chicago 1986.
Lacey, J.: (Cash-Futures Relationship).
Lang, R., Rasche, R.: A Comparison of Yields on Futures Contracts and Implied Forward-Rates, in: Gay,G., Kolb, R.: Interest Rate Futures: Concepts and Issues, Richmont 1982.
Leibowitz, M.,L.: A Yield Basis for Financial Futures, in: Financial Analysts Journal 1, 1989, S.42–60.
Leibowitz, M.,L.: (Yield Basis).
Lippert, H.: Internationale Finanzmärkte, Frankfurt/M. 1986
Lippert, H.: (Internationale Finanzmärkte)
Little J.M.: What are Financial Futures, in: The Handbook Of Financial Futures, hrsg. v. Rothstein, N.H., New York 1984, S.35–65.
Little J.M.: (Financial Futures).
Locarek, H.: Finanzmathematik, Lehr- und Übungsbuch, Oldenbourg Verlag, München 1991.
Locarek, H.: (Finanzmathematik).
Long, D.: Convexity Correction for Interest Rate Derivatives in: Renaissance Software, Technical Document, o.O. 1997.
Long, D.: (Convexity Correction).
Loosigian, A.M.: Interest Rate Futures – A Market Guide for Hedgers and Speculators, Princeton 1980.
Loosigian, A.M.: (Interest Rate Futures).
Macaulay F.R.: Some Theoretical Problems Suggested by the Movement of Interest Rates, Bond Yields and Stock Prices in the U.S. Since 1886, New York 1938.
Macaulay F.R.: (Theoretical Problems).
Margrabe W.: The Value of an Option to Exchange one Asset for Another, Journal of Finance, Vol. 33, March 1978, S. 177–186.
Margrabe W.: (Exchange one Asset for Another).

Marshall, J.F.: Futures and Options Contracting: Theory and Practice, South Western, Cincinnati O.H. 1989.
Marshall, J.F.: (Futures and Options).
Marshall, J.F., Yawitz, J.B.: Lower Bounds on Portfolio Performance: An Extension of the Immunization Strategy, Journal of Financial and Quantitive Analysis, März 1982, S. 101–114.
Marshall, J.F., Yawitz, J.B.: (Lower Bounds).
McEnally, R.W., Jordan, J.V.: The Term Structure of Interest Rates, in: The Handbook of Fixed Income Securities, hrsg. v. Fabozzi, F.J., 3. Aufl., Homewood 1991, S. 1245–1295.
McEnally, R.W., Jordan, J.V.: (Structure of Interest Rates)
McKinzie, J.L., Shap, K.: Hedging Financial Instruments, Chicago 1988.
McKinzie, J.L., Shap, K.: (Financial Instruments).
McLean, Ezell, J.: Applications of Debt Options for Banks and Thrifts, in: The Handbook of Fixed Income Options, Pricing, Strategies & Applications, hrsg.v. Fabozzi, F.J., Chicago 1989, S.421–437.
McLean Ezell, J.: (Applications of Debt Options).
McMillan, L.G.: Options as a Strategic Investment, New York 1986, 2. Aufl..
McMillan, L.G.: (Options).
McLean, S.K.: The European Bond Markets, An Overview and Analysis for Money Managers and Traders, hrsg.v. McLean, S.K., The European Bond Commission in Association with International Securities Market Association, Cambridge, Chicago 1993.
McLean, S.K.: (The European Bond Markets).
Melton, C.R., Pukula, T.V.: Financial Futures: Practical Applications for Financial Institutions, Reston 1984.
Melton, C.R., Pukula, T.V.: (Financial Futures).
Ministère De L' Écomomie: The inflation-indexed OAT, Paris 1998.
Ministère De L' Écomomie: (The inflation-indexed OAT).*Nabben, S.:*
Financial Swaps: Instrument des Bilanzstrukturmanagements in Banken, Wiesbaden 1990.
Nabben, S.: (Financial Swaps).
Nadler, D.: Euro-Dollar/Interst-Rate Swap Arbitrage, in: The Handbook of Fixed Income Securities, hrsg. v. Fabozzi, F.J., 3. Aufl., Homewood 1991, S. 1218–1242.
Nadler, D.: (Euro-Dollar-Futures).
Natenberg, S.: Option Volatility and Pricing Strategies, Chicago 1988.
Natenberg, S.: (Option Volatility and Pricing Strategies).
Oberhofer, G.D.: Rate Risk Management, Chicago 1988.
Oberhofer, G.D.: (Rate Risk Management).
Philips, P.: Inside the New Gilt-Edged Market, Cambridge (England) 1987.
Philips, P.: (Gilt-Edged Market).
Pitts, M., Fabozzi, F.J.: Fixed Income Options and Futures Markets, in: The Handbook of Fixed Income Securities, hrsg. v. Fabozzi, F.J., 3. Aufl., Homewood 1991, S.669–741.
Pitts, M., Fabozzi, F.J.: (Options and Futures Markets).
Pitts, M.: Managing Risk with Interest Rate Futures, in: The Handbook of Fixed Income Securities, hrsg. v. Fabozzi, F.J., Pollack, I.M. 2. Aufl., Homewood 1987, S.905–963.
Pitts, M.: (Risk with Interest Rate Futures).
Platt, R.B.: Controlling Interest Rate Risk, John Wiley & Sons, New York 1986.
Platt, R.B.: (Interest Rate Risk).
Plona, C.: The European Bond Basis, Chicago 1997.
Plona, C.: (Bond Basis).
Powers, M., Vogel D.: Inside the Financial Futures Markets, New York u.a. 1984, 2. Aufl..
Powers M., Vogel D.: (Futures Markets).
Price, J., Henderson, S.K.: Currency and Interest Rate Swaps, Butterworth, London 1987, 2. Aufl..
Price, J., Henderson, S.K.: (Currency and Interest Rate Swaps).

Puckler, G.: Das Bank- und Börsenwesen in den USA, Franfurt/M. 1986.
Puckler, G.: (Bank und Börsenwesen)
Reilly, F.K.: Investment Analysis and Portfolio Management, New York 1985.
Reilly, F.K.: (Investment Analysis and Portfolio Management).
Rendleman J.R.: Duration Based Hedging, Internet Site, November 1998, S. 1–15.
Rendleman J.R.(Duration-Based Hedging).
Rogg, H. O.: Repurchase Agreements, in: The Handbook of Fixed Income Securities, hrsg. v. Fabozzi, F.J., 3. Aufl., Homewood 1991, S. 238–250.
Rogg, H. O.: (Repurchase Agreements).
Rosen, R.v.: Finanzplatz Deutschland, Frankfurt/M. 1989.
Rosen, R.v.: (Finanzplatz Deutschland).
Rothstein, N.H.: Managing the Hedge Program, in: The Handbook Of Financial Futures, hrsg. v. Rothstein, N.H., New York 1984, S. 167–184.
Rothstein N.H.: (Hedge Program).
Rothstein, N.H., Little, J.M.: The Handbook of Financial Futures: A Guide for Investors and Professional Financial Managers, hrsg. v. Rothstein, N.H., Little, J.M., New York 1984.
Rothstein, N.H.: (Financial Futures).
Rothstein, N.H., Little J.M.: The Market Participants and their Motivations,in: The Handbook of Financial Futures, Hrsg. Rothstein, N.H., New York 1984, S. 115–137.
Rothstein, N.H., Little J.M.: (Market Participants).
Rudolph, B.: Duration: Eine Kennzahl zur Beurteilung der Zinsempfindlichkeit von Vermögensanlagen, in: Zeitschrift für das gesamte Kreditwesen, Heft 4, 1981, S. 137–140.
Rudolph, B.: (Duration).
Rudolph, B.: Eine Strategie zur Immunisierung der Portfeuilleentnahmen gegen Zinsänderungsrisiken, in: Zeitschrift für betriebswirtschaftliche Forschung, 33. Jahrgang 1981, 1. Ausgabe.
Rudolph, B.: (Strategie).
Rudolph, B.: Zinsänderungsrisiken und die Strategie der durchschnittlichen Selbstliquidationsperiode, in: Kredit und Kapital 12, 1979, S. 181–206.
Rudolph, B.: (Zinsänderungsrisiken).
Rudolph, B., Wondrak, B.: Modelle zur Planung von Zinsänderungsrisiken und Zinsänderungschancen, in: Zeitschrift für Wirtschafts- und Sozialwissenschaften Nr.33, 1981, S.23–35.
Rudolph, B., Wondrak, B.: (Modelle).
Schap, K.: Controlling duration and convexity to pick up extra yield, in: Futures, März 1990, S.40–42.
Schap, K.: (Duration and Convexity).
Schäfer, W.: Financial Dictionary, Fachwörterbuch Finanzen, Banken, Börse, Teil I u.II, München 1992, 2. Aufl..
Schäfer, W.: (Financial Dictionary)
Schöbel, R.: Zur Theorie der Rentenoptionen, Betriebswirtschaftliche Schriften Heft 124, Dunker & Humblot, Berlin 1987.
Schöbel, R.: (Rentenoptionen).
Schulz, H.: Erfolgreicher Terminhandel, Wiesbaden 1984.
Schulz, H.: (Terminhandel).
Schwark, E.: Optionsscheine, in: Wertpapiermitteilungen, 1988, Heft 25, S.921 ff..
Schwark, E.: (Optionsscheine).
Schwark, E.: Börsengesetz, Kommentar, München 1976.
Schwark, E.: (Kommentar).
Schwartz, R.J., Smith, C.W.: The Handbook of Currency and Interest Rate Risk Management, New York 1990.
Schwartz, R.J., Smith, C.W.: (Risk Management).
Schwarz, E.W.: How to Use Interest Rate Futures, Homewood 1979.
Schwarz, E.W.: (Interest Rate Futures).
Stigum, M.: Money Market Calculations: Yields, Break-Evens and Arbitrage, Homewood 1981.

Stigum, M.: (Money Market Calculations).
Stigum, M.: The Money Market, Homewood 1983.
Stigum, M.: (The Money Market).
Stigum, M.: The Repo and Reverse Markets, Homewood 1989.
Stigum, M.: (Repo).
Stoll, H.R., Whaley, R.E.: Futures & Options: Theory & Applications, Cincinnati 1993.
Stoll, H.R., Whaley, R.E.: (Futures & Options).
Stulz, Rene M.: Options on the Minimum or the Maximum of Two Risky Assets: Analysis and Applications, Journal of Financial Economics, 10, July 1982, S. 161–185.
Stulz, Rene M.: (Two Risky Assets).
Taylor, R.W.: Bond Duration with Geometric Mean Returns, Financial Analysts Journal, Januar-Februar 1989.
Taylor, R.W.: (Bond Duration).
The London International Financial Futures Exchange (LIFFE): Futures & Options, Accounting & Administration, London 1991.
LIFFE: (Accounting & Administration).
The London International Financial Futures Exchange (LIFFE): At the margin, in: Money Market Review/Third Quarter 95 London 1995.
LIFFE: (At the margin).
The London International Financial Futures Exchange (LIFFE): Contract Specifications, London 1999.
LIFFE: (Contract Specifications).
The London International Financial Futures Exchange (LIFFE): An Introduction, London 1991.
LIFFE: (Introduction).
The London International Financial Futures Exchange (LIFFE): Bund-Futures and Options Review/Fourth Quarter 89 (2.10.89- 29.12.89), London 1989.
LIFFE: (Bund-Futures Review, Fourth Quarter 89)
The London International Financial Futures Exchange (LIFFE): Bund-Futures and Options Review/First Quarter 90 (2.1.90–30.3.90), London 1990.
LIFFE: (Bund-Futures Review, First Quarter 90)
The London International Financial Futures Exchange (LIFFE): Euro-Swiss, Drei-Monats-Zinsterminkontrakte und Optionen, London 1999.
LIFFE: (Euro-Swiss).
The London International Financial Futures Exchange (LIFFE): International Bond Market, Fact Sheets, London 1998.
LIFFE: (International Bond Market).
The London International Financial Futures Exchange (LIFFE): Into The Future, London 1992, o. Aufl..
LIFFE: (Into The Future).
The London International Financial Futures Exchange (LIFFE): Long-Gilt-Futures and Options Contract, London 1999.
LIFFE: (Long-Gilt).
The London International Financial Futures Exchange (LIFFE): One Year Mid-Curve Options, London 1998.
LIFFE: (Mid-Curve Options).
The London International Financial Futures Exchange (LIFFE): Price Factor Tables, o. Aufl., London 1990.
LIFFE: (Price Factor).
The London International Financial Futures Exchange (LIFFE): Short-Sterling, o. Aufl., London 1999.
LIFFE: (Short-Sterling).
The London International Financial Futures Exchange (LIFFE): The DM Fact Sheets: Euromark, Bobl, Bund-Futures, London 1998.
LIFFE: (The DM Fact Sheets).
The London International Financial Futures Exchange (LIFFE): Mamaging Risk: The structure and operation of the LIFFE, London 1998.
LIFFE: (Strukture).

Sachverzeichnis

Absicherung (siehe auch Hedging)
- des Reinvestitionsrisikos 307
- empirische Tests 233ff
- von Anleihen 207ff, 371ff
- von Euro-DM Anleihen 252ff
- von Floating-Rate Notes 368ff
- von Forward-Zinssätzen 373, 374
- von FRA's 361f
- von Geldmarkteinlagen 357ff
- von Geldmarktfutures 342ff
- von lieferbaren Anleihen 238ff
- von Swaps 267, 362ff
- von zukünftigen Einzahlungen 266f
- von zukünftigen Verbindlichkeiten 265f

Additional Margin 78ff
Andienungsbetrag 84
Andienungsprozeß 84ff
Anleihe 6ff
Anleiheportfolio
- Duration 301
- Erhöhung der Rendite 306
- Steuerung der Duration 301ff
- Veränderung der Sensitivität 304f
- Verlagerung des Zinskurvenrisikos 305

Arbitrage 268, 403
- Cash and Carry Arbitrage 268ff, 404
- Inter Market Arbitrage 281
- Reverse Cash and Carry Arbitrage 279ff, 407
- unter Ausnutzen der Seller's Option 275ff
- von Swaps 382f
- zwischen Future und FRA 326, 379ff
- zwischen Future und Zero-Rate 375ff
- zwischen Terminkontrakten mit unterschiedlichen Liefermonaten 185f, 281f

Asymmetrische Risikoverteilung 398f
Aufzinsungsfaktor 188
Ausgleichsfonds Währungsumstellung 10

Back Month 403
Bank Bills 21
Banker's Acceptance 21, 23, 403
Basis: Bond-Future 167ff, 403
- aktuelle Basis 169f
- Back Month 186
- Brutto Basis 169f
- Carry Basis 169
- Definition 167
- Gross Basis 169f
- Konvergenz 171f
- Net Basis 179f
- theoretische Basis 168f
- Value Basis 170
- Veränderung 172ff

Basis: Geldmarktfuture 204, 403
- aktuelle Basis 204
- Brutto Basis 204
- erwartete Basis 345f
- Net Basis 205
- theoretische Basis 204
- Value Basis 205

Basis Point 403
Basis Point Value
- Anleihe 33, 227, 403
- FRA 201

- Geldmarktdeposit 189
- Geldmarktfuture 203
Basisrisiko 211ff, 345f, 403
Basis Trading 295, 403
- Long the Basis 296f
- Risiken 299
- Short the Basis 297ff
Batch Run 53, 403
Bestimmtheitsmaß der Regression 229
British Banker's Association 6
BBAISR 403
Black-Sholes Modell 154, 329, 333
Bubills 12, 232
Bulldog Bonds 21
Bobl-Future 60f,
- Optionen 61ff
Bonos de Caja 17
Bonos del Estado 16
Bonos del Tesoria 17
Bootstrapping 194, 197
BOT's 15
BTF's 14
BTAN's 14
Buoni ordinari del Tesoro (BOT's) 15
Buoni del Tesoro Poliennali (BTP's) 15
Bundesanleihen 7, 9ff
Bund-Future
- Kontraktspezifikationen 56ff
- Bewertung 125ff
- Optionen 59ff
Buy/Sell Back 141f

Call 401ff
Calendar-Spread 286
Call Money 25
Cap 337, 397ff, 403
Cap-Floor Swap Parity 399
Cash and Carry Arbitrage 268ff, 404
Cedel S.A. 404
Cedulas 17
Ceiling 397
Certificates of Deposit 21, 23, 25, 404
Certificati del Tesoro a Indicatione Reale (CTR's) 15
Certificati del Tesoro a Sconto (CTS's) 15
Certificati del Tesoro Zero-Coupon 15
Certificati di Credito del Tesoro a Cedola Variable (CCT's) 15
Cheapest to Deliver 130ff, 404
- Ermittlung 135
- Kuponeffekt 131ff
- Laufzeiteffekt 134ff
- Wechsel 138f, 152, 165f, 172, 179, 183, 213, 215, 259ff, 275f, 280, 300
Chicago Board of Trade (CBOT) 108ff
Chicago Mercantile Exchange 114ff
Clearing 53ff, 404
Clearing House 54, 92, 404
Clearing Mitglieder 54ff
Collar 400, 404
Collateral 140, 404
Commercial Papers 21, 23, 25
Communication Server 51ff
Computerbörse 50ff
Constant Maturity Swap (CMS) 329
Conversion 399
Corridor 400, 404
Coupon Stripping 195
Corporate Bills 21, 404
Corporate Bonds 23
Cost of Carry 169

Daimyo Anleihen 25
Delta 201, 203, 316, 323, 324, 358, 363, 404
Differenzeinwand 44
Direct-Clearing-Mitglied 54f, 404
Dirty-Spot-Price 404
Diskontfaktor 188f, 309ff

– Berechnung aus Par-Kupon-Raten 197
Duration 29ff, 404
– des Futures 181ff
– eines Anleiheportfolios 301
– Dollar Duration 36ff
– Dollar Duration des Futures 181
– Macaulay Duration 31ff
– Modified Duration 33
– Modifizierte Duration des Futures 182

Entidades Gestoras 19
Entschädigungsfonds 11
EOINA 4, 404
ERP-Anleihe 10f
EURIBOR 4, 93, 404
Euribor-Future 66ff, 94f
– Optionen 95ff
Euroclear 404
Euro-Dollar-Future 115ff
– Optionen 116f
Euro-Dollars 92, 405
Euro-Yen-Future 120f
– Optionen 121f
Europäische Zentralbank 4
Eurex 47ff
– Aufbau 47f
– Marktstruktur 49
– Handel 65
Euribor-Future 66f, 68f
– Optionen 67f
Euro-Dollar-Future 115f, 118f
– Optionen 116f, 119f
Exchange Delivery Settlement Price (EDSP) 85, 405
Ex-Dividend Period 22, 405

Federal Funds 404
Federal Reserve System 25, 405
Fed Wire 405
Final Settlement 78
Financing Bills 25
First-Stub-Period 372, 405
Fixgeschäfte 41
Fixing 405
Floating Rate Note 405
Floor 337, 397ff
Fonds Deutsche Einheit 10
Forward Contract 150, 405
Forwardpreis einer Anleihe 144, 179, 185, 405
Forward-Rate Agreement's (FRA's) 199ff, 315f, 405
Forward-Raten (Forward-Zinssatz) 195, 198f, 309, 315f, 319, 405
– des Futures 179f, 203, 315, 334
Front Month 406
Fundierungsschuldverschreibungen 11
Futurepreis
– Formel für kurzfristige Kontrakte 202ff
– Formel für langfristige Kontrakte 139ff
– Formel für Back Month 186f
Future-Strip 116, 310, 314, 334
Future-Strip-Rate 312ff, 406

Geldmarkt 2ff
General-Clearing-Mitglied 54f, 406
General Collateral 141
Gensaki 25
Give-Up-Trade 406
Gilt Market 21

Haircut 141
Hedging (siehe auch Absicherung) 207ff
– Cross Hedge 208ff, 252, 404
– empirische Tests 233ff
– Ergebnis 215ff
– Floating Rate Notes 368
– Ineffizienz 246ff, 256ff
– Optimierung des Hedges 259ff
– Long Hedge 208, 406
– Risiken 208ff, 345f
– Regressionskoeffizient 228ff
– Short Hedge 208

– Stack Hedge 349
– Strip Hedge 349
– Tailing the Hedge 231ff, 349ff
– Zielzinssatz 346ff
Hedge Ratio
– Anpassung: siehe Veränderung
– Berechnung 218ff, 372ff
– Basis Point Value 227f
– Dollar Duration 222ff
– Durationsmethode 220
– FRA 361
– Geldmarktfuture 357
– Geldmarktdeposit 358
– Konvexität 225f
– Macauly Duration 221f
– Preisfaktormethode 219f
– Regressionskoeffizient 228f
– Swaps 267, 363, 364
– Veränderung 221f, 232, 240f, 262, 352
Host 51f

IMM 406
IMM-Dates 334, 345, 406
Implied Forward Yield 178ff, 406
Implied Repo Rate 175ff,
– Anwendung 178
– Definition 175, 406
– Berechnung 176f
– Formel 176, 177
– Veränderung 298f
Index Linked Bonds 21
Inflationsrisiko 214
Initial Margin 71f, 141, 406
Irredeemables 21

JGB-Future 122f
Jigyosasi Bonds 25

Kapitalmarkt 1f
Kommunikationsrechner 51, 53
Konvexität 35ff, 321ff, 406
– Bewertung 329ff
– des Futures 181ff
– Effekt 36, 328
– eines FRA's 321ff
– Dollar Konvexität 36, 41
– Effekt auf Hedge 261f
– Eigenschaften 38
– Modifizierte Konvexität 37
– Ursachen 323ff
– von Swaps 321ff
– negative Konvexität 184
Konvexitäts-Adjustment 328, 331, 337ff
Korrelation 228, 252f
Korrelationsanalyse 228
Korrelationskoeffizient 229, 252f
Korrelationsrisiko 210, 215, 230, 252
Kreditrisiko 209
Kuponeffekt 131ff, 196

Letras del Tesoro 17
Lending Fee 140
Libor 6
LIFFE 91ff
Liquiditätsrisiko 215
London Clearing House 92
Long-Gilt-Future 103ff
– Optionen 106f

Matador Anleihen 18
Maintenance Level 73, 407
Margin 69ff, 107, 407
– Berechnung 73ff
– Einfluß auf Arbitrage 233
– Einfluß auf Hedge Ratio 231, 349f
– Einfluß auf Futurepreis 149ff
– für Non Spread-Positionen 73f
– für Optionen 77
– für Spread-Positionen 75ff
– für Terminkontrakte 71ff
– Sicherheiten 81f
Margin Call 73, 407
Margrabe 154
Market Maker 19, 22, 50f
Mark to the Market 72, 407
Matador Anleihen 18

Mercato Telematico 16
Mid Curve Optionen 96, 99, 118
Municipal Bonds 23

NOB-Spread 407
Nochgeschäft 42, 407
Non-Clearing-Member 54, 407

OAT's 14
Obligationes del Estado 17
Open Interest 334, 407
Open Outcry 91
Optionen
- auf Bobl-Future 61ff
- auf Bund-Future 59f
- auf Euribor-Future 67f, 95f
- auf Euro-Dollar-Future 116ff
- auf Euro-Yen-Future 121f
- auf Long-Gilt-Future 106f
- auf Schatz-Future 65f
- auf Schweizer-Franken Future 102f
- auf Sterling-Future 98ff
- auf Treasury-Bond-Future 110ff
- auf Treasury-Note-Future 113f
- Ausübung 82ff, 107
- Bewertung nach Black-Sholes 154
- Bewertung nach Margrabe 154
- Flexible Options 112f
- Optimierung eines Hedges 259ff
- Optionsähnliche Positionen erzeugt durch Variation Margin 352ff
- Mid Curve Optionen 96, 99, 118
- Minor Switch Option 166
- New Issue Option 153f
- Qualitätsoption 152ff
- Seller's Option 151ff
- Shift Option 152f
- Switch Option 153, 165
- Wild Card Option 165ff
- Zeitoption 161ff
- Zinsoption 161f
Optionsgeschäfte 42
Orderarten (Eurex) 86ff
Overcollateralisation 141

Pagarés de Empresa 17
Pagarés del Tesoro 17
Par 407
Par-Kupon-Raten 191ff, 319
Perturbationsanalyse 227f
Pfandbriefe 11
Plain-Vanilla-Produkt 407
Prämiengeschäfte 42
Preisfaktor 85, 104, 109, 123, 126ff
Put 397
Put-Call Parity 399

Realzinsrisiko 214
Regressor 228
Regressand 228
Regression 228f
- Bestimmtheitsmaß 229, 253
- linear 228f
Regressionskoeffizient 228
Rendite des Futures 179ff
Rente 6
Rentenmärkte 1, 6ff
Rentenbarwertformel 128, 132
Rentenmarkt 1ff
Repurchase Agreement (Repo) 140ff
- Overnight Repo 141
- Term Repo 141
- Repo Rate 140
Reversal 399
Reverse Cash and Carry Arbitrage 279ff, 407
Risk Based Margin 79
Router 52ff, 407

Samurai Bonds 25
Schatzwechsel 9
Schweizer-Franken-Future 100f
- Optionen 102f

Sektor Risiko 210
Seller's Option 151ff, 407
– Minor Switch Option 166
– New Issue Option 153f
– Qualitätsoption 152ff
– Shift Option 152f
– Switch Option 153, 165
– Wild Card Option 165ff
– Zeitoption 161ff
– Zinsoption 161f
Sensitivität 301, 304, 408
Serial Month 94, 115, 117, 408
Settlement Preis 408
Shibosai Anleihen 25
Schatz Future 63ff
– Optionen 65f
Shogun Anleihen 25
Simple Yield to Maturity 26
Spot Rate 316, 408
Spread 285
– Basisrisiko 294f
– Cross Currency Spread 289, 292
– Effekt der Carry 295
– Intrakontrakt Spread 286ff
– Interkontrakt Spread 288ff
– Preisspread 289, 291
– Renditespread 289, 291
– Renditestruktur Spread 289ff, 384f
– TED-Spread 385
– Wechselkursrisiko 208, 301
Spread Ratio 286, 288, 290, 384ff
– Anpassung 291
Sterling-Future 97f
– Optionen 98ff
Stock 408
Strip Rate 314
Stub-Period 372, 408
Stub-Rate 408
Sushi Bonds 25
Swap
– Absicherung 267, 362ff
– Arbitrage 382f
– Bewertung 316ff
– Durations-Hedge 267
– Nachbildung mit Future Strip 362
– Nachbildung mit FRA's 382
– Berechnung von Swap-Raten 316ff
synthetische Instrumente 394ff, 399

Tail 231, 350, 408
Tailing Factor 232, 350, 408
Tailing the Hedge 231ff, 349ff, 409
TEC 10 Bond 10
TED-Spread 385ff
– Berechnung 386, 388f
– kurzfristig 386
– langfristig 387ff
Termineinwand 42ff
Termingeschäfte 41f
Tick 409
Time Spread 286ff, 384, 409
Tokio Stock Exchange (TSE) 122ff
Trading 282ff
– Basis Trading 295ff
– Preisspread 289, 291
– Renditespread 289, 291
– Renditestruktur Spread 289ff, 384f
– Intrakontrakt Spread Trading 286ff, 384
– Interkontrakt Spread Trading 288ff, 384f
– Long 282f, 383
– Short 283f, 383
– Long the Basis 296
– Short the Basis 297ff
– Spread Trading 285ff, 383ff
Treasury Bills 21, 23, 25, 409
Treasury Bonds 24f
Treasury-Bond-Future 108ff
– Optionen 110ff
Treasury Notes 24f
Treasury Note Future 113f
– Optionen 113f
Treuhandanleihe 10

Durch den Kauf eines Future-Strips, in Kombination mit einer Geldmarkteinlage bis zum letzten Handelstag des ersten Kontraktes, kann eine längere Geldmarkteinlage synthetisch getätigt werden.[1]

Drei-Monats-Futures lassen sich auch synthetisch durch die Kombination von langfristigen Zinsterminkontrakten mit verschiedenen Kontraktmonaten darstellen. Der Kauf eines Anleihefutures im Front-Monat und der Verkauf eines Kontraktes im entferntliegenden Monat (z.B. Kauf März, Verkauf Juni) stellt synthetisch den Kauf eines Dreimonats-Futures dar. Um nämlich eine Long-Position im Front-Monat und eine gleichzeitige Short-Position im Back-Monat in eine Arbitrageposition umzuwandeln, müßte ein Dreimonats-Future verkauft werden. Solange dies nicht geschehen ist, ist man diesen Future long.

Das waren bei weitem noch nicht alle Möglichkeiten, Instrumente synthetisch darzustellen. Diese Beispiele sollten jedoch dem Leser Anregungen geben und eine Hilfe sein bei der Erzeugung einer seinen Bedürfnissen entsprechenden synthetischen Position.

1 *Oberhofer, G.D.:* (Rate Risk Management), S. 82.

10. Optionen auf Zinsterminkontrakte und Anwendungsmöglichkeiten

Optionen bieten ein äußerst breites Spektrum an Anwendungsmöglichkeiten. In den folgenden Kapiteln werden einige für den Zinsbereich spezifische Anwendungsmöglichkeiten dargestellt.

10.1 Optionen auf kurzfristige Zinsterminkontrakte

10.1.1 Calls und Puts

Eine Call Option auf einen kurzfristigen Zinsterminkontrakt profitiert von sinkenden Zinsen. Eine Option, die von einem Fallen der kurzfristigen Zinsen profitiert, ist ein Put auf diesen Zinssatz. Ein Call auf einen Zinsterminkontrakt ist somit ein Put auf den Zinssatz, der diesem Kontrakt zugrunde liegt. Ein Put auf einen Zinssatz wird als Floor bezeichnet. Floor deshalb, weil durch seinen Kauf ein Floor (Minimalzinssatz) garantiert wird; z.B. eine Minimalverzinsung einer Einlage mit variabler Verzinsung.[1]

Umgekehrt profitiert ein Put auf einen Future von steigenden Zinsen. Dieser Put auf den Future ist somit ein Call auf den entsprechenden Zinssatz. Ein Call auf einen Zinssatz wird auch Cap genannt. Durch den Kauf eines Caps kann z.B. ein Maximalzinssatz (auch Ceiling genannt) für eine Verbindlichkeit mit variabler Zinszahlung gesetzt werden.

Als zugrundeliegender Zinssatz wird sehr oft LIBOR genommen. Es sind aber auch andere Zinssätze möglich.

Optionen auf kurzfristige Zinsterminkontrakte sind Optionen auf den entsprechenden Zinssatz. Im Falle des Euro-Dollar-Futures z.B. sind es Optionen auf Dreimonats-Euro-Dollar-Einlagen. Da der Zinssatz im Future ein Forward-Zinssatz ist, sind es Optionen auf Forward-Zinssätze.

10.1.2 Anwendungsmöglichkeiten

Ist man mit den Anwendungsmöglichkeiten von Optionen etwas vertraut, so ist es nicht weiter schwierig, die Anwendungsmöglichkeiten von Caps und Floors bzw. von Optionen auf kurzfristige Futures zu verstehen. Diese An-

---

1 Vgl. *Haghani, V.J., Stavis, R.M.:* (Interest Rate Caps and Floors), S. 1.

wendungsmöglichkeiten (z.B. Collar, Corridor) sind nichts anderes als die üblichen Optionsstrategien, übertragen auf Zinssätze und mit einem anderen Namen versehen.[1]

Optionen können für Absicherungszwecke anstelle von Futures verwendet werden. Richtig eingesetzt, bieten sie denselben Schutz wie Terminkontrakte, lassen jedoch aufgrund der asymmetrischen Risikoverteilung die Möglichkeit offen, von steigenden bzw. fallenden Zinsen zu profitieren. Das folgende **Beispiel** wird das kurz verdeutlichen:

Ein Unternehmer weiß, daß er in drei Monaten für den Kauf von Anlagen einen Kredit in Höhe von € 70 Mio. aufnehmen muß. Er kann sich jedoch nur zu der in drei Monaten gelten LIBOR verschulden und ist besorgt, daß bis zu diesem Zeitpunkt die Zinsen steigen könnten. Der letzte Handelstag des Euribor-Futures liegt ebenfalls drei Monate entfernt. Eine Möglichkeit wäre eine Absicherung durch den Verkauf von 70 Euribor-Futures. Dies ist die beste Strategie, wenn der Unterehmer absolut sicher ist, daß die Zinsen steigen werden. Er möchte jedoch von eventuell sinkenden Zinsen profitieren. Seine Bank empfiehlt ihm daher den Kauf von Puts auf Euribor-Futures. Der Euribor-Future notiert zur Zeit bei 91,50. Die Bank empfiehlt ihm den Kauf von 70 Euribor-Puts mit einem Strike-Preis von 91,50 zum Preis von 0,69 Basispunkten. Die Kosten für die Absicherung von € 70 Mio. betragen somit: 70 x 25 x 69 = € 43125,00

Der Futurepreis von 91,50 beinhaltet einen Forward-Zinssatz von 8,5 %. Da seine Option am Geld ist (Strike: 91,50), sind diese 8,5 % zuzüglich der Kosten für den Put der Zinssatz zu dem er sich verschulden kann. Dieser Zinssatz beträgt somit: 8,5 % + 0,69 % = 9,19 %

Steigen z.B. die Zinsen bis zum Verfalltag auf 10 % (Future notiert dann bei 90), dann beträgt der Wert seines Puts 1,5. Sein Verschuldungszinssatz berechnet sich dann folgendermaßen:

10 % (aktueller Zins) – 1,5 % (Wert des Puts) + 0,69 % (Kosten für den Kauf des Puts) = 9,19 %

Wären die Zinsen statt zu steigen gefallen, so hätte der Unternehmer daran partizipieren können.

Durch den Kauf des Puts auf den Future in Kombination mit der Short-Zins-Position hat der Käufer eine Position, die identisch zu einem Call auf den Future ist. Der Unternehmer sollte sich jetzt fragen, ob er eine Meinung zur aktuellen Zinsentwicklung am Markt hat. Konkreter: Diese Position ist für ihn nur dann sinnvoll, wenn er überzeugt davon ist, daß die Zinsen sinken. Die Absicherung mit dem Put muß für den Unternehmer nicht unbedingt sinnvoll sein. Meistens wird als Argument angeführt, daß das Risiko nach unten begrenzt ist, während er unbegrenztes Profitpotential hat. Es findet hier je-

1 Bei der Bewertung von solchen Optionen können jedoch starke Unterschiede zu der Bewertung von herkömmlichen Optionen auftreten.

doch nur eine Verlagerung des Risikos statt. Das Risiko besteht jetzt in dem möglichen Verlust der Optionsprämie. Verkauft man dem Unternehmer einen Put, wäre dies dasselbe, als wenn man ihm sagen würde: Die Zeiten sind günstig, kaufen Sie einen Call. Der Unternehmer sollte sich jetzt unabhängig von den Bankberatern überlegen, ob er unter der gegebenen Marktsituation einen Call kaufen würde. Wenn ja, dann ist das gut für ihn. Wenn nein, dann sollte er diesen Call (gleicher Strikepreis wie der Put) zusätzlich zu dem Kauf des Puts verkaufen. Er hätte dann seinen Fremdfinanzierungszinssatz fixiert.

Die Cost of Carry liegt für den Euribor-Future bei Null. Der Call am Geld muß daher denselben Wert haben wie der Put am Geld. Der Verkauf des Calls bewirkt, daß für die Absicherung keine Kosten entstehen. Diese Optionskombination stellt eine synthetische Short Future und somit Long-Zins-Position dar.[1] Zusammen mit der ursprünglichen Short-Zins-Position ergibt dies eine Conversion (im Future) bzw. Reversal (von der Zinsposition her gesehen). Als Endresultat wurde ein Finanzierungszinssatz von 8,5 % fixiert. Das gleiche Resultat hätte auch durch den Verkauf von Futures (anstelle der Optionen) erzielt werden können.

Wäre diese Strategie mit Caps und Floors[2] durchgeführt worden, hätte das Resultat der Optionspositionen (Kauf Cap und Verkauf Floor mit gleichem Basispreis) auch durch den Eintritt in einen Swap erzielt werden können, bei dem man fix zahlt und variabel erhält. Wäre man in diesen Swap eingetreten, anstelle eine Optionsposition aufzubauen, wäre der Zinssatz ebenfalls fixiert worden.

Von hier ist es nur noch ein Schritt zu der Cap-Floor Swap Parity. Dies ist nichts anderes als die bekannte Put-Call Parity, auf Zinsoptionen übertragen: Long Cap + Short Floor = Fixed Swap.[3] Die Position Long Cap und Short Floor ist nichts anderes als eine synthetische Long-Position bezüglich eines Zinssatzes (z.B. LIBOR). Die gegenläufige Short-Position könnte durch einen Swap etabliert werden, bei dem man fix erhält und variabel zahlt (Receiver Swap).

Die Absicherung einer zukünftigen Einlage verläuft analog, mit dem Unterschied, daß die Vorzeichen umgedreht werden; d.h., statt des Puts kauft man jetzt den Call.

Einen großen Vorteil gegenüber einer Absicherung mit Futures haben Optionen, wenn der Unternehmer sich nicht sicher ist, ob er sich zu dem zukünftigen Zeitpunkt verschulden muß oder nicht. Bei einem Kauf von Optionen ist er für den Fall einer Kreditaufnahme abgesichert. Muß er keinen Kredit aufnehmen, so besteht sein maximales Risiko in dem Verlust der Optionsprämie.

---

1 Diese synthetische Position kann selbstverständlich auch mit Optionen aufgebaut werden, deren Strikepreise sich nicht am Geld befinden.

2 Bei Caps und Floors ist zu beachten, daß es sich hier in der Regel nicht um eine einzelne Option handelt, sondern um einen Strip von Optionen mit verschiedenen Laufzeiten.

3 Vgl. *Bhattacharya, A.K., Breit, J.:* (Interest Rate Risk Agreements), S. 1182.

Bei einem Verkauf von Futures hat er dagegen wesentlich höheres Risiko[1] für den Fall, daß er den Kredit nicht aufnehmen muß.

Eine häufig verwendete Strategie ist der sogenannte *Collar*. Ein Collar stellt eine Kombination aus Cap und Floor dar. Ein Collar wird gekauft, wenn der Cap gekauft und der Floor verkauft wird.[2] Umgekehrt wird der Collar verkauft, wenn der Cap verkauft und der Floor gekauft wird. Hier ist jedoch zu beachten, daß Cap und Floor unterschiedliche Basispreise haben. Der Collar hat den Effekt, daß in Kombination mit einer entsprechenden Long- bzw. Short-Position eine Bandbreite um einen Zinssatz gelegt wird. Dem Zins wird ein Collar (Kragen, Halsband) angelegt. Das mag sich vielleicht etwas verwirrend anhören, ist jedoch sehr einfach. Die Gesamtposition entspricht nämlich einem einfachen Bull bzw. Bear Spread. Die Finanzierung der Absicherung erfolgt bei dieser Strategie durch eine teilweise Aufgabe des Gewinnpotentials.

Ein Collar wird oft mit dem Argument verkauft, daß die Absicherung mit Optionen u.U. teuer sein kann. Durch den Verkauf einer anderen Option sollen diese Kosten vermindert werden. In dem obigen Beispiel hätte man einen Collar, wenn man zusätzlich zu dem Kauf des Puts einen Call mit einem höheren Basispreis verkaufen würde. Durch den Verkauf des Calls werden die Kosten für den Kauf des Puts vermindert. Solange sich die Kurse innerhalb der beiden Strike-Preise bewegen, betragen die Kosten für die Absicherung Put minus Call. Das Profit-Loss-Profil einer Kombination aus Collar plus der Short-Zins-Position (indirekt Long Future), entspricht entspricht dem Profit-Loss-Profil eines Bull Spreads mit dem Future als Underlying.

Der Collar ist nicht zwansgsläufig deshalb eine gute Strategie, weil durch den Verkauf der zweiten Option die Kosten der Absicherung vermindert werden. Vielmehr sollte sich wie im ersten Beispiel der Investor fragen, ob eine derartige Position unter der gegebenen Marktsituation erwünscht ist. Der Collar ist in diesem Beispiel daher nur dann sinnvoll, wenn die Marktmeinung besteht, daß die Zinsen leicht fallen werden. Ansonsten ist eine andere Form der Absicherung sinnvoller.

Eine weitere Absicherungsvariante ist der sogenannte Interest Rate *Corridor*. Hier sollen die Kosten des Kaufs des Caps durch den Verkauf eines weiteren Caps mit einem höheren Strike-Preis vermindert werden. Ein Corridor kann selbstverständlich auch aus einer Kombination von Floors bestehen. In jedem Fall ist der Corridor für sich gesehen entweder eine Bull- oder Bear-Spread-Position. In Kombination mit einer Long- bzw. Short-Position besteht der Schutz nur innerhalb der Strike-Preise. Im obigen Beispiel würde zusätzlich zu dem Kauf des Puts ein zweiter Put mit einem niedrigeren Basispreis ver-

1 Streng genommen ist auch hier das Risiko begrenzt, da der Future nicht über Hundert steigen kann (Zins kann nicht unter Null fallen). Das Risiko ist jedoch ungleich höher als bei dem Einsatz von Optionen.

2 Vgl.*Schwartz, R.J., Smith, C.W.:* (Risk Management), S.256.

kauft werden. Die urspüngliche Short-Position im Zins bleibt somit bestehen, mit dem Unterschied, daß die Position zwischen den beiden Basispreisen abgesichert ist.

10.2 Optionen auf langfristige Zinsterminkontrakte

Mit Optionen auf langfristige Zinsterminkontrakte können dieselben Positionen eingegangen werden wie bei Optionen auf kurzfristige Zinsterminkontrakte. Dies betrifft sowohl Trading-Positionen, Arbitragestrategien als auch Absicherungsstrategien wie z.B. Collars, Corridors oder Kauf von Calls und Puts.

Diese Optionen stellen eine Alternative zu einer Absicherung mit Futures dar, z.B. bei der Absicherung von Anleiheportefeuilles, von zukünftigen Einzahlungen bzw. Auszahlungen oder von Anleiheemissionen. Im Prinzip verläuft die Absicherung analog zu den in den letzten Kapiteln geschilderten Absicherungen.

Zur weiteren Vertiefung dieses Themas sei dem interessierten Leser folgende Literatur empfohlen:

McMillan, L.G.: Options as a Strategic Investment.
Hull, J.: (Options, Futures), Kapitel 8: Hedging Positions in: Options, Futures and Other Derivatives S. 177–193.
Stoll, H.R., Whaley, R.E.: (Futures & Options).
Brauer, S.J. Goodman, L.S.: (Hedging with Options), S.265–294.

Glossar

ACI: Financial Markets Association.

AFW: Ausgleichsfonds Währungsumstellung

APT: Computerisiertes Handelssystem, das die Prinzipien des open outcry am Bildschirm simuliert.

Arbitrage: Ausnutzen von Kursungleichgewichten zur Erzielung eines risikolosen Gewinnes.

Ask(ed): Brief, Angebot.

Back Month: Kontraktliefermonat, der dem Front Month folgt.

Banker's Acceptance: Handelswechsel, gezogen auf eine Bank.

Basis: Kurzfristige Zinsterminkontrakte: Differenz zwischen dem im Future impliziten Forward-Zins und dem aktuellen Dreimonatszinssatz. Langfristige Zinsterminkontrakte: Differenz zwischen dem Kassapreis der Anleihe und dem mit dem Preisfaktor multiplizierten Futurepreis.

Basis Point: Basispunkt, 0,01 Prozent.

Basis Point Value: Wertveränderung einer Anleihe bei einer Renditeveränderung um einen Basispunkt. Wird häufig als Maß für die Zinsreagibilität einer Anleihe bei der Berechnung des Hedge Ratios verwendet.

Basisrisiko: Risiko, daß sich Future und abzusicherndes Instrument nicht analog verhalten.

Basis Trading: Spekulation auf Veränderung der Basis des Futures.

Batch Run: Stapelverarbeitung.

BBAISR: Referenzzinssatz der British Bankers Association.

Bid: Geld, Nachfrage.

Bobl-Future: Zinsterminkontrakt auf Bundesobligationen und Schatzanweisungen.

Bonos-Future: Future auf spanische Staatsanleihen.

Break-Even Swap-Rate: Der theoretisch faire Zinssatz für die fixe Seite des Swaps. Wird zu diesem Zinssatz ein Swap arbitriert, fällt weder ein Gewinn noch ein Verlust an.

Bund-Future: Zinsterminkontrakt auf deutsche Bundesanleihen.

Cap: Call auf einen Zinssatz. Durch den Kauf eines Caps kann z.B. ein Maximalzinssatz (Ceiling) für eine Verbindlichkeit mit variabler Verzinsung festgesetzt werden.

Cash and Carry Arbitrage:	Form der Arbitrage. Besteht im Kauf von Anleihen und gleichzeitigem Verkauf der entsprechenden Anzahl an Futures.
Cedel S.A.:	Aufbewahrungsstelle und Clearing-Gesellschaft für Wertpapiertransaktionen mit Sitz in Luxemburg.
Certificates of Deposit (CD's):	Verbriefte und fungible Termineinlagen.
Cheapest to Deliver:	Die Anleihe, die bei Lieferung in den Future den höchsten Ertrag abwirft.
Clearing:	Positionsführung, Abrechnung und Abwicklung der Transaktionen. Aufrechnung und Verrechnung der Forderungen der Clearing-Mitglieder. Übernahme des Ausfallrisikos, falls ein Marktteilnehmer seinen Verpflichtungen nicht nachkommen kann.
Clearing House:	Organisation, die für jeden Geschäftsabschluß an einem Financial Futures Markt als Kontraktpartner zwischen Käufer und Verkäufer tritt und die Aufgabe einer zentralen Abwicklungsstelle übernimmt.
Collar:	Kombination aus Cap und Floor.
Collateral:	Sicherheit, Pfand. Instrument das bei einer bestimmten Transaktion (z.B, Repo) als Sicherheit hinterlegt wird.
Communication Server:	Kommunikationsrechner.
Corridor:	Kauf eines Caps mit niedrigem Strike-Preis und Verkauf eines Caps mit höherem Strike-Preis.
Corporate Bills:	Schatzwechsel, ausgegeben von Körperschaften.
Cross Hedge:	Absicherung von Instrumenten, die dem Future nicht zugrunde liegen.
Delta:	Gibt an, wie stark eine Position auf Bewegungen des Underying reagiert. Die Änderung des Optionspreises für eine gegebene Änderung des Preises des Underlying.
Deltaneutrale Position:	Position, die gegenüber Bewegungen im Underlying nicht sensitiv ist.
Direct-Clearing-Mitglied:	Clearing-Mitglieder, die nur im eigenen Auftrag und im Auftrag von Kunden handeln dürfen.
Dirty-Spot-Price:	Kassapreis einer Anleihe inklusive Stückzinsen.
Diskontsatz:	Zinssatz, den die Bundesbank beim Ankauf von Wechseln berechnet.
Duration:	Eine Maßzahl für die Preisreagibilität einer Anleihe in bezug auf Renditeänderungen.
EONIA:	Euro Overnight Index Average.
EURIBOR:	European Interbank Offered Rate.
Euroclear:	Clearing-Gesellschaft für Wertpapiertransaktionen mit Sitz in Brüssel.

Euro-Dollars: Dollarguthaben, die von US-Banken und anderen Institutionen außerhalb der Vereinigten Staaten gehalten werden.

Exchange Delivery Settlement Price (EDSP): Abrechnungspreis zur Ermittlung des Andienungsbetrages. Wird nach demselben Verfahren bestimmt wie der tägliche Settlementpreis, der zur Bewertung der offenen Positionen verwendet wird, jedoch zu einer anderen Uhrzeit.

Ex-Dividend Period: Im englischen Sprachgebrauch: Zeitraum zwischen dem Zeitpunkt der Trennung des Kupons von der Anleihe und dem Zeitpunkt der Kuponzahlung. Wird eine Anleihe während der Ex-Dividend-Periode gekauft, so muß der Käufer zwar keine Stückzinsen bezahlen, anderseits erhält er am Kuponzahlungszeitpunkt *nicht* den Kupon. Nach dem Ex-Dividend-Datum (Zeitpunkt der Trennung des Kupons von der Anleihe) notiert die Anleihe somit bis zum nächsten Kupontermin mit einem negativen Stückzins. Ein Käufer wird daher als Ausgleich einen etwas niedrigeren Kaufpreis zahlen.

FBE: Fédération Bancaire de L'Union Européenne.

Federal Funds: Tagesgeld.

Federal Reserve System: Zentralbanksystem der Vereinigten Staaten.

Fed Wire: Elektronisches Clearing-, Kommunikations- und Übertragungssystem der Federal Reserve (FED), das für die Abrechnung und Transaktionen in Staatspapieren und Federal Funds benutzt wird.

First Stub-Period: Periode bis zum Settlement Date des ersten Futures.

Fixing: Ermittlung eines Referenzzinssatzes für ein bestimmtes Produkt wie z.B. Swap oder FRA.

Floating-Rate Note: Schuldverschreibung mit variabler Verzinsung.

Forward Contract: Zeitkontrakt, Termingeschäft ohne Standardisierung.

Forwardpreis: Preis, zu dem man ein Wertpapier oder Ware an einem bestimmten Zeitpunkt in der Zukunft kaufen bzw. verkaufen kann.

Forward-Rate Agreement (FRA): Der Käufer eines FRA erhält am Fälligkeitstag die positive Differenz zwischen einem Referenzzinssatz (z.B. LIBOR) und dem beim Kauf vereinbarten FRA-Zinssatz, diskontiert mit dem Referenzzinssatz über den Zeitraum des FRA's

Forward-Zinssatz (Forward-Rate): Zinssatz, zu dem ein Anleger an einem bestimmten Zeitpunkt in der Zukunft Geld aufnehmen bzw. anlegen kann.

Front Month:	Der nächstliegende Kontraktliefermonat des Futures.
Future-Strip-Rate:	Ertrag, der realisiert werden kann, wenn Geld zu der LIBOR mit Fälligkeit des naheliegenden Kontraktes angelegt wird und der Ertrag aus diesem Geschäft alle drei Monate mit dem in der Sequenz der Futurepreise impliziten Zinssatz aufgezinst wird.
General-Clearing-Mitglied:	Clearing-Mitglieder, die berechtigt sind, im eigenen Auftrag sowie im Auftrag für Kunden und Börsenteilnehmer ohne Clearing-Mitgliedschaft tätig zu werden.
Give-Up-Trade:	Ein Geschäft wird von einem Börsenteilnehmer ausgeführt (execution) und dann auf einen zweiten Börsenteilnehmer übertragen. Der zweite Börsenteilnehmer übernimmt dann das Settlement und Clearing des Geschäftes.
Hedger:	Marktteilnehmer, der Positionen absichert.
Hedge Ratio:	Anzahl an Kontrakten, die benötigt werden, um eine Kassaposition abzusichern.
Hedging:	Absichern von Positionen.
Host:	Zentralrechner der Eurex.
IMM:	International Monetary Market Division der Chicago Mercantile Exchange (CME).
IMM-Dates:	Zeitpunkte die auf den Fälligkeiten von Money Market Futures liegen.
Implied Forward Yield:	Implizite Forward-Rendite des Futures.
Implied Repo Rate:	Gibt die prozentuale annualisierte Rendite an, wenn die Kassaanleihe gekauft und der Future verkauft wird, die Anleihe bis zum Kontraktliefertag gehalten und dann als Erfüllung der Verpflichtung in den Future geliefert wird.
Initial Margin:	Sicherheitsleistung, die beim Eingehen einer Position zu hinterlegen ist.
JGB-Future:	Future auf japanische Staatsanleihen.
Konvexität:	Zweite Ableitung der Preis-Rendite-Funktion. Maßzahl für die Änderung der Dollar Duration einer Anleihe.
Lombardsatz:	Zinssatz für den Kredit, den die Bundesbank gegen Verpfändung von Wertpapieren in Rechnung stellt; liegt über dem Diskontsatz.
Long:	Long-Position, Käufer, Haussier, Wertpapier im Besitz des Inhabers.
Long-Position:	Position, bei der Wertpapiere, Futures oder Optionen gekauft werden.
Long-Gilt-Future:	Future auf britische Staatsanleihen.
Long Hedge:	Absicherung gegen steigende Preise.

Maintenance Level: Mindestniveau für eine Sicherheitsleistung.

Margin: Sicherheitsleistung.

Margin Call: Aufforderung, einen Nachschuß zu leisten.

Market Maker: Marktteilnehmer, der die Verpflichtung hat, auf Anfrage verbindliche Geld- und Briefkurse zu stellen.

Mark to the Market: Tägliche Bewertung von Positionen.

NOB-Spread: Note over Bond Spread. Spread zwischen Treasury-Note-Future (10 Jahre) und Treasury-Bond-Future (30 Jahre). Kann auch über Anleihen gehandelt werden. Spread ist sensitiv gegenüber Änderungen der Zinskurve.

Nochgeschäft: Termingeschäft, das mit einem Nachforderungs- bzw. Nachlieferungsrecht verbunden ist.

Non-Clearing-Member: Börsenteilnehmer ohne Clearing-Mitgliedschaft.

Offer: Brief, Angebot.

Par: Auch Pari. Nominalwert einer Anleihe, 100 % des Nominalwerts.

Plain Vanilla Produkt: Bezeichnung für ein Produkt (z.B. Swap) das relativ einfach aufgebaut ist (Standard) und keine besonderen Merkmale enthält.

Open Interest: Gesamtheit der für einen bestimmten Kontrakttyp zu einem gegebenen Zeitpunkt ausstehenden, d.h. noch nicht glattgestellten oder angedienten Kontrakte.

Over the Counter (OTC): Der OTC-Markt ist der Markt für Finanzinstrumente, die nicht an Börsen gehandelt werden.

Preisfaktor: Gleicht die verschiedenen lieferbaren Anleihen bezüglich des Kupons und der Restlaufzeit an.

Repo Rate: Zinssatz, der bei einem Repurchase Agreement anfällt.

Repurchase Agreement: Verkauf eines Wertpapiers mit der gleichzeitigen Verpflichtung, es zu einem bestimmten Zeitpunkt in der Zukunft zu einem bestimmten Preis zurückzukaufen.

Reuters: Nachrichtenagentur.

Reverse Cash and Carry Arbitrage: Form der Arbitrage. Besteht im Leerverkauf von Anleihen und gleichzeitigem Kauf der entsprechenden Anzahl an Futures.

Rollen einer Position: Schließen einer Position (meist am Laufzeitende, z.B. Future) und Eröffnen derselben Position im nächsten Kontratkmonat.

Router: Kommunikationsrechner, zuständig für die Fernübertragung von Daten.

Seller's Option: Recht des Inhabers der Short-Position im Future, die zu liefernde Anleihe zu bestimmen. Bei einigen Kontrakten umfaßt die Seller's Option auch das Recht, den Zeitpunkt der Lieferung zu bestimmen.

Sensitivität: Der in Geldeinheiten ausgedrückte Betrag den den man gewinnt oder verliert, wenn sich die Zinsen um einen Basispunkt verändern.

Settlement Preis: Der Börsen-, Bewertungs- und Abrechnungspreis, der börsentäglich ermittelt wird, um die offenen Positionen bei einem bestimmten Kontrakt zu bewerten. Er wird in der Schlußphase der Börsensitzung ermittelt.

Short: Leerverkauf, Leerverkäufer, Baissier.

Short Hedge: Absicherung gegen fallende Preise.

Short-Position: Position, bei der Wertpapiere, Futures oder Optionen leerverkauft werden.

Spot-Period: Periode bis zum letzten Handelstag des Front Month

Spot-Rate: Zinssatz am Kassamarkt.

Spread: Bandbreite. Optionsstrategie. Gleichzeitiger Kauf und Verkauf von zwei verschiedenen Kontrakten bzw. Futures.

Spread Ratio: Verhältnis, in dem Terminkontrakte bei einem Spread gehandelt werden.

Stack Hedge: Absicherung, die mit Hilfe von (zunächst) nur einem Kontraktmonat vorgenommen wird.

Stellagegeschäft: Kombination aus Vorprämien- und Rückprämiengeschäft. Der Käufer hat die Wahl bzw. die Verpflichtung eine der Positionen auszuüben. Er kann somit auf Hausse oder Baisse spekulieren.

Stock: Wertpapier. US: Aktie, Aktienkapital (Syn: capital stock), GB: (öffentliche oder private) Schuldverschreibung.

Strip Hedge: Hedge, bei dem die benötigte Anzahl an Futures über mehrere Kontraktmonate verteilt wird.

Serial Months: Bei kurzfristigen Zinsfutures: Kontrakte die zusätzlich zu den quartalsmäßigen Kontrakten notiert werden. Stehen meist am Anfang des Futurestrips.

Stub-Period: Periode von nicht standardisierter Länge, am Beginn oder am Ende eines Instrumentes oder Zeitraums mit periodischen Zeitintervallen. Z.B. Zeitraum bis zum ersten Fixing eines Swaps oder Zeitraum bis zum letzten Handelstag des Front Monats eines Futurestrips.

Stub-Rate: Zinssatz für die Stub-Period.

Tail: Differenz zwischen dem ursprünglichen Hedge Ratio und dem an die Variation Margin-Zahlungen angepaßten Hedge Ratio.

Tailing Factor: Dient der Anpassung des Hedge Ratios an Variation Margin-Zahlungen.

Tailing the Hedge: Anpassung des Hedge Ratios an mögliche Variation Margin-Zahlungen und sich daraus ergebende Zinsaufwendungen bzw. Zinserträge.

Tick: Kleinste mögliche Preisbewegung eines standardisierten Instrumentes.

Time Spread: Future: gleichzeitiger Kauf und Verkauf von verschiedenen Kontraktmonaten desselben Futures.

Treasury Bills: Schatzwechsel, die diskontiert vom Staat mit einer Laufzeit von meist 90 Tagen emittiert werden.

Underlying: Instrument, das einem anderen Instrument (z.B. Option, Terminkontrakt) zugrunde liegt.

User Device: Rechner der Börsenteilnehmer (an der Eurex) vor Ort.

Zero-(Kupon)-Rate: Zinssatz einer Anleihe oder Einlage, bei der keine zwischenzeitlichen (Kupon) Zahlungen erfolgen.

Literaturverzeichnis

Allen, S., Kleinstein, A. D.: Valuing Fixed Income Investments and Derivative Securities, New York 1991.
Allen, S., Kleinstein, A. D.: (Fixed Income Investments).

Anderson, T.J.: Currency and Interest Rate Hedging: A User's Guide to Options, Futures, Swaps and Forward Contracts, New York 1987.
Anderson, T.J.: (Currency and Interest Rate Hedging).

Anderson, K., Amero, S.: Scenario Anlalysis and the Use of Options in Total Return Portfolio Management, in: The Handbook of Fixed Income Options, hrsg. v. Fabozzi, F.J., Chicago 1989, S. 191–223.
Anderson, K., Amero, S.: (Scenario Analysis).

Arak, M., Goodman, L.: Treasury Bond Futures: Valuating the Delivery Options, in: Journal of Futures Markets 7, 1987, S.269–286.
Arak, M., Goodman, L.: (Delivery Options).

Arak, M., Goodman, L., Ross, S.: The Cheapest to Deliver Bond on the Treasury Bond Futures Contract, in: Advances in Futures and Options Research 1, Teil B, 1987.
Arak, M., Goodman, L.: (The Cheapest to Deliver).

Arak, M., Goodman, L., Snailer, J.: Duration equivalent Bond Swaps: A New Tool, Journal of Portfolio Management 12, Sommer 1986, S.26–32.
Arak, M., Goodman, L., Snailer, J.: (Duration equivalent Bond Swaps).

Asay, M., Edelsburg, C.: Can a Dynamic Strategy Replicate the Returns of an Option?, in: The Journal of Futures Markets 6, 1986, S.230–248.
Asay, M., Edelsburg, C.: (Strategy).

Bank of England: Gilts and the Gilt Market, Rview 1996/97, London Mai 1998.
Bank of England: (Gilt Review).

Bank of England: Changes To Gilt Market Trading Conventions, London Oktober 1998.
Bank of England: (Changes).

Barnhill, T.: Quality Options Profits, Switching Options Profits and Variation Margin Costs: An Evaluation of Their Size and Impact, in: Journal of Financial and Quantitive Analysis, 25:1, März 1990, S.65–86.
Barnhill, T.: (Options Profits).

Barnhill, T.: The Delivery Option on Forward Contracts: A Comment, Journal of Financial and Quantitive Analysis 23, 1988, S.343–349.
Barnhill, T.: (The Delivery Option).

Barnhill, T., Seale, W.: Optimal Exercise of the Switching Option in Treasury Bond Arbitrages, in: The Journal of Futures Markets, 8:5, Oktober 1988, S.65–86.
Barnhill, T., Seale, W.: (Switching Option).

Basler, H.: Grundbegriffe der Wahrscheinlichkeitsrechnung und Statistischen Methodenlehre, 9.Aufl., Heidelberg-Wien, 1986.
Basler, H.: (Wahrscheinlichkeitsrechnung).

Battley N. (Hrsg): The European Bond Markets, Berkshire 1997.
Battley N.: (The European Bond Markets).

Beidleman, C.R. (Hrsg.): Interest Rate Swaps, Homewood 1991, 2. Aufl.
Beidleman, C.R.: (Swaps).

Benninga, S., Smirlock, M.: An Empirical Analysis of the Delivery Option, Marking to Market and the Pricing of Treasury Bond Futures, in: The Journal of Futures Markets, 5:3, Herbst 1985, S.361–374.
Benninga, S., Smirlock, M.: (Analysis of the Delivery Option).

Berger, M.: Hedging: Effiziente Kursabsicherung festverzinslicher Wertpapiere mit Finanzterminkontrakten, Wiesbaden 1990.
Berger, M.: (Hedging).

Bestmann, U.: Börsen und Effekten von A-Z, Fachsprache der klassischen und modernen Finanzmärkte, Beck Verlag, München 1990.
Bestmann, U.: (Börsen und Effekten).

Bhattacharya, A.K.: Caps and Floors: Alternative Optional Interest Rate Protection Devices, in: The Handbook of Fixed Income Options, hrsg. v. Fabozzi, F.J., Chicago 1989, S.589–600.
Bhattacharya, A.K.: (Caps and Floors).

Bhattacharya, A.K., Breit, J.: Customized Interest Rate Risk Agreements and their Applications, in: The Handbook of Fixed Income Securities, hrsg. v. Fabozzi, F.J., 3. Aufl., Homewood 1991, S. 1157–1188.
Bhattacharya, A.K., Breit, I.: (Interest Rate Risk Agreements).

Bierwag, G.O.: Duration Analysis, Ballinger Publishing, Cambridge 1987.
Bierwag, G.O.: (Duration Analysis).

Bierwag, G.O.: Immunisation, Duration, and the Term Structure of Interest Rates, in: Journal of Financial and Quantitive Analysis 12, 1977, S.725–742.
Bierwag, G.O.: (Immunisation, Duration).

Bierwag, G.O., Kaufmann, G.: Coping with the Risk of Interest Rate Fluctuations: A Note, Journal of Business, 50:3, Juli 1977, S.364–370.
Bierwag, G.O., Kaufmann, G.: (Risk of Interest Rate Fluctuations).

Bierwag, G.O., Kaufmann, G., Khang, C.: Duration and Bond Portfolio Analysis: An Overview, in: Journal of Financial and Quantitive Analysis 13, 1978, S.617–658.
Bierwag, G.O., Kaufmann, G., Khang, C.: (Duration and Bond Portfolio Analysis).

Bierwag, G.O., Kaufmann, G., G., Latta, C.M.: Bond Portfolio Immunisation: Tests of Maturity, One- and Two Factor Duration Matching Strategies, in Financial Review 13, May 1987, S.203- 219.
Bierwag, G.O., Kaufmann, G., G., Latta, C.M.: (Bond Portfolio Immunisation).

Bierwag, G.O., Kaufmann, G., Toev, A.L.: Duration: Its Development and Use in Bond Portfolio Management, in: Financial Analysts Journal 39, July/August 1983, S. 15–35.
Bierwag, G.O., Kaufmann, G., Toev, A.L.: (Duration).

Black, Fischer, Myron Scholes: The Pricing of Options and Corporate Liabilities, in Journal of Political Economy, 81, May-June 1973, S.637–659.
Black, F., Scholes, M.: (Pricing of Options).

British Banker's Association: Euro BBA Libor, London 1998.
British Banker's Association: (Euro BBA Libor).

British Banker's Association: Instructions to BBA Libor Contributor Banks, London 1998.
British Banker's Association: (Instructions).

Board of Governors of the Federal Reserve System: Federal Reserve Glossary, Washington DC, 1985.
Federal Reserve: (FED, Glossary).

Blitz, J., Illhard, J.: Wertpapierleihe beim Deutschen Kassenverein, Die Bank, Heft 3, Frankfurt/M. 1990.
Blitz, J., Illhard, J.: (Wertpapierleihe).

Bookstaber, R.M.: Option Pricing and Investment Strategies, Probus Publishing, Chicago 1987.
Bookstaber, R.M.: (Option Pricing).

Bookstaber, R.: The Valuation and Exposure Management of Bonds with Imbedded Options, in: The Handbook of Fixed Income Securities, hrsg. v. Fabozzi, F.J., Pollack, I.M., 2. Aufl., Homewood 1987, S.862–891.
Bookstaber, R.: (Valuation and Exposure Management).

Bosch, K.: Finanzmathematik, 2. Aufl., München 1990.
Bosch, K.: (Finanzmathematik).

Bosch, K.: Mathematik-Taschenbuch, 3. Aufl., München 1991.
Bosch, K.: (Mathematik).

Boyle, P.: The Quality Option and Timing Option in Futures Contracts, in: Journal of Finance, 44:1, März 1989, S. 101–113.
Boyle, P.: (The Quality Option and Timing Option).

Brauer, S.J. Goodman, L.S.: Hedging with Options, in: The Handbook of Fixed Income Options, Pricing, Strategies & Applications, hrsg.v. Fabozzi, F.J., Chicago 1989, S.265–293.
Brauer, S.J. Goodman, L.S.: (Hedging with Options).

Brooks, R: A Closed Form Equitation for Bond Convexity, in: Financial Analysts Journal, November-Dezember 1989.
Brooks, R: (Bond Convexity).

Brotherton-Ratcliffe,R., Iben, B.: Yield Curve Applications for Swap Products, in: Advanced Strategies, in: Financial Risk Management, Englewood Cliffs, 1993, S. 245–267.
Brotherton-Ratcliffe, Iben: (Yield Curve Applications).

Burghard, G., Belton, T., Lane, M., Luce, G., McVey, R.: Eurodollar Futures and Options, Chicago 1991.
Burghard, G., Belton, T., Lane, M., Luce, G., McVey, R.: (Eurodollar Futures).

Burghard, G., Lane, M., Papa, J.: The Treasury Bond Basis, Chicago 1989.
Burghard, G., Lane, M., Papa, J.: (Treasury Bond).

Burghard, G., Belton, T., Lane, M., Papa, J.: The Treasury Bond Basis, New York 1994, 2. Aufl..
Burghard, G., Belton, M., Lane, M., Papa, J.: (Treasury Bond).

Burghard, G., Hoskins, B.: A Question of Bias, in: Risk Magazine, March 1995, S. 63–69.
Burghard, G., Hoskins, B.: (A Question of Bias).

Büschgen, H.E.: Das kleine Börsen-Lexikon, o.O. 1987, 17.Aufl..
Büschgen, H.E.: (Börsen-Lexikon).

Büschgen, H.E.: Internationales Finanzmanagement, Frankfurt/M. 1986.
Büschgen, H.E.: (Finanzmanagement).

Büschgen, H.E.: Zinstermingeschäfte, Frankfurt/M. 1986.
Büschgen, H.E.: (Zinstermingeschäfte).

Coprano, E.: Finanzmathematik, München 1990, Verlag Vahlen.
Coprano, E.: (Finanzmathematik).

Chicago Board of Trade (CBOT): About the Eschange, Chicago 1999.
CBOT: (The Exchange).

Chicago Board of Trade (CBOT): Conversion Factors, Chicago 1994.
CBOT: (Conversion Factors).

Chicago Board of Trade (CBOT): Financial Instruments Guide, Chicago 1997.
CBOT: (Financial Instruments).

Chicago Board of Trade (CBOT): The Treasury Futures Delivery Prcess, Chicago 1998.
CBOT: (Delivery Process).

Chicago Board of Trade (CBOT): The Treasury Securities Cash Market, Chicago 1998.
CBOT: (Treasury Securities).

Chicago Board of Trade (CBOT): The Delivery Process in Brief: Treasury Bond and Treasury Note Futures, Chicago 1990.
CBOT: (Delivery Process in Brief).

Chicago Board of Trade (CBOT): Understanding the Delivery Process in Financial Futures, Chicago 1980.
CBOT: (Understanding the Delivery Process).

Chicago Board of Trade (CBOT): US Treasury Bond Futures, Chicago 1999.
CBOT: (T-Bond Futures).

Chicago Mercantile Exchange (CME): CME Contract Specifications for Interest Rate Futures and Options, Chicago 1999.
CME: (Contract Specifications).

Chicago Mercantile Exchange (CME): What's new in CME interest rates? Bundles up. New developments in the Eurodollar Futures Strip, Chicago 1999.
CME: (Bundles Up).

Chicago Mercantile Exchange (CME): Chicago Mercantile Exchange, The Exchange of Ideas, Chicago 1999.
CME: (Exchange of Ideas).

Cohen, H.: Isolating the Wild Card Option, in: Mathematical Finance 5 (2), S. 155–166.
Cohen, H.: (Wild Card Option).

Cordero, R.: Risiko Management mit Optionen, Bern-Stuttgart, 1989.
Cordero, R.: (Risiko Management).
Cox, J.C., Rubinstein, M.: Options Markets, Englewoods Cliffs 1985.
Cox, J.C., Rubinstein, M., (Options Markets).
Cox, J.C., Ingersoll, J.C., Ross, S.A.: A Theory of the Term Structure of Interest Rates, in: Econometrica 53, 1985, S.385–407.
Cox, J.C., Ingersoll, J.C., Ross, S.A.: (Term Structure of Interest Rates).
Cox, J.C., Ingersoll, J.C., Ross, S.A.: Duration and the Management of Basis Risk, in: Journal of Business 52, 1979, S.51–61.
Cox, J.C., Ingersoll, J.C., Ross, S.A.: (Duration and Basis Risk).
Cox, J.C., Ingersoll, J.C., Ross, S.A.: The Relation between Forward Prices and Futures Prices, in: Journal of Financial Economics 9, 1981, S.321–345.
Cox, J.C., Ingersoll, J.C., Ross, S.A.: (Relation).
Cucchissi, P.G., Tuffli, R.M.: Swaptions Applications, in: Interest Rate Swaps, hrsg.v. Beidleman, C.R., Homewood 1991, S. 188–213.
Cucchissi, P.G., Tuffli, R.M.: (Swaptions Applications).
Das, S.: Swap Financing, Interest Rate and Currency Swaps, LTFX, FRA's, Caps. Floors and Collars: Structures Pricing, Applications and Markets, London 1989.
Das, S.: (Swap Financing).
Dattatreya, R.E.: Active Total Return Management of Fixed-Income Portfolios, Prudential Bache Capital Funding, Chicago 1988.
Dattatreya, R.E.: (Return Management).
Dattatreya, R.E.: Fixed Income Analytics: State of the Art Debt Analysis and Valuation Modeling, hrsg. v. Dattatreya, R.E., Chicago 1991.
Dattatreya, R.E.: (Fixed Income Analytics).
Deutsche Bundesbank: Monatsberichte der Deutschen Bundesbank, September 1998, Frankfurt/M. 1998.
Deutsche Bundesbank: (Monatsbericht).
Deutsche Bundesbank: Kapitalmarktstatistik September 1998 (Statistisches Beihefte zum Monatsbericht), Frankfurt/M. 1998.
Deutsche Bundesbank: (Kapitalmarktstatistik).
Deutsche Bundesbank: Der Markt für deutsche Bundeswertpapiere, Frankfurt/M. 1998.
Deutsche Bundesbank: (Bundeswertpapiere).
Deutsche Bundesbank: Der verbriefte Geldmarkt in Deutschland, in: Deutsche Bundesbank Monatsbericht Oktober 1997, Frankfurt/M. 1997.
Deutsche Bundesbank: (Verbriefter Geldmarkt).
Deutsche Terminbörse (DTB): Bund-Future, Frankfurt/M. 1990.
DTB: (Bund-Future).
Deutsche Terminbörse (DTB): Börsenordnung, Frankfurt/M. 1990.
DTB: (Börsenordnung).
Deutsche Terminbörse (DTB): Clearing-Bedingungen, Frankfurt/M. 1990.
DTB: (Clearing Bedingungen)
Deutsche Terminbörse (DTB): DTB Dialog, 1. Halbjahr 1990, Frankfurt/M. 1990.
DTB: (Dialog, 1/1990).
Deutsche Terminbörse (DTB): DTB Dialog, 2. Halbjahr 1990, Frankfurt/M. 1990.
DTB: (Dialog, 2/1990).
Deutsche Terminbörse (DTB): DTB Dialog, 1. Halbjahr 1991, Frankfurt/M. 1991.
DTB: (Dialog, 1/1991).
Deutsche Terminbörse (DTB): DTB Dialog, 2. Halbjahr 1991, Frankfurt/M. 1991.
DTB: (Dialog, 2/1991).
Deutsche Terminbörse (DTB): DTB Dialog, 1. Halbjahr 1992, Frankfurt/M. 1992.
DTB: (Dialog, 1/1992).
Deutsche Terminbörse (DTB): DTB Dialog, 2. Halbjahr 1992, Frankfurt/M. 1992.
DTB: (Dialog, 2/1992).
Deutsche Terminbörse (DTB): DTB Dialog, 1. Halbjahr 1993, Frankfurt/M. 1993.
DTB: (Dialog, 1/1993).
Deutsche Terminbörse (DTB): Geschäftsbericht 1991, Frankfurt/M. 1992.
DTB: (Geschäftsbericht 91).

Deutsche Terminbörse (DTB): Handelsbedingungen, Frankfurt/M. 1990.
DTB: (Handelsbedingungen).
Deutsche Terminbörse (DTB): Optionen auf den langfristigen Bund-Future, Frankfurt/M. 1991.
DTB: (Bund Optionen).
Deutsche Terminbörse (DTB): Rules & Regulations, Frankfurt/M. 1992.
DTB: (Rules & Regulations).
Dichtl, E., Issing, O.: Vahlens großes Wirtschaftslexikon, Bd.1&2, München 1990.
Dichtl, E., Issing, O.: (Wirtschaftslexikon).
Douglas, L.G.: Bond Risk Analysis: A Guide to Duration and Convexity, NY 1990.
Douglas, L.G.: (Bond Risk Analysis).
Edwards, F. R., Ma, C. W.: Futures and Options, New York, 1992.
Edwards, F. R., Ma, C. W.: (Futures and Options).
Eilenberger, G.: Lexikon der Finanzinnovationen, München 1990.
Eilenberger, G.: (Lexikon der Finanzinnovationen).
Eurex: Eurex Newsletter Nr. 1, Zürich/Frankfurt/M. Juli 1998.
Eurex: (Newsletter Juli 98).
Eurex: Eurex Newsletter Nr. 2, Zürich/Frankfurt/M. September 1998.
Eurex: (Newsletter Sept. 98).
Eurex: Eurex Newsletter Nr. 3, Zürich/Frankfurt/M. Oktober 1998.
Eurex: (Newsletter Okt. 98).
Eurex: Eurex Produkte, Zürich/Frankfurt/M. Januar 1999.
Eurex: (Eurex Produkte).
Eurex: Eurex Rundschreiben 18/99, Frankfurt/M. März 1999.
Eurex: (Rundschreiben 18/99).
Eurex: Risk Based Margining, Zürich/Frankfurt/M. April 1999.
Eurex: (Margining).
Europäische Zentralbank: Die einheitliche Geldpolitik in Stufe 3, Frankfurt/M. 1998.
Europäische Zentralbank: (Geldpolitik).
FBE/ACI: EURIBOR: Panel of Reference Banks. 1999.
FBE/ACI: EURIBOR: Panel of Reference Banks.
FBE/ACI: EURIBOR: Technical Features. 1999.
FBE/ACI: EURIBOR: Technical Features.
Fabozzi, F.J.: Fixed Income Mathematics, Chicago 1988.
Fabozzi, F.J.: (Income Mathematics).
Fabozzi, F.J.: Fixed Income Portfolio Strategies, Chicago 1989.
Fabozzi, F.J.: (Fixed Income Portfolios).
Fabozzi, F.J.: The Handbook of Fixed Income Securities, hrsg. v. Fabozzi, F.J., 3. Aufl., Homewood 1991.
Fabozzi, F.J.: (Handbook).
Fabozzi, F.J. (Hrsg.): The Handbook of Fixed Income Options, 3. Aufl., Chicago 1989.
Fabozzi, F.J.: (Fixed Income Options)
Fabozzi,F.J.: Stock Index Futures, Homewood 1984.
Fabozzi, F.J.: (Stock Index).
Fabozzi, F.J.: Winning the Interest Rate Game: A Guide to Debt Options, Probus Publishing, Chicago 1985.
Fabozzi, F.J.: (Interest Rate Game).
Fabozzi, F.J., Fabozzi, T.D.: Bond Markets, Analysis and Strategies, Prentice Hall, Englewood Cliffs, 1989.
Fabozzi, F.J., Fabozzi, T.D.: (Bond Markets)
Fabozzi, F.J., Pitts, M.: Interest Rate Futures and Options, Probus Publishing, Chicago 1990. Fabozzi, F.J., Pitts, M.: (Futures and Options).
Fabozzi, F.J., Zorb, F.G.: Handbook of Financial Markets, hrsg. v. Fabozzi, F.J., Zorb, F.G., Dow Jones Irwin, Homewood 1986.
Fabozzi, F.J., Zorb, F.G.: (Financial Markets).
Fabozzi, F.J., Wilson, R.S., Sauvin, H.C., Ritchie, J.C.: Corporate Bonds, in: The Handbook of Fixed Income Securities, hrsg. v. Fabozzi, F.J., 3. Aufl., Homewood 1991, S. 253–287.
Fabozzi, F.J., Wilson, R.S., Sauvin, H.C., Ritchie, J.C.: (Corporate Bonds).

Tokio Stock Exchange(TSE): Contract Specifications, Tokio 1999.
TSE: (Contract Specifications).

Toevs, A.L., Jakob, D.P.: Interest Rate Futures: A Comparison of Alternative Ratio Methodologies, Journal of Portfolio Management, Sommer 1986, S.60–70.
Toevs, A.L., Jakob, D.P.: (Interest Rate Futures).

Uhlir, H., Steiner, P.: Analyse anleihespezifischer Risiken, in: Zeitschrift für Betriebswirtschaft 53, 1983, S. 632–657.

Uszczapowski, I.: Optionen und Futures verstehen, Beck Verlag, München 1993, 2. A.
Uszczapowski, I.: (Optionen und Futures).

Wach, K.J.T.: Der Terminhandel in Recht und Praxis, Köln 1986.
Wach,K.J.T.: (Der Terminhandel)

Wakeman, L.W., Tuffli, R.M.: Integrating Interest Rate Derivative Products, in: Interest Rate Swaps, hrsg.v. Beidleman, C.R., Homewood 1991, S.346–358.
Wakeman, L.W., Tuffli, R.M.: (Derivative Products).

Welcker, J., Kloy, J.W.: Professionelles Optionsgeschäft – alles über Optionen auf Aktien, Renten, Devisen, Waren, Terminkontrakte, Zürich 1988.
Welcker, J., Kloy, J.W.: (Professionelles Optionsgeschäft).

Weil, R.C.: Macaulay Duration: An Appreciation, in: Journal of Business 46, 1973, S.589–592.
Weil, R.C.: (Macaulay Duration).

Whaley, R.: Valuation of American Futures Options: Theory and Empirical Tests, Journal of Finance, 41:1, März 1986, S. 127–150.
Whaley, R.: (Futures Options).

Yawitz, J.B.: The Relative Importance of Duration and Yield Volatility on Bond Price Volatility, in: Journal of Money, Credit and Banking 9, 1977, S.97–102.
Yawitz, J.B.: (Importance of Duration)

Yawitz, J.B., Hempel, G.H., Marshall W.J.: The Use of Average Maturity as a Risk Proxy in Investment Porfolios, in: Journal of Finance, Mai 1975, S.325–333.
Yawitz, J.B., Hempel, G.H., Marshall W.J.: (Average Maturity).

Yawitz, J.B., Kaufhold, H., Macirowski, T., Smirlock, M.: The Pricing and Duration of Floating-Rate Notes, Sommer 1987, S.49–56.
Yawitz, J.B., Kaufhold, H., Macirowski, T., Smirlock, M.: (Floating-Rate Notes).

Yawitz, J.B., Marshall W.J.: The Shortcoming of Duration as a Risk Measure for Bonds, in: The Journal of Financial Research, Vol. IV, Nr. 2, 1981, S.91–102.
Yawitz, J.B., Marshall W.J.: (Shortcoming of Duration).

Yawitz, J.B., Marshall, W.J.: The Use of Futures in Immunized Portfolios, Journal of Portfolio Management, Winter 1985, S.51–58.
Yawitz, J.B., Marshall, W.J.: (Use of Futures)

Yawitz, J.B., Marshall, W.J.: Strategies for Managing Bond Portfolios Using Futures and Options, Financial Strategies Group – Goldman Sachs, 2. Aufl. März 1987.
Yawitz, J.B., Marshall, W.J.: (Managing Bond Portfolios)

Veale, S.R.: Bond Yield Analysis: A guide to predicting bond returns, New York Institute of Finance, New York, 1988.
Veale, S.R.: (Bond Yield Analysis).

Figlewski, S.: Hedging With Financial Futures For Institutional Investors, Cambridge 1986.
Figlewski, S.: (Hedging).
Fishe, R., Goldberg, L.: The Effects of Margins on Trading in Futures Markets, in: The Journal of Futures Markets, 6:2, Sommer 1986, S.261–271.
Fishe, R., Goldberg, L.: (The Effects of Margins).
Fisher, L., Weil, R.: Coping with the Risk of Interest Rate Fluctuations Returns to Bondholders from Naive and Optimal Strategies, in: Journal of Business 44, 1971, S.408–431.
Fitzgerald, D.M.: Pricing and Hedging with Financial Futures, in: Optionen und Futures, hrsg. v. Göppel, H., Bühler, W., von Rosen, R., Frankfurt a.M. 1990.
Fitzgerald, D.M.: (Pricing and Hedging).
Flesaker, B.: Arbitrage free pricing of interest rate futures and forward contracts, in: The Journal of Futures Markets, Februar 1993, S.77–91.
Flesaker, B.: (Arbitrage free pricing).
Freytag, S., Riekeberg, M.: Bondlending im Euromarkt, in: Die Bank, Heft 12, Frankfurt/M. 1988, S.670–678.
Freytag, S., Riekeberg, M.: (Bondlending).
Gay, G.D., Kolb, R.W.: Immunizing Bond Portfolios with Interest Rate Futures, in: Financial Management, 11:2, Sommer 1982, S.81–89.
Gay, G.D., Kolb, R.W.: (Immunizing Bond Portfolios).
Gay, G.D., Kolb, R.W.: Removing the Bias in Duration Based Hedging Models: A Note, in: Journal of Futures Markets, 4:2, Sommer 1984, S.225–228.
Gay, G.D., Kolb, R.W.: (Removing the Bias).
Gay, G.D., Kolb, R.W., Chiang, R.: Interest Rate Hedging: An Empiracal Test of Alternative Strategies, in: Journal of Financial Resarch, 6, Herbst 1983, S. 187–197.
Gay, G.D., Kolb, R.W.: (Interest Rate Hedging).
Gay, G.D., Manaster, S.: Implicit Delivery Options and Optimal Delivery Strategies, in: Journal of Financial Economics, 16:1, May 1986, S.41–72.
Gay, G.D., Manaster, S.: (Delivery Options).
Gay, G.D., Manaster, S.: The Quality Option Implicit in Futures Contracts, in: Journal of Financial Economics 13, September 1984, S.353–370.
Gay, G.D., Manaster, S.: (Quality Option).
Goodman, L.S.: The Duration of a Swap, in: Interest Rate Swaps, hrsg. v. Beidleman, C.R., Homewood 1991, 2. Aufl., S.304–314.
Goodman, L.S.: (The Duration of a Swap).
Haghani, V.J., Stavis, R.M.: Interest Rate Caps and Floors: Tools for Asset/Liability Management, Bond Portfolio Analysis Group, Goldman Sachs, o.O. May 1986.
Haghani, V.J., Stavis, R.M.: (Interest Rate Caps and Floors).
Hansmann, M., Holschuh, K.: Der deutsche Rentenmarkt, Struktur, Emittenten, Instrumente und Abwicklung, hrsg. v. Commerzbank AG, Frankfurt a.M., 1990.
Hansmann, M., Holschuh, K.: (Der deutsche Rentenmarkt).
Hart, I.: Unifying Theorey, in: Risk Magazine, Februar 1997, S. 54–55.
Hart, I.: (Unifying Theory).
Hartung, J.: Statistik, 7.Aufl., München 1989.
Hartung, J.: (Statistik).
Hauser, S.: Management von Portfolios festverzinslicher Wertpapiere, Frankfurt 1992.
Hauser, S.: (Management).
Hedge, S.: On the Value of the Implicit Delivery Options, in: The Journal of Futures Markets 9:5, Oktober 1989, S.421–437.
Hedge, S.: (Implicit Delivery Options).
Hielscher, U.: Investmentanalyse, München 1990.
Hielscher, U.: (Investmentanalyse).
Ho, T.S.Y.: Strategic Fixed Income Investments, Dow Jones Irwin, Homewood 1990.
Ho, T.S.Y.: (Fixed Income Investments).
Howe, D.M.: A Guide to Managing Interest Rate Risk, New York 1992.
Howe, D.M.: (Interest Rate Risk).